2026
부가가치세법

이론과 적용사례

박석진 저

도서출판 원

머리말

그간 부가가치세법 교재에 대한 출간 요청이 수차례 있어왔으나 저자의 여러 사정으로 인해 출간이 지연되었다. 출간을 망설였던 가장 큰 이유는 시중에 이미 훌륭한 세법 교재가 넘치는 상황에서 부족한 저자까지 교재를 출간할 필요가 있을까 하는 고민이었다. 하지만 다양한 교육 현장에서 요구되는 내용들은 당연히 서로 상이할 것인데, 이에 적합한 교재를 찾기 어렵다는 저자의 고민이 본 교재를 출간하게 만들었다.

최근 세법 교육은 세법 조문의 해석 등에 치중하는 이론적인 측면 외에, 실무에 이를 곧바로 적용시킬 수 있는 실무능력의 배양이라는 측면도 강조하고 있다. 이에 저자는 기존 세법 교재들이 주로 담고 있던 이론 내용뿐만 아니라, 실무 적응력을 높이기 위해 실무 적용사례까지 망라하여 교재를 집필하게 되었다. 부디 본 교재를 접하게 된 독자들 모두 본 교재를 통해 본인의 목적을 훌륭히 달성해 내길 기원한다.

본 교재의 특징은 다음과 같다.

첫째, 부가가치세 이론과 실무 분야 모두를 충실히 다루었다. 시중의 대부분 교재들이 양 극단의 목적에 맞추어 저술되고 있다. 하나는 조세 분야의 최고 전문가를 선발하기 위한 회계사, 세무사 자격시험 등 이론에 초점을 맞춘 저술이고, 다른 하나는 실제 신고 업무 등을 담당하는 실무자들을 위한 적용사례에 초점을 맞춘 저술이다. 본 교재는 이 둘을 적절한 지점에서 접목시킨 교재이다.

둘째, 부가가치세법과 관련된 거의 모든 내용을 망라하여 수록하였다. 학습하는 과정에서 독자들이 따로 법조문을 찾아보는 불편을 겪지 않도록 가능한 본문에 대부분 조문들을 담았으며, 참고할만한 통칙, 예규 등은 세부규정에 별도로 기술하였다. 교재로 혼자 공부하는 독자들이나 교재를 이용해서 강의하시는 분들의 요구가 다양할 수 있기 때문에 자의적으로 내용을 재단하려하지 않았다. 또한, 딱딱하고 방대한 조문을 가능한 시각적으로 쉽게 정리할 수 있도록 규정을 도표 또는 그림으로 표현하려고 노력하였다. 실무적응도를 높이기 위해 부록으로 주요서식 작성사례도 추가하였다.

셋째, 대학의 강의 교재로 이용될 경우 학생들이 쉽게 복습할 수 있도록 저자들이 관련 과목을 강의하면서 설명하는 방식으로 서술하려고 노력하였다. 특히 사용 빈도가 높은 조문의 경우 응용력을 키울 수 있도록 각종 기출문제를 참고하여 문제를 제시하고 이에 대한 상세한 해설을 곁들이도록 노력하였다.

본서를 출간하는 데 도움을 주신 많은 분들과 여의치 않은 사정에도 불구하고 본서의 출판을 흔쾌히 승낙해주신 도서출판 원의 정성열 사장님, 그리고 편집에 애쓰신 정은정 팀장님께도 이 지면을 빌어 깊이 감사드린다.

2026년 겨울 월계동 연구실에서

저자 씀

약어표시

부가법	…	부가가치세법	소 법	…	소득세법
부가령	…	부가가치세법 시행령	소 령	…	소득세법 시행령
부가칙	…	부가가치세법 시행규칙	법 법	…	법인세법
부기통	…	부가가치세법 기본통칙	법 령	…	법인세법 시행령
국기법	…	국세기본법	조특법	…	조세특례제한법
국기령	…	국세기본법 시행령	조특령	…	조세특례제한법 시행령
조처법	…	조세범처벌법			

목 차

제 1 장

부가가치세 개요

제 1 장 부가가치세 개요

1.1. 부가가치세의 기초이론

1.1.1. 부가가치의 의의

(1) 부가가치의 개념

'부가가치(Value added, 附加價値)'란 사업자가 생산활동 또는 유통활동 등의 경영활동을 통하여 독자적으로 창출해 낸 가치의 증가분을 말한다.

그림 1.1. 부가가치의 개념

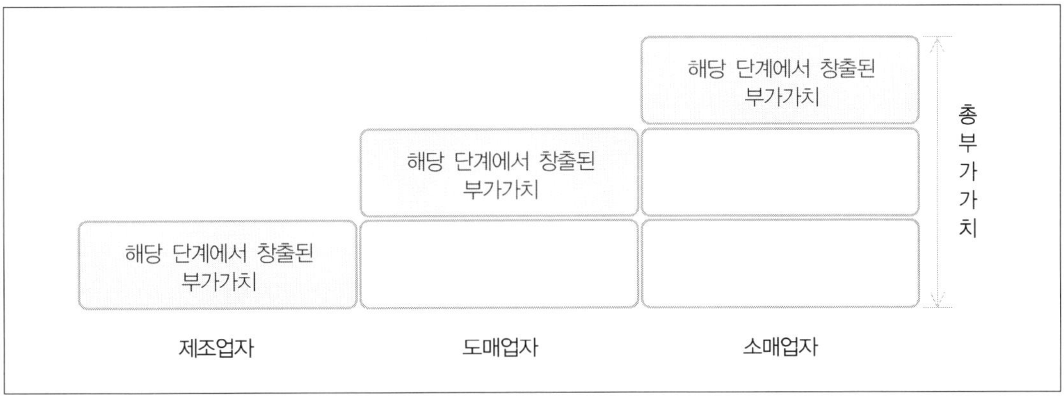

(2) 부가가치의 계산방법

이러한 부가가치를 계산하는 방법은 크게 두 가지가 있는데, 이를 구체적으로 살펴보면 다음과 같다.

1) 가산법

경제학적으로 부가가치는 생산과정에 투입된 생산요소인 노동, 토지, 자본, 경영에 대하여 지급하는 임금, 지대, 이자, 이윤의 합계액으로 계산할 수 있는데, 이를 '가산법(Addition method)'이라 한다. 가산법은 다소 추상적인 부가가치의 계산방식으로 이론적으로는 우수한 방법이지만 현실적으로 이를 계산하기 쉽지 않다는 단점이 있다.

부가가치 = 임금 + 지대 + 이자 + 이윤

2) 공제법

모든 단계를 통하여 창출한 총부가가치에서 그 부가가치를 창출하기 위하여 투입된 전단계의 금액(전단계의 부가가치)을 공제하여 부가가치를 계산하는 방법을 '공제법(Subtraction method)'이라고 한다.

부가가치 = 총부가가치 − 전단계의 부가가치

전술한 부가가치의 계산방법 중 '공제법'의 계산과정을 아래의 그림을 통해 설명하여 보도록 하겠다.

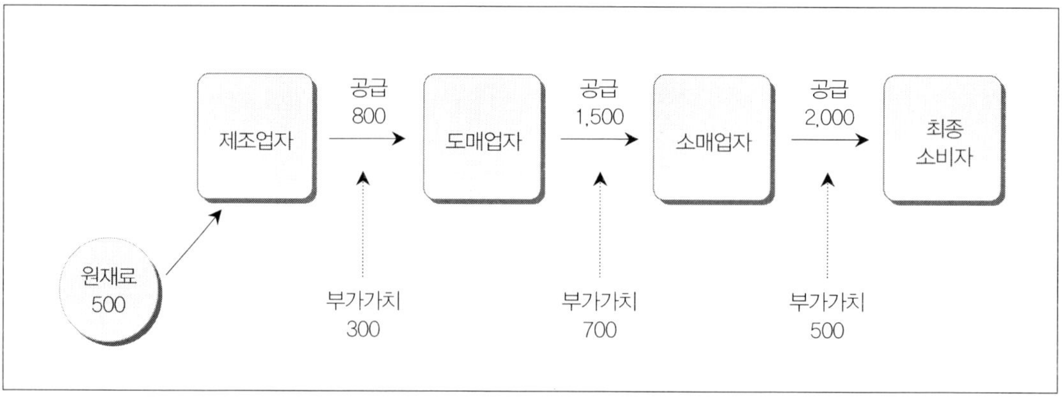

우선, 제조업자가 원재료 ₩500을 투입하여 생산한 제품을 ₩800에 도매업자에게 공급하는 경우 제조업자가 새로이 창출한 부가가치는 ₩300(₩800 − 500)이다. 그리고 도매업자가 이를 다시 소매업자에게 공급하는 경우 도매업자가 새로이 창출해 낸 부가가치는 ₩700(₩1,500 − 800)이 된다. 마찬가지로 소매업자가 이를 다시 최종소비자에게 ₩2,000에 판매하는 경우 소매업자가 새로이 창출해 낸 부가가치는 ₩500(₩2,000 − 1,500)이 된다. 이 경우 제조업자 이전단계부터 소매업자 단계까지 발생된 총부가가치는 ₩2,000이 된다.

1.1.2. 부가가치세의 의의

'부가가치세(Value Added Tax; VAT)'란 재화 또는 용역을 생산하거나 유통하는 모든 단계에서 창출되는 부가가치를 과세대상으로 하여 과세되는 조세를 말한다.

(1) 부가가치세의 유형

전술한 부가가치의 범위를 어디까지 볼 것인가에 따라 부가가치세는 국민총생산형·소득형·소비형으로 구분될 수 있다. 이러한 유형은 총투자액, 즉 자본재의 구입액을 어떻게 처리하느냐에 따라 구분되는 것이다.

1) 국민총생산형 부가가치세

국민총생산형(GNP type) 부가가치세에서는 부가가치를 국민총생산(Gross National Product; GNP)으로 정의하고 있다. 따라서 일정기간동안 생산된 모든 최종생산물의 가치를 부가가치로 보는 것으로 총소비액과 총투자액이 모두 부가가치에 포함된다. 최종생산물의 가치를 부가가치로 보기 때문에 중간생산물은 부가가치의 범위에서 제외된다.

이 유형의 경우 자본재구입액이 공제되지 않고 부가가치에 포함되어 부가가치세가 과세됨으로 인해 기업의 투자를 억제할 수 있다는 문제점이 있다.

2) 소득형 부가가치세

소득형(Income type) 부가가치세에서는 부가가치를 국민순생산(Net National Product; NNP)으로 정의하고 있다. 따라서 일정기간 동안 생산된 모든 최종생산물의 가치에서 감가상각비를 공제한 금액을 부가가치로 보는 것으로 총소비액과 순투자액(총투자액에서 감가상각비를 공제한 금액)이 부가가치에 포함된다.

소득형 부가가치세에서의 부가가치는 생산요소들에게 지급되는 소득인 임금, 지대, 이자, 이윤의 합계액과 일치하므로 과세대상이 사실상 소득세와 유사하게 된다. 이 경우 자본재구입액은 감가상각을 통하여 서서히 공제되기 때문에 국민총생산형 부가가치세와 마찬가지로 기업의 투자를 억제할 수 있다는 단점이 있다.

3) 소비형 부가가치세

소비형(Consumption type) 부가가치세에서는 부가가치를 일정기간 동안 생산된 모든 최종생산물의 가치에서 자본재구입액을 공제한 금액으로 정의하고 있다. 이 경우 부가가치는 총소비액과 일치하며, 임금, 지대, 이자, 이윤의 합계액에서 순투자액을 차감한 금액과 같다.

소비형 부가가치세의 경우에는 자본재구입액을 부가가치의 범위에서 제외하고 있다. 즉, 총소비지출액만을 과세대상으로 하기 때문에 총투자에 대한 공제가 전부 허용되는데, 이 경우 자본재구입시에 부담하였던 부가가치세를 공제(또는 환급)받을 수 있기 때문에 투자를 촉진한다는 장점이 있다. 또한, 자본재와 중간재 등의 구분을 하지 않아도 되며, 감가상각비 계산을 개별적으로 할 필요가 없기 때문에 세액 산출이 간편하다. 이러한 장점으로 인해 우리나라를 포함한 대부분의 국가들이 소비형 부가가치세를 채택하고 있다.

‖ 그림 1.2. ‖ 부가가치세의 범위

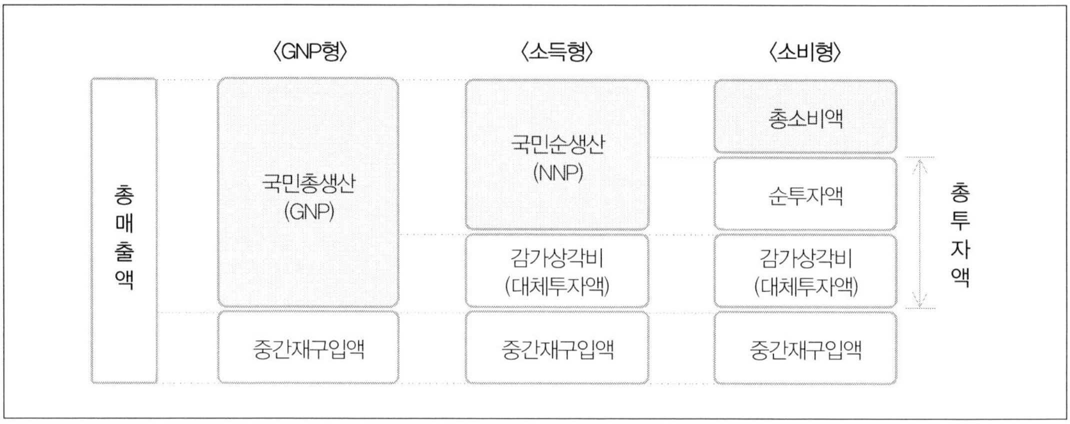

주) 총투자액 = 순투자액 + 감가상각비 = 자본재구입액

‖ 표 1.1. ‖ 유형별 부가가치의 계산방법

구 분	부가가치
① 국민총생산형	총매출액 - 중간재구입액
	국민총생산
	임금 + 지대 + 이자 + 이윤 + 감가상각비
② 소득형	총매출액 − (중간재구입액 + 감가상각비)
	국민총생산 − 감가상각비
	임금 + 지대 + 이자 + 이윤
③ 소비형주)	총매출액 − (중간재구입액 + 감가상각비 + 순투자액)
	국민총생산 − (감가상각비 + 순투자액)
	임금 + 지대 + 이자 + 이윤 − 순투자액

주) 소비형 부가가치세의 경우 국민총생산에서 자본재구입액(총투자액)을 차감한 금액이 부가가치가 되는데, 이는 결국 총소비액과 일치하게 된다. 따라서 이를 '소비형'이라고 부르는 것이다.

(2) 부가가치세의 과세방법

부가가치세는 부가가치에 일정 세율(10%)을 곱하여 산출하는데, 이러한 부가가치세액 계산방법은 전술한 부가가치의 계산방법에 따라 가산법과 공제법으로 구분될 수 있다. 여기에서 공제법은 이를 다시 전단계거래액공제법과 전단계세액공제법으로 나눌 수 있는데, 이하 이를 보다 구체적으로 살펴보겠다. 우리나라의 부가가치세법에서는 이들 방법 중 전단계세액공제법을 채택하고 있다.

1) 가산법

가산법은 부가가치의 구성요소인 임금, 지대, 이자, 이윤의 합계액에 세율을 적용하여 부가가치세를 계산하는 방법이다. 즉 생산요소에 의하여 창출된 부가가치 합계액에 세율을 곱하여 부가가치세를 산출하는 방법을 말한다.

부가가치세(납부세액) = 부가가치 합계액(임금 + 지대 + 이자 + 이윤) × 세율

이러한 가산법은 전술하였다시피 이론적으로 우수한 방법이지만 부가가치를 계산하는 것이 현실적으로 쉽지 않기 때문에 실무에 적용하기가 힘들다.

2) 공제법

① 전단계거래액공제법

전단계거래액공제법(Account method)은 일정기간 동안의 기업의 매출액에서 부가가치 창출을 위하여 투입된 매입액을 차감한 후 세율을 곱하여 납부세액을 산출하는 방법이다. 즉 매출액에서 매입액을 차감한 부가가치에 세율을 적용하는 방법을 말한다.

부가가치세(납부세액) = (매출액 − 매입액) × 세율

이 방법 역시 부가가치세 이론에는 충실한 방법이지만 현실적으로 적용하기는 쉽지 않다.

② 전단계세액공제법

전단계세액공제법(Invoice method, Tax credit method)은 일정기간 동안의 기업의 매출액에 세율을 적용하여 매출세액을 계산하고 여기에 매입시에 거래징수당한 부가가치세액(매입세액)을 공제하여 부가가치세를 계산하는 방법이다.

부가가치세(납부세액) = 매출세액[주)] − 매입세액

주) 매출세액은 매출액에 세율을 곱한 금액을 말한다.

사업자가 재화 또는 용역을 공급하는 경우 공급가액에 세율(10%)을 곱하여 계산한 부가가치세를 공급받는 자로부터 징수하여야 하는데(거래징수), 이 때 공급한 자는 공급받는 자에게 세금계산서를 발급하여야 한다. 해당 세금계산서는 거래징수사실을 증명하는 증빙이 되는데, 전단계세액공제법에서 매입세액을 공제받기 위해서는 공급받는 자는 공급하는 자로부터 반드시 세금계산서를 발급받아야 한다.

앞에서 설명한 부가가치의 계산방법의 사례를 바탕으로 전단계세액공제법에 대하여 보다 구체적으로 살펴보도록 하겠다.

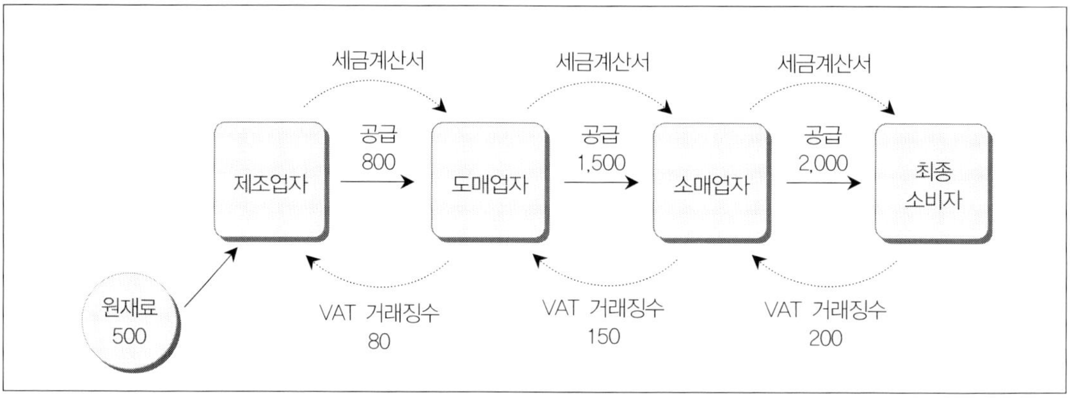

주) 공급하는 자는 공급받는 자로부터 부가가치세를 거래징수하고 이러한 거래징수의 증빙으로 세금계산서를 발급한다.

위의 그림에서 도매업자의 경우를 살펴보면, 도매업자는 제조업자로부터 제품을 ₩800에 구매하고 ₩800의 10%에 상당하는 ₩80의 부가가치세 매입세액을 부담한다. 즉, 제조업자에게 총 ₩880을 지급하는 것이다. 그리고 도매업자가 소매업자에게 제품을 공급할 때에는 ₩1,500의 공급가액에 부가가치세 매출세액 ₩150을 합한 금액인 ₩1,650을 지급받는다.

따라서 도매업자는 제조업자에게 ₩80의 부가가치세 매입세액을 거래징수당하고, 소매업자에게 ₩150의 부가가치세 매출세액을 거래징수하게 되는데, 결국 도매업자는 매출세액에서 매입세액을 차감한 ₩70을 세액으로 납부하여야 한다.

부가가치세 납부세액(도매업자) = 매출세액 − 매입세액
= ₩1,500 × 10% − 80
= ₩70

소매업자의 경우도 도매업자에게 ₩150의 부가가치세 매입세액을 거래징수당하고, 최종소비자에게 ₩200의 부가가치세 매출세액을 거래징수하게 되는데, 결국 소매업자는 매출세액에서 매입세액을 차감한 ₩50을 세액으로 납부하여야 한다.

도매업자나 소매업자와는 달리 부가가치세법상 사업자가 아닌 최종소비자의 경우에는 제품 구입시 ₩200의 부가가치세를 부담하였으나 이를 공제받을 수 없는데, 이는 부가가치세가 간접세로서 결국 세부담이 최종소비자에게 전가(shifting)되기 때문이다. 즉, 사업자인 제조업자, 도매업자 및 소매업자에게 부과되는 부가가치세는 각 거래상대방에게 전가되어 최종적으로 제품을 소비하는 소비자가 총 세액을 부담하게 되는 것이다.

만약 위의 거래(도매업자 입장)가 과세기간을 달리하여 발생한 경우 이와 관련한 회계처리 및 부가가치세 납부(환급)세액은 다음과 같다. 단, 도매업자 입장에서 매입은 20×1년 5월 31일, 매출은 20×1년 10월 31일에 발생하였으며, 이 두 거래 외에 다른 거래는 없었다고 가정한다.

구 분	20×1년 제1기	20×1년 제2기
매출세액	0	150
매입세액	80	0
납부(환급)세액	(80) → 환급	150 → 납부

주) 부가가치세 매출세액은 해당 과세기간동안의 공급가액을 기준으로 계산하고, 매입세액은 해당 과세기간동안 수취한 세금계산서에 의하여 확인되는 금액을 기준으로 계산한다.

이에 대한 회계처리를 살펴보면 다음과 같다.

일 자	회계처리			
20×1년 5월 31일	(차) 매 입	800	(대) 현 금	880
	부가가치세대급금	80		
20×1년 10월 31일	(차) 현 금	1,650	(대) 매 출	1,500
			부가가치세예수금	150

주) 부가가치세대급금은 회계상 자산이며, 부가가치세 납부세액 계산시 매입세액으로 공제된다. 그리고 부가가치세예수금은 회계상 부채이며, 부가가치세 납부세액 계산시 매출세액이 된다.

3) 각 과세방법의 비교

가산법과 전단계거래액공제법은 직접 부가가치를 계산하여 세율을 적용하는 것으로 이를 '직접법(Direct method)'이라 부르기도 한다. 전단계세액공제법은 해당 거래단계의 부가가치를 직접 계산하는 것이 아니라 해당 거래단계의 부가가치세를 먼저 계산하고 여기에서 매입세액을 공제함으로써 간접적으로 해당 단계에서 창출된 부가가치에 대하여 과세하는 방법으로, 이를 '간접법(Indirect method)'이라 부르기도 한다. 이하에서 이 방법들의 장·단점을 비교해 보겠다.

① 직접법 : 가산법 및 전단계거래액공제법

부가가치를 직접 계산하여 그 부가가치에 세율을 적용하므로, 과세대상이 부가가치라는 점이 명확하게 부각된다. 따라서 이론에 충실한 방법이다.

하지만 현실적으로 이렇게 부가가치를 직접 계산하는 것은 쉽지 않다. 그리고 기업 전체 관점에서 해당 거래단계에서 새로이 창출된 부가가치 계산에 초점을 두므로, 개별적인 재화 또는 용역에 대한 부가가치를 파악하기 힘들기 때문에 재화 또는 용역별로 차등적인 세율(영세율)을 적용하거나 면세를 적용하기 어렵다.

따라서 직접법에서는 면세제도의 적용이나 차등적인 세율을 통한 국경세조정도 어렵고 조세부담의 전가여부도 불확실하다.

또한 전단계거래액공제법의 적용을 위해서는 기업의 성실한 장부기장이 전제가 되어야 하는데, 이 경우 전단계에서 거래한 금액이 부가가치를 포함한 가격인지 여부를 확인하는 것도 쉽지 않다.

② 간접법 : 전단계세액공제법

전단계세액공제법은 부가가치세제도를 시행하고 있는 대부분의 국가들이 채택하고 있는 방법으로, 개별 재화 또는 용역의 공급이 있을 때마다 부가가치세를 거래징수하므로 조세의 전가가 확실하게 된다.

이 방식하에서는 개별 재화 또는 용역별로 차등적인 세율을 적용하거나 면세를 적용할 수 있으므로 국경세조정이 용이하게 된다. 즉, 수출 등에 대하여 완전면세가 가능하다. 또한 전단계세액공제법에서는 세금계산서 수수가 필수적이며, 이로 인하여 과세자료가 양성화될 수 있다.

하지만 부가가치를 직접 계산하지 않기 때문에 과세대상이 명확하게 부각되지 않는다는 단점이 있다. 그리고 이 방법은 결국 부가가치에 세율을 곱하는 직접법과 동일한 결과를 얻고자 하는 것인데 적법한 세금계산서의 수수가 전제되지 않는다면 결과가 크게 왜곡되어 나타날 수 있다.

1.2. 국경세 조정

'국경세 조정(國境稅調整, Border tax adjustments)'이란 재화의 국제간 거래에 있어 국가별로 상이한 소비세의 수준을 어떻게 조정할 것인가 하는 것으로, 수출하는 재화에 대하여는 국내에서 부과된 소비세를 면제하고 수입품에 대하여는 동일 종류의 국산품에 대해 부과되는 소비세를 부과하는 것을 말한다. 이러한 국경세 조정은 국제간 거래에서 경쟁력을 확보하고 국내의 생산자를 보호하기 위하여 사용되고 있다. 국경세의 조정에는 생산지국과세원칙과 소비지국과세원칙이 있다.

1.2.1. 생산지국과세원칙

'생산지국과세원칙(生産地國課稅原則, Origin principle of taxation)'이란 재화의 생산지국에서 부가가치세를 과세하고 소비지국에서는 부가가치세를 과세하지 않는 방식으로, 이 방식 하에서는 국경세의 조정이 전혀 이루어지지 않는다. 따라서 국제간 거래에 있어 세율이 높은 국가에서 생산되어 높은 세율이 적용된 재화가 세율이 낮은 국가로 수출되는 경우, 수입국에서 생산되어 낮은 세율이 적용된 동일 재화에 비해 가격경쟁력 면에서 취약하게 되는 문제점이 있다.

1.2.2. 소비지국과세원칙

'소비지국과세원칙(消費地國課稅原則, Destination principle of taxation)'이란 재화의 생산지국에서는 부가가치세를 과세하지 않고 소비지국에서 부가가치세를 과세하는 방식으로, 이 방식 하에서는 국경세의 조정이 이루어지게 된다. 즉, 재화의 생산지국에서 재화를 수출하는 경우 부가가치세를 전액 공제(환급)함으로써 재화에 대한 부가가치세 부담을 완전히 제거하고, 수입국에서 해당 재화에 대하여 자국에서 생산·소비되는 재화와 동일하게 부가가치세를 적용함으로써 수입재화와 국내에서 생산·소비되는 재화간의 부가가치세 부담이 동일하게 되는 결과를 가져온다.

관세및무역에관한일반협정(GATT)에서는 국경세의 조정방법으로 간접세의 경우 소비지국과세원칙을 채택하고 있으며, 우리나라의 부가가치세법도 소비지국과세원칙을 채택하고 있다.

1.2.3. 우리나라의 국경세 조정방식

우리나라는 부가가치세법상 다음의 규정을 두어 소비지국과세원칙을 구현하고 있다.

① 수출하는 재화에 대하여 영세율을 적용함으로써 우리나라(생산지국)에서 부담한 부가가치세를 전액 제거하고 있다.

② 재화의 수입을 부가가치세법상 과세거래로 규정함으로써(수입하는 재화에 대하여 세관장이 부가가치세를 징수하도록 함), 수입재화에 대하여 우리나라(소비지국)에서 부가가치세를 부담하도록 하고 있다.

1.3. 우리나라의 부가가치세제도

1.3.1. 우리나라 부가가치세법의 도입배경

간접세인 소비세는 모든 재화 또는 용역에 대해 일률적으로 부과되는 일반소비세(一般消費稅, General consumption tax)와 특정 재화 또는 용역에 대해 선별적으로 부과되는 개별소비세(個別消費稅, Individual consumption tax, 특정소비세)로 구분할 수 있다.

부가가치세법 도입 이전의 우리나라 간접세는 일반소비세인 영업세와 특정소비세인 유흥음식세, 통행세, 물품세, 직물류세, 석유류세, 전기가스세, 입장세의 8개 세목이 있었는데, 이렇게 세목이 산재되어 있음으로 인하여 납세자에게는 신고 및 납부, 기타 협력의무의 부담이 가중되었으며, 과세관청 입장에서도 행정의 복잡성으로 인한 부담이 가중되었다.

이에 산재되어 있던 이들 세목을 흡수·통합하여 이를 부가가치세와 특별소비세(2008년부터 개별소비세로 명칭 변경)의 2개 세목으로 간소화한 소비세제를 1977년 7월 1일부터 시행하게 되었다.

당시 부가가치세제는 영국, 프랑스, 독일 등 유럽의 부가가치세제를 모델로 하였는데, 이에 따라 우리나라는 유럽형(EC형) 부가가치세제를 도입한 아시아 최초의 국가가 되었다.[1)]

1.3.2. 우리나라 부가가치세제도의 특징

전술한 부가가치세의 이론적 내용을 바탕으로 하여 우리나라의 부가가치세제도의 특징에 대해 구체적으로 살펴보면 다음과 같다.

표 1.2. 우리나라의 부가가치세 제도

구 분	내 용
(1) 소비형 부가가치세	국민소득 중 소비지출부분만을 과세하는 것으로 총매출액에서 중간재구입액과 자본재구입액을 공제하는 부가가치세 과세방식을 취하고 있다.
(2) 일반소비세	개별소비세, 주세, 인지세 등 특정물품에 대하여 과세하는 특정소비세와 달리 재화 및 용역의 공급, 재화의 수입을 과세대상으로 보아 재화나 용역에 대하여 모든 거래단계마다 과세하는 일반소비세이다.
(3) 전단계세액공제법	부가가치세 납부세액계산방법 중 전단계세액공제법을 취하고 있어서 매출세액에서 전단계에서 거래징수당한 매입세액을 공제받을 수 있다.
(4) 국세	우리나라 부가가치세는 과세권이 국가에 속해 있는 국세에 해당 한다.[주1)]
(5) 간접세	납세의무자와 담세자(실제 세금을 부담하는 자)가 일치하지 않는 간접세이다. 즉, 납세의무자는 재화나 용역을 공급하는 사업자이지만 실제로 부가가치세를 부담하는 담세자는 최종소비자이다.[주2)]
(6) 소비지국과세원칙	재화 또는 용역이 소비되는 국가에서 부가가치세를 과세함으로써 수출 재화에 대해서는 영(零)의 세율을 적용하고 수입 재화에 대해서는 부가가치세를 부과하고 있다. 이를 통해 수출 촉진 및 국제적인 이중과세의 문제를 해결하고 있다. 부가가치세법에서는 후술할 영세율제도를 통해 소비지국과세원칙을 구현하고 있다.
(7) 물세	부가가치세는 납세의무자의 인적사항을 고려하지 않고 재화나 용역의 공급에 대해서 과세하는 물세의 성격을 가지고 있다.
(8) 다단계거래세	부가가치세는 재화 또는 용역이 생산되는 단계부터 유통 및 최종소비자에게 이르기까지의 모든 거래단계에서 발생하는 부가가치에 대해 과세하는 조세이다.[주3)]

1) 일본의 경우에는 1989년 우리나라의 부가가치세 해당하는 소비세를 처음 도입하였다. 도입 당시 소비세율은 3%였고, 이후 1997년 이를 5%로 인상한 바 있다. 일본 정부는 2014년에 이를 다시 8%로 인상하면서, 2015년 10월까지 소비세율을 10%까지 인상할 것을 계획하였다. 하지만 국민들의 강력한 조세저항에 부딪혀 2017년 4월로 이를 일차 연기하였고, 이를 다시 2019년 10월로 연기하였다. 일각에서는 일본 정부가 또다시 이를 연기할 것이라는 예상도 하였으나, 결국 2019년 10월 1일부터 소비세율을 8%에서 10%로 인상하였다.

주1) 부가가치세 차가감납부세액의 74.7%는 국세인 부가가치세로, 25.3%는 지방세인 지방소비세로 과세하고 있다. 이에 대해서는 '**9.9. 지방소비세 도입에 따른 부가가치세의 세액 등에 관한 특례**'를 참고하기 바란다.

주2) 직접세의 경우에 납세의무자와 담세자가 일치하는 것이 일반적이지만, 간접세인 부가가치세는 조세부담이 전가되어 사실상 조세를 부담하는 자는 납세의무자가 아니라 최종소비자가 된다. 조세는 전가가 예상되는지 여부에 따라 다음과 같이 직접세와 간접세로 분류할 수 있다.

① 직접세 : 입법자가 납세의무자가 자신의 조세를 부담할 것으로 예상한 조세로서 납세의무자와 담세자가 일치하는 조세

② 간접세 : 입법자가 납세의무자에게 부과된 조세가 다른 자에게 전가될 것으로 예상한 조세로서 납세의무자와 담세자가 일치하지 않는 조세

주3) 부가가치세가 다단계거래세(多段階去來稅)인데 반하여, 개별소비세 및 주세는 제조·반출단계에서 한번만 과세되는 단단계거래세(單段階去來稅)이다.

연습문제

01 다음 중 우리나라 부가가치세의 특징으로 옳지 않은 것은? (제116회 세무회계 2급)

① 전단계세액공제법으로 계산한다.
② 국세에 해당한다.
③ 직접세에 해당한다.
④ 소비지국과세원칙이 적용된다.

해답

우리나라 부가가치세는 납세의무자와 담세자가 다르게 설계된 간접세에 해당한다.

정답 ③

02 다음 중 우리나라 부가가치세에 대한 설명으로 옳지 않은 것은? (제119회 세무회계 3급)

① 개별소비세
② 간접세
③ 다단계거래세
④ 전단계세액공제

해답

우리나라 부가가치세는 일부 면세 등을 제외하고 원칙적으로 모든 재화 또는 용역의 공급 등에 대해 과세하는 일반소비세에 해당한다.

정답 ①

03 원재료 생산업자가 생산한 원료를 ㈜삼일에게 2,000,000원에 판매하고, ㈜삼일은 제품을 생산하여 도매업자인 ㈜용산에게 5,000,000원에 판매하였다. 그 후 ㈜용산은 소매업자인 ㈜강남에게 7,000,000원에 판매하고, ㈜강남은 소비자 김삼일에게 10,000,000원에 판매한 경우 전체 거래에서 창출된 총부가가치 금액을 구하면 얼마인가? (2022년 1월 재경관리사)

① 1,000,000원 ② 8,000,000원
③ 10,000,000원 ④ 24,000,000원

해답

총부가가치 금액 최종단계에서의 매출액(= 공급가액)과 일치한다.

정답 ③

04 다음 중 부가가치세법에 관한 설명으로 옳은 것은? (2024년 3월 재경관리사)

① 부가가치세는 특정한 재화 또는 용역만 과세하는 개별소비세에 해당한다.

② 모든 거래단계에서 창출된 부가가치에 대하여 각 단계별로 과세하는 다단계과세방법이다.

③ 매출액에서 매입액을 차감하여 부가가치를 계산한 후 부가가치에 세율을 곱하는 방식으로 세액을 계산하는 전단계거래액공제법을 채택하고 있다.

④ 국제적 이중과세의 문제를 해결하기 위하여 수출품에 대하여 부가가치세를 과세하지 않는 면세제도를 두고 있다.

해답

① 일부 면세 등을 제외하고 원칙적으로 모든 재화 또는 용역의 공급 등에 대해 과세하는 일반소비세에 해당한다.
③ 매출세액에서 매입세액을 차감하는 방식으로 세액을 계산하는 전단계세액공제법을 채택하고 있다.
④ 국제적 이중과세를 해결하기 위해 재화 또는 용역이 소비되는 곳에서 부가가치세를 과세하는 소비지국과세원칙을 채택하고 있다.

정답 ②

05 다음 중 부가가치세법에 관한 설명으로 옳은 것은? (2024년 6월 재경관리사)

① 공장에서 제조하는 재화는 출고단계에서 한 번 과세하고, 유통단계에서는 추가로 과세하지 않는 단단계거래세이다.

② 부가가치세는 면세로 열거되지 않은 모든 재화 또는 용역을 과세대상으로 하는 일반소비세이다.

③ 매출액에서 매입액을 차감하여 부가가치를 계산한 후 부가가치에 세율을 곱하는 방식으로 세액을 계산하는 전단계거래액공제법을 채택하고 있다.

④ 국제적 이중과세의 문제를 해결하기 위하여 수출품에 대하여 부가가치세를 과세하지 않는 면세제도를 두고 있다.

해답

① 생산 및 유통 단계부터 최종소비 단계까지 모든 거래단계에 대해 과세하는 다단계거래세에 해당한다.
③ 매출세액에서 매입세액을 차감하는 방식으로 세액을 계산하는 전단계세액공제법을 채택하고 있다.
④ 국제적 이중과세를 해결하기 위해 재화 또는 용역이 소비되는 곳에서 부가가치세를 과세하는 소비지국과세원칙을 채택하고 있다.

정답 ②

06 현행 부가가치세의 특징을 설명한 것으로 옳지 않는 것은? (제71회 세무회계 3급)

① 부가가치세는 국세이며 간접세에 해당된다.
② 부가가치세는 재화·용역의 소비사실에 대하여 과세하는 물세이다.
③ 부가가치세의 부담자는 납세자인 사업자이다.
④ 국가 간의 이중과세를 조정하기 위하여 소비지국과세원칙을 채택하고 있다.

해답

부가가치세는 간접세로서 담세자는 최종소비자이다.

정답 ③

07 다음 중 현행 부가가치세법상 특징으로 가장 옳지 않은 것은? (제74회 세무회계 2급)

① 부가가치세는 지방자치단체가 과세권을 가지고 있다.
② 납세의무자와 담세자가 다르므로 간접세이다.
③ 납세자의 인적사항을 고려하지 않는다.
④ 특정 물품에 대해서 면세제도를 적용하고 있다.

해답

부가가치세 차가감납부세액의 일부는 국세인 부가가치세로서 국가가 과세권을 가지고 있으며, 일부는 지방세인 지방소비세로서 지방자치단체가 과세권을 가지고 있다.

정답 ①

08 다음 중 부가가치세법에 관한 설명으로 가장 올바르지 않은 것은? (2022년 6월 재경관리사)

① 부가가치세는 원칙적으로 재화 또는 용역을 과세대상으로 하는 일반소비세에 해당한다.
② 부가가치세는 납세의무자와 실질적인 담세자가 일치하지 않는 간접세이다.
③ 부가가치세는 일정기간 동안 사업자가 공급한 매출액에서 매입액을 차감하여 부가가치를 계산한 다음 세율을 적용하는 전단계거래액공제방법을 채택하고 있다.
④ 부가가치세는 원칙적으로 10%의 비례세율로 과세한다.

해답

우리나라 부가가치세는 매출세액에서 매입세액을 차감하여 부가가치 납부세액을 계산하는 방식인 전단계세액공제방법을 채택하고 있다.

정답 ③

09 다음 중 부가가치세법에 관한 설명으로 옳지 않은 것은? (2023년 6월 재경관리사)

① 부가가치세는 납세의무자와 담세자가 일치하지 않을 것으로 예정된 간접세이다.
② 부가가치세는 모든 거래단계에서 창출된 부가가치에 대하여 각 단계별로 과세하는 다단계거래세이다.
③ 부가가치세는 매출세액에서 매입세액을 차감하여 납부세액을 계산하는 전단계세액공제법을 채택하고 있다.
④ 부가가치세는 국제적 이중과세의 문제를 해결하기 위하여 수출품에 대하여 부가가치세를 과세하지 않는 면세제도를 두고 있다.

해답

우리나라 부가가치세는 국제적 이중과세 문제의 해결을 위해 소비지국과세원칙을 채택하고 있으며, 소비지국과세원칙의 구현을 위해 수출에 대하여는 영세율을 적용하며, 수입은 과세대상 거래로 규정하고 있다. 면세는 부가가치세의 역진성을 완화하기 위한 제도이다. 영세율과 면세에 대하여는 '**제5장 영세율과 면세**'에서 자세히 살펴보도록 하겠다.

정답 ④

10 다음 중 부가가치세법에 관한 설명으로 옳지 않은 것은? (2023년 7월 재경관리사 수정)

① 부가가치세는 납세의무자와 담세자가 다를 것으로 예정된 조세이므로 간접세에 해당한다.
② 우리나라 부가가치세 제도는 전단계거래액공제법을 따르고 있다.
③ 부가가치세는 납세자의 소득수준과 관련없이 모두 동일한 세율이 적용된다.
④ 재화의 수입은 소비지국과세원칙에 따라 부가가치세 과세대상으로 규정되어 있다.

해답

우리나라 부가가치세는 매출세액에서 매입세액을 차감하여 부가가치 납부세액을 계산하는 방식인 전단계세액공제방법을 채택하고 있다.

정답 ②

제 2 장

부가가치세 총칙

제 2 장

부가가치세 총칙

2.1. 부가가치세법의 목적

부가가치세법은 부가가치세의 과세(課稅) 요건 및 절차를 규정함으로써 부가가치세의 공정한 과세, 납세 의무의 적정한 이행 확보 및 재정수입의 원활한 조달에 이바지함을 목적으로 한다(부가법 §1).

2.2 용어의 정의

이 법에서 사용하는 용어의 뜻은 다음과 같다(부가법 §2).

구 분	내 용
(1) 재화	재산 가치가 있는 물건 및 권리를 말한다. ① 물건 ㉠ 상품, 제품, 원료, 기계, 건물 등 모든 유체물(有體物) ㉡ 전기, 가스, 열 등 관리할 수 있는 자연력 ② 권리 : 광업권, 특허권, 저작권 등 위 '①'에 따른 물건 외에 재산적 가치가 있는 모든 것
(2) 용역	재화 외에 재산 가치가 있는 모든 역무(役務)와 그 밖의 행위를 말한다.[주1)]
(3) 사업자	사업 목적이 영리이든 비영리이든 관계없이 사업상 독립적으로 재화 또는 용역을 공급하는 자를 말한다.
(4) 간이과세자	직전 연도의 재화와 용역의 공급에 대한 대가(부가가치세가 포함된 대가를 말한다. 이하 '공급대가'라 한다)의 합계액이 기준금액에 미달하는 사업자로서, 간편한 절차로 부가가치세를 신고·납부하는 개인사업자를 말한다.
(5) 일반과세자	간이과세자가 아닌 사업자를 말한다.
(6) 과세사업	부가가치세가 과세되는 재화 또는 용역을 공급하는 사업을 말한다
(7) 면세사업	부가가치세가 면제되는 재화 또는 용역을 공급하는 사업을 말한다.
(8) 비거주자	「소득세법」에 따른 비거주자를 말한다.[주2)]
(9) 외국법인	「법인세법」에 따른 외국법인을 말한다.[주2)]

주1) 구체적인 용역의 범위에 대해서는 **'제3장 과세거래'**를 참고하기 바란다.

주2) '거주자'란 국내에 주소를 두거나 183일 이상의 거소(居所)를 둔 개인을 말하며(소법 §1의 2 ① (1)), '외국법인'이란 외국에 본점 또는 주사무소를 둔 단체(국내에 사업의 실질적 관리장소가 소재하지 아니하는 경우만 해당한다)로서 일정한 기준에 해당하는 법인을 말한다(법법 §2 (3)).

2.3. 부가가치세 과세대상

부가가치세는 다음의 거래에 대하여 부과한다(부가법 §4).

① 사업자가 행하는 재화 또는 용역의 공급
② 재화의 수입

여기에서 '재화'란 재산 가치가 있는 물건 및 권리를 말하며, '용역'이란 재화 외에 재산 가치가 있는 모든 역무(役務) 및 그 밖의 행위를 말한다. 이에 대해서는 '**제3장 과세거래**'에서 자세히 살펴보기로 한다.

2.4. 납세의무자

납세의무자란 세법에 따라 국세를 납부할 의무(국세를 징수하여 납부할 의무는 제외한다)가 있는 자를 말한다(국기법 §2 (9)). 다음 중 어느 하나에 해당하는 자로서 개인, 법인(국가·지방자치단체와 지방자치단체조합을 포함한다), 법인격이 없는 사단·재단 또는 그 밖의 단체는 이 법에 따라 부가가치세를 납부할 의무가 있다(부가법 §3).

① 사업자
② 재화를 수입하는 자[주)]

주) 재화를 수입하는 자의 경우에는 사업자인지 여부를 불문하고 납세의무가 있다. 이에 대해서는 '**2.4.1. 재화의 수입에 대한 납세의무자**'에서 자세히 살펴보겠다.

따라서 부가가치세법상 납세의무자는 부가가치세 과세대상인 재화 또는 용역을 공급하는 사업자와 재화를 수입하는 자를 말한다. 여기에서 '사업자'라 함은 사업 목적이 영리이든 비영리이든 관계없이 사업상 독립적으로 재화 또는 용역을 공급하는 자를 말하는데(부가법 §2 (3)), 이를 구체적으로 살펴보면 다음과 같다.

(1) 영리 · 비영리 불문

부가가치세는 사업자의 소득에 대해 세금을 부과하는 소득세가 아니라 재화 또는 용역의 공급 자체에 부과하는 조세로서, 사업자가 비영리를 표방한 경우에도 재화 등을 공급하는 경우에 공급받는 자로부터 부가가치세를 거래징수하여 납부할 의무를 부담한다. 즉, 영리를 목적으로 하지 않고 재화 또는 용역을 공급하더라도 부가가치세의 납세의무자가 되는 것인데, 이는 비영리사업자에게도 납세의무 및 각종 협력의무를 부과함으로써 영리를 목적으로 하는 사업자와 형평성을 도모하기 위한 것이다.

따라서 개인·법인(국가·지방자치단체와 지방자치단체조합을 포함한다)과 법인격이 없는 사단·재단 또는 그 밖의 단체도 부가가치세 납세의무자에 포함된다(부가법 §3). 하지만, 국가 등이 공급하는 재화 또는 용역의 경우에는 대부분 부가가치세가 면제되는 것으로 규정되어 있으므로, 일부 재화나 용역의 공급을 제외하고 국가 등은 부가가치세 납세의무를 부담하지는 않는다. 이에 대해서는 '**제5장 영세율과 면세**'에서 구체적으로 살펴볼 것이다.

이 경우 국가 등이 납세의무가 있다고 하는 것이 조세를 부담하는 주체가 된다는 의미는 아니다. 왜냐하면 부가가치세가 간접세로서 결국 조세를 부담하는 담세자는 최종소비자이기 때문이다.

(2) 사업상 공급

부가가치세법에서는 사업성에 대해 별도로 언급하고 있지 않으나, 학설 및 판례상으로는 부가가치를 창출해낼 수 있는 정도의 사업형태를 갖추고 계속·반복적인 의사로 재화 또는 용역을 공급하는 경우에 사업성을 인정하는 것이 일반적이다.

판례에서는 사업성에 대하여 다음과 같이 해석하고 있다.

> 부가가치세는 생산 및 유통의 각 단계에서 부가되는 가치를 그 과세물건으로 하는 조세이므로 부가가치세의 납세의무자를 규정한 부가가치세법 규정의 사업상 독립하여 재화 또는 용역을 공급하는 자라고 함은 부가가치를 창출해 낼 수 있을 정도의 사업형태를 갖추고 계속·반복적인 의사로 재화 또는 용역을 공급하는 자라고 풀이해야 할 것임(대법원84누629 84.12.26).

세부규정

• **부동산매매업 판정기준**(부가령 §3 ②, 부가칙 §2 ②)

건설업과 부동산업 중 다음에 해당하는 경우에는 재화를 공급하는 사업인 부동산매매업으로 본다.

① 부동산의 매매(주거용 또는 비거주용 및 기타 건축물을 자영건설하여 분양·판매하는 경우를 포함한다) 또는 그 중개를 사업목적으로 나타내어 부동산을 판매하거나,

② 사업상의 목적으로 1과세기간 중에 1회 이상 부동산을 취득하고 2회 이상 판매하는 사업

즉, '①'의 경우 당초에 부동산의 매매 또는 그 중개를 사업목적으로 나타낸 경우에는 부동산의 취득 및 판매 횟수에 상관없이 부동산매매업으로 보는 것이며, '②'의 경우에는 부동산의 매매 또는 그 중개를 사업목적으로 나타내지 않은 경우라 하더라도 1과세기간 중에 1회 이상 부동산을 취득하고 2회 이상 판매하는 경우에는 이를 재화를 공급하는 사업인 부동산매매업으로 보겠다는 것이다. 한편, 과세기간별 취득 횟수나 판매 횟수에 관계없이 부동산의 규모, 횟수 등에 비추어 사업활동으로 볼 수 있는 정도의 계속성과 반복성이 있는 때에는 부동산매매업에 해당한다.

• **납세의무자**(부기통 3-0-1)

① 부가가치를 창출해 낼 수 있는 정도의 사업형태를 갖추고 계속적·반복적으로 재화 또는 용역을 공급하는 자는 사업자로 본다.
② 사업자가 부가가치세가 과세되는 재화를 공급하거나 용역을 제공하는 경우에는 해당 사업자의 사업자등록 여부 및 공급 시 부가가치세의 거래징수 여부에 불구하고 해당 재화의 공급 또는 용역의 제공에 대하여 부가가치세를 신고·납부할 의무가 있다.
③ 재화를 수입하는 자는 사업자 해당 여부 또는 사용목적 등에 관계없이 부가가치세를 납부할 의무가 있다.

• **농민이 일시적으로 재화를 공급하는 경우의 납세의무**(부기통 3-0-6)

농민이 자기농지의 확장 또는 농지개량작업에서 생긴 토사석을 일시적으로 판매하는 경우에는 납세의무가 없다.

• **게임머니 판매가 과세대상에 해당하는지 여부**(집행기준 4-0-2)

온라인 게임에 필요한 사이버 화폐인 게임머니를 계속적·반복적으로 판매하는 것은 부가가치세 과세대상에 해당한다.

농민이 모래를 판매하는 경우 납세의무자 여부 사례(집행기준 3-0-3)

자기의 농토에서 주로 논농사에 종사하는 농민 김성실은 보유하고 있던 밭(田)을 논(畓)으로 개간하던 중 품질이 좋은 모래를 발견하여 이를 인근의 건설업자에게 1억원을 받고 판매하였다. 이 경우 김성실이 판매한 모래에 대하여 부가가치세를 과세하여야 하는지 여부

☞ 모래를 판매하는 것은 부가가치세 과세대상이나 농민의 지위에서 해당 모래를 일시적으로 공급하여 「부가가치세법」 상 납세의무자(사업자)로 볼 수 없기 때문에 부가가치세를 신고·납부할 의무가 없다.

(3) 독립적으로 공급

'사업상 독립적'이라 함은 인적 또는 물적 독립성을 갖추어야 함을 의미하는데, '인적독립성'이란 자기계산(또는 자기책임)하에 재화나 용역을 제공하는 것을 의미하며, '물적독립성'이란 다른 사업에 부수되지 않아야 하는 것을 의미한다. 따라서 고용관계에 의하여 근로를 제공하는 것은 인적독립성을 갖추지 못하였으므로 용역의 공급으로 보지 아니한다(부가법 §12 ③).

또한, 소득세가 과세되지 아니하는 농어가부업은 독립된 사업으로 보지 않는데, '농어가부업'이란 농·어민이 부업으로 경영하는 축산·양어·고공품(藁工品) 제조·민박·음식물 판매·특산물 제조·전통차 제조 및 그 밖에 이와 유사한 활동을 말한다. 농업은 부가가치세법상 면세사업에 해당하므로 이러한 농업의 일부로

보는 농가부업의 경우에도 부가가치세가 과세되지 않는다. 다만, 농가부업 중 민박·음식물판매·특산물제조·전통차 제조 및 그 밖에 이와 유사한 활동의 경우에는 이를 독립된 사업으로 보아 부가가치세를 과세한다(부가칙 §2 ③).

표 2.1. 소득세가 비과세되는 농가부업의 부가가치세 과세여부

소득세가 비과세되는 농가부업	부가가치세 과세여부
① 축산·양어·고공품 제조 및 그 밖에 이와 유사한 활동	농업의 일부로 보아 부가가치세 과세 ×
② 민박·음식물판매·특산물제조·전통차 제조 및 그 밖에 이와 유사한 활동	독립된 사업으로 보아 부가가치세 과세 ○

한편, 물적 독립성이 없는 재화나 용역의 공급은 그 과세여부가 주된 사업의 과세여부에 따라 달라지게 되는데, 이에 대하여는 '**3.4. 부수재화 또는 용역**'에서 자세히 살펴보기로 한다.

(4) 재화 또는 용역을 공급

부가가치세 과세대상이 되는 재화 또는 용역을 공급하는 사업자는 부가가치세 납세의무를 부담한다. 따라서 부가가치세가 면제되는 재화 또는 용역을 제공하는 사업자는 부가가치세 납세의무가 없다. 재화의 공급은 계약상 또는 법률상의 모든 원인에 의하여 재화를 인도(引渡) 또는 양도(讓渡)하는 것이며(부가법 §9 ①), 용역의 공급은 계약상 또는 법률상의 모든 원인에 의하여 역무를 제공하거나 시설물, 권리 등 재화를 사용하게 하는 것이다(부가법 §11 ①). 과세대상이 되는 재화 또는 용역의 공급에 대해서는 '**제3장 과세거래**'에서 자세히 살펴보기로 한다.

(5) 명의자와 사실상 귀속자가 서로 다른 경우의 납세의무

과세의 대상이 되는 행위 또는 거래의 귀속이 명의일 뿐이고 사실상 귀속되는 자가 따로 있는 경우에는 사실상 귀속되는 자에 대하여 부가가치세법을 적용한다(실질과세의 원칙, 부기통 3-0-2).

세부규정

• **실질과세의 원칙**

'실질과세의 원칙(實質課稅의 原則, Principle of substantial taxation)'이란 세법을 해석·적용함에 있어서 법적 형식 혹은 외관에 관계없이 그 실질에 따라 과세하여야 한다는 원칙이다. 이는 실질과 다른 법적 형식을 취하여 조세부담을 회피하고자 하는 시도를 방지하여 실질귀속에 따른 과세를 실현하고자 하는 것으로 볼 수 있다.

국세기본법에서는 다음과 같이 실질과세의 원칙을 구체화하여 규정하고 있다.

구 분	내 용
① 소득귀속자에 대한 실질과세	과세의 대상이 되는 소득, 수익, 재산, 행위 또는 거래의 귀속이 명의(名義)일 뿐이고 사실상 귀속되는 자가 따로 있을 때에는 사실상 귀속되는 자를 납세의무자로 하여 세법을 적용한다(국기법 §14 ①).
② 거래내용에 대한 실질과세	세법 중 과세표준의 계산에 관한 규정은 소득, 수익, 재산, 행위 또는 거래의 명칭이나 형식과 관계없이 그 실질 내용에 따라 적용한다(국기법 §14 ②).
③ 우회거래에 대한 실질과세	제3자를 통한 간접적인 방법이나 둘 이상의 행위 또는 거래를 거치는 방법으로 이 법 또는 세법의 혜택을 부당하게 받기 위한 것으로 인정되는 경우에는 그 경제적 실질 내용에 따라 당사자가 직접 거래를 한 것으로 보거나 연속된 하나의 행위 또는 거래를 한 것으로 보아 이 법 또는 세법을 적용한다(국기법 §14 ③).

2.4.1. 재화의 수입에 대한 납세의무자

재화를 수입하는 자는 부가가치세 납세의무를 진다(부가법 §3 (2)). 수입하는 재화의 공급자는 우리나라의 과세권이 미치지 않는 국외에 있으므로 이러한 공급자에게 거래징수를 통한 부가가치세 납세의무를 부담시키는 것은 불가능하다. 따라서 이 경우에는 국외의 공급자가 아닌 재화를 수입하는 자가 납세의무를 부담하게 된다. 즉, 재화를 수입하는 자가 재화의 수입에 대하여 「관세법」에 따라 관세를 세관장에게 신고하고 납부하는 경우에는 재화의 수입에 대한 부가가치세를 함께 신고하고 납부하여야 한다(부가법 §50). 단, 재화가 아닌 용역의 수입에 대해서는 부가가치세가 부과되지 않는다. 이에 대해서는 '**제3장 과세거래**'에서 자세히 살펴보기로 한다.

한편, 일반적인 과세대상 재화 또는 용역을 공급하는 경우 납세의무자는 사업자이어야 하지만, 재화의 수입에 대한 납세의무자는 사업자인지 여부를 불문한다는 점에 주의하여야 한다.

2.4.2. 납세의무자의 유형

사업자는 과세사업자, 면세사업자로 구분할 수 있다. 과세사업자는 부가가치세 납세의무가 있으며, 면세사업자는 부가가치세 납세의무가 없다. 따라서 부가가치세법상의 사업자는 부가가치세 납세의무가 있는 과세사업자를 말하며, 면세사업자는 부가가치세법상의 납세의무자가 아니므로 부가가치세법상의 사업자가 아니다. 또한 면세사업자는 납세의무뿐만 아니라 사업자등록 등 부가가치세법상의 각종 협력의무도 원칙적으로 부담하지 않는다. 한편 영세율을 적용받는 사업자는 과세사업자에 포함된다는 점에 주의하여야 한다.

과세사업자는 재화 또는 용역의 공급규모와 업종 등에 따라 다시 일반과세자와 간이과세자로 구분할 수 있다. 간이과세자는 일반과세자와는 다른 과세방식을 적용받게 되며, 일반과세자에 비하여 협력의무가 다소 완화되고 과세방식도 간편하다는 특징이 있는 반면 부담한 매입세액을 전액 공제 받을 수는 없다.

그림 2.1. 사업자의 분류와 납세의무

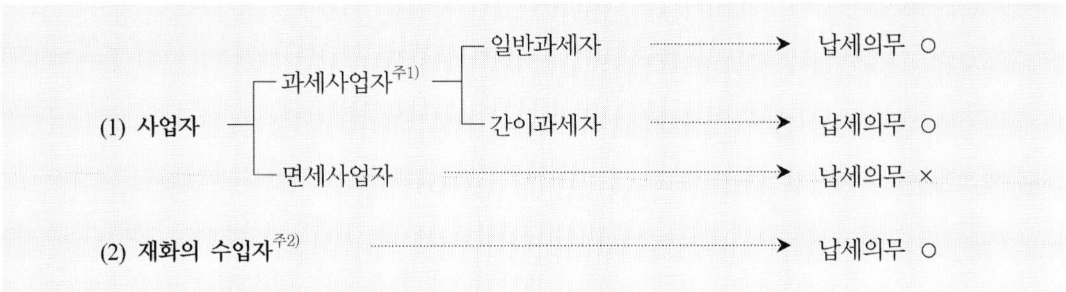

주1) 면세사업자는 과세사업자에 포함되지 않지만, 영세율사업자는 과세사업자에 포함된다.
주2) 사업자인지 여부를 불문하고 납세의무가 있다.

2.4.3. 신탁재산 관련 공급에 대한 납세의무[2)]

(1) 일반적인 경우

전술한 규정에도 불구하고 「신탁법」 또는 다른 법률에 따른 신탁재산(해당 신탁재산의 관리, 처분 또는 운용 등을 통하여 발생한 소득 및 재산을 포함한다. 이하 '신탁재산'이라 한다)과 관련된 재화 또는 용역을 공급하는 때에는 「신탁법」에 따른 수탁자(이하 '수탁자'라 한다)가 신탁재산별로 각각 별도의 납세의무자로서 부가가치세를 납부할 의무가 있다(부가법 §3 ②, 부가령 §5의 2 ①). 다만, 다음 중 어느 하나에 해당하는 경우에는 「신탁법」에 따른 위탁자(이하 '위탁자'라 한다)가 부가가치세를 납부할 의무가 있다(부가법 §3 ③, 부가령 §5의 2 ①).

① 신탁재산과 관련된 재화 또는 용역을 위탁자 명의로 공급하는 경우
② 위탁자가 신탁재산을 실질적으로 지배·통제하는 경우로서 일정한 경우[주1)]
③ 그 밖에 신탁의 유형, 신탁설정의 내용, 수탁자의 임무 및 신탁사무 범위 등을 고려하여 대통령령으로 정하는 경우[주2)]

주1) 여기에서 '일정한 경우'란 다음 중 어느 하나에 해당하는 경우를 말한다.
① 수탁자가 위탁자로부터 「자본시장과 금융투자업에 관한 법률」에 따른 재산을 수탁받아 같은 법에 따라 부동산개발사업을 목적으로 하는 신탁계약을 체결한 경우로서 그 신탁계약에 따른 부동산개발사업비의 조달의무를 수탁자가 부담하지 않는 경우. 다만, 수탁자가 「도시 및 주거환경정비법」 또는 「빈집 및 소규모주택 정비에 관한 특례법」에 따른 재개발사업·재건축사업 또는 가로주택정비사업·소규모재건축사업·소규모재개발사업의 사업시행자인 경우는 제외한다.
② 수탁자가 「도시 및 주거환경정비법」 또는 「빈집 및 소규모주택 정비에 관한 특례법」에 따른 재개발사업·재건축사업 또는 가로주택정비사업·소규모재건축사업·소규모재개발사업의 사업대행자인 경우

2) 개정 전 부가가치세법은 신탁재산과 관련한 재화를 수탁자 명의로 공급하는 경우의 납세의무자는 원칙적으로 위탁자로 하고, 일정한 경우 예외적으로 수탁자를 납세의무자로 하였으나, 2020년 말 세법개정을 통해 원칙적인 납세의무자를 수탁자로 전환하고 일정한 경우 예외적으로 위탁자가 납세의무자가 되는 것으로 하였으며, 이로 인해 수익자에 대한 제2차 납세의무 부과규정 등에 대한 신설 및 개정이 있었다. 해당 개정 규정은 2022년 1월 1일 이후 신탁계약을 체결하는 분부터 적용된다(법률 제17653호, 2020. 12. 22. 부칙 §1, 3, 대통령령 제31445호, 2021.2.17. 부칙 §1, 2, 4).

③ 수탁자가 위탁자의 지시로 위탁자와 「국세기본법 시행령」 또는 「법인세법 시행령」에 따른 특수관계인의 관계에 있는 자에게 신탁재산과 관련된 재화 또는 용역을 공급하는 경우

④ 「자본시장과 금융투자업에 관한 법률」에 따른 투자신탁의 경우

주2) 현재 대통령령으로 정한 것은 없다.

(2) 공동수탁자의 연대납세의무

전술한 규정에 따라 수탁자가 납세의무자가 되는 신탁재산에 둘 이상의 수탁자(이하 '공동수탁자'라 한다)가 있는 경우 공동수탁자는 부가가치세를 연대하여 납부할 의무가 있다. 이 경우 공동수탁자 중 신탁사무를 주로 처리하는 수탁자(이하 '대표수탁자'라 한다)가 부가가치세를 신고·납부하여야 한다(부가법 §3 ④).

(3) 신탁 관련 제2차 납세의무 및 물적납세의무

1) 수익자의 제2차 납세의무

전술한 규정에 따라 수탁자가 납부하여야 하는 다음 중 어느 하나에 해당하는 부가가치세 또는 강제징수비(이하 '부가가치세등'이라 한다)를 신탁재산으로 충당하여도 부족한 경우에는 그 신탁의 수익자(「신탁법」에 따라 신탁이 종료되어 신탁재산이 귀속되는 자를 포함한다)는 지급받은 수익과 귀속된 재산의 가액을 합한 금액을 한도로 하여 그 부족한 금액에 대하여 납부할 의무(이하 '제2차 납세의무'라 한다)를 진다(부가법 §3의 2 ①).

① 신탁 설정일[주)] 이후에 「국세기본법」에 따른 법정기일이 도래하는 부가가치세로서 해당 신탁재산과 관련하여 발생한 것

② 위 '①'의 금액에 대한 강제징수 과정에서 발생한 강제징수비

주) 여기에서 '신탁설정일'은 「신탁법」에 따라 해당 재산이 신탁재산에 속한 것임을 제3자에게 대항할 수 있게 된 날로 한다. 다만, 다른 법률에서 제3자에게 대항할 수 있게 된 날을 「신탁법」과 달리 정하고 있는 경우에는 그 날로 한다(부가령 §5의 3 ②).

2) 수탁자의 물적납세의무

전술한 규정에 따라 부가가치세를 납부하여야 하는 위탁자가 부가가치세등을 체납한 경우로서 그 위탁자의 다른 재산에 대하여 강제징수를 하여도 징수할 금액에 미치지 못할 때에는 해당 신탁재산의 수탁자는 그 신탁재산으로써 이 법에 따라 위탁자의 부가가치세등을 납부할 의무(이하 '물적납세의무'라 한다)가 있다(부가법 §3의 2 ②).

(4) 신탁 관련 제2차 납세의무 등에 대한 납부 특례

1) 제2차 납세의무에 대한 납부 특례

전술한 규정에 따라 부가가치세를 납부하여야 하는 수탁자의 관할세무서장은 제2차 납세의무자로부터 수탁자의 부가가치세등을 징수하려면 다음의 각 사항을 적은 납부고지서를 제2차 납세의무자에게 발급하여야 한다. 이 경우 수탁자의 관할세무서장은 제2차 납세의무자의 관할세무서장과 수탁자에게 그 사실을 통지하여야 한다(부가법 §52의 2 ①).

① 징수하려는 부가가치세등의 과세기간, 세액 및 그 산출근거
② 납부하여야 할 기한 및 납부장소
③ 그 밖에 부가가치세등의 징수를 위하여 필요한 사항

2) 물적납세의무에 대한 납부 특례

부가가치세를 납부하여야 하는 위탁자의 관할세무서장은 물적납세의무가 있는 수탁자로부터 위탁자의 부가가치세등을 징수하려면 다음의 각 사항을 적은 납부고지서를 수탁자에게 발급하여야 한다. 이 경우 수탁자의 관할세무서장과 위탁자에게 그 사실을 통지하여야 한다(부가법 §52의 2 ②).

① 부가가치세등의 과세기간, 세액 및 그 산출 근거
② 납부하여야 할 기한 및 납부장소
③ 그 밖에 부가가치세등의 징수를 위하여 필요한 사항

전술한 규정에 따른 고지가 있은 후 납세의무자인 위탁자가 신탁의 이익을 받을 권리를 포기 또는 이전하거나 신탁재산을 양도하는 등의 경우에도 고지된 부분에 대한 납세의무에는 영향을 미치지 아니하며, 신탁재산의 수탁자가 변경되는 경우에 새로운 수탁자는 이전의 수탁자에게 고지된 납세의무를 승계한다(부가법 §52의 2 ③, ④). 또한, 납세의무자인 위탁자의 관할세무서장은 최초의 수탁자에 대한 신탁설정일을 기준으로 그 신탁재산에 대한 현재 수탁자에게 위탁자의 부가가치세등을 징수할 수 있다(부가법 §52의 2 ④).

한편, 신탁재산에 대하여 「국세징수법」에 따라 강제징수를 하는 경우 「국세기본법」의 규정[3])에도 불구하고 수탁자는 「신탁법」에 따른 신탁재산의 보존 및 개량을 위하여 지출한 필요비 또는 유익비의 우선변제를 받을 권리가 있다(부가법 §52의 2 ⑤).

3) 국세기본법상 '국세의 우선' 규정을 말한다.

세부규정

• **국외거래에 대한 납세의무**(부기통 3-0-3, 집행기준 3-0-4)

① 부가가치세의 납세의무는 대한민국의 주권이 미치는 범위 내에서 적용하므로 사업자가 대한민국의 주권이 미치지 아니하는 국외에서 재화를 공급하는 경우에는 납세의무가 없다. 다만, 중계무역방식의 수출, 위탁판매수출, 외국인도수출, 위탁가공무역방식의 수출로 재화를 공급하거나 원료를 대가 없이 국외의 수탁가공 사업자에게 반출하여 가공한 재화를 양도하는 경우에 그 원료를 반출하는 경우에는 그러하지 아니한다.

② 우리나라 국적의 항공기 또는 선박에서 이루어지는 거래는 국외거래로 보지 아니한다.

③ 비거주자가 국내의 오픈마켓(사이버몰)에 판매자로 등록한 후 그 오픈마켓을 통해 국내소비자로부터 주문을 받아 국외에서 국내소비자에게 직배송하는 방법으로 상품을 판매하는 경우 해당 오픈마켓은 그 비거주자의 「부가가치세법」상 사업장에 해당하지 아니하며, 그 오픈마켓을 통한 상품판매에 대하여 해당 비거주자는 같은 법에 따른 납세의무를 부담하지 아니한다.

• **새마을금고 및 입주자대표회의의 납세의무**(부기통 3-0-4)

① 「새마을금고법」에 따라 설립된 새마을금고가 사업상 독립적으로 부가가치세가 과세되는 재화를 공급하는 경우에는 납세의무가 있다.

② 공동주택의 입주자대표회의가 단지 내 주차장 등 부대시설을 운영·관리하면서 입주자들로부터 실비상당의 이용료를 받는 경우 부가가치세 납세의무가 없다. 다만, 외부인으로부터 이용료를 받는 경우에는 해당 외부인의 이용료에 대하여는 부가가치세 납세의무가 있다.

• **청산중에 있는 내국법인의 납세의무**(부기통 3-0-5)

청산 중에 있는 내국법인은 「상법」에 따른 계속등기 여부에 불구하고 사실상 사업을 계속하는 경우에는 납세의무가 있다.

• **합병등기일 전 실제 합병한 경우의 납세의무**(부기통 3-0-7)

법인간의 흡수합병에 있어서 합병등기일 전 실제 합병한 경우 실제 합병일로부터 합병등기일까지 피합병법인의 사업장에서 거래된 재화의 공급 및 매입분에 대하여는 피합병법인 명의로 세금계산서를 발급하거나 발급받고 부가가치세를 신고·납부한다.

2.5. 과세기간

2.5.1. 일반적인 과세기간

'과세기간'이란 세법에 따라 국세의 과세표준 계산의 기초가 되는 기간을 말한다(국기법 §2 (13)). 사업자에 대한 부가가치세의 과세기간은 다음과 같다(부가법 §5 ①).

① 제1기 과세기간 : 1월 1일부터 6월 30일까지
② 제2기 과세기간 : 7월 1일부터 12월 31일까지

주) 간이과세자의 과세기간 : 1월 1일부터 12월 31일까지

사업자는 각 과세기간에 대한 과세표준과 납부세액 또는 환급세액을 그 과세기간이 끝난 후 25일(폐업하는 경우에는 폐업일이 속한 달의 다음 달 25일) 이내에 납세지 관할세무서장에게 신고하여야 하고(부가법 §49 ①), 확정신고와 함께 그 과세기간에 대한 납부세액도 납세지 관할세무서장에게 납부하여야 하는데(부가법 §49 ②), 이를 '확정신고납부'라고 한다.

한편 간이과세자의 납세협력비용 절감 및 납세편의 제고를 위하여 2013년 1월 1일 이후 개시하는 과세기간부터 간이과세자의 과세기간을 1월 1일부터 12월 31일까지로 조정하였다.

2.5.2. 예정신고기간

사업자는 각 과세기간 중 다음에 규정하는 예정신고기간이 끝난 후 25일 이내에 각 예정신고기간에 대한 과세표준과 납부세액 또는 환급세액을 납세지 관할세무서장에게 신고하여야 하고(부가법 §48 ①), 예정신고와 함께 그 예정신고기간의 납부세액을 납세지 관할세무서장에게 납부하여야 하는데(부가법 §48 ②), 이를 '예정신고납부'라고 한다.

① 제1기 예정신고기간 : 1월 1일부터 3월 31일까지
② 제2기 예정신고기간 : 7월 1일부터 9월 30일까지

다만, 신규로 사업을 시작하거나 시작하려는 자에 대한 최초의 예정신고기간은 사업개시일(사업개시일 이전에 사업자등록을 신청한 경우에는 그 신청일)부터 그 날이 속하는 예정신고기간의 종료일까지로 한다(부가법 §48 ① 단서).

‖ 그림 2.2. ‖ 부가가치세 과세기간

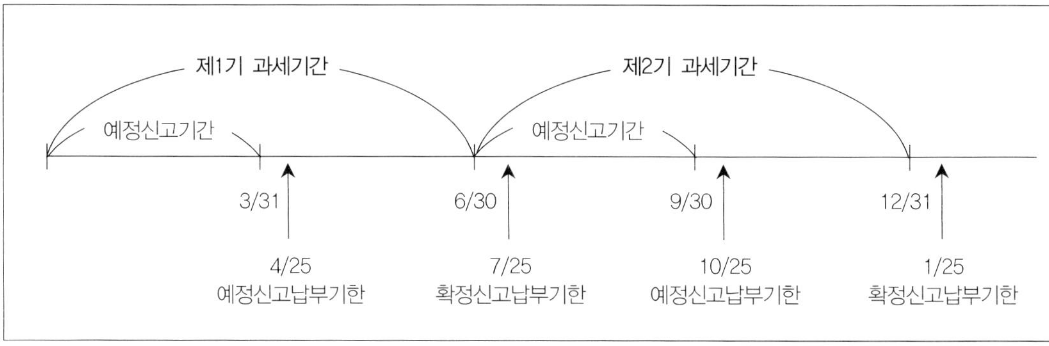

주) 과세기간 중 예정신고기간을 제외한 나머지 3개월을 '과세기간 최종 3개월'이라고 한다.

‖ 표 2.2. ‖ 과세기간과 신고납부기한

구 분	과세기간	예정신고기간 및 과세기간 최종 3개월		신고납부기한주)
제1기	1월 1일 ~ 6월 30일	예정신고기간	1월 1일 ~ 3월 31일	4월 25일
		과세기간 최종 3개월	4월 1일 ~ 6월 30일	7월 25일
제2기	7월 1일 ~ 12월 31일	예정신고기간	7월 1일 ~ 9월 30일	10월 25일
		과세기간 최종 3개월	10월 1일 ~ 12월 31일	1월 25일

주) 단, 폐업하는 경우의 신고납부기한은 폐업일이 속한 달의 다음 달 25일 이내로 한다.

2.5.3. 신규사업자 및 폐업하는 사업자

(1) 신규사업자의 최초 과세기간

신규로 사업을 시작하는 자에 대한 최초의 과세기간은 사업개시일부터 그 날이 속하는 과세기간의 종료일까지로 한다. 다만, 사업개시일 이전에 사업자등록을 신청한 경우에는 그 신청한 날부터 그 신청일이 속하는 과세기간의 종료일까지로 한다(부가법 §5 ②).

여기에서 '사업개시일'이란 다음의 구분에 따른다. 다만, 해당 사업이 법령 개정 등으로 면세사업에서 과세사업으로 전환되는 경우에는 그 과세전환일을 사업개시일로 한다(부가령 §6).

① 제조업 : 제조장별로 재화의 제조를 시작하는 날
② 광업 : 사업장별로 광물의 채취·채광을 시작하는 날
③ 위 '①, ②' 외의 사업 : 재화 또는 용역의 공급을 시작하는 날

(2) 폐업하는 사업자의 최종과세기간

사업자가 폐업하는 경우의 과세기간은 폐업일이 속하는 과세기간의 개시일부터 폐업일까지로 한다(부가법 §5 ③).

세부규정

- **그 외 사업개시일의 기준**(집행기준 5-6-1)

① 부동산임대업은 해당 임대용역의 공급을 개시하는 날이므로 전세금 또는 임대보증금의 과세표준 계산 시 기산일은 그 임대용역의 공급을 개시하는 날이 된다.

② 사업규모를 확장하기 위하여 기존사업장 외의 다른 장소에 있는 사업장을 양수하였을 경우 동 사업장의 개시일은 양수인이 사업장별로 사업을 양수하여 사업을 시작하는 날이 된다.

- **폐업일의 기준**(부가령 §7, 집행기준 5-7-1)

① 폐업일은 다음의 구분에 따른다.

㉠ 합병으로 인한 소멸법인의 경우: 합병법인의 변경등기일 또는 설립등기일

㉡ 분할로 인하여 사업을 폐업하는 경우: 분할법인의 분할변경등기일(분할법인이 소멸하는 경우에는 분할신설법인의 설립등기일)

㉢ 위 '㉠, ㉡' 외의 경우: 사업장별로 그 사업을 실질적으로 폐업하는 날. 다만, 폐업한 날이 분명하지 아니한 경우에는 폐업신고서의 접수일

② 위 '①의 ㉢'의 규정에도 불구하고 해산으로 청산 중인 내국법인(「법인세법」에 따른 내국법인을 말한다) 또는 「채무자 회생 및 파산에 관한 법률」에 따라 법원으로부터 회생계획인가 결정을 받고 회생절차를 진행 중인 내국법인이 사업을 실질적으로 폐업하는 날부터 25일 이내에 납세지 관할세무서장에게 신고하여 승인을 받은 경우에는 잔여재산가액 확정일(해산일부터 365일이 되는 날까지 잔여재산가액이 확정되지 아니한 경우에는 그 해산일부터 365일이 되는 날)을 폐업일로 할 수 있다.

③ 한편, 사업개시일 전에 사업자등록을 한 자로서 사업자등록을 한 날부터 6개월이 되는 날까지 재화와 용역의 공급실적이 없는 자에 대해서는 그 6개월이 되는 날을 폐업일로 본다. 다만, 사업장의 설치기간이 6개월 이상이거나 그 밖의 정당한 사유로 인하여 사업 개시가 지연되는 경우에는 그러하지 아니하다.

④ 하나의 사업장에서 여러 개의 업종의 사업을 영위하는 사업자가 그 중 하나의 업종을 폐지하는 경우에는 폐업에 해당하지 아니한다.

2.5.4. 과세유형이 변경되는 경우

간이과세자에 관한 규정이 적용되거나 적용되지 아니하게 되어 일반과세자가 간이과세자로 변경되거나 간이과세자가 일반과세자로 변경되는 경우 그 변경되는 해에 간이과세자에 관한 규정이 적용되는 기간의 부가가치세의 과세기간은 다음의 구분에 따른 기간으로 한다(부가법 §5 ④).

① 일반과세자가 간이과세자로 변경되는 경우 : 그 변경 이후 7월 1일부터 12월 31일까지
② 간이과세자가 일반과세자로 변경되는 경우 : 그 변경 이전 1월 1일부터 6월 30일까지

2.5.5. 간이과세를 포기함으로써 일반과세자가 되는 경우

간이과세자가 간이과세자에 관한 규정의 적용을 포기함으로써 일반과세자로 되는 경우 다음의 기간을 각각 하나의 과세기간으로 한다. 이 경우 '①'의 기간은 간이과세자의 과세기간으로, '②'의 기간은 일반과세자의 과세기간으로 한다(부가법 §5 ⑤). 간이과세의 포기에 대해서는 '**제10장 간이과세**'에서 구체적으로 살펴보기로 한다.

① 간이과세의 적용 포기의 신고일이 속하는 과세기간의 개시일부터 그 신고일이 속하는 달의 마지막 날까지의 기간
② 간이과세의 적용 포기의 신고일이 속하는 달의 다음 달 1일부터 그 날이 속하는 과세기간의 종료일까지의 기간

표 2.3. 신규사업자 등의 과세기간

구 분	과세기간
(1) 신규사업자의 경우	사업개시일* ~ 사업개시일이 속하는 과세기간 종료일 * 사업개시일 전에 사업자등록을 신청한 경우에는 그 신청한 날부터
(2) 폐업하는 경우	폐업일이 속하는 과세기간 개시일 ~ 폐업일
(3) 간이과세를 포기하여 일반과세자로 되는 경우	다음의 기간을 각각 1과세기간으로 한다. ① 포기신고일이 속하는 과세기간 개시일 ~ 그 신고일이 속하는 달의 말일(간이과세자의 과세기간) ② 포기신고일이 속하는 달의 다음 달 1일 ~ 그 신고일이 속하는 과세기간의 종료일(일반과세자의 과세기간)

세부규정

• **합병으로 인한 소멸법인의 최종과세기간**(부기통 5-7-1)

합병으로 인한 소멸법인의 최종 과세기간은 법 제5조제3항에 따라 그 과세기간의 개시일부터 합병등기를 한 날까지로 한다.

2.6. 납세지

'납세지'란 납세의무자의 신고, 납부 등의 각종 의무 등을 이행함에 있어 상대방이 되는 과세관청을 결정할 때 기준이 되는 장소를 말한다. 즉, 납세지는 관할세무서를 결정하는 기준이 되는 장소인데, 사업자의 부가가치세 납세지는 원칙적으로 각 사업장의 소재지로 한다(부가법 §6 ①). 부가가치세는 사업장단위로 과세하는 것이 원칙이기 때문에 한 사업자가 둘 이상의 사업장이 있는 경우 각 사업장마다 사업자등록을 하여야 하고, 세금계산서도 각 사업장별로 발급해야 한다. 또한, 부가가치세의 신고 및 납부(환급)도 각 사업장별로 하여야 한다(사업장단위과세, 부가법 §6 ①).

다만, 사업자의 편의를 도모하기 위하여 둘 이상의 사업장이 있는 경우 부가가치세를 주된 사업장에서 총괄하여 납부할 수 있도록 하는 제도를 두고 있으며(주사업장총괄납부, 부가법 §51 ①), 본점 또는 주사무소에서 신고·납부 등을 총괄할 수 있는 제도(사업자단위과세, 부가법 §8 ③)도 마련되어 있다.

표 2.4. 납세지의 비교

구 분	내 용
① 사업장단위과세	사업자등록, 세금계산서 수수, 신고·납부, 결정·경정 등은 사업장별로 하여야 함
② 주사업장총괄납부	납부의 총괄이며, 사업자등록, 세금계산서 수수 및 신고 등은 각 사업장별로 하여야 함
③ 사업자단위과세	신고·납부의 총괄이며, 사업자등록 및 세금계산서 수수 등도 단일화 함

2.6.1. 사업장단위과세

부가가치세는 사업장마다 신고·납부하여야 한다(부가법 §6 ①). 사업자단위가 아닌 사업장단위를 과세원칙으로 하는 것은 부가가치세가 소득에 부과되는 소득세·법인세[4]와 달리 재화 또는 용역의 공급에 과세되는 조세이므로 재화 등의 공급이 이루어지는 사업장 자체를 과세단위로 세원관리를 함으로써 조세회피 의도 등을 방지하기 위함이다.

2.6.2. 사업장의 범위

(1) 업종별 사업장의 판정기준

사업장은 사업자가 사업을 하기 위하여 거래의 전부 또는 일부를 하는 고정된 장소로 하며(부가법 §6 ②), 이에 따른 사업장의 범위는 다음과 같다(부가령 §8 ①).

4) 소득세와 법인세는 납세지를 인적 단위로 한다. 즉, 소득세는 거주자의 경우 일반적으로 주소지(주소지가 없는 경우 거소지)가 되며, 법인세는 내국법인의 경우 일반적으로 법인의 등기부상 본점이나 주사무소 소재지이다.

구 분	사업장
① 광업	광업사무소의 소재지[주1)]
② 제조업	최종제품을 완성하는 장소 * 다만, 따로 제품의 포장만을 하거나 용기에 충전만을 하는 장소와 「개별소비세법」의 규정에 따른 저유소는 제외한다.
③ 건설업·운수업과 부동산매매업	㉠ 사업자가 법인인 경우 : 법인의 등기부상의 소재지(등기부상의 지점소재지를 포함) ㉡ 사업자가 개인인 경우 : 사업에 관한 업무를 총괄하는 장소[주2)]
④ 부동산임대업	부동산의 등기부상의 소재지[주3)]
⑤ 무인자동판매기를 통하여 재화·용역을 공급하는 사업	사업에 관한 업무를 총괄하는 장소
⑥ 비거주자 또는 외국법인	「소득세법」 또는 「법인세법」에 규정하는 장소(국내사업장[주4)])
⑦ 기타	아래 '주5)' 참조

주1) 이 경우 광업사무소가 광구(鑛區) 밖에 있을 때에는 그 광업사무소에서 가장 가까운 광구에 대하여 작성한 광업원부의 맨 처음에 등록된 광구 소재지에 광업사무소가 있는 것으로 본다.

주2) 다만, 법인의 명의로 등록된 차량을 개인이 운용하는 경우에는 법인의 등기부상 소재지(등기부상의 지점 소재지를 포함한다)로 하고, 개인의 명의로 등록된 차량을 다른 개인이 운용하는 경우에는 그 등록된 개인이 업무를 총괄하는 장소로 한다.

주3) 다만, 다음의 경우에는 그 사업에 관한 업무를 총괄하는 장소로 한다.

① 부동산상의 권리만을 대여하거나

② 다음에 해당하는 사업자가 부동산을 임대하는 경우

㉠ 「한국자산관리공사 설립 등에 관한 법률」에 의한 한국자산관리공사

㉡ 「농업협동조합의 구조개선에 관한 법률」에 의한 농업협동조합자산관리회사

㉢ 「부동산투자회사법」에 의한 기업구조조정 부동산투자회사

㉣ 「예금자보호법」에 의한 예금보험공사 및 정리금융회사

㉤ 「전기사업법」에 의한 전기사업자

㉥ 「전기통신사업법」에 의한 전기통신사업자

㉦ 「지방공기업법」에 의하여 설립된 지방공사로서 재정경제부령이 정하는 것[에스에이치(SH)공사 등]

㉧ 「한국농어촌공사 및 농지관리기금법」에 따른 한국농어촌공사

㉨ 「한국도로공사법」에 의한 한국도로공사

㉩ 「국가철도공단법」에 의하여 설립된 국가철도공단

㉪ 「한국토지주택공사법」에 따른 한국토지주택공사

㉫ 「주택도시기금법」에 따른 주택도시보증공사

㉬ 「새마을금고법」에 따른 새마을금고자산관리회사

주4) 비거주자 또는 외국법인이 국내에 사업의 전부 또는 일부를 수행하는 고정된 장소를 가지고 있는 경우에는 국내에 사업장이 있는 것으로 보는데 이를 '국내사업장'이라 한다.

주5) 기타 업종의 사업장

① 수자원을 개발하여 공급하는 사업 : 사업에 관한 업무를 총괄하는 장소

② 「방문판매 등에 관한 법률」에 의한 다단계판매원(이하 '다단계판매원'이라 한다)이 재화 또는 용역을 공급하는 사업 : 해당 다단계판매원이 등록한 다단계판매업자(이하 '다단계판매업자'라 한다)의 주된 사업장의 소재지. 다만,

다단계판매원이 상시 주재하여 거래의 전부 또는 일부를 행하는 별도의 장소가 있는 경우에는 그 장소로 한다.

③ 「전기통신사업법」에 의한 전기통신사업자가 통신요금 통합청구의 방법으로 요금을 청구하는 전기통신사업 : 업무를 총괄하는 장소
④ 「전기통신사업법」에 의한 전기통신사업자가 이동통신역무를 제공하는 전기통신사업 : 사업자가 법인인 경우에는 법인의 본점소재지, 개인인 경우에는 사업에 관한 업무를 총괄하는 장소
⑤ 「한국철도공사법」에 의한 한국철도공사가 경영하는 사업 : 사업에 관한 업무를 지역별로 총괄하는 장소
⑥ 「우정사업 운영에 관한 특례법」에 따른 우정사업조직이 「우편법」의 소포우편물을 방문접수하여 배달하는 용역을 공급하는 사업 : 사업에 관한 업무를 총괄하는 장소
⑦ 「전기사업법」에 따른 전기판매사업자가 전기요금 통합청구의 방법으로 요금을 청구하는 전기판매사업 : 사업에 관한 업무를 총괄하는 장소
⑧ 국가·지방자치단체 또는 지방자치단체조합이 공급하는 부동산임대업, 도매 및 소매업, 음식점업·숙박업, 골프장 및 스키장 운영업, 기타 스포츠시설 운영업 : 사업에 관한 업무를 총괄하는 장소. 다만, 위임·위탁 또는 대리에 의하여 재화나 용역을 공급하는 경우에는 수임자·수탁자 또는 대리인이 그 업무를 총괄하는 장소를 사업장으로 본다.
⑨ 「송유관안전관리법」에 따른 송유관설치자가 송유관을 통하여 재화 또는 용역을 공급하는 사업 : 사업에 관한 업무를 총괄하는 장소

(2) 신청에 의한 사업장 등록

이상에서 규정하는 사업장 이외의 장소도 사업자의 신청에 의하여 추가로 사업장으로 등록할 수 있다.[5] 다만, 무인자동판매기를 통하여 재화·용역을 공급하는 사업의 경우에는 그러하지 아니하다(부가령 §8 ④).

(3) 사업장의 미설치

사업장을 설치하지 아니하고 사업자등록도 하지 아니한 경우에는 과세표준 및 세액을 결정하거나 경정할 당시의 사업자의 주소 또는 거소를 사업장으로 한다(부가령 §8 ⑤).

(4) 직매장과 하치장

'직매장'이란 사업자가 자기의 사업과 관련하여 생산 또는 취득한 재화를 직접 판매하기 위하여 특별히 판매시설을 갖춘 장소를 말하는데, 이러한 직매장은 사업장으로 본다(부가령 §8 ③). 한편 '하치장'이란 사업자가 재화를 보관하고 관리할 수 있는 시설만을 갖춘 장소로서 하치장으로 신고된 장소를 말하는데[6], 이러한 하치장은 사업장으로 보지 아니한다(부가법 §6 ⑤ (1)).

직매장의 경우는 판매시설을 갖추고 판매활동이 이루어지는 장소로서 부가가치세법상 사업장으로 보지만, 하치장의 경우는 판매행위가 이루어지지 않고 단순히 재화의 보관·관리활동만 수행되는 곳으로 보아 사업장으로 보지 않는 것이다.

---

5) 제조업을 영위하는 사업자의 사업장은 최종제품을 완성하는 장소를 말하나, 최종제품을 완성하는 장소 외의 자기사업과 관련된 매입거래만을 행하는 장소(본사·출장소 등)도 사업자의 신청에 의하여 사업장으로 등록할 수 있다(집행기준 6-8-2).

6) 재화의 보관·관리 시설만을 갖춘 장소에 대하여는 하치장 설치 신고서의 제출 여부에 불구하고 하치장으로 본다(집행기준 6-9-1).

표 2.5. 직매장과 하치장의 비교

구 분	직매장	하치장
① 주된 활동	판매 활동	단순 보관·관리 활동
② 사업장 여부	사업장으로 봄	사업장으로 보지 아니함
③ 사업자등록 의무	사업자등록 의무	사업자등록 의무 없음 * 단, 하치장설치신고 의무는 있음[주)]

주) 하치장을 둔 사업자는 하치장설치신고서를 하치장을 둔 날부터 10일 이내에 하치장 관할세무서장에게 제출하여야 한다. 다만, 「주류 면허 등에 관한 법률 시행령」에 따라 관할세무서장의 승인을 받은 주류하치장의 경우에는 하치장설치신고서의 제출을 생략할 수 있다(부가령 §9 ①). 이러한 하치장설치의 신고를 받은 하치장 관할세무서장은 하치장설치신고를 받은 날부터 10일 이내에 납세지 관할세무서장에게 그 사실을 통보하여야 한다(부가령 §9 ②).

(5) 임시사업장

'임시사업장'이란 각종 경기대회나 박람회 등 행사가 개최되는 장소에 개설한 사업장으로서,[7] 임시사업장은 사업자가 임시사업장을 개설하기 전에 두고 있던 사업장(이하 '기존사업장'이라 한다)에 포함되는 것으로 한다(부가법 §6 ⑤ (2), 부가령 §10 ①). 따라서 임시사업장의 경우에는 별도로 사업자등록을 요하지 아니한다.

1) 임시사업장 개설신고

임시사업장을 개설하려는 자는 임시사업장개설신고서를 해당 임시사업장의 사업개시일부터 10일 이내에 임시사업장의 관할세무서장에게 제출(국세정보통신망에 의한 제출을 포함한다)해야 한다. 다만, 임시사업장의 설치기간이 10일 이내인 경우에는 임시사업장개설신고를 하지 않을 수 있다(부가령 §10 ②).

임시사업장개설신고서를 제출받은 세무서장은 임시사업장 설치의 타당성을 확인하여 그 결과를 신청인과 기존사업장의 관할세무서장에게 통지하여야 한다(부가령 §10 ③).

2) 임시사업장 폐쇄신고

임시사업장을 개설한 자가 임시사업장을 폐쇄하였을 때에는 폐쇄일로부터 10일 이내에 임시사업장폐쇄신고서를 그 임시사업장 관할세무서장에게 제출하여야 한다(부가령 §10 ④).

(6) 재화의 수입에 대한 납세지

재화를 수입하는 자의 부가가치세 납세지는 「관세법」에 따라 수입을 신고하는 세관의 소재지로 한다(부가법 §6 ⑥).

---

7) 바자회나 시장조사목적 또는 해수욕장 등에서 재화 또는 용역을 공급하기 위하여 사업장을 임시로 개설한 경우에도 임시사업장으로 신고할 수 있다(집행기준 6-10-1).

세부규정

• **사업장에 해당하지 않는 장소의 예시**(집행기준 6-8-3)

① 제품의 판매목적이나 보관·관리를 위한 별도의 시설을 갖추지 아니하고 단순히 견본품만을 전시할 목적으로 진열시설을 갖춘 장소
② 재화 또는 용역의 공급 없이 주문만을 받는 장소
③ 물품을 판매하지 아니하고 단순히 본점의 지시에 따라 판매업무에 수반하는 상품의 수주나 대금의 영수, 신용조사 및 주문처와의 단순한 업무연락만 하는 장소
④ 사업자가 자기가 생산한 재화를 판매하지 아니하고 단순히 보관 또는 관리하는 장소
⑤ 사업자가 백화점사업자와 일반적인 또는 특정 거래조건(재고반품 및 마진율과 대금지급 등)에 의한 계약을 체결하여 백화점사업자에게 재화를 공급(납품)하고 그 공급대가는 해당 매장에서 고객에게 판매된 금액 중 일정비율에 상당하는 이윤을 차감한 금액으로 지급받기로 하는 경우 그 매장
⑥ 단체급식사업자가 인력을 파견하여 수탁사업자로 하여금 음식용역을 제공하게 하는 장소
⑦ 직접 판매행위를 하지 않고 단순히 모바일 서비스 홍보, 가입신청자 접수, 제품의 인도 등 보조적인 업무만 하는 장소
⑧ 외국법인이 국내 보세구역 내 창고에서 다수의 다른 고객을 상대로 사업을 하는 독립적인 물류업자를 통하여 물품의 보관·인도만 하고, 주문·계약 등은 국외에서 수행함에 따라 「법인세법」 제94조에 따른 장소에 해당하지 아니하는 경우 해당 보세구역 내 창고

2.6.3. 주사업장총괄납부

둘 이상의 사업장을 가진 사업자의 경우 각 사업장별로 부가가치세를 신고·납부(환급)하는 것이 원칙이나(사업장단위과세), 납세자의 편의 도모 및 자금부담 완화 등의 목적으로 사업장이 둘 이상인 사업자(사업장이 하나이나 추가로 사업장을 개설하려는 사업자를 포함)가 주된 사업장 관할세무서장에게 주사업장총괄납부를 신청한 때에는 납부할 세액을 주된 사업장에서 총괄하여 납부할 수 있는데, 이를 '주사업장총괄납부'라고 한다(부가법 §51 ①).

단, 주사업장총괄납부는 납부(환급)만을 총괄하는 것이므로 사업자등록, 세금계산서 발급·수취, 부가가치세 과세표준 및 납부(환급)세액의 계산 및 신고 등은 각 사업장별로 하여야 하며, 결정·경정도 각 사업장 관할세무서장이 행하여야 한다.

(1) 주된 사업장의 범위

주된 사업장은 법인의 본점(주사무소를 포함한다) 또는 개인의 주사무소로 한다. 다만, 법인의 경우에는 지점(분사무소를 포함한다)을 주된 사업장으로 할 수 있다(부가령 §92 ①).

표 2.6. 법인과 개인의 주된 사업장 비교

사업자	주된 사업장
법 인	본점(주사무소를 포함) 또는 지점(분사무소를 포함)
개 인	주사무소

(2) 주사업장총괄납부 신청절차

주된 사업장에서 총괄하여 납부하는 사업자가 되려는 자는 그 납부하려는 과세기간 개시 20일 전에 주사업장총괄납부신청서를 주된 사업장의 관할세무서장에게 제출(국세정보통신망에 의한 제출을 포함한다)하여야 한다(부가령 §92 ②).

위의 규정에 불구하고 다음 중 어느 하나에 해당하는 사업자가 주된 사업장에서 총괄하여 납부하려는 경우에는 다음의 구분에 따른 기한까지 주사업장총괄납부신청서를 주된 사업장의 관할세무서장에게 제출(국세정보통신망에 의한 제출을 포함한다)하여야 한다(부가령 §92 ③).

① 신규로 사업을 시작하는 자 : 주된 사업장의 사업자등록증을 받은 날부터 20일
② 사업장이 하나이나 추가로 사업장을 개설하는 자 : 추가 사업장의 사업개시일부터 20일[주)]

주) 추가 사업장의 사업개시일이 속하는 과세기간 이내로 한정한다.

전술한 규정에 따라 주사업장총괄납부를 신청한 자는 해당 신청일이 속하는 과세기간부터 총괄하여 납부한다(부가령 §92 ④).

(3) 주사업장총괄납부의 변경

주사업장총괄납부사업자는 다음의 사유가 발생한 경우에는 다음의 구분에 따른 관할세무서장에게 사업자의 인적사항·변경사유 등이 적힌 주사업장총괄납부변경신청서를 제출(국세정보통신망에 의한 제출을 포함한다)하여야 한다.

구 분	변경신청서 제출관할
① 종된 사업장을 신설하는 경우	그 신설하는 종된 사업장 관할세무서장
② 종된 사업장을 주된 사업장으로 변경하려는 경우	주된 사업장으로 변경하고자 하는 사업장 관할세무서장
③ 사업자등록사항의 변경사유에 해당하는 경우	그 정정사유가 발생한 사업장 관할세무서장 * 단, 그 사유가 법인의 대표자 변경에 해당하는 경우에는 주된 사업장 관할세무서장

④ 일부 종된 사업장을 총괄납부대상 사업장에서 제외하고자 하는 경우	주된 사업장 관할세무서장
⑤ 기존의 사업장을 총괄납부대상 사업장에 추가하고자 하는 경우	주된 사업장 관할세무서장

이 경우 '①'과 '③'에 따라 신청서를 받은 종된 사업장의 관할세무서장은 주된 사업장의 관할세무서장에게 그 신청서를 지체 없이 보내야 한다(부가령 §93 ①). 한편, 주사업장총괄납부변경신청서를 제출하였을 때에는 그 변경신청서를 제출한 날이 속하는 과세기간부터 총괄하여 납부한다(부가령 §93 ②).[8)]

(4) 주사업장총괄납부의 적용제외 및 포기

1) 총괄납부의 적용제외

주사업장총괄납부사업자가 다음 중 어느 하나에 해당하는 경우 주된 사업장 관할세무서장은 주사업장총괄납부를 적용하지 아니할 수 있다(부가령 §94 ①).

① 사업내용의 변경으로 총괄납부가 부적당하다고 인정되는 경우
② 주된 사업장의 이동이 빈번한 경우
③ 그 밖의 사정변경에 의하여 총괄납부가 적당하지 아니하게 된 경우

2) 총괄납부의 포기

주사업장총괄납부사업자가 주사업장총괄납부를 포기할 때에는 각 사업장에서 납부하려는 과세기간 개시 20일 전에 주사업장총괄납부포기신고서를 주된 사업장관할세무서장에게 제출(국세정보통신망에 의한 제출을 포함한다)하여야 한다(부가령 §94 ②).

위의 규정에 따라 주사업장총괄납부를 적용하지 아니하게 되거나 포기한 경우에 주된 사업장 관할세무서장은 지체 없이 그 내용을 해당 사업자와 주된 사업장 외의 사업장 관할세무서장에게 통지하여야 한다(부가령 §94 ③).

이와 같이 주사업장총괄납부를 적용하지 아니하게 되거나 포기한 경우에는 그 적용을 하지 아니하게 된 날 또는 포기한 날이 속하는 과세기간의 다음 과세기간부터 각 사업장에서 납부하여야 한다(부가령 §94 ④).

---

8) 총괄납부사업자의 주된 사업장 또는 종된 사업장에 등록정정사항이 발생한 경우 변경신청을 하여야 하나 이러한 변경신청을 하지 아니한 경우에는 관할세무서장의 직권취소가 없는 한 해당 총괄납부는 계속 유효하다(집행기준 51-0-2).

(5) 판매목적 타사업장 반출에 대한 재화의 간주공급 적용의 배제

사업장이 둘 이상인 사업자가 자기의 사업과 관련하여 생산 또는 취득한 재화를 판매할 목적으로 자기의 다른 사업장에 반출하는 것은 재화의 공급으로 본다. 단, 주사업장총괄납부사업자 또는 사업자단위과세사업자가 총괄납부 또는 사업자단위과세의 적용을 받는 과세기간에 반출하는 것은 이를 재화의 공급으로 보지 아니한다.

다만, 주사업장총괄납부사업자가 세금계산서를 발급하여 부가가치세를 신고한 경우에는 그러하지 아니한데, 이에 대하여는 '**3.5. 재화의 간주공급**'에서 자세히 살펴보기로 한다.

주사업장 총괄납부 적용 사례(집행기준 51-0-1)

서울시에 자동차부품 제조업에 대한 본점사업장을 두고 부산과 광주에 각각 제조공장(지점)을 설치하여 사업을 운영하던 백두(주)가 2026년 6월 10일 총괄납부신청을 한 후 2026년 2기 예정신고시 각 사업장별 납부(환급)세액은 본점 7,000,000원, 부산지점은 △5,000,000원, 광주지점은 3,000,000원인 경우 부가가치세 신고 방법에 대해 설명하시오.

☞ 백두(주)는 각 사업장 관할세무서장에게 부가가치세 예정신고서를 작성하여 제출하여야 하고, 주사업장(본점) 관할세무서장에게 '사업장별 부가가치세 과세표준 및 납부세액신고명세서'를 제출함과 함께 납부세액 5,000,000원(7,000,000-5,000,000+3,000,000)을 납부하거나 한국은행(그 대리점 포함) 또는 체신관서에 납부하여야 한다.

2.6.4. 사업자단위과세

사업자가 둘 이상의 사업장을 가지는 경우 각 사업장마다 사업자등록을 해야 하며, 세금계산서 발급·수취, 부가가치세 신고·납부 등 모든 납세협력의무를 사업장단위로 이행해야 하는 것이 원칙이다(사업장단위과세제도). 반면, 둘 이상의 사업장이 있는 경우 사업자등록, 부가가치세 신고·납부, 세금계산서 발급·수취 등을 사업자의 본점 및 주사무소에서 할 수 있도록 함으로써 사업자의 납세협력비용 축소 및 납세편의를 도모하고 있는데, 이를 '사업자단위과세제도'라 한다.

사업자단위과세제도의 최초 도입 시에는 ERP(Enterprise Resource Planning, 전사적 자원관리) 시스템을 갖춘 사업자가 본점 또는 주사무소의 관할세무서장에게 신청하여 승인을 얻은 경우에 한하여 사업자단위과세를 적용하였으나, 현행 부가가치세법 하에서는 이러한 전사적 자원관리 시스템을 구축하지 않은 기업에게도 사업자단위과세를 허용함으로써 해당 시스템을 구축하려는 기업들의 부담을 덜어주고 있다. 또한 도입 당시 있었던 승인 요건도 현행 부가가치세법 하에서는 폐지되었다.

(1) 사업자단위과세 적용사업장

사업장이 둘 이상인 사업자(사업장이 하나이나 추가로 사업장을 개설하려는 사업자를 포함)는 사업자단위로 해당 사업자의 본점 또는 주사무소 관할세무서장에게 등록을 신청할 수 있다. 이 경우 등록한 사업자를 '사업자단위과세사업자'라 한다(부가법 §8 ③). 사업자단위과세사업자는 각 사업장을 대신하여 그 사업자의 본점 또는 주사무소의 소재지를 부가가치세 납세지로 한다(부가법 §6 ④).[9] 주사업장총괄납부의 경우 법인의 지점도 주된 사업장으로 할 수 있었지만, 사업자단위과세의 경우 법인의 지점은 적용사업장이 될 수 없다는 점에 유의하여야 한다.

(2) 사업자단위과세의 포기

사업자단위과세사업자가 각 사업장별로 신고·납부하거나 주사업장총괄납부를 하려는 경우에는 그 납부하려는 과세기간 개시 20일 전에 사업자단위과세포기신고서를 사업자단위과세적용사업장 관할세무서장에게 제출하여야 하며(부가령 §17 ①), 사업자단위과세적용사업장 관할세무서장은 사업자단위과세포기신고서의 처리결과를 지체 없이 해당 사업자와 종된 사업장의 관할세무서장에게 통지하여야 한다(부가령 §17 ②).

사업자단위과세를 포기한 경우에는 그 포기한 날이 속하는 과세기간의 다음 과세기간부터 사업자단위과세포기신고서에 적은 내용에 따라 각 사업장별로 신고·납부하거나 주사업장총괄납부를 하여야 한다(부가령 §17 ③).

표 2.7. 사업장단위과세, 주사업장총괄납부 및 사업자단위과세의 비교

구 분	사업장단위과세	주사업장총괄납부	사업자단위과세
① 적용요건	제한 없음	제한 없음[주1)]	제한 없음[주2)]
② 적용사업장	각 사업장	법인 : 본점 또는 지점 개인 : 주사무소	법인 : 본점 개인 : 주사무소
③ 사업자등록·세금계산서 발급·신고 등	각 사업장	각 사업장	사업자단위
④ 납부(환급)	각 사업장	주된 사업장에서 총괄	사업자단위
⑤ 포기	–	제한 없음[주3)]	제한 없음[주3)]
⑥ 판매목적 타사업장 반출에 대한 간주공급	적용	배제	배제

9) 둘 이상의 간이과세 사업장을 가지고 있는 사업자가 사업자단위과세사업자로 등록한 경우, 본점 또는 주사무소는 신고·납부와 관련하여 각 사업장으로 보는 것이므로 간이과세 적용 및 납부의무면제 여부는 모든 사업장의 수입금액을 통산하여 판단한다(집행기준 8-0-3).

주1) 신청만으로 적용되며, 별도의 승인 요건은 없다.

주2) 사업자단위로 사업자등록을 하는 경우 적용되며, 이 외 별도의 승인 요건 및 전사적자원관리(ERP) 시스템 요건은 없다.

주3) 주사업장총괄납부의 경우는 각 사업장별로 납부하려는 과세기간 개시 20일 전에, 사업자단위과세의 경우 사업장별로 신고·납부하거나 주사업장총괄납부를 하려는 과세기간 개시 20일 전에 각각 주사업장총괄납부포기신고서 혹은 사업자단위과세포기신고서를 관할세무서장에게 제출하여야 한다.

사업자단위과세사업자 적용 사례(집행기준 8-0-2)

서울시에 본점사업장을 두고 용인, 수원, 대전에 각각 직매장을 설치하여 2025년부터 의류제조업을 운영하던 인왕(주)가 2026년 6월 9일 사업자단위과세 등록신청서를 본점사업장 관할세무서장에게 제출하여 2026년 제2기부터 사업자단위과세를 적용받게 되었다. 이 경우 각 유형별 납세의무 이행 방법에 대해 설명하시오.

☞ 정기 신고·납부(예정·확정·조기), 수정신고, 경정청구, 결정·경정 : 주사업장 관할세무서장 소관

☞ 세금계산서 발급 : 본점의 인적사항을 적어 발급하되, 비고란에 종된 사업장의 상호와 소재지를 적어 발급

세부규정

• **인접되어 있는 사업장의 동일 사업장 여부**(부기통 6-8-1)

제조업자의 제조장 부지가 도로 또는 하천으로 인하여 연속되지 아니하고 가까이 떨어져 있는 장소에 각각 제조장이 설치되어 있는 경우 그 제조장들을 일괄하여 한 장소에서 제조 · 저장 · 판매 등의 관리를 총괄적으로 하는 등 그 실태가 동일제조장으로 인정되는 경우에는 동일한 사업장으로 본다.

• **토사석 채취업의 납세지**(부기통 6-8-2)

토사석 등을 채취하는 광업의 사업장은 사업자 또는 그 사용인이 상시주재하여 거래의 전부 또는 일부를 행하는 사무소의 소재지이다. 다만, 그 사무소가 토사석채취장소의 안 또는 인근에 있지 아니하는 때에는 토사석의 채취장소를 사업장으로 본다.

• **총괄납부사업자의 수정신고 및 경정시의 납세지**(부기통 6-8-3)

① 「국세기본법」 제45조 및 제45조의 2에 따른 수정신고 또는 경정청구 사유가 발생한 때에는 그 사유가 발생한 사업장 관할세무서장에게 수정신고서 또는 경정청구서를 제출함과 동시에 세액을 추가납부하여야 한다.

② 영 제92조에 따른 주사업장 총괄납부사업자가 확정신고를 하지 아니하거나 확정신고의 내용에 오류 또는 탈루가 있는 때에는 각 사업장 관할세무서장이 과세표준과 납부세액 또는 환급세액을 경정한다.

2.7. 과세관할

사업자에 대한 부가가치세는 납세지를 관할하는 세무서장 또는 지방국세청장이 과세한다(부가법 §7 ①). 한편 재화를 수입하는 자에 대한 부가가치세는 「관세법」에 따라 수입을 신고하는 세관의 소재지를 관할하는 세관장이 과세한다(부가법 §7 ②). 사업자의 부가가치세 과세표준과 세액을 결정 또는 경정하는 때에 그 사업자의 납세지를 관할하는 세무서장 또는 지방국세청장 외의 자가 행한 결정 또는 경정처분은 그 효력이 없다(집행기준 7-0-1).

2.8. 사업자등록

'사업자등록'이란 부가가치세의 납세의무자인 사업자의 상호·인적사항 등 사업관련 내용을 과세관청의 대장에 등록하는 것을 말한다. 사업자는 이러한 등록 절차를 거쳐 관할세무서로부터 사업자등록번호를 부여받게 되는데, 과세관청은 이 사업자등록번호를 통하여 과세자료를 효율적으로 관리할 수 있게 된다. 사업자는 재화나 용역을 공급할 때 혹은 공급받을 때 사업자등록번호를 기재하여 세금계산서를 수수하여야 하는데, 세금계산서의 수수는 전단계세액공제법을 채택하고 있는 우리나라의 부가가치세제 하에서는 그 근간이 되는 것으로, 세금계산서에 기재될 사업자등록번호를 부여받는 사업자등록 절차 또한 매우 중요하다고 볼 수 있다.[10)]

신규로 사업을 개시하는 사업자는 원칙적으로 사업장마다 사업개시일부터 20일 내에 일정한 서류를 첨부한 사업자등록신청서를 사업장관할세무서장에게 제출하여야 한다. 다만, 신규로 사업을 개시하고자 하는 자는 사업개시일 전이라도 등록할 수 있으며, 사업자가 등록하지 아니한 경우에는 관할세무서장이 조사하여 직권으로 등록시킬 수 있다.

한편 사업자단위과세를 적용받고자 하는 사업자는 사업자단위로 해당 사업자의 본점 또는 주사무소 관할세무서장에게 등록할 수 있다.

사업자등록은 납세의무자의 협력의무에 해당되는 것으로, 사업자가 사업자등록을 하지 아니하는 경우에는 매입세액불공제, 가산세 부과 등의 불이익이 발생하게 된다. 부가가치세의 납세의무가 없는 면세사업사는 부가가치세법상의 사업자등록의무는 없지만, 면세사업자의 경우에도 「소득세법」 및 「법인세법」에 의하여 사업자등록을 하여야 한다.

10) 이러한 사업자등록은 부가가치세 업무의 효율적인 운영을 위하여 납세의무자의 사업에 관한 일련의 사항을 세무관서의 공부에 등재하는 것이므로, 사업자등록증의 발급이 해당 사업자에게 사업을 허용하거나 사업경영을 할 권리를 인정하는 것은 아니다(집행기준 8-0-1).

2.8.1. 사업자등록의 신청

(1) 신청 개요

사업자는 사업장마다 사업개시일부터 20일 이내에 사업장 관할세무서장에게 사업자등록을 신청하여야 한다. 다만, 신규로 사업을 시작하려는 자는 사업개시일 이전이라도 사업자등록을 신청할 수 있다(부가법 §8 ①). 이 경우 사업자는 사업자등록의 신청을 사업장 관할세무서장이 아닌 다른 세무서장에게도 할 수 있다. 이 경우 사업장 관할세무서장에게 사업자등록을 신청한 것으로 본다(부가법 §8 ②).

한편 사업장이 둘 이상인 사업자(사업장이 하나이나 추가로 사업장을 개설하려는 사업자를 포함)는 사업자단위로 해당 사업자의 본점 또는 주사무소 관할세무서장에게 등록을 신청할 수 있다(부가법 §8 ③). 이 경우 사업장단위로 등록한 사업자가 사업자단위과세사업자로 변경하려면 사업자단위과세사업자로 적용받으려는 과세기간 개시 20일 전까지 사업자의 본점 또는 주사무소 관할세무서장에게 변경등록을 신청하여야 한다.[11] 사업자단위과세사업자가 사업장단위로 등록을 하려는 경우에도 또한 같다(부가법 §8 ④).

또한, 신탁재산의 공급과 관련하여 수탁자가 납세의무자가 되는 경우 수탁자(공동수탁자가 있는 경우 대표수탁자를 말한다)는 해당 신탁재산을 사업장으로 보아 사업자등록을 신청하여야 한다(신탁재산별 사업자등록[12], 부가법 §8 ⑥).[13]

(2) 사업자등록 구비서류

사업자등록을 하려는 사업자는 사업장마다 사업자등록신청서를 관할세무서장이나 그 밖에 신청인의 편의에 따라 선택한 세무서장에게 제출(국세정보통신망에 의한 제출을 포함한다)해야 한다(부가령 §11 ①).

---

11) 한편, 사업장이 하나인 사업자가 추가로 사업장을 개설하면서 추가 사업장의 사업개시일이 속하는 과세기간부터 사업자단위과세사업자로 적용받으려는 경우에는 추가 사업장의 사업개시일부터 20일 이내(추가 사업장의 사업개시일이 속하는 과세기간 이내로 한정)에 사업자의 본점 또는 주사무소 관할세무서장에게 변경등록을 신청하여야 한다(부가법 §8 ⑤).

12) 다만, 수탁자가 사업자등록을 신청하는 경우로서 다음의 요건을 모두 갖춘 경우에는 둘 이상의 신탁재산을 하나의 사업장으로 보아 신탁사업에 관한 업무를 총괄하는 장소를 관할하는 세무서장에게 사업자등록을 신청할 수 있다(부가령 §11 ⑪).

① 수탁자가 하나 또는 둘 이상의 위탁자와 둘 이상의 신탁계약을 체결하였을 것

② 신탁계약이 다음 각 목의 어느 하나에 해당할 것

㉠ 수탁자가 위탁자로부터 「자본시장과 금융투자업에 관한 법률」에 따른 재산을 위탁자의 채무이행을 담보하기 위해 수탁으로 운용하는 내용으로 체결되는 신탁계약

㉡ 「자본시장과 금융투자업에 관한 법률」에 따른 신탁업자가 같은 법에 따른 재산을 수탁하여 운용하는 신탁계약

㉢ 「저작권법」에 따른 저작권신탁관리업을 영위하는 자가 같은 법에 따른 권리를 수탁하여 운용하는 신탁계약

㉣ 「기술의 이전 및 사업화 촉진에 관한 법률」에 따른 기술신탁관리업을 영위하는 자가 같은 법 에 따른 기술과 그 사용에 관한 권리를 수탁하여 운용하는 신탁계약

13) 이 경우에는 해당 신탁재산의 등기부상 소재지, 등록부상 등록지 또는 신탁사업에 관한 업무를 총괄하는 장소를 사업장으로 한다(부가령 §10 ⑦).

다만, 사업자단위과세사업자로 등록을 신청하려는 사업자는 본점 또는 주사무소(이하 '사업자단위과세적용사업장'이라 한다)에 대하여 다음의 사항을 적은 사업자등록신청서를 사업자단위과세적용사업장 관할세무서장에게 제출하여야 한다(부가령 §11 ②).[14)]

사업자등록신청서에는 다음의 서류를 첨부하여야 하며 사업자등록을 신청하는 자가 미성년자인 경우에는 법정대리인의 동의를 확인할 수 있는 서류를 추가하여 제출하여야 한다. 다만, 사업개시일 전에 사업자등록을 신청하는 경우 해당 법인의 설립등기 전 또는 사업의 허가·등록이나 신고 전에 사업자등록을 할 때에는 법인설립을 위한 사업허가신청서사본, 사업등록신청서사본, 사업신고서사본 또는 사업계획서로 이를 대신할 수 있다(부가령 §11 ③, ④).

구 분	첨부서류
① 법령에 따라 허가를 받거나 등록 또는 신고를 하여야 하는 사업의 경우	사업허가증사본, 사업등록증사본 또는 신고확인증사본
② 사업장을 임차한 경우	임대차계약서사본
③ 사업장을 전차한 경우	전대차계약서 사본, 임대인의 전차동의서(임대차계약서에 전차 시 임대인의 동의가 필요없다는 특약이 있는 경우 해당 임대차계약서 사본)
④ 「상가건물 임대차보호법」에 따른 상가건물의 일부분만 임차한 경우	해당 부분의 도면
⑤ 「조세특례제한법」에 따른 금지금[주)] 도매 및 소매업	사업자금 명세 또는 재무상황 등을 확인할 수 있는 자금출처명세서
⑥ 「개별소비세법」에 따른 과세유흥장소에서 영업을 경영하려는 경우	사업자금 명세 또는 재무상황 등을 확인할 수 있는 자금출처명세서
⑦ 사업자단위로 등록하려는 사업자	사업자단위과세사용사업장 외의 사업장(종된 사업장)에 대한 위 '①~⑤'의 규정에 따른 서류 및 사업장 소재지·업태·종목 등 재정경제부령으로 정하는 서류
⑧ 액체·기체연료 및 관련제품 도매업, 차량용 주유소 운영업, 차량가스 충전업, 가정용 액체연료 소매업과 가정용 가스연료 소매업	사업자금 명세 또는 재무상황 등을 확인할 수 있는 자금출처명세서
⑨ 재생용 재료 수집 및 판매업	사업자금 명세 또는 재무상황 등을 확인할 수 있는 자금출처명세서

주) '금지금(金地金)'이란 금괴(덩어리)·골드바 등 원재료 상태로서 순도가 99.5% 이상인 금을 말한다.

14) 사업자등록신청서에는 사업자의 인적사항, 사업자등록 신청사유, 사업개시 연월일 또는 사업장설치착수 연월일 등이 기재되어야 한다.

2.8.2. 사업자등록증의 발급

(1) 사업자등록증 발급기한

사업자등록의 신청을 받은 사업장 관할세무서장(사업자단위로 등록을 신청한 경우 본점 또는 주사무소 관할세무서장을 말한다)은 사업자의 인적사항과 그 밖에 필요한 사항을 적은 사업자등록증을 신청일부터 2일 이내(토요일 및 일요일, 공휴일 및 대체공휴일 또는 근로자의 날은 산정에서 제외한다)에 신청자에게 발급하여야 한다.[15] 다만, 사업장시설이나 사업현황을 확인하기 위하여 국세청장이 필요하다고 인정하는 경우에는 발급기한을 5일 이내에서 연장하고 조사한 사실에 따라 사업자등록증을 발급할 수 있다(부가법 §8 ⑥, 부가령 §11 ⑤).

한편, 사업장 관할세무서장은 사업자등록의 신청 내용을 보정(補正)할 필요가 있다고 인정될 때에는 10일 이내의 기간을 정하여 보정을 요구할 수 있다. 이 경우 해당 보정기간은 위 발급기간에 산입하지 아니한다(부가령 §11 ⑫).

‖ 그림 2.3. ‖ 사업자등록증의 발급

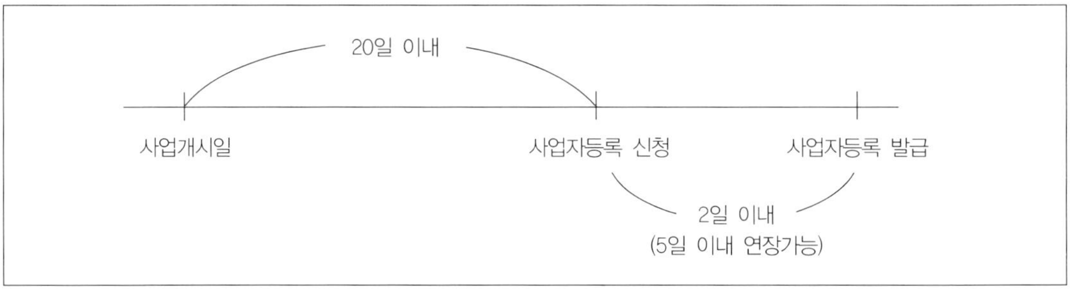

(2) 등록거부와 직권등록

1) 등록거부

사업개시일 전에 사업자등록의 신청을 받은 사업장 관할세무서장은 신청자가 사업을 사실상 시작하지 아니할 것이라고 인정될 때에는 등록을 거부할 수 있다(부가령 §11 ⑦).

2) 직권등록

사업자 또는 국외사업자가 사업자등록 또는 간편사업자등록을 하지 아니하는 경우에는 납세지 관할세무서장이 조사하여 등록할 수 있다(직권등록, 부가령 §11 ⑥).

---

15) 2020년 2월 시행령 개정에서 사업자의 신속한 창업지원을 위해 사업자등록증 발급기한을 기존 3일에서 2일로 단축하였다. 해당 개정 규정은 2020년 7월 1일 이후 사업자등록을 신청하는 분부터 적용한다(대통령령 제30397호, 2020.2.11 부칙 §1).

(3) 등록번호

사업자등록번호는 사업장마다 관할세무서장이 부여한다. 다만, 사업자단위로 등록신청을 한 경우에는 사업자단위과세적용사업장에 한 개의 등록번호를 부여한다(부가령 §12 ①). 관할세무서장은 과세자료를 효율적으로 처리하기 위하여 다음에 해당하는 자에게도 등록번호에 준하는 고유번호를 부여할 수 있다(부가령 §12 ②).

① 매출처별세금계산서합계표를 제출할 의무가 있는 수입세금계산서를 발급한 세관장
② 매입처별세금계산서합계표를 제출할 의무가 있는 세금계산서를 발급받은 국가, 지방자치단체, 지방자치단체조합, 부가가치세가 면제되는 사업자 중 소득세 또는 법인세의 납세의무가 있는 자 등

세부규정

- **다단계판매원의 사업자등록**

다단계판매원이 「방문판매 등에 관한 법률」의 규정에 따라 다단계판매업자에게 등록을 하고 도매 및 소매업을 경영할 목적으로 다단계판매업자에게 도매 및 소매업자로 신고한 경우 그 다단계판매원에 대하여 다단계판매업자가 그 신고일이 속하는 달의 다음달 10일까지 사업장 관할세무서장에게 다단계판매원의 인적사항, 사업개시연월일과 그 밖에 국세청장이 정하는 사항을 신고하였을 때에는 해당 다단계판매원이 사업자등록신청을 한 것으로 본다. 다만, 다음의 경우에는 그러하지 아니하다(부가령 §11 ⑧).

① 간이과세자의 납부의무 면제규정(해당 과세기간에 대한 공급대가가 4천8백만원 미만인 경우)에 의하여 납부의무가 면제되지 아니하는 다단계판매원
② 상시 주재하여 거래의 전부 또는 일부를 행하는 별도의 장소가 있는 경우에 해당하는 다단계판매원

위의 규정에 따라 신고한 다단계판매원에 대해서는 다단계판매업자가 「방문판매 등에 관한 법률」에 따라 발급한 다단계판매원등록증을 관할세무서장이 다단계판매원에게 발급한 사업자등록증으로 보며(부가령 §11 ⑨), 이 경우 다단계판매업자가 「방문판매 등에 관한 법률」에 따라 다단계판매원에게 부여한 등록번호를 사업자등록번호로 본다(부가령 §12 ③).

[별지 제7호서식(1)]

사 업 자 등 록 증

(　　　　　　　　　　　　)

등록번호 :

① 상호 :　　　　　　　　　　　　　　② 성명 :

③ 개업연월일 :　　년　　월　　일　　④ 생년월일 :

⑤ 사업장소재지 :

⑥ 사업의 종류 :　　업태　　　　　종목

⑦ 발급사유 :

⑧ 공동사업자 :

⑨ 주류판매신고번호 :

⑩ 사업자단위과세 적용사업자 여부 : 여( ) 부( )

⑪ 전자세금계산서 전용 전자우편주소 :

년　　월　　일

ㅇㅇ세무서장　직인

[별지 제7호서식(2)]

사 업 자 등 록 증

(　　　　　　　　　　　　)

등록번호:

① 법인명(단체명) :

② 대표자 :

③ 개업연월일 :　　년　　월　　일　　④ 법인등록번호:

⑤ 사업장소재지 :

⑥ 본점소재지 :

⑦ 사업의 종류 :　　업태　　　　　종목

⑧ 발급사유 :

⑨ 주류판매신고번호 :

⑩ 사업자단위과세 적용사업자 여부 : 여( ) 부( )

⑪ 전자세금계산서 전용 전자우편주소 :

년　　월　　일

ㅇㅇ세무서장　직인

[별지 제7호서식(2) 부표]

사업자 단위 과세 적용 종된 사업장 명세

(사업자등록번호 : - -)

① 일련 번호	② 법인명 (단체명)	③ 종된 사업장 개설일	④ 대표자	⑤ 사업장 소재지	⑥ 사업의 종류	
					업태	종목
0001						
0002						
0003						
0004						
0005						
0006						
0007						
0008						
0009						
0010						
0011						
0012						
0013						
0014						
0015						

년 월 일

○○세무서장 직인

2.8.3. 사업자등록사항의 변경

사업자가 다음 중 어느 하나에 해당하는 때에는 지체 없이 사업자의 인적사항, 사업자등록의 변경 사항 및 그 밖의 필요한 사항을 적은 사업자등록정정신고서를 관할세무서장이나 그 밖에 신청인의 편의에 따라 선택한 세무서장에게 제출(국세정보통신망에 따른 제출을 포함한다)해야 한다(부가법 §8 ⑦, 부가령 §14 ①).[16] 이 경우 사업자등록정정신고를 받은 세무서장은 다음의 구분에 따른 기한 이내에 변경 내용을 확인하고 사업자등록증의 기재사항을 정정하여 재발급해야 한다(부가령 §14 ③).

구 분	재발급기한
① 상호를 변경하는 경우	신고일 당일
② 통신판매업자가 사이버몰의 명칭 또는 인터넷 도메인이름을 변경하는 경우[주1)]	
③ 법인 또는 「국세기본법」에 의하여 법인으로 보는 단체 외의 단체로서 해당 단체의 대표자를 변경하는 경우	신고일부터 2일 이내
④ 사업의 종류에 변동이 있는 경우(사업의 종류를 완전히 다른 종류로 변경한 경우 및 새로운 사업의 종류를 추가하거나 사업의 종류 중 일부를 폐지한 경우)	
⑤ 사업장(사업자단위과세사업자의 경우에는 사업자단위과세적용사업장)을 이전하는 경우[주2)]	
⑥ 상속으로 사업자의 명의가 변경되는 경우	
⑦ 공동사업자의 구성원 또는 출자지분이 변경되는 경우	
⑧ 임대인, 임대차목적물 및 그 면적, 보증금, 임차료 또는 임대차기간이 변경되거나 새로 상가건물을 임차한 경우[주3)]	
⑨ 사업자단위과세사업자가 사업자단위과세적용사업장을 변경하는 경우	
⑩ 사업자단위과세사업자가 종된 사업장을 신설하거나 이전하는 경우	
⑪ 사업자단위과세사업자가 종된 사업장의 사업을 휴업하거나 폐업하는 경우	

주1) '통신판매업자'란 사이버몰(부가통신사업자가 컴퓨터 등과 정보통신설비를 이용하여 재화 등을 거래할 수 있도록 설정한 가상의 영업장)에 인적사항 등의 정보를 등록하고 재화나 용역을 공급하는 사업을 하는 사업자를 말한다.

주2) 사업장과 주소지가 동일한 사업자가 사업자등록 신청서 또는 사업자등록 정정신고서를 제출하면서 「주민등록법」에 따른 주소가 변경되면 사업장의 주소도 변경되는 것에 동의한 경우에는 사업자가 「주민등록법」에 따른 전입신고를 하면 사업자등록 정정신고서를 제출한 것으로 본다(부가령 §14 ⑤).

주3) 「상가건물 임대차보호법」에 따른 상가건물의 임차인이 사업자등록정정신고를 하려는 경우, 임차인이 같은 법에 따른 확정일자를 신청하려는 경우 및 확정일자를 받은 임차인에게 변경 등이 있는 경우로 한정한다.

16) 사업자등록 정정신고를 이행하지 아니하거나 지연신고한 경우에도 발급받은 매입세금계산서 관련 매입세액은 매출세액에서 공제할 수 있고, 미등록가산세를 적용하지 아니하며, 「조세범처벌법」상 처벌대상도 아니다(집행기준 8-14-2).

이러한 사업자등록정정신고서에는 사업자등록증을 첨부하여야 한다. 이 경우 '**2.8.1. 사업자등록의 신청**'에 규정된 사업자등록 구비서류를 제출해야 하는 사유에 해당하는 사업자는 해당 서류를 함께 첨부하여야 한다(부가령 §14 ②).

2.8.4. 휴업 · 폐업의 신고

사업자등록을 한 사업자가 휴업 또는 폐업을 하거나 사업개시일 전에 등록을 신청한 자가 사실상 사업을 시작하지 아니하게 될 때에는 지체 없이 휴업(폐업)신고서를 관할세무서장이나 그 밖에 신청인의 편의에 따라 선택한 세무서장에게 제출(국세정보통신망에 의한 제출 포함)해야 한다(부가법 §8 ⑦, 부가령 §13 ①).

이 경우 폐업신고서에는 사업자등록증을 첨부해야 한다(부가령 §13 ②). 다만, 폐업을 하는 사업자가 부가가치세확정신고서에 폐업연월일과 그 사유를 적고 사업자등록증을 첨부하여 제출하는 경우에는 폐업신고서를 제출한 것으로 본다(부가령 §13 ③).

한편, 법인이 합병할 때에는 합병 후 존속하는 법인(신설합병의 경우에는 합병으로 설립된 법인) 또는 합병 후 소멸하는 법인(이하 '소멸법인'이라 한다)이 법인합병신고서에 사업자등록증을 첨부하여 소멸법인의 폐업 사실을 소멸법인의 관할세무서장에게 신고하여야 한다(부가령 §13 ④).

또한, 법령에 따라 허가를 받거나 등록 또는 신고 등을 하여야 하는 사업의 경우에는 허가, 등록, 신고 등이 필요한 사업의 주무관청에 휴업(폐업)신고서를 제출할 수 있으며, 휴업(폐업)신고서를 받은 주무관청은 지체 없이 관할세무서장에게 그 서류를 송부(정보통신망을 이용한 송부를 포함한다)하여야 하고, 허가, 등록, 신고 등이 필요한 사업의 주무관청에 제출하여야 하는 해당 법령에 따른 신고서를 관할세무서장에게 제출한 경우에는 관할세무서장은 지체 없이 그 서류를 관할 주무관청에 송부하여야 한다(부가령 §13 ⑤).

세부규정

- **휴업일의 기준**(부가령 §13 ⑥, ⑦)

① 휴업을 하는 날은 사업장별로 그 사업을 실질적으로 휴업한 날(실질적으로 휴업한 날이 분명하지 아니한 경우에는 휴업신고서의 접수일)로 한다.
② 휴업신고서에 적힌 휴업기간을 산정할 때에는 계절적인 사업의 경우 그 계절이 아닌 기간은 휴업기간으로 본다.

2.8.5. 사업자등록의 말소

사업장 관할세무서장은 등록된 사업자가 다음 중 어느 하나에 해당하면 지체 없이 사업자등록을 말소하여야 한다(부가법 §8 ⑨). 등록을 말소하는 때에는 관할세무서장은 지체 없이 등록증을 회수해야 하며, 등록증을 회수할 수 없는 경우에는 등록말소의 사실을 공시해야 한다(부가령 §15 ①).

① 폐업한 경우(사실상 폐업한 경우를 포함)
② 사업개시일 전에 등록신청을 하고 사실상 사업을 시작하지 아니하게 되는 경우

세부규정

• 사실상 폐업한 경우 및 사실상 사업을 시작하지 아니하게 되는 경우

'사실상 폐업한 경우 및 '사실상 사업을 시작하지 아니하게 되는 경우'는 다음 중 어느 하나에 해당하는 경우로 한다(부가령 §15 ②).

① 사업자가 사업자등록을 한 후 정당한 사유 없이 6개월 이상 사업을 시작하지 아니하는 경우
② 사업자가 부도발생, 고액체납 등으로 도산하여 소재 불명인 경우
③ 사업자가 인가·허가의 취소 또는 그 밖의 사유로 사업을 수행할 수 없어 사실상 폐업상태에 있거나 사실상 사업을 시작하지 아니하는 경우로 볼 수 있는 경우
④ 사업자가 정당한 사유 없이 계속하여 둘 이상의 과세기간에 걸쳐 부가가치세를 신고하지 아니하고 사실상 폐업상태에 있는 경우
⑤ 그 밖에 사업자가 '①~④'의 규정과 유사한 사유로 사실상 폐업상태에 있거나 사실상 사업을 시작하지 아니하는 경우

2.8.6. 사업자등록의 갱신

사업장 관할세무서장은 부가가치세의 업무를 효율적으로 처리하기 위하여 필요하다고 인정되면 사업자등록증을 갱신하여 발급할 수 있다(부가법 §8 ⑨, 부가령 §16).

2.8.7. 개별소비세 및 교통·에너지·환경세 과세사업자의 등록

개별소비세 또는 교통·에너지·환경세의 납세의무가 있는 사업자가 「개별소비세법」 또는 「교통·에너지·환경세법」에 따라 개업 신고, 휴업·폐업·변경 신고, 사업자단위과세사업자 신고 또는 양수·상속·합병 신고를 한 경우에는 부가가치세법의 규정에 따른 사업자등록의 신청, 휴업·폐업 신고 또는 등록사항 변경 신고 및 사업자단위과세사업자 등록 신청 또는 변경등록 신청을 한 것으로 본다(부가법 §8 ⑩).

2.8.8. 면세사업자의 사업자등록

부가가치세의 납세의무가 없는 면세사업자는 부가가치세법상의 사업자등록의무는 없지만, 「소득세법」 및 「법인세법」의 규정에 따라 사업자등록을 하여야 한다. 또한, 「소득세법」 및 「법인세법」의 규정에 의하여 등록한 자로서 면세사업을 경영하는 자가 추가로 과세사업을 경영하려는 경우 사업자등록정정신고서를 제출하면 사업자등록신청을 한 것으로 본다(부가령 §11 ⑩).

한편 부가가치세법에 따라 사업자등록을 한 사업자는 해당 사업에 관하여 「소득세법」 및 「법인세법」에 따른 등록을 한 것으로 본다.

세부규정

• **미등기 지점 등의 사업자등록**(부기통 8-11-1)

과세사업을 영위하는 법인이 지점 또는 직매장에 대한 사업자등록신청을 하는 경우에는 해당 지점의 등기 여부와는 관계없이 사업자등록신청서에 해당 법인의 법인등기부등본을 첨부하여 등록할 수 있다.

• **겸업사업자의 사업자등록**(부기통 8-11-2)

부가가치세의 과세사업과 면세사업을 겸업하는 사업자는 법 제8조에 따른 사업자등록증을 발급받아야 한다. 이 경우 해당 사업자는 「소득세법」 제168조 또는 「법인세법」 제111조에 따른 사업자등록을 별도로 하지 아니한다.

• **허가사업의 사업자등록**(부기통 8-11-3)

① 사업자등록이란 부가가치세 업무의 효율적인 운영을 위하여 납세의무자의 사업에 관한 일련의 사항을 세무관서의 공부에 등재하는 것이므로 사업자등록증의 발급이 해당 사업자에게 특정 사업을 허용하거나 사업경영을 할 권리를 인정하는 것은 아니다.

② 법령에 따라 허가를 얻어야 하는 사업을 영위하는 자가 사업허가증사본을 첨부하지 아니하고 사업자등록신청서를 제출한 경우 해당 사업장에서 사실상 사업을 영위하는 때는 실지 사업내용대로 사업자등록증을 발급할 수 있다.

• **공동사업자의 사업자등록 및 정정**(부기통 8-14-1)

① 2인 이상의 사업자가 공동사업을 하는 경우 사업자등록신청은 공동사업자 중 1인을 대표자로 하여 대표자명의로 신청하여야 하며, 공동사업자 중 일부의 변경 및 탈퇴, 새로운 공동사업자 추가의 경우에는 사업자등록을 정정하여야 한다.

② 개인 단독사업자가 공동사업자로, 공동사업자가 개인 단독사업자로 변경되는 경우에는 사업자등록을 정정하여야 한다.

• **「채무자 회생 및 파산에 관한 법률」에 따른 회생절차개시 시 사업자등록증의 정정**(부기통 8-14-2)

회사가 「채무자 회생 및 파산에 관한 법」에 따라 회생절차개시명령을 받아 관리인 또는 관리인 대리가 회사사업의 경영과 재산의 관리 및 처분을 할 경우에는 해당 관리인 또는 관리인 대리를 회사의 대표자로 보아 사업자등록을 정정할 수 있다.

• **사업자등록 및 고유번호의 부여**(소법 §168)

① 새로 사업을 시작하는 사업자는 사업장 소재지 관할세무서장에게 등록하여야 한다.
② 「부가가치세법」에 따라 사업자등록을 한 사업자는 해당 사업에 관하여 '①'에 따른 등록을 한 것으로 본다.
③ 「소득세법」에 따라 사업자등록을 하는 사업자에 대해서는 「부가가치세법」 제5조(등록)를 준용한다.

• **사업자등록**(법법 §111)

① 신규로 사업을 시작하는 법인은 납세지 관할세무서장에게 등록하여야 한다.
② 「부가가치세법」에 따라 사업자등록을 한 사업자는 그 사업에 관하여 '①'에 따른 등록을 한 것으로 본다.
③ 법인세법에 따라 사업자등록을 하는 법인에 관하여는 「부가가치세법」 제5조(등록)를 준용한다.
④ 법인세법에 따른 법인 설립신고를 한 경우에는 사업자등록신청을 한 것으로 본다.

2.8.9. 사업자등록 의무 불이행에 대한 세법상 제재

사업자등록은 납세의무자의 협력의무에 해당되는 것으로 사업자가 사업자등록을 하지 아니하는 경우에는 매입세액의 불공제, 가산세 부과 등의 불이익이 발생하게 된다. 이를 구체적으로 살펴보면 다음과 같다.

(1) 등록 전 매입세액의 불공제

사업자등록을 신청하기 전의 매입세액은 매출세액에서 공제하지 아니한다. 다만, 공급시기가 속하는 과세기간이 끝난 후 20일 이내에 등록을 신청한 경우 등록신청일부터 공급시기가 속하는 과세기간 기산일까지 역산한 기간 내의 매입세액은 공제가 가능하다(부가법 §39 ① (8)). 이에 대해서는 '**8.3.2. 공제받지 못할 매입세액**'에서 구체적으로 살펴보기로 한다.

(2) 미등록 사업자에 대한 가산세

사업자가 사업개시일로부터 20일 이내에 등록을 신청하지 아니한 경우에는 사업개시일부터 등록을 신청한 날의 직전일까지의 공급가액 합계액의 1%를 납부세액에 더하거나 환급세액에서 뺀다(부가법 §60 ① (1)).

(3) 타인명의 등록에 대한 가산세

사업자가 타인의 명의로 사업자등록을 하거나 그 타인 명의의 사업자등록을 이용하여 사업을 하는 것으로 확인되는 경우 그 타인 명의의 사업개시일부터 실제 사업을 하는 것으로 확인되는 날의 직전일까지의 공급가액 합계액의 2%를 납부세액에 더하거나 환급세액에서 뺀다(부가법 §60 ① (2)).

이러한 가산세와 관련한 사항은 '**9.8. 가산세**'에서 보다 구체적으로 살펴보기로 한다.

연습문제

01 다음 중 부가가치세 납세의무자인 사업자에 관한 설명으로 가장 옳은 것은? (2017년 재경관리사)

① 면세사업자는 매출세액을 거래 징수할 필요는 없으나 매입세액 공제는 받는다.
② 면세사업자는 부가가치세법상 사업자등록 후 면세사업자 신청을 해야 한다.
③ 겸영사업자는 일반과세사업과 면세사업(비과세사업 포함)을 함께 영위하는 자를 말한다.
④ 집에 있는 폐품을 일시적으로 파는 경우에는 사업성이 있는 경우에 해당한다.

해답

① 면세사업자는 매입세액을 공제받을 수 없다.
② 면세사업자는 소득세법 및 법인세법의 규정에 따라 사업자등록을 하여야 한다.
④ 일시적으로 재화를 공급하는 경우에는 사업성이 없는 것으로 본다.

정답 ③

02 다음 중 부가가치세에 대한 설명으로 옳지 않은 것은? (제121회 전산세무 2급)

① 부가가치세는 학교와 같은 비영리단체는 납세의무자가 될 수 없다.
② 부가가치세는 재화나 용역이 최종소비자에게 도달할 때까지의 모든 거래단계마다 부가가치세를 과세하는 다단계거래세이다.
③ 부가가치세는 국제거래되는 무역상품에 대한 이중과세 방지를 위해 소비지국과세원칙을 채택하고 있다.
④ 부가가치세는 납세의무자와 실질적인 담세자가 일치하지 않는 간접세이다.

해답

사업자는 사업목적이 영리이든 비영리이든 관계없이 사업상 독립적으로 재화 또는 용역을 공급하는 자를 말한다.

정답 ①

03 부가가치세법상 납세의무자에 해당하지 않는 것은? 제70회 세무회계 2급)

① 사업자등록을 하여 사업자등록번호를 부여받은 면세사업자
② 재화를 수입하는 자
③ 개인·법인과 법인격이 없는 사단·재단 또는 그 밖의 단체
④ 국가·지방자치단체와 지방자치단체조합

해답

면세사업자는 부가가치세법상 납세의무는 없으며, 소득세법상 사업자에 해당한다.

정답 ①

04 다음 중 부가가치세법상 사업자에 관한 설명으로 옳지 않은 것은? (2023년 11월 재경관리사)

① 사업자가 되기 위해서는 영리목적의 유무와는 무관하다.
② 사업자에 해당하더라도 사업자등록을 하지 않으면 부가가치세 납세의무가 없다.
③ 면세사업자는 부가가치세법의 적용을 받지 아니하므로 매출세액을 거래징수할 필요가 없으며, 매입세액을 공제받을 수도 없다.
④ 과세사업자에 해당하더라도 면세대상 재화·용역을 공급하면 부가가치세가 면제된다.

해답

거래징수 여부 및 사업자등록 여부와 상관없이 사업자가 과세대상 재화 또는 용역을 공급하는 경우에는 부가가치세 납세의무가 있다.

정답 ②

05 다음 중 부가가치세 납세의무자에 관한 설명으로 옳지 않은 것은? (2023년 12월 재경관리사)

① 사업목적이 영리이든 비영리이든 관계없이 납세의무를 부담하므로 국가·지방자치단체도 납세의무자가 될 수 있다.
② 재화를 수입하는 자는 사업자인지 여부에 관계없이 납세의무자에 해당한다.
③ 고용관계에 따라 근로를 제공하는 종업원은 납세의무자에 해당하지 않는다.
④ 면세사업자도 부가가치세의 납세의무를 진다.

해답

면세사업자는 부가가치세법상의 납세의무자에 해당하지 않는다.

정답 ④

06 제조업을 영위하는 일반과세사업자 ㈜삼일은 일본의 사업자 ㈜동경으로부터 반도체 부품을 100만원에 수입하고 대가를 지급하려 한다. 다음 중 ㈜삼일이 ㈜동경에게 지급해야 할 금액에 관한 설명으로 가장 옳은 것은(단, 한국의 부가가치세율이 10%, 일본의 부가가치세율이 6% 라고 가정하고, 관세 등은 고려하지 않는다)? (2021년 5월 재경관리사)

① 반도체 금액 100만원에 일본의 부가가치세율에 따른 부가가치세 6만원을 지급한다.
② 반도체 금액 100만원만 지급하고 부가가치세는 한국의 세관장에게 10만원을 납부한다.
③ 반도체 금액 100만원만 지급하고 부가가치세는 일본의 세관장에게 6만원을 납부한다.
④ 반도체 금액 100만원에 한국과 일본의 부가가치세율 차이에 따른 부가가치세 4만원을 지급한다.

해답

재화를 수입하는 자는 세관장에게 재화의 수입에 대한 부가가치세를 함께 신고하고 납부하여야 한다. 이 경우 소비지국 과세원칙에 따라 소비지국(문제의 경우 수입국인 한국)의 부가가치세를 적용한다.

정답 ②

07 다음 중 부가가치세법상 납세의무에 대한 설명으로 옳지 않은 것은? (제116회 세무회계 2급)

① 사업자가 부가가치세가 과세되는 재화의 공급시 부가가치세를 거래징수하지 못한 경우에는 부가가치세를 납부할 의무가 없다.
② 면세가 적용되는 사업자는 납세의무가 없지 만, 영세율이 적용되는 사업자는 납세의무를 진다.
③ 영리목적 없이 사업상 독립적으로 과세용역을 공급하는 자도 납세의무자에 해당한다.
④ 사업자등록 없이 부가가치세가 과세되는 용역을 공급하는 사업자의 경우에도 부가가치세를 신고 · 납부할 의무가 있다.

해답

과세대상인 재화 또는 용역을 공급하는 경우, 사업자는 사업자등록 여부 및 부가가치세 거래징수 여부에 불구하고 납세의무를 부담한다.

정답 ①

08 다음 중 부가가치세법상 납세의무자인 사업자에 대한 설명으로 가장 옳지 않은 것은? (제119회 세무회계 3급)

① 사업자란 사업목적이 영리이든 비영리이든 관계없이 사업상 독립적으로 재화 또는 용역을 공급하는 자이다.
② 재화를 수입하는 자는 그 재화의 수입에 대한 부가가치세를 납부할 의무가 있다.
③ 재화 · 용역의 공급에 대한 부가가치세의 납세의무자는 사업자이다.
④ 일반과세자는 과세사업자와 면세사업자를 말한다.

해답

일반과세자는 과세사업자와 간이과세자로 구분된다.

정답 ④

09 다음 중 부가가치세법에 대한 설명으로 옳지 않은 것은? (제119회 세무회계 2급)

① 전기, 가스, 열 등 관리할 수 있는 자연력은 재화에 해당한다.
② 국가와 지방자치단체는 부가가치세를 납부할 의무가 없다.
③ 재화를 수입하는 자는 부가가치세를 납부할 의무가 있다.
④ 신탁재산과 관련된 재화 또는 용역을 위탁자 명의로 공급하는 경우 위탁자가 부가가치세를 납부할 의무가 있다.

해답

국가와 지방자치단체도 과세대상 재화 또는 용역을 공급하는 경우에는 부가가치세를 납부할 의무가 있다.

정답 ②

10 다음 중 부가가치세법상 과세기간에 대한 설명으로 옳지 않은 것은? (제117회 세무회계 3급)

① 간이과세자 : 1월 1일 ~ 12월 31일
② 일반과세자 제2기 : 7월 1일 ~ 12월 31일
③ 신규 사업자의 최초 과세기간 : 사업 개시일부터 개시일이 속하는 과세기간의 종료일까지
④ 사업자가 폐업하는 경우 최종 과세기간 : 폐업일이 속하는 과세기간의 개시일부터 폐업일이 속하는 달의 말일까지

해답

폐업자의 최종과세기간은 과세기간 개시일부터 폐업일까지이다.

정답 ④

11 다음 중 부가가치세법상 일반과세사업자인 김광복 씨가 8월 15일에 폐업한 경우 제2기 과세기간에 해당하는 것은? (제118회 세무회계 3급)

① 1월 1일 ~ 8월 15일
② 7월 1일 ~ 8월 15일
③ 7월 1일 ~ 8월 31일
④ 7월 1일 ~ 12월 31일

해답

폐업자의 최종과세기간은 과세기간 개시일부터 폐업일까지로 한다.

정답 ②

12 다음 중 부가가치세법상 과세기간 및 사업개시일에 대한 설명으로 옳지 않은 것은? (제118회 세무회계 2급)

① 제조업은 제조장별로 재화의 제조를 시작하는 날을 사업개시일로 본다.
② 광업은 사업장별로 광물의 채취 · 채광을 시작하는 날을 사업개시일로 본다.
③ 법령 개정 등으로 면세사업에서 과세사업으로 전환되는 경우에는 그 법령 개정일을 사업개시일로 본다.
④ 사업개시일 이전에 사업자등록을 신청한 경우에는 그 신청한 날부터 그 날이 속하는 과세기간의 종료일까지를 과세기간으로 한다.

해답

법령 개정 등으로 면세사업에서 과세사업으로 전환되는 경우에는 그 과세전환일을 사업개시일로 한다.

정답 ③

13 다음 중 부가가치세 과세기간에 관한 설명으로 옳지 않은 것은? (2023년 3월 재경관리사)

① 폐업자의 최종 과세기간은 폐업일이 속하는 과세기간의 개시일부터 폐업일까지로 한다.
② 사업개시일 이전에 사업자등록을 신청한 경우의 과세기간은 그 신청일부터 그 신청일이 속하는 과세기간의 종료일까지로 한다.
③ 신규사업자의 최초과세기간은 사업개시일부터 개시일이 속하는 과세기간의 종료일까지로 하는 것이 원칙이다.
④ 간이과세자의 과세기간은 1년을 2 과세기간으로 나누어 6개월마다 신고·납부하도록 하고 있다.

해답

간이과세자의 과세기간은 1년(1.1 ~ 12.31)으로 한다.

정답 ④

14 다음 중 부가가치세 과세기간에 관한 설명으로 옳지 않은 것은? (2024년 1월 재경관리사)

① 계속사업자인 간이과세자의 과세기간은 1월 1일부터 12월 31일까지이다.
② 일반과세자가 간이과세자로 변경되는 경우 과세유형이 변경되는 해에 간이과세 규정이 적용되는 기간은 그 변경 이후 7월 1일부터 12월 31일까지이다.
③ 신규사업자가 사업개시일 전에 사업자등록을 신청한 경우에는 사업개시일부터 신청일이 속하는 과세기간의 종료일까지를 최초 과세기간으로 한다.
④ 폐업자는 폐업일이 속하는 과세기간 개시일부터 폐업일까지를 최종 과세기간으로 한다.

해답

사업개시일 전에 사업자등록을 신청한 경우에는 등록신청일부터 신청일이 속하는 과세기간의 종료일까지를 최초 과세기간으로 한다.

정답 ③

15 다음 중 부가가치세법에 관한 설명으로 가장 올바르지 않은 것은? (2015년 재경관리사)

① 부가가치세는 납세의무자와 담세자가 동일한 직접세에 해당한다.
② 부가가치세는 원칙적으로 모든 재화 또는 용역의 공급을 과세대상으로 하는 일반소비세에 해당한다.
③ 부가가치세법상 사업자란 영리목적의 유무에 불구하고 사업상 독립적으로 재화 또는 용역을 공급하는 자를 말한다.
④ 부가가치세는 원칙적으로 사업자별로 종합과세하지 않고 사업장별로 과세한다.

해답

부가가치세는 납세의무자와 담세자가 일치하지 않는 간접세에 해당한다.

정답 ①

16 다음 중 부가가치세법상 납세지에 대한 설명으로 옳지 않은 것은? (제117회 세무회계 3급)

① 사업자의 부가가치세 납세지는 각 사업장의 소재지이다.
② 부동산 임대업의 사업장은 사업자가 법인인 경우 그 법인의 등기부상 소재지이다.
③ 재화를 보관, 관리할 수 있는 하치장은 사업장이 아니다.
④ 무인자동판매기의 사업장은 그 사업에 대한 업무총괄장소이다.

해답

부동산임대업의 경우 그 부동산의 등기부상의 소재지를 사업장으로 본다.

정답 ②

17 다음 중 부가가치세법상 사업장에 해당하지 않는 것은? (제116회 세무회계 2급)

① 제조업 : 최종제품을 완성하는 장소
② 사업자가 사업장을 두지 않은 경우 : 사업자의 주소 또는 거소
③ 박람회 등 임시사업장 : 임시사업장으로 신고된 장소
④ 지방자치단체가 공급하는 부동산 임대 용역 : 업무 총괄 장소

해답

임시사업장은 기존 사업장에 포함되는 것으로 본다.

정답 ③

18 다음 중 부가가치세법상 납세지에 대한 설명으로 옳지 않은 것은? (제116회 세무회계 3급)

① 사업자가 사업장을 두지 아니하면 사업자의 주소 또는 거소를 사업장으로 본다.
② 거래의 일부만을 하는 고정된 장소는 사업장으로 볼 수 없다.
③ 납세지는 각 사업장의 소재지로 한다.
④ 재화를 수입하는 자의 납세지는 수입신고를 하는 세관의 소재지로 한다.

해답

사업장은 사업자가 사업을 하기 위하여 거래의 전부 또는 일부를 하는 고정된 장소로 한다.

정답 ②

19 다음 중 부가가치세법상 납세지와 사업장에 대한 설명으로 옳지 않은 것은? (제118회 세무회계 2급)

① 사업자의 부가가치세 납세지는 사업장으로 한다.
② 재화를 수입하는 자의 부가가치세 납세지는 해당 재화를 수입하는 자의 주소 또는 거소를 납세지로 한다.
③ 재화를 보관하고 관리할 수 있는 시설만 갖춘 하치장으로서 신고된 장소는 사업장으로 보지 아니한다.
④ 개인사업자인 건설업의 사업장은 업무를 총괄하는 장소로 한다.

해답

재화를 수입하는 자의 부가가치세 납세지는 수입을 신고하는 세관의 소재지로 한다.

정답 ②

20 다음 중 법인의 업종과 부가가치세법상 사업장을 연결한 것으로 가장 올바르지 않은 것은? (2021년 12월 재경관리사)

① 부동산임대업 - 법인 등기부상 소재지
② 부동산매매업 - 법인 등기부상 소재지
③ 운수업 - 법인 등기부상 소재지(지점소재지 포함)
④ 제조업 -최종 제품을 완성하는 장소

해답

부동산임대업의 사업장은 해당 부동산의 등기부상 소재지로 한다.

정답 ①

21 다음 중 부가가치세법상 사업장에 관한 설명으로 옳지 않은 것은? (2023년 7월 재경관리사)

① 건설업의 경우 법인은 그 법인의 등기부상 소재지, 개인은 업무총괄장소를 사업장으로 본다.
② 제조업의 경우 최종 제품을 완성하는 장소를 사업장으로 본다.
③ 부동산임대업의 경우 그 부동산의 등기부상의 소재지를 사업장으로 본다.
④ 사업장을 설치하지 않은 경우 그 사업에 관한 업무총괄장소를 사업장으로 본다.

해답

사업장을 설치하지 않은 경우 사업자의 주소 또는 거소를 사업장으로 본다.

정답 ④

22 다음은 부가가치세와 관련한 재경담당자들의 대화이다. 가장 올바르지 않은 설명을 하고 있는 사람은 누구인가? (2015년 재경관리사)

> 김영희 : 신규사업자는 사업개시일부터 개시일이 속하는 과세기간의 종료일까지를 최초 과세기간으로 합니다.
> 강철수 : 재화의 보관·관리 시설만을 갖춘 장소인 하치장은 사업상으로 보지 않습니다.
> 이민호 : 사업자단위과세제도란 사업자가 본사에서 총괄하여 부가가치세를 신고하고 납부할 수 있도록 규정한 제도입니다.
> 박민주 : 부가가치세법은 계속사업자의 과세기간을 1월 1일 ~ 12월 31일까지로 단일 과세기간을 적용하고 있습니다.

① 김영희 ② 강철수 ③ 이민호 ④ 박민주

해답

일반과세자의 과세기간은 제1기(1.1.~6.30.)와 제2기(7.1.~12.31.)로 구분된다.

정답 ④

23 다음 중 부가가치세법상 사업장에 대한 설명으로 틀린 것은? (제70회 세무회계 2급)

① 직매장은 사업장으로 보고, 하치장은 사업장으로 보지 않는다.
② 사업장이 있는 사업자가 그 기존사업장 이외에 임시사업장을 개설하는 경우에는 그 임시사업장은 기존사업장에 포함되는 것으로 한다.
③ 임시사업장을 개설하고자 하는 자는 임시사업장개설신고서를 해당 임시사업장의 사업개시일부터 10일 이내에 임시사업장의 관할 세무서장에게 제출(국세정보통신망에 의한 제출포함)하여야 한다.
④ 임시사업장의 설치기간이 10일 이내인 경우에도 임시사업장개설신고를 하여야 한다.

해답

임시사업자 설치기간이 10일 이내인 경우에는 임시사업장개설신고를 하지 않아도 된다.

정답 ④

24 다음 중 부가가치세법상 직매장과 하치장에 대한 설명으로 잘못된 것은? (제78회 세무회계 2급)

① 하치장 요건을 갖추었더라도 하치장설치신고를 하지 않으면 별도의 사업장으로 본다.
② 특별히 판매시설을 갖춘 직매장은 별개의 사업장으로 본다.
③ 하치장을 설치한 사업자는 하치장을 둔 날로부터 10일 내에 하치장 관할세무서장에게 설치 신고를 하여야 한다.
④ 하치장에서 반출하는 재화의 세금계산서 발급은 하치장을 관리하는 사업장에서 작성 · 발급한다.

해답

하치장 요건을 갖추었다면, 하치장설치신고를 하지 않았더라도 하치장으로 본다.

정답 ①

25 다음 중 부가가치세법상 사업장에 관한 설명으로 가장 올바르지 않은 것은? (2017년 재경관리사)

① 한명의 사업자가 여러 개의 사업장을 보유하는 경우 각 사업장별로 신고 · 납부하여야 하며 각 사업장마다 별도의 사업자등록을 해야 한다.
② 사업자가 자기의 사업과 관련하여 생산한 재화를 직접 판매하기 위해 판매시설을 갖춘 직매장은 사업장에 해당한다.
③ 재화의 보관 · 관리 시설을 갖춘 장소로서 사업자가 관할세무서장에게 설치신고를 한 하치장은 사업장에 해당한다.
④ 기존사업장을 가지고 있는 사업자가 기존사업장외의 법소정의 임시사업장을 개설하는 경우 그 임시사업장은 기존사업장에 포함된다.

해답

하치장은 사업장에 해당하지 아니한다.

정답 ③

26 다음 중 부가가치세법상 주사업장 총괄납부에 대한 설명으로 옳지 않은 것은? (제116회 세무회계 1급)

① 신규로 사업을 시작하는 자가 주된 사업장의 사업자등록증을 받은 날부터 20일 이내에 주사업장 총괄납부를 신청하는 경우 해당 신청일이 속하는 과세기간부터 총괄하여 납부한다.
② 주사업장 총괄납부 사업자가 주사업장 총괄납부를 포기할 때에는 주사업장 총괄납부 포기신고서를 주된 사업장 관할 세무서장에게 제출하고 승인을 받아야 한다.
③ 주사업장 총괄납부 사업자가 법인인 경우 법인의 본점 또는 지점을 주된 사업장으로 할 수 있다.
④ 주사업장 총괄납부 사업자가 되려는 자는 그 납부하려는 과세기간 개시 전 20일 이내에 주사업장 총괄납부 신청서를 제출하여야 한다.

해답

주사업장총괄납부사업자가 주사업장총괄납부를 포기할 때에는 각 사업장에서 납부하려는 과세기간 개시 20일 전에 주사업장총괄납부포기신고서를 주된 사업장관할세무서장에게 제출하면 되는 것이며, 별도로 승인은 요하지 않는다.

정답 ②

27 다음 중 부가가치세법의 주사업장총괄납부에 대한 설명으로 가장 올바르지 않은 것은?

(2022년 1월 재경관리사)

① 총괄납부하려는 자는 주사업장총괄납부신청서를 총괄납부하고자 하는 과세기간 개시 20일 전에 주사업장 관할 세무서장에게 제출하여야 한다.
② 법인의 지점은 본점을 대신하여 주된 사업장이 될 수 없다.
③ 주사업장 총괄납부를 하기 위해서는 주사업장 관할세무서장의 승인은 필요하지 않다.
④ 주사업장 총괄납부에 따라 납부하던 사업자가 총괄납부 포기신고를 하면 각 사업장에서 납부가 가능하다.

해답

주사업장총괄납부의 경우, 법인은 본점(주사무소 포함) 또는 지점(분사무소 포함)을 주된 사업장으로 할 수 있다.

정답 ②

28 다음 중 부가가치세법상 사업자단위과세에 대한 설명으로 옳지 않은 것은? (제117회 세무회계 2급)

① 사업자단위과세사업자는 부가가치세법상 모든 의무를 총괄한다.
② 법인의 경우 지점을 사업자단위과세사업자의 주사업장으로 선택할 수 없다.
③ 사업장이 하나인 사업자가 추가 사업장을 개설하면서 사업자단위과세를 적용받기 위해서는 추가 사업장의 사업개시일 20일 전까지 관할 세무서장에게 사업자단위과세 사업자등록을 신청하여야 한다.
④ 사업자 단위과세를 포기하려고 하는 자는 그 납부하려는 과세기간 개시 20일 전에 사업자 단위과세포기신고서를 관할세무서장에게 제출하여야 한다.

해답

사업장이 하나인 사업자가 추가로 사업장을 개설하면서 추가 사업장의 사업개시일이 속하는 과세기간부터 사업자단위과세 사업자로 적용받으려는 경우에는 추가 사업장의 사업개시일부터 20일 이내에 사업자의 본점 또는 주사무소 관할세무서장에게 변경등록을 신청하여야 한다.

정답 ③

29 부가가치세법상 사업장단위로 등록한 사업자가 사업자단위 과세사업자로 변경하려면 사업자단위 과세 사업자로 적용받으려는 과세기간 개시 몇일 전까지 변경등록을 신청하여야 하는가?

(제118회 세무회계 3급)

① 15일　② 20일　③ 25일　④ 30일

해답

사업장단위로 등록한 사업자가 사업자단위과세사업자로 변경하려면 사업자단위과세사업자로 적용받으려는 과세기간 개시 20일 전까지 사업자의 본점 또는 주사무소 관할세무서장에게 변경등록을 신청하여야 한다.

정답 ②

30 다음은 주사업장 총괄납부와 사업자단위 신고·납부를 비교 설명한 것이다. 가장 잘못된 것은?

① 주사업장 총괄납부의 경우, 법인은 본점(주사무소 포함) 또는 지점(분사무소 포함)을 주된 사업장으로 할 수 있는 반면에 사업자단위의 신고·납부의 경우는 본점(주사무소 포함)에서만 총괄하여 신고·납부할 수 있다.

② 주사업장 총괄납부의 경우는 총괄하여 납부하는 경우만 가능하고 신고는 각 사업장별로 이루어져야 하는 반면에 사업자단위의 신고·납부의 경우는 총괄사업장에서 신고·납부를 모두 총괄하여 하는 것이 가능하다.

③ 주된 사업장에서 총괄하여 납부하려는 자는 그 납부하려는 과세기간개시 20일 전에 주사업장총괄납부신청서를 주된 사업장의 관할세무서장에게 제출하여야 하고, 사업장마다 등록한 사업자가 사업자 단위로 등록하려면 사업자단위과세사업자로 적용받으려는 과세기간 개시 20일 전까지 변경등록을 신청하여야 한다.

④ 신규로 사업을 개시하는 자가 주된 사업장에서 총괄하여 납부하려는 경우에는 주된 사업장의 사업자등록증을 받은 날부터 20일 이내에 주사업장총괄납부신청서를 주된 사업장의 관할세무서장에게 제출여야 하고, 둘 이상의 사업장이 있는 사업자가 사업자단위과세를 적용받으려는 경우 사업자단위로 해당 사업자의 본점 또는 주사무소 관할세무서장에게 등록하면 된다.

⑤ 주사업장총괄납부의 경우 별도의 포기신고 절차 없이 각 사업상별로 납부할 수 있으나, 사업자단위과세의 경우 사업장별로 신고·납부하거나 주사업장총괄납부를 하려는 과세기간 개시 20일 전에 각각 주사업장총괄납부포기신고서 혹은 사업자단위과세포기신고서를 관할세무서장에게 제출하여야 한다.

해답

주사업장총괄납부의 경우는 각 사업상별로 납부하려는 과세기간 개시 20일 전에, 사업자단위과세의 경우 사업장별로 신고·납부하거나 주사업장총괄납부를 하려는 과세기간 개시 20일 전에 각각 주사업장총괄납부포기신고서 혹은 사업자단위과세포기신고서를 관할세무서장에게 제출하여야 한다. 즉, 두 경우 모두 포기신고서를 관할세무서장에게 제출하여야 한다.

정답 ⑤

31 다음 중 부가가치세법상 사업자 단위 과세제도에 대한 설명으로 옳지 않은 것은?

(제119회 세무회계 2급)

① 사업장이 둘 이상인 사업자는 사업자 단위로 해당 사업자의 본점 또는 주사무소 관할세무서장에게 신청 할 수 있다.

② 사업장 단위로 등록한 사업자가 사업자 단위 과세 사업자로 변경하려면 사업자 단위 과세 사업자로 적용 받으려는 과세기간 개시 20일 전까지 사업자의 본점 또는 주사무소 관할 세무서장에게 변경등록 하여야 한다.

③ 사업자 단위 과세를 포기한 경우 포기한 날부터 3년간은 사업자 단위 과세를 적용받지 못한다.

④ 사업자 단위 과세 사업자가 각 사업장별로 신고 · 납부 하려는 경우에는 그 납부하려는 과세기간 개시 20일 전에 사업자 단위 과세 포기신고서를 제출하여야 한다.

해답

면세포기나 간이과세포기와는 달리 사업자단위과세 포기의 경우에는 재적용 3년 제한이 없다.

정답 ③

32 다음 중 부가가치세법상 사업자등록에 대한 설명으로 옳지 않은 것은? (제116회 세무회계 3급)

① 사업자는 사업장마다 사업개시일부터 해당 과세기간 종료일까지 사업장 관할 세무서장에게 사업자등록을 신청하여야 한다.

② 신규로 사업을 시작하려는 자는 사업개시일 이전이라도 사업자등록을 신청할 수 있다.

③ 사업자등록의 신청을 사업장 관할 세무서장이 아닌 다른 세무서장에게도 할 수 있다.

④ 사업장이 둘 이상인 사업자는 사업자 단위로 해당 사업자의 본점 또는 주사무소 관할 세무서장에게 등록을 신청할 수 있다.

해답

사업자는 사업장마다 사업개시일부터 20일 이내에 사업장 관할세무서장에게 사업자등록을 신청하여야 한다.

정답 ①

33 부가가치세법상 사업자등록에 관한 설명으로 옳지 않은 것은? (제71회 세무회계 2급)

① 사업자등록을 하지 않은 경우 세금계산서를 발급할 수 없다.

② 신규로 사업을 시작하려는 자는 사업개시일 전이라도 사업자등록을 할 수 있다.

③ 사업의 종류에 변동이 있는 경우 사업자등록증을 정정해야한다.

④ 추가로 사업장을 개설하여 둘 이상의 사업장이 있는 사업자는 반드시 사업자 단위로 해당 사업자의 본점 또는 주사무소 관할 세무서장에게 등록하여야 한다.

해답

해당 규정은 강제규정이 아닌 선택규정이다.

정답 ④

34 다음 중 부가가치세 납세의무자인 사업자에 관한 설명으로 옳은 것은? (2023년 1월 재경관리사)

① 면세사업자는 매출세액을 거래 징수할 필요는 없으나 매입세액 공제는 받는다.
② 면세사업자는 부가가치세법상 사업자등록 후 면세사업자 신청을 해야 한다.
③ 겸영사업자는 일반과세사업과 간이과세사업(비과세사업 포함)을 함께 영위하는 자를 말한다.
④ 비영리사업자도 납세의무자가 될 수 있다.

해답

① 면세사업자는 매입세액공제를 받을 수 없다.
② 면세사업자는 부가가치세법상 사업자등록 의무가 없다.
③ 겸영사업자는 과세사업과 면세사업을 함께 영위하는 사업자를 말한다.

정답 ④

35 부가가치세법상 사업자등록 정정사유에 해당하는 것을 고른 것은? (제70회 세무회계 3급)

ㄱ. 법인 대표자의 주소가 변동되는 때	ㄴ. 상속으로 인하여 사업자의 명의가 변경되는 때
ㄷ. 상호 및 사업장을 변경하는 때	ㄹ. 개인사업자가 대표자를 변경하는 때

① ㄷ, ㄹ　② ㄱ, ㄹ　③ ㄱ, ㄴ　④ ㄴ, ㄷ

해답

ㄱ은 사업자등록 정정사유가 아니며, ㄹ은 폐업사유에 해당한다.

정답 ④

36 다음 중 부가가치세법상 사업자등록정정 신고시 신고일 당일 사업자등록증이 정정되는 사유로 옳은 것은? (제120회 세무회계 2급)

① 법인의 대표자를 변경하는 경우
② 상속으로 사업자의 명의가 변경되는 경우
③ 사이버몰의 명칭 또는 인터넷 도메인이름을 변경하는 경우
④ 공동사업자의 구성원 또는 출자지분이 변경되는 경우

해답

상호를 변경하는 경우와 사이버몰의 명칭 또는 인터넷 도메인이름을 변경하는 경우의 재발급기한은 신고일 당일로 한다.

정답 ③

37 다음 중 부가가치세법상 사업자등록에 관한 설명으로 가장 올바르지 않은 것은?

(2016년 재경관리사)

① 면세사업자의 경우 부가가치세법상 사업자등록 의무가 배제되나 법인세법 또는 소득세법상 사업자등록은 하여야 한다.
② 신규로 사업을 개시하고자 하는 자는 사업개시일 전이라도 사업자등록을 할 수 있다.
③ 사업개시일로부터 10일 이내에 사업자등록을 신청하지 아니한 경우 미등록가산세를 적용받는다.
④ 사업자등록신청을 받은 세무서장은 원칙적으로 2일내에 사업자등록증을 발급하여야 한다.

해답

사업개시일로부터 20일 이내에 사업자등록을 신청하지 아니한 경우 미등록가산세를 적용받는다.

정답 ③

38 다음 중 부가가치세 납세의무자인 사업자에 관한 설명으로 옳은 것은?

(2023년 3월 재경관리사)

① 영세율을 적용받는 사업자라 할지라도 부가가치세법상의 사업자등록 의무가 있다.
② 과세사업자가 사업개시일부터 15일 이내에 사업자등록을 하지 아니한 경우에는 미등록가산세의 적용을 받는다.
③ 주사업장총괄납부사업자는 본점 또는 주사무소에서 모든 사업장의 부가가치세를 총괄하여 신고 및 납부할 수 있다.
④ 겸영사업자는 부가가치세 납세의무가 없으므로 면세사업자로 분류한다.

해답

② 사업개시일부터 20일 이내에 사업자등록을 하지 아니한 경우에는 미등록가산세의 적용을 받는다.
③ 주사업장총괄납부는 납부만을 총괄하는 제도이다.
④ 겸영사업자는 과세사업자로 분류한다.

정답 ①

39 다음 중 현행 부가가치세법에 대한 설명으로 가장 옳지 않은 것은? (제122회 전산세무 2급)

① 부가가치세 납세의무자는 영리목적 유무와 관계없이 과세대상 재화 · 용역을 공급하는 사업자와 과세대상 재화를 수입하는 자이다.
② 폐업의 경우 해당 과세기간 개시일부터 폐업일까지를 과세기간으로 보며, 폐업일이 속하는 달의 다음달 25일까지 부가가치세를 신고 · 납부해야 한다.
③ 직매장과 하치장은 부가가치세법상 사업장으로 보지 않는다.
④ 사업자등록 신청은 원칙적으로 사업장마다 사업개시일부터 20일 이내에 해야 한다.

해답

하치장은 사업장으로 보지 않는 것이나, 직매장은 사업장으로 본다.

정답 ③

40 다음 중 우리나라 부가가치세법상 납세의무자에 관한 설명으로 가장 올바르지 않은 것은? (2021년 11월 재경관리사)

① 부가가치세의 납세의무자는 재화 또는 용역을 공급받는 사업자이다.
② 과세사업과 면세사업을 겸영하는 겸영사업자는 과세사업자로 분류된다.
③ 신규로 사업을 개시하는 자는 사업장마다 사업자등록을 하여야 한다.
④ 과세사업자라 하더라도 면세대상 재화 또는 용역을 공급하는 경우 부가가치세가 면제되는 경우가 있다.

해답

부가가치세 납세의무자는 재화 또는 용역을 공급하는 사업자 및 재화를 수입하는 자이다.

정답 ①

제 3 장

과세거래

제 3 장

과세거래

부가가치세법은 ① 사업자가 행하는 재화의 공급 ② 사업자가 행하는 용역의 공급 ③ 재화의 수입을 과세거래로 보아 부가가치세를 부과한다(부가법 §4).

전단계세액공제법을 채택하고 있는 우리나라 부가가치세의 경우 거래 단계마다 창출된 부가가치 자체에 직접 세금을 부과하는 것이 아니라, 재화 또는 용역의 공급을 과세대상으로 하여 이를 바탕으로 우선 매출세액을 계산하고 여기에서 매입세액을 공제하는 간접적인 방식으로 부가가치에 대해 과세하고 있다.

한편 국외거래에 해당하는 재화의 수입에 대해서는 원래 우리나라의 부가가치세를 부과하지 않음이 타당하나, 소비지국과세원칙에 따라 재화가 최종소비자에 의해 소비되는 국가에서 소비세를 과세하도록 하고 있음으로 인해 과세거래로 규정되어 있다.

표 3.1. 부가가치세 과세거래

구 분	과세방법
① 사업자가 행하는 재화의 공급	부가가치세 납세의무가 있는 사업자가 공급하는 재화·용역에 대해서만 과세[주1)]
② 사업자가 행하는 용역의 공급	
③ 재화의 수입	수입자가 사업자인지 여부를 불문하고 과세[주2), 주3)]

주1) 따라서 부가가치세 납세의무가 없는 비사업자가 공급하는 재화나 용역은 과세대상 거래에 해당하지 않는다.

주2) 재화를 수입하는 자는 사업자가 아닌 경우에도 부가가치세 납세의무가 있다. 이는 소비지국과세원칙에 따른 것으로, 수입자는 재화의 수입에 대해 관세와 함께 부가가치세를 신고·납부하여야 한다.

주3) 용역의 수입은 과세거래에 해당하지 않으나, 일정한 경우 용역을 공급 받는 자가 비거주자 등을 대신하여 부가가치세를 징수하여 납부하여야 하는 경우가 있다(대리납부제도). 이에 대해서는 '**9.2. 대리납부제도**'에서 자세히 살펴보기로 한다.

3.1. 재화의 공급

재화의 공급은 계약상 또는 법률상의 모든 원인에 따라 재화를 인도(引渡)하거나 양도(讓渡)하는 것으로 한다(부가법 §9 ①). 여기서 '재화'란 재산 가치가 있는 ① 물건 및 ② 권리를 말한다(부가법 §2 (1)). 재화의 정의에서 말하는 물건 및 권리를 구체적으로 살펴보면 다음과 같다(부가령§2 ①, ②).

구 분	구체적 범위
① 물건	㉠ 상품, 제품, 원료, 기계, 건물 등 모든 유체물(有體物) ㉡ 전기, 가스, 열 등 관리할 수 있는 자연력
② 권리	광업권, 특허권, 저작권 등 위 '①'에 따른 물건 외에 재산적 가치가 있는 모든 것

주1) 재화란 재산가치가 있는 모든 물건 및 권리를 말하므로 물·흙·퇴비 등은 재화의 범위에 포함하며, 재산가치가 없는 것은 재화의 범위에 포함하지 아니한다(부기통 2-2-1).

주2) 수표·어음 등의 화폐대용증권, 유가증권, 상품권 및 가상자산은 과세대상이 아니다(부기통 4-0-3, 집행기준 4-0-2). 또한 외상매출채권을 양도하는 경우도 과세대상에 해당하지 아니한다(집행기준 4-0-2).

주3) 권리의 양도는 재화의 공급에 해당하며, 권리의 대여는 용역의 공급에 해당한다.

재화를 공급하는 사업의 구분은 부가가치세법 시행령에 특별한 규정이 있는 경우를 제외하고는 국가데이터처장이 고시하는 해당 과세기간 개시일 현재의 한국표준산업분류에 따른다(부가령 §4 ①).

3.1.1. 재화 공급의 범위

재화의 공급은 계약상 또는 법률상의 모든 원인에 따라 재화를 인도하거나 양도하는 것을 말하는데(부가법 §9 ①), 재화 공급의 범위는 구체적으로 다음과 같다(부가령 §18 ①).

구 분	구체적 범위
(1) 계약상의 원인[주1)]	① 현금판매, 외상판매, 할부판매, 장기할부판매, 조건부 및 기한부 판매, 위탁판매와 그 밖의 매매계약에 따라 재화를 인도하거나 양도하는 것
	② 자기가 주요자재의 전부 또는 일부를 부담하고 상대방으로부터 인도받은 재화를 가공하여 새로운 재화를 만드는 가공계약에 따라 재화를 인도하는 것[주2)]
	③ 재화의 인도 대가로서 다른 재화를 인도받거나 용역을 제공받는 교환계약에 따라 재화를 인도하거나 양도하는 것[주3)]
	④ 현물출자 그 밖의 계약상의 원인에 따라 재화를 인도하거나 양도하는 것
(2) 법률상의 원인[주4)]	⑤ 경매, 수용 그 밖의 법률상의 원인에 따라 재화를 인도하거나 양도하는 것

주1) '계약상의 원인'이란 거래당사자간의 의사표시에 의한 법률행위를 말한다.

주2) 단, 주요 자재의 전부 또는 일부를 부담하지 않고 단순히 가공계약에 의하여 재화를 공급하는 경우에는 용역의 공급에 해당한다.

주3) 사업자간에 상품·제품·원재료 등의 재화를 차용하여 사용하거나 소비하고 동종 또는 이종의 재화를 반환하는 소비대차의 경우에 해당 재화를 차용하거나 반환하는 것은 각각 재화의 공급에 해당한다(부기통 9-18-1). '소비대차'란 당사자 일방(대주)이 금전 기타 대체물의 소유권을 상대방(차주)에게 이전할 것을 약정하고 상대방은 그와 같은 종류, 품질 및 수량으로 반환할 것을 약정함으로써 성립하는 계약을 말한다(집행기준 9-18-1).

주4) '법률상의 원인'이란 함은 거래당사자간의 의사표시와는 관계없이 법률의 규정에 의하여 공급의 원인이 되는 것을 말한다.

점포권리금 양도 시 과세대상 판단 사례(집행기준 4-0-2)

서울시 강남구 역삼동 강남역 인근에서 점포를 임차하여 음식점업을 운영하는 개인사업자 김보람이 해당 음식점업을 폐업하면서 그 음식점을 인수하는 다른 개인사업자에게 점포임차권에 대한 대가로 5억원을 받은 경우 김보람의 점포임차권 공급에 대한 부가가치세 과세 여부

☞ 해당 점포임차권은 재산적 가치 있는 권리에 해당하므로 부가가치세 과세대상이다.

3.1.2. 재화의 공급으로 보지 아니하는 경우

다음 중 어느 하나에 해당하는 것은 재화의 공급으로 보지 아니한다(부가법 §10 ⑨).

(1) 재화를 담보로 제공하는 경우

질권, 저당권 또는 양도담보[17]의 목적으로 동산, 부동산 및 부동산상의 권리를 제공하는 것을 말한다(부가법 §10 ⑨ (1), 부가령 §22). 이러한 담보의 제공으로 재화가 인도되는 경우가 있다 하더라도 이는 실질적으로 담보목적에 불과한 것으로 부가가치세법상 재화의 공급으로 보지 아니한다.

(2) 사업을 양도하는 경우

사업장별(「상법」에 따라 분할하거나 분할합병하는 경우에는 같은 사업장 안에서 사업부문별로 구분하는 경우를 포함한다)로 그 사업에 관한 모든 권리와 의무를 포괄적으로 승계시키는 것[18]은 재화의 공급으로 보지 아니한다. 이 경우 그 사업에 관한 권리와 의무 중 다음을 포함하지 아니하고 승계시킨 경우에도 해당 사업을 포괄적으로 승계시킨 것으로 본다(부가법 §10 ⑨ (2), 부가령 §23).

① 미수금에 관한 것[주1)]
② 미지급금에 관한 것[주1)]
③ 해당 사업과 직접 관련이 없는 토지·건물 등에 관한 것[주2)]

---

17) '질권'은 채권자가 채권의 담보로 채무자 등이 제공한 목적물(동산)을 변제시까지 유치함으로써 채무를 강제하는 것을 말한다. '저당권'은 질권과는 달리 목적물(부동산)의 유치를 수반하지 않으며, 공부에 등기(등록)함으로써 담보권이 성립되는 것을 말한다. '양도담보'란 민법상 규정되어 있는 제도는 아니나, 양도담보설정자(채무자)가 목적물의 형식상(법적) 소유권을 양도담보권자(채권자)에게 이전하고, 채무자의 이행으로 그 목적물이 반환되는 형식의 담보를 말한다.

18) 법인세법의 과세이연요건을 갖춘 분할의 경우 및 양수자가 승계받은 사업 외에 새로운 사업의 종류를 추가하거나 사업의 종류를 변경한 경우도 사업을 포괄적으로 승계시킨 것으로 본다(부가령 §23). 단, 다음의 경우는 사업의 포괄양도에 해당하지 아니한다(집행기준 10-23-2).
① 사업과 직접 관련이 있는 토지와 건물을 제외하고 양도하는 경우
② 부동산매매업자 또는 건설업자가 일부 부동산 또는 일부 사업장의 부동산을 매각하는 경우
③ 종업원 전부, 기계설비 등을 제외하고 양도하는 경우
④ 부동산임대업자가 임차인에게 부동산임대업에 관한 일체의 권리와 의무를 포괄적으로 승계시키는 경우
⑤ 일부 과세대상 사업용 부동산을 먼저 양도하고 동일한 과세기간 경과 후 나머지 사업과 관련된 권리·의무, 종업원 등을 양도하는 경우

주1) '미수금' 또는 '미지급금'은 그 명칭에 관계없이 사업의 일반적인 거래 외에서 발생한 미수채권·미지급채무를 말하는 것이며, 미수금 또는 미지급금의 포함 여부는 사업양도의 요건에 해당하지 아니한다(부기통 10-23-2).

주2) '해당 사업과 직접 관련이 없는 토지·건물 등에 관한 것'이라 함은 다음의 것을 말한다(부가칙 §16).

① 사업양도자가 법인인 경우에는 「법인세법」의 규정에 의한 업무무관자산(비업무용 부동산 및 서화·골동품 등)

② 사업양도자가 법인이 아닌 사업자인 경우에는 위 법인의 업무무관자산에 준하는 자산

본래 사업자가 개별 재화의 공급뿐만 아니라 재화가 포함되어 있는 사업장 전체를 양도하더라도 부가가치세가 부과되는 공급에 해당하는 것이 원칙이다. 하지만 일반적으로 포괄양도의 경우 형식적인 사업주체의 변경은 있을지라도 실질적인 사업의 내용은 유지된다고 볼 수 있다. 따라서 이러한 경우 실질의 변경이 없는 양도에 대하여 부가가치세를 부과하게 되면 양도자 입장에서는 부가가치세를 양수자로부터 거래징수하여 납부하고, 양수자 입장에서는 부담한 부가가치세 매입세액을 공제받아 환급받게 됨으로써 과세관청 입장에서는 별다른 실익 없이 절차만 번거롭게 된다. 또한 양수자 입장에서 어차피 공제받을 부가가치세를 미리 부담하게 됨으로써 자금부담의 문제도 생길 수 있다. 따라서 현행 부가가치세법에서는 사업의 포괄양도를 재화의 공급으로 보지 않고 있는 것이다.

종전에는 양수자의 과세유형, 업종 변경 등에 따라 재화의 공급으로 보지 않는 사업의 포괄양도 규정이 적용되지 않는 경우도 있었으나, 개정을 통하여 일반과세자로부터 양수한 사업에 대하여는 간이과세 적용을 배제하고 있으며[19], 양수자가 승계 받은 사업 외에 새로운 사업의 종류를 추가하거나 사업의 종류를 변경한 경우도 사업을 포괄양도한 것으로 봄으로써 납세자의 법적안정성 및 납세편의를 도모하게 되었다.

한편 대리납부규정에 따라 그 사업을 양수받는 자가 대가를 지급하는 때에 그 대가를 받은 자로부터 부가가치세를 징수하여 납부한 경우는 사업의 포괄양도 규정을 적용하지 아니하는데(부가법 §10 ⑧ (2) 단서), 이에 대하여는 '**9.2. 대리납부제도**'에서 구체적으로 살펴보도록 하겠다.

(3) 조세를 물납하는 경우

사업용자산을 「상속세 및 증여세법」 및 「지방세법」에 따라 물납(物納)하는 것은 재화의 공급으로 보지 아니한다(부가법 §10 ⑨ (3), 부가령 §24).

'물납'이란 금전 이외의 재산으로 조세를 납부하는 것을 말하는데, 이는 본래 재화의 공급으로 보아야 하지만, 양도자가 물납 재산에 대한 부가가치세를 국가 등으로부터 거래징수하는 것이 어려울 뿐만 아니라, 부가가치세를 거래징수한다 하더라도 결국 이를 다시 국가 등에 납부하게 됨으로 인해 실익이 없어지게 된다. 따라서 납세자의 편의도모를 위해 조세를 물납하는 경우는 재화의 공급으로 보지 않는다.

---

19) 이에 대하여는 '**10.2. 간이과세자의 범위**'에서 구체적으로 살펴보도록 하겠다.

(4) 신탁재산의 소유권 이전

신탁재산의 소유권 이전으로서 다음 중 어느 하나에 해당하는 것은 재화의 공급으로 보지 아니한다(부가법 §10 ⑨ (4)).

① 위탁자로부터 수탁자에게 신탁재산을 이전하는 경우
② 신탁의 종료로 인하여 수탁자로부터 위탁자에게 신탁재산을 이전하는 경우
③ 수탁자가 변경되어 새로운 수탁자에게 신탁재산을 이전하는 경우

신탁재산의 경우 소유권 이전이 있다 하더라도, 위 경우와 같이 위탁자로부터 수탁자에게 신탁재산을 이전하는 경우나 신탁계약의 종료로 신탁재산을 수탁자로부터 위탁자에게 이전하는 경우 등은 실질적인 재화의 공급으로 보기 어렵기 때문에 이를 과세대상에 제외하는 것이다.

한편, 「신탁법」에 따라 위탁자의 지위가 이전되는 경우에는 기존 위탁자가 새로운 위탁자에게 신탁재산을 공급한 것으로 본다.[20] 다만, 신탁재산에 대한 실질적인 소유권의 변동이 있다고 보기 어려운 경우로서 다음에 해당하는 경우에는 신탁재산의 공급으로 보지 아니한다(부가법 §10 ⑧, 부가령 §21의 2).

① 「자본시장과 금융투자업에 관한 법률」에 따른 집합투자기구의 집합투자업자가 다른 집합투자업자에게 위탁자의 지위를 이전하는 경우
② 신탁재산의 실질적인 소유권이 위탁자가 아닌 제3자에게 있는 경우 등 위탁자의 지위 이전에도 불구하고 신탁재산에 대한 실질적인 소유권의 변동이 있다고 보기 어려운 경우

(5) 창고증권을 양도하는 경우

창고증권은 창고업자가 발행하는 유가증권으로 그 소지인에게 창고증권의 상환으로 임치물을 인도하는 것으로, 일반적으로 창고증권의 양도는 재화의 공급으로 본다. 하지만 다음의 창고증권의 양도는 임치물의 이동이 없는 거래이므로 재화의 공급으로 보지 아니한다(부가령 §18 ② (1), (2), 부가칙 §15).

① 보세구역에 있는 조달청 창고(조달청장이 개설한 것으로서 「관세법」에 따라 세관장의 특허를 받은 보세창고를 말한다)에 보관된 물품에 대하여 조달청장이 발행하는 창고증권의 양도로서 임치물의 반환이 수반되지 아니하는 것
② 보세구역에 있는 런던금속거래소의 지정창고에 보관된 물품에 대하여 같은 거래소의 지정창고가 발행하는 창고증권의 양도로서 임치물의 반환이 수반되지 아니하는 것

주1) 창고증권을 가진 사업자가 보세구역의 다른 사업자에게 인도하기 위하여 조달청 창고 및 지정창고에서 임치물을 넘겨받는 경우를 포함한다.

주2) 국내로부터 보세구역에 있는 창고(조달청 창고 및 런던금속거래소의 지정창고로 한정한다)에 임치된 임치물을 국내로 다시 반입하는 것은 재화의 공급에 해당한다(부가령 §18 ① (5)).

---

20) 위탁자의 지위 이전을 신탁재산의 공급으로 보는 경우에는 기존 위탁자가 해당 공급에 대한 부가가치세의 납세의무자가 된다(부가령 §5의 2 ③).

(6) 비축용 석유를 공급하는 경우

「한국석유공사법」에 따른 한국석유공사가 「석유 및 석유대체연료 사업법」에 따라 비축된 석유를 수입통관하지 아니하고 보세구역에 보관하면서 국내사업장이 없는 비거주자 또는 외국법인과 무위험차익거래 방식으로 소비대차하는 것은 재화의 공급으로 보지 않는다(부가령 §18 ② (4)).

(7) 경매에 의하여 재화를 공급하는 경우

사업자가 경매에 의하여 재화를 인도하거나 양도하는 것은 법률상의 원인에 의한 재화의 공급에 해당된다. 다만, 다음에 따라 재화를 인도하거나 양도하는 것은 재화의 공급으로 보지 아니한다(부가령 §18 ③ (1), (2)).

① 「국세징수법」에 따른 공매(같은 법에 따른 수의계약에 따라 매각하는 것을 포함한다)
② 「민사집행법」에 따른 경매(같은 법에 따른 강제경매, 담보권실행을 위한 경매, 「민법」·「상법」 등 그 밖의 법률에 따른 경매를 포함한다)

이러한 공매나 경매를 재화의 공급으로 보지 않는 이유는 매입자 입장에서는 부가가치세를 매입세액으로 공제받는 반면, 재화를 공급한 사업자 입장에서는 부가가치세를 미납·체납하는 사례가 빈번했기 때문이다.

(8) 수용으로 인하여 재화를 공급하는 경우

「도시 및 주거환경정비법」·「공익사업을 위한 토지 등의 취득 및 보상에 관한 법률」 등에 따른 수용절차에서 수용대상 재화의 소유자가 수용된 재화에 대한 대가를 받는 경우에는 재화의 공급으로 보지 아니한다(부가령 §18 ③ (3)).[21] 한편, 「도시 및 주거환경정비법」에 따른 사업시행자의 매도청구에 따라 재화를 인도하거나 양도하는 경우도 재화의 공급으로 보지 않는다(부가령 §18 ③ (4)).[22]

(9) 위탁가공을 위하여 원자재를 대가 없이 반출하는 경우

사업자가 위탁가공을 위하여 원자재를 국외의 수탁가공사업자에게 대가 없이 반출하는 것(영세율이 적용되는 것은 제외한다)은 재화의 공급으로 보지 않는다(부가령 §18 ② (3)). 위탁가공을 위하여 재화를 무환반출하는 것은 대가성이 없는 단순 가공목적의 반출이기 때문에 이를 재화의 공급으로 보지 않는 것이다.

---

21) '수용'이란 특정한 공익사업을 위하여 개인의 재산권을 법률에 의하여 강제적으로 취득하는 것을 말한다(집행기준 9-18-1). 수용에 의한 재화의 공급도 원칙적으로 과세대상이 되는 것이 타당하나, 특정한 공익사업을 위하여 비자발적으로 재화가 공급되는 점, 또한 공급된 재화가 결국 철거된다는 점 등을 고려하여 이를 공급으로 보지 않는 것이다. 한편, 종전에는 수용에 있어 소유자가 건물을 직접 철거하는 경우 외에는 부가가치세를 과세하였으나, 소유자의 직접 철거여부에 따라 부가가치세 과세여부가 달라지는 불합리한 점을 개선하기 위하여 2013년 세법개정에서 철거 여부에 관계없이 부가가치세를 과세하지 않는 것으로 개정되었다.

22) 「도시 및 주거환경정비법」상 사업시행자의 매도청구에 따른 건축물·토지 인도·양도의 실질이 수용과 동일한 점을 감안하여 2023년 2월 시행령 개정으로 재화의 공급으로 보지 않는 경우에 추가하였다.

(10) 하치장 반출

하치장은 사업자가 재화의 보관·관리시설만을 갖추고 하치장설치신고서를 하치장 관할세무서장에게 제출한 장소로서 사업장으로 보지 않는다(부가법 §6 ⑤ (1)). 따라서 판매목적 없이 사업자가 하치장에 재화를 반출하는 경우는 재화의 공급으로 보지 아니한다.

세부규정

• **손해배상금 등**(부기통 4-0-1)

① 각종 원인에 의하여 사업자가 받는 다음에 예시하는 손해배상금 등은 과세대상이 되지 아니한다.
   ㉠ 소유재화의 파손·훼손·도난 등으로 인하여 가해자로부터 받는 손해배상금
   ㉡ 도급공사 및 납품 계약서상 그 기일의 지연으로 인하여 발주자가 받는 지체상금
   ㉢ 공급받을 자의 해약으로 인하여 공급할 자가 재화 또는 용역의 공급 없이 받는 위약금 또는 이와 유사한 손해배상금
   ㉣ 대여한 재화의 망실에 대하여 받는 변상금
   ㉤ 부동산을 타인이 적법한 권한 없이 처음부터 계약상 또는 법률상의 원인 없이 불법으로 점유하여 법원의 판결에 따라 지급받는 부당이득금 및 지연손해금은 용역의 공급에 해당하지 아니한다.

② 부동산임대업을 영위하는 사업자가 부동산임대차 계약기간이 만료되었음에도 불구하고 임차인으로부터 임대한 부동산을 반환받지 못하여 소송을 제기한 경우 그 소송이 종료될 때까지 실질적으로 계속하여 임대용역을 제공하고 임차인으로부터 그 대가를 받거나 동 소송에서 승소하여 건물반환일까지의 임대료상당액을 받는 때에는 그 대가 또는 임대료 상당액은 과세대상이 된다.

• **특별회비 등**(부기통 4-0-2)

협회 등 단체가 재화의 공급 또는 용역의 제공에 따른 대가관계 없이 회원으로부터 받는 협회비·찬조비 및 특별회비 등은 과세대상이 아니다.

• **분철료의 과세대상**(부기통 4-0-5)

광업권자가 광업권을 대여하고 그 대가로 분철료를 받는 경우에는 과세대상이 된다.

• **골프장입회금 등**(부기통 4-0-6)

골프장·테니스장 경영자가 동 장소 이용자로부터 받는 입회금으로서 일정기간 거치 후 반환하지 아니하는 입회금은 과세대상이 된다. 다만, 일정기간 거치 후 반환하는 입회금은 그러하지 아니하다.

• **조출료·체선료**(부기통 4-0-7)

① 선주와 하역회사 간의 계약에 따라 하역회사가 조기선적을 하고 선주로부터 받는 조출료는 하역용역의 제공에 따른 대가이므로 하역용역대가에 포함하나, 지연선적으로 인하여 선주에게 지급하는 체선료는 과세대상이 아니다.

② 선주와 화주와의 계약에 따라 화주가 조기선적을 하고 선주로부터 받는 조출료는 용역제공에 대한 대가가 아니므로 과세대상이 아니나, 선주가 지연선적으로 인하여 화주로부터 받는 체선료는 항행

용역의 제공에 따른 대가이므로 항행용역 대가에 포함된다.

③ 화주와 선주 간에 용선계약을 체결하고 화주와 하역회사 간에는 본선하역에 대한 계약이 체결되어 있는 경우 화주가 선주로부터 받은 조출료의 일부 또는 전부를 하역회사에 지불하는 경우, 하역회사가 받는 동 조출료는 하역용역의 제공에 대한 대가에 포함된다.

• **수탁가공하는 사업자의 업태**(부기통 2-4-2)

사업자가 주요자재의 전부 또는 일부를 부담하고 상대방으로부터 인도받은 재화에 공작을 가하여 새로운 재화를 만드는 사업은 제조업에 해당하는 것이나, 인도받은 재화에 주요자재를 부담하지 아니하고 가공만 하는 것은 용역업에 해당된다.

• **위탁가공·판매하는 사업자의 업태**(부기통 2-4-5)

사업자가 제조장을 설치하지 아니하고 타제조업자에게 위탁가공(외주가공)하여 판매하는 사업은 판매업으로서 형태에 따라 도매업 또는 소매업에 해당된다. 다만, 사업자가 특정제품을 자기가 직접 제조하지 않고 다른 제조업체에 의뢰하여 제조케 하여, 이를 판매하는 경우에도 다음의 4가지 조건이 모두 충족된다면 제조업을 영위하는 것으로 본다.

① 생산할 제품을 직접 기획(고안 및 디자인, 견본제작 등)하고
② 자기소유의 원재료를 다른 계약사업체에 제공하여
③ 그 제품을 자기명의로 제조케 하고(자기명의로만 된 고유상표를 부착하는 경우를 말하며, 거래처의 상표를 부착하거나 o.e.m 방식 및 상표 부착 없이 판매하는 경우에는 이에 포함하지 않음)
④ 이를 인수하여 자기책임하에서 직접 판매하는 경우

• **일부 위탁제조·가공하는 경우의 업태**(부기통 2-4-4)

제조장을 설치하고 재화를 제조·가공하는 사업자가 다음 각 호의 행위를 하는 경우에는 제조업을 영위하는 것으로 본다.

① 계약된 수량의 일부를 약정된 기일 내에 제조·가공할 수 없어 일시적으로 위탁제조·가공하여 공급하는 경우
② 제품 제조공정의 일부를 다른 사업자에게 위탁가공하게 하여 동 제품을 완성하는 경우

• **생선 등을 가공하여 냉동하는 경우의 업태**(부기통 2-4-5)

사업자가 시설을 갖춘 장소에서 생선의 머리·뼈·내장 등을 제거하여 사람이 소비하기에 적합한 상태로 공급하거나 구입한 생선을 구입한 상태로 냉동하여 공급하는 때에는 제조업을 영위하는 것으로 보는 것이나 단순히 세척·포장하고 신선도를 유지하기 위하여 일정한 온도로 냉장하는 경우에는 그러하지 아니하다. 이 경우 냉동이란 제품이 전체적으로 동결될 때까지 빙점보다 아래로 냉각시킨 상태를 말한다.

• **제조업의 범위**(부기통 2-4-1)

사업자가 새로운 재화를 제조·가공하는 인적·물적 설비를 갖춘 장소에서 다음 예시하는 행위를 계속적으로 하는 경우에는 제조업에 해당된다.

① 광업권소유자가 광구 외의 지역에 제련 또는 선광시설을 하고 자기가 채굴한 광물을 제련 또는 선

광하는 경우. 다만, 단순히 자기가 채굴한 광물의 순도를 높이기 위하여 광물을 분쇄하는 것은 광산업에 해당된다.
② 도정업과 제분업(떡 방앗간을 포함한다)
③ 화장지 원지 및 필름 등을 구입하고 이를 절단하여 포장·판매하는 경우
④ 타인소유 제조장을 임차하여 해당 제조장을 이용하여 제조·가공업을 영위하는 경우

• **출자지분의 과세**(부기통 9-18-2)

① 출자자가 자기의 출자지분을 타인에게 양도·상속·증여하거나 법인 또는 공동사업자가 출자지분을 현금으로 반환하는 것은 재화의 공급에 해당하지 아니한다.
② 법인 또는 공동사업자가 출자지분을 현물로 반환하는 것은 재화의 공급에 해당한다.
③ 공동사업자 구성원이 각각 독립적으로 사업을 영위하기 위하여 공동사업의 사업용 고정자산인 건축물을 분할등기 하는 경우 해당 건축물의 이전은 재화의 공급으로 본다.

• **법인직영차량의 개인 사업면허 전환**(부기통 9-18-3)

법인이 자기명의로 등록하여 직영하던 차량(위장직영차량을 포함한다)을 개인사업면허로 전환함에 따라 개인차주 별로 분할매도 하는 경우에는 재화의 공급으로 본다.

• **재고자산 등의 폐품처리 시 과세**(부기통 9-18-4)

사업자가 고정자산 또는 재고자산을 폐품처리하여 장부가액을 소멸시키고 장부외 자산으로 소유하고 있는 경우에는 재화의 공급으로 보지 아니한다. 다만, 해당 재화가 부가가치세법에 따른 재화의 공급에 해당되는 경우에는 그러하지 아니하다.

• **화재·도난물품 등의 과세**(부기통 9-18-5)

수재·화재·도난·파손·재고감모손 등으로 인하여 재화를 잃어버리거나 재화가 멸실된 경우에는 재화의 공급으로 보지 아니한다.

• **외국법인 등이 공급하는 재화의 과세**(부기통 9-18-6)

국내사업장이 있는 비거주자 또는 외국법인이 외국에서 자기가 생산하거나 취득한 재화를 국내의 다른 사업자에게 비거주자 또는 외국법인의 국외사업장에서 직접 공급하는 것은 비거주자 또는 외국법인의 국내사업장에서 공급하는 것으로 보지 아니한다.

• **기부채납 하는 재화에 대한 과세**(부기통 9-18-8)

① 사업자가 건물 등을 신축하여 국가 또는 지방자치단체에 기부채납하고 그 대가로 일정기간 동 건물 등에 대한 무상사용·수익권을 얻는 경우 해당 건물 등의 공급거래는 과세대상이 된다.
② 사업자가 사업을 수행하기 위한 인허가 조건에 의하여 사회기반시설 등을 국가나 지방자치단체에 기부채납 하는 경우 해당 거래는 부가가치세가 면제된다.
③ 사업자가 생산·취득한 재화를 국가나 지방자치단체에 아무런 대가관계 없이 무상으로 기부채납 하는 경우 부가가치세가 면제된다.

• **사업양도의 범위 또는 유형**(부기통 10-23-1)

다음에 예시하는 것은 부가가치세법상 재화의 공급으로 보지 아니하는 '사업의 양도'로 본다.

① 개인인 사업자가 법인설립을 위하여 사업장별로 그 사업에 관한 모든 권리와 의무를 포괄적으로 현물출자 하는 경우
② 과세사업과 면세사업을 겸영하는 사업자가 사업장별로 과세사업에 관한 모든 권리와 의무를 포괄적으로 양도하는 경우
③ 과세사업에 사용할 목적으로 건설 중인 독립된 제조장으로서 등록되지 아니한 사업장에 관한 모든 권리와 의무를 포괄적으로 양도하는 경우
④ 둘 이상의 사업장이 있는 사업자가 그 중 하나의 사업장에 관한 모든 권리(미수금에 관한 것을 제외한다)와 의무(미지급금에 관한 것을 제외한다)를 포괄적으로 양도하는 경우

3.2. 용역의 공급

용역의 공급은 계약상 또는 법률상의 모든 원인에 따라 역무를 제공하거나 시설물, 권리 등 재화를 사용하게 하는 것으로 한다(부가법 §11 ①). 여기서 '용역'이란 재화 외에 재산 가치가 있는 모든 역무(役務)와 그 밖의 행위를 말한다(부가법 §2 (3)). 이러한 용역은 다음의 각 사업에 해당하는 모든 역무와 그 밖의 행위로 한다(부가령 §3 ①).

① 건설업
② 숙박 및 음식점업
③ 운수 및 창고업
④ 정보통신업(출판업과 영상·오디오 기록물 제작 및 배급업은 제외한다)
⑤ 금융 및 보험업
⑥ 부동산업. 다만, 다음의 사업은 제외한다.
　㉠ 전·답·과수원·목장용지·임야 또는 염전임대업[주)]
　㉡ 「공익사업을 위한 토지 등의 취득 및 보상에 관한 법률」에 따른 공익사업과 관련해 지역권·지상권(지하 또는 공중에 설정된 권리를 포함)을 설정하거나 대여하는 사업
⑦ 전문, 과학 및 기술서비스업과 사업시설 관리, 사업 지원 및 임대서비스업
⑧ 공공행정, 국방 및 사회보장행정
⑨ 교육서비스업
⑩ 보건업 및 사회복지서비스업
⑪ 예술, 스포츠 및 여가관련 서비스업
⑫ 협회 및 단체, 수리 및 기타 개인서비스업과 제조업 중 산업용 기계 및 장비 수리업
⑬ 가구내 고용활동 및 달리 분류되지 않은 자가소비 생산활동
⑭ 국제 및 외국기관의 사업

주) 여기에서 '전·답·과수원·목장용지·임야 또는 염전'은 지적공부상의 지목에 관계없이 실제로 경작하거나 해당 토지의 고유용도에 사용하는 것으로 한다(부가칙 §2 ①).

위와 같이 용역을 공급하는 사업에 해당하는 범위를 부가가치세법상 구체적으로 규정하고 있는 이유는 현실적으로 많은 사업이 재화 또는 용역이 명확하게 분리되어 공급되는 것이 아니라 혼합된 형태로 공급됨으로 인해 이러한 공급이 재화의 공급인지 용역의 공급인지 구분이 여의치 않은 점을 고려한 것이다.

그리고 이러한 용역을 공급하는 사업의 구분은 부가가치세법 시행령에 특별한 규정이 있는 경우를 제외하고는 국가데이터처장이 고시하는 해당 과세기간 개시일 현재의 한국표준산업분류에 따르되(부가령 §4 ①), 위에서 규정하는 사업과 유사한 사업은 한국표준산업분류에도 불구하고 같은 항의 사업에 포함되는 것으로 본다(부가령 §4 ②).

단, 위의 규정에 불구하고 건설업과 부동산업 중 다음의 사업은 재화를 공급하는 사업인 부동산매매업으로 본다(부가령 §3 ②, 부가칙 §2 ②).[23]

① 부동산의 매매(주거용 또는 비거주용 및 그 밖의 건축물을 자영건설하여 분양·판매하는 경우를 포함한다) 또는 그 중개를 사업목적으로 나타내어 부동산을 판매하는 사업
② 사업상의 목적으로 1과세기간 중에 1회 이상 부동산을 취득하고 2회 이상 판매하는 사업

3.2.1. 용역 공급의 범위

용역의 공급은 계약상 또는 법률상의 모든 원인에 의하여 역무를 제공하거나 시설물, 권리 등 재화를 사용하게 하는 것으로 하는데(부가법 §11 ①), 여기에서 역무의 제공은 인적용역의 공급을 의미하고, 시설물, 권리 등 재화를 사용하게 하는 것은 물적용역의 공급을 의미한다. 따라서 인적용역을 공급하거나 혹은 테니스장·냉장창고·자동차정류장 등의 시설물, 권리 등 재화를 사용하게 하고 그 대가를 받는 것은 용역의 공급으로서 부가가치세를 과세한다(부기통 11-0-1). 단, 시설물, 권리 등 재화를 양도하는 것은 용역의 공급이 아니라 재화의 공급에 해당한다. 또한 다음 중 어느 하나에 해당하는 것은 용역의 공급으로 본다(부가령 §25).

① 건설업의 경우 건설사업자가 건설자재의 전부 또는 일부를 부담하는 것
② 자기가 주요자재를 전혀 부담하지 아니하고 상대방으로부터 인도받은 재화를 단순히 가공만 해 주는 것
③ 산업상·상업상 또는 과학상의 지식·경험 또는 숙련에 관한 정보(know-how)를 제공하는 것

23) 여기에 대해서는 '**2.4. 납세의무자**' 세부규정에서 자세히 살펴보았다.

‖ 표 3.2. ‖ 가공계약의 세무상 처리

구 분	세무상 처리
① 자기가 주요자재의 전부 또는 일부를 부담하고 상대방으로부터 인도받은 재화를 가공하여 새로운 재화를 만드는 가공계약에 따라 재화를 인도하는 것	재화의 공급[주)]
② 자기가 주요자재를 전혀 부담하지 아니하고 상대방으로부터 인도받은 재화를 단순히 가공만 해 주는 것	용역의 공급

주) 단, 건설업의 경우에는 건설사업자가 건설자재의 전부 또는 일부를 부담하는 경우에도 용역의 공급으로 본다.

3.2.2. 용역의 공급으로 보지 아니하는 경우

다음의 경우는 용역의 공급으로 보지 아니한다(부가법 §12 ②, ③).

① 사업자가 대가(對價)를 받지 아니하고 타인에게 용역을 공급하는 것[주)]
② 고용관계에 따라 근로를 제공하는 것

주) 다만, 사업자가 「소득세법」 또는 「법인세법」에 규정된 특수관계에 있는 자에게 사업용 부동산의 임대용역(「산업교육진흥 및 산학연협력촉진에 관한 법률」에 따라 설립된 산학협력단과 같은 법의 대학 간 사업용 부동산의 임대용역 및 「공공주택특별법」에 따른 공공주택사업자와 같은 법의 부동산투자회사 간 사업용 부동산의 임대용역은 제외)을 공급하는 것은 용역의 공급으로 본다(부가법 §12 ② 단서, 부가령 §26 ①, ②).

용역을 무상공급 하는 경우는 용역의 특성상 유형의 실체가 없으므로 인해 과세대상 실체 파악 및 과세가액의 평가가 어렵기 때문에 부가가치세법상 용역의 공급으로 보지 아니하는 것이며, 고용관계에 의해 근로를 제공하는 경우는 사업상 독립적으로 용역을 공급하는 것이 아니므로 용역의 공급으로 보지 아니하는 것이다.

‖ 표 3.3. ‖ 재화와 용역의 무상공급 비교

구 분	과세 여부
① 재화의 무상공급	과세함[주1)]
② 용역의 무상공급	과세하지 아니함[주2)]

주1) 이 경우 과세표준은 자기가 공급한 재화의 시가로 한다(부가법 §29 ④ (1)). 단, 국가, 지방자치단체, 지방자치단체조합 또는 일정한 공익단체에 무상(無償)으로 공급하는 재화 또는 용역은 면세대상이다(부가법 §26 ① (20)).

주2) 용역의 무상공급은 원칙적으로 과세대상이 아니지만, 사업자가 대가를 받지 않고 특수관계인에게 사업용 부동산의 임대용역(산학협력단과 대학 간 사업용 부동산의 임대용역 및 공공주택사업자와 부동산투자회사 간 사업용 부동산의 임대용역은 제외)을 공급하는 경우에는 이를 용역의 공급으로 본다. 또한, 용역의 공급에 대하여 부당하게 낮은 대가를 받는 경우에도 과세대상이 된다. 이 경우 과세표준은 자기가 공급한 용역의 시가로 한다(부가법 §29 ④ (2), (3)). 여기에 대한 구체적인 사항은 **'제6장 과세표준'**에서 살펴보기로 한다.

3.3. 재화의 수입

재화의 수입은 다음 중 어느 하나에 해당하는 물품을 국내에 반입하는 것(보세구역[24]을 거치는 것은 보세구역에서 반입하는 것을 말한다)으로 한다(부가법 §13).

① 외국으로부터 국내에 도착한 물품[외국 선박에 의하여 공해(公海)에서 채집되거나 잡힌 수산물을 포함한다]으로서 수입신고가 수리(受理)되기 전의 것
② 수출신고가 수리된 물품[수출신고가 수리된 물품으로서 선적(船積)되지 아니한 물품을 보세구역에서 반입하는 경우는 제외한다][주)]

주) 부가가치세법상 수출재화의 공급시기는 일반적으로 수출재화의 선(기)적일이므로(부가령 28 ⑥ (1)), 수출신고가 수리된 물품이라 하더라도 아직 선적되지 않은 수출재화의 경우는 부가가치세법상 아직 수출이 완료되지 않은 것으로 본다. 따라서 이러한 물품을 보세구역으로부터 반입하더라도 재화의 수입으로 보지 않는 것이다.

그림 3.1. 보세구역에 대한 부가가치세 적용

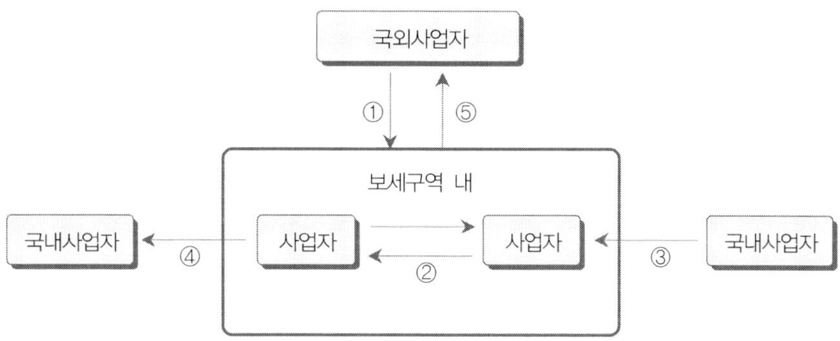

① 국외에서 보세구역으로 재화 반입 : 재화의 수입에 해당되지 않음
② 보세구역 내 사업자간 거래 : 재화 또는 용역의 공급에 해당
③ 국내에서 보세구역으로 공급 : 재화 또는 용역의 공급에 해당
④ 보세구역에서 국내로 공급 : 재화의 수입에 해당[주)]
⑤ 보세구역에서 국외로 반출 : 재화의 수출에 해당

주) 관세가 과세되는 부분에 대하여는 세관장이 부가가치세를 징수하고 수입세금계산서를 발급하며, 공급가액 중 수입세금계산서 상의 공급가액(과세표준)을 제외한 잔액에 대하여는 재화를 공급하는 사업자가 부가가치세를 거래징수하고 세금계산서를 발급하여야 한다. 이는 하나의 거래가 재화의 수입 및 재화의 공급에 동시에 해당하게 된다는 의미이다. 여기에 대해서는 '**6.2. 재화의 수입에 대한 과세표준**'에서 구체적으로 살펴보도록 하겠다.

---

24) 여기에서 '보세구역'이라 함은, 「관세법」에 따른 보세구역 및 「자유무역지역의 지정 및 운영에 관한 법률」에 따른 자유무역지역을 말한다(부가령 §27).

세부규정

• **보세구역에 대한 부가가치세 적용**(부기통 9-18-7)

보세구역(「관세법」에 따른 보세구역 및 「자유무역지역의 지정 및 운영에 관한 법률」에 따른 자유무역지역)에 관련된 부가가치세법 적용은 다음과 같이 한다. 단, 「자유무역지역의 지정 및 운영에 관한 법률」에서 아래와 달리 규정하고 있는 경우에는 그 법률에 따른다.

① 외국에서 보세구역으로 재화를 반입하는 것은 재화의 수입에 해당하지 아니한다.

② 동일한 보세구역 내에서 재화를 공급하거나 용역을 제공하는 것은 재화의 공급 또는 용역의 제공에 해당한다.

③ 보세구역 외의 장소에서 보세구역으로 재화 또는 용역을 공급하는 것은 재화 또는 용역의 공급에 해당한다.

④ 사업자가 보세구역 내에서 보세구역 외의 국내에 재화를 공급하는 경우에 공급가액 중 관세가 과세되는 부분에 대하여는 세관장이 부가가치세를 징수하고 수입세금계산서를 발급하며 공급가액 중 관세의 과세가격과 관세·개별소비세·주세·교육세·교통·에너지·환경세 및 농어촌특별세의 합계액을 뺀 잔액에 대하여는 재화를 공급하는 사업자가 부가가치세를 거래징수하고 세금계산서를 발급하여야 한다. 다만 영 제61조 제1항 제5호 단서[주)]에 해당하는 때에는 그 선하증권의 공급가액 전체에 대하여 부가가치세를 거래징수하고 세금계산서를 발급할 수 있다.

⑤ 사업자가 보세구역 내에서 보세구역 외의 국내로 내국신용장에 의하여 재화를 공급하는 경우에 공급가액 중 관세가 과세되는 부분에 대하여는 세관장이 부가가치세를 징수하고 수입세금계산서를 발급하며 공급가액 중 관세의 과세가격과 관세·개별소비세·주세·교육세·교통·에너지·환경세 및 농어촌특별세의 합계액을 뺀 잔액에 대하여는 재화를 공급하는 사업자가 영의 세율이 적용되는 세금계산서를 발급하여야 한다. 다만 영 제61조 제1항 제5호 단서[주)]에 해당하는 때에는 그 선하증권의 공급가액 전체에 대하여 부가가치세를 거래징수하고 세금계산서를 발급할 수 있다.

주) 다만, 세관장이 부가가치세를 징수하기 전에 같은 재화에 대한 선하증권이 양도되는 경우에는 해당 재화를 공급하는 자의 과세표준은 선하증권의 공급가액으로 할 수 있다(부가령 §61 ① (5) 단서).

3.4. 부수재화 또는 용역

3.4.1. 부수재화 또는 용역의 범위

주된 재화 또는 용역의 공급에 부수되어 공급되는 것으로서 다음 중 어느 하나에 해당하는 재화 또는 용역의 공급은 주된 재화 또는 용역의 공급에 포함되는 것으로 본다(부가법 §14 ①). 이는 부수되어 공급되는 재화 또는 용역을 주된 공급과 분리하는 것이 현실적으로 용이하지 않음을 고려한 것이다.

① 해당 대가가 주된 재화 또는 용역의 공급에 대한 대가에 통상적으로 포함되어 공급되는 재화 또는 용역

② 거래의 관행으로 보아 통상적으로 주된 재화 또는 용역의 공급에 부수하여 공급되는 것으로 인정되는 재화 또는 용역

주된 사업에 부수되는 다음 중 어느 하나에 해당하는 재화 또는 용역의 공급은 별도의 공급으로 보되, 과세 및 면세 여부 등은 주된 사업의 과세 및 면세 여부 등을 따른다(부가법 §14 ②). 단, '②'의 경우는 부수재화에 대하여만 적용된다.

① 주된 사업과 관련하여 우연히 또는 일시적으로 공급되는 재화 또는 용역
② 주된 사업과 관련하여 주된 재화의 생산 과정이나 용역의 제공 과정에서 필연적으로 생기는 재화

표 3.4. 부수재화 · 용역의 세법상 취급

유 형	독립된 공급 여부	과세·면세 여부
① 주된 공급에 부수되는 재화·용역의 공급	독립된 공급 ×	주된 공급에 따름
② 주된 사업에 부수되는 재화·용역의 공급	독립된 공급 ○	주된 사업에 따름주)

주) 다만, 주된 사업과 관련하여 우연히 또는 일시적으로 공급되는 재화 또는 용역의 경우 해당 재화 또는 용역이 면세대상인 경우에는 주된 사업의 과세·면세 여부를 불문하고 면세가 된다.

3.4.2. 주된 공급에 부수되는 재화 또는 용역의 공급

유 형	사 례
① 해당 대가가 주된 재화 또는 용역의 공급에 대한 대가에 통상적으로 포함되어 공급되는 재화 또는 용역 ② 거래의 관행으로 보아 통상적으로 주된 재화 또는 용역의 공급에 부수하여 공급되는 것으로 인정되는 재화 또는 용역	• 피아노를 공급하면서 피아노 의자를 제공하고 이를 운반해주는 경우 • 미술학원에서 교육용역을 제공하면서 실습자재를 제공하는 경우 • 수리용역을 제공하면서 부속품을 교체해주는 경우

이들은 별도의 독립된 공급으로 보지 아니하고 주된 공급에 포함되는 것으로 본다. 따라서 부수재화 또는 용역의 과세 여부도 주된 공급에 따른다. 부수재화 또는 용역의 공급은 독립된 공급으로 보지 아니하므로 별도로 세금계산서는 발급하지 아니한다.

예를 들어, 가전제품을 공급하는 경우 포장박스는 부수재화가 된다. 이 경우 가전제품을 운송해 주는 것 혹은 사후보증수리용역(A/S)을 제공하는 것은 부수용역에 해당한다. 이러한 부수되는 재화 또는 용역에 대한 대가는 주된 거래에 포함되어 거래되는 것으로 보아 주된 거래에 따라 과세여부를 결정한다.

따라서 과세대상인 가전제품의 공급에 부수되는 운송용역은 과세이나, 면세대상인 농산물의 공급에 부수되는 운송용역은 면세가 되는 것이다. 단, 사업자가 농산물·축산물·수산물·임산물 등의 면세재화를 운반·가공하거나 판매대행하는 등의 용역을 제공하고 그 대가를 받는 경우에는 부수용역으로 보지 아니하므로 과세대상이 된다(부기통 4-0-4).

‖ 표 3.5. ‖ 주된 공급에 부수되는 공급의 과세·면세 판정

주된 공급	부수 재화 · 용역	과세 · 면세 판정	사 례
과세	과세	과세	피아노 + 의자
	면세	과세	조경공사 + 수목
면세	과세	면세	미술교육 + 실습자재
	면세	면세	생선 + 소금

3.4.3. 주된 사업에 부수되는 재화 또는 용역의 공급

유 형	사 례
① 주된 사업과 관련하여 우연히 또는 일시적으로 공급되는 재화 또는 용역	• 제조업자가 공장을 매각하는 경우 • 은행이 사용하던 차량을 매각하는 경우
② 주된 사업과 관련하여 주된 재화의 생산 과정이나 용역의 제공 과정에서 필연적으로 생기는 재화	• 목재소에서 톱밥을 공급하는 경우 • 생사제조업자가 번데기를 공급하는 경우

이들은 주된 공급에 부수되는 재화 등과는 달리 공급 자체를 별도의 독립된 공급으로 본다. 따라서 주된 사업에 부수되는 재화 또는 용역의 공급에 대해서는 별도로 세금계산서를 발급하여야 한다. 이를 보다 구체적으로 살펴보면 다음과 같다.

(1) 주된 사업과 관련하여 우연히 또는 일시적으로 공급되는 재화 또는 용역

주된 사업과 관련하여 우연히 또는 일시적으로 공급되는 재화 또는 용역의 경우 이를 독립된 공급으로는 볼 수 있으나 독립된 사업을 구성하는 것은 아니므로 부수재화 또는 용역의 과세 여부는 주된 사업에 따른다. 다만, 부수되는 재화 또는 용역이 면세대상인 경우에는 주된 사업이 과세사업인지 면세사업인지 여부를 따지지 않고 면세되는 것으로 한다.

따라서 과세사업자인 임대사업자가 과세대상 건물을 공급한 경우 건물의 공급은 과세가 되지만, 면세대상인 토지를 공급한 경우에는 토지의 공급은 면세가 된다. 이와 달리 면세사업자인 은행이 면세대상인 토지를 공급한 경우에는 토지의 공급은 면세가 되지만, 과세대상인 건물을 공급한 경우에도 건물의 공급은 면세가 되는 것이다.

표 3.6. 주된 사업과 관련한 우연히·일시적인 공급의 과세·면세 판정

주된 사업	부수 재화 · 용역	과세 · 면세 판정	사 례
과세	과세	과세	제조업 + 공장매각
	면세	면세[주)]	제조업 + 공장부지매각
면세	과세	면세	은행업 + 은행건물매각
	면세	면세	은행업 + 은행건물부지매각

주) 해당 재화 또는 용역이 면세대상인 경우에는 주된 사업의 과세·면세 여부를 불문하고 면세가 된다.

(2) 주된 사업과 관련하여 주된 재화의 생산 과정이나 용역의 제공 과정에서 필연적으로 생기는 재화

주된 사업과 관련하여 주된 재화의 생산 과정이나 용역의 제공 과정에서 필연적으로 생기는 재화의 경우 이러한 부산물의 생산이 독립된 사업을 구성하는 것은 아니므로 부수재화의 과세 여부는 주된 사업에 따른다. 만약 이를 주된 사업과 다르게 과세 여부를 판정하게 되는 경우 사업자는 겸영사업을 영위하는 결과가 되어 부가가치세법상 복잡한 안분계산의 문제가 생기게 되므로 납세자의 편의 도모 및 과세행정상 능률제고 등을 위하여 필수부산물의 과세 여부는 주된 사업에 따르는 것이다.

따라서 과세사업인 복숭아 통조림 제조사업자가 제품을 제조하는 과정에서 필연적으로 부수하여 생산되는 면세재화인 복숭아씨(桃仁)와 복숭아씨의 껍질을 해당 제조업자가 공급하는 경우에는 주된 사업에 따라 부가가치세가 과세된다. 반면 부가가치세가 면세되는 밀가루·옥수수가루를 제조하는 과정에서 필연적으로 부수하여 생산되는 부수물인 밀기울이나 옥수수기울을 해당 제조업자가 공급하는 경우에는 부가가치세가 면세되는 것이다.

세부규정

• **조경공사에 포함되는 수목의 면세 여부**(간세1235-2700, 1977.8.24.)

우리나라에서 생산된 식용에 공하지 아니하는 농산물 또는 임산물인 화초 또는 수목은 부가가치세가 면제되나, 사업자가 조경녹지공사용역의 공급가액 중 농산물과 임산물의 공급가액이 포함되어 있는 경우 주된 조경녹지공사용역에 필수적으로 부수되는 것으로서 부가가치세가 과세된다.

• **빙과류 공급에 부수하여 공급하는 재화**(간세1265-2563, 1979.8.1.)

빙과류를 도매하는 사업자가 빙과류를 소매하는 사업자에게 빙과류 공급시 당해 빙과류의 보관에 필요한 드라이아이스를 공급하는 경우 당해 드라이아이스 대가가 주된 거래인 빙과류의 공급대가에 통상적으로 포함되어 공급하는 드라이아이스인 경우에는 사업상증여에 포함되지 않는다.

• **계약조건에 따라 추가 보충해 주는 재화**(부가1265-3112, 1981.11.27.)

불가항력에 의한 손실에 대해 공급자가 보상하도록 계약하고 공급한 재화가 공급받은 자의 보관 중 천재·지변 등의 불가항력적인 사유로 손실이 발생하여 당초 공급자가 이를 동종 동량의 다른 재화로 보상해 주는 경우에는 부가가치세법 제1조 제4항 및 동법시행령 제3조의 규정에 의하여 주된 거래인 재화의 공급에 포함되는 것으로 보아 부가가치세가 과세되지 않는다.

• **불량품의 보충공급**(부가1265.1-3446, 1981.12.30.)

당초 공급한 재화 중 일부의 불량품을 보충 공급하고 대가를 별도로 받지 아니하는 경우에는 부가가치세법 제1조 제4항의 규정에 의하여 당초에 공급한 재화의 공급에 포함되는 것으로서 부가가치세가 과세되지 않는다.

• **조경공사시 관상수가액**(부가1265-982, 1983.5.25.)

조경공사 사업자가 관상수 납품과 조경공사 건설용역을 함께 공급함에 있어 별개의 계약으로 동일인에게 공급하는 경우 수목(관상수)의 공급가액은 부가가치세법 제1조 제4항의 규정에 의하여 주된 조경공사 용역에 필수적으로 부수되는 것으로 인정되므로 부가가치세가 과세된다.

• **과세재화에 부수하여 생산되는 난백(흰자)과 난황(노른자)**(부가1265.1-1865, 1983.9.5.)

계란을 가공하여 부가가치세가 과세되는 재화를 생산하는 경우에 필수적으로 부수하여 생산되는 난백(흰자)과 난황(노른자)은 부가가치세가 과세된다.

• **수산업자가 매각하는 선박에 대한 과세 여부**(부가22601-1758, 1992.11.27.)

부가가치세가 면제되는 수산업을 영위하는 면세사업자가 당해 사업에 공한 선박을 매각하는 경우에는 부가가치세가 과세되지 아니하며, 수산물을 채취하여 수출하는 사업자가 면세포기를 하여 과세사업을 영위하다가 동 과세사업에 사용되는 선박을 매각하는 경우에는 부가가치세가 과세된다.

3.5. 재화의 간주공급

일반적으로 부가가치세법상 재화의 공급은 계약상 또는 법률상의 모든 원인에 의하여 재화를 인도하거나 양도하는 것으로 한다(부가법 §9 ①). 이와 같이 재화를 공급하는 자는 공급받는 자로부터 부가가치세(매출세액)를 거래징수하여 이를 과세당국에 납부하여야 하는데, 이 과정에서 본인이 매입시 거래징수당한 부가가치세(매입세액)를 매출세액에서 차감하여 납부를 하게 된다(전단계세액공제법). 이 경우 매출세액에서 공제받을 수 있는 매입세액은 부가가치세 과세대상인 재화의 공급을 위하여 생산·취득한 것과 관련된 매입세액에 한하는 것이 원칙이다.

하지만 당초 과세대상 재화의 공급과 관련하여 생산·취득한 재화를 부가가치세가 과세되지 않는 용도로 사용·소비하게 되는 경우 매출세액은 부담하지 않으면서 매입세액만 공제받는 비합리적인 결과가 초래될 수 있다. 이를 방지하기 위하여 본래적 의미의 재화의 공급에 해당하지 않더라도, 일정한 경우 부가가치세법상 재화를 공급한 것으로 간주되는 경우가 있는데, 이를 '재화의 간주공급' 혹은 '재화의 공급의제'라 부른다.

이러한 간주공급 규정은 원칙적으로 매입 당시 매입세액을 공제받지 않았던 경우에는 적용되지 않는데(판매목적 타사업장 반출의 경우 제외), 이는 재화의 실질공급이 당초 매입세액의 공제 여부와 상관없이 부가가치세 과세대상이 되는 것과는 상반되는 것이다. 따라서 재화의 간주공급 규정은 결국 당초 공제받았던 매입세액을 일정한 경우 사후적으로 추징하기 위한 것으로 볼 수 있다.

부가가치세법에서 규정하고 있는 간주공급은 ① 사업자가 최종소비자의 위치에서 자기의 사업과 관련하여 생산하거나 취득한 재화를 직접 사용·소비하는 경우(자가공급), ② 자기나 사용인의 개인적 목적 등으로 사용하는 경우(개인적 공급), ③ 자기의 고객이나 불특정 다수에게 증여하는 경우(사업상증여), ④ 사업자가 사업을 폐업할 때 남아 있는 재화의 경우(폐업시 잔존재화)가 있는데, 이하 이에 대해 구체적으로 살펴보도록 하겠다.

표 3.7. 재화의 실질공급과 간주공급

구 분	내 용	
(1) 재화의 실질공급	계약상 또는 법률상의 모든 원인에 의하여 재화를 인도하거나 양도하는 것	
(2) 재화의 간주공급 주)	① 자가공급	㉠ 면세사업에 전용
		㉡ 영업용이 아닌 소형승용자동차와 그 유지를 위한 사용
		㉢ 판매목적 타사업장 반출
	② 개인적 공급	
	③ 사업상증여	
	④ 폐업시 잔존재화	

주) 판매목적 타사업장 반출을 제외한 나머지의 경우 당초 매입세액을 공제받지 않은 재화에 대하여는 간주공급 규정이 적용되지 않는다.

3.5.1. 자가공급

'자가공급'이란 사업자가 자기의 과세사업과 관련하여 생산하거나 취득한 재화를 자기의 사업을 위하여 직접 사용하거나 소비하는 것을 말하며, 이는 부가가치를 창출하기 위한 사업활동이므로 과세대상으로 보지 아니하지만 일정한 경우에는 자기에게 재화를 공급하는 것으로 본다(집행기준 10-0-4). 사업자가 자기의 과세사업과 관련하여 생산하거나 취득한 재화를 자기의 사업을 위하여 직접 사용하거나 소비하는 경우 다음에 정하는 것은 재화의 공급으로 본다(부가법 §10 ①~③).

① 면세사업을 위하여 사용 또는 소비되는 재화
② 영업용이 아닌 소형승용자동차와 그 유지를 위한 재화
③ 2 이상의 사업장이 있는 사업자가 타인에게 직접 판매할 목적으로 다른 사업장에 반출하는 재화

(1) 면세사업에 전용(轉用)

1) 개념

사업자가 자기의 과세사업과 관련하여 생산하거나 취득한 재화로서 다음 중 어느 하나에 해당하는 재화(이하 '자기생산·취득재화'라 한다)를 자기의 면세사업 및 부가가치세가 과세되지 아니하는 재화 또는 용역을 공급하는 사업(이하 '면세사업 등'이라 한다)을 위하여 직접 사용하거나 소비하는 것은 재화의 공급으로 본다(부가법 §10 ①).

① 부가가치세법에 따른 매입세액, 그 밖에 이 법 및 다른 법률에 따른 매입세액이 공제된 재화
② 재화의 공급으로 보지 않는 사업양도로 취득한 재화로서 사업양도자가 부가가치세법에 따른 매입세액, 그 밖에 이 법 및 다른 법률에 따른 매입세액을 공제받은 재화
③ 수출에 해당하여 영세율을 적용받는 재화[주)]

주) 내국신용장 또는 구매확인서에 의하여 재화를 공급하는 것 등 국내거래이지만 수출하는 재화에 포함되어 영세율을 적용받아 매입한 재화를 말한다. 이에 대해서는 '**5.1.3. 영세율 적용대상거래**'에서 자세히 살펴보도록 하겠다.

2) 규정의 취지

본래 부가가치세가 면제되는 재화 또는 용역을 공급하는 사업에 관련된 매입세액은 매출세액에서 공제하지 않는다(부가법 §39 ① (7)).[25] 따라서 당초에 매입세액을 공제받지 않은 재화를 면세사업에 사용하는 경우에는 간주공급에 해당할 여지가 없다. 하지만 사업자가 과세사업에 사용할 것을 의도하고 매입세액을 공제받은 재화를 당초 의도와는 달리 면세사업에 사용한다면 매출세액은 발생하지 않는 반면 매입세액만 공제받게 되는 불합리한 결과가 발생하게 되므로, 이를 재화의 공급으로 간주하는 것이다.

예들 들어, 우등고속버스사업(과세사업) 및 시내버스사업(면세사업)을 겸영하고 있는 운수사업자(겸영사업자)가 당초에 과세사업에 사용할 것을 의도하여 매입세액공제를 받은 재화를 본래 의도대로 과세사업에

25) 이에 대하여는 '**8.3.2. 공제받지 못할 매입세액**'에서 구체적으로 살펴보게 된다.

사용하는 경우에는 이를 간주공급으로 볼 여지가 없다. 하지만 우등고속버스사업에 사용하기 위하여 부품을 매입(매입세액공제를 받음)한 후 이를 매출세액이 발생하지 않는 시내버스사업에만 사용하는 경우(전부전용) 혹은 우등고속버스와 시내버스사업에 공통으로 사용하는 경우(일부전용)에는 문제가 발생하게 된다. 본래 이것은 내부거래에 해당하여 본래적인 공급(실질공급)으로 볼 수는 없다. 하지만 비록 내부거래에 해당하더라도 이를 공급으로 보지 않게 되면 사업자는 매입세액도 공제받고 면세도 적용받게 되는데, 이는 면세사업에 대하여 마치 영세율을 적용하는 것과 같은 불합리한 결과를 초래하게 된다. 따라서 이러한 전용의 경우에는 이것이 내부거래임에도 불구하고 매출세액을 발생시키기 위하여 이를 공급으로 의제하는 것이다.[26)]

한편, 매입시 매입세액을 공제받지 못한 재화의 경우에는 이러한 불합리한 결과가 발생하지 않기 때문에 해당 재화를 면세사업으로 전용하는 경우에도 공급으로 보지 아니하는 것이다.

그림 3.2. 면세사업 전용

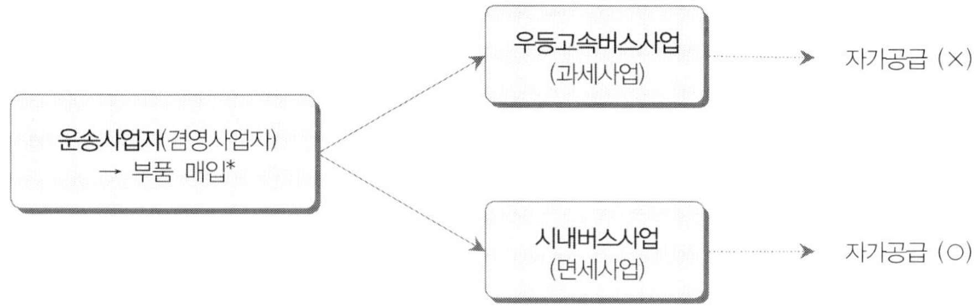

* 단, 매입시 매입세액을 공제받지 못한 경우는 재화의 간주공급으로 보지 않는다.

자가공급으로 보는 면세전용 사례(집행기준 10-0-4)

사업자 갑이 2025년 12월 12일 안양에 오피스텔을 건설하면서 관련 매입세액을 공제받은 후 완공하여 사무실 용도로 임대하였으나 해당 임차인이 2026년 3월 2일 상시주거용으로 사용하는 것이 확인되는 경우

☞ 해당 오피스텔이 면세전용(주택의 임대는 면세대상임)된 것이므로 자가공급에 해당하여 갑은 2026년 1기 부가가치세 신고 시 해당 오피스텔에 대한 과세표준을 신고과세표준에 포함하여야 한다. 그러나 갑이 수원에서 분양목적으로 신축한 오피스텔이 준공된 후에도 분양되지 아니하여 일시적·잠정적으로 주거용으로 임대한 경우에는 자가공급(면세전용)으로 보지 아니한다.

* 오피스텔 신축판매업을 운영하는 사업자가 완공한 오피스텔을 임대한 경우로서 임차인이 이를 상시 주거용으로 사용하는 경우, 사업자가 과세되는 미분양주택을 면세되는 주택임대사업으로 전환한 것으로 볼 수 있는 경우 등은 면세전용에 해당한다(집행기준 10-0-4).

26) 면세전용과 관련한 부가가치세 과세표준 계산시 '전부전용'의 경우에는 원칙적으로 해당 재화의 시가를 과세표준으로 보는 것이나, '일부전용'의 경우에는 면세사업에 일부 사용한 날이 속하는 과세기간의 총공급가액에서 면세공급가액 비율만큼 안분하여 과세표준을 계산하여야 하는데, 이에 대하여는 '**6.3. 재화의 간주공급에 대한 과세표준**'에서 구체적으로 살펴보도록 하겠다.

(2) 영업용이 아닌 소형승용자동차와 그 유지를 위한 사용

1) 개념

다음 중 어느 하나에 해당하는 자기생산·취득재화의 사용 또는 소비는 재화의 공급으로 본다(부가법 §10 ②).

① 사업자가 자기생산·취득재화를 매입세액이 매출세액에서 공제되지 아니하는 「개별소비세법」에 따른 자동차로 사용 또는 소비하거나 그 자동차의 유지를 위하여 사용 또는 소비하는 것

② 운수업, 자동차 판매업 등 일정한 업종[주]의 사업을 경영하는 사업자가 자기생산·취득재화 중 「개별소비세법」에 따른 자동차와 그 자동차의 유지를 위한 재화를 해당 업종에 직접 영업으로 사용하지 아니하고 다른 용도로 사용하는 것

주) '운수업, 자동차판매업 등 일정한 업종'이란 다음의 업종을 말한다(부가령 §19).

㉠ 운수업
㉡ 자동차 판매업
㉢ 자동차 임대업
㉣ 운전학원업
㉤ 「경비업법」에 따른 기계경비업무를 하는 경비업(출동차량에 한정하여 적용)
㉥ '㉠'부터 '㉤'까지의 업종과 유사한 업종

2) 규정의 취지

본래 영업용이 아닌 소형승용자동차의 구입과 임차 및 유지에 관한 매입세액은 매출세액에서 공제되지 않는다(부가법 §39 ① (5)).[27] 이는 당초에 매입세액을 공제받지 못한 경우에 해당하므로 간주공급으로 볼 여지가 없다. 하지만 당초 영업용으로 사용할 것을 예상하고 매입세액 공제를 받은 후 이를 영업용 아닌 용도로 전용을 하거나 매입세액을 공제받은 재화를 구입하여 이를 영업용이 아닌 소형승용자동차의 유지와 관련하여 사용한 경우는 문제가 될 수 있다.

예를 들어, 운수업을 영위하는 사업자가 운수사업용(택시 등)으로 사용할 것을 의도하고 소형승용자동차를 구입하여 매입세액을 공제받은 후 이를 운수사업용에 사용하지 않고 업무용(시내출장용 등)과 같은 영업용 외의 용도로 사용하는 경우 혹은 주유소 또는 자동차부품업을 영위하는 사업자가 휘발유나 자동차부품을 영업용이 아닌 소형승용자동차의 유지에 전용하는 경우 등이 이에 해당한다.

즉, 영업용이 아닌 소형승용자동차의 구입과 임차 및 유지에 관한 매입세액은 본래 불공제되어야 하나 이러한 전용으로 인하여 매입세액이 공제되는 결과가 발생할 수 있는 것이다. 이를 방지하기 위하여 영업용이 아닌 소형승용자동차의 유지와 관련하여 사용하는 재화는 재화의 공급으로 보아 부가가치세를 과세하는 것이다.

27) 이에 대하여는 **'8.3.2. 공제받지 못할 매입세액'** 부분을 참고하기 바란다.

그림 3.3. 영업용이 아닌 소형승용자동차와 그 유지를 위한 사용

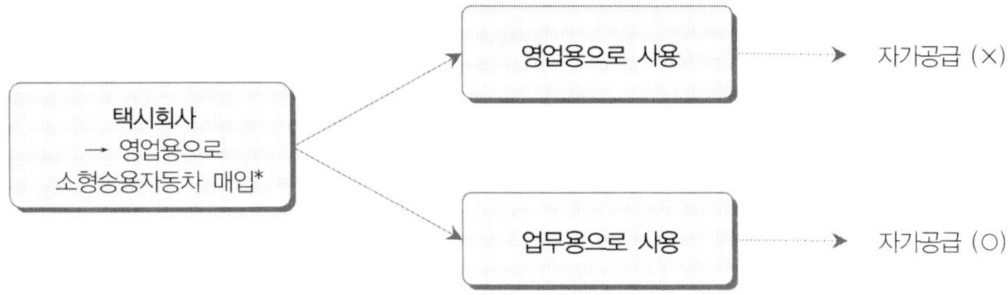

* 단, 매입시 매입세액을 공제받지 못한 경우는 재화의 간주공급으로 보지 않는다.

(3) 판매목적 타사업장 반출

1) 개념

사업장이 둘 이상인 사업자가 자기의 사업과 관련하여 생산 또는 취득한 재화를 판매할 목적으로 자기의 다른 사업장에 반출하는 것은 재화의 공급으로 본다(부가령 §10 ③).

2) 규정의 취지

판매목적으로 재화를 타사업장에 반출하는 것은 거래상대방으로부터 대가를 지급받고 재화를 인도하는 것이 아니므로 본래적 의미의 공급에 해당하지 않는다. 하지만 이를 공급으로 보지 않는 경우 사업장별로 세금을 납부(혹은 환급)해야 하는 현행 부가가치세법 하에서는 반출하는 사업장은 항상 환급세액만이 발생하고 타사업장의 경우는 항상 납부세액만이 발생하게 되는 문제가 생길 수 있다.

판매목적 타사업장 반출의 대표적인 예는 제조장에서 재화를 판매목적으로 직매장으로 반출하는 것인데, 만약 이를 공급으로 보지 않는다면 제조장에서는 매입세액만이 발생하고 직매장에서는 매출세액만이 발생하게 된다. 직매장은 매입세액이 없으므로 납부세액이 발생하고 이를 예정신고 혹은 확정신고와 함께 납부하여야 하는 반면, 제조장은 매출세액이 없으므로 환급세액만이 발생하게 되는데, 환급세액은 확정신고납부기한 경과 후 30일 이내에 환급받게 된다. 따라서 사업자는 어차피 환급받게 될 세액을 미리 납부하여야 하는 결과가 되고 그 기간 동안 상당한 자금압박을 받게 될 수도 있는 것이다. 이러한 문제점을 해결하기 위하여 둘 이상의 사업장을 가진 사업자가 판매목적으로 재화를 자기의 다른 사업장으로 반출하는 경우는 재화의 공급으로 간주하는 것이다.

그림 3.4. 판매목적 타사업장 반출

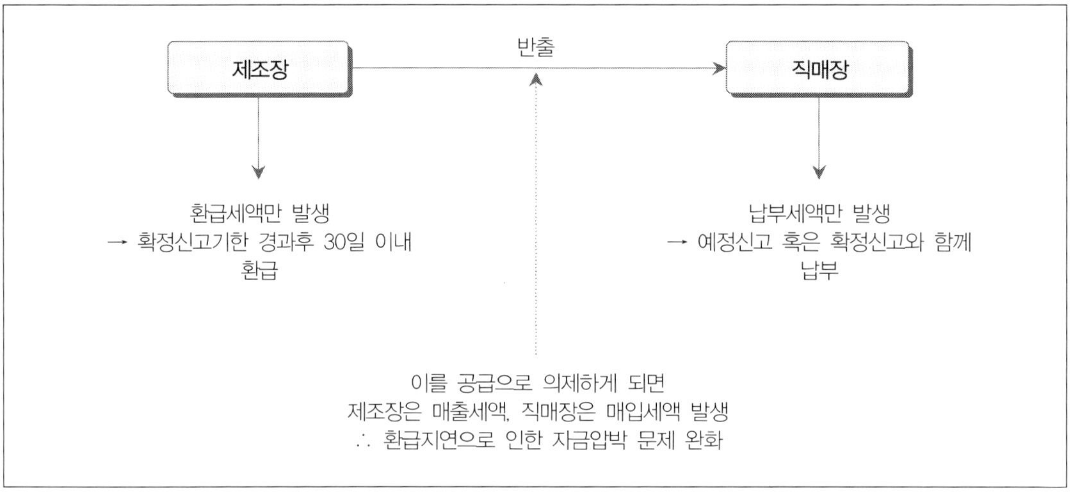

3) 당초 매입세액공제 여부

본래 간주공급 규정은 당초 매입세액공제를 받은 경우에 한하여 적용되는 것이 원칙이다. 즉, 당초 매입세액이 불공제된 경우 매입세액은 결국 해당 사업자가 부담하는 것으로 볼 수 있으므로 이러한 경우 간주공급 규정까지 적용하여 사업자에게 이중의 부담(매입세액의 불공제와 간주공급 규정의 적용으로 인한 매출세액의 발생)을 주지는 않겠다는 취지이다. 따라서 일반적으로 당초 매입세액을 공제받지 못한 경우에는 재화의 간주공급 규정을 적용하지 않는 것이다. 전술하였다시피 간주공급은 결국 당초 공제받았던 매입세액을 일정한 경우에 사후적으로 추징하는 절차에 해당하기 때문이다.

하지만 판매목적 타사업장 반출의 경우는 당초 매입세액공제 여부와 상관없이 간주공급에 해당하는데, 이는 다른 간주공급 규정과는 달리 판매목적으로 재화를 타사업장에 반출하는 경우는(직매장의 예), 제조장에서 발생하는 매출세액이 결국 직매장의 매입세액이 되어 서로 상쇄되는 결과를 낳기 때문이다. 따라서 당초 매입세액 공제 여부에 상관없이 간주공급으로 보는 것이다.

4) 적용배제

사업자가 자기의 사업과 관련하여 생산 또는 취득한 재화를 판매할 목적으로 자기의 다른 사업장에 반출하는 경우라 하더라도 다음 중 어느 하나에 해당하는 경우는 재화의 공급으로 보지 아니한다(부가령 §10 ③ 단서). 이러한 경우는 앞서 언급한 환급지연으로 인한 자금압박 문제가 발생하지 않으므로 간주공급으로 보지 않는 것이다.

① 사업자가 사업자단위과세사업자로 적용을 받는 과세기간에 자기의 다른 사업장에 반출하는 경우
② 사업자가 주사업장총괄납부의 적용을 받는 과세기간에 자기의 다른 사업장에 반출하는 경우

다만, 주사업장총괄납부사업자가 세금계산서를 발급하여 예정신고 또는 확정신고를 한 경우에는 그러하지 아니하다(부가령 §10 ③ (2) 단서). 이러한 단서의 규정이 없다면 총괄납부사업자가 착오 등으로 세금계산서를 발급한 경우 제조장에서는 가산세를 부담하여야 하고 직매장에서는 이를 매입세액으로 공제받을 수 없게 되는 결과가 발생하게 되는데, 이를 방지하기 위하여 단서의 규정을 두고 있는 것이다. 이에 대하여는 '**8.3. 매입세액의 계산**' 및 '**9.8. 가산세**'에서 구체적으로 살펴볼 것이다.

표 3.8. 판매목적 타사업장 반출의 간주공급 해당 여부

구 분	간주공급 해당 여부	세금계산서 발급 여부
① 일반적인 사업자가 재화를 판매목적으로 타사업장에 반출하는 경우	간주공급 ○	세금계산서 발급 ○
② 주사업장총괄납부사업자 또는 사업자단위과세사업자가 재화를 판매목적으로 타사업장에 반출하는 경우[주)]	간주공급 ×	세금계산서 발급 ×

주) 단, 총괄납부사업자가 세금계산서를 발급한 경우는 공급으로 간주한다.

(4) 자가공급으로 보지 않는 경우

사업자가 자기의 사업과 관련하여 생산하거나 취득한 재화를 자기의 사업을 위하여 직접 사용하거나 소비하는 경우라 하더라도 전술한 세 가지에 해당하지 않는 경우는 자가공급으로 보지 않는다는 점에 유의하여야 한다. 따라서 사업자가 자기의 사업과 관련하여 생산하거나 취득한 재화를 자기의 과세사업을 위하여 다음의 예시와 같이 사용하거나 소비하는 경우에는 재화의 공급으로 보지 아니한다(부기통 10-0-1).

① 자기의 다른 사업장에서 원료·자재 등으로 사용하거나 소비하기 위하여 반출하는 경우
② 자기사업상의 기술개발을 위하여 시험용으로 사용하거나 소비하는 경우
③ 수선비 등에 대체하여 사용하거나 소비하는 경우
④ 사후무료 서비스제공을 위하여 사용하거나 소비하는 경우
⑤ 불량품교환 또는 광고 선전을 위한 상품진열 등의 목적으로 자기의 다른 사업장으로 반출하는 경우

자가공급으로 보는 직매장 반출 사례(집행기준 10-0-4)

경기도 남양주에 공장을 두고 의류제조업을 영위 중인 사업자 갑은 서울시 종로구 수송동과 청진동에 지점을 두고 있으며, 공장에서 생산한 의류를 수송동지점에는 최종소비자 또는 다른 사업자에게 판매할 목적으로 보냈고, 청진동지점에는 상품 진열목적으로 보냈다.

☞ 이 경우 수송동지점에 보낸 의류는 자가공급으로 보는 직매장 반출에 해당하여 재화의 공급에 해당하고, 청진동지점에 보낸 의류는 판매할 목적으로 보낸 것이 아니므로 재화의 공급으로 보지 아니한다.

3.5.2. 개인적 공급

1) 개념

사업자가 자기생산·취득재화를 사업과 직접적인 관계없이 자기의 개인적인 목적이나 그 밖의 다른 목적을 위하여 사용·소비하거나 그 사용인 또는 그 밖의 자가 사용·소비하는 것으로서 사업자가 그 대가를 받지 아니하거나 시가보다 낮은 대가를 받는 경우는 재화의 공급으로 본다(부가법 §10 ④).

2) 규정의 취지

부가가치세 과세대상이 되는 재화의 공급은 본래 대가가 수반됨을 전제로 하는 것인데, 이러한 개인적 공급은 대가관계가 없기 때문에 원칙적으로 과세대상 재화의 공급에 해당하지 않는다. 하지만 이를 공급으로 보지 않게 되면 부가가치세 부담이 없는 최종소비가 일어나게 되고, 결국 부가가치세를 부담하는 다른 소비자와의 형평성 문제가 발생하게 된다. 이러한 문제점을 해결하기 위하여 개인적 공급을 부가가치세법상 공급으로 간주하는 것이다.

개인적 공급은 사업자가 재화를 무상으로 공급한 경우뿐만 아니라 시가보다 낮은 대가를 받고 공급한 경우도 포함이 된다. 즉, 부가가치세 부담이 없거나 혹은 현저히 낮은 부가가치세만을 부담하고 재화를 소비하는 경우 모두를 규제하겠다는 것이다. 이 경우 개인적 공급의 과세표준은 자기가 공급한 재화의 시가가 되는데, 이에 관하여는 '**6.3. 재화의 간주공급에 대한 과세표준**'에서 자세히 살펴보도록 하겠다.

3) 적용배제

전술한 규정에 불구하고 사업자가 실비 변상적이거나 복리후생적인 목적으로 그 사용인에게 대가를 받지 아니하거나 시가보다 낮은 대가를 받고 제공하는 것으로서 다음 중 어느 하나에 해당하는 경우는 재화의 공급으로 보지 아니한다. 이 경우 시가보다 낮은 대가를 받고 제공하는 것은 시가와 받은 대가의 차액에 한정한다(부가법 §10 ④ 후단, 부가령 §19의 2).

① 사업을 위해 착용하는 작업복, 작업모 및 작업화를 제공하는 경우
② 직장 연예 및 직장 문화와 관련된 재화를 제공하는 경우
③ 다음 중 어느 하나에 해당하는 재화를 제공하는 경우. 이 경우 '㉠', '㉡' 및 '㉢'의 경우로 구분하여 각각 사용인 1명당 연간 10만원을 한도로 하며, 10만원을 초과하는 경우 해당 초과액에 대해서는 재화의 공급으로 본다.
㉠ 경조사와 관련된 재화
㉡ 설날·추석과 관련된 재화
㉢ 창립기념일 및 생일 등과 관련된 재화

세부규정

• **체육대회에서 종업원에게 체육복을 무상 제공한 경우 간주공급 해당 여부**(부가46015-2202, 1994.11.01.)
사업자가 자기사업과 관련하여 종업원의 사기진작 및 복리후생을 위하여 회사 내 체육대회시 종업원에게 회사마크가 새겨진 체육복을 무상으로 제공하는 경우에는 재화의 공급에 해당하지 아니하는 것이며, 이 경우 체육복 구입에 관련된 매입세액은 자기의 매출세액에서 공제 가능하다.

3.5.3. 사업상 증여

1) 개념

사업자가 자기생산·취득재화를 자기의 고객이나 불특정 다수에게 증여하는 경우는 재화의 공급으로 본다(부가법 §10 ⑤).

2) 규정의 취지

사업상 증여의 경우도 대가를 수반하지 않은 거래에 해당하기 때문에 원칙적으로 부가가치세법상 과세대상 공급에 해당하지 않는다. 하지만 사업자가 자기의 사업과 관련하여 생산 또는 취득한 재화를 무상으로 고객이나 불특정다수인에게 증여함으로서 부가가치세 부담이 없는 최종소비가 발생할 수 있는데, 다른 소비자와의 형평성 문제를 고려하여 이를 공급으로 보는 것이다.

3) 적용배제

사업자가 자기의 고객이나 불특정다수인에게 재화를 증여하더라도 다음의 경우는 간주공급에 해당하지 않는다(부가법 §10 ⑤, 부가령 §20, 부기통 10-0-4).

① 증여되는 재화의 대가가 주된 거래인 재화공급의 대가에 포함되는 것
② 사업을 위하여 대가를 받지 아니하고 다른 사업자에게 인도 또는 양도하는 견본품
③ 「재난 및 안전관리기본법」의 적용을 받아 특별재난지역에 공급하는 물품
④ 사업의 광고선전 목적으로 불특정다수인에게 무상으로 배포하는 광고선전용 재화
⑤ 자기적립마일리지 등[주])으로만 전부를 결제 받고 공급하는 재화

주) '자기적립마일리지 등'에 대해서는 **'6.1.4. 과세표준의 구체적인 범위'**를 참고하기 바란다.

사업상 증여에 해당하는 사례(집행기준 10-0-4)

주유소를 운영하는 사업자 김정성은 주유소를 이용하는 고객 중 이용실적에 따라 김치냉장고, 침대, 청소기, 세제 등 물품을 무상으로 제공하고 있다.

☞ 이 경우 김정성이 제공하는 물품에 대하여 매입세액을 공제받은 경우 사업상 증여에 해당하여 재화의 공급으로 보아야 한다.

▮ 표 3.9. ▮ 사례별 간주공급 해당 여부

구 분	간주공급 여부
① 판매장려물품·현물기업업무추진비 ·경품	간주공급에 해당함.
② 판매장려금	재화의 증여가 아니므로 간주공급에 해당하지 아니함. * 단, 부가가치세 과세표준 산정시 과세표준에서 공제하지 않는다.
③ 광고선전물·견본품	부가가치를 창출하기 위해 투입되는 요소이므로 간주공급에 해당하지 아니함.
④ 구입액의 비율에 따라 증여하는 기증품	주된 재화의 공급에 포함되는 부수재화에 해당하므로 간주공급에 해당하지 아니함.

세부규정

• **광고선전물의 배포**(부기통 10-0-4)

사업자가 자기의 사업과 관련하여 생산하거나 취득한 재화를 자기사업의 광고선전 목적으로 불특정다수인에게 광고선전용 재화로서 무상으로 배포하는 경우(직매장·대리점을 통하여 배포하는 경우를 포함한다)에는 재화의 공급으로 보지 아니한다.

• **판매장려금의 과세**(부기통 10-0-5)

사업자가 자기재화의 판매촉진을 위하여 거래상대자의 판매실적에 따라 일정률의 장려금품을 지급 또는 공급하는 경우 금전으로 지급하는 장려금은 과세표준에서 공제하지 아니하며 재화로 공급하는 것은 사업상 증여에 해당하므로 과세한다. 다만, 해당 재화가 부가가치세법에 따른 자기생산·취득재화에 해당하지 아니하는 것은 과세하지 아니한다.

• **기증품 및 경품의 과세**(부기통 10-0-6)

① 사업자가 자기의 제품 또는 상품을 구입하는 자에게 구입당시 그 구입액의 비율에 따라 증여하는 기증품 등은 주된 재화의 공급에 포함하므로 과세되는 재화의 공급으로 보지 아니한다. 다만, 당사자간의 약정에 따라 일정기간의 판매비율에 따라 장려금품으로 공급하는 재화는 그러하지 아니하다.
② 사업자가 자기의 고객 중 추첨을 통하여 당첨된 자에게 재화를 경품으로 제공하는 경우에는 과세되는 재화의 공급으로 본다. 다만, 해당 경품 구입에 대한 매입세액이 공제되지 아니하는 것은 그러하지 아니하다.

3.5.4. 폐업시 잔존재화

1) 개념

사업자가 폐업할 때 자기생산·취득재화 중 남아 있는 재화는 자기에게 공급하는 것으로 본다. 사업개시일 이전에 사업자등록을 신청한 자가 사실상 사업을 시작하지 아니하게 되는 경우에도 또한 같다(부가법 §10 ⑥).

2) 규정의 취지

사업자가 폐업을 하게 되면 더 이상 재화를 사업자의 지위에서 공급할 수 없게 되는데, 이 경우 폐업시 남아 있는 재화를 사업자 혹은 다른 누군가가 소비하게 되더라도 부가가치세를 부과할 수 없게 된다. 즉 부가가치세 부담이 없는 최종소비가 발생하게 되는데, 이를 방지하기 위하여 폐업시 잔존재화에 대해서는 사업자가 모두 공급한 것으로 간주하여 부가가치세를 부과하는 것이다.[28)]

‖ 표 3.10. ‖ 당초 매입세액이 불공제된 경우 공급 해당 여부

구 분			공급여부
(1) 실질공급	계약상·법률상 모든 원인에 의하여 재화를 인도·양도[주1)]		공급 ○
(2) 간주공급	① 자가공급	면세사업에 전용	공급 ×
		영업용이 아닌 소형승용자동차와 그 유지를 위해 사용	
		판매목적 타사업장 반출[주2)]	공급 ○
	② 개인적 공급		공급 ×
	③ 사업상증여		
	④ 폐업시 잔존재화		

주1) 실질공급의 경우는 당초 매입세액의 공제여부에 상관없이 공급에 해당되어 부가가치세가 과세된다.

주2) 판매목적 재화를 타사업장에 반출하는 경우는(직매장의 예), 제조장에서 부담하는 매출세액이 결국 직매장의 매입세액이 되어 서로 상쇄되는 결과를 낳는다. 따라서 당초 매입세액 공제 여부에 상관없이 간주공급으로 보는 것이다.

세부규정

• **폐업할 때 남아 있는 재화로서 과세하지 아니하는 경우**(부기통 10-0-7)

다음 예시의 경우에는 폐업할 때 남아 있는 재화로서 과세하지 아니한다.

① 사업자가 사업의 종류를 변경한 경우 변경 전 사업에 대한 잔존재화
② 동일사업장내에서 2 이상의 사업을 겸영하는 사업자가 그 중 일부 사업을 폐지하는 경우 해당 폐지한 사업과 관련된 재고재화
③ 개인사업자 2인이 공동사업을 영위할 목적으로 한 사업자의 사업장을 다른 사업자의 사업장에 통합하여 공동명의로 사업을 영위하는 경우에 통합으로 인하여 폐지된 사업장의 재고재화
④ 폐업일 현재 수입신고(통관)되지 아니한 미도착재화
⑤ 사업자가 직매장을 폐지하고 자기의 다른 사업장으로 이전하는 경우 해당 직매장의 재고재화

28) 사업자가 폐업할 때에 남아 있는 재화에 대하여 부가가치세를 신고·납부한 후 실지로 처분하는 때에는 재화의 공급으로 보지 아니한다(집행기준 10-0-4).

3.6. 용역의 간주공급

재화의 간주공급과 마찬가지로 부가가치세 부담이 없는 최종소비를 방지하기 위하여 용역에 대한 간주공급도 부가가치세법에 다음과 같이 규정되어 있다.

사업자가 자신의 용역을 자기의 사업을 위하여 대가를 받지 아니하고 공급함으로써 다른 사업자와의 과세형평이 침해되는 경우에는 자기에게 용역을 공급하는 것으로 본다. 이 경우 그 용역의 범위는 대통령령으로 정한다(용역의 자가공급, 부가법 §12 ①).

하지만 현재 용역의 자가공급에 대하여 대통령령에서 규정하고 있는 바는 없다. 따라서 용역의 자가공급에 대해서는 과세하지 않고 있는 것이다. 이는 용역의 무상공급을 과세대상 실체 파악 및 과세가액의 평가의 어려움으로 인해 공급으로 보지 않는 규정(단, 특수관계자에 대한 부동산 무상임대는 과세)과 일맥상통한 것으로 볼 수 있다. 따라서 다음 예시와 유사한 경우에는 용역의 자가공급에 해당하므로 부가가치세를 과세하지 아니한다(부기통 12-0-1).

① 사업자가 자기의 사업과 관련하여 사업장 내에서 그 사용인에게 음식용역을 무상으로 제공하는 경우
② 사업자가 사용인의 직무상 부상 또는 질병을 무상으로 치료하는 경우
③ 사업장이 각각 다른 수개의 사업을 겸영하는 사업자가 그 중 한 사업장의 재화 또는 용역의 공급에 필수적으로 부수되는 용역을 자기의 다른 사업장에서 공급하는 경우

표 3.11. 과세대상 여부 판정 사례(집행기준 4-0-2)

과세대상에 해당하는 것	과세대상에 해당되지 아니하는 것
• 사업자가 과세사업에 사용하다 매각하는 「개별소비세법」에 따른 자동차	• 소유재화의 파손·훼손·도난 등으로 인하여 가해자로부터 받는 손해배상금
• 골프장·테니스장 경영자가 동 장소 이용자로부터 받는 입회금으로서 일정기간이 지난 후 반환하지 아니하는 입회금	• 도급공사 및 납품계약서상 납품기일의 지연으로 인하여 발주자가 받는 지체상금
• 학원(면세사업)을 운영하는 자가 독립된 사업으로 다른 학원운영자에게 자기의 상호, 상표 등을 사용하게 하거나 자체개발한 교육프로그램, 학원경영 노하우를 제공하고 받는 대가	• 공급받을 자의 해약으로 인하여 공급자가 재화 또는 용역의 공급 없이 받는 위약금 또는 이와 유사한 손해배상금
• 부동산임대업자가 임대차기간 만료 후 명도소송을 통하여 임차인으로부터 실질적인 임대용역의 대가로 받는 손해배상금 또는 부당이득금	• 협회 등 단체가 재화의 공급 또는 용역의 제공에 따른 대가 관계없이 회원으로부터 받는 협회비·찬조비 및 특별회비

• 재산적 가치가 있는 물건으로 거래되는 화폐, 물, 흙, 퇴비, 원석	• 대여한 재화의 망실에 따라 받는 변상금
• 공동사업자가 독립적으로 사업을 영위하기 위하여 공동사업용 건물의 분할등기(출자지분의 현물반환)로 소유권이 이전되는 건축물	• 수표·어음 등의 화폐대용증권, 유가증권, 상품권 및 가상자산
• 과세사업에 사용하던 건축물을 양도하고 받는 대가	• 재화 또는 용역의 공급과 직접 관계없이 지급받는 이주보상비 및 영업손실보상금
• 과세사업에 사용하던 전세권을 양도하고 받는 대가(당초 전세보증금을 초과하여 받는 금액)	• 외상매출채권의 양도
• 온라인 게임에 필요한 사이버 화폐인 게임머니를 계속적·반복적으로 판매하는 것	• 소득세가 과세되지 아니하는 농·어민의 농가부업은 독립된 사업으로 보지 아니한다. 다만, 민박, 음식물 판매, 특산물 제조, 전통차 제조 및 그 밖에 이와 유사한 활동은 독립된 사업으로 본다.

예제 3-1 간주공급

다음 중 부가가치세 과세거래에 해당하는 재화의 공급은 얼마인가?

(1) 업무용(운수업을 영위하는 것은 아님)으로 사용하고 있는 소형승용자동차의 유지비 ₩10,000 (매입세액 공제는 받지 않았음)
(2) 사업자단위과세사업자가 자신의 A 사업장에서 판매를 목적으로 B 직매장으로 반출한 재화 ₩20,000
(3) 매입세액공제를 받은 재료로 생산한 제품 ₩20,000을 사업자가 개인적인 목적으로 이용한 경우
(4) 매입세액공제를 받은 상품 ₩30,000을 사업자가 자기 재화의 판매촉진을 위하여 거래상대자의 판매실적에 따라 일정률의 장려금품을 재화로 공급하는 경우

해답

재화의 공급 = ₩20,000 + ₩30,000 = ₩50,000

(1) 매입세액공제 받지 않은 영업용이 아닌 소형승용자동차의 유지비는 간주공급에 해당하지 않는다.
(2) 사업자단위과세사업자의 직매장반출은 간주공급에 해당하지 않는다.
(3) 개인적 공급에 해당하므로 간주공급에 해당한다.
(4) 사업상증여에 해당하므로 간주공급에 해당한다.

연습문제

01 부가가치세법상 부가가치세의 과세대상 중 재화의 공급인 것은? (제70회 세무회계 2급)

① 상표권의 양도
② 특허권의 대여
③ 노하우의 제공
④ 상품권의 양도

해답

①은 재화의 공급, ②와 ③은 용역의 공급으로 본다. ④ 상품권은 화폐대용증권으로 재화의 범위에서 제외한다.

정답 ①

02 부가가치세법상 용역의 범위에 해당하지 않는 것은? (제70회 세무회계 3급)

① 도 · 소매업
② 숙박 및 음식점업
③ 교육서비스업
④ 운수업

해답

도 · 소매업은 재화를 공급하는 사업에 해당한다.

정답 ①

03 다음 중 부가가치세법상 과세되는 재화에 해당하지 않는 것은? (제117회 세무회계 3급)

① 업무용 승용자동차 처분
② 사업용 기계장치 처분
③ 상품권 판매
④ 임대사업용 건물의 양도

해답

상품권은 재화에 해당하지 않으므로 상품권을 판매하는 것은 과세되는 재화의 공급에 해당하지 아니한다.

정답 ③

04 다음 중 부가가치세법상 과세대상 거래가 아닌 것은? (제70회 세무회계 3급)

① 재산적 가치가 있는 물건으로 거래 되는 화폐
② 과세사업에 사용하던 건축물을 양도하고 받은 대가
③ 외상매출채권 양도
④ 일정기간 거치 후 반환하지 않는 입회금

해답

외상매출채권을 양도하는 경우는 과세대상에 해당하지 아니한다.

정답 ③

05 부가가치세법상 과세대상이 아닌 것은? (제71회 세무회계 3급)

① 교환계약에 의해 인도하는 재화
② 해외에서 구입한 재화를 국내에 반입한 경우
③ 사업자가 아닌 자가 재화를 수입한 경우
④ 사업용 건물을 재산세로 물납한 경우

해답

조세의 물납은 과세대상 거래가 아니다.

정답 ④

06 다음 중 부가가치세법상 과세거래에 대한 설명으로 가장 옳지 않은 것은? (제120회 세무회계 2급)

① 위탁자로부터 수탁자에게 신탁재산을 이전하는 것은 재화의 공급에 해당한다.
② 자기가 주요자재를 전혀 부담하지 아니하고 상대방으로부터 인도받은 재화를 단순히 가공만 해 주는 것은 용역의 공급에 해당한다.
③ 법률에 따라 조세를 물납하는 것은 재화의 공급으로 보지 아니한다.
④ 사업자가 특수관계인에게 사업용부동산의 임대용역을 무상으로 공급하는 것은 용역의 공급으로 본다.

해답

신탁재산의 소유권 이전으로서 위탁자로부터 수탁자에게 신탁재산을 이전하는 경우는 재화의 공급으로 보지 아니한다.

정답 ①

07 현행법상 부가가치세의 과세거래에 해당하는 것은?

① 대가를 받지 아니하고 타인에게 건설용역을 공급하는 경우
② 사업자가 자기의 사업을 위하여 직접 용역을 공급하는 경우
③ 과세사업자가 공공시설을 건설하여 국가에 기부채납하고 국가로부터 그 시설의 사용권을 무상으로 취득하는 경우
④ 매입처별세금계산서합계표를 제출하지 아니하여 매입세액 공제를 받지 못한 재화를 자기의 고객에게 무상으로 증여하는 경우
⑤ 매입세액공제를 받은 재화를 다른 사업자에게 사업을 위하여 대가를 받지 아니하고 견본품으로 증여하는 경우

해답

① 특수관계 없는 자에게 대가를 받지 않고 무상으로 용역을 공급하는 것은 용역의 공급으로 보지 않는다.
② 용역의 자가 공급은 간주공급에 해당하지 않는다.
③ 사업자가 건물 등을 신축하여 국가 또는 지방자치단체에 기부채납하고 그 대가로 일정기간 동 건물 등에 대한 무상사용·수익권을 얻는 경우 해당 거래는 과세대상이 된다. 원칙적으로 국가 등에 무상으로 재화를 공급하는 경우는 과세대상으로 보지 않으나, 이 경우는 대가의 수반이 있는 것으로 보아 부가가치세를 과세하는 것이다.
④ 매입세액공제를 받지 못한 재화를 고객에게 무상으로 증여하는 것은 '사업상증여'로 보지 않는다. 이 경우 매입세액공제를 받지 못한 원인은 묻지 않는다.
⑤ 견본품이나 광고선전물의 무상공급은 '사업상증여'로 보지 않는다.

정답 ③

08 다음 중 부가가치세법상 재화와 용역의 공급에 대한 설명으로 옳지 않은 것은? (제116회 세무회계 1급)

① 사업자가 매입세액공제를 받은 취득재화를 사업과 직접적인 관계없이 자기의 개인적인 목적이나 그 밖의 다른 목적을 위하여 사용 · 소비한 것으로서 그 대가를 받지 아니한 경우 재화의 공급으로 본다.
② 사업장이 둘 이상인 사업자 단위 과세사업자가 자기의 사업과 관련하여 생산 또는 취득한 재화를 판매할 목적으로 자기의 다른 사업장에 반출하는 것은 재화의 공급으로 본다.
③ 질권, 저당권 또는 양도담보의 목적으로 동산, 부동산 및 부동산상의 권리를 제공하는 것은 재화의 공급으로 보지 아니한다.
④ 전기, 가스, 열 등 관리할 수 있는 자연력은 재화에 해당한다.

해답

사업자 단위 과세사업자가 자기의 사업과 관련하여 생산 또는 취득한 재화를 판매할 목적으로 자기의 다른 사업장에 반출하는 것은 재화의 공급으로 보지 아니한다.

정답 ②

09 다음 중 부가가치세법상 용역의 공급에 해당하지 않는 것은? (제123회 전산세무 2급)

① 건설사업자가 건설자재의 전부 또는 일부를 부담하는 경우의 건설 용역 제공
② 부동산임대업의 임대
③ 산업상 지식, 경험, 숙련에 관한 정보를 제공하는 것
④ 특허권의 양도

해답

재화 중 권리에 해당하는 특허권을 임대하는 것은 용역의 공급에 해당하는 것이나, 특허권을 양도하는 것은 재화의 공급에 해당한다.

정답 ④

10 다음 중 부가가치세법상 용역 공급의 범위에 해당하지 않는 것은? (제116회 세무회계 3급)

① 건설업의 경우 건설사업자가 건설자재의 전부 또는 일부를 부담하는 것
② 자기가 주요자재를 전혀 부담하지 아니하고 상대방으로부터 인도받은 재화를 단순히 가공만 해 주는 것
③ 고용관계에 따라 근로를 제공하는 것
④ 산업상 · 상업상 또는 과학상의 지식 · 경험 또는 숙련에 관한 정보를 제공하는 것

해답

고용관계에 따라 근로를 제공하는 것은 용역의 공급으로 보지 아니한다.

정답 ③

11 다음 중 부가가치세법상 과세대상거래에 대한 설명으로 가장 옳지 않은 것은? (제118회 세무회계 2급)

① 용역의 공급은 계약상 또는 법률상의 모든 원인에 따라 역무를 제공하는 것과 시설물, 권리 등 재화를 사용하게 하는 것을 말한다.
② 재화의 공급은 계약상 또는 법률상의 모든 원인에 따라 재화를 인도하거나 양도하는 것으로 한다.
③ 고용관계에 따라 근로를 제공하는 것은 용역의 공급으로 보지 아니한다.
④ 수출신고가 수리된 물품으로서 선적되지 아니한 물품을 보세구역에서 반입하는 것은 재화의 수입에 해당한다.

해답

수출신고가 수리된 물품으로서 선적되지 아니한 물품을 보세구역에서 반입하는 것은 재화의 수입에 해당하지 아니한다.

정답 ④

12 다음 중 부가가치세법상 과세대상에 해당하지 않는 것은? (제118회 세무회계 3급)

① 재화의 공급
② 용역의 공급
③ 용역의 수입
④ 재화의 수입

해답

재화의 수입은 과세대상에 해당하는 것이나, 용역의 수입은 과세대상에 해당하지 아니한다.

정답 ③

13 다음 중 부가가치세법상 재화의 공급에 해당하는 것은? (제119회 세무회계 2급)

① 「국세징수법」에 따른 공매로 재화를 인도하거나 양도하는 경우
② 사업자 단위 과세 사업자로 적용을 받는 과세기간에 자기의 다른 사업장에 반출하는 경우
③ 사업자가 「민사집행법」에 따른 경매로 재화를 공급하는 경우
④ 자기가 주요자재의 전부 또는 일부를 부담하고 상대방으로부터 인도받은 재화를 가공하여 새로운 재화를 만드는 가공계약에 따라 재화를 인도하는 경우

해답

자기가 주요자재의 전부 또는 일부를 부담하고 상대방으로부터 인도받은 재화를 가공하여 새로운 재화를 만드는 가공계약에 따라 재화를 인도하는 것은 재화의 공급에 해당한다.
①, ③ 법률에 따른 공매 및 경매 등으로 재화를 인도하거나 양도하는 것은 재화의 공급으로 보지 아니한다.
② 사업자 단위 과세 사업자로 적용을 받는 과세기간에 자기의 다른 사업장에 반출하는 경우는 재화의 공급으로 보지 아니한다.

정답 ④

14 다음 중 부가가치세법상 재화의 공급으로 보지 않는 것은? (제71회 세무회계 2급)

① 사업자가 폐업할 때 자기생산 · 취득재화(매입세액 공제받음)중 남아 있는 재화
② 사업자가 자기생산 · 취득재화를 사업과 직접적인 관계없이 자기의 개인적인 목적이나 그 밖의 다른 목적을 위하여 사용 · 소비하거나 그 사용인 또는 그 밖의 자가 사용 · 소비하는 것으로서 사업자가 그 대가를 받지 아니하거나 시가보다 낮은 대가를 받는 경우
③ 질권, 저당권 또는 양도담보의 목적으로 동산, 부동산 및 부동산상의 권리를 제공하는 경우
④ 계약상 또는 법률상의 모든 원인에 따라 재화를 인도하거나 양도하는 것으로 한다.

해답

담보의 제공은 부가가치세법상 재화의 공급으로 보지 않는다.

정답 ③

15 다음 중 부가가치세법상 재화의 간주공급에 해당하지 않는 경우는?(단, 사업자가 자기 생산, 취득시 매입세액을 공제 받았다.) (제72회 전산세무 2급)

① 면세사업을 위하여 직접 사용 또는 소비하는 경우
② 고객에게 무상으로 공급하는 경우(광고선전 목적이 아닌 경우)
③ 개인적 목적으로 사용 또는 소비하는 경우
④ 사업을 위하여 대가를 받지 아니하고 다른 사업자에게 인도하거나 양도하는 견본품

해답

사업을 위하여 대가를 받지 아니하고 다른 사업자에게 인도하거나 양도하는 견본품의 경우에는 재화의 공급으로 보지 아니한다.

정답 ④

16 부가가치세법의 재화의 공급의제 규정 중 매입세액이 불공제 된 경우에도 재화의 공급의제에 해당하는 경우는? (제70회 세무회계 2급)

① 개별소비세 과세대상 자동차와 그 유지를 위한 재화
② 면세사업 전용
③ 폐업시 잔존재화
④ 판매목적 타사업장 반출

해답

판매목적 타사업장 반출은 매입세액 공제여부와 관계없다.

정답 ④

17 다음 중 부가가치세 과세대상에 관한 설명으로 가장 옳은 것은? (2017년 재경관리사 수정)

① 총괄납부사업자가 직매장으로 재화를 반출하는 경우에는 재화의 공급으로 보지 아니한다.
② 건설사업자가 건설자재의 전부 또는 일부를 부담하는 경우에도 재화의 공급으로 본다.
③ 광고선전 목적으로 불특정 다수에게 무상으로 견본품을 공급하는 것은 재화의 공급에 해당한다.
④ 대가수령 여부와 관계없이 타인에게 용역을 공급하는 것은 부가가치세 과세 대상이다.

해답

② 용역의 공급에 해당한다.
③ 재화의 공급으로 보지 않는다.
④ 용역의 무상공급은 원칙적으로 과세대상에 해당하지 않는다.

정답 ①

18 다음 중 부가가치세법상 재화의 공급에 해당하지 않는 것은? (2023년 9월 재경관리사)

① 종업원에게 직장 연예 및 직장 문화와 관련하여 제공한 재화
② 대물변제계약에 따라 채무를 변제하기 위하여 소유권을 이전하는 재화
③ 교환계약에 의하여 인도하는 재화
④ 현금판매하는 것으로서 구입시 매입세액공제를 받지 못한 재화

해답

종업원에게 직장 연예 및 직장 문화와 관련하여 대가를 받지 않거나 저가로 재화를 공급하는 경우 재회의 공급(개인적 공급)으로 보지 아니한다.

정답 ①

19 다음 중 부가가치세 과세대상에 관한 설명으로 가장 올바르지 않은 것은? (2015년 재경관리사)

① 광고선전 목적으로 불특정다수인에게 무상으로 견본품을 공급하는 것은 재화의 공급에 해당한다.
② 자기의 사업과 관련하여 생산한 재화를 대가 없이 사용인의 개인적인 목적으로 사용하는 것은 부가가치세 과세대상이다.
③ 과세사업을 위해 취득한 기계장치를 면세사업용으로 전용하는 경우 부가가치세 과세대상에 포함된다.
④ 고용관계에 의하여 근로를 제공하는 것은 부가가치세 과세대상인 용역의 공급으로 보지 아니한다.

해답

광고선전 목적으로 불특정다수인에게 무상으로 견본품을 공급하는 것은 재화의 공급에 해당하지 아니한다.

정답 ①

20 다음 중 부가가치세법상 간주공급의 유형으로 옳지 않은 것은? (제118회 세무회계 3급)

① 자가공급
② 포괄양수도가 아닌 사업의 양도
③ 사업상 증여
④ 폐업 시 잔존재화

해답

부가가치세법에서 규정하고 있는 간주공급은 자가공급, 개인적 공급, 사업상증여 및 폐업시 잔존재화가 있다.

정답 ②

21 다음 중 간주공급에 관한 설명으로 옳지 않은 것은? (2023년 12월 재경관리사)

① 개인적공급의 간주공급에 해당할 경우 세금계산서 발급의무가 면제된다.
② 개인적공급의 간주공급시기는 당해 용도에 사용한 때이며, 폐업시 잔존재화의 간주공급시기는 폐업일이 된다.
③ 사업을 위하여 무상으로 다른 사업자에게 인도 또는 양도하는 견본품은 사업상 증여에 해당하지 아니한다.
④ 주사업장 총괄납부 사업자가 판매목적 타사업장 반출시 세금계산서를 발급하고 부가가치세법상 신고 규정에 따라 신고하여야 한다.

해답

주사업장 총괄납부 사업자의 경우 원칙적으로 판매목적 타사업장 반출에 대한 간주공급 규정이 적용되지 않는다.

정답 ④

22 다음 사실과 가장 관계가 깊은 부가가치세법상 규정은 무엇인가? (2015년 재경관리사)

사무용으로 임대하기 위해 오피스텔을 구입하고 매입세액을 공제받았으나, 몇 년 후 해당 오피스텔을 사무용이 아닌 주거용으로 임대하기 시작하는 시점에 세무서로부터 해당 오피스텔을 공급한 것으로 보아 부가가치세를 납부하라는 연락을 받았다.

① 자가공급　② 개인적 공급　③ 사업상증여　④ 폐업시 잔존재화

해답

주거용 오피스텔을 임대하는 경우 면세에 해당하므로, 자가공급 중 면세전용에 해당하는 사례이다.

정답 ①

23 다음 중 부가가치세법상 재화의 공급의제 중 원칙적으로 세금계산서 발급의무가 있는 것은? 단, 납세의무자가 총괄납부사업자나 사업자단위과세사업자에 해당하지는 않는다. (제116회 세무회계 3급)

① 면세사업에의 전용
② 개인적공급
③ 사업상증여
④ 판매목적 타사업장 반출

해답

다른 공급의제와 달리 판매목적 타사업장 반출의 경우는 세금계산서 발급대상에 해당한다.

정답 ④

24 다음 중 재화의 간주공급에 대한 설명으로 가장 올바르지 않은 것은? (2022년 1월 재경관리사)

① 자가공급 : 사업자가 자기의 과세사업을 위하여 취득한 재화를 자기의 면세사업을 위하여 직접 사용하는 것은 매입세액 공제만 받고 면세로 재화를 공급하는 효과가 있으므로 간주공급으로 본다.
② 개인적 공급 : 사업자가 생산한 햄세트를 종업원에게 추석 선물로 제공하는 것은 부가가치세 부담 없이 재화를 개인적인 목적으로 사용하는 효과가 있으므로 금액에 상관없이 간주공급으로 본다.
③ 사업상 증여 : 사업자가 자기가 생산한 TV 를 자기의 고객에게 무상으로 증여하는 것은 부가가치세 부담 없이 재화를 공급하는 효과가 있으므로 간주공급으로 본다.
④ 폐업시 잔존재화 : 사업자가 사업을 폐업할 때에 자기가 취득한 재화 중 남아 있는 재화는 부가가치세 매입세액 공제만 받고 부가가치세 부담이 없어지는 효과가 있으므로 간주공급으로 본다.

해답

다음 중 어느 하나에 해당하는 재화를 제공하는 경우(복리후생적 목적)는 재화의 공급으로 보지 않는다.
㉠ 경조사와 관련된 재화
㉡ 설날·추석,과 관련된 재화
㉢ 창립기념일 및 생일 등과 관련된 재화
* 이 경우 '㉠' 과 '㉡' 및 '㉢' 의 경우로 구분하여 각각 사용인 1명당 연간 10만원을 한도로 하며, 10만원을 초과하는 경우 해당 초과액에 대해서는 재화의 공급으로 본다.

정답 ②

25 다음 중 부가가치세법의 과세대상거래에 관한 설명으로 옳지 않은 것은? (2023년 5월 재경관리사)

① 사업자가 자기재화의 판매촉진을 위하여 거래상대자의 판매실적에 따라 일정률의 장려금품을 재화로 제공하는 것은 사업상 증여에 해당하므로 과세한다.
② 신탁재산을 위탁자로부터 수탁자로 이전하거나 수탁자로부터 위탁자로 이전하는 경우에는 각각 재화의 공급으로 본다.
③ 사업자가 자기의 사업과 관련하여 생산하거나 취득한 재화를 수선비 등에 대체하여 사용하거나 소비하는 경우에는 재화의 공급으로 보지 않는다.
④ 사업자가 자기의 사업과 관련하여 사업장 내에서 그 사용인에게 음식용역을 무상으로 제공하는 것은 용역의 자가공급으로 보아 부가가치세를 과세하지 않는다.

해답

신탁재산을 위탁자로부터 수탁자로 이전하거나 수탁자로부터 위탁자로 이전하는 경우는 재화의 공급으로 보지 아니한다.

정답 ②

26 다음 중 부가가치세법상 간주공급에 대한 설명으로 가장 옳은 것은? (제120회 세무회계 3급)

① 사업자단위과세 사업자 및 주사업장 총괄납부 사업자를 제외하고 재화를 판매할 목적으로 다른 사업장에 반출하는 것은 재화의 공급으로 본다.
② 사업을 위하여 무상으로 다른 사업자에게 인도하거나 양도하는 견본품은 재화의 공급으로 본다.
③ 과세사업과 관련하여 생산하거나 취득한 재화를 면세사업에 사용하는 경우 해당 재화를 사용하는 때 세금계산서를 발급해야 한다.
④ 사업자가 자기의 사업과 관련하여 취득한 재화를 사업과 관계없이 자기의 개인적인 목적으로 사용하는 것은 공급으로 보지 않는다.

해답

② 무상으로 다른 사업자에게 견본품을 인도하거나 양도하는 재화의 공급으로 보지 아니한다.
③ 면세전용의 경우 세금계산서 발급 대상에 해당하지 아니한다.
④ 사업자가 자기의 사업과 관련하여 취득한 재화를 사업과 관계없이 자기의 개인적인 목적으로 사용하는 것은 공급으로 본다(개인적공급).

정답 ①

27 다음 중 부가가치세법상 과세대상에 해당하는 것은? (2024년 1월 재경관리사)

① 수출신고가 수리된 물품으로서 선적되지 아니한 물품을 우리나라에서 인취하는 경우
② 특수관계에 있지 않은 자에게 무상으로 음식용역을 공급하는 경우
③ 상대방으로부터 인도받은 재화에 대해 주요자재를 일부 부담하고 가공하는 경우
④ 사업을 위해 사용인에게 작업복을 제공하는 경우

해답

① 수출신고가 수리된 물품으로서 선적되지 아니한 물품을 우리나라에서 인취하는 것은 재화의 수입에 해당하지 아니한다.
② 특수관계 여부에 불구하고 용역을 무상으로 공급하는 것은 원칙적으로 과세대상에 해당하지 않는다.
④ 사업을 위해 착용하는 작업복 및 작업화 등을 제공하는 것은 재화의 공급에 해당하지 아니한다.

정답 ③

28 다음 자료에 따른 부가가치세법상 일반과세자 김세무씨의 과세표준은 얼마인가? 모두 같은 과세기간의 국내 거래이고, 부가가치세가 포함되지 않은 금액이다. (제119회 세무회계 3급)

거래내용	금액
㈜회계에 대가 없이 A 제품을 견본품으로 제공함	시가 300,000원 (원가 100,000원)
B 제품을 직원의 생일 축하선물로 제공함	시가 100,000원 (원가 30,000원)
C 제품을 ㈜한국에게 외상으로 공급함	500,000원

① 130,000원 ② 400,000원 ③ 500,000원 ④ 600,000원

해답

외상으로 판매한 C 제품만 과세대상에 해당한다. 대가없이 제공하는 견본품 및 사용인 1명당 연간 10만원 한도로 제공하는 생일선물은 과세대상에 해당하지 아니한다.

정답 ③

29 다음 중 주된 공급 및 사업에 부수되어 공급되는 재화, 용역의 과세, 면세 구분으로 가장 옳지 않은 것은? (제120회 세무회계 2급)

① 주된 과세거래에 부수되어 공급되는 면세재화 및 용역은 과세이다.
② 주된 면세거래에 부수되어 공급되는 과세재화 및 용역은 과세이다.
③ 주된 과세사업과 관련하여 필연적으로 발생되는 면세재화 및 용역은 과세이다.
④ 주된 면세사업과 관련하여 일시적으로 공급되는 과세재화 및 용역은 면세이다.

해답

주된 면세거래에 부수되어 공급되는 과세 재화 및 용역은 주된 거래에 따라 면세된다.

정답 ②

30 다음 중 부가가치세법상 과세 및 면세의 판정을 잘못한 것은? (제70회 세무회계 3급)

① 의류업자의 차량 매각 - 과세
② 과세사업용 토지 매각 - 과세
③ 보험회사(면세)의 차량 매각 - 면세
④ 교육용역(면세)과 함께 공급하는 도서 - 면세

해답

토지의 공급은 면세 대상이다.

정답 ②

31 다음 중 부가가치세에 관한 설명으로 가장 올바르지 않은 것은? (2016년 재경관리사)

① 부가가치세란 재화 또는 용역이 생산되거나 유통되는 모든 단계에서 창출되는 부가가치를 과세대상으로 하는 조세이다.
② 주된 재화 또는 용역의 공급에 부수되어 공급되는 것으로 해당 대가가 주된 재화 또는 용역의 공급에 대한 대가에 통상적으로 포함되어 공급되는 재화 또는 용역은 주된 재화 또는 용역의 공급에 포함되는 것으로 본다.
③ 재화 수입의 경우 국내생산 재화 및 용역과 마찬가지로 사업자가 수입자인 경우에만 부가가치세를 과세한다.
④ 우리나라의 부가가치세율은 원칙적으로 10%를 적용하되 수출하는 재화 등에는 0%의 세율을 적용한다.

해답

재화를 수입하는 경우에는 수입하는 자가 사업자인지 여부를 불문하고 과세대상이 된다.

정답 ③

32 다음 중 우리나라 부가가치세에 관한 설명으로 가장 올바르지 않은 것은? (2017년 재경관리사)

① 면세사업만을 영위하는 사업자는 부가가치세법상의 사업자 등록의무가 없다.
② 재화를 수입하는 자는 사업자인지 여부에 관계없이 모두 납세의무가 있다.
③ 부가가치세법상 사업자의 요건을 충족하기 위해서는 영리를 목적으로 거래하여야 한다.
④ 부수재화의 과세대상여부는 주된 재화의 과세여부에 의해서 결정된다.

해답

사업자는 사업목적이 영리이든 비영리이든 관계가 없다.

정답 ③

33 다음 중 부가가치세법에 대하여 옳은 주장을 하는 사람은 누구인가? (2024년 1월 재경관리사)

① 김영희 : 부가가치세가 과세되는 재화란 재산 가치가 있는 유체물을 말한다. 따라서 동력이나 열과 같은 무체물은 부가가치세 과세대상이 아니다.
② 박철수 : 우리나라의 부가가치세 제도는 전단계거래액공제법을 채택하고 있다.
③ 최소영 : 재화의 수입은 수입자가 사업자인 경우에만 부가가치세가 과세된다. 따라서 사업자가 아닌 개인이 재화를 수입하는 경우에는 부가가치세가 과세되지 않는다.
④ 정예은 : 간접세에 대한 국제적 중복과세의 문제를 해결하기 위하여 수입국에서만 간접세를 과세할 수 있도록 소비지국과세원칙을 채택하고 있다.

해답

① 재화란 재산 가치가 있는 물건 및 권리를 말하며, 물건은 유체물뿐만 아니라, 전기, 가스, 열 등 관리할 수 있는 자연력을 포함하는 개념이다.
② 우리나라의 부가가치세 제도는 전단계세액공제법을 채택하고 있다.
③ 재화의 수입은 수입자가 사업자인지 여부에 관계없이 부가가치세가 과세된다.

정답 ④

제 4 장

공급시기 및 공급장소

제 4 장 공급시기 및 공급장소

4.1. 공급시기

'공급시기(거래시기)'란 재화 또는 용역의 공급이 부가가치세법상 어느 과세기간에 귀속될 것인가를 결정하는 기준이 되는 것으로, 이 공급시기를 기준으로 하여 부가가치세의 거래징수 및 세금계산서의 발급시기가 결정된다. 그런 의미에서 재화 또는 용역의 공급시기의 결정은 공급하는 자 및 공급받는 자 모두에게 중요하다고 볼 수 있다.

4.1.1. 재화의 공급시기

(1) 일반적인 기준

재화가 공급되는 시기는 다음에 규정하는 때로 한다(부가법 §15 ①).

구 분	공급시기
① 재화의 이동이 필요한 경우	재화가 인도되는 때
② 재화의 이동이 필요하지 아니한 경우	재화가 이용가능하게 되는 때
③ 위 '①, ②'의 규정을 적용할 수 없는 경우	재화의 공급이 확정되는 때

(2) 구체적인 기준

구체적인 거래 형태별 재화의 공급시기는 다음에 따른다(부가령 §28 ①~⑦).

거래유형	공급시기
① 현금판매, 외상판매 또는 할부판매의 경우	재화가 인도되거나 이용가능하게 되는 때
② 상품권 등을 현금 또는 외상으로 판매하고 그 후 상품권 등이 현물과 교환되는 경우	재화가 실제로 인도되는 때
③ 재화의 공급으로 보는 가공의 경우	가공된 재화를 인도하는 때
④ 반환조건부판매, 동의조건부판매 그 밖의 조건부 및 기한부판매의 경우	그 조건이 성취되거나 기한이 지나 판매가 확정되는 때
⑤ 장기할부판매의 경우[주1)]	
⑥ 완성도기준지급 또는 중간지급조건부로 재화를 공급하는 경우[주2), 주3)]	대가의 각 부분을 받기로 한 때
⑦ 전력이나 그 밖에 공급단위를 구획할 수 없는 재화를 계속적으로 공급하는 경우	
⑧ 간주공급의 경우	
㉠ 판매목적 타사업장 반출의 경우	재화를 반출하는 때
㉡ 사업상증여의 경우	재화를 증여하는 때
㉢ 폐업시 잔존재화의 경우	폐업일
㉣ '㉠~㉢' 이외의 경우	재화를 사용하거나 소비하는 때
⑨ 무인판매기를 이용하여 재화를 공급하는 경우	해당 사업자가 무인판매기에서 현금을 꺼내는 때
⑩ 수출재화의 경우[주4)]	
㉠ 내국물품을 외국으로 반출, 중계무역방식으로 수출 및 보세구역에 보관하는 수입신고수리전 물품을 외국으로 반출하는 경우	수출재화의 선(기)적일
㉡ 원양어업 및 위탁판매수출의 경우	수출재화의 공급가액이 확정되는 때
㉢ 외국인도수출, 위탁가공무역방식의 수출 및 국외의 수탁가공사업자에게 원료를 무상반출하는 경우	외국에서 해당 재화가 인도되는 때
⑪ 사업자가 보세구역 안에서 보세구역 밖의 국내에 재화를 공급하는 경우가 재화의 수입에 해당하는 경우	수입신고수리일[주5)]

주1) '장기할부판매'란 재화를 공급하고 그 대가를 월부·연부 또는 그 밖의 할부의 방법에 따라 받는 것 중 다음의 요건을 모두 갖춘 것으로 한다(부가령 §17).

① 2회 이상으로 분할하여 대가를 받는 것

② 해당 재화의 인도일의 다음 날부터 최종 할부금 지급기일까지의 기간이 1년 이상인 것

주2) '완성도기준지급조건부공급'이란 재화의 생산에 일정한 기간이 소요되어 그 완성도에 따라 대금을 정산하기로 정한 조건부계약에 의한 공급을 말한다.

주3) '중간지급조건부공급'이란 다음 중 어느 하나에 해당하는 경우를 말한다(부가칙 §18).
① 계약금을 받기로 한 날의 다음 날부터 재화를 인도하는 날 또는 재화를 이용가능하게 하는 날까지의 기간이 6개월 이상인 경우로서 그 기간 이내에 계약금 외의 대가를 분할하여 받는 경우
② 「국고금관리법」의 규정에 따라 경비를 미리 지급받는 경우
③ 「지방회계법」에 따라 선금급을 지급받는 경우

주4) 여기 제시되어 있는 수출 유형별 개념은 영세율 적용대상 범위와 동일하므로, 이에 대해서는 '**5.1.3. 영세율 적용대상거래**'에서 구체적으로 살펴보도록 하겠다.

주5) 재화의 수입시기는 「관세법」에 따른 수입신고가 수리된 때로 한다(부가법 §18).

표 4.1. 상품권 관련 부가가치세 납세의무(집행기준 15-28-2)

구 분	적용방법
① 상품권의 판매	과세대상 거래가 아님
② 상품권의 판매대리 및 발행대행	대행수수료 과세
③ 상품권 판매 관련 공급시기	재화가 실제로 인도되는 때
④ 상품권 판매시 세금계산서 등 발급	세금계산서·계산서 발급의무 없음

표 4.2. 장기할부판매와 중간지급조건부공급의 비교

구 분	장기할부판매	중간지급조건부공급
① 개념	인도 후 대가 수령	인도 전 대가 수령
② 대가의 분할	2회 이상 대가 분할	계약금 외의 대가 분할[주1)]
③ 기간요건	1년 이상[주2)]	6개월 이상[주3)]

주1) 즉, 계약금 포함하여 3회 이상 대가를 분할하여야 한다.

주2) 인도일의 다음날부터 최종 할부금의 지급기일까지의 기간을 말한다.

주3) 계약금을 받기로 한 날의 다음날부터 재화를 인도하는 날 또는 재화를 이용 가능하게 하는 날까지의 기간을 말한다.

예제 4-1 할부판매의 공급시기

(주)세무는 2026년 제1기 과세기간에 다음과 같은 거래를 하였다. 각 상황별로 2026년 제1기 과세기간의 과세표준을 구하시오.

〈상황 1〉

(주)세무는 2026년 1월 2일에 사업자 갑에게 기계장치를 ₩100,000에 공급하고 이에 대한 대가를 다음과 같이 수취하기로 하였다.

일자	2026년 1월 2일	2026년 9월 2일	2027년 2월 1일
금액	₩10,000	₩20,000	₩70,000

〈상황 2〉

(주)세무는 2026년 1월 2일에 사업자 갑에게 기계장치를 ₩100,000원에 공급하고 이에 대한 대가를 다음과 같이 수취하기로 하였다.

일자	2026년 1월 2일	2026년 9월 2일	2026년 12월 1일
금액	₩10,000	₩20,000	₩70,000

해답

〈상황 1〉

2026년 제1기 과세표준 = ₩10,000

재화의 인도 후 대금을 2회 이상 분할하여 수령하기로 하고 재화의 인도일의 다음날부터 최종 부불금 지급기일까지의 기간이 1년 이상이므로 장기할부판매에 해당한다.

장기할부판매의 공급시기는 대가의 각 부분을 받기로 한 때이므로 2026년 제1기 귀속분은 2026년 1월 2일에 수취하는 ₩10,000으로 이 금액이 과세표준이 된다.

〈상황 2〉

2026년 제1기 과세표준 = ₩100,000

재화의 인도 후 대금을 2회 이상 분할하여 수령하기로 하였으나 재화의 인도일의 다음날부터 최종 부불금 지급기일까지의 기간이 1년 미만이므로 단기할부판매에 해당한다.

단기할부판매의 공급시기는 재화를 인도하는 때이므로 2026년 제1기에 귀속분은 ₩100,000 전액이 되며 이 금액이 과세표준이 된다.

중간지급조건부로 수출하는 재화의 공급시기 판단 사례(집행기준 16-29-3)

사업자 (주)수락은 발전설비를 30,000,000달러에 중국에 있는 거래처에 중간지급조건부로 아래와 같이 직수출하였다. 이 경우 수출한 발전설비의 공급시기 판단하시오.

· 계약금 : $3,000,000(2026. 3. 10.)　　· 중도금 : $12,000,000(2026. 7. 10.)

· 잔　금 : $15,000,000(2026. 10. 10.)　　· 선적일 : 2026. 11. 20.

☞ 직수출한 경우 공급시기는 잔금지급 여부에 관계없이 선적일인 2026. 11. 20.이다.

(3) 기타의 공급시기

거래유형	공급시기
① 조달청 창고 또는 거래소의 지정창고에 보관된 임치물의 반환이 수반되어 재화를 공급하는 경우(부가령 §28 ⑧)	
㉠ 창고증권을 소지한 사업자가 해당 조달청 창고 또는 거래소의 지정창고에서 실물을 넘겨받은 후 보세구역의 다른 사업자에게 해당 재화를 인도하는 경우	해당 재화를 인도하는 때
㉡ 해당 재화를 실물로 넘겨받는 것이 재화의 수입에 해당하는 경우	그 수입신고수리일
㉢ 국내로부터 조달청 창고 또는 거래소의 지정창고에 임치된 임치물이 국내로 반입되는 경우	그 반입신고수리일
② 위탁판매 또는 대리인에 의한 매매의 경우(부가령 §28 ⑩)	수탁자 또는 대리인의 공급을 기준으로 하여 전술한 공급시기 규정을 적용[주)]
③ 납세의무 있는 사업자가 시설대여업자로부터 시설 등을 임차하고 그 시설 등을 공급자 또는 세관장으로부터 직접 인도받은 경우(부가령 §28 ⑪)	그 사업자가 공급자로부터 재화를 직접 공급받거나 외국으로부터 재화를 직접 수입한 것으로 보아 전술한 공급시기 규정을 적용

주) ① 위탁매매 또는 대리인에 의한 매매를 할 때에는 위탁자 또는 본인이 직접 재화를 공급하거나 공급받은 것으로 본다. 다만, 위탁매매 또는 대리인에 의한 매매를 하는 해당 거래 또는 재화의 특성상 또는 보관·관리상 위탁자 또는 본인을 알 수 없는 경우에는 수탁자 또는 대리인에게 재화를 공급하거나 수탁자 또는 대리인으로부터 재화를 공급받은 것으로 본다(부가법 §10 ⑦, 부가령 §21).

② 하지만 공급시기는 수탁자 또는 대리인의 공급을 기준으로 한다.

③ 다만, 위탁자 또는 본인을 알 수 없는 경우에는 위탁자와 수탁자 또는 본인과 대리인 사이에도 별개의 공급이 이루어진 것으로 보아 공급시기 규정을 적용한다(부가령 §28 ⑩ 단서).

세부규정

• **현물출자재화의 공급시기**(부기통 15-28-1)

사업자가 재화를 법인에 현물출자하는 경우에는 현물출자로서의 이행이 완료되는 때를 그 공급시기로 본다. 이 경우 이행이 완료되는 때란 「상법」에 따라 출자의 목적인 재산을 인도하는 때이며, 등기·등록 그 밖의 권리의 설정 또는 이전을 요할 경우에는 이에 관한 서류를 완비하여 발급하는 때를 말한다.

• **상품권 등에 의하여 공급하는 재화의 공급시기**(부기통 15-28-2)

상품권 등을 현금 또는 외상으로 판매하고 그 후 해당 상품권 등에 의하여 현물과 교환하는 경우에는 재화가 실제로 인도되는 때를 그 공급시기로 본다.

• 부동산 양도에 따른 공급시기(집행기준 15-28-3)

① 부동산을 양도하는 경우의 공급시기는 해당 부동산이 이용가능하게 되는 때이며, 이용가능하게 되는 때란 원칙적으로 소유권이전등기일을 말하지만, 당사자 간 특약에 따라 소유권이전등기일 전에 실제 양도하여 사용·수익하거나 잔금 미지급 등으로 소유권이전등기일 이후에도 사용·수익할 수 없는 사실이 객관적으로 확인되는 때에는 실제로 사용·수익이 가능한 날을 말한다.

② 중간지급조건부로 부동산을 공급하기로 계약하였으나 소유권 이전 및 잔금 지급전에 이를 이용가능하게 하는 경우 해당 부동산을 이용가능하게 한 때를 공급시기로 본다.

③ 사업자가 부동산임대사업에 사용하던 건물을 매각하는 계약을 체결하여 계약금과 중도금을 받고 잔금을 받지 않은 상태에서 폐업한 경우 그 폐업일을 해당 건물의 공급시기로 본다.

④ 건축 중인 건물을 양도하는 경우 양수인이 그 건축 중인 건물을 이용가능하게 된 때를 공급시기로 본다.

⑤ 부동산을 기부채납하기로 약정함에 따라 사회기반시설을 신축하여 일정기간 사용·수익한 후에 기부 채납하는 경우 그 기부채납절차가 완료된 때를 공급시기로 본다.

• 계약금의 공급시기(부기통 15-28-3)

완성도기준지급 및 중간지급조건부로 재화를 공급하거나 용역을 제공함에 있어서 그 대가의 일부로 계약금을 거래상대자로부터 받는 경우에는 해당 계약조건에 따라 계약금을 받기로 한 때를 그 공급시기로 본다. 이 경우 착수금 또는 선수금 등의 명칭으로 받는 경우에도 해당 착수금 또는 선수금이 계약금의 성질로 인정되는 때에는 계약금으로 본다.

• 중간지급조건부인 당초 계약변경시의 공급시기(부기통 15-28-4)

사업자가 중간지급조건부에 의한 재화 또는 용역의 공급계약을 체결하였으나 그 내용이 변경된 경우의 공급시기는 다음과 같다.

① 당초 계약의 지급일자 변경
당초 계약의 지급일을 변경한 경우에는 계약의 변경내용에 따라 대가의 각 부분을 받기로 한 때

② 계약금 외의 대가를 일시에 지급하는 경우
중간지급조건부에 의한 당초 계약내용을 변경하여 대가의 각 부분을 일시에 지급하기로 한 경우에는 재화의 인도 또는 용역의 제공이 완료된 때

③ 지급기간 중에 재화를 인도한 경우
중간지급조건부로 재화를 공급하기로 하였으나 지급기간 중에 거래상대방에게 재화를 인도하는 경우 나머지 중도금 및 잔금의 공급시기는 해당 재화를 인도한 때로 한다.

• 중간지급조건부계약의 잔금에 대한 공급시기(부기통 15-28-5)

중간지급조건부계약에 따라 부동산을 공급하는 경우 잔금약정일까지 잔금이 청산되지 아니하여 소유권이전등기가 되지 아니하고 해당 부동산의 사용·수익이 불가능한 경우 잔금의 공급시기는 입주 증교부, 소유권이전등기 등에 따라 해당 부동산이 사실상 이용가능하게 되는 날이 된다.

• 중간지급조건부계약의 변경에 따른 공급시기 사례(집행기준 15-28-5)

① 사업자가 중간지급조건부로 재화 또는 용역의 공급계약을 체결하였으나 그 내용이 변경된 경우의 공급시기는 다음과 같다.

1. 당초 계약의 지급일자 변경
   계약의 변경내용에 따라 대가의 각 부분을 받기로 한 때
2. 계약금 외의 대가 지급방법 변경
   대가의 각 부분을 일시에 받기로 변경한 경우에는 재화의 공급 또는 용역의 제공이 완료된 때

② 중간지급조건부로 재화를 공급하기로 하였으나 지급기간 중에 거래상대방에게 재화를 인도하는 경우 나머지 중도금 및 잔금의 공급시기는 해당 재화를 인도한 때로 한다.

③ 중간지급조건부로 제공하는 건설용역이 조기 준공으로 인하여 계약금 지급일부터 준공예정일까지의 기간이 6월 미만이 된 경우 이미 발행한 세금계산서는 적법하며, 나머지 용역대가는 준공일을 공급시기로 본다.

④ 당초 재화의 공급계약이 중간지급조건부에 해당하지 아니하였으나, 당사자간에 계약조건을 변경하여 중간지급조건부계약으로 변경된 경우 계약변경 이전에 지급한 계약금은 변경계약일을, 변경계약일 이후에는 변경된 계약에 의하여 대가의 각 부분을 받기로 한 때를 각각 공급시기로 본다.

⑤ 중간지급조건부로 재화를 공급하는 중에 폐업하는 경우 폐업일 이후 도래하는 공급시기(잔금약정일 등)는 폐업일을 공급시기로 보아 그 거래가액에 대하여 세금계산서를 발급한다.

• **내국신용장 등에 의한 재화의 공급시기**(부기통 15-28-6)

내국신용장 또는 구매확인서에 의하여 공급하는 재화의 공급시기는 재화를 인도하는 때이다.

• **물품매도확약서발행용역의 공급시기**(부기통 16-29-1)

물품매도확약서 발행용역의 공급시기는 계약조건에 따라 역무의 제공이 완료되는 때이나, 해당 역무의 제공이 완료되는 때에 그 대가가 확정되지 아니한 경우에는 대가가 확정된 때를 그 공급시기로 본다.

• **지급일을 명시하지 아니한 완성도기준지급조건부 건설공사의 공급시기**(부기통 16-29-2)

건설공사 계약시에 완성도에 따라 기성대가를 수차에 걸쳐 지급받기로 했으나 그 지급일을 명시하지 아니한 경우에는 공사완성도가 결정되어 그 대금을 지급받을 수 있는 날을 그 공급시기로 본다.

• **지급시기를 정하지 아니한 통상적인 건설용역의 공급시기**(부기통 16-29-3)

건설용역을 공급함에 있어 건설공사기간에 대한 약정만 체결하고 대금지급기일에 관한 약정이 없는 경우의 공급시기는 다음 각 호와 같다.

① 해당 건설공사에 대한 건설용역의 제공이 완료되는 때. 다만, 해당 건설용역 제공의 완료 여부가 불분명한 경우에는 준공검사일

② 해당 건설공사의 일부분을 완성하여 사용하는 경우에는 해당 부분에 대한 건설용역의 제공이 완료되는 때. 다만, 해당 건설용역 제공의 완료 여부가 불분명한 경우에는 그 부분에 대한 준공검사일

• **완성도기준지급 또는 중간지급조건부 건설용역의 공급시기**(부기통 16-29-4)

사업자가 완성도기준지급 또는 중간지급조건부 건설용역의 공급계약서상 특정내용에 따라 해당 건설용역에 대하여 검사를 거쳐 대가의 각 부분의 지급이 확정되는 경우에는 검사 후 대가의 지급이 확정되는 때를 그 공급시기로 본다.

4.1.2. 용역의 공급시기

(1) 일반적인 기준

용역이 공급되는 시기는 다음 중 어느 하나에 해당하는 때로 한다(부가법 §16 ①).

① 역무의 제공이 완료되는 때
② 시설물, 권리 등 재화가 사용되는 때

(2) 구체적인 기준

구체적인 거래 형태별 용역의 공급시기는 다음에 따른다(부가령 §29).

<table>
<tr><th>거래유형</th><th>공급시기</th></tr>
<tr><td>① 장기할부조건부[주1)] 또는 그 밖의 조건부로 용역을 공급하는 경우</td><td rowspan="4">대가의 각 부분을 받기로 한 때</td></tr>
<tr><td>② 완성도기준지급조건부로 용역을 공급하는 경우</td></tr>
<tr><td>③ 중간지급조건부[주2)]로 용역을 공급하는 경우</td></tr>
<tr><td>④ 공급단위를 구획할 수 없는 용역을 계속적으로 공급하는 경우[주3)]</td></tr>
<tr><td>⑤ 역무의 제공이 완료되는 때 또는 대가를 받기로 한 때를 공급시기로 볼 수 없는 경우</td><td>역무의 제공이 완료되고 그 공급가액이 확정되는 때</td></tr>
<tr><td>⑥ 부동산임대용역에 대한 간주임대료 및 선·후불 임대료의 경우</td><td rowspan="3">예정신고기간 또는 과세기간의 종료일</td></tr>
<tr><td>⑦ 일정한 용역을 둘 이상의 과세기간에 걸쳐 계속적으로 제공하고 그 대가를 선불로 받는 경우[주4)]</td></tr>
<tr><td>⑧ 사업자가 「사회기반시설에 대한 민간투자법」의 BOT 방식을 준용하여 설치한 시설에 대하여 둘 이상의 과세기간에 걸쳐 계속적으로 시설을 이용하게 하고 그 대가를 받는 경우[주5)]</td></tr>
</table>

주1) '장기할부조건부로 용역을 공급하는 경우'란 용역을 공급하고 그 대가를 월부, 연부 또는 그 밖의 할부의 방법에 따라 받는 것 중 다음의 요건을 모두 갖춘 것으로 한다(부가칙 §19).
① 2회 이상으로 분할하여 대가를 받는 것
② 해당 용역의 제공이 완료되는 날의 다음 날부터 최종 할부금 지급기일까지의 기간이 1년 이상인 것

주2) '중간지급조건부로 용역을 공급하는 경우'란 다음 중 어느 하나에 해당하는 경우를 말한다(부가clr §20).
① 계약금을 받기로 한 날의 다음 날부터 용역의 제공을 완료하는 날까지의 기간이 6개월 이상인 경우로서 그 기간 이내에 계약금 외의 대가를 분할하여 받는 경우
② 「국고금관리법」의 규정에 따라 경비를 미리 지급받는 경우
③ 「지방재정법」에 따라 선금급을 지급받는 경우

주3) 예를 들어, 부동산임대업자가 부동산임대용역을 계속적으로 공급하고 그 대가를 월별, 분기별 또는 반기별로 기일을 정하여 받기로 한 경우 그 대가의 각 부분을 받기로 한 때를 공급시기로 본다. 단, 부동산임대료를 임차인의 각 반기별 사업실적에 따라 확정하는 경우에는 임대료가 확정되는 해당 반기 말일(매년 6월 30일 및 12월 31일)을 공급시기로 본다(집행기준 16-29-5).

주4) 여기서 '일정한 용역'이란 다음 중 어느 하나에 해당하는 용역을 둘 이상의 과세기간에 걸쳐 계속적으로 제공하고 그 대가를 선불로 받는 경우를 말한다(부가령 §22 (5)).

① 헬스클럽장 등 스포츠센터를 운영하는 사업자가 연회비를 미리 받고 회원들에게 시설을 이용하게 하는 것

② 사업자가 다른 사업자와 상표권 사용계약을 할 때 사용대가 전액을 일시불로 받고 상표권을 사용하게 하는 것

③ 「노인복지법」에 따른 노인복지시설(유료인 경우에만 해당한다)을 설치·운영하는 사업자가 그 시설을 분양받은 자로부터 입주 후 수영장·헬스클럽장 등을 이용하는 대가를 입주 전에 미리 받고 시설 내 수영장·헬스클럽장 등을 이용하게 하는 것

④ 그 밖에 위 '①~③'의 규정과 유사한 용역

주5) 여기서 'BOT(Build-Operate-Transfer) 방식'이란 사회기반시설의 준공 후 일정기간 동안 사업시행자에게 해당 시설의 소유권이 인정되며, 그 기간이 만료되면 시설소유권이 국가 또는 지방자치단체에 귀속되는 방식을 말한다.

4.1.3. 공급시기의 의제

(1) 폐업전 공급한 재화 또는 용역의 공급시기가 폐업일 이후에 도래하는 경우

사업자가 폐업 전에 공급한 재화 또는 용역의 공급시기가 폐업일 이후에 도래하는 경우에는 그 폐업일을 공급시기로 본다(부가령 §28 ⑨, §29 ③).

폐업일 이후 공급시기 도래 시 공급시기 판단 사례(집행기준 15-28-3)

부동산임대업을 운영하는 사업자 이진실은 임대하던 부동산을 20억원을 받고 아래와 같이 매각하였다. 이 경우 이진실이 매각한 부동산에 대한 공급시기를 판단하시오.

- 계약금 : 2억원(2026. 6. 20.)
- 중도금 : 8억원(2026. 7. 20.)
- 잔 금 : 10억원(2026. 9. 20.)
- 폐업일 : 2026. 8. 20.

☞ 통상의 공급시기는 2026. 9. 20.이지만 폐업일 이전에 매매계약을 체결하고 폐업일 이후 통상의 공급시기가 도래하는 때에는 그 폐업일(2026. 8. 20.)을 공급시기로 보아야 한다.

(2) 재화 또는 용역의 공급이 완료된 이후 대가의 일부를 받기로 한 경우

완성도기준지급조건부로 재화를 공급하는 경우와 중간지급조건부로 재화를 공급하는 경우 재화가 인도되거나 이용가능하게 되는 날 이후에 받기로 한 대가의 부분에 대해서는 재화가 인도되거나 이용가능하게 되는 날을 그 재화의 공급시기로 본다(부가령 §28 ③ 단서). 또한, 완성도기준지급조건부로 용역을 공급하는 경우와 중간지급조건부로 용역을 공급하는 경우에도 역무의 제공이 완료되는 날 이후 받기로 한 대가의 부분에 대해서는 역무의 제공이 완료되는 날을 그 용역의 공급시기로 본다(부가령 §29 ① 단서).

중간지급조건부인 경우 거래시기 판단 사례(집행기준 16-29-3)

사업자 갑은 을에게 건물 신축에 대한 건설공사용역을 제공하여 주기로 하면서 아래와 같이 중간지급조건부로 도급공사계약을 체결하였다. 이 경우 갑이 제공한 건설용역 공급시기를 판단하시오.

· 도급금액 : 30억원

· 계약금 : 4억원(2026. 2. 20.)

· 1차 중도금 : 6억원(2026. 4. 20.)

· 2차 중도금 : 6억원(2026. 6. 20.)

· 잔금 : 14억원(준공 후 지급)

· 준공일 : 2026. 10. 20.

· 잔금 수령일 : 2026. 11. 15.

☞ 중간지급조건부 건설용역 공급계약에 따라 2026. 2. 20, 2026. 4. 20, 2026. 6. 20.을 각각 공급시기로 보아 세금계산서를 발급하고, 잔금은 2026. 11. 15. 받았더라도 건설용역 제공완료일인 2026. 10. 20.을 공급시기로 하여 14억원에 대하여 세금계산서를 발급하여야 한다.

(3) 공급시기가 도래하기 전에 세금계산서 또는 영수증을 발급하는 경우

사업자가 재화 또는 용역의 공급시기가 되기 전에 재화 또는 용역에 대한 대가의 전부 또는 일부를 받고, 그 받은 대가에 대하여 세금계산서 또는 영수증을 발급하면 그 세금계산서 등을 발급하는 때를 각각 그 재화 또는 용역의 공급시기로 본다(부가법 §17 ①). 따라서 원칙적으로 공급시기가 도래하기 전에 대가의 지급 없이 세금계산서를 발급받는 경우에는 사실과 다른 세금계산서로서 부가가치세법상 적법한 세금계산서가 아닌데, 이는 공급받는 자가 대가의 지급 없이 공급시기가 도래하기 전에 미리 세금계산서를 발급받아 매입세액공제를 받는 사례를 방지하기 위함이다.

다만, 사업자가 다음의 규정에 의한 공급시기가 되기 전에 세금계산서 또는 영수증을 발급하는 경우에는 그 발급한 때를 각각 그 재화 또는 용역의 공급시기로 본다(부가법 §17 ④, 부가령 §30).

① 장기할부판매로 재화를 공급하거나 장기할부조건부로 용역을 공급하는 경우의 공급시기
② 전력이나 그 밖에 공급단위를 구획할 수 없는 재화를 계속적으로 공급하는 경우의 공급시기
③ 그 공급단위를 구획할 수 없는 용역을 계속적으로 공급하는 경우의 공급시기
③ 영세율이 적용되는 외국항행용역의 공급으로서 「상법」에 따라 발행된 선하증권에 따라 거래사실이 확인되는 경우의 공급시기(용역의 공급시기가 선하증권 발행일로부터 90일 이내인 경우로 한정한다)

일반적으로 대가의 수령 없이 발급되는 세금계산서는 적법한 것으로 인정되지 아니하나, 위 '①~③'의 경우는 이미 재화 또는 용역의 공급이 현실적으로 완료되었으므로 대가를 수령하지 않은 경우라 하더라도 세금계산서의 발급이 인정되는 것이다.

그 밖에 공급시기의 특례가 적용되는 경우에 대해서는 **'7.2.4. 세금계산서의 발급시기'**에서 보다 구체적으로 살펴보도록 하겠다.

4.2. 공급장소

‘공급장소(거래장소)’란 재화 또는 용역이 공급되는 장소를 말하는 것으로, 부가가치세법은 우리나라가 과세권을 행사할 수 있는 곳에서 이루어지는 거래에 대하여 부가가치세를 과세하는 것을 원칙으로 하고 있다. 따라서 공급장소는 재화 또는 용역이 국내에서 공급된 것인지 국외에서 공급된 것인지를 구분하여 부가가치세 과세 여부를 판단하기 위한 기준이 되는 것이다.[29)]

한편 국외거래에 해당하는 재화의 수입은 공급장소가 국외이므로 부가가치세를 부과하지 않는 것이 타당하나, 소비지국과세원칙에 따라 과세거래로 규정되어 있다.

4.2.1. 재화의 공급장소

재화가 공급되는 장소는 다음의 구분에 따른 곳으로 한다(부가법 §19 ①).

구 분	공급장소
① 재화의 이동이 필요한 경우	재화의 이동이 시작되는 장소
② 재화의 이동이 필요하지 아니한 경우	재화가 공급되는 시기에 재화가 있는 장소

4.2.2. 용역의 공급장소

용역이 공급되는 장소는 다음 중 어느 하나에 해당하는 곳으로 한다(부가법 §20 ①).

구 분	공급장소
① 일반적인 경우	역무가 제공되거나 시설물, 권리 등 재화가 사용되는 장소
② 국내 및 국외에 걸쳐 용역이 제공되는 국제 운송의 경우	사업자가 비거주자 또는 외국법인이면 여객이 탑승하거나 화물이 적재되는 장소[주1)]
③ 국외사업자가 공급하는 전자적 용역의 경우[주2)]	용역을 공급받는 자의 사업장 소재지, 주소지 또는 거소지

주1) 즉, 사업자가 비거주자 또는 외국법인인 경우에는 여객이 탑승하거나 화물이 적재되는 장소가 국내인 경우에만 우리나라의 과세권이 미치므로 부가가치세 과세대상이 된다. 반면, 사업자가 거주자 또는 내국법인인 경우에는 공급 장소를 항공기 또는 선박으로 보아 여객이 탑승하거나 화물이 적재되는 장소가 국내이든 국외이든 과세대상이 되는데, 이는 우리나라 국적의 항공기 또는 선박에서 이루어지는 거래는 우리나라의 과세권이 미치는 국내거래로 보기 때문이다.

주2) 국외사업자가 공급하는 전자적 용역에 대해서는 ‘**9.4. 전자적 용역을 공급하는 국외사업자의 용역 공급과 사업자등록 등에 관한 특례**’에서 구체적으로 살펴보기로 한다.

---

29) 공급장소(거래장소)도 장소라는 점에서 사업장 또는 납세지와 유사하나 소비지국 과세원칙에 의거 재화나 용역이 국내에서 공급된 것인지 국외에서 공급된 것인지를 구분하여 부가가치세 과세여부를 판단하는 기준이 되는 것으로서 사업장의 개념과 다르다(집행기준 6-0-1).

세부규정

• **공급장소가 국외인 경우**(부기통 20-0-1)

다음의 용역은 해당 부동산 또는 광고매체가 사용되는 장소가 국외이므로 부가가치세가 과세되지 아니한다.

① 국외에 있는 부동산의 임대용역
② 외국의 광고매체에 광고게재를 의뢰하고 지급하는 광고료

• **국내사업장이 있는 외국법인이 제공하는 외항용역의 영세율**(부기통 23-32-2)

국내사업장이 있는 외국법인이 제공하는 외국항행용역에 대한 영의 세율은 해당 외국법인이 상호면세국의 사업자에 해당하는지 여부에 따라 다음과 같이 적용한다.

① 상호면세국일 경우에는 우리나라에서 여객이나 화물이 탑승 또는 적재되는 것만 영의 세율을 적용한다.
② 상호면세국이 아닐 경우에는 우리나라에서 여객이나 화물이 탑승 또는 적재되는 것만 과세하며, 영의 세율을 적용하지 아니한다.

• **공급장소를 국외로 보는 경우**(집행기준 20-0-2)

① 북한지역에서 근무하는 국내 건설업체 직원에게 제공하는 음식용역
② 사업자 "갑"이 국외에서 재화를 사업자 "을"에게 양도하고 사업자 "을"이 자기명의로 재화를 수입하면서 세관장으로부터 수입세금계산서를 발급받은 경우 사업자 "갑"이 국외에서 사업자 "을"에게 인도하는 재화
③ 제조업체 "갑"이 중국임가공업체 "A"에게 원재료를 인도할 목적으로 국내사업자 "을"과의 계약에 의하여 물품을 공급받기로 하고 국내사업자 "을"은 해당 물품을 중국의 사업자 "B"로부터 구입하여 국내에 반입하지 아니하고 제조업체 "갑"이 지정하는 중국임가공업체 "A"에게 인도하는 경우 국내사업자 "을"의 거래는 수출에 해당하지 아니하고 재화의 이동이 국외에서 이루어진 것이므로 부가가치세 과세대상에 해당하지 아니한다.
④ 국내사업자가 국내에서 수출업체인 내국법인과 임가공용역을 제공하여 주기로 하는 계약을 체결하고 국내사업장이 없는 국외에서 외국법인으로 하여금 임가공하게 한 후 내국법인으로부터 임가공용역의 대가를 받는 경우 국내사업자가 내국법인에게 제공한 임가공용역은 부가가치세가 과세되지 아니한다.

연습문제

01 다음 중 부가가치세법상 재화의 공급시기에 관하여 틀린 것은?

① 현금판매와 외상판매의 경우에는 재화가 인도되는 때이다.
② 할부판매와 장기할부판매의 경우에는 대가의 각 부분을 받기로 한 때이다.
③ 재화의 공급으로 보는 가공의 경우에는 가공된 재화를 인도하는 때이다.
④ 면세전용, 개인적공급 등 간주공급의 경우 재화가 사용 또는 소비되는 때이다. 다만, 폐업시 잔존재화의 경우는 폐업하는 때로 한다.
⑤ 사업자가 보세구역 안에서 보세구역 밖의 국내에 재화를 공급하는 경우가 재화의 수입에 해당할 때에는 수입신고수리일을 재화의 공급시기로 본다.

해답

장기할부판매의 경우 공급시기는 대가의 각 부분을 받기로 한 때이나, 현금판매·외상판매 또는 할부판매의 경우 공급시기는 재화가 인도되거나 이용가능하게 되는 때이다.

정답 ②

02 다음 중 부가가치세법상 재화의 공급시기에 대한 설명으로 옳지 않은 것은? (제117회 세무회계 1급)

① 반환조건부 판매, 동의조건부 판매, 그 밖의 조건부 판매 및 기한부 판매의 경우에는 그 조건이 성취되거나 기한이 지나 판매가 확정되는 때를 공급시기로 본다.
② 무인판매기를 이용하여 재화를 공급하는 경우 해당 사업자가 무인판매기에서 현금을 꺼내는 때를 재화의 공급시기로 본다.
③ 현금판매, 외상판매 또는 할부판매의 경우 대가를 지급받기로 한 때를 재화의 공급시기로 본다.
④ 완성도기준지급조건부로 재화를 공급하는 경우에는 대가의 각 부분을 받기로 한 때를 재화의 공급시기로 본다.

해답

현금판매, 외상판매 또는 할부판매의 경우 재화가 인도되거나 이용가능하게 되는 때를 공급시기로 본다.

정답 ③

03 다음 중 부가가치세법상 재화의 공급시기로 옳지 않은 것은? (제116회 세무회계 3급)

① 위탁판매 : 수탁자로부터 대가를 받은 때
② 수출재화 : 수출재화의 선적일
③ 장기할부판매 : 대가의 각 부분을 받기로 한 때
④ 현금판매 · 외상판매 : 재화가 인도되거나 이용가능하게 되는 때

해답

위탁판매의 경우 수탁자 또는 대리인의 공급을 기준으로 하여 공급시기 규정을 적용한다.

정답 ①

04 다음 중 부가가치세법상 재화의 공급시기를 잘못 설명한 것은? (제71회 세무회계 3급)

① 현금판매 : 인도되거나 이용가능한 때
② 조건부 판매 : 조건이 성취 되거나 기한이 지나 판매가 확정되는 때
③ 할부판매 : 최종 할부금 수령일
④ 폐업시 잔존재화 : 폐업일

해답

할부판매의 공급시기는 재화가 인도되거나 이용가능한 때이다.

정답 ③

05 다음 중 부가가치세법상 재화의 공급시기에 대한 설명으로 옳지 않은 것은? (제71회 전산세무 2급)

① 무인판매기를 이용하여 재화를 공급하는 경우 : 사업자가 무인판매기에서 현금을 꺼내는 때
② 재정경제부령으로 정하는 장기할부판매의 경우 : 대가의 각 부분을 받기로 한 때
③ 폐업시 남아있는 재화가 공급으로 간주되는 경우 : 폐업 후 남아있는 재화가 사용, 소비되는 때
④ 수입재화를 보세구역 내에서 보세구역 외의 국내에 공급하는 경우 : 해당 재화의 수입신고수리일

해답

폐업시 남아있는 재화를 재화의 공급으로 간주하는 경우 공급시기는 폐업일로 본다.

정답 ③

06 다음 중 부가가치세법상 재화와 용역의 공급시기에 관한 설명으로 옳지 않은 것은?

(2024년 1월 재경관리사)

① 수출재화의 공급 : 수출재화의 선(기)적일
② 완성도기준지급조건부 판매 : 재화가 인도되거나 이용가능하게 되는 때
③ 판매목적 타사업장 반출 : 재화를 반출하는 때
④ 조건부판매 : 조건이 성취되어 판매가 확정된 때

해답

완성도기준지급조건부로 재화를 공급하는 경우 공급시기는 대가의 각 부분을 받기로 한 때이다.

정답 ②

07 다음은 제조업을 영위하는 ㈜삼일의 거래내역이다. 2026년 제1기 예정신고기간(2026년 1월 1일 ~ 2026년 3월 31일)의 과세표준은 얼마인가? (2024년 11월 재경관리사)

(1) 2025년 12월 5일에 제품을 반환조건부로 판매(인도)하고, 그 대금 2,000,000원을 수령함. 2026년 1월 5일에 반환기간이 종료되어 판매가 확정됨.
(2) 2026년 1월 5일에 제품을 장기할부판매하고 그 대금을 1월 5일부터 20회에 걸쳐 매월 1,000,000원씩 회수하기로 약정함.
(3) 2026년 1월 5일에 제품을 다음의 조건으로 판매함.
가. 계약금 2,000,000원을 2026년 1월 5일에 수령
나. 중도금 3,000,000원을 2026년 3월 5일에 수령
다. 잔금 5,000,000원을 2026년 6월 5일에 수령하고 제품을 인도

① 3,000,000원 ② 5,000,000원 ③ 8,000,000원 ④ 10,000,000원

해답

(1) 반환조건부 판매 : ₩2,000,000
* 조건이 성취되어 판매가 확정되는 때가 공급시기이다.

(2) 장기할부판매 : ₩1,000,000 × 3개월(1월~3월) = ₩3,000,000
* 대가의 각 부분을 받기로 한 때가 공급시기이다.

(3) 6개월 미만 기간의 중간지급조건부판매 : ₩0
* 중간지급조건부판매 대가의 각 부분을 받기로 한 때가 공급시기이다. 다만, 문제의 경우 계약금을 받기로 한 날의 다음날부터 재화를 인도하는 날까지 기간이 6개월 미만이므로 전술한 중간지급조건부판매의 공급시기를 적용할 수 없다. 이 경우에는 해당 재화가 인도되는 때를 공급시기로 본다. 따라서 ₩10,000,000은 제1기 확정신고기간의 과세표준에 포함되는 것이며, 예정신고기간의 과세표준에 해당하는 금액은 없다.

(4) 과세표준 : (1) + (2) + (3) = ₩5,000,000

정답 ②

08 부가가치세법상 재화의 공급 중 장기할부판매의 경우 공급시기는? (제70회 세무회계 3급)

① 재화가 이용가능하게 된 때
② 재화가 인도되는 때
③ 대가의 각 부분을 받기로 한 때
④ 구매의사를 표시한 때

해답

장기할부판매의 경우 대가의 각 부분을 받기로 한 때가 공급시기이다.

정답 ③

09 ㈜삼일은 2026년 10월 15일 상품을 할부판매하고 판매대금 3,000,000원은 아래와 같이 회수하기로 약정하였다. 할부대금의 실제 회수액이 다음과 같을 때 2026년 제2기 확정신고기간에 동 할부판매와 관련하여 신고할 과세표준은 얼마인가(단, 회수약정액과 회수액은 부가가치세를 포함하지 않은 금액임)? (2024년 12월 재경관리사)

(1) 2026년 10월 15일 : 회수약정액 1,000,000원 / 실제회수액 0원
(2) 2026년 12월 15일 : 회수약정액 1,000,000원 / 실제회수액 1,000,000원
(3) 2027년 2월 15일 : 회수약정액 1,000,000원 / 실제회수액 1,800,000원

① 1,000,000원 ② 1,800,000원 ③ 2,000,000원 ④ 3,000,000원

해답

(단기)할부판매에 해당하므로, 인도일이 공급시기가 된다. 따라서 공급한 재화의 총금액이 과세표준이 된다.

정답 ④

10 다음은 부가가치세법상 공급시기에 관한 내용이다. 잘못된 것은? (제70회 전산세무 2급 수정)

① 상품권 등을 현금 또는 외상으로 판매하고 그 후 그 상품권 등이 현물과 교환되는 경우 : 재화가 실제로 인도되는 때
② 내국신용장에 의한 재화의 공급 : 재화를 인도하는 때
③ 재화의 공급으로 보는 가공의 경우 : 가공된 재화를 인도하는 때
④ 전력이나 그 밖에 공급단위를 구획할 수 없는 재화를 계속적으로 공급하는 경우 : 예정신고기간 또는 과세기간 종료일

해답

전력이나 그 밖에 공급단위를 구획할 수 없는 재화를 계속적으로 공급하는 경우 대가의 각 부분을 받기로 한 때가 공급시기이다.

정답 ④

11 다음 중 부가가치세법상 재화와 용역의 공급시기에 관한 연결이 가장 올바르지 않은 것은?

(2016년 재경관리사)

① 용역공급 : 역무의 제공이 완료되는 때
② 장기할부판매 : 재화가 인도되거나 이용 가능하게 되는 때
③ 위탁판매 : 수탁자 또는 대리인의 공급시기
④ 수출재화 : 수출재화의 선 · 기적일

해답

장기할부판매의 경우 공급시기는 대가의 각 부분을 받기로 한 때이다.

정답 ②

12 다음 중 부가가치세법상 재화와 용역의 공급시기에 관한 설명으로 옳지 않은 것은?

(2023년 7월 재경관리사)

① 수출재화의 공급 : 수출신고 수리일
② 완성도기준지급조건부 판매 : 대가의 각 부분을 받기로 한 때
③ 조건부판매 : 조건이 성취되어 판매가 확정된 때
④ 판매목적 타사업장 반출 : 재화를 반출하는 때

해답

수출재화의 공급시기는 수출재화의 선(기)적일로 한다.

정답 ①

13 다음 중 부가가치세법상 재화의 공급시기에 관한 설명으로 가장 올바르지 않은 것은?

(2021년 6월 재경관리사)

① 간주공급 중 개인적 공급은 재화를 사용하거나 소비하는 때를 재화의 공급시기로 본다.
② 폐업시 잔존재화의 공급시기는 원칙적으로 폐업신고일이다.
③ 내국신용장에 의하여 공급하는 재화의 공급시기는 재화를 인도하는 때이다.
④ 공급단위를 구획할 수 없는 재화를 계속적으로 공급하는 경우에는 각 대가의 각 부분을 받기로 한 때가 공급시기이다.

해답

폐업시 잔존재화의 공급시기는 폐업일로 본다. 폐업일은 원칙적으로 사업장별로 그 사업을 실질적으로 폐업하는 날로 한다. 다만, 폐업한 때가 명백하지 아니한 경우에는 폐업신고서의 접수일을 폐업일로 본다.

정답 ②

14 다음 중 부가가치세법상 재화와 용역의 공급시기로 가장 옳지 않은 것은? (제118회 세무회계 3급)

① 개인적 공급 : 재화를 사용하거나 소비하는 때
② 용역의 공급 : 역무의 제공이 완료되는 때
③ 내국신용장에 의한 재화의 공급 : 재화를 인도하는 때
④ 장기할부판매 : 재화를 인도하는 때

해답

장기할부판매의 경우 공급시기는 대가의 각 부분을 받기로 한 때이다.

정답 ④

15 다음 중 부가가치세법상 재화의 수입에 대한 설명으로 옳지 않은 것은? (제117회 세무회계 2급)

① 외국으로부터 국가, 지방자치단체에 기증되는 재화의 수입에 대하여는 부가가치세를 면제한다.
② 재화의 수입에 대한 부가가치세의 과세표준은 그 재화에 대한 관세의 과세가격과 관세, 개별소비세, 주세, 교육세, 농어촌특별세 및 교통 · 에너지 · 환경세를 합한 금액으로 한다.
③ 재화를 수입하는 자의 부가가치세 납세지는 수입자의 주소지로 한다.
④ 재화의 수입시기는 관세법에 따른 수입신고가 수리된 때로 한다.

해답

재화를 수입하는 자의 부가가치세 납세지는 수입을 신고하는 세관의 소재지로 한다.

정답 ③

16 다음 중 부가가치세법상 용역의 공급시기에 대한 설명으로 옳지 않은 것은? (제117회 세무회계 2급)

① 공급단위를 구획할 수 없는 용역의 계속적 공급 : 대가의 각 부분을 받기로 한 때
② 헬스장 운영 사업자가 연회비를 미리 받고 시설을 이용하게 하는 경우 : 예정신고기간 또는 과세기간 종료일
③ 폐업 전에 공급한 용역의 공급시기가 폐업일 이후에 도래하는 경우 : 해당 용역의 공급시기 도래일
④ 장기할부조건부로 용역을 공급하는 경우 : 대가의 각 부분을 받기로 한 때

해답

사업자가 폐업 전에 공급한 재화 · 용역의 공급시기가 폐업일 이후에 도래하는 경우에는 그 폐업일을 공급시기로 본다.

정답 ③

17 다음 중 부가가치세법상 부동산임대용역을 공급하는 경우에 임대계약 기간 중 전세금 또는 임대 보증금에 대한 간주임대료의 공급시기는 언제인가? (제117회 세무회계 3급)

① 그 대가를 받은 때
② 예정신고기간 또는 과세기간 종료일
③ 대가의 각 부분을 받기로 한 때
④ 역무의 제공이 완료되는 때

해답

사업자가 폐업 전에 공급한 재화 · 용역의 공급시기가 폐업일 이후에 도래하는 경우에는 그 폐업일을 공급시기로 본다.부동산임대용역에 대한 간주임대료의 공급시기는 예정신고기간 또는 과세기간 종료일이다.

정답 ②

18 다음 중 부가가치세법상 공급시기에 대한 설명으로 틀린 것은? (제120회 전산세무 1급)

① 공급시기가 되기 전에 재화 또는 용역에 대한 대가의 전부 또는 일부를 받고, 그 받은 대가에 대하여 세금계산서를 발급하는 경우에는 발급하는 때를 공급시기로 본다.
② 대금을 계약금과 잔금으로 2회 분할하여 수령하고, 계약금을 받기로 한 날의 다음날부터 용역의 제공이 완료되는 날까지 기간이 6개월 이상인 경우 중간지급조건부에 해당한다.
③ 무인판매기의 경우 해당 사업자가 무인판매기에서 현금을 인취한 시점을 공급시기로 본다.
④ 폐업 전에 공급한 재화의 공급시기가 폐업일 이후에 도래하는 경우 폐업일을 공급시기로 본다.

해답

중간지급조건부공급의 경우 계약금을 받기로 한 날의 다음 날부터 용역의 제공을 완료하는 날까지의 기간이 6개월 이상인 경우로서 그 기간 이내에 계약금 외의 대가를 분할하여 받아야 한다.

정답 ②

19 부가가치세법상 거래시기 및 거래장소에 관한 설명으로 옳은 것은?

① 재화의 이동이 필요한 경우에는 재화의 공급이 확정되는 때가 재화의 공급시기이다.
② 재화의 이동이 필요하지 아니한 경우에는 실제로 재화가 이용되는 때가 재화의 공급시기이다.
③ 역무의 제공이 완료되거나 시설물·권리 등 재화가 장차 이용가능하게 되는 때가 용역의 공급시기이다.
④ 국내외에 걸쳐 용역이 제공되는 국제운송의 경우에는 용역이 공급되는 장소를 따로 정하지 아니한다.
⑤ 재화의 이동이 필요한 경우 재화의 이동이 시작되는 장소가 재화가 공급되는 장소이다.

해답

① 재화의 이동이 필요한 경우 재화가 인도되는 때를 공급시기로 한다.
② 재화의 이동이 필요하지 아니한 경우 재화가 이용가능하게 되는 때를 공급시기로 한다.
③ 용역의 공급시기는 역무의 제공이 완료되거나 시설물·권리 등 재화가 사용되는 때로 한다.
④ 국내외에 걸쳐 용역이 제공되는 국제운송의 경우 사업자가 비거주자 또는 외국법인인 경우에는 여객이 탑승하거나 화물이 적재 되는 장소를 공급장소로 한다.

정답 ⑤

제 5 장

영세율과 면세

제 5 장 영세율과 면세

'영세율'이란 부가가치세의 과세대상인 재화나 용역의 공급에 대하여 영(零)의 세율(0%의 세율)을 적용하는 것을 말하며, '면세'란 재화 또는 용역의 공급에 대하여 부가가치세의 납세의무를 면제하는 것을 말한다. 즉, 영세율 적용대상거래는 원칙적으로 부가가치세법상의 과세대상이 되는 거래이지만, 면세 적용대상거래는 부가가치세법상의 과세대상거래에 해당하지 않는다. 이는 중요한 차이를 발생시키게 되는데, 영세율의 경우는 매출세액이 '0'으로 계산됨으로 인해 매입세액의 공제가 가능하지만, 면세의 경우는 매출세액 자체가 존재하지 않기 때문에 매입세액 공제도 되지 않는다. 즉, 영세율의 경우는 환급세액이 생길 수 있지만 면세는 환급세액이라는 개념 자체가 없게 된다.

따라서 영세율의 경우는 이전 거래단계의 매입세액이 모두 공제(환급)가 됨으로 인해 해당 거래단계에서 부가가치세가 과세되지 않음은 물론이고 이전 거래단계까지 과세된 부가가치세가 모두 제거된다. 이 때문에 영세율제도를 이론상 '완전면세제도'라고 한다.

반면, 면세제도는 해당 거래단계에서 부가가치세가 과세되지는 않지만, 이전 거래단계까지 과세된 부가가치세, 즉 매입세액이 공제(환급)되지 않음으로 인해 부가가치세가 완전히 제거되지는 않는다. 따라서 면세제도를 이론상 '부분면세제도'라고 한다.

영세율을 적용받는 사업자는 일단 부가가치세법상 과세대상 사업자이다. 따라서 일반과세자에게 적용되는 사업자등록, 세금계산서 발급 등의 협력의무가 동일하게 적용된다. 이에 반해 면세사업자는 부가가치세법상 납세의무자가 아니므로, 일부 협력의무를 제외하고는 원칙적으로 사업자등록, 세금계산서의 발급 등과 같은 협력의무가 없다.

표 5.1. 영세율제도와 면세제도의 비교[30)]

구 분	영세율제도	면세제도
(1) 기본취지	소비지국과세원칙의 구현	부가가치세의 역진성 완화
(2) 적용재화	수출하는 재화 등	기초생활필수품 등

30) 영세율과 면세에 동시에 해당되는 경우에는 면세가 적용된다. 따라서 면세사업자가 영세율을 적용받기 위해서는 면세를 포기하고 일반과세자로 전환하여야 영세율을 적용할 수 있다. 면세포기에 대하여는 **'5.2.4. 면세의 포기'**에서 구체적으로 살펴보기로 한다.

(3) 납세의무	부가가치세법상 과세사업자로서 납세의무자임	부가가치세법상 납세의무자가 아님
(4) 면세범위	영세율 적용단계 및 이전 거래단계의 부가가치세 모두 제거됨 → 완전면세	면세 적용단계의 부가가치세는 과세되지 않으나 이전 거래단계까지 과세된 부가가치세는 제거되지 아니함 → 부분면세
(5) 공급재화·용역	과세대상 거래임	과세대상거래가 아님
(6) 매출세액	과세표준에 0%를 적용	매출세액 없음
(7) 매입세액	전액 공제(환급) 가능하므로 다음 단계로 전가되지 않음	공제(환급) 불가능하므로 다음 단계로 전가됨
(8) 협력의무	각종 협력의무 있음	원칙적으로 협력의무 없음[주)]

주) 면세사업자의 경우에도 「소득세법」 및 「법인세법」에 따른 사업자등록, 계산서의 발급(제출) 의무와 부가가치세법에 따른 매입처별세금계산서합계표의 제출의무 및 대리납부의무는 있다.

5.1. 영세율

'영세율제도'란 일정한 재화 또는 용역의 공급에 대하여는 영(零)의 세율을 적용하는 것을 의미한다. 전술한 바와 같이 전단계세액공제법을 채택하고 있는 우리나라의 부가가치세법에서는 매출세액에서 매입세액을 공제하여 납부세액을 산출하게 되는데, 공급가액에 영의 세율을 적용하고 매입세액을 공제하게 되면 환급세액이 나오게 된다. 이 경우 환급세액은 전단계에서 창출된 부가가치에 대하여 사업자가 부담한 부가가치세가 되는 것이다. 따라서 영세율이 적용되는 경우에는 해당 거래단계에서 창출된 부가가치뿐만 아니라 그 이전 단계에서 창출된 부가가치에 대한 부가가치세도 모두 제거되어 거래상대방의 세부담이 완전히 없어지게 되는 것이다(완전면세제도).

이러한 영세율제도는 일반적으로 수출 등과 같이 재화나 용역을 외국으로 공급하는 거래에 대해 적용되고 있다. 이는 국외의 소비자들로 하여금 우리나라의 부가가치세를 부담하지 않도록 함으로써 소비지국과세원칙을 관철시키고자 하는 것이다. 이 외에도 부가가치세법에서는 비록 국내거래에 해당하더라도 수출과 관련이 있거나 외화획득과 관련이 있는 것에 대해서는 영세율을 적용함으로써 외화획득을 장려하고 있다.

따라서 영세율제도는 소비지국과세원칙에 따라 재화 또는 용역에 대한 부가가치세를 소비지국(수입국)에서 과세하도록 함으로써 국제적인 이중과세를 방지함과 동시에 수출하는 재화에 대해 이전 단계에서의 부가가치세 부담까지 모두 제거해 줌으로써 수출촉진 및 수출재화에 대한 대외경쟁력 제고에 도움이 되고 있다.

또한 영세율 적용사업자에 대하여는 자금부담 완화를 위하여 조기환급제도를 마련해 두고 있는데, 이에 대하여는 '**9.7.2. 조기환급**'에서 구체적으로 살펴보기로 한다.

5.1.1. 영세율제도의 취지

(1) 소비지국과세원칙의 구현

영세율제도는 소비지국과세원칙의 구현, 즉 국가간 이중과세 방지를 위하여 도입된 제도이다. 즉, 부가가치세의 과세는 소비지국에서 하는 것이므로 생산지국에서 부담한 부가가치세를 전액 제거시켜 주기 위하여 수출재화 등에 대해 영세율을 적용하는 것이다.

(2) 수출촉진

영세율이 적용되는 재화나 용역에는 부가가치세 부담이 완전히 없어지므로 수출재화 등의 가격조건이 유리하게 되어 국제경쟁력이 제고되고, 영세율이 적용되는 경우에는 조기환급 대상이 되므로 수출업자의 자금부담이 완화된다.

(3) 외화획득 장려

국내거래에 해당하는 경우라도 비거주자·외국법인 및 외국인관광객 등에게 제공하는 일정한 재화 또는 용역에 대하여는 외화획득에 기여할 수 있도록 영세율을 적용하고 있다.

(4) 국제관례의 존중

국내거래에 해당하는 경우라도 외교공관 및 외교관 등에게 제공하는 일정한 재화 또는 용역에 대하여는 국제관례를 존중하여 영세율을 적용하고 있다.

(5) 국가정책적인 목적

국내거래에 해당하는 경우에도 수출과 관련이 있는 경우에는 영세율제도를 적용하여 수출을 지원한다. 또한 「조세특례제한법」에서는 수출이나 외화획득과 전혀 관련 없는 국내 거래에 대하여도 국가정책상 영세율제도를 적용하는 경우가 있다.

5.1.2. 영세율 적용대상자

영세율은 부가가치세법상 납세의무자인 사업자에게 적용되는 것을 원칙으로 한다. 따라서 부가가치세 면세사업자는 원칙적으로 영세율을 적용받을 수 없으며, 면세포기를 하는 경우에 한하여 영세율을 적용받을 수 있다. 면세포기에 대해서는 '**5.2.4. 면세의 포기**'에서 구체적으로 살펴보기로 한다. 부가가치세법상 납세의무자인 사업자에는 간이과세자도 포함되지만, 간이과세자는 매입세액을 환급받을 수는 없다. 간이과세제도에 대하여는 '**제10장 간이과세**'에서 보다 구체적으로 살펴보도록 하겠다.

단, 사업자가 비거주자 또는 외국법인이면 그 해당 국가에서 대한민국의 거주자 또는 내국법인(內國法人)에 대하여 동일한 면세를 하는 경우에만 영세율을 적용한다(상호주의, 부가법 §25 ①). 여기서 '동일한 면세를 하는 경우'란 다음의 경우를 말한다(부가법 §25 ③).

① 해당 외국의 조세로서 우리나라의 부가가치세 또는 이와 유사한 성질의 조세를 면세하는 경우
② 그 외국에 우리나라의 부가가치세 또는 이와 유사한 성질의 조세가 없는 경우

주) 외교관면세점으로 지정받은 사업장에서 외교관 등으로부터 외교관면세카드를 제시받아 일정한 재화 또는 용역을 공급하는 경우에도 해당 외국에서 대한민국의 외교공관 및 영사기관 등의 직원에게 공급하는 재화 또는 용역에 대하여 동일하게 면세하는 경우에만 영세율을 적용한다(부가법 §25 ②).

세부규정

• **상호면세국의 범위**(부기통 25-0-1)

부가가치세법 제25조에 규정하는 영세율 적용에 대한 상호면세국이란 법 제21조부터 제24조까지의 규정을 적용할 때 사업자가 비거주자 또는 외국법인이면 그 해당 국가에서 대한민국의 거주자 또는 내국법인에 대하여 동일하게 면세하는 해당 국가를 말한다.

1. 그리스	10. 미 국	19. 이 란	28. 파나마
2. 남아공화국	11. 베네주엘라	20. 이태리	29. 파키스탄
3. 네덜란드	12. 벨지움	21. 인 도	30. 핀랜드
4. 노르웨이	13. 사우디아라비아	22. 인도네시아	31. 호 주
5. 뉴질랜드	14. 독 일	23. 일 본	32. 홍 콩
6. 덴마크	15. 스웨덴	24. 대 만	33. 프랑스
7. 레바논	16. 스위스	25. 칠 레	
8. 리베리아	17. 싱가포르	26. 카나다	
9. 말레지아	18. 영 국	27. 태 국	

5.1.3. 영세율 적용대상거래

다음의 재화 또는 용역의 공급에 대하여는 영의 세율을 적용한다(부가법 §11 ①).

① 재화의 수출
② 국외에서 공급하는 용역
③ 선박 또는 항공기에 의한 외국항행용역
④ 위 '①~③'의 재화 또는 용역 외에 외화를 획득하기 위한 일정한 재화 또는 용역

(1) 재화의 수출

재화의 공급이 수출에 해당하면 그 재화의 공급에 대하여는 영(零) 퍼센트의 세율(이하 '영세율'이라 한다)을 적용한다(부가법 §21 ①).

1) 본래의 수출

영세율이 적용되는 '수출'이란 다음에 해당하는 것으로 한다(부가법 §21 ②).

① 내국물품(대한민국 선박에 의하여 채집되거나 잡힌 수산물을 포함한다)을 외국으로 반출하는 것
② 국내사업장에서 계약과 대가수령 등 거래가 이루어지는 것으로서 다음 중 어느 하나에 해당하는 것
　㉠ 중계무역방식의 수출
　㉡ 위탁판매수출
　㉢ 외국인도수출
　㉣ 위탁가공무역방식의 수출
　㉤ 원료를 대가 없이 국외의 수탁가공사업자에게 반출하여 가공한 재화를 양도하는 경우에 그 원료의 반출
　㉥ 「관세법」에 따른 수입신고 수리 전의 물품으로서 보세구역에 보관하는 물품의 외국으로의 반출

위 '①'의 수출재화에 대하여는 유상·무상반출을 불문하고 영세율을 적용한다. 따라서 사업자가 재화를 국외로 무상으로 반출하는 경우에도 영의 세율을 적용한다. 다만, 자기사업을 위하여 대가를 받지 아니하고 국외의 사업자에게 견본품을 반출하는 경우에는 재화의 공급으로 보지 아니한다(부기통 21-31-4).[31] 또한 사업자가 재화를 수출하고 수출금액과 신용장상의 금액과의 차액을 별도로 지급받는 경우 그 금액에 대하여도 영의 세율을 적용한다(부기통 21-31-7). 따라서 신용장을 수반하지 않는 수출에 대하여도 영세율이 적용되는 것이다.

위 '②'의 경우 비록 국외에서 재화의 인도가 있다하더라도 국내사업장에서 계약과 대가수령이 이루어지기 때문에 실질적인 수출로 보아 영세율을 적용하는 것이다. 여기 제시되어 있는 수출 유형별 개념 중 '㉠~㉣'에 대해 살펴보면 다음과 같다(부가령 §21 ② (2), 부가령 §31 ①).

① '중계무역방식의 수출'이란 수출할 것을 목적으로 물품 등을 수입하여 「관세법」에 따른 보세구역 및 같은 법에 따라 보세구역 외 장치의 허가를 받은 장소 또는 「자유무역지역의 지정 및 운영에 관한 법률」에 따른 자유무역지역 외의 국내에 반입하지 아니하는 방식의 수출을 말한다.[주)]
② '위탁판매수출'이란 물품 등을 무환(無換)으로 수출하여 해당 물품이 판매된 범위에서 대금을 결제하는 계약에 의한 수출을 말한다.

---

31) 재화의 외국 반출에 따른 외환결제가 이루어지지 않는 무상수출도 재화의 수출에 해당되어 영세율이 적용되나, 다음의 사례는 재화의 공급에 해당되지 아니한다(집행기준 21-31-5).
① 국외사업자에게 견본품을 반출하는 경우
② 위탁가공무역방식으로 원자재 등을 무환으로 외국에 반출하는 경우(단, 원료를 대가 없이 국외의 수탁가공 사업자에게 반출하여 가공한 재화를 양도하는 경우에 그 원료의 반출에 대하여 영세율이 적용되는 경우 제외)
③ 당초 반출한 재화의 하자로 인하여 반품된 재화를 수리하여 재수출하거나 동일제품으로 교환하여 재수출하는 경우
④ 수입업자가 수입 또는 판매된 재화의 하자로 인하여 수리할 목적으로 외국에 반출하는 경우
⑤ 외국사업자 소유의 전시물을 무환으로 수입하여 전시한 후 반환하기 위하여 외국에 반출하는 경우
⑥ 수입업자가 재화의 수입과 관련된 반환조건의 수입재화 용기를 반환하기 위하여 외국에 반출하는 경우

③ '외국인도수출'이란 수출대금은 국내에서 영수(領收)하지만 국내에서 통관되지 아니한 수출물품 등을 외국으로 인도하거나 제공하는 수출을 말한다.

④ '위탁가공무역방식의 수출'이란 가공임(加工賃)을 지급하는 조건으로 외국에서 가공(제조, 조립, 재성, 개조를 포함한다. 이하 같다)할 원료의 전부 또는 일부를 거래 상대방에게 수출하거나 외국에서 조달하여 가공한 후 가공물품 등을 외국으로 인도하는 방식의 수출을 말한다.

주) 이러한 중개무역의 경우에는 사업자가 수출·수입의 주체가 되지 않고 단순히 중개수수료만 취하게 된다.

그림 5.1. 중계무역방식에 의한 수출절차(집행기준 21-31-1)

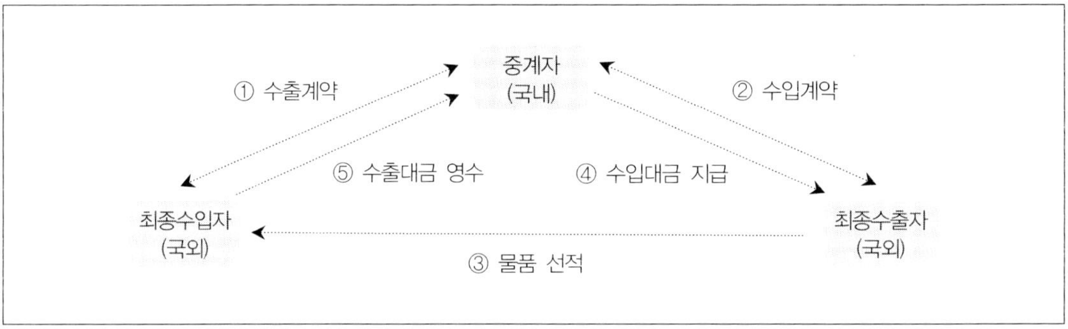

그림 5.2. 위탁판매방식에 의한 수출절차(집행기준 21-31-1)

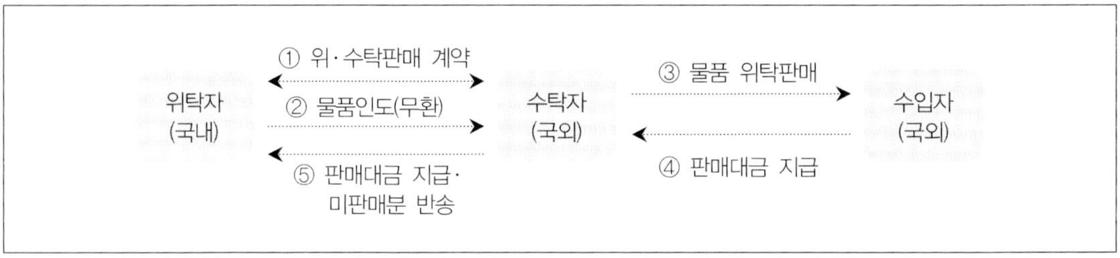

그림 5.3. 외국인도방식에 의한 수출절차(집행기준 21-31-1)

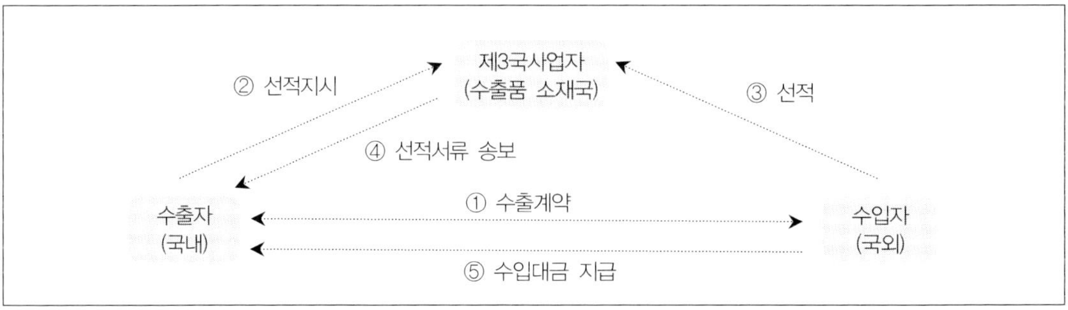

▮그림 5.4.▮ 위탁가공무역방식에 의한 수출절차(집행기준 21-31-1)

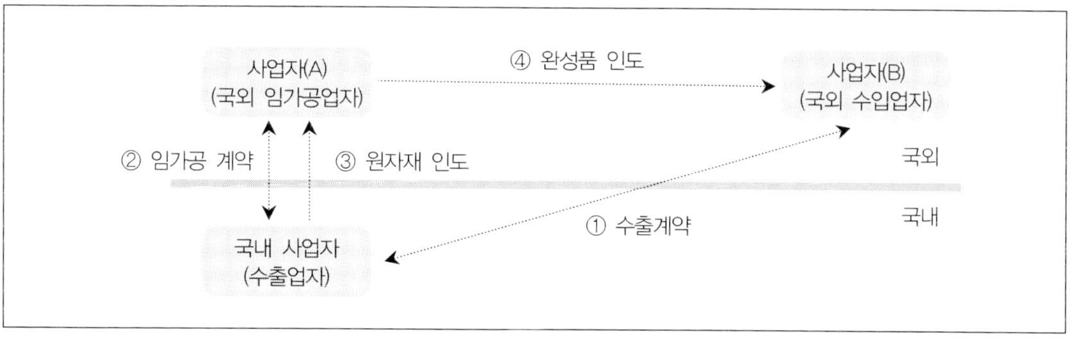

▮그림 5.5.▮ 위탁가공을 위한 원료반출(집행기준 21-31-1)

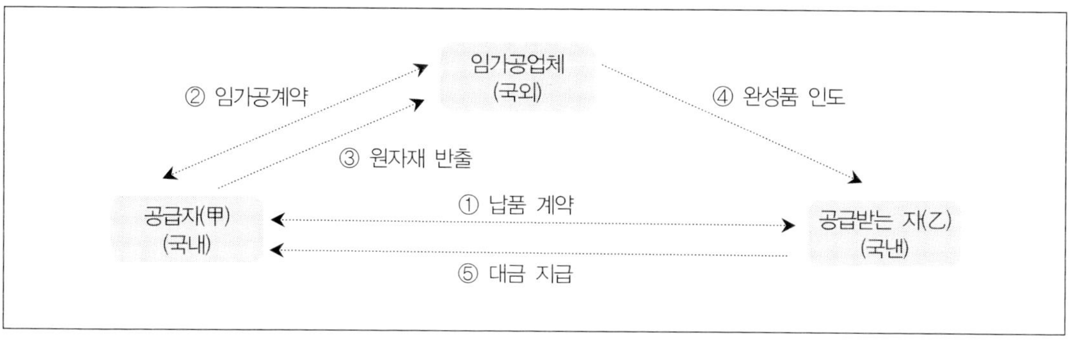

▮그림 5.6.▮ 4자간 무역거래(집행기준 21-31-1)

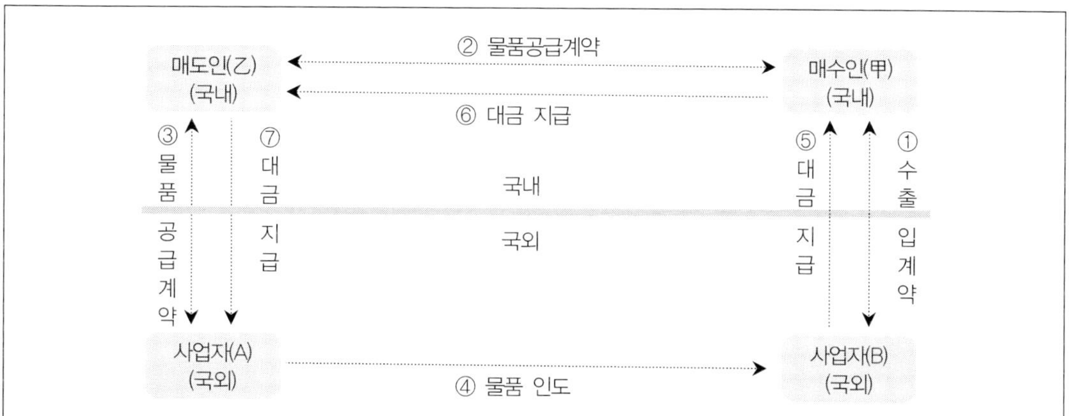

- '甲'은 외국인도수출에 해당
- '乙'은 국내에서 계약과 대가수령이 이루어지고, 국외에서 재화가 이동된 경우로서 국내사업자인 '甲'과의 거래이므로 외국인도수출에 해당하지 아니함(과세거래 아니지만 계산서 발급 대상)

또한 영세율은 직수출뿐만 아니라 대행수출[32]에 대하여도 적용되는데, 수출품생산업자가 수출업자와 수출대행계약을 체결하여 수출업자의 명의로 수출하는 경우에 수출품생산업자가 외국으로 반출하는 재화에 대하여는 영세율을 적용한다(부기통 21-31-2). 단, 이 경우 수출하는 재화는 영세율 적용대상이지만, 수출대행에 따른 수수료는 용역의 공급에 해당되어 수출업자에게 10%의 부가가치세가 과세된다는 점에 주의하여야 한다.

2) 국내거래이지만 수출하는 재화에 포함되는 것

수출하는 재화에는 다음의 재화가 포함되는 것으로 한다(부가령 §31 ②). 이들은 비록 국내거래에 해당되는 것들이지만, 그 실질이 수출과 다름이 없는 거래에 해당한다. 따라서 이들 국내거래에 대해서도 수출지원, 국제협력 증진 및 외화획득사업 장려 등의 정책적 목적으로 영세율을 적용하는 것이다.

① 사업자가 내국신용장 또는 구매확인서에 의하여 공급하는 재화(금지금은 제외한다)[주1), 주2)]

② 사업자가 「한국국제협력단법」에 따른 한국국제협력단에 공급하는 재화(한국국제협력단이 개발도상국가와의 우호협력관계 및 상호교류를 증진시키기 위한 사업을 위하여 외국에 무상으로 반출하는 재화로 한정한다)

③ 사업자가 「한국국제보건의료재단법」에 따른 한국국제보건의료재단에 공급하는 재화(한국국제보건의료재단이 개발도상국가 등의 보건의료수준의 향상을 위한 사업을 위하여 외국에 무상으로 반출하는 재화로 한정한다)

④ 사업자가 「대한적십자사 조직법」에 따른 대한적십자사에 공급하는 재화(대한적십자사가 구호·보급·국제협력사업을 위하여 외국에 무상으로 반출하는 재화로 한정한다)

⑤ 사업자가 다음의 요건에 따라 공급하는 재화(수탁가공무역방식에 의한 수출)

㉠ 국외의 비거주자 또는 외국법인과 직접계약에 따라 공급할 것

㉡ 대금을 외국환은행에서 원화로 받을 것

㉢ 비거주자 등이 지정하는 국내의 다른 사업자에게 인도할 것

㉣ 국내의 다른 사업자가 비거주자 등과 계약에 따라 인도받은 재화를 그대로 반출하거나 제조·가공 후 반출할 것

주1) 여기에서 '내국신용장'이란이라 함은 사업자가 국내에서 수출용 원자재, 수출용 완제품 또는 수출재화임가공용역을 공급받으려는 경우에 해당 사업자의 신청에 따라 외국환은행의 장이 재화나 용역의 공급시기가 속하는 과세기간이 끝난 후 25일(그 날이 공휴일 또는 토요일인 경우에는 바로 다음 영업일을 말한다) 이내에 개설하는 신용장을 말한다(부가칙 §21 (1)).

주2) 여기에서 '구매확인서'라 함은 「대외무역법시행령」에 따라 외국환은행의 장이나 전자무역기반사업자가 내국신용장에 준하여 재화나 용역의 공급시기가 속하는 과세기간이 끝난 후 25일(그 날이 공휴일 또는 토요일인 경우에는 바로 다음 영업일을 말한다) 이내에 발급하는 확인서를 말한다(부가칙 §21 (2)).

32) '대행수출'이란 자신의 명의로 수출을 하기 어려운 사업자가 수출업자와의 수출대행계약을 통하여 물품을 수출업자의 명의로 외국으로 반출하는 것을 말한다.

세부규정

• 신용장(Letter of Credit : L/C)

'신용장'이란 무역거래의 대금결제 등을 원활하게 하기 위한 것으로, 수입업자(신용장 개설의뢰인)의 요청에 따라 수입업자의 거래은행(신용장 개설은행)이 수출업자가 발행한 환어음을 인수 및 지급하는 약정을 함으로써 대금의 결제를 보증하는 증서이다. 수출업자는 수입업자에게 물건을 선적한 후 신용장을 자신의 거래은행에 맡기고 돈을 미리 받게 되며, 수출업자의 거래은행은 신용장을 근거로 수입업자의 거래은행에서 대금을 회수하게 된다.

• 내국신용장(Local Letter of Credit : Local L/C)

'내국신용장'이란 한국은행총재가 정하는 바에 따라 외국환은행의 장이 발급하여 국내에서 통용되는 신용장을 말하는 것으로, 외국으로부터 수출신용장(원신용장, Master L/C) 등을 받거나 과거 수출실적이 있는 국내수출업체가 국내에서 수출용원자재, 수출용완제품 또는 수출재화임가공용역을 공급받고자 하는 경우에 당해 수출업체(개설의뢰인)의 신청에 의하여 외국환은행의 장이 개설하는 신용장을 말한다. 이러한 내국신용장의 수혜자는 국내의 완제품 또는 원자재 등을 공급업체가 된다.
내국신용장 수혜자는 당해 내국신용장(제1차 내국신용장)을 근거로 외국환은행에 제2차 내국신용장의 개설을 의뢰할 수 있다. 만약 제1차 내국신용장이 완제품의 구매를 위한 내국신용장인 경우에는 2차 내국신용장을 근거로 제3차 내국신용장의 개설을 외국환은행에 의뢰할 수 있다. 내국신용장에 의한 공급은 대외무역법상 해외수출과 동일하게 수출실적으로 인정되므로 관세환급 및 부가가치세 영세율 등의 혜택을 받을 수 있다.

• 구매확인서

'구매확인서'란 내국신용장에 의하지 아니하고 외화획득용 원료 또는 물품을 국내에서 구매하려는 경우 외국환은행의 장이 내국신용장에 준하여 발급하는 증서를 말한다. 일반적으로 수출금융의 한도부족으로 내국신용장의 개설이 어려운 경우에 수출업자가 이러한 구매확인서의 발급을 의뢰하게 된다. 은행의 대금지급보증이 없으며 수출금융의 융자대상이 되지 못한다는 점이 내국신용장과 다르며 공급자의 수출실적인정, 외화획득용 원료의 사후관리 원자재 또는 수출용 완제품의 구매 등에 사용되는 점은 내국신용장과 동일하다. 따라서 구매확인서에 의한 공급도 내국신용장에 의하여 공급한 것과 동일한 것으로 보아 수출실적으로 인정되며, 관세환급 및 부가가치세 영세율 등의 혜택도 받을 수 있다.

• 영세율에 관련한 용어의 정의(부기통 21-31-1)

이 장에서 사용하는 용어의 정의는 법령 및 이 통칙에서 특별히 정한 경우를 제외하고 다음 각 호와 같다.
① '수출품생산업자'란 실제로 수출품을 생산하여 자기계산하에 외국으로 반출하는 자를 말한다.
② '수출업자'란 「대외무역법」에 따라 수출입업자로 신고 되어 있는 자를 말한다.
③ '영세율규정'이란 국세청장이 영세율적용과 그 첨부서류에 관한 사항을 규정한 '부가가치세 영세율 적용에 관한 규정'을 말한다.

• 수출품생산업자의 영세율적용(부기통 21-31-2)

수출품생산업자가 수출업자와 다음과 같이 수출대행계약을 체결하여 수출업자의 명의로 수출하는 경우에 수출품생산업자가 외국으로 반출하는 재화는 영의 세율을 적용한다.

① 수출품생산업자가 직접 수출신용장을 받아 수출업자에게 양도하고 수출대행계약을 체결한 경우
② 수출업자가 수출신용장을 받고 수출품생산업자와 수출대행계약을 체결한 경우

이 경우 수출품생산업자가 완제품 내국신용장을 개설 받는 경우를 포함하며, 수출품생산업자가 실제로 수출을 하였는지는 거래의 실질내용에 따라 판단한다.

• **수출품 제조장의 영세율적용**(부기통 21-31-3)

사업자가 본사와 제조장 등 2 이상의 사업장이 있는 경우에 자기가 제조한 수출재화에 대한 영세율적용사업장은 최종제품을 완성하여 외국으로 반출하는 제조장으로 하고 영세율첨부서류는 수출실적명세서(전자계산조직에 의하여 처리된 테이프 또는 디스켓을 포함한다)이다.

• **보세구역 등에서 공급하는 재화**(부기통 21-31-5)

사업자가 국제공항보세구역 내의 외국인전용판매장에서 재화를 공급(위수탁계약에 따른 위탁자공급분을 포함한다)하거나 세관장으로부터 승선 또는 비행기 탑승 허가를 받아 외국을 항행하는 선박 또는 항공기 내에서 공급하는 재화는 수출하는 재화에 해당하는 것으로 본다.

• **무환수탁가공무역의 영세율**(부기통 21-31-6)

보세공장의 설영특허를 받아 무환수탁가공무역을 하는 사업자가 수탁보세가공한 물품을 국외로 반출하는 경우에는 수출하는 재화로서 영의 세율을 적용한다.

• **내국신용장에 포함하지 아니한 공급가액**(부기통 21-31-8)

내국신용장에 의하여 재화를 공급하고 그 대가의 일부(관세환급금 등)를 내국신용장에 포함하지 아니하고 별도로 받는 경우 해당 금액이 대가의 일부로 확인되는 때에는 영의 세율을 적용한다.

• **내국신용장과 관세환급금**(부기통 21-31-9)

내국신용장에 의하여 재화를 수출업자 또는 수출품생산업자에게 공급하고 해당 수출업자 또는 수출품생산업자로부터 그 대가의 일부로 받는 관세환급금은 영의 세율을 적용한다. 다만, 수출업자 또는 내국신용장에 의하여 완제품을 수출업자에게 공급한 자가 세관장으로부터 직접 받는 관세환급금과 수출품생산업자가 수출대행업자로부터 받는 관세환급금은 과세하지 아니한다.

• **위탁판매 재화에 대한 영세율 적용**(부기통 21-31-10)

① 수탁자가 자기명의로 내국신용장을 개설 받아 위탁자의 재화를 공급하는 경우에는 위탁자가 영의 세율을 적용받으며, 이 경우 영세율첨부서류는 수탁자명의의 내국신용장사본과 위수탁매매임을 입증할 수 있는 서류로 한다.
② 「관세법」에 따른 보세판매장을 운영하는 사업자가 위탁자의 물품을 수탁 받아 외국인관광객에게 판매하고 위탁자로부터 수수료를 받는 경우 수탁물품의 공급에 대하여는 위탁자가 영세율을 적용받는다.
③ 면세판매장을 경영하는 사업자(위탁자)가 다른 장소에서 면세판매장을 경영하는 사업자(수탁자) 등과 위탁판매계약에 따라 수탁자의 면세판매장에서 위탁판매하는 경우 「조세특례제한법」에 따라 위탁자에게 영세율을 적용한다.

• 주요자재를 부담하는 임가공용역의 영세율적용(부기통 21-31-11)

사업자가 주요 자재의 전부 또는 일부를 부담하고 일부 자재는 상대방으로부터 인도받아 공작을 가하여 생산한 재화를 거래상대방이 수출하는 경우에 해당 사업자간의 거래는 재화의 공급에 해당하므로 내국신용장 또는 대외무역법에서 정하는 구매확인서에 의하여 공급하는 경우(금지금은 제외한다) 영의 세율을 적용한다.

• 영의 세율을 적용하지 아니하는 내국신용장(부기통 21-31-12)

외국으로 반출되지 아니하는 재화의 공급과 관련하여 개설된 내국신용장(주한미국군군납계약서 등)에 의한 재화 또는 용역의 공급은 영의 세율을 적용하지 아니한다.

• 내국신용장 유효기간 경과 후 재화공급시 영세율적용(부기통 21-31-13)

사업자가 내국신용장의 유효기간 경과 후에 재화를 공급한 것으로서 해당 신용장의 효력이 소멸되지 아니하여 그 대가를 외국환은행에서 원화로 받는 때에는 영의 세율을 적용한다.

• 수출품제조용 수입원자재의 전용(부기통 21-31-14)

사업자가 수출품제조용 수입원자재의 사후관리를 관장하는 은행장으로부터 전용승인을 받아 다른 수출품생산업자에게 공급하는 경우에는 영의 세율을 적용하지 아니한다. 다만, 내국신용장 또는 대외무역법에서 정하는 구매확인서에 의하여 전용하는 경우에는 그러하지 아니하다.

• 보세판매장에서 공급하는 재화에 대한 영세율 적용(부기통 21-31-15)

「관세법」에 따른 보세판매장 운영사업자가 출국인에게 재화를 공급한 경우 해당 재화가 관세청의 「보세판매장 운영에 관한 고시」 규정에 따라 외국에 반출되는 경우에는 부가가치세법에 따른 수출하는 재화에 해당한다.

• 영세율 적용대상 수출로 보는 사례(집행기준 21-31-6)

① 사업자가 휴대품 등을 반출하면서 「관세법」에 따른 간이수출신고 없이 해당 재화를 국외에 판매하는 경우 그 사실이 객관적인 증빙자료에 의하여 확인되는 경우에는 영세율이 적용된다.
② 사업자가 국내 인터넷쇼핑몰을 통하여 비거주자로부터 과세재화를 주문받아 소포우편 또는 인편으로 수출하는 경우 영세율이 적용된다.
③ 사업자가 국내에서 기계장치 등을 구입하여 외국에 소재하는 현지법인에게 현물출자하는 재화는 영세율이 적용된다.

(2) 국외에서 공급하는 용역

국외에서 공급하는 용역에 대하여는 영세율을 적용한다(부가법 §22). 부가가치세법은 재화 또는 용역의 공급장소가 우리나라 과세권이 미치는 국내거래인 경우에 부가가치세를 과세하는 속지주의(屬地主義)를 원칙으로 하고 있다. 따라서 재화 또는 용역의 공급이 국외에서 이루어지는 경우는 우리나라 과세권이 미치지 않는 국외거래에 해당하므로 부가가치세를 과세하지 않는 것이 원칙이나, 예외적으로 국내사업장이 있는 사업자가 국외에서 용역을 공급하는 경우에는 속인주의(屬人主義)에 따라 영세율을 적용한다.

이는 국외에서 제공하는 용역의 경우도 수출재화와 동일하게 그 실질을 수출로 보아 국내에서 과세된 부가가치세의 부담을 완전히 제거하기 위한 것이다. 이 경우 국내사업장이 있는 사업자가 국외에서 제공하는 용역이라면 거래상대방 또는 대금의 결제방법 등을 불문하고 영세율을 적용한다.[33]

세부규정

• **국외건설공사 재도급시 영세율 적용**(부기통 22-0-1)

① 사업자가 국외에서 건설공사를 도급받아 국외에서 건설용역을 제공하는 경우 해당 용역을 제공받는 자, 대금결제수단에 관계없이 영세율이 적용된다.
② 사업자가 국외에서 건설공사를 도급받은 사업자로부터 해당 건설공사를 재도급 받아 국외에서 건설용역을 제공하고 그 대가를 원도급자인 국내사업자로부터 받는 경우에는 영의 세율을 적용한다.

• **해외건설공사용 자재의 국외반출**(부기통 10-0-2)

건설업을 영위하는 사업자가 자기의 사업과 관련하여 생산 또는 취득한 재화를 자기의 해외건설공사에서 건설용 자재로 사용하거나 소비할 목적으로 국외로 반출하는 경우에는 재화의 공급으로 보지 아니한다.

(3) 선박 또는 항공기의 외국항행용역

선박 또는 항공기에 의한 외국항행용역의 공급에 대하여는 영세율을 적용한다(부가법 §23 ①). '외국항행용역'은 선박 또는 항공기에 의하여 여객이나 화물을 국내에서 국외로, 국외에서 국내로 또는 국외에서 국외로 수송하는 것을 말하며, 외국항행사업자가 자기의 사업에 부수하여 공급하는 재화 또는 용역으로서 다음의 것을 포함한다(부가법 §23 ②, 부가령 §32 ①).

① 다른 외국항행사업자가 운용하는 선박 또는 항공기의 탑승권을 판매하거나 화물운송계약을 체결하는 것
② 외국을 항행하는 선박 또는 항공기 내에서 승객에게 공급하는 것
③ 자기의 승객만이 전용(專用)하는 버스를 탑승하게 하는 것
④ 자기의 승객만이 전용하는 호텔에 투숙하게 하는 것

부가가치세의 납세의무는 대한민국의 주권이 미치는 범위 내에서 적용하는 것이므로, 사업자가 우리나라의 과세권이 미치지 아니하는 국외에서 재화 또는 용역을 공급하는 경우에는 원칙적으로 납세의무가 없다. 하지만 외국항행용역의 경우 국내거래와 국외거래가 혼합되어 있어 그 구분이 용이치 않음으로 인하여 이를 모두 국내거래로 보아 부가가치세를 과세하는 것이다. 따라서 우리나라 국적의 항공기 또는 선박에서 이루어지는 거래는 국외거래로 보지 아니하고 국내거래로 보아 영세율을 적용한다(부기통 3-0-3).

---

33) 단, 국내에서 외국법인에게 용역을 제공하고 그 대가를 외화로 받는 경우, 국외에 소재하는 건설공사에 사용되는 건설장비에 대한 임대용역을 제공하는 경우 및 국외 건설공사를 수주한 국내 건설업자에게 국내에서 제공하는 설계용역 등의 경우에는 용역의 국외공급에 해당되지 아니한다(집행기준 22-0-2).

또한 운송주선업자가 국제복합운송계약에 의하여 화주 또는 다른 운송주선업자로부터 화물을 인수하고 자기 책임과 계산으로 타인의 선박 또는 항공기 등의 운송수단을 이용하여 화물을 운송하고 화주 또는 다른 운송주선업자로부터 운임을 받는 국제운송용역과 「항공사업법」에 따른 상업서류송달용역은 위의 규정에 의한 외국항행용역에 포함된다(부가령 §32 ②).

세부규정

• **용선과 이용운송**(부기통 23-32-1)

① 다음 각 호의 용역은 외국항행용역에 해당하므로 영의 세율을 적용한다.

㉠ 사업자가 외국항행선박으로 면허를 받은 선박을 선원부용선계약에 의하여 타인에게 임대하여 자기책임하에 자기의 선원이 그 선박을 국제간에 운항하도록 하고 용선자로부터 용선료를 받는 경우의 선원부선박임대용역

㉡ 사업자가 선원부용선계약에 의하여 임차한 선박으로 자기계산하에 여객이나 화물을 국제간에 수송해 주고 여객 또는 화주로부터 운임을 받는 경우의 운송용역

㉢ 운송주선업을 영위하는 사업자가 국제복합운송계약에 의하여 화주로부터 화물을 인수하고 타인의 운송수단을 이용하여 화주에 대하여는 자기책임과 계산하에 외국으로 화물을 수송해 주고 화주로부터 운임을 받는 경우의 국제간이용운송용역

② 외국항행사업자가 국내의 외국항행사업자에게 나용선으로 선박을 대여하고 그 대가를 받는 경우에는 영의 세율을 적용하지 아니한다.

(4) 그 밖의 외화획득 재화 및 용역 등

전술한 영세율이 적용되는 재화 또는 용역의 공급 외에 외화를 획득하기 위한 재화 또는 용역의 공급으로서 다음 중 어느 하나에 해당하는 경우에는 영세율을 적용한다(부가령 §24 ①). 이들은 원칙적으로 국내거래에 해당하는 것이지만, 그 실질이 수출과 유사한 것으로 보아 외화획득사업을 지원하기 위한 방편으로 영세율을 적용하고 있는 것이다.

<table>
<tr><th>구 분</th><th>대금결제방법</th></tr>
<tr><td rowspan="2">(1) 국내에서 비거주자 또는 외국법인에게 공급되는 일정한 재화 또는 사업에 해당하는 용역[주1)]
① 국내에서 국내사업장이 없는 비거주자[주2)] 또는 외국법인에게 공급되는 경우
② 비거주자 또는 외국법인의 국내사업장이 있는 경우에 국내에서 국외의 비거주자 또는 외국법인과 직접 계약에 의하여 공급되는 경우</td><td>'①'의 경우 그 대금을 외국환은행에서 원화로 받거나 재정경제부령으로 정하는 방법으로 받는 것에 한함[주3)]</td></tr>
<tr><td>'②'의 경우 그 대금을 해당 국외의 비거주자 또는 외국법인으로부터 외국환은행을 통하여 원화로 받거나 재정경제부령으로 정하는 방법으로 받는 것에 한함[주3)]</td></tr>
</table>

(2) 수출재화임가공용역(수출재화염색임가공 포함)[주4)] ① 수출업자와 직접 도급계약에 의하여 수출재화를 임가공하는 수출재화임가공용역 ② 내국신용장 또는 구매확인서에 의하여 공급하는 수출재화임가공용역	대금결제방법에 제한 없음 * 다만, '①'의 경우 사업자가 부가가치세를 별도로 적은 세금계산서를 발급한 경우는 제외한다.
(3) 외국을 항행하는 선박 및 항공기 또는 원양어선에 공급하는 재화 또는 용역[주5)]	대금결제방법에 제한 없음 * 다만, 사업자가 부가가치세를 별도로 적은 세금계산서를 발급한 경우는 제외한다.
(4) 우리나라에 상주하는 외교공관, 영사기관(명예영사관원을 장으로 하는 영사기관은 제외), 국제연합과 이에 준하는 국제기구(우리나라가 당사국인 조약과 그 밖의 국내법령에 따라 특권과 면제를 부여받을 수 있는 경우만 해당한다) 등(이하 '외교공관 등'이라 한다)에 공급하는 재화 또는 용역	대금결제방법에 제한 없음
(5) 우리나라에 상주(常住)하는 국제연합군 또는 미합중국군대[주6)]에 공급하는 재화 또는 용역	대금결제방법에 제한 없음
(6) 「관광진흥법 시행령」에 따른 종합여행업자가 외국인관광객에게 공급하는 관광알선용역	그 대가를 다음 중 어느 하나의 방법으로 받는 경우로 한정 ① 외국환은행에서 원화로 받은 것 ② 외화 현금으로 받은 것 중 국세청장이 정하는 관광알선수수료명세표와 외화매입증명서에 의하여 외국인 관광객과의 거래임이 확인되는 것
(7) 다음 중 어느 하나에 해당하는 사업자가 국내에서 공급하는 재화 또는 용역 ① 「개별소비세법」의 규정에 따른 지정을 받아 외국인전용판매장을 영위하는 자 ② 「조세특례제한법」의 규정에 따른 주한외국군인 및 외국인선원 전용의 유흥음식점업을 경영하는 자	그 대가를 외화로 받고 그 외화를 외국환은행에서 원화로 환전하는 경우로 한정
(8) 외교관면세점으로 지정받은 사업장(「개별소비세법 시행령」에 따라 지정받은 외국인전용판매장을 포함)에서 외교관 등[주7)]으로부터 외교관면세카드를 제시받아 다음 중 어느 하나에 해당하는 재화 또는 용역을 공급하는 경우[주8)] ① 음식·숙박용역 ② 외교공관용 석유류, 보석과 이를 사용한 제품, 귀금속제품, 골패(骨牌)와 화투류, 고급 가구, 방향용 화장품, 고급 융단, 고급가방 및 주류 ③ 전력과 외교부장관의 승인을 받아 구입하는 자동차	대금결제방법에 제한 없음

주1) '일정한 재화 또는 사업에 해당하는 용역'이란 다음 중 어느 하나에 해당하는 재화 또는 사업에 해당하는 용역을 말한다(부가령 §33 ② (1), 부가칙 §23). 다만, 아래 '②' 중 전문서비스업과 '⑧' 및 '⑨'에 해당하는 용역의 경우에는 해당 국가에서 우리나라의 거주자 또는 내국법인에 대하여 동일하게 면세하는 경우(우리나라의 부가가치세 또는 이와 유사한 성질의 조세가 없거나 면세하는 경우를 말한다. 이하 같다)에 한정한다.

① 비거주자 또는 외국법인이 지정하는 국내사업자에게 인도되는 재화로서 해당 사업자의 과세사업에 사용되는 재화
② 전문, 과학 및 기술서비스업(수의업, 제조업 회사본부 및 기타 산업 회사본부는 제외한다)
③ 사업지원 및 임대서비스업 중 무형재산권 임대업
④ 통신업
⑤ 컨테이너수리업, 보세구역 내의 보관 및 창고업, 「해운법」에 따른 해운대리점업, 해운중개업 및 선박관리업
⑥ 정보통신업 중 뉴스 제공업, 영상·오디오 기록물 제작 및 배급업(영화관 운영업과 비디오물 감상실 운영업은 제외한다), 소프트웨어 개발업, 컴퓨터 프로그래밍, 시스템 통합관리업, 자료처리, 호스팅, 포털 및 기타 인터넷 정보매개서비스업, 기타 정보 서비스업
⑦ 상품 중개업 및 전자상거래 소매 중개업
⑧ 사업시설관리 및 사업지원서비스업(조경관리 및 유지서비스업, 여행사 및 기타 여행보조 서비스업은 제외한다)
⑨ 「자본시장과 금융투자업에 관한 법률」에 따른 투자자문업(2020년 7월 1일 이후 용역을 공급하는 분부터 적용)
⑩ 교육서비스업(교육지원 서비스업으로 한정한다)
⑪ 보건업(임상시험용역을 공급하는 경우로 한정한다)
⑫ 「관세법」에 의한 보세운송업자가 제공하는 보세운송용역

주2) 국내에 거소를 둔 개인, 외교공관 등의 소속 직원, 우리나라에 상주하는 국제연합군 또는 미합중국군대의 군인 또는 군무원은 제외한다. 이하 같다(부가령 §33 ② (1)).

주3) '재정경제부령으로 정하는 방법'이란 다음 중 어느 하나에 해당하는 방법을 말한다(부가칙 §22).

① 국외의 비거주자 또는 외국법인으로부터 외화를 직접 송금 받아 외국환은행에 매각하는 방법
② 국내사업장이 없는 비거주자 또는 외국법인에 재화를 공급하거나 용역을 제공하고 그 대가를 해당 비거주자 또는 외국법인에 지급할 금액에서 빼는 방법

이 외에 대가를 외국신용카드로 결제 받는 방법, 비거주자가 발행한 개인수표를 받아 외국환은행에서 매각하는 방법, 외국환은행을 통하여 외화로 송금 받아 외화예금계좌로 예치하는 방법 및 대가를 외국환은행을 통해 외화구좌로 받아 외화상태로 예치하였다가 외화채무 상환 등에 사용하는 경우에도 외국환은행에서 원화로 받는 것으로 본다(부가칙 §22, 집행기준 24-33-1).

주4) '수출업자'에는 수출업자를 통하여 대행수출을 시키는 수출품 생산업자를 포함하되, 내국신용장 또는 구매확인서에 의하여 수출재화를 수출업자에게 공급하는 사업자는 포함하지 아니한다(부기통 24-33-3). 한편, 수출업자와 직접 도급계약에 의하여 수출재화의 부분품, 반제품 및 포장재를 임가공하는 용역은 직접 도급계약을 체결한 사업자 자신이 임가공하였는지의 여부에 불구하고 수출재화임가공용역으로 본다(부기통 24-33-4).

주5) 여기에서 '외국을 항행하는 선박과 원양어선'의 정의는 다음과 같다(부기통 24-33-6).

① 외국을 항행하는 선박(외항선박)이란 외국의 선박과 「해운법」에 따라 사업면허를 얻은 외국항행사업자가 운항하는 선박으로서 외국을 항행하는 우리나라의 선박을 말한다.
② '원양어선'이란 「원양산업발전법」에 따라 원양어선으로 허가를 얻어 주로 해외수역에서 조업을 하는 선박을 말한다.

주6) 「대한민국과 아메리카합중국간의 상호방위조약 제4조에 의한 시설과 구역 및 대한민국에서의 합중국 군대의 지위에 관한 협정」에 따른 공인 조달기관(公認 調達機關)을 포함한다.

주7) 여기에서 '외교관 등'이란 외교공관 등의 소속 직원으로서 해당 국가로부터 공무원 신분을 부여받은 자 또는 외교부장관으로부터 이에 준하는 신분임을 확인받은 자 중 내국인이 아닌 자를 말한다.

주8) 해당 외교관 등의 성명, 국적, 외교관 면세카드 번호, 품명, 수량, 공급가액 등이 적힌 외교관면세 판매기록표에 의하여 외교관 등에게 공급한 것이 확인되는 경우를 말한다. 다만, 해당 외국에서 대한민국의 외교공관 및 영사기관 등의 직원에게 공급하는 재화 또는 용역에 대하여 동일하게 면세하는 경우에만 영세율을 적용한다(상호주의).

예제 5-1 영세율 적용대상거래

(주)세무는 2026년 제1기 중 다음과 같은 거래를 하였다. 이들 중 영세율이 적용되는 거래의 과세표준을 구하시오. 단, 아래의 금액은 부가가치세법상 과세표준에 해당하는 금액이다.

(1) 미국으로 견본품 ₩10,000에 상당하는 재화를 무상으로 반출하였다.
(2) 내국신용장을 통하여 6월 2일에 수출물품의 원자재 ₩20,000을 공급하였으나, 해당 내국신용장은 7월 31일에 개설되었다.
(3) 외국을 항행하는 선박에 재화를 공급하고 그 대가로 ₩10,000을 받았다. ㈜세무는 부가가치세를 별도로 적은 세금계산서를 발급하지 않았다.

해답

영세율 과세표준 = ₩10,000

(1) 견본품의 무상반출은 재화의 공급으로 보지 않는다.
(2) 내국신용장은 공급시기가 속하는 과세기간 종료 후 25일 이내에 개설되는 경우에는 영세율 적용대상인데 과세기간(1월1일~6월30일) 종료 후 25일이 되는 7월 25일이 지난 후에 개설되었으므로 영세율 적용대상이 아니다.
(3) 외국을 항행하는 선박 및 항공기 또는 원양어선에 공급하는 재화 또는 용역에 대하여는 영세율을 적용한다. 다만, 사업자가 부가가치세를 별도로 적은 세금계산서를 발급한 경우에는 영세율을 적용하지 아니한다.

표 5.2. 대금결제방법에 따른 영세율 적용

대금결제방법에 제한이 있는 경우	대금결제방법에 제한이 없는 경우
① 국내에서 국내사업장이 없는 비거주자 또는 외국법인에게 공급되는 일정한 재화 또는 용역	① 수출업자와 직접 도급계약에 의하여 수출재화를 임가공하는 수출재화 임가공용역
② 비거주자 또는 외국법인의 국내사업장이 있는 경우에 국내에서 국외의 비거주자 또는 외국법인과 직접계약에 의하여 공급되는 일정한 재화 또는 용역	② 내국신용장 또는 구매확인서에 의하여 공급하는 수출재화 임가공용역 ③ 외국을 항행하는 선박·항공기 및 원양어선에 공급하는 재화 또는 용역
③ 일반여행업자가 외국인관광객에게 공급하는 관광알선용역	④ 우리나라에 상주하는 외교공관, 영사기관, 국제연합과 이에 준하는 국제기구, 국제연합군 또는 미합중국군에게 공급하는 재화 또는 용역
④ 외국인전용판매장을 영위하는 자와 주한외국군인 및 외국인선원 전용의 유흥음식점업을 영위하는 자가 공급하는 재화 또는 용역	⑤ 외교관 등이 외교관면세점에서 외교관면세카드를 제시하여 공급받는 일정한 재화 또는 용역

(5) 「조세특례제한법」에 따른 영세율 적용대상거래

전술하였듯이 「조세특례제한법」에서는 수출이나 외화획득과 전혀 관련 없는 국내 거래에 대하여도 국가정책상 영세율제도를 적용하는 경우가 있는데, 다음 중 어느 하나에 해당하는 재화 또는 용역의 공급에 대하여는 영의 세율을 적용한다(조특법 §105).

① 「방위사업법」에 따라 지정을 받은 방산업체가 공급하는 같은 법에 따른 방산물자(경찰이 작전용으로 사용하는 것을 포함한다)와 「비상대비자원 관리법」에 따라 중점 관리대상으로 지정된 자가 생산공급하는 시제품(試製品) 및 자원 동원으로 공급하는 용역

② 「국군조직법」에 따라 설치된 부대 또는 기관에 공급(「군인복지기본법」에 따른 체육시설 중 군 골프장과 그 밖에 이와 유사한 시설에 공급하는 경우는 제외)하는 석유류

③ 다음 중 어느 하나에 해당하는 자에게 직접 공급하는 도시철도건설용역(2026년 12월 31일까지 공급분에 한함)

㉠ 국가 및 지방자치단체(「사회기반시설에 대한 민간투자법」에 따른 사업시행자가 공급하는 경우 제외)

㉡ 「도시철도법」의 적용을 받는 도시철도공사(지방자치단체의 조례에 따라 도시철도를 건설할 수 있는 경우로 한정)

㉢ 「국가철도공단법」에 따른 국가철도공단

㉣ 「사회기반시설에 대한 민간투자법」 제2조 제8호에 따른 사업시행자

㉤ 「한국철도공사법」에 따른 한국철도공사

④ 「사회기반시설에 대한 민간투자법」에 따른 사업시행자가 부가가치세가 과세되는 사업을 할 목적으로 국가 또는 지방자치단체에 공급하는 사회기반시설 또는 사회기반시설의 건설용역(2026년 12월 31일까지 공급분에 한함)

⑤ 장애인용 보장구, 장애인용 특수 정보통신기기 및 장애인의 정보통신기기 이용에 필요한 특수 소프트웨어

⑥ 농민 또는 임업에 종사하는 자에게 공급(「농업협동조합법」, 「엽연초생산협동조합법」 또는 「산림조합법」에 따라 설립된 각 조합 및 이들의 중앙회와 「농업협동조합법」에 따라 설립된 농협경제지주회사 및 그 자회사를 통하여 공급하는 것을 포함한다)하는 농업용·축산업용 또는 임업용 기자재로서 다음 중 어느 하나에 해당하는 것(2028년 12월 31일까지 공급분에 한함)

㉠ 「비료관리법」에 따른 비료

㉡ 「농약관리법」에 따른 농약

㉢ 농촌 인력의 부족을 보완하고 농업의 생산성 향상에 기여할 수 있는 농업용 기자재

㉣ 축산 인력의 부족을 보완하고 축산업의 생산성 향상에 기여할 수 있는 축산업용 기자재

㉤ 「사료관리법」에 따른 사료(부가가치세가 면제되는 것은 제외)

㉥ 산림의 보호와 개발 촉진에 기여할 수 있는 임업용 기자재

㉦ 「친환경농업육성법」에 따른 친환경농산물의 생산을 위한 자재

⑦ 연근해 및 내수면어업용으로 사용할 목적으로 어민에게 공급(「수산업협동조합법」에 따라 설립된 각 조합 및 어촌계와 「농업협동조합법」에 따라 설립된 각 조합 및 이들의 중앙회를 통하여 공급하는 것을 포함한다)하는 어업용 기자재로서 다음 중 어느 하나에 해당하는 것(2028년 12월 31일까지 공급분에 한함)

㉠ 「사료관리법」에 따른 사료(「부가가치세법」 제12조에 따라 부가가치세가 면제되는 것은 제외)

㉡ 그 밖에 일정한 어업용 기자재

세부규정

• **수출입알선용역의 영세율적용**(부기통 24-33-1)

① 국내에서 국내사업장이 없는 비거주자 또는 외국법인에게 수출알선용역을 제공하고 그 대가를 외국환은행에서 원화로 받는 경우에는 영의 세율을 적용한다.
② 외국으로부터 수출신용장을 받아 수출업자에게 양도하고 받는 대가는 영의 세율을 적용하지 아니한다.

• **외국법인의 국내건설사업장에 공급하는 재화 또는 용역**(부기통 24-33-2)

사업자가 국내에서 공장건설(플랜트)용역을 제공하는 외국법인에게 해당 공장건설에 소요되는 재화 또는 용역을 공급하고 그 대가를 외국법인의 본점으로부터 받는 경우에는 영의 세율을 적용하지 아니한다.

• **수출용 비축원자재의 임가공용역**(부기통 24-33-5)

무역금융규정에 따라 수출신용장 없이 내국신용장을 개설할 수 있는 비축한도를 인정받은 수출업자와 직접 임가공도급계약을 체결하고 수출용 재화를 임가공하는 때에는 영의 세율을 적용한다.

• **외항선박의 콘테이너수리용역**(부기통 24-33-7)

외항선박의 컨테이너수리용역은 외항선박에 제공하는 용역으로 보지 아니한다.

• **도선선박 등에 의하여 제공하는 용역**(부기통 24-33-8)

도선선박·예인선박 또는 통선 등에 의한 용역을 외항선박에 제공하고 그 대가를 받는 것은 영의 세율을 적용한다.

• **외항선박 등에 제공하는 하역용역 등의 영세율**(부기통 24-33-9)

외국을 항행하는 선박 또는 항공기에 직접 하역용역 등을 제공하고 그 대가를 받는 것은 영의 세율을 적용한다.

• **외국항행사업자가 공급하는 선용품 등**(부기통 24-33-10)

외국항행사업자가 선용품 등을 다른 외항선박·원양어선에 공급하는 경우에는 영의 세율을 적용하나 국내의 다른 사업자에게 공급하는 경우에는 영의 세율을 적용하지 아니한다.

5.1.4. 영세율 첨부서류

영세율이 적용되는 경우에는 부가가치세 신고시 영세율적용대상임을 증명하는 서류를 첨부하여 신고하여야 한다. 예정신고 또는 확정신고시 영세율이 적용되는 과세표준에 관하여 영세율 첨부서류를 제출하지 않은 부분은 예정신고 또는 확정신고를 하지 않은 것으로 본다(부가령 §90 ⑦, 91 ③). 따라서 이 경우 영세율과세표준 신고불성실가산세가 부과되는데, 이에 관하여는 '**9.8. 가산세**'에서 구체적으로 살펴보기로 한다.

다만, 부득이한 사유로 해당 서류를 첨부할 수 없는 때에는 국세청장이 정하는 서류로서 이에 갈음할 수 있다(부가령 §101 ① 단서). 한편 「개별소비세법」에 의한 수출면세의 적용을 받기 위하여 이들 서류를 관할세무서장에게 이미 제출한 경우에는 영세율첨부서류제출명세서로 영세율첨부서류를 대신할 수 있다(부가령 §101 ③).

세부규정

• **영세율 첨부서류**(부가령 §101 ①)

구 분	영세율적용대상	법령에 의한 첨부서류
수출재화	직수출	수출실적명세서 * 소포우편 수출의 경우 → 소포수령증
	대행수출	수출대행계약서 사본과 수출실적명세서
	중계무역·위탁가공·외국인도·위탁판매 수출 등	수출계약서사본 또는 외국환은행이 발행하는 외화입금증명서, 매입계약서
	내국신용장·구매확인서에 의한 공급	내국신용장 사본(전자무역기반시설을 통하여 개설되거나 발급된 경우에는 내국신용장·구매확인서 전자발급명세서)
	한국국제협력단·한국국제보건의료재단·대한적십자사에 해외반출용으로 공급하는 재화	한국국제협력단·한국국제보건의료재단·대한적십자사가 교부한 공급사실을 증명할 수 있는 서류
	수탁가공무역방식에 의한 수출	수출재화임을 입증하는 관계증빙서류 외국환은행이 발행하는 외화입금증명서
국외에서 제공하는 용역		외국환은행이 발급하는 외화입금증명서 또는 국외에서 제공하는 용역에 관한 계약서
선박·항공기의 외국항행용역	선박에 의한 외국항행용역	외국환은행이 발급하는 외화입금증명서
	항공기에 의한 외국항행용역	공급가액확정명세서
기타외화획득재화·용역	국내사업장이 없는 비거주자·외국법인에게 공급하는 재화·용역	외국환은행이 발급하는 외화입금증명서 등
	국내사업장이 있는 비거주자·외국법인에게 공급하는 재화·용역	외국환은행이 발급하는 외화입금증명서 등
	수출재화 임가공용역	임가공계약서사본·납품사실증명서류(수출업자와 직접 도급계약을 한 분에 한함) 또는 수출대금입금증명서
	외국항행 선박·항공기 등에 공급하는 재화·용역	선(기)적완료증명서
	외교공관 등에 공급하는 재화·용역	수출(군납)대금입금증명서 또는 외교공관 등이 발급한 납품·용역공급사실을 증명하는 서류
	외국인관광객에게 공급하는 관광알선용역	외화입금증명서(외화 현금으로 받는 경우에는 관광알선수수료명세표 및 외화매입증명서)
	외국인전용판매장에서 공급하는 재화	외화입금증명서 또는 외화매입증명서
	주한외국군인·외국인선원전용 유흥음식점 사업자가 공급하는 용역	외화입금증명서 또는 외화매입증명서
	외교관 등에게 공급하는 재화·용역	외교관면세판매기록표

• **영세율 과세표준 신고누락 및 첨부서류 미제출 시 영세율 적용**(부기통 21-101-6)

영세율 적용대상 과세표준을 예정신고 또는 확정신고시에 신고를 하지 아니한 경우, 신고한 과세표준이 신고하여야 할 과세표준에 미달한 경우 또는 영세율 첨부서류를 제출하지 아니한 경우(제출하여야 할 2가지 서류 중 1가지 서류를 제출하지 아니한 경우를 포함한다)에도 해당 과세표준이 영세율 적용대상임이 확인되는 때에는 영의 세율을 적용한다. 이 경우 「국세기본법」 제47조의2제1항 단서에 따른 영세율과세표준 무신고가산세 또는 같은 법 제47조의3제1항단서에 따른 영세율과세표준 과소신고가산세는 적용한다.

• **과다 기재한 영세율과세표준에 대한 가산세**(집행기순 60-0-13)

영세율이 적용되는 사업자가 영세율 붙임서류를 정상적으로 제출하였으나 그 신고한 과세표준이 신고하여야 할 과세표준보다 과다하게 신고한 경우에는 영세율과세표준신고불성실가산세를 적용하지 아니한다.

• **영세율 거래에 대해 부가가치세액을 적어 세금계산서를 발급한 경우 과세 방법**(집행기준 60-0-19)

영세율이 적용되는 재화 또는 용역의 공급에 대하여 부가가치세액(세율 10%)을 별도로 적은 세금계산서를 발급하고 이에 따라 과세표준과 납부세액을 신고·납부하는 등 조세탈루 사실이 없는 경우 해당 세금계산서는 사실과 다른 세금계산서로 보지 아니하므로 공급자는 세금계산서 발급불성실가산세를 적용하지 아니하고, 공급받은 자는 해당 세금계산서의 매입세액을 매출세액에서 공제한다.

5.2. 면 세

'면세'란 일정한 재화 또는 용역의 공급에 대하여 부가가치세의 납세의무를 면제하는 것을 말한다. 즉, 지금까지의 영세율 적용대상거래가 원칙적으로 부가가치세법상의 과세대상이 되는 거래인 것과는 달리 면세 적용대상거래는 부가가치세법상의 과세대상 자체가 되지 않는 것이다. 면세사업자는 적용단계에서 부가가치세 부담은 없는 반면, 이전 거래단계에서 부담한 매입세액이 공제(환급)되지 않음으로 인해 부가가치세 부담이 완전히 제거되지는 않는다(부분면세제도). 또한 일반사업자 및 영세율적용 사업자와는 달리 면세사업자는 부가가치세법상 납세의무자가 아니므로 일부 협력의무를 제외하고는 원칙적으로 사업자등록, 세금계산서의 발급 등과 같은 협력의무가 없다.

5.2.1. 면세제도의 취지

(1) 세부담의 역진성 완화

부가가치세는 일반소비세로서 모든 재화 또는 용역에 대하여 단일비례세율(10%)을 적용함으로 인하여 세부담의 역진성[34] 문제가 발생하게 된다. 이러한 세부담의 역진성을 완화하기 위하여 기초생활필수품 및

34) '세부담의 역진성'이란 소득이 낮은 사람이 더 많은 세부담을 지는 것을 말하는데, 예를 들어 A라는 사람의 소득이 1,000이고 B라는 사람의 소득은 500인 경우, 두 사람 모두 동일하게 300을 소비했다고 하면(부가가치세는 30이 됨) A의 실효세율(세부담액 ÷ 과세표준)은 3%가 되고, B의 실효세율은 6%가 된다(담세력을 소득이라고 볼 경우). 이는 저소득층일수록 소비가 소득에서 차지하는 비중이 고소득층보다 높기 때문에 발생하는 현상이며, 이러한 역진성 완화

국민후생용역 등에 대하여 면세를 적용하고 있다.

(2) 부가가치의 구성요소에 대한 과세문제

현행 부가가치세법은 전단계세액공제법을 채택하고 있는데, 이 방식에서는 부가가치를 직접 계산하여 과세하는 것이 아니라 간접적인 방식으로 부가가치를 계산하여 부가가치세를 과세하게 된다. 따라서 임금·지대·이자·이윤과 같은 부가가치 구성요소에 대하여 과세한다는 것은 직접법의 방식으로 부가가치세를 과세하겠다는 것인데, 이 경우 현행 부가가치세법 구조상 모순이 생기게 되므로 인적용역의 제공·토지의 공급·금융보험용역의 제공 등에 대하여는 면세를 적용하고 있다.

(3) 기타 조세정책상의 목적

교육용역, 문화용역, 종교·자선·학술·구호 등의 공익을 목적으로 하는 단체가 공급하는 일정한 재화·용역, 국가·지자체 등이 공급하는 일정한 재화·용역 및 국가·지자체 등에 무상으로 공급하는 재화·용역 등에 대하여는 정책적으로 면세를 적용하고 있다.

5.2.2. 면세 적용대상

전술하였다시피 저소득층의 세금 부담 경감을 통한 세부담의 역진성 완화 및 기타 정책적 목적에 의해 일정한 재화 또는 용역의 공급 및 수입에 대하여 부가가치세를 면제하고 있는데, 현행 부가가치세법에서는 다음의 재화 또는 용역의 공급에 대하여 부가가치세를 면제하고 있다(부가법 §26 ①). 이 경우 면세되는 재화 또는 용역의 공급에 통상적으로 부수되는 재화 또는 용역의 공급은 그 면세되는 재화 또는 용역의 공급에 포함되는 것으로 본다(부가법 §26 ②).

구 분	면세대상
(1) 기초생활필수품	① 가공되지 아니한 식료품[식용(食用)으로 제공되는 농산물, 축산물, 수산물과 임산물을 포함] 및 우리나라에서 생산되어 식용으로 제공되지 아니하는 농산물, 축산물, 수산물과 임산물 ② 수돗물[주1)] ③ 연탄과 무연탄[주2)] ④ 여성용 생리 처리 위생용품 ⑤ 여객운송 용역(단, 항공기, 고속버스[주3)], 전세버스, 택시, 특수자동차, 특종선박 또는 고속철도에 의한 여객운송 용역 및 삭도, 유람선 등 관광 또는 유흥 목적의 운송수단에 의한 여객운송 용역은 제외) ⑥ 주택과 이에 부수되는 토지의 임대 용역 ⑦ 「주택법」에 따른 관리규약에 따라 관리주체 또는 입주자대표회의가 제공하는 복리시설인 공동주택 어린이집의 임대용역

를 위하여 부가가치세법상 기초생활필수품에 대한 면세제도, 고가사치품에 대한 개별소비세 제도 등을 두고 있다. 일반적으로 소득세는 누진세를 채택하고 있기 때문에 이러한 세부담의 역진성 문제는 발생하지 않는다.

(2) 국민후생	① 의료보건용역(수의사의 용역을 포함)과 혈액(치료·예방·진단 목적으로 조제한 동물의 혈액을 포함한다) ② 교육 용역
(3) 문화	① 도서(도서대여 및 실내 도서열람 용역을 포함), 신문, 잡지, 관보(官報), 「뉴스통신 진흥에 관한 법률」에 따른 뉴스통신 및 방송(단, 광고는 제외) ② 예술창작품, 예술행사, 문화행사와 아마추어 운동경기 ③ 도서관, 과학관, 박물관, 미술관, 동물원 또는 식물원 등에 입장하게 하는 것[주4)]
(4) 부가가치 생산요소	① 금융·보험 용역 ② 토지 ③ 저술가·작곡가나 그 밖에 일정한 자가 직업상 제공하는 인적(人的) 용역
(5) 공익목적 또는 조세정책	① 우표(수집용 우표는 제외), 인지(印紙), 증지(證紙), 복권과 공중전화[주5)] ② 「담배사업법」에 따른 담배로서 다음 중 어느 하나에 해당하는 것 ㉠ 판매가격이 200원(20개비 기준) 이하인 것 ㉡ 「담배사업법」에 따른 특수용담배로서 영세율이 적용되지 않는 것 ③ 종교, 자선, 학술, 구호(救護), 그 밖의 공익을 목적으로 하는 단체가 공급하는 일정한 재화 또는 용역 ④ 국가, 지방자치단체 또는 지방자치단체조합이 공급하는 일정한 재화 또는 용역 ⑤ 국가, 지방자치단체, 지방자치단체조합 또는 일정한 공익단체에 무상(無償)으로 공급하는 재화 또는 용역[주6)]

주1) 면세대상 수돗물은 「수도법」상의 수도사업자가 도관에 의하여 공급하는 물과 「수도법」상의 수도사업자에게 직접 공급하는 수도사업(공업용수도사업 및 전용수도를 포함한다)용 물(원수)을 말한다(부기통 26-0-1). 따라서 항계 내에서 선박 등에 물을 공급하는 것(선박급수업)에 대하여는 면세하지 아니한다(부기통 26-0-2).

주2) 무연탄층과 착화를 용이하게 하기 위한 점화층으로 되어 있는 하향식 연속점화연탄 및 조개탄(마세크탄)의 공급에 대하여는 면세하나, 유연탄·갈탄 및 착화탄(연탄용 불쏘시개)의 공급에 대하여는 면세하지 아니한다(부기통 26-0-3).

주3) 다만, 일반고속버스는 면세대상이며, 시외우등고속버스 및 시외고급고속버스에 의한 여객운송 용역을 공급한 분으로 한정하여 과세한다(부가령 §37 (2)).

주4) 면세대상 박물관에는 「문화재보호법」에 따라 지정을 받은 문화재로서 민속문화자원에 해당하는 것을 소개하는 장소·고분·사찰 및 「전쟁기념사업회법」에 따른 전쟁기념관을 포함하며, 면세대상 동물원·식물원에는 지식의 보급 및 연구에 그 목적이 있는 해양수족관 등을 포함하나, 오락 및 유흥시설과 함께 있는 동물원·식물원 및 해양수족관을 포함하지 아니한다(부가령 §44, 부기통 26-0-5).

주5) 면세되는 복권과 승마투표권을 위탁판매하고 받는 수수료에 대하여는 면세하지 아니한다(부기통 26-0-4).

주6) 여기에서 '일정한 공익단체'란 다음의 단체를 말한다(부가령 §47).

① 주무관청의 허가 또는 인가를 받거나 주무관청에 등록된 단체로서 「상속세 및 증여세법」에서 규정하는 종교·교육·사회복지·의료 등의 사업 중 어느 하나에 해당하는 사업을 하는 단체를 말한다.

② 한편 공익사업을 위하여 주무관청의 승인을 받아 금품을 모집하는 단체는 '①'에 해당하지 아니하더라도 '일정한 공익단체'에 해당하는 것으로 본다.

이러한 면세대상 재화 또는 용역에 대해 보다 구체적으로 살펴보면 다음과 같다.

(1) 미가공식료품 등

가공되지 아니한 식료품(이하 '미가공식료품'이라 한다)이란 다음에 규정하는 것으로서 가공되지 아니하거나 탈곡·정미·정맥·제분·정육·건조·냉동·염장·포장 그 밖에 원생산물의 본래의 성질이 변하지 아니하는 정도의 1차 가공을 거쳐 식용에 공하는 것으로 한다(부가법 §34 ①, 부가칙 [별표 1]). 한편, 다음의 미가공식료품 분류표를 적용할 때에는 「관세법」 별표의 관세율표를 기준으로 한다(부가칙 §24 ②).

구 분	품 명
① 곡류	밀, 호밀, 보리, 귀리, 옥수수, 쌀(벼를 포함), 수수, 밀가루, 곡분 등
② 서류	칡뿌리, 고구마, 감자 등
③ 특용작물류	커피두, 차류, 후추, 고추류, 대두, 해바라기씨, 코코아두, 잎담배 등
④ 과실류	코코넛, 바나나, 파인애플, 감귤류, 포도, 멜론, 사과 등
⑤ 채소류	토마토, 양파, 마늘, 양배추, 상치, 당근, 오이 등
⑥ 수축류	말, 소, 돼지, 산양, 닭, 오리, 거위 등
⑦ 수육류	쇠고기, 돼지고기, 양고기, 말의 고기 등
⑧ 유란류	밀크, 연유, 분유, 조란 등
⑨ 생선류	활어, 냉장어류, 냉동어류, 갑각류, 연체동물 등
⑩ 패류	조개, 바지락, 백합, 홍합, 전복 등
⑪ 해조류	김, 미역, 톳, 파래, 다시마 등
⑫ 그 밖에 식용으로 제공되는 농산물·축산물·수산물 또는 임산물과 단순가공식료품	㉠ 천연꿀, 소금[주)] 등 ㉡ 데친 채소류·김치·단무지·장아찌·젓갈류·게장·두부·메주·간장·된장·고추장(제조시설을 갖추고 판매목적으로 독립된 거래단위로 관입·병입 기타 이와 유사한 형태로 포장하여 공급하는 것을 제외하되, 단순하게 운반편의를 위하여 일시적으로 관입·병입 등의 포장을 하는 경우를 포함한다) ㉢ 쌀에 인산추출물·아미노산 등 식품첨가물을 첨가·코팅하거나 버섯균 등을 배양시킨 것으로서 쌀의 원형을 유지하고 있어야 하고(쌀을 분쇄한 후 식품첨가물을 혼합하여 다시 알곡모양을 낸 것을 제외한다), 쌀의 함량이 90퍼센트 이상인 것

주) 소금은 「식품위생법」에 따라 식품의약품안전처장이 정한 식품의 기준 및 규격에 따른 천일염(天日鹽) 및 재제(再製)소금을 말한다(부가령 §34 ① (13)). 따라서 공업용 소금·맛소금·공업용 천일염 등은 과세대상이다(집행기준 26-0-3).

또한, 미가공식료품에는 다음을 포함한다(부가령 §34 ②).

① 김치·두부 등 재정경제부령이 정하는 단순 가공식료품
② 원생산물의 본래의 성질이 변하지 아니하는 정도로 1차 가공을 하는 과정에서 필수적으로 발생하는 부산물
③ 미가공식료품을 단순히 혼합한 것
④ 쌀에 식품첨가물 등을 첨가 또는 코팅하거나 버섯균 등을 배양시킨 것

한편, 농산물·축산물·수산물 또는 임산물은 다음에 규정하는 것으로 한다(부가령 §34 ③).

① 원생산물
② 원생산물의 본래의 성상(性狀)이 변하지 아니하는 정도의 원시가공을 거친 것
③ 위 '②'에 의한 원시가공과정에서 필수적으로 발생하는 부산물

여기서 주의하여야 할 점은 미가공식료품의 경우 국산·외국산 여부를 불문하고 면세대상이 되나, 식용으로 제공되지 아니하는 농·축·수·임산물의 경우는 국산인 경우에만 면세대상이며 외국산은 과세대상이 된다는 점이다.

세부규정

• **냉동처리한 어류의 면세**(부기통 26-34-1)
신선한 어류의 껍질 머리 뼈 내장 등을 제거하고 냉동한 순살코기와 조미하지 아니하고 단순히 분쇄 냉동한 어육으로서 식용으로 제공되는 것은 면세한다.

• **도살 · 해체한 축산물의 면세**(부기통 26-34-2)
축산물인 돼지 소 닭 등을 도살 해체하여 정육 건조 냉장 등 본래의 성질이 변하지 아니하는 정도의 1차 가공을 거쳐 식용으로 제공되는 것은 면세한다.

• **조미·가공한 식료품**(부기통 26-34-3)
조미료·향신료(고추·후추 등) 등을 가미하여 가공처리 한 것으로서 다음에 게기하는 식료품에 대하여는 면세하지 아니한다. 다만, 어류 등의 신선도 유지·저장·운반 등을 위하여 화학물질 등을 첨가하는 때에는 그러하지 아니하다.

① 맛 김　② 볶거나 조미한 멸치　③ 조미하여 건조한 쥐치포 등의 어포류

• **면세하지 아니하는 가공된 식료품**(부기통 26-34-4)
본래의 성질이 변한 정도의 가공을 거친 다음 게기하는 식료품은 면세하지 아니한다.

① 전분　② 면류　③ 팥·콩 등의 앙금　④ 떡
⑤ 한천　⑥ 묵　⑦ 인삼차　⑧ 엿기름

• **면세하지 아니하는 포장된 김치·젓갈류 등**(부기통 26-34-5)
김치·젓갈류·간장 또는 된장 등을 거래단위로서 포장하여 최종소비자에게 그 포장의 상태로 직접 공급하는 것에 대하여는 면세하지 아니한다.

• **새·열대어 등의 면세**(부기통 26-34-6)
우리나라에서 생산되어 식용으로 제공되지 아니하는 관상용의 새·열대어·금붕어 및 갯지렁이에 대하여는 면세한다.

• **화초·수목의 면세와 조경공사**(부기통 26-34-7)
우리나라에서 생산된 화초·수목 등의 공급에 대하여는 면세하나, 조경공사용역의 공급가액에 포함된 화초·수목 등에 대하여는 법 제14조에 따라 과세한다.

• **크로레라의 면세**(부기통 26-34-8)
우리나라에서 생산되어 단순히 건조한 크로레라(이끼)의 공급에 대하여는 면세한다. 다만, 해당 크로레라에 벌꿀 등을 가미하거나 정제로 제조한 크로레라제품의 공급에 대하여는 과세한다.

• **조개껍질의 면세**(부기통 26-34-9)
우리나라에서 생산된 조개껍질(패각)의 공급에 대하여는 면세하나, 조개껍질(패각)을 분쇄하여 패분의 상태로 공급하는 것에 대하여는 과세한다.

• **누에고치 등의 면세**(부기통 26-34-10)
상묘·잠종·잠아·치잠 등 잠견류와 누에고치(생견)를 열처리하여 건조시킨 마른 누에고치(건견) 및 누에가루(식용에 적합한 것에 한한다)의 공급에 대하여는 면세하나, 제사공정에서 부산물로 산출되는 번데기의 공급에 대하여는 과세한다.

• **볏짚 등의 면세**(부기통 26-34-11)
우리나라에서 생산된 볏짚·왕골·청올치(갈저)의 공급에 대하여는 면세하나, 이를 재료로 하여 제조한 돗자리·공예품 등의 공급에 대하여는 과세한다.

• **식용으로 제공되는 것의 의미**(부기통 26-34-12)
부가가치세법에서 규정하는 식용으로 제공되는 식료품의 '식용'이란 현실적·개별적인 용도를 말하는 것이 아니고, 일반적·추상적 관념(식용에 적합한지 여부)의 용도를 말한다.

(2) 의료보건용역

면세대상 의료보건용역은 다음의 용역(「의료법」 또는 「수의사법」에 따라 의료기관 또는 동물병원을 개설한 자가 제공하는 것을 포함)으로 한다(부가령 §35).

① 「의료법」에 따른 의사, 치과의사, 한의사, 조산사 또는 「간호법」에 따른 간호사가 제공하는 용역. 다만, 「국민건강보험법」에 따라 요양급여의 대상에서 제외되는 다음의 진료용역은 제외한다.
㉠ 쌍꺼풀수술, 코성형수술, 유방확대·축소술(유방암 수술에 따른 유방 재건술은 제외한다), 지방흡인술, 주름살제거술, 안면윤곽술, 치아성형(치아미백, 라미네이트와 잇몸성형술을 말한다) 등 성형수술(성형수술로 인한 후유증 치료, 선천성 기형의 재건수술과 종양 제거에 따른 재건수술은 제외한다)과 악안면 교정술(치아교정치료가 선행되는 악안면 교정술은 제외한다)
㉡ 색소모반·주근깨·흑색점·기미 치료술, 여드름 치료술, 제모술, 탈모치료술, 모발이식술, 문신술 및 문신제거술, 피어싱, 지방융해술, 피부재생술, 피부미백술, 항노화치료술 및 모공축소술
② 「의료법」에 규정하는 접골사(接骨士), 침사(鍼士), 구사(灸士) 또는 안마사가 제공하는 용역
③ 「의료기사 등에 관한 법률」에 규정하는 임상병리사, 방사선사, 물리치료사, 작업치료사, 치과기공사 또는 치과위생사가 제공하는 용역
④ 「약사법」에 규정하는 약사가 제공하는 의약품의 조제용역
* 따라서 약사가 조제하지 않고 판매하는 의약품은 재화의 공급으로 보아 과세대상이다.

⑤ 「수의사법」에 규정하는 수의사가 제공하는 용역. 다만, 동물의 진료용역은 다음 중 어느 하나에 해당하는 진료용역으로 한정한다.

㉠ 「축산물위생관리법」에 따른 가축에 대한 진료용역

㉡ 「수산생물질병 관리법」에 따른 수산동물에 대한 진료용역

㉢ 「장애인복지법」에 따른 장애인 보조견표지를 발급받은 장애인 보조견에 대한 진료용역

㉣ 「국민기초생활 보장법」에 따른 수급자가 기르는 동물의 진료용역

㉤ '㉠~㉣'의 규정에 따른 진료용역 외에 질병 예방 및 치료를 목적으로 하는 동물의 진료용역으로서 농림축산식품부장관 또는 해양수산부장관이 재정경제부장관과 협의하여 고시하는 용역

* 따라서 질병의 예방 및 일정한 다빈도 질병 치료 목적을 제외한 반려동물에 대한 진료용역은 과세대상이다.

⑥ 장의업자가 제공하는 장의용역

⑦ 「장사 등에 관한 법률」의 규정에 따라 에 따라 사설묘지, 사설화장시설, 사설봉안시설 또는 사설자연장지를 설치·관리 또는 조성하는 자가 제공하는 묘지분양, 화장, 유골 안치, 자연장지분양 및 관리업 관련 용역

⑧ 지방자치단체로부터 「장사 등에 관한 법률」에 따른 공설묘지, 공설화장시설, 공설봉안시설 또는 공설자연장지의 관리를 위탁받은 자가 제공하는 묘지분양, 화장, 유골 안치, 자연장지분양 및 관리업 관련 용역

⑨ 「응급의료에 관한 법률」의 규정에 따른 응급환자이송업자가 제공하는 응급환자이송용역

⑩ 「하수도법」에 따른 분뇨수집·운반업의 허가를 받은 사업자와 「가축분뇨의 관리 및 이용에 관한 법률」에 따른 가축분뇨수집·운반업 또는 가축분뇨처리업의 허가를 받은 사업자가 공급하는 용역

⑪ 「감염병의 예방 및 관리에 관한 법률」에 의하여 소독업의 신고를 한 사업자가 공급하는 소독용역

⑫ 「폐기물관리법」의 규정에 따라 생활폐기물 또는 의료폐기물의 폐기물처리업 허가를 받은 사업자가 공급하는 생활폐기물 또는 의료폐기물의 수집·운반 및 처리용역과 같은 법에 따라 폐기물처리시설의 설치승인을 받거나 그 설치의 신고를 한 사업자가 공급하는 생활폐기물의 재활용용역

⑬ 「산업안전보건법」에 따라 보건관리전문기관으로 지정된 자가 공급하는 보건관리용역 및 같은 법에 따른 작업환경측정기관이 공급하는 작업환경측정용역

⑭ 「노인장기요양보험법」에 따른 장기요양기관이 같은 법에 따라 장기요양인정을 받은 자에게 제공하는 신체활동·가사활동의 지원 또는 간병 등의 용역

⑮ 「사회복지사업법」에 따라 보호대상자에게 지급되는 사회복지서비스이용권을 대가로 국가·지방자치단체 외의 자가 공급하는 용역

⑯ 「모자보건법」에 따른 산후조리원에서 분만 직후의 임산부나 영유아에게 제공하는 급식·요양 등의 용역

⑰ 「사회적 기업 육성법」에 따라 인증 받은 사회적 기업 또는 「협동조합기본법」에 따라 설립인가를 받은 사회적 협동조합이 직접 제공하는 간병·산후조리·보육 용역[주]

⑱ 「정신건강증진 및 정신질환자 복지서비스 지원에 관한 법률」 등 일정한 법령에 따라 국가 및 지방자치단체로부터 의료보건 용역을 위탁받은 자가 제공하는 의료보건 용역

주) 사회적 협동조합의 경우에는 2020년 7월 1일 이후 용역을 공급하는 분부터 면세를 적용한다(대통령령 제30397호, 2020.2.11. 부칙 §1).

세부규정

• **면세하지 아니하는 그 밖의 의료보건위생용역**(부기통 26-35-1)

다음 중 어느 하나에 해당하는 것은 면세하는 그 밖의 의료보건위생용역에 해당하지 아니한다.

① 「의료법」에 따른 면허나 자격이 없는 자가 제공하거나 「의료법」 상 업무범위를 벗어나서 제공하는 의료용역
② 피부과의원에 부설된 피부관리실에서 제공하는 피부관리용역
③ 안마사가 아닌 자와 안마사가 공동으로 안마시술소를 개설하여 공급하는 안마용역
④ 「폐기물관리법」, 「하수도법」 및 「가축분뇨의 관리 및 이용에 관한 법률」에 따라 허가를 얻은 사업자가 수거한 폐기물, 분뇨 등으로 과세되는 재화를 제조하여 공급하는 경우
⑤ 「폐기물관리법」에 따라 폐기물처리시설을 설치·운영하는 사업자 및 「하수도법」 및 「가축분뇨의 관리 및 이용에 관한 법률」에 따라 등록한 사업자가 폐기물처리시설이나 분뇨처리시설, 오수정화시설, 정화조 또는 축산폐수정화시설의 설계·시공용역을 공급하거나 정화조를 공급하는 경우
⑥ 사업자가 타인에게 임대하거나 사용하게 한 공장 또는 사업장에 폐기물 또는 분뇨 등의 수거와 청소용역을 제공하는 경우

• **의약품조제용역의 정의**(부기통 26-35-2)

'의약품조제용역' 중 '조제'란 일정한 처방에 따라서 두 가지 이상의 의약품을 배합하거나 한가지의 의약품을 그대로 일정한 분량으로 나누어서 특정한 용법에 따라 특정인의 특정된 질병을 치료하거나 예방하는 등의 목적으로 사용하도록 약제를 만드는 것을 말한다.

• **면세 대상인 의료보건용역에 해당하지 아니하는 사례**(집행기준 26-35-2)

① 「의료법」에 따른 면허나 자격이 없는 자가 제공하거나 「의료법」 상 업무범위를 벗어나서 제공하는 의료용역
② 피부과의원에 부설된 피부관리실에서 제공하는 피부관리용역
③ 의료보건용역을 제공하는 사업자가 입원환자에게 직접 제공하는 음식용역은 면세대상이나, 외래환자, 환자의 보호자 및 일반인 등에게 제공하는 음식용역은 과세대상이다.
④ 의사가 아닌 자가 의사면허가 있는 자와 병원을 공동사업으로 운영하는 경우 해당 의료용역에 대하여는 부가가치세가 면제되지 아니한다.

(3) 교육용역

면세대상 교육용역은 다음 중 어느 하나에 해당하는 시설 등에서 학생, 수강생, 훈련생, 교습생 또는 청강생에게 지식, 기술 등을 가르치는 것으로 한다(부가령 §36 ①).

① 주무관청의 허가 또는 인가를 받거나 주무관청에 등록되거나 신고된 학교, 어린이집(「영유아보육법」에 따른 어린이집을 말하며, 같은 법에 따라 국공립어린이집이나 직장어린이집 운영을 위탁받은 자가 제공하는 경우를 포함한다), 학원, 강습소, 훈련원, 교습소 또는 그 밖의 비영리단체[주1)]
② 「청소년활동진흥법」에 따른 청소년수련시설
③ 「산업교육진흥 및 산학연협력촉진에 관한 법률」에 따른 산학협력단

④ 「사회적 기업 육성법」에 따라 인증 받은 사회적 기업
⑤ 「과학관의 설립·운영 및 육성에 관한 법률」에 따라 등록한 과학관
⑥ 「박물관 및 미술관 진흥법」에 따라 등록한 박물관 및 미술관
⑦ 「협동조합기본법」에 따라 설립인가를 받은 사회적 협동조합주2)
⑧ 「영유아보육법」에 따른 어린이집(같은 법에 따라 국공립어린이집이나 직장어린이집이 위탁하여 운영하는 경우를 포함한다)

주1) 따라서 허가 또는 인가 등을 받고 제공되는 교육용역의 경우에만 면세가 적용되는 것이다. 단, 허가 또는 인가 등이 없었다고 하여도 해당 교육기관이 주무관청 등에 신고·등록하여 관련 법령에 따라 지휘·감독의 범위 내에 포함되거나 실제 지휘·감독을 받은 사실이 있는 때에는 정부의 허가 또는 인가 등을 받은 것으로 본다(집행기준 26-36-1).

주2) 사회적 협동조합의 경우에는 2020년 7월 1일 이후 용역을 공급하는 분부터 면세를 적용한다(대통령령 제30397호, 2020.2.11. 부칙 §1).

위의 규정에도 불구하고 다음 중 어느 하나에 해당하는 학원에서 가르치는 것은 면세되는 교육용역에서 제외한다(부가령 §36 ②).[35)]

① 「체육시설의 설치·이용에 관한 법률」에 따른 무도학원
② 「도로교통법」에 따른 자동차운전학원

세부규정

- **교육용역의 면세 범위**(부기통 26-36-1)

① 면세하는 교육용역은 주무관청의 허가·인가 또는 승인을 얻어 설립하거나 주무관청에 등록 또는 신고한 학원·강습소 등 및 「청소년활동진흥법」에 따른 청소년수련시설에서 지식·기술 등을 가르치는 것을 말하며, 그 지식 또는 기술의 내용은 관계없다. 이 경우 부가가치세가 면제되는 교육용역의 공급에 필수적으로 부수되는 용역의 공급은 면세용역의 공급에 포함된다.
② 교육용역 제공시 필요한 교재 실습자재 그 밖의 교육용구의 대가를 수강료 등에 포함하여 받거나, 별도로 받는 때에는 주된 용역인 교육용역에 부수되는 재화 또는 용역으로서 면세한다.
③ 「청소년활동진흥법」에 따른 청소년 수련시설에서 학생·수강생·훈련생 등이 아닌 일반 이용자에게 해당 교육용역과 관계없이 음식·숙박용역만을 제공하거나 실내수영장 등의 체육활동 시설을 이용하게 하고 대가를 받는 때에는 면세되지 아니한다.

(4) 여객운송용역

부가가치세가 면제되는 여객운송용역은 주로 대중교통수단에 해당하는 시내버스, 시외버스, 지하철 등에 의한 여객운송용역이 그에 해당한다. 따라서 다음의 항공기, 고속버스, 전세버스, 택시, 특수자동차, 특종선박(特種船舶) 또는 고속철도에 의한 여객운송용역 등은 과세대상이 된다(부가령 §37).

35) 면세되는 학원을 운영하는 사업자가 다른 학원운영자에게 상호, 상표, 교육프로그램, 학원경영 노하우(Know-How) 등을 제공하고 그에 대한 대가를 받는 경우에는 과세된다(집행기준 26-36-1).

(1) 항공기, 고속버스, 전세버스, 택시, 특수자동차, 특종선박(特種船舶) 또는 고속철도에 의한 여객운송 용역의 경우에는 다음 중 어느 하나에 해당하는 것

① 「항공사업법」에 따른 항공기에 의한 여객운송용역

② 「여객자동차 운수사업법」에 따른 여객자동차 운수사업 중 다음의 여객자동차 운수사업에 제공되는 자동차에 의한 여객운송용역

㉠ 시외우등고속버스 및 시외고급고속버스를 사용하는 시외버스운송사업[주1)]

㉡ 전세버스운송사업

㉢ 일반택시운송사업 및 개인택시운송사업

㉣ 자동차대여사업

③ 다음의 선박에 의한 여객운송용역

㉠ 수중익선(水中翼船)

㉡ 에어쿠션선

㉢ 자동차운송겸용여객선[주2)]

㉣ 항해시속 20노트 이상의 여객선

④ 「철도의 건설 및 철도시설 유지관리에 관한 법률」에 규정된 고속철도에 의한 여객운송용역

(2) 삭도, 유람선 등 관광 또는 유흥 목적의 운송수단에 의한 여객운송 용역의 경우에는 다음 중 어느 하나에 해당하는 것

① 「궤도운송법」에 따른 삭도에 의한 여객운송 용역

② 「관광진흥법 시행령」에 따른 관광유람선업, 관광순환버스업 또는 관광궤도업에 제공되는 운송수단에 의한 여객운송 용역

③ 관광 사업을 목적으로 운영하는 「철도의 건설 및 철도시설 유지관리에 관한 법률」에 따른 일반철도에 의한 여객운송 용역[주3)]

주1) 일반고속버스는 면세하는 것이며, 시외우등고속버스 및 시외고급고속버스에 의한 여객운송 용역을 공급한 경우에 한하여 과세대상이 된다.

주2) 다만, 자동차운송겸용여객선 중 차량탑재구역이 상시 개방되어 있고 주로 선수문(船首門)을 통하여 승객이 타고 내리거나 차량을 싣고 내리게 되어 있는 차도선형여객선에 의한 여객운송 용역은 제외한다.

주3) 「철도사업법」에 따라 철도사업자가 국토교통부장관에게 신고한 여객 운임·요금을 초과해 용역의 대가를 받는 경우로 한정한다.

세부규정

• **전세관광버스가 일반정기노선에서 제공하는 운송용역**(부기통 26-37-1)

일반정기노선버스의 부족에 따른 운송대책의 일환으로 지방자치단체장의 명령에 따라 전세관광버스 등을 일반정기노선에 일시적으로 운행하고 일반정기노선버스에 준하는 방법으로 요금을 받는 경우에는 해당 버스의 허가기준에 관계없이 면세한다.

• **관광삭도시설 등에 의한 용역**(부기통 26-37-2)

관광 또는 유흥 등의 목적으로 설치·운행하는 삭도시설(케이블카)·구름다리·선박 등을 이용하게 하는 것은 면세되는 여객운송용역의 범위에 해당하지 아니한다.

• **버스표의 위탁판매**(부기통 26-37-3)

여객운송사업자를 위하여 버스표를 위탁판매하여 주고받는 판매수수료에 대하여는 면세하지 아니한다.

(5) 도서 · 신문 · 잡지 등

부가가치세가 면제되는 도서(도서대여 및 실내 도서열람 용역을 포함), 신문, 잡지 등의 범위는 다음과 같다. 단, 광고는 제외한다(부가법 §26 ① (8), 부가령 §38).

① 도서에는 도서에 부수하여 그 도서의 내용을 담은 음반, 녹음테이프 또는 비디오테이프를 첨부하여 통상 하나의 공급단위로 하는 것과 전자출판물주)을 포함한다.
② 신문, 잡지는 「신문 등의 진흥에 관한 법률」에 따른 신문 및 인터넷 신문과 「잡지 등 정기간행물의 진흥에 관한 법률」에 따른 정기간행물로 한다.
③ 관보는 「관보규정」의 적용을 받는 것으로 한다.
④ 뉴스통신은 「뉴스통신 진흥에 관한 법률」이 규정하는 뉴스통신(뉴스통신사업을 경영하는 법인이 특정회원을 대상으로 하는 금융정보 등 특정한 정보를 제공하는 경우는 제외한다)과 외국의 뉴스통신사가 제공하는 뉴스통신용역으로서 「뉴스통신진흥에 관한 법률」에 규정하는 뉴스통신과 유사한 것을 포함한다.

주) 여기에서 '전자출판물'이란 도서나 간행물의 형태로 출간된 내용 또는 출간될 수 있는 내용이 음향이나 영상과 함께 전자적 매체에 수록되어 컴퓨터 등 전자장치를 이용하여 그 내용을 보고 듣고 읽을 수 있는 것으로서 문화체육관광부장관이 정하는 기준에 맞는 전자출판물을 말한다. 다만, 「음악산업진흥에 관한 법률」, 「영화 및 비디오물의 진흥에 관한 법률」 및 「게임산업진흥에 관한 법률」의 적용을 받는 것은 제외한다(부가칙 §26).

세부규정

• **도서 · 신문 등의 인쇄제작용역**(부기통 26-38-1)

면세되는 도서 · 신문(종이 및 인터넷 신문) · 잡지 등의 인쇄 · 제본 등을 위탁받아 인쇄 · 제본 등의 용역을 제공하는 것과 특정인과의 계약에 의하여 수집한 정보 및 자료를 도서의 형태로 공급하는 것에 대하여는 면세하지 아니한다.

(6) 금융 · 보험용역

부가가치세가 면제되는 금융 · 보험용역은 다음의 용역, 사업 및 업무에 해당하는 역무로 한다(부가령 §40 ①).

① 「은행법」에 따른 은행업무 및 부수업무로서 다음의 용역주1)
㉠ 예금 · 적금의 수입 또는 유가증권, 그 밖의 채무증서의 발행
㉡ 자금의 대출 또는 어음의 할인
㉢ 내국환 · 외국환
㉣ 채무의 보증 또는 어음의 인수
㉤ 상호부금
㉥ 팩토링(기업의 판매대금 채권의 매수·회수 및 이와 관련된 업무)
㉦ 수납 및 지급대행

ⓞ 지방자치단체의 금고대행

ⓩ 전자상거래와 관련한 지급대행

② 「자본시장과 금융투자업에 관한 법률」에 따른 다음의 사업

㉠ 집합투자업(다만, 집합투자업자가 투자자로부터 자금 등을 모아서 부동산, 실물자산 및 그 밖의 재정경제부령으로 정하는 자산[주2)]에 운용하는 경우는 제외)

㉡ 신탁업[주3)]

㉢ 투자매매업과 투자중개업(「자본시장과 금융투자업에 관한 법률」에 따라 허가를 받은 한국거래소, 한국예탁결제원과 다자간매매체결회사의 업무를 포함한다)한국거래소 및 한국예탁결제원의 업무를 포함한다)

㉣ 투자매매업 및 투자중개업과 이와 관련된 다음의 구분에 따른 업무

· 「자본시장과 금융투자업에 관한 법률」의 다자간매매체결회사의 업무

· 「자본시장과 금융투자업에 관한 법률」에 따라 설립된 한국금융투자협회의 같은 법에 따른 증권시장에 상장되지 아니한 주권의 장외매매거래에 관한 업무

· 「자본시장과 금융투자업에 관한 법률」에 따라 설립된 한국예탁결제원의 업무

· 「자본시장과 금융투자업에 관한 법률」에 따라 허가를 받은 한국거래소의 업무

㉤ 일반사무관리회사업(집합투자기구 또는 집합투자업자에게 제공하는 용역으로 한정한다)

㉥ 투자일임업 다만, 투자일임업자가 투자자로부터 자금 등을 모아서 부동산, 실물자산 및 그 밖에 재정경제부령으로 정하는 자산[주2)]에 운용하는 경우는 제외한다.

㉦ 기관전용 사모집합투자기구(「자본시장과 금융투자업에 관한 법률」 부칙에 따라 기관전용 사모집합투자기구, 기업재무안정 사모집합투자기구 및 창업·벤처전문 사모집합투자기구로 보아 존속하는 종전의 경영참여형 사모집합투자기구를 포함한다. 이하 같다)에 기관전용 사모집합투자기구 집합투자재산의 운용 및 보관·관리, 기관전용 사모집합투자기구 지분의 판매 또는 환매 등 용역을 공급하는 업무(기관전용 사모집합투자기구의 업무집행사원이 제공하는 용역으로 한정한다)

㉧ 단기금융업

㉨ 종합금융투자사업자의 사업(기업에 대한 신용공여 업무로 한정한다)

③ 「외국환거래법」에 따른 전문외국환업무취급업자의 외국환 업무용역

④ 「상호저축은행법」에 따른 상호저축은행업

⑤ 「신용보증기금법」에 따른 신용보증기금업

⑥ 「기술보증기금법」에 따른 기술보증기금이 수행하는 보증 업무

⑦ 「주택도시기금법」에 따른 주택도시보증공사의 보증업무 및 주택도시기금의 운용·관리 업무

⑧ 「보험업법」에 따른 보험업(보험중개·대리와 보험회사에 제공하는 손해사정용역, 보험조사 및 보고용역을 포함하되, 보험계리용역 및 「근로자퇴직급여 보장법」에 따른 연금계리용역은 제외한다)

⑨ 「여신전문금융업법」에 따른 여신전문금융업(여신전문금융업을 공동으로 수행하는 사업자 간에 상대방 사업자의 여신전문금융업무를 위임받아 수행하는 경우를 포함한다)

⑩ 「자산유동화에 관한 법률」에 따른 유동화전문회사가 하는 자산유동화사업 및 자산관리자가 하는 자산관리사업

⑪ 「한국주택금융공사법」에 따른 채권관리자가 행하는 주택저당채권·학자금대출채권의 관리·운용 및 처분사업

⑫ 다음 중 어느 하나에 해당하는 자산 관리·운용 용역. 다만, 해당 용역을 제공하는 자가 자금을 부동산, 실물자산 및 그 밖에 재정경제부령으로 정하는 자산[주2)]에 운용하는 경우는 제외한다.

㉠ 「벤처투자 촉진에 관한 법률」에 따른 창업기획자가 개인투자조합에 제공하는 자산 관리·운용 용역

㉡ 「벤처투자 촉진에 관한 법률」에 따른 창업기획자 등이 일정한 벤처투자조합에 제공하는 자산 관리·운용 용역

㉢ 「벤처투자 촉진에 관한 법률」에 따른 한국벤처투자가 벤처투자모태조합에 제공하는 자산 관리·운용 용역

㉣ 「벤처투자 촉진에 관한 법률」에 따른 벤처투자회사, 신기술사업금융업자 등이 민간재간접벤처투자조합에 제공하는 자산 관리·운용 용역

㉤ 「벤처투자 촉진에 관한 법률」에 따라 공동으로 업무집행조합원이 되는 자로서 재정경제부령으로 정하는 자[주4)]가 민간재간접벤처투자조합에 제공하는 자산 관리·운용 용역. 다만, 재정경제부령으로 정하는 자[주5)]가 제공하는 자산 관리·운용 용역의 경우에는 벤처투자조합에 대한 출자와 관련하여 민간재간접벤처투자조합에 제공하는 자산 관리·운용 용역으로 한정한다.

⑬ 「한국투자공사법」에 따른 한국투자공사가 같은 법에 따라 제공하는 위탁자산 관리·운용용역

⑭ 「농림수산식품투자조합 결성 및 운용에 관한 법률」에 따른 투자관리전문기관 또는 업무집행조합원이 같은 법에 따른 농식품투자모태조합, 농식품투자조합에 제공하는 자산관리·운용용역. 다만, 투자관리전문기관 또는 업무집행조합원이 자금을 부동산, 실물자산, 그 밖에 재정경제부령으로 정하는 자산주2)에 운용하는 경우는 제외한다.

⑮ 「민법」에 따라 설립된 금융결제원이 「한국은행법」에 따른 지급결제제도의 운영기관으로서 수행하는 지급결제제도 운영업무

⑯ 금전대부업(어음 할인, 양도담보, 그 밖에 비슷한 방법을 통한 금전의 교부를 업으로 하는 경우를 포함한다)

⑰ 「중소기업협동조합법」에 따른 중소기업중앙회의 공제사업 계약 체결을 대리하는 용역

⑱ 「한국해양진흥공사법」에 따른 한국해양진흥공사가 같은 법에 따라 수행하는 보증 업무

주1) 은행업에는 다음의 사업이 포함되는 것으로 한다(부가령 §40 ③).

① 「은행법」 외의 다른 법률에 따라 설립된 은행

② 「한국자산관리공사 설립 등에 관한 법률」에 따른 한국자산관리공사

③ 「한국주택금융공사법」에 따른 한국주택금융공사

④ 「예금자보호법」에 따른 예금보험공사 및 정리금융회사

⑤ 「농업협동조합의 구조개선에 관한 법률」에 따른 농업협동조합자산관리회사 및 상호금융예금자보호기금

⑥ 「수산업협동조합의 부실예방 및 구조개선에 관한 법률」에 따른 상호금융예금자보호기금

⑦ 「산림조합의 구조개선에 관한 법률」에 따른 상호금융예금자보호기금

⑧ 「새마을금고법」에 따른 새마을금고자산관리회사

주2) '재정경제부령으로 정하는 자산'이란 지상권·전세권·임차권 등 부동산 관련 권리, 어업권, 광업권 및 그 밖에 이와 유사한 재산적 가치가 있는 것을 말한다(부가칙 §27).

주3) 다만, 다음의 구분에 따른 업무로 한정한다.

① 신탁업자가 위탁자로부터 「자본시장과 금융투자업에 관한 법률」에 따른 재산(집합투자재산을 포함한다. 이하 같다)을 수탁 받아 운용(집합투자업자의 지시에 따라 보관·관리하는 업무를 포함한다. 이하 같다)하는 업무. 다만, 재산을 수탁 받아 부동산, 실물자산 및 그 밖에 재정경제부령으로 정하는 자산에 운용하는 업무는 제외한다.

② 신탁업자가 위탁자로부터 「자본시장과 금융투자업에 관한 법률」에 따른 재산을 수익자에 대한 채무이행을 담보하기 위하여 수탁받아 운용하는 업무

③ 신탁업자가 위탁자로부터 「자본시장과 금융투자업에 관한 법률」에 따른 재산을 수탁 받아 부동산개발사업을 하는 업무

주4) '재정경제부령으로 정하는 자'란 다음 중 어느 하나에 해당하는 자를 말한다.

① 「자본시장과 금융투자업에 관한 법률」에 따른 투자매매업자

② 「자본시장과 금융투자업에 관한 법률」에 따른 투자중개업자

③ 「자본시장과 금융투자업에 관한 법률」에 따른 집합투자업자

주5) '재정경제부령으로 정하는 자'란 위 '주4)'의 '①' 또는 '②'의 자를 말한다.

주6) 면세대상 금융·보험용역에 해당하는 사업 외의 사업을 하는 자가 주된 사업에 부수하여 위 규정에 따른 금융·보험용역과 같거나 유사한 용역을 제공하는 경우에도 면세되는 금융·보험용역에 포함되는 것으로 본다(부가령 §40 ②).

전술한 규정에도 불구하고 다음 중 어느 하나에 해당하는 용역은 부가가치세가 면제되는 금융·보험 용역으로 보지 아니한다(부가령 §40 ④).

① 복권, 입장권, 상품권, 지금형주화 또는 금지금에 관한 대행용역. 다만, 수익증권 등 금융업자의 금융상품 판매대행용역, 유가증권의 명의개서 대행용역, 수납·지급 대행용역 및 국가·지방자치단체의 금고대행용역은 제외한다.

② 기업합병 또는 기업매수의 중개·주선·대리, 신용정보서비스 및 은행업에 관련된 전산시스템과 소프트웨어의 판매·대여 용역

③ 부동산의 임대용역

④ 위 '①~②'에 규정된 것과 유사한 용역 및 그 밖에 재정경제부령이 정하는 용역[주)]

주) 여기에서 '재정경제부령이 정하는 용역'이라 함은 「소득세법」 또는 「법인세법」의 규정에 따른 감가상각자산의 대여용역을 말한다. 단, 감가상각자산의 대여용역에는 「여신전문금융업법」에 따른 시설대여업자가 제공하는 시설대여용역은 제외하되, 그 시설대여업자가 「자동차관리법」의 규정에 따른 자동차를 대여하고 정비용역을 함께 제공하는 경우를 포함한다(부가칙 §28).

세부규정

• **면세되는 금융·보험업의 부수용역의 범위**(부기통 26-40-1)

금융·보험용역을 제공하는 사업자가 다음 중 어느 하나에 해당하는 재화 또는 용역을 금융·보험용역에 통상적으로 부수하여 제공하는 때에는 면세한다.

① 담보재화 등 자산평가용역
② 투자조사 및 상담용역
③ 면세용역제공에 사용하는 유가증권용지 등 업무용 재화
④ 금융·보험업무에서 취득한 재화
⑤ 유가증권의 대체결제업무·명의개서대행업무 등
⑥ 보험의 보상금 결정에 관련된 업무

• **금융업자가 담보재화를 처분하는 경우**(부기통 26-40-2)

금융업을 영위하는 사업자가 대출을 받은 자의 채무변제불능으로 인하여 담보재화(면세재화 또는 면세사업에 관련된 재화는 제외한다)를 공매처분하는 경우, 해당 재화의 소유권이 대출받은 자에게 있는 때에는 다음과 같이 처리한다.

① 대출을 받은 자가 사업자인 때에는 과세하며
② 대출을 받은 자가 사업자가 아닌 때(폐업자를 포함한다)에는 과세하지 아니한다.

• **신용카드와 관련된 용역**(부기통 26-40-3)

신용카드업자가 가맹점과 체결한 지급보증계약에 따라 자기책임하에 가입회원의 물품대금을 일정기간 단위로 가맹점에 일괄지급하고(수금 여부에 관계없이 가입회원을 대신하여 지급) 가맹점과 가입회원으로부터 받는 일정률의 수수료는 금융보험용역에 해당하므로 면세한다.

• **보험대리용역의 면세**(부기통 26-40-4)

주무관청에 등록을 한 사업자가 보험업자와 피보험자를 위하여 보험계약의 체결·보험료의 영수·납입 등 보험업무를 대리하는 용역은 금융·보험용역에 해당한다.

(7) 주택과 이에 부수되는 토지의 임대용역

1) 일반적인 경우

부가가치세가 면제되는 주택과 이에 부수되는 토지의 임대 용역은 상시주거용(사업을 위한 주거용의 경우는 제외한다)으로 사용하는 건물(이하 '주택'이라 한다)과 이에 부수되는 토지의 임대 용역을 말한다. 이 경우 다음의 면적 중 넓은 면적을 초과하는 경우 그 초과하는 부분의 임대 용역은 부가가치세 면제 대상이 되는 임대 용역에서 제외한다(부가령 §41 ①, ②).[36)]

36) 여기에서 말하는 면적의 종류와 그 정의는 다음과 같다.
① '연면적'이란 건물 각 층의 바닥면적을 합한 면적으로 '총면적'이라고도 한다.
② '건물이 정착된 면적(건물정착면적)'은 대지면적과 건물이 정착한 면적을 말하는 것으로 '건축면적'이라고도 한다. 건축법상 건축면적은 건축물의 외벽(外壁) 또는 기둥의 중심선으로 둘러싸인 부분의 수평투영면적(水平投影面積)을 말하는데, 보통은 1층의 바닥면적이 건축면적이 된다.

면세대상 부수토지 = MAX[①, ②]
① 주택의 연면적[주1)]
② 건물이 정착된 면적에 5배를 곱하여 산정한 면적[주2)]

주1) 지하층의 면적, 지상층의 주차용으로 사용되는 면적 및 「주택건설기준 등에 관한 규정」에 따른 주민공동시설의 면적을 제외한다.

주2) 「국토의 계획 및 이용에 관한 법률」에 따른 도시지역 밖의 토지의 경우에는 10배를 적용한다.

주3) 단층건물인 경우에는 언제나 '②'의 면적이 '①'의 면적보다 크게 되며, 복층건물인 경우에는 둘 중 큰 면적을 계산하여야 한다.

2) 겸용주택의 경우

임대주택에 부가가치세가 과세되는 사업용건물이 함께 설치되어 있는 경우(겸용주택)에는 주택과 이에 부수되는 토지의 임대의 범위는 다음의 규정에 의한다(부가령 §41 ②).

① 주택부분의 면적이 사업용건물부분의 면적보다 큰 때에는 그 전부를 주택의 임대로 본다.[주1)]
② 주택부분의 면적이 사업용건물부분의 면적과 같거나 그보다 작은 때에는 주택부분 이외의 사업용건물부분은 주택의 임대로 보지 아니한다.[주2)]

주1) 이 경우에 해당 주택에 부수되는 토지임대의 범위는 위 '1)'과 같다.

주2) 이 경우에 해당 주택에 부수되는 토지의 면적은 총토지면적에 주택부분의 면적이 총건물면적에서 차지하는 비율을 곱하여 계산하며, 그 범위는 위 '1)'과 같다.

표 5.3. 주택과 그 부수토지의 계산

구 분		건 물	면세대상 부수토지
(1) 일반적인 경우		주택	Max[①, ②] ① 주택의 연면적 ② 건물정착면적 × 5(10)배
(2) 겸용주택의 경우	주택 > 사업용 건물 면적[주1)]	전부를 주택으로 본다.	전부를 주택의 부수토지로 본다. 단, 다음을 한도로 한다. Max[①, ②] ① 건물의 연면적 ② 건물정착면적 × 5(10)배[주1)]
	주택 ≦ 사업용 건물 면적	주택부분 외의 사업용 건물 부분은 주택으로 보지 않는다.	전체 부수토지를 건물면적비율로 안분하여 주택부수토지를 계산한다. 단, 다음을 한도로 한다.[주2)] Max[①, ②] ① 주택의 연면적 ② 주택정착면적 × 5(10)배

주1) 부가가치세가 면제되는 주택과 부가가치세가 과세되는 사업용건물이 함께 설치된 건물을 임대함에 있어서 주택부분의 면적이 사업용건물부분의 면적보다 큰 경우 면제되는 주택부수토지의 면적은 주택부분의 면적과 사업용건물부분의 정착(바닥)면적을 합하여 계산한다(재경부소비46015-259, 2003.08.18).

주2) 겸용주택이 복층인 경우 ① 주택부수토지와 ② 주택정착면적은 다음과 같이 계산한다.

① 주택부수토지 = 토지총면적 × $\frac{\text{주택연면적}}{\text{건물연면적}}$　　② 주택정착면적 = 건물정착면적 × $\frac{\text{주택연면적}}{\text{건물연면적}}$

한편, 부동산을 2인 이상의 임차인에게 임대한 경우에는 임차인별로 각각 상기 규정을 적용하여야 한다(부기통 26-41-1).

[사 례] 겸용주택 및 부수토지 임대의 과세면적 판정(도시지역 내 소재 가정)

구분	건물면적	토지면적	판 단		면세대상 토지면적
			건 물	토 지	
단층 건물	주택 50㎡ 상가 30㎡	1,000㎡	면세 80㎡ 과세 -	면세 400㎡ 과세 600㎡	Min[①, ②] = 400㎡ ① 1,000㎡ ② Max[80㎡, 80㎡×5] = 400㎡
	주택 40㎡ 상가 40㎡	1,000㎡	면세 40㎡ 과세 40㎡	면세 200㎡ 과세 800㎡	Min[①, ②] = 200㎡ ① 1,000㎡×$\frac{40}{80}$ = 500㎡ ② Max[40㎡, 40㎡×5] = 200㎡
복층 건물	(3층) 주택 30㎡ (2층) 주택 30㎡ (1층) 상가 30㎡	900㎡	면세 90㎡ 과세 -	면세 150㎡ 과세 750㎡	Min[①, ②] = 150㎡ ① 900㎡ ② Max[90㎡, 30㎡×5] = 150㎡
	(3층) 주택 30㎡ (2층) 상가 30㎡ (1층) 상가 30㎡	900㎡	면세 30㎡ 과세 60㎡	면세 50㎡ 과세 850㎡	Min[①, ②] = 50㎡ ① 900㎡×$\frac{30}{90}$ = 300㎡ ② Max[30㎡, 30㎡×$\frac{30}{90}$×5] = 50㎡

3) 토지임대부 분양주택 토지 임대용역

전술한 규정에도 불구하고 「주택법」에 따라 토지소유자가 토지임대부 분양주택(국민주택규모로 한정)을 공급받은 자에게 토지임대부 분양주택의 토지를 임대하는 경우 면세되는 주택과 이에 부수되는 토지의 임대로 본다. 이 경우 토지 임대의 범위는 전술한 규정에 따른다(부가령 §41 ③).

예제 5-2 겸용주택의 임대

(주)세무는 다음과 같은 겸용주택과 그 부수토지를 임대하였다. 부가가치세가 과세되는 건물 및 토지 면적은 각각 얼마인가? (단, 겸용주택은 단층건물로서 도시지역 외에 소재하고 있다고 가정함)

구 분	건 물	부수토지
주택	40㎡	1,000㎡
상가	40㎡	

해답

주택과 사업용건물의 면적이 같은 겸용주택의 경우에는 주택부분만 주택으로 보아 면세하고, 주택부분 외의 사업용건물 부분은 주택으로 보지 않으므로 과세대상이 된다.

구 분	과 세	면 세	계
건물	40㎡	40㎡	80㎡
토지	600㎡	Min[①, ②] = 400㎡ ① 1,000㎡ × $\frac{40}{80}$ = 500㎡ ② Max[40㎡, 40㎡×10] = 400㎡	1,000㎡

세부규정

- **주택임대용역의 면세범위**(부기통 26-41-1)

① 부동산을 2인 이상의 임차인에게 임대한 경우에는 임차인별로 주택부분의 면적(사업을 위한 거주용인 경우 제외)이 사업용 건물부분의 면적보다 큰 때에는 그 전부를 주택의 임대로 본다.
② 영 제41조제1항에 따른 "상시 주거용으로 사용하는 건물"이라 함은 공부상 용도에 관계없이 실제로 그 건물을 사용하는 임차자가 상시 주거용으로 사용하는지 여부에 의해 판단한다.
③ 주택을 임차하여 자기책임으로 전차인에게 해당 주택을 상시 주거용으로 임대하는 경우 임대인과 임차인이 제공하는 해당 주택의 임대용역은 각각 부가가치세가 면제된다.

(8) 인적용역

부가가치세가 면제되는 인적용역은 독립된 사업(여러 개의 사업을 겸영하는 사업자가 과세사업에 필수적으로 부수되지 아니하는 용역을 독립하여 공급하는 경우를 포함한다)으로 공급하는 다음의 용역으로 한다(부가령 §42).

구 분	면세대상용역
(1) 개인이 물적 시설 없이 근로자를 고용(고용 외의 형태로 해당 용역의 주된 업무에 대해 타인으로부터 노무 등을 제공받는 경우를 포함한다)하지 아니하고 독립된 자격으로 용역을 공급하고 대가를 받는 인적 용역[주1)]	① 저술·서화·도안·조각·작곡·음악·무용·만화·삽화·만담·배우·성우·가수와 이와 유사한 용역 ② 연예에 관한 감독·각색·연출·촬영·녹음·장치·조명과 이와 유사한 용역 ③ 건축감독·학술용역과 이와 유사한 용역 ④ 음악·재단·무용(사교무용을 포함한다)·요리·바둑의 교수와 이와 유사한 용역 ⑤ 직업운동가·역사·기수·운동지도가(심판을 포함한다)와 이와 유사한 용역 ⑥ 접대부·댄서와 이와 유사한 용역 ⑦ 보험가입자의 모집, 저축의 장려 또는 집금(集金) 등을 하고 실적에 따라 보험회사 또는 금융기관으로부터 모집수당·장려수당·집금수당 또는 이와 유사한 성질의 대가를 받는 용역과 서적·음반 등의 외판원이 판매실적에 따라 대가를 받는 용역[주2)] ⑧ 저작자가 저작권에 의하여 사용료를 받는 용역 ⑨ 교정·번역·고증·속기·필경(筆耕)·타자·음반취입과 이와 유사한 용역 ⑩ 고용관계 없는 자가 다수인에게 강연을 하고 강연료·강사료 등의 대가를 받는 용역 ⑪ 라디오·텔레비전방송 등을 통하여 해설·계몽 또는 연기를 하거나 심사를 하고 사례금 또는 이와 유사한 성질의 대가를 받는 용역 ⑫ 작명·관상·점술 또는 이와 유사한 용역 ⑬ 개인이 일의 성과에 따라 수당 또는 이와 유사한 성질의 대가를 받는 용역
(2) 개인, 법인 또는 법인격 없는 사단·재단 그 밖의 단체가 독립된 자격으로 용역을 공급하고 대가를 받는 인적용역	① 「형사소송법」 및 「군사법원법」 등에 따른 국선변호인의 국선변호, 「국세기본법」에 따른 국선대리인의 국선대리 및 일정한 법률구조(法律救助)[주3)] ② 일정한 학술연구용역과 기술연구용역[주4)] ③ 직업소개소 및 상담소 등을 경영하는 자가 공급하는 일정한 용역[주5)] ④ 「장애인복지법」에 따른 장애인보조견 훈련용역 ⑤ 외국공공기관 또는「국제금융기구에의 가입조치에 관한 법률」에 따른 국제금융기구로부터 받은 차관자금으로 국가 또는 지방자치단체가 시행하는 국내사업을 위하여 공급하는 용역(국내사업장이 없는 외국법인 또는 비거주자가 공급하는 용역을 포함한다) ⑥ 「민법」에 따른 후견인과 후견감독인이 제공하는 후견사무 용역 ⑦ 「가사근로자의 고용개선 등에 관한 법률」에 따른 가사서비스 제공기관이 가사서비스 이용자에게 제공하는 가사서비스 ⑧ 「직업안정법」에 따른 근로자공급 용역 ⑨ 다른 사업자의 사업장(다른 사업자가 제공하거나 지정한 경우로서 그 사업자가 지배·관리하는 장소를 포함한다)에서 그 사업자의 생산시설 또는 설비를 이용하여 물건의 제조·수리, 건설, 그 밖에 이와 유사한 것으로서 일정한 작업을 수행하기 위한 단순 인력 공급용역(파견근로자 보호 등에 관한 법률」에 따른 근로자파견 용역은 제외한다)

주1) '물적 시설'이라 함은 계속적·반복적으로 사업에만 이용되는 건축물·기계장치 등의 사업설비(임차한 것을 포함한다)를 말한다(부가칙 §29).

주2) 외판원이 판매실적에 따라 대가를 받는 용역은 「방문판매 등에 관한 법률」에 따른 ① 방문판매원 또는 후원방문판매원 ② 방문판매업자 또는 후원방문판매업자로부터 사업장 관리·운영의 위탁을 받은 자 ③ 다단계판매원이 판매실적에 따라 대가를 받는 용역으로 한다. 다만, 다단계판매원의 경우에는 후원수당을 지급받는 분에 한한다(부가칙 §30).

주3) '일정한 법률구조'란 「법률구조법」에 따른 법률구조 및 「변호사법」에 따른 법률구조사업을 말한다(부가칙 §31).

주4) '일정한 학술연구용역과 기술연구용역'이란 새로운 학술 또는 기술 개발을 위하여 수행하는 새로운 이론·방법·공법 또는 공식 등에 관한 연구용역을 말한다(부가칙 §32).

주5) '상담소 등을 경영하는 자가 공급하는 일정한 용역'이라 함은 다음에 해당하는 것으로 한다(부가칙 §33).
① 인생상담·직업재활상담 및 그밖에 이와 유사한 상담(결혼상담을 제외한다)용역
② 「중소기업창업지원법」에 따른 중소기업상담회사가 제공하는 창업상담용역

세부규정

• **직업운동가·가수 등의 인적용역**(부기통 26-42-1)

① 직업운동가·가수 등 스포츠·연예의 기능을 가진 자와 이들의 감독·매니저 등 해당 직업운동가 등의 기능발휘를 지도·주선하는 자가 물적 시설 없이 근로자를 고용하지 아니하고 개인의 독립된 자격으로 제공하는 용역에 대하여는 면세한다.

② 예술행사나 문화행사에 해당하지 아니하는 행사 또는 직업운동경기를 주최 주관하는 자(프로모터를 포함한다)와 흥행단체 등이 흥행 또는 운동경기 등과 관련하여 받는 입장료 광고료 방송중계권료 및 그 밖에 이와 유사한 수수료는 면세하지 아니한다.

• **학술·기술연구용역의 면세범위**(부기통 26-42-2)

독립된 사업으로 제공되는 학술 또는 기술연구용역은 새로운 학술이나 기술을 개발하기 위하여 새로운 이론·방법·공법 또는 공식 등을 연구하는 것이므로 신제품을 개발하거나 제품의 성능이나 질·용도 등을 개선시키는 연구용역에 대하여는 면세한다.

(9) 예술창작품 등

부가가치세가 면제되는 예술창작품, 예술행사, 문화행사 또는 아마추어 운동경기는 다음의 것으로 한다(부가령 §43).

구 분	면세대상용역
(1) 예술창작품	미술, 음악, 사진, 연극 또는 무용에 속하는 창작품. 다만, 골동품은 제외한다.
(2) 예술행사	영리를 목적으로 하지 아니하는 발표회, 연구회, 경연대회 또는 그 밖에 이와 유사한 행사
(3) 문화행사	영리를 목적으로 하지 아니하는 전시회, 박람회, 공공행사 또는 그 밖에 이와 유사한 행사
(4) 아마추어 운동경기	대한체육회 및 그 산하단체와 「태권도 진흥 및 태권도공원 조성 등에 관한 법률」에 따른 국기원이 주최·주관 또는 후원하는 운동경기나 승단·승급·승품심사로서 영리를 목적으로 하지 아니하는 것

세부규정

• 모방제작한 미술품 등(부기통 26-43-1)

사업자가 미술품 등의 창작품을 모방하여 대량으로 제작하는 작품은 예술창작품으로 보지 아니한다.

• 예술행사·문화행사의 범위(부기통 26-43-2)

예술행사 및 문화행사는 행사주체에 관계없이 영리를 목적으로 하지 아니하는 문학·미술·음악·연극 및 문화 등의 발표회·연주회·연구회·경연대회 등을 말한다. 여기에서 '영리를 목적으로 하지 않은 행사'란 다음 중 어느 하나에 해당하는 행사를 말한다.

① 사전 행사계획서에 의해 이익금을 이익배당 또는 잔여재산의 분배 등의 형식을 통해 주체자에게 귀속시키는 것이 아닐 것
② 정부 또는 지방자치단체 등 공공단체가 공식 후원하거나 협찬하는 행사
③ 사전 행사계획서에 의해 입장료 수입이 실비변상적이거나 부족한 경비를 협찬에 의존하는 행사
④ 자선목적의 예술행사로서 사전계획서에 의해 이익금의 전액을 공익단체에 기부하는 행사
⑤ 비영리단체가 공익목적으로 개최하는 행사 및 그 밖의 이와 유사한 행사로서 영리성이 없는 행사

(10) 종교·자선·학술·구호단체 등이 공급하는 재화 등

다음에 해당하는 종교, 자선, 학술, 구호(救護), 그 밖의 공익을 목적으로 하는 단체가 공급하는 재화 또는 용역에 대하여는 부가가치세가 면제된다(부가령 §45).

① 주무관청의 허가 또는 인가를 받거나 주무관청에 등록된 단체(종교단체의 경우 그 소속단체를 포함한다)로서 「상속세 및 증여세법」에 규정하는 종교, 교육, 사회복지, 의료 등의 사업 또는 비영리법인의 사업으로서 종교, 자선, 학술, 구호, 사회복지, 교육, 문화, 예술 등 공익을 목적으로 하는 사업을 하는 단체가 그 고유의 사업목적을 위하여 일시적으로 공급하거나 실비(實費) 또는 무상으로 공급하는 재화 또는 용역
② 학술 및 기술 발전을 위하여 학술 및 기술의 연구와 발표를 주된 목적으로 하는 단체(이하 '학술 등 연구단체'라 한다)가 그 연구와 관련하여 실비 또는 무상으로 공급하는 재화 또는 용역
③ 「문화유산의 보존 및 활용에 관한 법률」에 따른 지정문화유산 또는 「자연유산의 보존 및 활용에 관한 법률」에 따른 천연기념물등을 소유하거나 관리하고 있는 종교단체(주무관청에 등록된 종교단체로 한정하되, 그 소속단체를 포함)의 전통사찰보존지 및 전통사찰보존지 안의 건물과 공작물의 임대용역
④ 공익을 목적으로 기숙사를 운영하는 자[주1)]가 학생이나 근로자를 위하여 실비 또는 무상으로 공급하는 음식 및 숙박용역
⑤ 「저작권법」에 따라 문화체육관광부장관의 허가를 받아 설립된 저작권위탁관리업자로서 일정한 사업자[주2)]가 저작권자를 위하여 실비 또는 무상으로 공급하는 신탁관리용역
⑥ 「저작권법」에 따라 문화체육관광부장관이 지정한 보상금수령단체로서 일정한 사업자[주3)]가 저작권자를 위하여 실비 또는 무상으로 공급하는 보상금 수령 관련 용역
⑦ 「법인세법」에 따른 비영리교육재단이 「초·중등교육법」에 따른 외국인학교의 설립·경영 사업을 영위하는 자에게 제공하는 학교시설 이용 등 교육환경 개선과 관련된 용역

주1) 여기에서 '공익을 목적으로 기숙사를 운영하는 자'란 다음의 자를 말한다(부가칙 §34 ②).
① 교육부장관이나 교육부장관이 지정하는 자의 추천을 받은 자로서 학생을 위하여 기숙사를 운영하는 자
② 고용노동부장관이나 고용노동부장관이 지정하는 자의 추천을 받은 자로서 근로자를 위하여 기숙사를 운영하는 자

주2) 여기에서 '일정한 사업자'란 사단법인 한국음악저작권협회, 사단법인 한국방송작가협회, 사단법인 한국음악실연자연합회, 사단법인 한국음반산업협회, 사단법인 한국문학예술저작권협회, 사단법인 한국시나리오작가협회, 사단법인 한국방송실연자권리협회, 재단법인 한국문화정보원, 사단법인 한국영화배급협회, 재단법인 한국언론진흥재단, 사단법인 함께하는 음악저작인협회 및 사단법인 한국영화제작가협회를 말한다(부가칙 §34 ③).

주3) 여기에서 '일정한 사업자'란 사단법인 한국음악실연자연합회, 사단법인 한국문학예술저작권협회 및 사단법인 한국연예제작자협회를 말한다(부가칙 §34 ③).

또한, 영리 아닌 사업을 목적으로 하는 법인이나 그 밖의 단체가 발행하는 기관지 또는 이와 유사한 출판물(불특정인에게 판매할 목적이 아니라 그 단체의 목적이나 정신을 널리 알리기 위하여 발행하는 것을 말한다. 다만, 그 기관의 명칭이나 별칭이 해당 출판물의 명칭에 포함되어 있는 것으로 한정한다)과 관련되는 용역은 면세되는 것으로 본다(부가령 §48, 부가칙 §36). 이는 면세되는 재화 또는 용역의 공급에 필수적으로 부수되는 재화 또는 용역의 공급은 면세되는 재화 또는 용역의 공급에 포함되는 것으로 보기 때문이다(부가법 §26 ②).

세부규정

• **공익단체 등이 일시적으로 공급하는 재화 또는 용역의 범위**(부기통 26-45-1)

주무관청에 등록된 종교 자선 학술 구호 그 밖의 공익을 목적으로 하는 단체가 그 고유의 사업목적을 위하여 일시적으로 공급하거나 실비 또는 무상으로 공급하는 것으로서 다음에 예시하는 재화 또는 용역에 대하여는 면세한다.

① 한국반공연맹 등이 주관하는 바자(Bazaar)회 또는 의연금모집자선회에서 공급하는 재화
② 마을문고 본부에서 실비로 공급하는 책장 등 재화

• **공익단체의 계속적 수익사업**(부기통 26-45-2)

주무관청에 등록된 종교 등 공익단체의 경우에도 다음 예시하는 경우와 같이 계속적으로 운영관리 하는 수익사업과 관련하여 공급하는 재화 또는 용역에 대하여는 면세하지 아니한다.

① 소유부동산의 임대 및 관리사업. 다만, 영 제45조 제3호에 해당하는 경우를 제외한다.
 * '영 제45조 제3호에 해당하는 경우'란 본문 '(10) ③'의 임대용역을 말한다.
② 자체기금조성을 위하여 생활필수품·고철 등을 공급하는 사업

(11) 국가·지방자치단체 또는 지방자치단체조합이 공급하는 재화 또는 용역

국가, 지방자치단체 또는 지방자치단체조합이 공급하는 재화 또는 용역은 부가가치세가 면제된다(부가법 §26 ① (19)). 다만, 다음의 재화 또는 용역은 제외한다(부가령 §46).

① 「우정사업 운영에 관한 특례법」에 따른 우정사업조직이 제공하는 다음의 용역
 ㉠ 「우편법」의 소포우편물을 방문접수하여 배달하는 용역
 ㉡ 「우편법」에 따른 선택적 우편역무 중 우편주문판매를 대행하는 용역

② 「철도의 건설 및 철도시설 유지관리에 관한 법률」에 따른 고속철도에 의한 여객운송용역
③ 부동산임대업, 도매 및 소매업, 음식점업·숙박업, 골프장·스키장운영업, 기타 스포츠시설 운영업. 다만, 다음 중 어느 하나에 해당하는 경우는 제외한다.
㉠ 국방부 또는 「국군조직법」에 따른 국군이 군인, 일반군무원 및 이들과 생계를 같이하는 배우자 및 직계존속·비속에게 제공하는 소매업, 음식점업·숙박업, 기타 스포츠시설 운영업(골프 연습장 운영업은 제외) 관련 재화 또는 용역
㉡ 국가, 지방자치단체 또는 지방자치단체조합이 그 소속 직원의 복리후생을 위하여 구내에서 식당을 직접 경영하여 음식을 공급하는 용역
㉢ 국가 또는 지방자치단체가 「사회기반시설에 대한 민간투자법」에 따른 사업시행자로부터 BTO 및 BTL[주)] 방식에 따라 사회기반시설 또는 사회기반시설의 건설용역을 기부채납 받고 그 대가로 부여하는 시설관리운영권
④ 다음 중 어느 하나에 해당하는 의료보건용역
㉠ 미용목적 성형수술에 대한 진료용역
㉡ 면세되지 않는 반려동물에 대한 진료용역

주) 여기서 'BTO(Build-Transfer-Operate) 방식'이란 사회기반시설의 준공과 동시에 해당 시설의 소유권이 국가 또는 지방자치단체에 귀속되며, 사업시행자에게 일정기간의 시설관리운영권을 인정하는 방식을 말하며, 'BTL(Build-Transfer-Lease) 방식'이란 사회기반시설의 준공과 동시에 해당 시설의 소유권이 국가 또는 지방자치단체에 귀속되며, 사업시행자에게 일정기간의 시설관리운영권을 인정하되, 그 시설을 국가 또는 지방자치단체 등이 협약에서 정한 기간 동안 임차하여 사용·수익하는 방식을 말한다.

세부규정

• **지방자치단체 등으로부터 위탁을 받은 시설의 관리운영**(부기통 26-0-6)

국가·지방자치단체가 직접 관리 또는 운영하는 공원의 이용자로부터 받는 입장료에 대하여는 면세하나, 동 공원 안의 시설물인 유희기장이나 수영장 등의 관리를 위임받은 사업자가 그 시설의 이용자로부터 받는 입장료 및 사용료에 대하여는 면세하지 아니한다.

• **지방자치단체의 놀이시설물 등의 포괄적 위탁 관리·운영**(부기통 11-0-2)

사업자가 지방자치단체로부터 놀이시설 및 노상주차장 등에 대한 유지·보수 등의 포괄적인 관리·운영을 위탁받아 자기책임과 계산하에 해당 시설의 이용자로부터 사용료를 받는 경우에는 법 제11조제1항에 따른 과세되는 용역의 공급으로 본다.

• **지방자치단체 등이 관리·운영하는 시설의 면세 범위**(집행기준 26-46-1)

① 국·공립학교가 학교시설(교실, 운동장, 체육관 등)을 방과 후 또는 주말을 이용하여 일시적 또는 계속적·반복적으로 일반인에게 사용하게 하는 경우 부가가치세가 과세되지 아니한다.
② 국가 등이 임차자에게 그 임대차 부동산과 관련한 관리비 등을 지원하면서 임대료를 받지 않거나 임대료를 받는 경우에도 그 임대료가 관리비 등의 지원금보다 적어 실질적으로 임대의 대가를 받는 정도가 아닌 임대차계약을 체결한 경우에는 용역을 공급하는 것으로 보지 아니한다.
③ 국가 등이 부가가치세가 과세되는 사업과 관련 없이 국가 또는 지방자치단체의 업무용으로 사용하던 자산 중 불용결정된 자산을 매각하는 것은 부가가치세 과세대상에 해당하지 아니한다.

(12) 「조세특례제한법」에 따른 면세대상

다음 중 어느 하나에 해당하는 재화 또는 용역의 공급에 대해서는 부가가치세를 면제한다(조특법 §106 ①, §106의 2, §106의 3 ①).

① 전기사업자가 전기를 공급할 수 없거나 상당한 기간 전기공급이 곤란한 도서(島嶼)지방의 자가발전에 사용할 목적으로 수산업협동조합중앙회에 직접 공급하는 석유류(2026년 12월 31일까지 공급분에 한함)

② 다음 중 어느 하나에 해당하는 음식용역(식사류로 한정, 2026년 12월 31일까지 공급분에 한함)

㉠ 공장, 광산, 건설사업현장 및 「여객자동차 운수사업법」에 따른 노선 여객자동차운송사업장의 경영자가 그 종업원의 복리후생을 목적으로 해당 사업장의 구내에서 식당을 직접 경영하여 공급하는 음식용역

㉡ 「여객자동차 운수사업법」에 따른 공동운수협정을 체결한 노선 여객자동차운송사업자로 구성된 조합이 그 사업자의 종업원에게 제공하기 위하여 대통령령으로 정하는 위탁 계약을 통하여 공급받는 음식용역

㉢ 「초·중등교육법」 및 「고등교육법」에 따른 학교의 경영자가 학생의 복리후생을 목적으로 학교 구내에서 식당을 직접 경영하여 공급하는 음식용역

㉣ 「학교급식법」의 학교급식 대상 중 어느 하나에 해당하는 학교의 장의 위탁을 받은 학교급식공급업자가 위탁급식의 방법으로 해당 학교에 직접 공급하는 음식용역

③ 농어업 경영 및 농어업 작업의 대행용역(2026년 12월 31일까지 공급분에 한함)

④ 국민주택 및 그 주택의 건설용역(리모델링 용역을 포함한다)[37]

⑤ 관리주체, 경비업자 또는 청소업자가가 공동주택 중 국민주택을 제외한 일정한 주택에 공급하는 일반관리용역·경비용역 및 청소용역(2028년 12월 31일까지 공급분에 한함)

⑥ 관리주체, 경비업자 또는 청소업자가 공동주택 중 국민주택에 공급하는 일반관리용역·경비용역 및 청소용역

⑦ 노인복지주택의 관리·운영자, 경비업자 및 청소업자가 국민주택 규모 이하의 노인복지주택에 공급하는 일반관리용역·경비용역 및 청소용역

⑧ 영구적인 임대를 목적으로 건설한 임대주택에 공급하는 난방용역(2026년 12월 31일까지 공급분에 한함)

⑨ 「온실가스 배출권의 할당 및 거래에 관한 법률」의 배출권과 같은 법에 따른 외부사업 온실가스 감축량 및 상쇄배출권(2028년 12월 31일까지 공급분에 한함)

⑩ 정부업무를 대행하는 단체가 그 고유의 목적사업을 위하여 공급하는 재화 또는 용역

⑪ 국가철도공단이 철도시설을 국가에 귀속시키고 철도시설관리권을 설정 받는 방식으로 국가에 공급하는 철도시설

---

37) '국민주택'이란 국가·지방자치단체, 한국토지주택공사 또는 주택사업을 목적으로 설립된 지방공사가 건설하는 주택 및 국가·지방자치단체의 재정 또는 주택도시기금으로부터 자금을 지원받아 건설되거나 개량되는 주택으로서 주거의 용도로만 쓰이는 면적(주거전용면적)이 1호(戶) 또는 1세대 당 85㎡ 이하인 주택(수도권을 제외한 도시지역이 아닌 읍 또는 면 지역은 1호 또는 1세대 당 주거전용면적이 100㎡ 이하인 주택)을 말한다.

⑫ 「사회기반시설에 대한 민간투자법」에 따른 사업시행자가 부가가치세가 면제되는 사업을 할 목적으로 국가 또는 지방자치단체에 공급하는 사회기반시설 또는 사회기반시설의 건설용역

⑬ 교육부장관의 추천이나 교육부장관이 지정하는 자의 추천을 받은 자가 일정한 방식을 통하여 건설한 학교시설에 대하여 학교가 제공하는 시설관리운영권 및 그 추천을 받은 자가 그 학교시설을 이용하여 제공하는 용역 및 「한국사학진흥재단법」에 따른 한국사학진흥재단이 설립한 특수 목적 법인이 일정한 방식을 통하여 건설한 기숙사에 대하여 국가 및 지자체가 제공하는 시설관리운영권 및 그 법인이 그 기숙사를 이용하여 제공하는 용역(2014년 12월 31일까지 실시협약이 체결된 것에 한함)[38)]

⑭ 다음의 각 법인이 일정한 방식을 통하여 건설한 기숙사에 대하여 국가, 지방자치단체 또는 「고등교육법」에 따른 학교가 제공하는 시설관리운영권 및 그 법인이 그 기숙사를 이용하여 제공하는 용역(2015년 1월 1일부터 2028년 12월 31일까지 실시협약이 체결된 것에 한함)

㉠ 「한국사학진흥재단법」에 따른 한국사학진흥재단이 설립한 특수 목적 법인

㉡ 「한국사학진흥재단법」에 따른 한국사학진흥재단과 학교가 공동으로 설립한 특수 목적 법인

⑮ 시내버스 및 마을버스운송사업용으로 공급하는 버스로서 천연가스를 연료로 사용하는 것 (2023년 12월 31일까지 공급분에 한함)

⑯ 다음 각 요건을 모두 갖춘 버스(2028년 12월 31일까지 공급분에 한함)

㉠ 「환경친화적 자동차의 개발 및 보급 촉진에 관한 법률」에 따른 전기자동차 또는 수소전기자동차로서 에너지소비효율이 기준에 부합하는 등의 요건을 갖춘 자동차

㉡ 「여객자동차 운수사업법」 및 같은 법 시행령에 따른 시내버스, 농어촌버스 및 마을버스 운송사업용으로 공급하는 버스

⑰ 「여객자동차 운수사업법」에 따른 개인택시운송사업용으로 「부가가치세법」에 따른 간이과세자에게 공급하는 자동차(2024년 12월 31일까지 공급분에 한함)

⑱ 「관세법」상 관세가 면제되는 장애인용품 중 희귀병치료 등을 위한 물품

⑲ 영유아용 기저귀와 분유(액상 형태의 분유를 포함하되, 부가가치세가 면제되는 분유는 제외한다)

⑳ 농민 또는 임업에 종사하는 자에게 난방용 또는 농업용·임업용으로 공급하는 목재펠릿(2026년 12월 31일까지 공급분에 한함)

㉑ 「한국주택금융공사법」에 따른 한국주택금융공사가 같은 법에 따라 주택담보노후연금채권을 행사하거나 주택담보노후연금보증채무 이행으로 인한 구상권을 행사하기 위하여 처분하는 주택담보노후연금채권 담보 대상주택

㉒ 다음 중 어느 하나에 해당하는 석유류(「석유 및 석유대체연료 사업법」에 따른 석유제품을 말한다). 이 경우 '㉠'은 2026년 12월 31일까지 공급하는 것에만 적용하고, '㉡'은 2026년 12월 31일까지 공급하는 것에만 적용한다.

㉠ 농민, 임업에 종사하는 자 및 어민이 농업·임업 또는 어업에 사용하기 위한 석유류

---

38) 위 '⑫' 및 '⑬'에서 '일정한 방식'이란 사회기반시설의 준공과 동시에 해당 시설의 소유권이 국가 또는 지방자치단체에 귀속되며 사업시행자에게 일정기간의 시설관리운영권을 인정하는 방식(BTO 방식)을 말한다.

ㄴ 연안을 운항하는 여객선박(관광사업 목적으로 사용되는 여객선박은 제외한다)에 사용할 목적으로 「한국해운조합법」에 따라 설립된 한국해운조합에 직접 공급하는 석유류

㉓ 다음 중 어느 하나에 해당하는 금지금의 공급(2014년 12월 31일까지 공급분에 한함)

ㄱ 금지금도매업자 및 금지금제련업자가 면세금지금 거래추천자의 면세 추천을 받은 금세공업자 등에게 공급하는 금지금

ㄴ 금지금도매업자 등 및 일정한 금융기관이 면세금지금 거래추천자의 면세 추천을 받은 금융기관에 공급하는 금지금 또는 금융기관이 금지금 소비대차에 의하여 공급하거나 이를 상환 받는 금지금

ㄷ 파생상품시장에서 거래되는 장내파생상품거래에 의하여 공급하는 금지금(다만, 금세공업자 등(금융기관을 포함한다) 외의 자가 금지금의 실물을 인수하는 경우에는 그러하지 아니함)

ㄹ 금융기관이 면세금지금 거래추천자의 면세 추천을 받은 금세공업자 등에게 공급하는 금지금

표 5.4. 토지·건물의 공급 및 임대에 대한 부가가치세 과세 여부

구 분		과세 여부
(1) 토지	① 토지의 공급	면세
	② 토지의 임대	과세[주)] * 단, 주택부수토지의 임대는 면세
(2) 건물 등	① 건물 등의 공급	과세 * 단, 국민주택의 공급은 면세
	② 건물 등의 임대	과세 * 단, 주택의 임대는 면세

주) 다만, 전·답·과수원·목장용지·임야 또는 염전임대업 등은 부가가치세법상 용역의 공급으로 보지 않는다.

5.2.3. 재화의 수입에 대한 면세

(1) 부가가치세법에 따른 면세대상

다음에 해당하는 재화의 수입에 대하여는 부가가치세를 면제한다(부가법 §27).

① 가공되지 아니한 식료품(식용으로 제공되는 농·축·수산·임산물을 포함)으로서 대통령령으로 정하는 것[주1)]

② 도서, 신문 및 잡지로서 대통령령으로 정하는 것[주2)]

③ 학술연구단체, 교육기관, 「한국교육방송공사법」에 따른 한국교육방송공사 또는 문화단체가 과학용·교육용·문화용으로 수입하는 재화로서 대통령령으로 정하는 것[주3)]

④ 종교의식, 자선, 구호, 그 밖의 공익을 목적으로 외국으로부터 종교단체·자선단체 또는 구호단체에 기증되는 재화로서 대통령령으로 정하는 것[주4)]

⑤ 외국으로부터 국가, 지방자치단체 또는 지방자치단체조합에 기증되는 재화

⑥ 거주자가 받는 소액물품으로서 관세가 면제되는 재화
⑦ 이사, 이민 또는 상속으로 인하여 수입하는 재화로서 관세가 면제되거나 「관세법」에 따른 간이세율이 적용되는 재화
⑧ 여행자의 휴대품, 별송(別送) 물품 및 우송(郵送) 물품으로서 관세가 면제되거나 「관세법」에 따른 간이세율이 적용되는 재화
⑨ 수입하는 상품의 견본과 광고용 물품으로서 관세가 면제되는 재화
⑩ 국내에서 열리는 박람회, 전시회, 품평회, 영화제 또는 이와 유사한 행사에 출품하기 위하여 무상으로 수입하는 물품으로서 관세가 면제되는 재화
⑪ 조약·국제법규 또는 국제관습에 따라 관세가 면제되는 재화로서 대통령령으로 정하는 것[주5)]
⑫ 수출된 후 다시 수입하는 재화로서 관세가 감면되는 것 중 대통령령으로 정하는 것. 다만, 관세가 경감(輕減)되는 경우에는 경감되는 비율만큼만 면제한다.[주6)]
⑬ 다시 수출하는 조건으로 일시 수입하는 재화로서 관세가 감면되는 것 중 대통령령으로 정하는 것. 다만, 관세가 경감되는 경우에는 경감되는 비율만큼만 면제한다.[주7)]
⑭ 담배(국내공급에 대한 면세범위와 동일함)
⑮ 위 '⑥~⑬'의 규정에 따른 재화 외에 관세가 무세(無稅)이거나 감면되는 재화로서 대통령령으로 정하는 것. 다만, 관세가 경감되는 경우에는 경감되는 비율만큼만 면제한다.[주8)]

주1) 수입미가공식료품의 범위에 관하여는 전술한 미가공식료품 국내공급에 대한 면세규정을 준용한다. 다만, 관세가 감면되지 아니하는 수입미가공식료품으로서 커피, 코코아두 등은 면세대상에서 제외(2027년 12월 31일까지 수입하는 물품은 면세)한다(부가령 §49, 부가칙 §37). 면세하지 아니하는 수입미가공식료품 분류표를 적용할 때에는 「관세법」 별표의 관세율표를 기준으로 한다(부가칙 §37 ②).

주2) 면세하는 수입 도서, 신문 및 잡지는 「관세법」 별표 관세율표 제49류의 인쇄한 서적, 신문, 잡지나 그 밖의 정기간행물, 수제(手製)문서 및 타자문서와 전자출판물로 한다(부가령 §50).

주3) 과학용·교육용·문화용으로 수입하는 재화는 다음 중 어느 하나에 해당하는 재화로 한다. 이 경우 '①~⑤'의 재화는 관세가 감면되는 것으로 한정하여 적용하되, 관세가 경감되는 경우에는 경감되는 부분으로 한정하여 적용한다(부가령 §51).
① 학교(「서울대학교병원 설치법」에 따라 설립된 서울대학교병원, 「국립대학병원 설치법」에 따라 설립된 국립대학병원, 「서울대학교치과병원 설치법」에 따라 설립된 서울대학교치과병원 및 「국립대학치과병원 설치법」에 따라 설립된 국립대학치과병원을 포함한다), 박물관 또는 그 밖에 재정경제부령이 정하는 시설에서 진열하는 표본 및 참고품·교육용의 촬영된 필름, 슬라이드, 레코드, 테이프 또는 그 밖에 이와 유사한 매개체와 이러한 시설에서 사용되는 물품. 여기에는 해당 시설에서 사용하기 위하여 소관 중앙행정기관의 장이 수입하는 것을 포함한다(부가칙 §39 ②).
② 연구원, 연구기관 등 재정경제부령으로 정하는 과학기술연구개발시설에서 과학기술의 연구개발에 제공하기 위하여 수입하는 물품
③ 과학기술의 연구개발을 지원하는 단체에서 수입하는 과학기술의 연구개발에 사용되는 시약류
④ 「정부출연연구기관 등의 설립·운영 및 육성에 관한 법률」에 따라 설립된 한국교육개발원이 학술연구를 위하여 수입하는 물품
⑤ 「한국교육방송공사법」에 의한 한국교육방송공사가 교육방송을 위하여 수입하는 물품
⑥ 외국으로부터 재정경제부령이 정하는 영상관련 공익단체에 기증되는 재화로서 그 단체가 직접 사용하는 것

주4) 종교단체·자선단체 또는 구호단체에 기증되는 재화는 다음에 규정하는 것으로 한다(부가령 §52).
① 사원(寺院)이나 그 밖의 종교단체에 기증되는 물품으로서 관세가 면제되는 것
② 자선이나 구호의 목적으로 기증되는 급여품으로서 관세가 면제되는 것
③ 구호시설 및 사회복리시설에 기증되는 구호 또는 사회복리용에 직접 제공하는 물품으로서 관세가 면제되는 것

주5) 조약 등에 의하여 관세가 면제되는 재화는 다음에 규정하는 것으로 한다(부가령 §53).

① 대한민국을 방문하는 외국의 원수와 그 가족 및 수행원이 사용하는 물품
② 국내에 있는 외국의 대사관·공사관, 그 밖에 이에 준하는 기관의 업무용품
③ 국내에 주재하는 외국의 대사·공사, 그 밖에 이에 준하는 사절 및 그 가족이 사용하는 물품
④ 국내에 있는 외국의 영사관, 그 밖에 이에 준하는 기관의 업무용품
⑤ 국내에 있는 외국의 대사관·공사관·영사관, 그 밖에 이에 준하는 기관의 직원과 그 가족이 사용하는 물품
⑥ 정부와의 사업계약을 수행하기 위하여 외국계약자가 계약조건에 따라 수입하는 업무용품
⑦ 국제기구나 외국정부로부터 정부에 파견된 고문관·기술단원, 그 밖에 이에 준하는 자가 직접 사용할 물품

주6) 여기에서 '수출된 후 다시 수입하는 재화로서 관세가 감면되는 것'은 사업자가 재화를 사용하거나 소비할 권한을 이전하지 아니하고 외국으로 반출하였다가 다시 수입하는 재화로서 「관세법」에 따라 관세가 면제되거나 경감되는 재화를 말한다(부가령 §54).

주7) 여기에서 '다시 수출하는 조건으로 일시 수입하는 재화로서 관세가 감면되는 것'은 「관세법」에 따라 관세가 감면되는 것을 말한다(부가령 §55).

주8) 여기에서 '관세가 무세이거나 감면되는 재화'란 다음 중 어느 하나에 해당되는 재화로 한다(부가령 §56).

① 정부에서 직접 수입하는 군수품(정부의 위탁을 받아 정부 외의 자가 수입하는 경우를 포함한다)
② 국가원수 경호용으로 사용할 물품
③ 국내 거주자에게 수여된 훈장·기장 또는 이에 준하는 표창장과 상패
④ 기록문서 그 밖의 서류
⑤ 외국에 주둔하거나 주재하는 국군 또는 재외공관으로부터 반환된 공용품
⑥ 대한민국의 선박 기타 그 밖의 운수기관이 조난으로 인하여 해체된 경우의 그 해체재 및 장비품
⑦ 대한민국 수출물품의 품질·규격·안전도 등이 수입국의 권한 있는 기관이 정하는 조건을 충족하는 것임을 표시하는 수출물품 첨부용 라벨
⑧ 항공기의 제작·수리 또는 정비에 필요한 부분품
⑨ 항공기의 제작·수리 또는 정비에 필요한 원재료로서 소관중앙행정기관의 장이 국내생산이 곤란한 것으로 확인하는 것
⑩ 국제올림픽 및 아시아운동경기종목에 해당하는 운동용구(부분품을 포함한다)로서 대회참가선수의 훈련에 직접 사용되는 물품
⑪ 대한민국과 외국간의 교량, 통신시설, 해저통로, 그 밖에 이에 준하는 시설의 건설 또는 수리에 쓰이는 물품
⑫ 국제적십자사, 그 밖의 국제기구 및 외국적십자사가 국제평화봉사활동 또는 국제친선활동을 위하여 기증하는 물품
⑬ 박람회, 국제경기대회 그 밖에 이에 준하는 행사에 사용하기 위하여 그 행사참가자가 수입하는 물품
⑭ 과학기술정보통신부장관이 국가안전보장상 긴요하다고 인정하여 수입하는 비상통신용 및 전파관리용 물품
⑮ 수입신고한 물품으로서 수입신고수리 전에 변질 또는 손상된 것
⑯ 「관세법」 이외의 법령(「조세특례제한법」을 제외한다)에 의하여 관세가 감면되는 물품
⑰ 지도, 설계도, 도안, 우표, 수입인지, 화폐, 유가증권, 서화, 판화, 조각, 주상, 수집품, 표본 또는 그 밖에 이와 유사한 물품
⑱ 시각·청각 및 언어의 장애인, 지체장애인, 만성신부전증 환자, 희귀난치성 질환자 등을 위한 용도로 특수하게 제작되거나 제조된 물품 중 재정경제부령으로 정하는 물품(협정관세율이 0인 것을 포함한다)
  * 2020년 2월 시행령 개정으로 감면대상 장애인용품의 범위를 정비하였으며, 해당 개정 규정은 2020년 7월 1일 이후 공급하거나 수입하는 분부터 적용한다(대통령령 제30397호, 2020.2.11. 부칙 §1).
⑲ 국가정보원장 또는 그 위임을 받은 자가 국가안전보장 목적의 수행에 긴요하다고 인정하여 수입하는 물품
⑳ 그 밖에 관세의 기본세율이 무세인 물품으로서 재정경제부령이 정하는 것과 관세의 협정세율이 무세인 철도용 내연기관, 디젤기관차 및 이식용 각막

표 5.5. 농·축·수·임산물에 대한 부가가치세 과세 여부

구 분		과세 여부
(1) 국내산 농·축·수·임산물	① 식용	면세
	② 비식용	면세
(2) 수입 농·축·수·임산물	① 식용	면세
	② 비식용	과세

세부규정

- **전술한 재화의 수입에 대한 부가가치세법에 따른 면세 규정 중 '주3)' '①'에서 '재정경제부령이 정하는 시설'이라 함은 다음의 시설을 말한다**(부가칙 §39 ①).

㉠ 「정부조직법」 또는 지방자치단체의 조례에 따라 설치된 기관이 운영하는 시험소, 연구소, 공공직업훈련원, 공공도서관, 동물원, 식물원 및 전시관
㉡ 「대한무역투자진흥공사법」에 따른 대한무역투자진흥공사의 전시관
㉢ 「산업집적활성화 및 공장설립에 관한 법률」에 따라 설립된 산업단지관리공단의 전시관
㉣ 「정부출연연구기관 등의 설립·운영 및 육성에 관한 법률」에 따라 설립된 산업연구원과 「과학기술분야 정부출연연구기관 등의 설립·운영 및 육성에 관한 법률」에 따라 설립된 한국생산기술연구원 및 한국과학기술정보연구원
㉤ 수출조합전시관(산업통상부장관이 면세를 추천한 부분으로 한정한다)
㉥ 「중소기업진흥 및 제품구매촉진에 관한 법률」에 따라 설립된 중소기업진흥공단이 개설한 전시관 및 연수원
㉦ 「소비자기본법」에 따른 한국소비자원
㉧ 디자인 및 포장에 관한 연구개발사업을 추진하기 위하여 비영리법인이 개설한 전시관
㉨ 「과학관의 설립·운영 및 육성에 관한 법률」에 의한 과학관(사립과학관의 경우에는 같은 법에 따라 등록한 것으로 한정한다)

- **전술한 재화의 수입에 대한 부가가치세법에 따른 면세 규정 중 '주3)' '②'에서 '재정경제부령으로 정하는 과학기술연구개발시설'이라 함은 다음을 말한다**(부가칙 §40).

㉠ 「특정연구기관 육성법」에 따른 연구기관
㉡ 「산업기술혁신 촉진법」에 따라 산업통상부장관의 허가를 받아 설립된 연구소
㉢ 「산업교육진흥 및 산학연협력촉진에 관한 법률」에 따라 설립된 산학협력단 등

- **전술한 재화의 수입에 대한 부가가치세법에 따른 면세 규정 중 '주3)' '⑥'에서 '영상관련 공익단체'라 함은 다음을 말한다**(부가칙 §41).

㉠ 「방송미디어통신위원회의 설치 및 운영에 관한 법률」에 따른 방송통신위원회
㉡ 「영화 및 비디오물의 진흥에 관한 법률」에 따른 영화진흥위원회
㉢ 「영화 및 비디오물의 진흥에 관한 법률」에 따른 영상물등급위원회
㉣ 「민법」에 따라 설립된 재단법인 한국영상자료원, 재단법인 한국방송진흥원 및 사단법인 한국영상미디어협회

• 수입 미가공식료품에 대한 면세(부기통 27-49-1)

① 규칙 [별표 1]에 열거하는 미가공식료품의 국내 공급 및 수입에 대하여 부가가치세를 면제한다.
② 규칙 [별표 2]에 열거하는 커피두·코코아두 등의 수입에 대하여는 면세하지 아니한다. 다만, 부가가치세를 과세한 커피두 등이 미가공의 상태로 국내에서 공급하는 때에는 면세한다.

• 수입하는 종축용 닭·돼지 등의 면세(부기통 27-49-2)

규칙 [별표 1] 미가공식료품분류표에 열거되고 식용으로만 제한하는 등의 별도규정을 두지 않은 농산물·축산물·수산물·임산물을 수입한 때에는 해당 농산물·축산물·수산물·임산물의 구체적인 용도(종축용 닭·돼지 또는 씨앗 등)에 관계없이 미가공식료품으로 보아 면세한다.

• 재화의 수입에 대한 세액계산(부기통 27-51-1)

재화의 수입에 대한 부가가치세액은 다음 산식에 의하여 계산한다.

① 법 제27조 제12호·제13호·제15호의 단서 및 영 제51조 단서에 따라 관세가 경감되어 경감되는 부분에만 부가가치세를 면제하는 경우
[(관세의 과세가격) + {관세율표상의 해당 관세율에 의한 관세액(경감 전의 관세액)} + (징수하는 개별소비세) + (징수하는 주세) + (징수하는 교육세, 교통·에너지·환경세, 농어촌특별세)] × (1 − 관세경감률) × (세율) = (부가가치세액)
② 그 밖의 경우
{(관세의 과세가격) + (징수하는 관세) + (징수하는 개별소비세) + (징수하는 주세) + (징수하는 교육세, 교통·에너지·환경세, 농어촌특별세)} × (세율) = (부가가치세액)

(2) 「조세특례제한법」에 따른 면세대상

다음 중 어느 하나에 해당하는 재화의 수입에 대해서는 부가가치세를 면제한다(조특법 §106 ②).

① 무연탄
② 과세사업에 사용하기 위한 선박(제3자에게 판매하기 위하여 선박을 수입하는 경우는 제외한다)
③ 과세사업에 사용하기 위한 「관세법」에 따른 보세건설물품
④ 농민 또는 임업에 종사하는 자가 직접 수입하는 농업용·축산업용 또는 임업용 기자재와 어민이 직접 수입하는 어업용 기자재(2028년 12월 31일까지 수입신고하는 분에 한함)
⑤ 「국제경기대회 지원법」에 따라 설립된 2024강원동계청소년올림픽대회조직위원회 또는 지방자치단체가 2024강원동계청소년올림픽대회의 경기시설 제작·건설 및 경기운영에 사용하기 위한 물품으로서 국내제작이 곤란한 것

5.2.4. 면세의 포기

면세사업자는 부가가치세법상 납세의무자가 아니기 때문에 면세대상 재화 또는 용역의 공급에 대하여 부가가치세는 과세되지 않는 반면, 본인이 매입시 부담하였던 매입세액은 공제받지 못한다.[39] 공제받지 못한 매입세액은 면세사업자가 공급하는 재화 또는 용역의 원가를 구성하게 됨으로 인해 재화 또는 용역의

가격을 책정함에 있어 다른 사업자에 비해 오히려 불리해 질 수도 있다. 특히, 수출재화 등을 공급하는 면세사업자의 경우에는 다른 사업자(영세율사업자)에 비해 가격경쟁력 면에서 상당히 불리해지게 되는데, '면세포기제도'란 이러한 면세사업자의 불이익을 해소하기 위하여 특정한 재화 또는 용역을 공급하는 면세사업자에 대하여 면세적용을 포기하고 과세사업자로 전환할 수 있도록 하는 것을 말한다.

(1) 면세포기 대상 재화 또는 용역

사업자는 부가가치세가 면제되는 재화 또는 용역의 공급으로서 다음 중 어느 하나에 해당하는 것에 대하여는 면세의 포기를 신고하여 부가가치세의 면제를 받지 아니할 수 있다(부가법 §28 ①).

① 영세율 적용대상이 되는 재화 또는 용역
② 주택과 이에 부수되는 토지의 임대 용역
③ 저술가·작곡가나 그밖에 일정한 자가 직업상 제공하는 인적 용역
④ 종교, 자선, 학술, 구호, 그 밖의 공익을 목적으로 하는 단체가 공급하는 재화 또는 용역

한편 부가가치세법은 면세포기의 절차를 시행령에 위임하고 있는데, 시행령에서 면세포기대상으로 규정하고 있는 것은 다음과 같다(부가령 §57).

① 영세율 적용대상이 되는 재화 또는 용역
② 학술 등 연구단체가 그 연구와 관련하여 실비 또는 무상으로 공급하는 재화 또는 용역

따라서 현행 부가가치세법상 면세포기는 시행령에 규정되어 있는 위 '①, ②'의 경우에 한하여 제한적으로 허용된다. 이는 면세포기제도를 광범위하게 허용해 줄 경우 세부담의 역진성 완화라는 면세제도의 기본적인 취지 자체가 훼손될 수 있기 때문이다.

(2) 면세포기의 절차 및 효력

부가가치세의 면제를 받지 아니하려는 사업자는 면세포기신고서에 의하여 관할세무서장에게 신고(국세정보통신망에 의한 신고를 포함한다)하여야 한다. 이 경우 부가가치세법에 따라 지체 없이 사업자등록을 하여야 한다(부가령 §57). 한편 신규로 사업을 시작하는 경우에는 면세포기신고서를 사업자등록신청서와 함께 제출할 수 있다(부가칙 §44).

면세포기는 과세기간 중 언제라도 가능하며, 별도로 과세관청의 승인을 얻을 필요는 없다. 다만, 면세의 포기를 신고한 사업자는 신고한 날부터 3년간 부가가치세를 면제받지 못한다(부가법 §28 ②).

---

39) 한편, 중간거래단계에서 면세가 적용되는 환수효과 뿐만 아니라 누적효과도 발생하게 되는데, 면세포기제도는 이러한 환수효과 및 누적효과를 제거하기 위한 부가가치세법상의 규정으로 볼 수 있다. 환수효과와 누적효과에 대해서는 '**3.5. 환수효과와 누적효과**'에서 자세히 살펴보기로 한다.

(3) 면세의 재적용

면세의 포기를 신고한 사업자가 신고한 날부터 3년이 지난 뒤 부가가치세를 면제받으려면 면세적용신고서와 함께 사업자등록증을 제출하여야 하며, 면세적용신고서를 제출하지 아니하면 계속하여 면세를 포기한 것으로 본다(부가령 §47 ③).

세부규정

- **면세포기의 범위**(부기통 28-57-1)

면세되는 2 이상의 사업 또는 종목을 영위하는 사업자는 면세포기대상이 되는 재화 또는 용역의 공급 중에서 면세포기하고자 하는 재화 또는 용역의 공급만을 구분하여 면세포기할 수 있다.

- **면세포기한 사업자가 국내에 공급하는 재화 또는 용역**(부기통 28-57-2)

영세율적용의 대상이 되는 것만을 면세포기한 사업자가 면세되는 재화 또는 용역을 국내에 공급하는 때에는 면세포기의 효력이 없다.

- **정부업무 대행단체의 면세포기**(부기통 28-57-3)

법 제28조 제1항에 따라 면세포기할 수 있는 사업자에는 「조세특례제한법 시행령」 제106조 제6항에서 규정하는 정부업무대행단체를 포함한다.

- **사업양도 시의 면세포기효력**(부기통 28-57-4)

① 면세포기신고를 한 사업자가 사업을 포괄양도하는 경우에 면세포기의 효력은 사업을 양수한 사업자에게 승계된다.
② 면세포기신고를 한 사업자가 사업장을 이전한 경우 등 사업자등록정정사유가 발생한 때에는 해당 사유의 정정신고 여부에 관계없이 면세포기의 효력이 있다.

- **영세율과 면세가 중복되는 경우의 면세포기신고**(부기통 28-57-5)

법 제21조부터 제24조까지의 규정에 따라 영세율이 적용되는 재화 또는 용역의 공급이 「조세특례제한법」 제106조에 따라 면세되는 경우 해당 재화 또는 용역의 공급에 대하여 영 제57조에 따라 면세포기신고를 하는 때에는 영의 세율을 적용한다.

5.3. 환수효과와 누적효과

전단계세액공제법을 적용하는 경우 특정 거래단계에서 재화 또는 용역을 공급하는 사업자에 대하여 면세 또는 영세율이 적용되는 경우, 해당 재화 등을 공급을 받는 일반과세사업자의 경우에는 면세 또는 영세율로 인한 세액경감효과가 사라지거나 중복하여 세액이 징수될 수 있는데, 이를 '환수효과' 또는 '누적효과'라고 한다.[40]

---

40) 가산법 또는 전단계거래액공제법에 의하여 부가가치를 우선 계산한 후, 여기에 세율을 적용하여 부가가치세를 계산하

5.3.1. 환수효과

'환수효과(Catching-up effect)'란 중간거래단계에서 세액의 경감이 적용되는 경우, 그 경감된 세액이 이후의 단계에서 다시 징수되어 국고에 환수됨으로 인해 중간단계에서의 세액의 경감이 취소되는 효과를 말한다.

중간단계에 세액의 경감이 적용되지 않는 일반적인 거래의 경우를 살펴보면 다음과 같다.

• 중간거래단계에서 세액의 경감이 적용되지 않는 경우 : 과세 → 과세 → 과세

(단위: 원)

구 분		과세사업자 (A)	과세사업자 (B)	과세사업자 (C)	합 계
매입	매입액	-	→ 500	→ 1,200	1,700
	매입세액	-	50	120	170
매출	매출액	500	1,200	2,000	3,700
	매출세액	50	120	200	370
창출된 부가가치		500	700	800	2,000
납부(환급)세액 (매출세액 – 매입세액)		50	70	80	200

만약 중간거래단계인 B사업자에게 영세율이 적용되는 경우를 살펴보면 다음과 같다.

• 중간거래 단계에서 영세율이 적용되는 경우 : 과세 → 영세율 → 과세

(단위: 원)

구 분		과세사업자 (A)	영세율사업자 (B)	과세사업자 (C)	합 계
매입	매입액	-	→ 500	→ 1,200	1,700
	매입세액	-	50	-	50
매출	매출액	500	1,200	2,000	3,700
	매출세액	50	0	200	250
창출된 부가가치		500	700	800	2,000
납부(환급)세액 (매출세액 – 매입세액)		50	△50	200	200

주) 모든 거래단계에서 창출된 부가가치의 합계는 ₩2,000이고, 사업자들이 납부한 부가가치세의 합계도 ₩200이므로, 중간단계에서 영세율을 적용한 세액경감의 효과는 모두 사라지게 된다.

는 경우에는 이러한 환수효과 및 누적효과가 발생하지 않는다.

위와 같이 중간거래단계에 영세율을 적용하고 그 이후의 거래단계에 과세가 적용되는 경우 C사업자는 부담한 매입세액이 없으므로 부가가치세 납부세액은 매출세액 전액인 ₩200이 된다. 따라서 C사업자가 당초 예상했던 납부세액인 ₩80(C사업자가 창출한 부가가치 ₩800에 10%를 적용한 세액)보다 실제로 납부하는 세액이 ₩120 만큼 커지게 되는 것이다. 이러한 차이는 중간거래단계에서 영세율이 적용됨으로 인해 경감된 세액 ₩120(B사업자가 일반과세자였다면 ₩70의 세액을 납부하여야 하지만 영세율 적용으로 인해 매출세액은 ₩0이 되어 매입세액 ₩50을 모두 환급받게 된다. 따라서 이 경우 경감된 세액은 ₩120이 된다)과 일치하게 되는데, 이 금액이 이후의 거래단계에서 징수되어 다시 국고에 환수되므로 중간거래단계에서 영세율을 적용한 효과가 사라지게 된다. 따라서 이러한 환수효과를 취소효과(cancel-out effect)라 부르기도 한다. 위 사례의 경우에서 환수효과를 계산하여 보면 다음과 같다.

환수효과 = C사업자의 납부세액 − C사업자가 창출한 부가가치 × 10%
　　　　 = ₩200 − 800 × 10% = ₩120

[별해] 환수효과 = B사업자가 경감 받은 세액 = ₩1,200 × 10% = ₩120

주) 위 'B사업자가 경감 받은 세액'에서 ₩1,200은 A사업자가 창출한 부가가치 ₩500과 B사업자가 창출한 부가가치 ₩700의 합계이다.

5.3.2. 누적효과

'누적효과(Cascade effect)'라 함은 중간거래단계에서 면세 등이 적용되는 경우, 그 이전 거래단계에서 이미 징수된 세액을 공제받지 못함으로 인하여 그 이후의 거래단계에서 공제받지 못한 부가가치세 상당액이 다시 한 번 더 징수되어 중복과세 되는 현상을 말한다.

전술한 사례를 바탕으로 중간거래단계인 B사업자에게 면세가 적용되는 경우를 살펴보자.

• 중간거래 단계에서 면세가 적용되는 경우 : 과세 → 면세 → 과세

(단위: 원)

구 분		과세사업자 (A)	면세사업자 (B)	과세사업자 (C)	합 계
매입	매입액	-	550	1,250	1,750
	매입세액	-	-	-	
매출	매출액	500	1,250	2,050	3,750
	매출세액	50	-	205	255
창출된 부가가치		500	700	800	2,000
납부(환급)세액 (매출세액 − 매입세액)		50	-	205	255

주) 면세사업자는 매입세액을 공제(환급)받지 못하므로, 이를 매입가액에 가산한다. 따라서 C에게 이를 매출하는 경우 해당 매입세액이 매출액에 포함이 된다.

위와 같이 B사업자에게 면세가 적용되는 경우에는 앞에서 살펴봤던 환수효과뿐만 아니라 누적효과도 함께 발생한다. B사업자는 A사업자로부터 매입을 할 때 부담했던 부가가치세 ₩50을 매입세액으로 공제를 받지 못하기 때문에 해당 부가가치세 상당액을 매입액에 포함시켜야 한다. B사업자는 면세를 적용받음으로 인해 매출세액은 없다. C사업자는 B사업자로부터 매입시 매입세액을 부담하지 않았기 때문에 공제할 매입세액이 없으며 매출세액 ₩205을 전액 부가가치세로서 납부하여야 한다. 이 경우 C사업자의 부가가치세 납부세액을 분석해 보면 다음과 같다.

① C사업자가 창출한 부가가치 ₩800에 대한 부가가치세 : ₩80
② A사업자가 창출한 부가가치와 부가가치세의 합계 ₩550에 대한 부가가치세 : ₩55 → 누적효과
③ B사업자가 창출한 부가가치 ₩700에 대한 부가가치세 : ₩70 → 환수효과

따라서 환수효과와 누적효과의 합계는 ₩125이 된다.

위 '②'와 같이 누적효과가 계산되는 이유는 C사업자는 매입세액을 공제받을 수 없기 때문에 A사업자가 창출한 부가가치가 C사업자의 과세표준에 포함되어 과세되고, A사업자의 부가가치세도 결국 C사업자에게 전가되어 A사업자 단계에서의 부가가치세가 중복과세 되는 결과가 되기 때문이다. 따라서 누적효과를 '가산효과'라고 하기도 한다. 위 사례의 경우에서 누적효과를 계산하여 보면 다음과 같다.

누적효과 = 면세적용 이전단계(A사업자)의 부가가치와 부가가치세의 합계
= ₩550 × 10% = ₩55

주) 이는 전체 거래단계에서 실제 징수된 부가가치세 합계액 ₩255에서 전체 거래단계에서 창출한 부가가치에 대한 부가가치세 ₩200(₩2,000×10%)을 차감한 ₩55과도 일치한다.

또한 위 '③'은 환수효과가 되는데, 이는 B사업자 단계에서 면세가 적용됨으로 인해 경감된 세액 ₩70(B사업자가 일반과세자였다면 매출세액 ₩120에서 매입세액 ₩50을 차감한 ₩70의 세액을 납부하여야 하지만 면세 적용으로 인해 납부세액이 ₩0이므로, 이 경우 경감된 세액은 ₩70이 됨)이 C사업자의 매출세액이 됨으로써 세액경감의 효과가 제거되어 버리기 때문이다. 환수효과는 다음과 같이 계산될 수 있다.

환수효과 = B사업자의 부가가치 창출액에 대한 부가가치세
= ₩700 × 10% = ₩70

환수효과와 누적효과의 합계인 ₩125는 다음과 같이 계산할 수도 있다.

환수효과와 누적효과의 합계액
= C사업자의 납부세액 − C사업자가 창출한 부가가치 × 10%
= ₩205 − 800 × 10% = ₩125

이러한 누적효과는 중간거래단계에서 면세가 적용되는 경우뿐 아니라 중간거래단계에 간이과세를 적용되어 매입세액을 공제받지 못한 경우에도 발생한다.

5.3.3. 환수효과와 누적효과의 제거

이상에서 보았듯이 중간단계에서 환수효과 및 누적효과가 발생하는 경우 영세율이나 면세의 취지를 무의미하게 만들기 때문에, 우리나라 부가가치세법에서는 이러한 환수효과 및 누적효과를 제거하기 위한 몇 가지 규정을 두고 있는데, 이하에서 이를 구체적으로 살펴보겠다.

(1) 중간단계에서 영세율이 적용되는 경우

우선 중간단계에서 영세율이 적용되는 경우는 환수효과가 발생하게 되는데, 영세율은 주로 수출재화 등 외화획득사업에 적용되기 때문에 거래상대방이 외국의 사업자인 경우가 대부분이다. 따라서 영세율의 경우 환수효과는 주로 국외에서 발생하게 되므로 우리나라 부가가치세법상 이를 제거하기 위한 규정은 없다.

(2) 중간단계에서 면세 등이 적용되는 경우

그리고 중간단계에서 면세가 적용되는 경우는 환수효과뿐만 아니라 누적효과도 발생하게 되는데, 이러한 환수효과 및 누적효과를 제거하기 위하여 부가가치세법에서는 '의제매입세액공제제도'와 '면세포기제도'를 두고 있다. 의제매입세액공제에 대하여는 '**8.3.1. 공제대상 매입세액**'에서 살펴볼 것이며, 면세포기제도에 대해서는 '**5.2.4. 면세의 포기**'에서 살펴보았다.

또한 중간단계에서 간이과세가 적용되는 경우에도 누적효과가 발생하는데 이를 제거하기 위하여 부가가치세법상 '간이과세포기제도'를 두고 있다. 이는 '**10.8. 간이과세의 포기**'에서 살펴보겠다.

그러나 기업업무추진비, 업무무관지출 등과 관련하여 매입세액공제를 적용받지 못하는 경우도 있는데, 이로 인하여 누적효과가 발생하는 경우에는 해당 중복과세가 조세정책상 의도된 것으로 보아야 하기 때문에 현행 부가가치세법상 이를 제거하기 위한 규정은 없다.

표 5.6. 환수효과 및 누적효과를 제거하기 위한 부가가치세법상의 규정

① 의제매입세액공제제도[주)]
② 면세포기제도
③ 간이과세포기제도

주) 「조세특례제한법」상 '재활용폐자원 등에 대한 부가가치세 매입세액 공제 특례'도 동일한 취지의 규정이다.

연습문제

01 다음은 부가가치세법상 영세율과 면세제도에 대한 설명이다. 잘못 기술된 것은?

① 영세율은 소비지국과세원칙의 구현 등을 목적으로 하고, 면세는 부가가치세의 역진성 완화 등을 그 목적으로 하고 있다.
② 영세율은 매입세액을 환급받을 수 있는 반면, 면세는 매입세액을 환급받지 못한다.
③ 면세사업자가 영세율을 적용받고자 하는 경우에는 면세포기신고를 하여야 한다.
④ 영세율은 수출 등 외화획득사업에 적용되고, 면세는 주로 가공되지 아니한 식료품, 수돗물 등 제한적으로 열거된 대상에 한하여 적용된다.
⑤ 영세율과 면세사업자 모두 부가가치세법상 납세의무자이며, 부가가치세법상의 의무를 동일하게 이행하여야 한다.

해답

영세율을 적용받는 사업자는 일단 부가가치세법상 과세대상 사업자이다. 따라서 일반사업자에게 적용되는 사업자등록, 세금계산서 발행 등의 협력의무가 동일하게 적용된다. 이에 반해 면세사업자는 부가가치세법상 납세의무자가 아니므로, 일부 협력의무를 제외하고는 원칙적으로 사업자등록, 세금계산서의 발행 등과 같은 협력의무가 없다.

정답 ⑤

02 다음 중 부가가치세 영세율과 면세에 관한 설명으로 가장 올바르지 않은 것은? (2015년 재경관리사)

① 영세율제도가 국제적인 이중과세를 방지하는 효과가 있다면, 면세제도는 부가가치세의 역진성을 완화하는 효과가 있다.
② 영세율사업자와 면세사업자는 세금계산서 발급 등의 부가가치세법에서 규정하고 있는 제반사항을 준수해야 할 의무가 있다.
③ 영세율적용대상자는 매입세액을 공제받지만, 면세사업자는 매입세액을 공제받지 못한다.
④ 사업자가 토지를 공급하는 때에는 면세에 해당하나, 주택 부수토지를 제외한 토지의 임대용역을 공급하는 때에는 원칙적으로 과세에 해당한다.

해답

면세사업자는 원칙적으로 부가가치세법상의 협력의무를 부담하지 않는다.

정답 ②

03 다음 중 부가가치세법상 영세율과 면세에 대한 설명으로 옳지 않은 것은? (제122회 전산세무 1급)

① 영세율은 소비지국과세원칙을 구현하기 위하여 국제거래에 적용되나, 외화획득 장려 등 정책적 목적에서 국내거래에 적용되기도 한다.
② 영세율은 거주자 또는 내국법인에게 적용함을 원칙으로 하며, 비거주자나 외국법인은 상호주의에 의한다.
③ 면세는 부가가치세의 역진성 완화, 국민복지의 증진, 문화소비의 촉진 등을 목적으로 한다.
④ 토지의 임대는 무조건 면세하고 토지의 공급은 과세한다.

해답

토지의 공급은 면세하는 것이나, 토지의 임대는 주택부수토지 등 일부를 제외하고 과세한다.

정답 ④

04 현행 부가가치세법상 부가가치세의 역진성을 완화하기 위한 특징으로 가장 적절한 것은? (제70회 세무회계 3급)

① 거래징수제도　② 면세제도　③ 영세율 적용　④ 소비형 부가가치세

해답

면세제도는 세부담의 역진성을 완화하기 위한 제도이다.

정답 ②

05 부가가치세법상 영세율과 면세에 관한 다음 설명 중 틀린 것은? (제71회 세무회계 2급)

① 영세율은 사업자의 세부담을 경감하고, 면세는 최종소비자의 세부담을 경감한다.
② 영세율사업자은 매출 · 매입처별세금계산서합계표 제출의무가 있으나, 면세사업자는 매출 · 매입처별세금계산서합계표 제출의무가 없다.
③ 영세율은 세금계산서 발급의무가 있으나, 면세는 세금계산서 발급의무가 없다.
④ 영세율은 완전면세제도이나, 면세는 부분면세제도이다.

해답

면세사업자인 경우도 매입처별세금계산서합계표 제출의무는 있다.

정답 ②

06 다음 중 부가가치세법상 영세율과 면세에 대한 설명으로 잘못된 것은? (제72회 전산세무 2급)

① 면세제도는 세부담의 누진성을 완화하기 위하여 주로 기초생활필수품 등에 적용하고 있다.
② 선박 또는 항공기에 의한 외국항행용역의 공급에 대하여는 영세율을 적용한다.
③ 영세율은 완전면세제도이고, 면세는 불완전면세제도이다.
④ 국내거래라도 영세율이 적용되는 경우가 있다.

해답

면세 제도는 세부담의 역진성을 완화하기 위함이다.

정답 ①

07 다음 중 부가가치세법상 영세율과 면세에 관한 설명으로 잘못 짝지어진 것은?

(2023년 6월 재경관리사)

	구분	영세율	면세
①	목적	국제적인 이중과세 방지	부가가치세의 역진성 완화
②	성격	부분면세제도	완전면세제도
③	세금계산서 발급의무	있음	없음
④	매입처별세금계산서 합계표제출의무	있음	있음

해답

영세율은 완전면세제도, 면세는 부분면세제도이다.

정답 ②

08 다음 중 부가가치세법상 영세율에 관한 설명으로 가장 올바르지 않은 것은? (2017년 재경관리사)

① 영세율은 국제적인 이중과세를 방지하는 효과가 있다.
② 면세사업자는 면세를 포기하더라도 영세율을 적용 받을 수 없다.
③ 영세율을 적용 받는 사업자는 사업자등록 및 세금계산서 발급 등 부가가치세법상 제반 의무를 이행하여야 한다.
④ 영세율을 적용 받는 사업자가 사업과 관련하여 부담한 매입세액은 부가가치세 납부세액 계산시 공제된다.

해답

면세사업자가 영세율을 적용받고자 하는 경우 면세포기를 하면 된다.

정답 ②

09 다음 자료를 바탕으로 회사 입장에서 영세율 제도와 면세 제도에 따라 부가가치세 납부 또는 환급세액을 계산할 경우 어떤 제도가 얼마나 유리한지 알맞게 짝지어진 것을 고르시오.

(2024년 9월 재경관리사)

구 분	영세율	면세
매출액	30,000,000원(수출)	30,000,000원(면세 - 국내 매출)
매입액	20,000,000원(과세)	20,000,000원(과세)
부가가치(매출액 - 매입액)	10,000,000원	10,000,000원

① 영세율 제도가 1,000,000원 유리함
② 영세율 제도가 2,000,000원 유리함
③ 면세 제도가 1,000,000원 유리함
④ 면세 제도가 2,000,000원 유리함

해답

① 영세율사업자 납부세액 : ₩0(매출세액) - 2,000,000(매입세액) = ₩2,000,000(환급세액)
② 면세사업자는 매출세액이 없으며 매입세액공제도 없으므로, 결과적으로 납부세액 없음.
따라서 영세율사업자가 납부 또는 환급세액 측면에서 환급액 ₩2,000,000 만큼 유리하게 되는 것임.

정답 ②

10 반도체라인 생산설비를 제조하는 ㈜삼일은 2/4분기(2026년 4월 1일 ~ 2026년 6월 30일) 중 다음과 같이 2대의 기계장치를 수출하였다. 동 기간 중 회사의 매입세액이 200,000,000원일 때, ㈜삼일이 2026년 1기 확정신고시 납부 또는 환급 받을 부가가치세 금액은 얼마인가(단, 매입세액은 모두 공제 가능한 금액이며, 조기환급신고는 하지 않았다고 가정한다)? (2016년 재경관리사)

제품명	수량	공급가액
웨이퍼 가공설비 A	1	2,000,000,000원
웨이퍼 절단설비 B	1	1,000,000,000원

① 납부(환급)세액 없음
② 100,000,000원 납부
③ 100,000,000원 환급
④ 200,000,000원 환급

해답

수출의 경우 영세율이 적용되므로 매출세액은 0이다. 따라서 매입세액 2억원은 전액 환급이 가능하다.

정답 ④

11 부가가치세법상 영세율 적용 대상에 해당하는 것은? (제71회 세무회계 3급)

ㄱ. 국내에서 수출대행업자의 대행수수료	ㄴ. 항공기에 의한 국내 항행용역
ㄷ. 국외에서 제공하는 용역	ㄹ. 내국물품을 외국으로 반출하는 것

① ㄱ, ㄴ ② ㄱ, ㄹ ③ ㄴ, ㄷ ④ ㄷ, ㄹ

해답

국외에서 제공하는 용역과 내국물품을 외국으로 반출하는 것은 영세율 적용대상에 해당한다.

정답 ④

12 다음 중 부가가치세법상 영세율이 적용되는 거래에 해당하는 것을 모두 고르면?

(2023년 1월 재경관리사)

ㄱ. 재화의 수출	ㄴ. 가공되지 아니한 식료품의 국내판매
ㄷ. 선박·항공기의 외국항행 용역	ㄹ. 내국신용장에 의하여 공급하는 재화

① ㄱ, ㄷ ② ㄱ, ㄴ, ㄷ ③ ㄱ, ㄴ, ㄹ ④ ㄱ, ㄷ, ㄹ

해답

가공되지 아니한 식료품은 면세 적용대상에 해당한다.

정답 ④

13 다음 중 부가가치세법상 영세율에 대한 설명으로 옳지 않은 것은? (제116회 세무회계 3급)

① 국제적인 이중과세를 방지하는 효과가 있다.
② 영세율 제도는 생산지국 과세원칙을 구현하는 것이다.
③ 영세율을 적용받는 사업자도 매입세액공제를 받을 수 있다.
④ 면세사업자는 면세를 포기할 경우 영세율을 적용받을 수 있다.

해답

영세율 제도는 국제적 이중과세를 해소하기 위해 소비지국 과세원칙을 채택하고 있다.

정답 ②

14 다음 중 부가가치세법상 영세율에 대한 설명으로 옳지 않은 것은? (제116회 세무회계 2급)

① 일반과세자는 영세율 적용으로 환급세액이 발생할 수 있다.
② 사업자가 영세율을 적용받는 경우 조기환급 대상이다.
③ 영세율은 거주자 또는 내국법인에 대하여 적용하며, 비거주자나 외국법인은 상호주의에 따른다.
④ 면세사업자는 면세포기를 하더라도 영세율을 적용받을 수 없다.

해답

면세사업자는 면세포기를 하는 경우 영세율을 적용받을 수 있다.

정답 ④

15 다음 중 부가가치세법상 영세율 적용 대상 거래가 아닌 것은? (제117회 세무회계 3급)

① 용역의 국외 공급
② 국외의 사업자에게 견본품 반출
③ 중계무역방식의 수출
④ 외국항행용역의 공급

해답

국외 사업자에게 견본품을 무상으로 반출하는 재화의 공급으로 보지 아니한다.

정답 ②

16 다음 중 부가가치세법상 영세율에 대한 설명으로 옳지 않은 것은? (제118회 세무회계 2급)

① 수출품생산업자가 내국물품을 국외로 반출시 이는 영세율 적용대상이다.
② 수출업자가 국내에서 수출품생산업자와의 계약에 따라 수출을 대행하고 수출대행수수료를 받는 경우 영세율 적용 대상이다.
③ 견본품을 외국에 무상으로 반출하는 것은 재화의 공급이 아니므로 영세율 적용대상이 아니다.
④ 공급시기가 속하는 과세기간이 끝난 후 25일 이내에 내국신용장 · 구매확인서가 개설 · 발급된 경우에도 영세율을 적용한다.

해답

수출대행에 따른 수수료에 대해서는 10% 세율로 부가가치세 과세된다.

정답 ②

17 다음 중 부가가치세법상 영세율에 관한 설명으로 가장 옳은 것은? (제120회 세무회계 3급)

① 영세율이 적용되는 경우 전 거래단계에 대한 부분면세제도이다.
② 영세율 적용대상자는 부가가치세법상의 사업자가 아니다.
③ 면세사업자가 영세율을 적용받기 위해서는 면세를 포기해야 한다.
④ 영세율이 적용되는 직수출거래라 하더라도 세금계산서는 발급하여야 한다.

해답

① 면세는 부분면세제도, 영세율은 완전면세제도이다.
② 영세율 적용대상자도 부가가치세법상의 사업자에 해당한다.
④ 영세율이 적용되는 직수출거래의 경우 세금계산서 발급의무가 면제된다.

정답 ③

18 다음 중 부가가치세법상 영세율에 대한 설명으로 가장 옳은 것은? (제120회 전산세무 2급)

① 비거주자는 어떠한 경우에도 영세율을 적용받을 수 없다.
② 영세율이 적용되면 부가가치세의 납세의무가 면제된다.
③ 재화의 수출은 내국물품을 외국으로 반출하는 것으로서 내국물품에는 대한민국 선박에 의해 채집된 수산물을 제외한다.
④ 국내에 해당 사업장이 있는 사업자가 국외에서 공급하는 용역에 대하여는 영세율을 적용한다.

해답

① 비거주자는 상호주의에 따라 영세율을 적용받을 수 있다.
② 영세율 사업자는 부가가치세 납세의무자이다.
③ 대한민국 선박에 의해 채집된 수산물을 외국으로 반출하는 것도 수출에 해당한다.

정답 ④

19 다음 보기에서 부가가치세법상 면세적용 대상은 몇 개 인가? (제71회 세무회계 2급)

· 항공기	· 금융, 보험용역	· 맛소금
· 고속철도	· 신문사 광고	· 수입콩

① 2개 ② 3개 ③ 4개 ④ 5개

해답

금융보험용역과 수입콩은 면세대상이다.

정답 ①

20 다음 중 부가가치세가 면세되는 재화 · 용역의 공급에 해당하는 개수는? (제121회 전산세무 2급)

· 신문(광고는 제외)	· 단순한 의약품의 판매	· 복권	· 토지의 매매
· 주택임대용역	· 우표(수집용 우표 제외)	· 영유아용 기저귀	· 항공기에 의한 여객운송용역

① 4개 ② 5개 ③ 6개 ④ 7개

해답

신문(광고 제외), 복권, 토지의 매매, 주택임대용역, 우표(수집용 우표 제외) 및 영유아용 기저귀는 면세대상이다.

정답 ③

21 다음 중 부가가치세법상 면세거래에 해당하는 것을 모두 고른 것은? (제123회 전산세무 2급)

A. 칠레에서 수입한 관상용 열대어를 판매하였다.
B. 단순 운반편의를 위해 된장, 고추장을 병입하여 판매하였다.
C. 제조업을 영위하는 '갑'은 공장 주차장으로 사용하던 토지 일부를 매각하였다.
D. 도소매업을 영위하는 '을'은 창고부지의 일부분인 토지를 '병'에게 임대하였다.
E. '정'은 국민주택 규모를 초과하는 주택(부수토지 제외)을 임대하고 월세 수입이 발생하였다.

① A, B, C
② A, D, E
③ B, C, D
④ B, C, E

해답

B : 단순 운반편의를 위해 된장, 고추장 등을 병입하는 경우 면세된다.
C : 토지의 공급은 면세대상이다.
E : 주택의 임대는 규모에 상관없이 면세된다.

정답 ④

22 다음 중 부가가치세법상 면세대상에 해당하는 것은? (제120회 세무회계 3급)

① 고속철도에 의한 여객운송용역
② 수집용 우표
③ 광고를 제외한 신문, 도서, 인터넷신문
④ 유연탄

해답

광고를 제외한 신문, 도서 등은 면세대항에 해당한다.

정답 ③

23 다음 중 부가가치세법상 면세에 대한 설명으로 옳지 않은 것은? (제117회 세무회계 1급)

① 「철도의 건설 및 철도시설 유지관리에 관한 법률」에 따른 고속철도에 의한 여객운송용역에 대해서는 부가가치세를 과세한다.
② 시외우등고속버스 및 시외고급고속버스운송사업 및 전세버스운송사업에 의한 여객운송 용역에 대해서는 부가가치세를 면제한다.
③ 「체육시설의 설치 · 이용에 관한 법률」에 따른 무도학원의 교육 용역은 부가가치세를 과세한다.
④ 면세의 포기를 신고한 사업자는 신고한 날부터 3년간 부가가치세를 면제받지 못한다.

해답

시외우등고속버스, 시외고급고속버스운송사업 및 전세버스운송사업에 의한 여객운송 용역에 대해서는 부가가치세를 과세한다.

정답 ②

24 다음 중 부가가치세법상 면세대상이 아닌 것은? (제118회 세무회계 3급 수정)

① 수돗물 ② 연탄과 무연탄
③ 도서 ④ 시외우등고속버스

해답

시외우등고속버스 및 시외고급고속버스운송에 의한 여객운송 용역에 대해서는 부가가치세를 과세한다.

정답 ④

25 다음 중 부가가치세법상 과세되는 거래는? (제116회 세무회계 3급)

① 주택의 임대
② 국민주택규모의 주택 매매
③ 토지의 매매
④ 토지만의 임대

해답

주택부수토지 등 일부를 제외하고 토지의 임대는 원칙적으로 부가가치세 과세대상에 해당한다.

정답 ④

26 다음 중 부가가치세법상 면세로 볼 수 없는 것은? (제123회 전산세무 1급)

① 치료, 예방, 진단 목적으로 조제한 동물의 혈액 공급
② 공동주택 내 복리시설인 어린이집 임대용역
③ 항공기, 고속버스, 전세버스에 의한 여객운송 용역
④ 정부의 허가 또는 인가를 받은 학원의 교육용역

해답

항공기, 고속버스(시외우등고속버스 및 시외고급고속버스에 한함) 및 전세버스에 의한 여객운송 용역에 대해서는 부가가치세가 과세된다.

정답 ③

27 다음 중 부가가치세법상 면세대상이 아닌 것은? (제117회 세무회계 2급)

① 인터넷 신문에 게재되는 광고
② 영유아용 기저귀와 분유
③ 약사가 제공하는 의약품의 조제용역
④ 국공립어린이집에서 공급하는 교육용역

해답

신문, 도서 및 잡지 등은 면세재화이나, 광고에 대해서는 부가가치세를 과세한다.

정답 ①

28 다음은 김삼일씨의 2026년도 1월 가계부 지출내역이다. 지출금액에 포함된 부가가치세의 합계는 얼마인가(단, 공급자는 부가가치세법에 따라 적정하게 부가가치세를 거래징수 하였다고 가정한다)?

(2021년 1월 재경관리사)

일자	적요	금액
1월 14일	국민주택 월세	330,000원
1월 21일	잡지 구독료	33,000원
1월 27일	비행기 이용	110,000원

① 10,000원 ② 13,000원 ③ 33,000원 ④ 40,000원

해답

주택의 임대 및 잡지는 면세대상에 해당하며, 비행기는 부가가치세 과세대상에 해당한다. 따라서 지출금액에 포함된 부가가치세는 ₩110,000 × 10/110 = ₩10,000이다.

정답 ①

29 다음은 김삼일씨의 2026년 5월 가계부 지출내역이다. 지출금액에 포함된 부가가치세 합계를 계산하면 얼마인가(단, 공급자는 부가가치세법에 따라 적법하게 부가가치세를 거래징수 하였다고 가정한다)?

(2024년 1월 재경관리사)

일자	적요	금액
1월 14일	바나나 구입	11,000원
1월 21일	수도료 납부	22,000원
1월 27일	택시요금	33,000원
1월 30일	영화관람	44,000원

① 3,000원 ② 7,000원 ③ 8,000원 ④ 100,000원

해답

미가공식표품인 바나나 및 수돗물은 면세대상에 해당하며, 택시요금 및 영화관람은 부가가치세 과세대상에 해당한다. 따라서 지출금액에 포함된 부가가치세는 ₩77,000 × 10/110 = ₩7,000이다.

정답 ②

30 다음 중 부가가치세법상 과세여부에 대한 설명으로 맞는 것은? (제70회 전산세무 2급)

① 국가, 지방자치단체, 지방자치단체조합 또는 대통령령으로 정하는 공익단체에 유상으로 공급하는 재화 또는 용역 : 과세
② 전기 : 면세
③ 국민주택 규모 초과 주택의 임대 : 과세
④ 수돗물 : 과세

해답

국가 등에 유상으로 공급하는 경우에는 부가가치세 과세 대상이다.

정답 ①

31 다음 자료에 의하여 부동산 임대용역 중 부가가치세법상 면세되는 부수토지의 면적은?

(제70회 세무회계 2급)

· 주택의 면적 : 100㎡	· 상가의 면적 : 50㎡
· 토지의 면적 : 600㎡	· 단층의 겸용주택으로 도시지역 내에 위치한다.

① 100㎡ ② 200㎡ ③ 300㎡ ④ 600㎡

해답

(100㎡ + 50㎡) × 5배 = 750㎡
* 따라서 토지의 전체 면적이 모두 면세이다.

정답 ④

32 다음 자료를 이용하여 부가가치세가 과세되는 토지의 임대면적을 구하면 얼마인가?

(제119회 전산세무 2급)

· 주택과 점포로 겸용되는 1층 건물을 임대하고 있다.
· 주택 면적 : 60㎡, 점포 면적 : 140㎡, 건물의 부수토지 면적 : 1,000㎡
· 이 건물은 도시지역 안에 소재하고 있다.

① 60㎡ ② 140㎡ ③ 300㎡ ④ 700㎡

해답

(1) 면세되는 토지 면적 : Min[①, ②] = 300㎡

① $1{,}000㎡ \times \frac{60㎡}{200㎡} = 300㎡$

② 60㎡×5 = 300㎡

(2) 과세되는 토지 면적 : 1,000㎡ − 300㎡ = 700㎡

정답 ④

33 도시지역안의 1필지의 토지 위에 있는 단층건물인 주택 40㎡와 점포 40㎡를 동일인에게 임대하고 있다. 그 부수토지는 500㎡이다. 건물 및 그 부수토지의 임대에 대하여 부가가치세의 과세여부를 판단하면?

① 건물 80㎡ 및 토지 40㎡의 임대에 대하여 면세, 건물의 정착면적의 5배를 초과하는 토지 100㎡는 과세

② 주택 40㎡와 그 부수토지 중 200㎡는 면세, 주택의 부수토지로서 주택의 정착면적의 5배를 초과하는 50㎡는 과세, 점포 40㎡와 그 부수토지 250㎡는 과세

③ 건물 80㎡ 및 주택의 부수토지 중 200㎡는 면세, 주택의 정착면적의 5배를 초과하는 토지 50㎡는 과세, 점포의 부수토지 250㎡는 과세

④ 주택 40㎡와 그 부수토지로서 주택의 정착면적의 10배 이내인 250㎡는 면세, 점포 40㎡와 그 부수토지 250㎡는 과세

⑤ 건물 80㎡ 및 그 부수토지로서 건물의 정착면적의 10배 이내인 토지 500㎡ 모두에 대하여 면세

해답

구분	면세	과세	계
(1) 건물	40㎡	40㎡	80㎡
(2) 토지	Min[①, ②] = 200㎡ ① $500㎡ \times \frac{40㎡}{80㎡} = 250㎡$ ② Max[40㎡, 40㎡×5] = 200㎡	500㎡− 200㎡ = 300㎡	500㎡

정답 ②

34 면세사업만 영위한 사업자가 부가가치세법상 면세의 포기를 신고한 경우 신고한 날부터 몇 년간 부가가치세 면세를 적용받지 못하는가? (제72회 전산세무 2급)

① 3년　② 1년　③ 5년　④ 6개월

해답

면세의 포기를 신고한 사업자는 신고한 날부터 3년간 면세를 적용받을 수 없다.

정답 ①

35 다음은 부가가치세의 면세포기제도에 관하여 설명한 것이다. 틀린 것은?

① 기술연구단체가 공급하는 재화 또는 용역에 대하여는 면세포기가 가능하다.
② 수출함으로써 영세율 적용대상이 되는 재화의 공급에 대하여 면세를 포기한 사업자라고 하더라도 국내에 공급하는 재화에 대하여는 그대로 면세가 적용된다.
③ 면세포기를 한 자는 적어도 3년간은 부가가치세의 면세를 받지 못한다.
④ 면세포기를 하고자 하는 사업자는 관할세무서장에게 면세포기신고를 함으로써 충분하고 관할세무서장의 별도의 승인 또는 허가를 얻어야만 과세사업자로 바뀌는 것이 아니다.
⑤ 면세포기를 하고자 하는 사업자는 면세를 포기하고자 하는 과세기간의 개시일 20일전까지 면세포기신고서를 제출하여야 한다.

해답

① 현행 부가가치세법상 면세포기제도는 '영세율 적용대상이 되는 재화 또는 용역' 및 '학술 등 연구단체가 그 연구와 관련하여 실비 또는 무상으로 공급하는 재화 또는 용역'의 경우에 한해서 적용된다.
② 영세율적용의 대상이 되는 것만을 면세포기한 사업자가 면세되는 재화 또는 용역을 국내에 공급하는 때에는 면세포기의 효력이 없다.
③, ④, ⑤ 면세포기는 과세기간 중 언제라도 가능하며, 별도로 과세관청의 승인을 득할 필요는 없다. 다만, 면세포기신고를 한 사업자는 신고한 날로부터 3년간은 부가가치세의 면제를 받지 못한다.

정답 ⑤

36 다음 중 부가가치세법상 면세포기에 대한 설명으로 옳지 않은 것은? (제116회 세무회계 3급)

① 면세포기일로부터 3년간은 부가가치세를 면제받지 못한다.
② 모든 재화와 용역에 대해서 면세포기가 가능하다.
③ 신규로 사업을 개시하는 사업자의 경우에도 면세포기신고를 할 수 있다.
④ 면세포기를 함에 있어 과세관청의 승인은 필요 없다.

해답

면세의 포기는 영세율 등 부가가치세법 시행령에 열거되어 있는 경우에 한하여 제한적으로 허용된다.

정답 ②

37 다음 중 부가가치세법상 영세율과 면세에 대한 설명으로 가장 옳지 않은 것은? (제120회 세무회계 2급)

① 영세율제도의 취지는 소비지국 과세원칙 실현이다.
② 면세제도의 취지는 부가가치세의 역진성 완화이다.
③ 면세포기를 한 사업자는 신고한 날로부터 3년간은 부가가치세의 면제를 받지 못한다.
④ 영세율사업자와 면세사업자 모두 부가가치세법상 납세의무자가 아니다.

해답

면세사업자는 부가가치세법상 납세의무자가 아닌 것이나, 영세율사업자는 부가가치세법상 납세의무자에 해당한다.

정답 ④

제 6 장

과세표준

제 6 장

과세표준

'과세표준'이란 세법에 따라 직접적으로 세액산출의 기초가 되는 과세대상의 수량 또는 가액을 말한다(국기법 §2 (14)). 이론적으로 부가가치세의 과세표준은 부가가치 그 자체가 되어야 함이 타당하나, 전단계세액공제법을 채택하고 있는 우리나라의 부가가치세법의 경우는 공급가액을 과세표준으로 하여 매출세액을 계산한 다음 전단계에서 거래징수당한 매입세액을 공제하는 방식으로 납부세액을 계산하도록 하고 있다. 이하에서 이러한 부가가치세법상의 과세표준에 대하여 보다 구체적으로 살펴보기로 한다.

6.1. 재화 또는 용역의 공급에 대한 과세표준

6.1.1. 일반적인 경우의 과세표준

재화 또는 용역의 공급에 대한 부가가치세의 과세표준은 해당 과세기간에 공급한 재화 또는 용역의 공급가액을 합한 금액으로 한다(부가법 §29 ①). 여기에서 '공급가액'이란 다음의 가액(價額)을 말한다.

구 분	공급가액[주1)]
① 금전으로 대가를 받는 경우	그 대가
② 금전 외의 대가를 받는 경우	자기가 공급한 재화 또는 용역의 시가(時價)[주2)]

주1) '공급가액'은 부가가치세를 포함하지 아니한 금액을 의미하는 반면, '공급대가'는 부가가치세가 포함된 금액을 의미한다. 공급대가는 '**제10장 간이과세**'에서 살펴보게 될 간이과세자의 과세표준이 된다.

주2) 여기에서 '시가'는 다음에 정하는 가격으로 한다(부가령 §62).

① 사업자가 특수관계인이 아닌 자와 해당 거래와 유사한 상황에서 계속적으로 거래한 가격 또는 제3자 간에 일반적으로 거래된 가격

② 위 '①'의 가격이 없는 경우에는 사업자가 그 대가로 받은 재화 또는 용역의 가격(공급받은 사업자가 특수관계인이 아닌 자와 해당 거래와 유사한 상황에서 계속적으로 거래한 해당 재화 및 용역의 가격 또는 제3자 간에 일반적으로 거래된 가격을 말한다)

③ 위 '①' 및 '②'에 따른 가격이 없거나 시가가 불분명한 경우에는 「소득세법」 또는 「법인세법」상 부당행위계산의 부인 규정에 의한 가격

만약 사업자가 재화 또는 용역을 공급하고 그 대가로 받은 금액에 부가가치세가 포함되어 있는지가 분명하지 아니한 경우에는 그 대가로 받은 금액에 110분의 100을 곱한 금액을 공급가액으로 한다(부가법 §29 ⑦).

6.1.2. 거래유형별 과세표준

거래의 유형별 부가가치세 과세표준은 다음에 따른다(부가령 §61 ①).

구 분	과세표준
① 외상판매 및 할부판매의 경우	공급한 재화의 총가액
② 장기할부판매의 경우	계약에 따라 받기로 한 대가의 각 부분주)
③ 완성도기준지급 또는 중간지급조건부로 재화나 용역을 공급하는 경우	
④ 계속적으로 재화 또는 용역을 공급하는 경우	

주) 이는 '**4.1. 공급시기**'의 거래유형별 공급시기와 일치하므로 이 둘을 연계해서 이해하여야 한다.

6.1.3. 저가공급 및 무상공급한 경우의 과세표준

전술한 규정에도 불구하고 특수관계인에 대한 재화 또는 용역(수탁자가 위탁자의 특수관계인에게 공급하는 신탁재산과 관련된 재화 또는 용역을 포함한다)의 공급이 다음 중 어느 하나에 해당하는 경우로서 조세의 부담을 부당하게 감소시킬 것으로 인정되는 경우에는 공급한 재화 또는 용역의 시가를 공급가액으로 본다(부가법 §29 ④).

① 재화의 공급에 대하여 부당하게 낮은 대가를 받거나 아무런 대가를 받지 아니한 경우
② 용역의 공급에 대하여 부당하게 낮은 대가를 받는 경우
③ 용역의 공급에 대하여 대가를 받지 아니하는 경우로서 일정한 경우주)

주) 여기에서 '일정한 경우'란 특수관계 있는 자에게 사업용 부동산을 무상으로 임대하는 경우를 말한다. 본래 사업자가 대가를 받지 아니하고 타인에게 용역을 공급하는 것은 용역의 공급으로 보지 않는 것이나(부가법 §12 ②), 사업자가 대가를 받지 않고 특수관계에 있는 자에게 사업용 부동산의 임대용역(산학협력단과 대학 간 사업용 부동산의 임대용역 및 공공주택사업자와 부동산투자회사 간 사업용 부동산의 임대용역은 제외)을 공급하는 경우에는 이를 용역의 공급으로 본다(부가법 §12 ② 단서, 부가령 §26). 여기에서 '특수관계에 있는 자'란 「소득세법」 또는 「법인세법」에 규정된 자(부당행위계산의 부인 규정에 따른 특수관계인)를 말한다(부가령 §26 ②).

표 6.1. 저가공급 및 무상공급의 경우 공급가액

구 분	저가공급		무상공급	
	특수관계 O	특수관계 ×	특수관계 O	특수관계 ×
재화의 공급	시가	거래금액	시가	시가
용역의 공급	시가	거래금액	-주)	-

주) 용역의 무상공급은 원칙적으로 부가가치세법상 용역의 공급으로 보지 않으므로 과세대상에 해당하지 아니하나, 사업자가 특수관계 있는 자에게 사업용 부동산의 임대용역(산학협력단과 대학 간 사업용 부동산의 임대용역 및 공공주택사업자와 부동산투자회사 간 사업용 부동산의 임대용역은 제외)을 무상으로 공급하는 경우에는 과세대상이 되며, 과세표준은 제공한 용역의 시가로 한다.

고가·저가 공급에 대한 공급가액 계산 사례(집행기준 29-0-2 수정)

도매업 및 서비스업을 겸영하는 사업자 갑이 2026년 제1기 과세기간 중 매출처 을에게 아래와 같이 재화 또는 용역을 공급한 경우 공급가액을 계산하시오. 단, 해당 용역은 부동산임대용역에 해당하지 않는다고 가정한다.

(단위 : 원)

과세대상	시 가	거래금액	'을' 과의 관계	과세표준
재화1	10,000,000	5,000,000	특수관계인	10,000,000
재화2	10,000,000	5,000,000	특수관계인 외	5,000,000
재화3	10,000,000	15,000,000	특수관계인	15,000,000
재화4	10,000,000	15,000,000	특수관계인 외	15,000,000
재화5	10,000,000	(무상공급)	특수관계인	10,000,000
재화6	10,000,000	(무상공급)	특수관계인 외	10,000,000
용역1	10,000,000	5,000,000	특수관계인	10,000,000
용역2	10,000,000	5,000,000	특수관계인 외	5,000,000
용역3	10,000,000	15,000,000	특수관계인	15,000,000
용역4	10,000,000	15,000,000	특수관계인 외	15,000,000
용역5	10,000,000	(무상공급)	특수관계인	0
용역6	10,000,000	(무상공급)	특수관계인 외	0

6.1.4. 과세표준의 구체적인 범위

(1) 과세표준에 포함되는 것

과세표준에는 대금, 요금, 수수료, 그 밖에 어떤 명목이든 상관없이 재화 또는 용역을 공급받는 자로부터 받는 금전적 가치 있는 모든 것을 포함하되, 부가가치세는 포함하지 아니한다(부가법 §29 ③). 여기에는 다음에 게기하는 것을 포함하는 것으로 한다(부기통 29-61-2).

① 현물로 받는 경우에는 자기가 공급한 재화 또는 용역의 시가
② 장기할부판매 또는 할부판매 경우의 이자상당액
③ 대가의 일부로 받는 운송보험료·산재보험료 등
④ 대가의 일부로 받는 운송비·포장비·하역비 등
⑤ 개별소비세와 교통·에너지·환경세 및 주세가 과세되는 재화 또는 용역에 대하여는 해당 개별소비세와 교통·에너지·환경세 및 주세와 그 교육세 및 농어촌특별세상당액

(2) 과세표준에 포함되지 않는 것

다음의 금액은 과세표준에 포함하지 아니한다(부가법 §29 ⑤).

① 재화나 용역을 공급할 때 그 품질이나 수량, 인도조건 또는 공급대가의 결제방법이나 그 밖의 공급조건에 따라 통상의 대가에서 일정액을 직접 깎아 주는 금액(에누리액)
② 환입(還入)된 재화의 가액
③ 공급받는 자에게 도달하기 전에 파손되거나 훼손되거나 멸실한 재화의 가액
④ 재화 또는 용역의 공급과 직접 관련되지 아니하는 국고보조금과 공공보조금
⑤ 공급에 대한 대가의 지급이 지체되었음을 이유로 받는 연체이자
⑥ 공급에 대한 대가를 약정기일 전에 받았다는 이유로 사업자가 당초의 공급가액에서 할인해 준 금액(할인액)

거래상대방으로부터 인도받은 원자재 등을 사용하여 제조·가공한 재화를 공급하거나 용역을 제공하는 경우에 해당 원자재 등의 가액은 과세표준에 포함하지 아니한다. 다만, 재화 또는 용역을 공급하고 그 대가로 원자재 등을 받는 경우에는 그러하지 아니하다(부기통 29-61-4).

(3) 과세표준에서 공제하지 않는 것

사업자가 재화 또는 용역을 공급받는 자에게 지급하는 장려금이나 이와 유사한 금액 및 대손금액(貸損金額)은 과세표준에서 공제하지 아니한다(부가법 §29 ⑥). 또한 사업자가 완성도기준지급 또는 중간지급조건부로 재화 또는 용역을 공급하고 계약에 따라 대가의 각 부분을 받을 때 일정금액을 하자보증을 위하여 공급받는 자에게 보관시키는 하자보증금의 경우도 과세표준에서 공제하지 아니한다(부기통 29-61-7).

표 6.2. 과세표준에서 공제하지 않는 것

구 분	비 고
① 대손금	재화·용역의 공급 후에 발생한 것으로 과세표준에서 공제하지 않는다.[주)]
② 장려금	다만, 현물로 지급하는 판매장려 물품의 경우에는 간주공급(사업상증여)에 해당되어 과세된다.
③ 하자보증금	하자보증기간이 종료되면 반환받게 될 것이므로 과세표준에서 공제하지 아니한다.

주) 대손금의 경우 과세표준에서는 공제하지 않지만, 납부세액 계산시 매출세액에서 대손세액공제를 받을 수는 있다. 이에 대하여는 '**8.4. 대손세액**'에서 구체적으로 살펴보기로 한다.

(4) 마일리지 등으로 결제하는 경우의 과세표준[41)]

'마일리지 등'이란 재화 또는 용역의 구입실적에 따라 마일리지, 포인트 또는 그 밖에 이와 유사한 형태로 별도의 대가 없이 적립 받은 후 다른 재화 또는 용역 구입 시 결제수단으로 사용할 수 있는 것과 재화 또는 용역의 구입실적에 따라 별도의 대가 없이 교부받으며 전산시스템 등을 통하여 그 밖의 상품권과 구분 관리되는 상품권을 말한다(부가법 §29 ③ (6), 부가령 §61 ① (9)).

1) 자기적립마일리지 등의 경우

'자기적립마일리지 등'이란 당초 재화 또는 용역을 공급하고 마일리지 등을 적립(다른 사업자를 통하여 적립하여 준 경우를 포함한다)하여 준 사업자에게 사용한 마일리지 등을 말한다.[42)] 이 경우 여러 사업자가 적립하여 줄 수 있거나 여러 사업자를 대상으로 사용할 수 있는 마일리지 등의 경우 다음의 요건을 모두 충족한 경우로 한정한다(부가령 §61 ① (9)).

① 고객별·사업자별로 마일리지 등의 적립 및 사용 실적을 구분하여 관리하는 등의 방법으로 당초 공급자와 이후 공급자가 같다는 사실이 확인될 것
② 사업자가 마일리지 등으로 결제 받은 부분에 대하여 재화 또는 용역을 공급받는 자 외의 자로부터 보전 받지 아니할 것

자기적립마일리지 등의 경우에는 마일리지 등외의 수단으로 결제 받은 금액만 과세표준에 포함된다. 따라서 자기적립마일리지 등으로만 전부를 결제 받고 공급하는 재화의 경우에는 공급으로 보지 아니하는 것이다(부가령 §20 (3)).

2) 제3자적립마일리지 등의 경우

'제3자적립마일리지 등'이란 자기적립마일리지 등외의 마일리지 등을 말한다.[43)] 제3자적립마일리지 등으로 대금의 전부 또는 일부를 결제 받은 경우에는 다음의 금액을 합한 금액을 공급가액으로 한다(부가령 §61 ① (9)).

---

41) 종전에는 사업자가 고객에게 매출액의 일정 비율에 해당하는 마일리지를 적립해 주고, 향후 그 고객이 재화를 공급받고 그 대가의 일부 또는 전부를 적립된 마일리지로 결제하는 경우 해당 마일리지 상당액은 공급가액에 포함되는 것으로 보았다(이는 재화에 대하여만 적용되었던 것으로 용역 제공대가를 마일리지로 결제하는 경우에는 해당 마일리지 상당액을 공급가액에 포함하지 아니하였다). 하지만 최근 일련의 대법원 판례에서 해당 규정이 마일리지가 에누리액에 해당하는지 여부를 가리지 아니하고 마일리지 상당액을 무조건 과세표준인 공급가액에 포함하는 취지를 갖는다고 단정할 수 없다는 입장을 밝힘으로써(대법원 2016. 8. 26. 선고 2015두58959 등), 2017년 초 시행령 개정을 통해 마일리지에 대한 과세방식 규정을 정비하게 되었다. 해당 개정 규정은 2017년 4월 1일 이후 재화나 용역을 공급하거나 공급받는 분부터 적용한다.

42) 이는 당초 재화 또는 용역을 공급하고 마일리지를 적립해 준 사업자에게서 구입할 때에만 사용할 수 있는 마일리지를 말한다. 예를 들어, 항공사의 항공권을 해당 항공사에서 적립해준 마일리지로 결제하는 경우 이를 자기적립마일리지로 볼 수 있다.

43) 예를 들어, 카드사에서 적립해 준 포인트로 항공권을 결제하는 경우 이를 제3자적립마일리지로 볼 수 있다. 카드사 포인트를 이용하여 항공권을 결제한 경우 항공사가 카드사로부터 일정 금액을 보전 받을 수 있다.

① 마일리지 등외의 수단으로 결제 받은 금액
② 제3자적립마일리지로 결제 받은 부분에 대하여 재화 또는 용역을 공급받는 자 외의 자로부터 보전(補塡)받았거나 보전 받을 금액[주)]

주) 이는 재화 등을 공급받는 자(고객)가 아닌 다른 자로부터 대가의 보전을 받는다는 의미로, 항공사가 항공권을 구매한 고객이 아닌 카드사로부터 대가를 보전 받는 것을 그 사례로 들 수 있다(아래 '**주석 3)**' 참고).

자기적립마일리지 등의 경우와 달리, 제3자적립마일리지 등의 경우에는 마일리지 등외의 수단으로 결제 받은 금액과 공급받는 자 외의 자로부터 보전되는 금액이 과세표준에 포함되는 것이다.

한편, 자기적립마일리지 등외의 마일리지 등(제3자적립마일리지)으로 대금의 전부 또는 일부를 결제 받은 경우로서 다음 중 어느 하나에 해당하는 경우에는 공급한 재화 또는 용역의 시가를 공급가액으로 한다(부가령 §61 ① (10)).

① 재화 또는 용역을 공급받는 자 외의 자로부터 금액을 보전 받지 아니하고 자기생산·취득재화[주)]를 공급한 경우
② 특수관계인으로부터 부당하게 낮은 금액을 보전 받거나 아무런 금액을 받지 아니하여 조세의 부담을 부당하게 감소시킬 것으로 인정되는 경우

주) 사업자가 자기의 과세사업과 관련하여 생산하거나 취득한 재화로서 매입세액이 공제된 재화를 의미한다. 이에 대해서는 '**3.5 재화의 간주공급**'에서 살펴보았다.

위 '①'의 경우에는 이를 사업상 증여의 성격으로 보아 시가를 과세표준으로 보는 것이며, '②'의 경우에는 특수관계인에게 저가공급한 것이므로 시가를 과세표준으로 보는 것이다.

표 6.3. 마일리지 등으로 결제시 과세표준

구 분	과세표준
(1) 자기적립마일리지	마일리지 등외의 수단으로 결제 받은 금액만 과세표준에 포함[주1)]
(2) 제3자적립마일리지	마일리지 등외의 수단으로 결제 받은 금액 + 제3자로부터 보전 받을 금액[주2)]

주1) 따라서 자기적립마일리지 등으로만 전부를 결제 받은 경우에는 공급으로 보지 않는다.

주2) 단, 자기생산·취득재화의 공급에 대해 금액을 보전 받지 않거나, 특수관계인으로부터 부당하게 낮은 금액을 보전 받거나 아무런 금액을 받지 아니한 경우에는 시가를 공급가액으로 본다.

(5) 기타 특수한 경우의 과세표준

구 분	과세표준
① 용기대금·포장비용	통상적으로 용기 또는 포장을 해당 사업자에게 반환할 것을 조건으로 그 용기대금과 포장비용을 공제한 금액으로 공급하는 경우에는 그 용기대금과 포장비용은 공급가액에 포함하지 아니한다(부가령 §61 ②).[주1)]
② 음식·숙박용역 및 개인서비스 용역	사업자가 음식·숙박용역이나 개인서비스용역을 공급하고 그 대가와 함께 받는 종업원(자유직업소득자를 포함)의 봉사료를 세금계산서, 영수증 또는 신용카드매출전표 등에 그 대가와 구분하여 적은 경우로서 봉사료를 해당 종업원에 지급한 사실이 확인되는 경우에는 그 봉사료는 과세표준에 포함하지 아니한다. 다만, 사업자가 그 봉사료를 자기의 수입금액에 계상하는 경우에는 그러하지 아니하다(부가령 §61 ③).
③ 기부채납[주2)]	해당 기부채납의 근거가 되는 법률에 따라 기부채납된 가액. 다만, 기부채납된 가액에 부가가치세가 포함된 경우 그 부가가치세는 제외한다(부가령 §61 ① (3)).
④ 매립용역	「공유수면 관리 및 매립에 관한 법률」에 따라 매립용역을 제공하는 경우에는 같은 법에 따라 산정한 해당 매립공사에 든 총사업비(부가령 §61 ① (4))
⑤ 일정한 용역을 둘 이상의 과세기간에 걸쳐 계속적으로 제공하고 그 대가를 선불로 받는 경우[주3)]	다음 금액을 과세표준으로 한다(부가령 §61 ① (6)). $$과세표준 = 선불로\ 받은\ 금액 \times \frac{각\ 과세대상\ 기간의\ 개월수}{계약기간의\ 개월수}$$ * 이 경우 개월 수의 계산에 관하여는 해당 계약기간의 개시일이 속하는 달이 1개월 미만이면 1개월로 하고, 해당 계약기간의 종료일이 속하는 달이 1개월 미만이면 산입하지 아니한다.
⑥ 위탁가공무역	위탁가공무역방식으로 수출하는 경우에는 완성된 제품의 인도가액을 과세표준으로 한다(부가령 §61 ① (8)).
⑦ BOT 방식을 준용하여 설치한 시설에 대하여 둘 이상의 과세기간에 걸쳐 계속적으로 시설을 이용하게 하고 그 대가를 받는 경우	다음 금액을 과세표준으로 한다(부가령 §48 ⑮). $$과세표준 = \begin{matrix}용역\ 제공기간\ 동안\ 지급받는\\ 대가와\ 그\ 시설의\ 설치가액\end{matrix} \times \frac{각\ 과세대상\ 기간의\ 개월수}{용역\ 제공기간의\ 개월수}$$ * 이 경우 개월 수의 계산에 관하여는 해당 용역제공 기간의 개시일이 속하는 달이 1개월 미만이면 1개월로 하고, 해당 용역제공 기간의 종료일이 속하는 달이 1개월 미만이면 산입하지 아니한다.

주1) 사업자가 용기 또는 포장의 회수를 보장하기 위하여 받는 보증금 등은 과세표준에 포함하지 아니한다. 한편 반환조건으로 공급한 용기 및 포장을 회수할 수 없어 그 용기대금과 포장비용을 변상금형식으로 변제받을 때에는 과세표준에 포함한다(부기통 29-61-6).

주2) '기부채납'이란 국가 또는 지방자치단체가 부동산 등의 소유권을 무상으로 받아들이는 것을 말하며, 기부는 「민법」 상의 증여와 같고, 채납은 승낙에 해당한다. 기부채납의 대가로 일정기간 동안 재산권에 대한 무상사용·수익권을 얻는 경우에는 재화와 용역의 교환거래로서 과세대상에 해당한다(집행기준 9-18-1).

주3) 헬스클럽장 등 스포츠센터를 운영하는 사업자가 연회비를 미리 받고 회원들에게 시설을 이용하게 하는 것 등을 말한다. 이 부분에 대하여는 '**4.1.2. 용역의 공급시기**'를 참고하기 바란다.

표 6.4. 과세표준에 포함되는 것과 포함되지 않는 것

과세표준에 포함하는 것	과세표준에 포함하지 않는 것
① 할부판매의 이자상당액 ② 대가의 일부로 받는 운송보험료·산재보험료·운송비·포장비·하역비 등 ③ 개별소비세, 교통·에너지·환경세, 주세가 과세되는 재화 또는 용역에 대해서는 해당 개별소비세, 교통·에너지·환경세, 주세, 교육세 및 농어촌특별세 ④ 제3자적립마일리지 등으로 결제 받은 경우 제3자로부터 보전 받았거나 받을 금액	① 매출에누리액·매출환입·매출할인 ② 자기적립마일리지 등으로 결제 받은 금액 ③ 공급받는 자에게 도달하기 전에 파손되거나 훼손되거나 멸실한 재화의 가액 ④ 재화 또는 용역의 공급과 직접 관련되지 아니하는 국고보조금과 공공보조금 ⑤ 공급에 대한 대가의 지급이 지체되었음을 이유로 받는 연체이자 ⑥ 반환조건부의 용기대금과 포장비용(다만, 회수할 수 없어서 용기대금과 포장비용을 변상금형식으로 변제받을 경우에는 과세표준에 포함함) ⑦ 대가와 구분하여 기재한 경우로서 봉사료를 해당 종업원에 지급한 사실이 확인되는 종업원 봉사료 ⑧ 공급받은 자로부터 부담 받은 원자재

세부규정

- **세액이 별도 표시되지 아니한 경우의 과세표준 및 세액계산**(부기통 29-61-1)

사업자가 재화 또는 용역을 공급하고 그 대가로 받은 금액에 공급가액과 세액이 별도 표시되어 있지 아니한 경우와 부가가치세가 포함되어 있는지 불분명한 경우에는 거래금액 또는 영수할 금액의 110분의 100에 해당하는 금액이 과세표준이 된다.

- **개별소비세를 환급받는 경우 공급가액 계산**(부기통 29-61-5)

석유류판매업자가 석유류제조업자로부터 개별소비세 및 교통·에너지·환경세가 과세된 석유류를 구입하여 외국공관에 판매하고 「개별소비세법」 및 「교통·에너지·환경세법」에 따라 개별소비세 및 교통·에너지·환경세를 환급받은 경우 해당 환급세액은 제조업자의 과세표준에서 공제하고, 해당 제조업자는 판매업자에게 공급가액을 수정하여 세금계산서를 발급하여야 한다.

- **할인액 또는 장려금 등의 과세표준**(부기통 29-61-8)

재화 또는 용역을 공급받는 사업자가 할인받는 금액 또는 지급받는 장려금은 재화 또는 용역의 공급에 대한 대가가 아니므로 과세하지 아니한다.

예제 6-1 부가가치세 과세표준

다음 자료를 기초로 하여 과세사업자인 (주)세무의 제1기 과세기간의 부가가치세 과세표준을 구하시오. 단, 다음 금액에는 부가가치세가 포함되어 있지 않다.

(1) (주)세무는 1월 3일에 거래처 갑에게 제품을 ₩12,100에 외상으로 판매하였다.
(2) (주)세무는 2월 6일에 거래처 을에게 제품을 ₩14,400에 현금으로 판매하였다.
(3) (주)세무는 3월 22일에 거래처 을로부터 판매한 제품 중 ₩7,200만큼 반품 받았다.
(4) (주)세무는 4월 19일에 거래처 갑에게 외상판매한 제품에 대한 대금의 회수가 지체되어 연체이자 ₩1,000을 받았다.
(5) (주)세무는 5월 18일에 거래처 을에게 그동안의 거래실적에 따라 장려금 ₩10,000과 제품 ₩10,000(시가 ₩15,000)을 지급하였다.

해답

과세표준 = ₩12,100 + 14,400 − 7,200 + 15,000 = ₩34,300

(1), (2) 재화의 공급으로 인하여 받은 금전의 대가는 과세표준에 해당한다.
(3) 매출환입은 과세표준에 포함되지 않는다.
(4) 연체이자는 과세표준에 포함되지 않는다.
(5) 현금지급한 판매장려금은 과세표준에서 공제(차감)하지 않으며 현물지급한 판매장려금은 사업상증여에 해당하며 시가에 상당하는 금액을 과세표준에 포함시켜야 한다.

6.1.5. 외화의 환산

대가를 외국통화 그 밖의 외국환으로 받은 경우에는 다음의 구분에 따른 금액을 그 대가로 한다(부가령 §59).

구 분	과세표준
① 공급시기가 되기 전에 원화로 환가한 경우	환가한 금액
② 공급시기 이후에 외국통화나 그 밖의 외국환 상태로 보유하거나 지급받는 경우	공급시기의 「외국환거래법」에 따른 기준환율 또는 재정환율에 따라 계산한 금액

재화 또는 용역의 공급시기 이후에 그 대가를 외국통화 또는 외국환으로 지급받는 경우 과세표준은 위 '②'에 따라 계산한 금액이므로 공급시기 이후에 환율변동으로 인하여 증감되는 금액은 해당 과세표준에 영향이 없다(부기통 29-59-1).

6.2. 재화의 수입에 대한 과세표준

6.2.1. 일반적인 경우

재화의 수입에 대한 부가가치세의 과세표준은 그 재화에 대한 관세의 과세가격과 관세, 개별소비세, 주세, 교육세, 농어촌특별세 및 교통·에너지·환경세를 합한 금액으로 한다(부가법 §29 ②). '**제3장 과세거래**'에서 살펴보았듯이 재화의 수입도 부가가치세의 과세대상 거래에 해당하는 것이며, 관세의 과세가격과 관세, 개별소비세, 주세, 교육세, 농어촌특별세 및 교통·에너지·환경세를 합한 과세표준에 세율을 곱하여 산출된 부가가치세를 세관장이 「관세법」에 따라 징수하고 수입세금계산서를 발급하여야 한다.

과세표준 = 관세과세가격 + 관세 + 개별소비세 + 주세 + 교육세 + 농어촌특별세 + 교통·에너지·환경세

주) 이렇게 계산된 과세표준은 수입세금계산서상의 공급가액이 된다.

6.2.2. 보세구역으로부터 국내에 재화를 반입하는 경우

국외로부터 보세구역으로 재화가 반입되는 경우 이는 재화의 수입으로 보지 않는다. 따라서 부가가치세의 과세문제는 없다. 그러나 보세구역 내의 사업자가 보세구역 외의 국내로 재화를 반입하는 경우 재화의 수입에 해당되게 되어 부가가치세법상 과세대상 거래가 된다.

사업자가 보세구역 내에 보관된 재화를 다른 사업자에게 공급하고, 그 재화를 공급받은 자가 그 재화를 보세구역으로부터 반입하는 경우의 과세표준은 그 재화의 공급가액에서 세관장이 부가가치세를 징수하고 발급한 수입세금계산서에 적힌 공급가액을 뺀 금액으로 한다(부가령 §61 ① (5)).

과세표준 = 공급가액 - 수입세금계산서상의 공급가액

이는 동일한 재화에 대하여 부가가치세가 중복과세 되는 것을 방지하지 위한 것으로, 사업자가 보세구역 내에서 보세구역 외의 국내에 재화를 공급하는 경우에 공급가액 중 관세가 과세되는 부분에 대하여는 세관장이 부가가치세를 징수하고 수입세금계산서를 발급하는 것이며, 공급가액 중 수입세금계산서상의 공급가액을 차감한 잔액에 대하여는 재화를 공급하는 사업자가 부가가치세를 거래징수하고 세금계산서를 발급하여야 하는 것이다.

다만, 세관장이 부가가치세를 징수하기 전에 같은 재화에 대한 선하증권이 양도되는 경우에는 선하증권의 양수인으로부터 받은 대가를 공급가액으로 할 수 있다(부가령 §61 ① (5) 단서).

표 6.5. 재화의 수입에 대한 과세표준

구 분	과세표준
① 재화의 수입	관세과세가격+관세+개별소비세+주세+교육세+농어촌특별세+교통·에너지·환경세 * 세관장이 수입자로부터 부가가치세를 징수하고 수입세금계산서를 발급한다.
② 보세구역으로부터 국내에 재화를 반입	공급가액 - 수입세금계산서상의 공급가액 * 보세구역 내의 사업자가 공급받는 자로부터 부가가치세를 거래징수하고 세금계산서를 발급한다.

향수 수입 시 과세표준 계산 사례(집행기준 29-0-3)

박통일이 프랑스에서 고급향수를 1,000,000원에 구입하여 세관장에게 수입신고하는 경우 부가가치세액 계산 사례[주)]

구분	가액	계산근거
① 과세(물품)가격	1,000,000원	
② 관세	80,000원	① × 8%
③ 개별소비세	75,600원	(①+②) × 7%
④ 교육세	22,680원	③ × 30%
⑤ 농어촌특별세	7,560원	③ × 10%
⑥ 부가가치세 공급가액	1,185,840원	①+②+③+④+⑤
⑦ 부가가치세액	118,584원	⑥ × 10%

주) 방향용화장품(향수)의 경우 2016.1.1. 이후 제조장에서 반출하거나 수입신고하는 분부터는 개별소비세가 과세되지 않는다. 이 사례에서는 향수가 개별소비세 과세대상이라고 가정하고 계산구조 위주로 살펴보기 바란다.

6.3. 재화의 간주공급에 대한 과세표준

6.3.1. 판매목적 타사업장 반출의 경우

사업장이 둘 이상인 사업자가 자기의 사업과 관련하여 생산 또는 취득한 재화를 판매할 목적으로 자기의 다른 사업장에 반출하는 것은 재화의 공급으로 본다(부가법 §10 ③). 이 경우 과세표준은 원칙적으로 해당 재화의 취득가액(「소득세법」 또는 「법인세법」에 따른 취득가액을 말한다)으로 하되, 취득가액에 일정액을 더하여 공급하여 자기의 다른 사업장에 반출하는 경우에는 그 취득가액에 일정액을 더한 금액을 공급가액으로 본다(부가령 §60 ①). 전술한 규정에도 불구하고 개별소비세, 주세 및 교통·에너지·환경세가 부과되는 재화에 대해서는 개별소비세, 주세 및 교통·에너지·환경세의 과세표준에 해당 개별소비세, 주세, 교육세, 농어촌특별세 및 교통·에너지·환경세 상당액을 합계한 금액을 공급가액으로 한다(부가령 §60 ②).

표 6.6. 판매목적 타사업장 반출에 대한 과세표준

구 분	과세표준
① 일반적인 경우	해당 재화의 취득가액[주]
② 취득가액에 일정액을 가산하여 공급하는 경우	그 공급가액
③ 개별소비세, 주세 및 교통·에너지·환경세가 부과되는 재화의 경우	개별소비세, 주세 및 교통·에너지·환경세의 과세표준에 해당 개별소비세, 주세, 교육세, 농어촌특별세 및 교통·에너지·환경세 상당액을 합계한 금액

주) 「소득세법」 또는 「법인세법」에 따른 취득가액을 말한다.

6.3.2. 판매목적 타사업장 반출 이외의 경우

(1) 일반적인 경우

간주공급 중 판매목적 타사업장 반출을 제외한 자가공급, 개인적 공급 및 사업상증여의 경우에는 자기가 공급한 재화의 시가를 과세표준으로 하는 것이며(부가법 §29 ③ (4)), 폐업시 잔존재화의 경우에는 폐업시 남아 있는 재화의 시가를 과세표준으로 하는 것이 원칙이다(부가법 §29 ③ (3)). 이 경우 시가는 '**6.1.1. 일반적인 경우의 과세표준**'의 시가 규정을 준용한다.

(2) 감가상각자산의 경우

1) 일반적인 경우

감가상각자산은 사업에 사용하던 자산으로 해당 자산의 시가를 산정하기가 용이하지 않으므로 다음과 같이 일정한 체감률을 적용하여 계산한 금액을 공급가액으로 본다(부가령 §66 ②). 여기에서 '감가상각자산'이란 「소득세법」 또는 「법인세법」의 규정에 따른 감가상각자산을 말한다(부가령 §66 ①).

구 분	과세표준(간주시가)
건물 또는 구축물	해당 재화의 취득가액[주1] × (1 − 5% × 경과된 과세기간 수[주2])
기타 감가상각자산	해당 재화의 취득가액[주1] × (1 − 25% × 경과된 과세기간 수[주2])

주1) 여기에서 '재화의 취득가액'은 매입세액을 공제받은 해당 재화의 가액으로 한다(부가령 §49 ③),

주2) 이 경우 '경과된 과세기간의 수'는 과세기간단위(6개월)로 계산하되, 건물 또는 구축물의 경과된 과세기간의 수가 20을 초과하는 때에는 20으로, 그 밖의 감가상각자산의 경과된 과세기간의 수가 4를 초과하는 때에는 4로 한다(부가령 §66 ② 후단). 또한 경과된 과세기간의 수를 계산함에 있어서 과세기간의 개시일 후에 감가상각자산을 취득하거나 해당 재화가 공급된 것으로 보게 되는 경우에는 그 과세기간의 개시일에 해당 재화를 취득하거나 해당 재화가 공급된 것으로 본다(부가령 §66 ⑤).

2) 면세사업에 일부 전용하는 경우

과세사업에 제공한 감가상각자산을 면세사업에 일부 사용하는 경우에는 다음의 산식에 따라 계산한 금액을 공급가액으로 하되, 그 면세사업에 의한 면세공급가액이 총공급가액 중 5% 미만인 경우에는 공급가액이 없는 것으로 본다(부가령 §66 ③).

구 분	과세표준(간주시가)
건물 또는 구축물	해당 재화의 취득가액 × (1 − 5% × 경과된 과세기간 수) × 면세공급가액비율[주)]
기타 감가상각자산	해당 재화의 취득가액 × (1 − 25% × 경과된 과세기간 수) × 면세공급가액비율[주)]

주) 여기에서 '면세공급가액비율'이란 $\frac{\text{면세사업에 일부 사용한 날이 속하는 과세기간의 면세공급가액}}{\text{면세사업에 일부 사용한 날이 속하는 과세기간의 총공급가액}}$ 을 말한다.

예제 6-2 재화의 간주공급에 대한 과세표준

(주)세무는 2026년 12월 25일에 사업을 폐지하였는데, 폐업시의 잔존재화는 다음과 같다. 이에 따른 부가가치세 과세표준을 구하시오.

구 분	취득일	취득가액	시 가
건물	2025년 4월 28일	₩10,000	₩20,000
기계장치	2025년 4월 28일	₩10,000	₩20,000
제품	2025년 4월 28일	₩10,000	₩20,000
토지	2025년 4월 28일	₩10,000	₩20,000

해답

과세표준 = ₩8,500 + 2,500 + 20,000 = ₩31,000

폐업시 잔존재화에 대한 간주공급에 해당하므로 자산별로 다음과 같이 과세표준을 계산하여야 한다.

(1) 건물의 과세표준 = ₩10,000 × (1 − 5% × 3) = ₩8,500

(2) 기계장치의 과세표준 = ₩10,000 × (1 − 25% × 3) = ₩2,500

(3) 제품의 과세표준 = ₩20,000 (비상각자산이므로 과세표준은 시가임)

(4) 토지의 과세표준 = ₩0 (토지의 공급은 면세대상임)

세부규정

• **폐업 시 남아 있는 재화의 시가**(부기통 29-62-1)

사업자가 사업을 폐업할 때 남아 있는 재화의 시가는 사업자와 특수관계가 없는 자와의 정상적인 거래에 있어서 형성되는 가격으로서 사업자의 업태별 시가(제조업자의 제조장가격, 도매업자의 도매가격, 소매업자의 소매가격 등)를 말하며, 겸업자의 경우에는 업태별 과세표준의 비율에 따라 각각 업태별 시가를 적용한다.

• **사업양수자산의 자가공급 등에 대한 공급가액 계산**(부기통 29-66-1)

사업자가 법 제10조제9항제2호에 따라 양수한 감가상각대상자산이 법 제10조제1항·제2항 및 제4항부터 제6항까지의 규정에 해당하여 영 제66조제2항에 따라 공급가액을 계산하는 경우 해당 재화의 경과된 과세기간의 수는 해당 사업의 양도자가 당초 취득한 날을 기준으로 산정하는 것이며, 이 경우 '취득한 날'이란 재화가 실제로 사업에 사용된 날을 말한다.

6.4. 과세표준 계산의 특례

6.4.1. 공통사용재화를 공급하는 경우의 과세표준 안분계산

과세사업에 사용하던 재화를 공급하는 경우에는 부가가치세가 과세되는 반면, 면세사업에 사용하던 재화를 공급하는 경우에는 부가가치세가 과세되지 않는다. 한편, 과세사업과 면세사업을 겸영하고 있는 사업자가 공통으로 사용하던 재화를 공급하는 경우에는 실제로 과세사업 또는 면세사업에 사용한 정도를 파악하여 부가가치세 과세여부를 판단하여야 하는데, 이를 정확히 파악한다는 것은 쉬운 일이 아니다. 따라서 부가가치세법은 일정한 기준에 의하여 공통사용재화가 과세사업과 면세사업에 얼마나 사용되었는지를 파악하도록 하고 있는데, 이를 '과세표준의 안분계산'이라고 한다. 이하에서는 이에 대한 부가가치세법상의 규정을 살펴보기로 한다.

(1) 일반적인 경우

사업자가 과세사업과 면세사업 및 부가가치세가 과세되지 아니하는 재화 또는 용역을 공급하는 사업(이하 '면세사업 등'이라 한다)에 공통적으로 사용된 재화를 공급하는 경우에는 다음 산식에 따라 계산한 금액을 공급가액으로 한다. 이 경우 휴업 등으로 인하여 직전 과세기간의 공급가액이 없을 때에는 그 재화를 공급한 날에 가장 가까운 과세기간의 공급가액으로 계산한다(부가법 §29 ⑧, 부가령 §63 ①).

공급가액 = 해당 재화의 공급가액 × 직전 과세기간의 과세공급가액비율[주)]

주) 여기에서 '직전 과세기간의 과세공급가액비율'이란 $\frac{\text{재화를 공급한 날이 속하는 과세기간의 직전과세기간의 과세된 공급가액}}{\text{재화를 공급한 날이 속하는 과세기간의 직전과세기간의 총공급가액}}$ 을 말한다.

(2) 사용면적비율로 과세표준을 안분계산하는 경우

다음의 '①, ②'에 해당하는 재화로서 과세사업과 면세사업 등에 공통으로 사용되는 재화를 공급하는 경우에 그 과세표준에 포함되는 공급가액은 위 '(1)'의 규정에 불구하고 아래 산식에 의하여 계산한다. 이 경우 휴업 등으로 인하여 직전 과세기간의 사용면적비율이 없을 때에는 그 재화를 공급한 날에 가장 가까운 과세기간의 사용면적비율에 의하여 계산한다(부가령 §63 ②).

① 공통매입세액의 안분계산을 예정사용면적비율로 안분계산한 재화 또는 그 후에 실제사용면적비율로 공통매입세액을 정산한 재화

② 납부세액 또는 환급세액의 재계산 규정에 따라 납부세액이나 환급세액을 사용면적비율에 따라 재계산한 재화

공급가액 = 해당 재화의 공급가액 × 직전 과세기간의 과세사용면적비율[주)]

주) 여기에서 '직전 과세기간의 과세사용면적비율'이란 $\frac{\text{재화를 공급한 날이 속하는 과세기간의 직전과세기간의 과세사용면적}}{\text{재화를 공급한 날이 속하는 과세기간의 직전과세기간의 총사용면적}}$ 을 말한다.

(3) 안분계산의 배제

전술한 안분계산의 규정에 불구하고 다음 중 어느 하나에 해당하는 경우에는 해당 재화의 공급가액 전부를 과세표준으로 한다(부가령 §63 ③).

① 재화를 공급하는 날이 속하는 과세기간의 직전 과세기간의 총공급가액 중 면세공급가액이 5% 미만인 경우. 다만, 해당 재화의 공급가액이 5천만원 이상인 경우는 제외한다.
② 재화의 공급가액이 50만원 미만인 경우
③ 재화를 공급하는 날이 속하는 과세기간에 신규로 사업을 시작하여 직전 과세기간이 없는 경우

위 '①, ②'의 경우는 전체에 비해 면세비율 또는 공급가액의 중요성이 떨어지고, '③'의 경우는 직전 과세기간이 없어 안분계산이 불가능하다. 따라서 이 경우에는 공급가액 전체를 과세표준으로 보는 것이다.

예제 6-3 공통사용재화의 과세표준

(주)세무는 2026년 3월 18일에 과세사업과 면세사업에 공통으로 사용하던 기계장치를 ₩1,000,000에 매각하였다. 2026년 제1기 과세기간에 대한 과세표준 중 이 기계장치에 대한 과세표준을 각각의 상황에 따라 구하시오.

〈상황 1〉

기 간	과세공급가액	면세공급가액
2025년 제2기 과세기간	₩97,000,000	₩3,000,000

〈상황 2〉

기 간	과세공급가액	면세공급가액
2025년 제2기 과세기간	₩50,000,000	₩50,000,000

〈상황 3〉
* 단, 기계의 공급가액을 1억원으로 가정

기 간	과세공급가액	면세공급가액
2025년 제2기 과세기간	₩97,000,000	₩3,000,000

해답

〈상황 1〉
과세표준 = ₩1,000,000

* 면세공급가액의 비율이 5%미만이므로 공급가액 전체를 과세표준으로 본다.

〈상황 2〉
과세표준 = ₩500,000

* 직전 과세기간의 과세공급가액 비율이 50%이므로 ₩1,000,000의 50%인 ₩500,000이 과세표준이 된다.

〈상황 3〉
과세표준 = ₩97,000,000

* 이 경우도 〈상황 1〉과 마찬가지로 면세공급가액의 비율이 5%미만이지만, 해당 재화의 공급가액이 5천만원 이상이므로 안분계산을 하여야 한다. 따라서 1억원의 97%인 ₩97,000,000이 과세표준이다.

6.4.2. 토지와 건물 등을 일괄 공급하는 경우의 과세표준 안분계산

(1) 일반적인 경우

사업자가 토지와 그 토지에 정착된 건물 또는 구축물 등을 함께 공급하는 경우에는 건물 또는 구축물 등의 실지거래가액을 공급가액으로 한다(부가법 §29 ⑨).

(2) 토지와 건물 등의 가액 구분이 불분명한 경우 등

다음 중 어느 하나에 해당하는 경우에는 일정한 방법에 따라 안분계산한 금액을 공급가액으로 한다(부가법 §29 ⑨ 단서).

① 실지거래가액 중 토지의 가액과 건물 또는 구축물 등의 가액의 구분이 불분명한 경우
② 사업자가 실지거래가액으로 구분한 토지와 건물 또는 구축물 등(이하 '건물 등'이라 한다)의 가액이 일정한 방법에 따라 안분계산한 금액과 30% 이상 차이가 있는 경우[주]

주) 다만, 다음 중 어느 하나에 해당하는 경우에는 건물 등의 실지거래가액을 공급가액으로 한다(부가령 §64 ②).
① 다른 법령에서 정하는 바에 따라 토지와 건물 등의 가액을 구분한 경우
② 토지와 건물 등을 함께 공급받은 후 건물 등을 철거하고 토지만 사용하는 경우

위에서 '일정한 방법에 따라 안분계산한 금액'이란 다음의 구분에 따라 계산한 금액으로 한다(부가법 §29 ⑨ 단서, 부가령 §64).

① 토지와 건물 등에 대한 「소득세법」의 규정에 따른 기준시가[주1)]가 모두 있는 경우에는 공급계약일 현재의 기준시가에 따라 계산한 가액에 비례하여 안분계산한 금액. 다만, 감정평가가액[주2)]이 있는 경우에는 그 가액에 비례하여 안분계산한 금액으로 한다.
* 즉, 감정평가가액이 있는 경우에는 기준시가보다 감정평가가액을 우선 적용하여 그 가액에 비례하여 안분계산하는 것이다.
② 토지와 건물 등 중 어느 하나 또는 모두의 기준시가가 없는 경우로서 감정평가가액이 있는 경우에는 그 가액에 비례하여 안분계산한 금액. 다만, 감정평가가액이 없는 경우에는 장부가액(장부가액이 없는 경우에는 취득가액)에 비례하여 안분계산한 후 기준시가가 있는 자산에 대하여는 그 합계액을 다시 기준시가에 의하여 안분계산한 금액으로 한다.

주1) 여기에서 '「소득세법」의 규정에 따른 기준시가'란 토지의 경우 「감정평가 및 감정평가사에 관한 법률」에 따른 개별공시지가를 말하는 것이고, 건물의 경우 신축가격, 구조, 용도, 위치, 신축연도 등을 고려하여 매년 1회 이상 국세청장이 산정·고시하는 가액을 말한다.

주2) '감정평가가액'이란 공급시기(중간지급조건부 또는 장기할부판매의 경우는 최초 공급시기)가 속하는 과세기간의 직전 과세기간 개시일부터 공급시기가 속하는 과세기간의 종료일까지 「감정평가 및 감정평가사에 관한 법률」에 따른 감정평가법인등이 평가한 감정평가가액을 말한다.

주3) 한편, 상기의 규정을 적용할 수 없거나 적용하기 곤란한 경우에는 국세청장이 정하는 바에 따라 안분계산한다(부가령 §64 (3)).

따라서 토지와 건물 등의 일괄공급가액은 다음의 기준을 순차적으로 적용하여 안분계산하는 것이다.

① 감정평가가액 → ② 기준시가 → ③ 장부가액 → ④ 취득가액

주) 기준시가가 있는 자산의 경우는 '③, ④'의 기준에 따라 안분(1차 안분)된 가액의 합계액을 다시 기준시가에 따라 안분(2차 안분)하여야 한다.

(3) 건물 등의 공급가액

전술한 규정에 의하여 토지와 건물 등의 가액이 산정되면, 이를 바탕으로 부가가치세 과세대상이 되는 건물 등의 공급가액을 다음과 같이 계산한다.

① 일괄공급가액에 부가가치세가 포함되어 있는 경우

$$\text{건물 등의 공급가액} = \text{일괄공급가액(부가가치세 포함)} \times \frac{\text{건물 등 가액}}{\text{토지가액} + \text{건물 등 가액} + \text{건물 등 가액} \times \frac{10}{100}}$$

② 일괄공급가액에 부가가치세가 포함되지 않은 경우

$$\text{건물 등의 공급가액} = \text{일괄공급가액(부가가치세 제외)} \times \frac{\text{건물 등 가액}}{\text{토지가액} + \text{건물 등 가액}}$$

표 6.7. 토지와 건물 등을 일괄 공급하는 경우 과세표준의 안분계산

구 분	과세표준
(1) 실지거래가액이 구분이 분명한 경우	건물 등의 실지거래가액
(2) 실지거래가액 구분이 불분명한 경우 등	
① 감정평가가액이 있는 경우	감정평가가액에 비례하여 안분계산
② 감정평가가액이 없는 경우로서 기준시가가 모두 있는 경우	공급계약일 현재 기준시가에 비례하여 안분계산
③ 어느 하나 또는 모두의 기준시가가 없는 경우	<1차 안분> 장부가액(장부가액이 없으면 취득가액)에 비례하여 기준시가가 있는 자산과 없는 자산으로 안분계산 <2차 안분> 기준시가가 있는 자산으로 안분된 금액의 합계액을 다시 기준시가에 따라 안분계산

예제 6-4 일괄공급시 과세표준 안분계산(1)

과세사업자인 (주)세무는 토지, 건물 및 기계장치를 ₩15,000,000(부가가치세 별도)에 일괄 양도하였는데, 토지와 건물 등의 가액 구분은 불분명하다. 관련 자료가 다음과 같은 경우 부가가치세 과세표준은 얼마인가?

구 분	취득가액	장부가액	기준시가	감정가액
토 지	₩5,000,000	₩5,000,000	₩4,000,000	₩5,000,000
건 물	4,000,000	3,000,000	2,000,000	-
기계장치	3,000,000	2,000,000	-	1,500,000
합 계	₩12,000,000	₩10,000,000	-	-

해답

1. 장부가액을 기준으로 1차 안분계산

(1) 토지 $= ₩15,000,000 \times \dfrac{₩5,000,000}{₩10,000,000} = ₩7,500,000$

(2) 건물 $= ₩15,000,000 \times \dfrac{₩3,000,000}{₩10,000,000} = ₩4,500,000$

(3) 기계장치 $= ₩15,000,000 \times \dfrac{₩2,000,000}{₩10,000,000} = ₩3,000,000$

2. 토지와 건물의 합계액(₩12,000,000)을 기준시가에 의하여 2차 안분계산

(1) 토지 $= ₩12,000,000 \times \dfrac{₩4,000,000}{₩6,000,000} = ₩8,000,000$

(2) 건물 $= ₩12,000,000 \times \dfrac{₩2,000,000}{₩6,000,000} = ₩4,000,000$

3. 과세표준

건물 + 기계장치 = ₩4,000,000 + ₩3,000,000 = ₩7,000,000

예제 6-5 일괄공급시 과세표준 안분계산(2)

과세사업자인 (주)세무는 토지 및 건물을 ₩11,280,000(부가가치세 포함)에 일괄 양도하였는데, 토지와 건물의 가액 구분은 불분명하다. 관련 자료가 다음과 같은 경우 부가가치세 과세표준은 얼마인가?

구 분	취득가액	장부가액	기준시가	감정가액
토 지	₩5,000,000	₩5,000,000	₩4,000,000	₩5,000,000
건 물	5,000,000	3,000,000	2,000,000	4,000,000
합 계	₩10,000,000	₩8,000,000	₩6,000,000	W9,000,000

해답

일괄공급가액에는 토지의 가액, 건물의 가액 및 건물에 대한 부가가치세가 모두 포함되어 있으므로, 이들을 고려하여 안분계산을 하여야 한다.

$$과세표준 = ₩11,280,000 \times \dfrac{₩4,000,000}{₩5,000,000 + 4,000,000 + 4,000,000 \times \dfrac{10}{100}} = ₩4,800,000$$

예제 6-6 과세·면세사업 공통재화 공급가액 계산 사례(집행기준 29-63-1)

과세사업과 면세사업을 겸영하는 사업자가 사옥(부동산)을 2026년 제2기에 12억원(부가가치세 제외)에 매각하였다. 토지 및 건물가액이 불분명하고, 감정가액은 없으며(기준시가 : 토지 6억원, 건물 4억원) 공급가액이 아래와 같은 경우 부가가치세 공급가액을 계산하시오.

구 분	2026년 제1기	2026년 제2기
과세분	10억원	5억원
면세분	6억원	20억원
합계	16억원	25억원

해답

(1) 토지 및 건물가액 안분계산
① 건물 = 12억원 × 4억원/(6억원+4억원) = 480,000,000원
② 토지 = 12억원 × 6억원/(6억원+4억원) = 720,000,000원

(2) 건물가액 과·면세 사용분 안분계산
건물분 공급가액 = 480,000,000 × 10억원/16억원 = 300,000,000원

6.4.3. 부동산임대용역 등에 대한 과세표준계산의 특례

(1) 전세금 또는 임대보증금을 받는 경우(간주임대료)

사업자가 부동산임대용역을 공급하고 전세금 또는 임대보증금을 받는 경우에는 금전 이외의 대가를 받는 것으로 보아 다음 산식에 따라 계산한 금액을 공급가액으로 한다(부가법 §29 ⑩ (1), 부가령 §65 ①).

$$\begin{matrix}\text{공급가액}\\(\text{간주임대료})\end{matrix} = \begin{matrix}\text{해당 기간의 전세금}\\\text{또는 임대보증금}\end{matrix} \times \text{정기예금이자율} \times \begin{matrix}\text{과세대상기간}\\\text{의 일수}\end{matrix} \times \frac{1}{365(\text{윤년은 }366)}$$

주1) 여기에서 '정기예금이자율'은 해당 예정신고기간 또는 과세기간종료일 현재 계약기간 1년의 정기예금이자율로 재정경제부령에서 정하는 이자율을 말한다(부가칙 §65 ①, 부가칙 §47). 2025년에 적용된 이자율은 3.1%이며, 2026년에 적용되는 이자율은 2026년 3월 중 재정경제부령 개정을 통해 변경될 예정이다.

주2) 전세금 또는 임대보증금에 대한 공급가액은 임차인이 해당 부동산을 사용하거나 사용하기로 한 때를 기준으로 하여 계산한다(부기통 29-65-1).

본래 전세금 또는 임대보증금의 경우는 임대용역의 공급에 대한 대가로 보기는 어려우나, 임대료를 받는 사업자와의 형평성을 고려하여 전세금 등에 대한 정기예금이자 상당액은 임대료로 간주하여 부가가치세를 과세하는 것이다.

이 경우 국가나 지방자치단체의 소유로 귀속되는 지하도의 건설비를 전액 부담한 자가 지하도로점용허가(1차 무상점용기간에 한한다)를 받아 대여하는 경우에 다음의 산식에 따른 건설비상당액은 전세금 또는 임대보증금으로 보지 아니한다(부가령 §65 ① 후단, 부가칙 §15 ④).

$$\text{건설비상당액} = \begin{matrix}\text{해당 기간 종료일까지의}\\ \text{국가 또는 지방자치단체에}\\ \text{기부채납된 지하도의 건설비}\end{matrix} \times \frac{\text{전세금 또는 임대보증금을 받고 임대한 면적}}{\text{임대가능면적}}$$

(2) 전대하는 경우

사업자가 부동산을 임차하여 다시 임대용역을 제공하는 경우에는 위의 산식 중 '해당 기간의 전세금 또는 임대보증금'을 '해당 기간의 전세금 또는 임대보증금 – 임차시 지급한 전세금 또는 임차보증금'으로 한다(부가령 §65 ②).

$$\begin{matrix}\text{공급가액}\\ \text{(간주임대료)}\end{matrix} = \left(\begin{matrix}\text{당해기간의 전세금}\\ \text{또는 임대보증금}\end{matrix} - \begin{matrix}\text{임차시 지급한 전세금}\\ \text{또는 임대보증금}\end{matrix}\right) \times \text{정기예금이자율} \times \begin{matrix}\text{과세대상기간의}\\ \text{일수}\end{matrix} \times \frac{1}{365(\text{윤년은 }366)}$$

이 경우 임차한 부동산 중 직접 자기의 사업에 사용하는 부분이 있는 경우에는 위의 산식 중 '임차시 지급한 전세금 또는 임차보증금'은 다음 산식에 의한 금액을 제외한 금액으로 한다(부가령 §65 ② 후단).

$$\text{임차시 지급한 전세금 또는 임차보증금} \times \frac{\text{직접 자기의 사업에 사용하는 면적}}{\text{임차한 부동산의 총면적}}$$

주) 위 산식에서 면적은 예정신고기간 또는 과세기간종료일 현재를 기준으로 한다.

한편 위 '(1), (2)'의 규정을 적용하는 경우 사업자가 계약에 따라 전세금이나 임대보증금을 임대료에 충당하였을 때에는 그 금액을 제외한 가액을 전세금 또는 임대보증금으로 한다(부가령 §65 ③).

(3) 겸용주택의 경우

과세되는 부동산임대용역과 면세되는 주택임대용역을 함께 공급하여 그 임대구분과 임대료 등의 구분이 불분명한 경우에는 다음의 산식을 순차로 적용하여 공급가액을 계산한다(부가법 §29 ⑩ (2), 부가령 §65 ④).

Ⅰ. 토지 및 건물분 임대료 상당액 계산

$$토지분\ 임대료\ 상당액 = 임대료\ 총액 \times \frac{토지가액}{토지가액과\ 정착된\ 건물가액의\ 합계액}$$

$$건물분\ 임대료\ 상당액 = 임대료\ 총액 \times \frac{건물가액}{토지가액과\ 정착된\ 건물가액의\ 합계액}$$

Ⅱ. 토지 및 건물분 공급가액 계산

$$토지임대\ 공급가액 = 토지분\ 임대료\ 상당액 \times \frac{과세되는\ 토지임대면적}{총토지임대면적}$$

$$건물임대\ 공급가액 = 건물분\ 임대료\ 상당액 \times \frac{과세되는\ 건물임대면적}{총건물임대면적}$$

주1) 여기에서 '토지가액' 또는 '건물가액'은 예정신고기간 또는 과세기간이 끝난 날 현재의 「소득세법」에 따른 기준시가에 의한다(부가칙 §48 ①).

주2) 여기에서 '토지임대면적' 및 '건물임대면적'이 예정신고기간 또는 과세기간 중에 변동된 경우에는 그 예정신고기간 또는 과세기간 중의 해당 면적의 적수(積數)에 따라 계산한 면적으로 한다(부가칙 §48 ②).

주3) 여기에서 '임대료 총액'은 해당 과세기간의 임대료에 간주임대료를 합한 것으로 계산된다. 한편, 사업자가 부가가치세가 과세되는 부동산임대료와 해당 부동산을 관리해 주는 대가로 받는 관리비 등을 구분하지 아니하고 영수하는 때에는 전체 금액에 대하여 과세하는 것이나, 임차인이 부담하여야 할 보험료·수도료 및 공공요금 등을 별도로 구분징수하여 납입을 대행하는 경우 해당 금액은 부동산임대관리에 따른 대가에 포함하지 아니한다(부기통 29-61-3).

(4) 선불 또는 후불로 받는 임대료

사업자가 둘 이상의 과세기간에 걸쳐 부동산임대용역을 공급하고 그 대가를 선불이나 후불로 받는 경우에는 해당 금액을 계약기간의 월수로 나눈 금액의 각 과세대상기간의 합계액을 그 과세표준으로 한다(부가법 §29 ⑩ (3), 부가령 §65 ⑤).

$$공급가액 = 선불이나\ 후불로\ 받는\ 임대료 \times \frac{각\ 과세대상기간의\ 개월수}{계약기간의\ 개월수}$$

주) 이 경우 개월 수의 계산에 관하여는 해당 계약기간의 개시일이 속하는 달이 1개월 미만이면 1개월로 하고, 해당 계약기간의 종료일이 속하는 달이 1개월 미만이면 산입하지 아니한다.

세부규정

• **부동산임대에 따른 전세금 등에 대한 세부담**(부기통 29-65-2)

과세되는 부동산을 임대하고 받은 전세금 또는 임대보증금의 이자상당액(이하 '간주임대료'라 한다)에 대한 부가가치세는 원칙적으로 임대인이 부담하는 것이나, 임대인과 임차인간의 약정에 의하여 임차인이 부담하는 것으로 할 수 있다. 이 경우 임차인이 부동산임차의 대가로서 월세 등의 형태로 지급하는 금액이 있는 때에는 임차인이 부담하는 간주임대료에 대한 부가가치세와 월세는 별도로 구분하여 지급하여야 한다.

예제 6-7 부동산임대용역 등에 대한 과세표준

부동산임대업을 영위하는 (주)세무는 겸용주택을 임대하고 있다. 관련 자료가 다음과 같은 경우 2026년 제1기 예정신고기간(1.1.~3.31.)의 부가가치세 과세표준은 얼마인가? (단, 1년은 365일로 가정)

(1) 임대면적
① 주택 : 200㎡, 상가 : 300㎡
② 부수토지(도시지역 내 소재 가정) : 1,000㎡

(2) 임대차계약 내용
① 월 임대료 : ₩3,000,000(부가가치세 별도)
② 임대보증금 : ₩100,000,000

(3) 제1기 예정신고기간 종료일 현재 기준시가
① 건물 : ₩200,000,000
② 토지 : ₩300,000,000

(4) 정기예금이자율은 3.65%로 가정한다.

해답

* 과세 및 면세되는 면적의 계산

구 분	면세면적(주택분)	과세면적(상가분)	합 계
건 물	200㎡	300㎡	500㎡
부수토지	MIN[①, ②] = 400㎡ ① 1,000㎡ × $\frac{200㎡}{500㎡}$ = 400㎡ ② MAX[200㎡, 200㎡×5] = 1,000㎡	1,000㎡ - 400㎡ = 600㎡	1,000㎡

1. 총임대료 : ₩9,000,000 + 900,000 = ₩9,900,000
   (1) 월임대료 : ₩3,000,000 × 3월 = ₩9,000,000
   (2) 간주임대료 : ₩100,000,000 × 3.65% × $\frac{90일}{365일}$ = ₩900,000

2. 건물 및 토지분 임대료 안분계산(기준시가 비율)
   (1) 건물분 임대료 : ₩9,900,000 × $\frac{₩200,000,000}{₩500,000,000}$ = ₩3,960,000
   (2) 토지분 임대료 : ₩9,900,000 × $\frac{₩300,000,000}{₩500,000,000}$ = ₩5,940,000

3. 건물 및 토지에 대한 과세표준 안분계산(면적비율)
   (1) 건물(상가) : ₩3,960,000 × $\frac{300㎡}{500㎡}$ = ₩2,376,000
   (2) 토지(상가부수토지) : ₩5,940,000 × $\frac{600㎡}{1,000㎡}$ = ₩3,564,000
   ∴ 과세표준 = (1) + (2) = ₩5,940,000

연습문제

01 다음 중 부가가치세의 과세표준에 포함하는 것은? (제71회 세무회계 2급)

① 매출에누리, 매출환입
② 도달하기 전에 파손 · 훼손되거나 멸실한 재화의 가액
③ 공급에 대한 대가의 지급이 지체되었음을 이유로 받는 연체이자
④ 할부판매의 이자상당액

해답

과세표준에는 거래상대자로부터 받은 대금 · 요금 · 수수료 기타 명목여하에 불구하고 대가관계에 있는 모든 금전적 가치 있는 것을 포함한다.

정답 ④

02 다음 중 부가가치세의 과세표준에 관한 설명으로 가장 올바르지 않은 것은? (2015년 재경관리사)

① 경매 · 수용 · 현물출자 · 대물변제 기타 계약상 또는 법률상의 원인에 의하여 재화를 인도 또는 양도하는 경우 과세표준에 포함한다.
② 재화를 공급하고 금전 이외의 대가를 받는 경우에는 자기가 공급한 재화의 시가를 과세표준으로 한다.
③ 건설사업자가 건설자재의 전부 또는 일부를 부담하는 경우에도 용역의 공급으로 보아 과세표준에 포함한다.
④ 공급받는 자에게 도달하기 전에 공급자의 부주의로 인한 파손, 훼손 또는 멸실된 재화의 가액은 과세표준에 포함한다.

해답

공급받는 자에게 도달하기 전에 공급자의 부주의로 인한 파손, 훼손 또는 멸실된 재화의 가액은 과세표준에 포함하지 아니한다.

정답 ④

03 다음 자료(공급가액 기준)를 근거하여 부가가치세 과세표준을 계산하면 얼마인가? (제71회 세무회계 3급)

· 총매출액 : 6,000,000원	· 매출에누리 : 1,500,000원
· 대손금 : 500,000원	· 파손, 훼손된 재화 : 1,500,000원

① 2,000,000원 ② 2,500,000원 ③ 3,000,000원 ④ 3,500,000원

해답

₩6,000,000(총매출액) - 1,500,000(매출에누리) - 1,500,000(파손 · 훼손된 재화) = ₩3,000,000
* 대손금은 과세표준에서 공제하지 않은 항목이다.

정답 ③

04 다음 자료를 이용하여 부가가치세 과세표준을 구하면 얼마인가? (2024년 5월 재경관리사)

ㄱ. 외상매출액(매출에누리 2,000,000원이 차감되지 않은 금액)	100,000,000원
ㄴ. 거래처 파산으로 인한 대손금	4,000,000원
ㄷ. 금전으로 지급한 판매장려금	3,000,000원
ㄹ. 외상매출금의 지급지연으로 인해 수령한 연체이자	2,000,000원

① 94,000,000원 ② 98,000,000원 ③ 100,000,000원 ④ 101,000,000원

해답

₩100,000,000(총매출액) - 2,000,000(매출에누리) = ₩98,000,000
* 연체이자는 과세표준에 포함하지 않으며, 대손금 및 판매장려금은 과세표준에서 공제하지 아니한다.

정답 ②

05 부가가치세법상 과세사업을 영위하고 있는 ㈜낭주의 다음 7월 1일에서 9월 30일까지의 매출과 관련된 자료에 따라 제2기 예정신고기간(7.1~9.30)의 부가가치세 과세표준은? (제70회 세무회계 2급)

(1) 손익계산서상 매출액은 10,000,000원이며, 여기에는 수출액 2,000,000원과 연체이자 300,000원이 포함되어 있다.
(2) 손익계산서상 매출액은 매출에누리 2,000,000원이 차감된 후의 금액이다.

① 7,700,000원 ② 8,000,000원 ③ 9,700,000원 ④ 10,000,000원

해답

₩10,000,000(매출액) - 300,000(연체이자) = ₩9,700,000

정답 ③

06 과세사업을 영위하는 ㈜서초의 다음 자료(공급가액 기준)를 근거로 부가가치세액을 계산하면 얼마인가? (제70회 세무회계 3급)

> · 재화의 외상판매액 : 20,000,000원
> · 사장 개인사유로 사용한 제품원가 : 800,000원(시가 1,200,000원)
> · 비영업용 소형승용차(2,000cc) 매각대금 : 1,000,000원

① 2,180,000원 ② 2,100,000원 ③ 2,220,000원 ④ 2,080,000원

해답

₩2,000,000(재화의 외상판매액) + 120,000(개인적공급) + 100,000(승용차매각대금) = ₩2,220,000

정답 ③

07 다음 중 부가가치세법상 과세표준에 포함되는 공급가액에 대한 설명으로 옳지 않은 것은? (제117회 세무회계 1급)

① 자기적립마일리지등 외의 마일리지등으로 결제받은 부분에 대하여 마일리지등을 적립해준 사업자로부터 보전 받았거나 보전 받을 금액은 공급가액에 포함한다.
② 사업자가 재화 또는 용역을 공급받는 자에게 지급하는 장려금이나 이와 유사한 금액은 과세표준에서 공제하지 않는다.
③ 공급시기 이후에 외국통화나 그 밖의 외국환 상태로 보유하거나 지급받은 경우에는 대가를 지급받은 날의 기준환율 또는 재정환율에 따라 공급가액을 계산한다.
④ 용역의 무상공급은 과세거래에 해당하지 않으나, 특수관계인에게 무상으로 사업용 부동산 임대용역을 공급하는 경우에는 공급한 용역의 시가를 공급가액으로 본다.

해답

공급시기 이후에 외국통화나 그 밖의 외국환 상태로 보유하거나 지급받은 경우에는 공급시기의 기준환율 또는 재정환율에 따라 공급가액을 계산한다.

정답 ③

08 다음 중 부가가치세법상 과세표준에 대한 설명으로 옳지 않은 것은? (제119회 세무회계 1급)

① 재화의 수입에 대한 부가가치세의 과세표준은 그 재화에 대한 관세의 과세가격과 관세, 개별소비세, 주세, 교육세, 농어촌특별세 및 교통 · 에너지 · 환경세를 합한 금액으로 한다.
② 금전 외의 대가를 받는 경우 자기가 공급한 재화 또는 용역의 시가를 과세표준으로 한다.
③ 금전으로 대가를 받는 경우 자기가 공급한 재화 또는 용역의 시가를 과세표준으로 한다.
④ 거래의 대가를 외국통화나 그 밖의 외국환으로 받은 경우 공급시기가 되기 전에 원화로 환가(換價)하였다면 그 환가한 금액을 과세표준으로 한다.

해답

금전으로 대가를 받는 경우 그 대가를 과세표준으로 한다.

정답 ③

09 다음 중 부가가치세법상 공급가액에 포함해야 하는 것은? (제120회 세무회계 2급)

① 부가가치세
② 매출에누리
③ 장기할부판매 이자상당액
④ 공급받는 자에게 도달하기 전에 파손, 멸실한 재화의 가액

해답

장기할부판매 이자상당액은 부가가치세 과세표준에 포함한다.

정답 ③

10 사무용품 판매업자인 A의 책상과 시계제조업자인 B의 시계를 상호 교환 하였을 때 각각의 부가가치세 공급가액은? (제71회 세무회계 3급)

· A 책상의 시가 : 100,000원	· B 시계의 시가 : 95,000원

① A : 95,000원 B : 100,000원
② A : 100,000원 B : 95,000원
③ A : 100,000원 B : 100,000원
④ A : 95,000원 B : 95,000원

해답

금전 이외의 대가 받은 경우 과세표준은 자기가 공급한 재화의 시가이다.

정답 ②

11 다음 중 부가가치세법상 과세표준에 대한 설명으로 옳지 않은 것은? (제118회 세무회계 1급)

① 재화의 수입에 대한 부가가치세의 과세표준은 그 재화에 대한 관세의 과세가격과 관세, 개별소비세, 주세, 교육세, 농어촌특별세 및 교통 · 에너지 · 환경세를 합한 금액으로 한다.
② 사업자가 재화 또는 용역을 공급하고 그 대가로 받은 금액에 부가가치세가 포함되어 있는지가 분명하지 아니한 경우에는 그 대가로 받은 금액에 110분의 100을 곱한 금액을 공급가액으로 한다.
③ 재화나 용역을 공급할 때 그 품질이나 수량, 인도조건 또는 공급대가의 결제방법이나 그 밖의 공급조건에 따라 통상의 대가에서 일정액을 직접 깎아 주는 금액은 공급가액에 포함한다.
④ 재화의 공급과 직접 관련된 국고보조금과 공공보조금은 과세표준에 포함된다.

해답

에누리에 대한 설명이며, 에누리는 공급가액에 포함하지 아니한다.

정답 ③

12 다음은 제조업을 영위하는 ㈜삼일의 2026년 제1기 예정신고기간에 발생한 거래이다. 2026년 제1기 예정신고기간의 과세표준은 얼마인가(단, 모든 금액에는 부가가치세가 포함되지 아니하였다)? (2024년 9월 재경관리사)

(1) 특수관계인에게 제품을 5,000,000원(시가 7,000,000원)에 판매하였다.
(2) 제3자에게 제품을 장기할부조건으로 판매하였으며, 총 판매대금은 36,000,000원이다. 이 중 2026년 제1기 예정신고기간동안 회수하기로 약정된 금액은 6,000,000원이나 실제로 회수된 금액은 4,000,000원이다.
(3) 제3자에게 10,000,000원 상당의 제품을 판매하고 이 중 3,000,000원은 ㈜삼일이 적립한 마일리지로 결제하였으며, 나머지는 현금으로 결제하였다.
(4) 거래처에 판매장려 목적으로 현금 4,000,000원과 당사의 제품을 제공하였다.
(해당 제품의 원가는 3,000,000원, 시가는 5,000,000원임)

① 21,000,000원 ② 23,000,000원 ③ 25,000,000원 ④ 27,000,000원

해답

₩7,000,000 + 6,000,000 + 7,000,000 + 5,000,000 = ₩25,000,000

(1) 특수관계인에게 재화를 저가공급한 경우 해당 재화의 시가를 과세표준으로 한다.
(2) 장기할부판매의 경우 실제로 회수된 금액이 아닌, 회수약정액(계약에 따라 받기로 한 대가의 각 부분)을 과세표준으로 한다.
(3) 자기적립마일리지의 경우 마일리지 외의 수단으로 결제받은 금액을 과세표준으로 한다.
(4) 판매장려물품의 경우 사업상증여에 해당되어 해당 재화의 시가를 과세표준으로 한다.

정답 ③

13 ㈜세무가 국외에서 용역을 제공하는 총 $200의 계약을 체결하고 선금으로 대금을 지급받은 후 $100는 계약일에 환가하고 $100는 용역제공완료일 이후에 환가하였을 때 부가가치세법상 공급가액은 얼마인가? (제119회 세무회계 2급)

구분	일자	환율
계약일($100 환가)	2026.01.01.	1,200원/$
용역제공 완료일	2026.01.31.	1,300원/$
잔액 $100 환가일	2026.02.28.	1,400원/$

① 240,000원 ② 250,000원 ③ 260,000원 ④ 270,000원

해답

($100 × 1,200원/$) + ($100 × 1,300원/$) = ₩250,000

* 공급시기(용역제공 완료일)가 되기 전에 원화로 환가한 경우에는 그 환가한 금액을 과세표준으로 하며, 그 외의 경우에는 공급시기의 환율에 따라 계산한 금액을 과세표준으로 한다.

정답 ②

14 다음 중 부가가치세 과세표준에 관한 설명으로 가장 올바르지 않은 것은? (2021년 12월 재경관리사)

① 거래처의 자금악화로 이번 달 제품공급에 대한 대가를 해당 거래처가 제작한 제품으로 받은 경우 거래처가 제공한 제품의 시가를 과세표준으로 한다.
② 임대사업자인 아버지가 자신의 아들에게 소유중인 상가의 임대서비스를 제공하는 경우 통상의 임대료 시가액을 과세표준으로 한다.
③ 대손금과 판매촉진을 위해 거래처에 지급하는 장려금은 과세표준에서 공제하지 아니한다.
④ 폐업시 잔존재화는 시가를 과세표준으로 한다.

해답

금전 외의 대가를 받는 경우 과세표준은 자기가 공급한 재화 또는 용역의 시가로 한다.

정답 ①

15 다음 중 부가가치세법상 과세표준에 포함하는 것으로 옳은 것은? (제117회 세무회계 3급)

① 공급받는 자에게 도달하기 전에 파손되거나 훼손되거나 멸실한 재화의 가액
② 재화의 수입시 부과되는 관세, 개별소비세, 주세, 교육세, 농어촌특별세 및 교통 · 에너지 · 환경세
③ 공급에 대한 대가의 지급이 지체되었음을 이유로 받는 연체이자
④ 공급에 대한 대가를 약정기일 전에 받았다는 이유로 사업자가 당초의 공급가액에서 할인해 준 금액

해답

재화의 수입에 대한 부가가치세의 과세표준은 그 재화에 대한 관세의 과세가격과 관세, 개별소비세, 주세, 교육세, 농어촌특별세 및 교통·에너지·환경세를 합한 금액으로 한다.

정답 ②

16 다음 중 부가가치세 과세표준에 관한 설명으로 가장 올바르지 않은 것은? (2021년 12월 재경관리사)

① 거래처의 자금악화로 이번 달 제품공급에 대한 대가를 해당 거래처가 제작한 제품으로 받은 경우 거래처가 제공한 제품의 시가를 과세표준으로 한다.
② 임대사업자인 아버지가 자신의 아들에게 소유중인 상가의 임대서비스를 제공하는 경우 통상의 임대료 시가액을 과세표준으로 한다.
③ 대손금과 판매촉진을 위해 거래처에 지급하는 장려금은 과세표준에서 공제하지 아니한다.
④ 폐업시 잔존재화는 시가를 과세표준으로 한다.

해답

금전 외의 대가를 받는 경우 과세표준은 자기가 공급한 재화 또는 용역의 시가로 한다.

정답 ①

17 다음 자료를 바탕으로 ㈜삼일의 2026년 제1기 확정신고분 부가가치세 과세표준을 계산하면 얼마인가(단, 제시된 금액에는 부가가치세가 포함되어 있지 않다)? (2024년 1월 재경관리사)

거래일자	거래내용
4월 2일	거래처 A에 외상매출한 제품 40,000,000원(원가 30,000,000원)
4월 9일	4월 2일 거래처 A에 매출한 제품의 환입액 1,000,000원
6월 5일	대가를 받지 아니하고 거래처 B에 증여한 견본품 (원가 400,000원, 시가 500,000원)
6월 12일	매입세액 공제를 받은 후 거래처에 증정한 제품 (원가 2,000,000원, 시가 2,500,000원)

① 41,000,000원　② 41,500,000원　③ 41,900,000원　④ 42,000,000원

해답

₩40,000,000(재화의 외상판매액) − 1,000,000(환입액) + 2,500,000(사업상증여) = ₩41,500,000

* 대가를 받지 아니하고 증여하는 견본품은 재화의 공급으로 보지 아니한다.

정답 ②

18 다음 자료에 의하여 일반과세자인 ㈜삼일의 2026년 제1기 확정신고시의 과세표준을 계산하면 얼마인가 (단, 모두 국내거래이고, 금액에는 부가가치세가 포함되지 않았으며, 아래의 자료를 제외한 세무상 처리는 모두 적정하다고 가정함)? (2024년 3월 재경관리사)

거래일자	거래내용	금액
4.11.	제품을 거래처에 외상으로 판매함(대금을 3개월 후 수령 예정)	8,000,000원
5.20.	거래처에 운송하는 중에 교통사고로 파손된 제품(매입세액공제분)	시가 200,000원 원가 100,000원
6.17.	거래관계 개선목적으로 대리점에 제품(매입세액공제분)을 무상 제공함	시가 400,000원 원가 200,000원
6.27.	제품을 공급하기로 계약을 체결하였으나 계약자가 일방적으로 계약을 해제함에 따라 위약금으로 받은 금액	500,000원

① 8,000,000원 ② 8,200,000원 ③ 8,400,000원 ④ 8,900,000원

해답

₩8,000,000(4.11. 외상판매) + ₩400,000(6.17. 사업상증여) = ₩8,400,000

* 공급받는 자에게 도달하기 전에 파손되거나 훼손되거나 멸실한 재화의 가액은 과세표준에 포함하지 아니하며, 공급받을 자의 해약으로 인하여 공급할 자가 재화 또는 용역의 공급 없이 받는 위약금 또는 이와 유사한 손해배상금은 과세대상에 해당하지 아니한다.

정답 ③

19 다음 자료를 보고 부가가치세법상 제조업을 영위하는 ㈜중부의 2026년 제1기 예정신고시 공급가액의 합계액을 계산하면 얼마인가? (제116회 세무회계 3급)

거래일자	거래내용	장부가액	시가
1월 22일	제품 A를 조기에 소진시키기 위하여 특수관계 없는 신규거래처에 장부가액으로 할인판매 하였다.	80,000,000원	100,000,000원
2월 21일	제품 B를 거래처에게 무상으로 제공하였다.	4,000,000원	6,000,000원
3월 15일	제품 C가 화재로 모두 소실 되었다.	8,000,000원	5,000,000원

※ 단, 위 제품은 모두 매입세액공제를 받았으며, 거래금액은 부가가치세가 제외된 금액이다.

① 86,000,000원 ② 91,000,000원 ③ 109,000,000원 ④ 112,000,000원

해답

제품 A : ₩80,000,000 (특수관계 없는 자에게 저가공급한 경우 거래금액 그대로 인정)
제품 B : ₩6,000,000 (사업상증여의 경우 시가를 과세표준으로 함)
제품 C : 화재 등으로 재화가 멸실된 경우에는 재화의 공급으로 보지 아니함

∴ 과세표준 = ₩80,000,000 + 6,000,000 = ₩86,000,000

정답 ①

20 다음은 제조업을 영위하는 ㈜삼일의 제1기 예정신고기간(2026년 1월 1일 ~ 2026년 3월 31일)에 발생한 거래이다. 해당 예정신고기간의 과세표준은 얼마인가? (2022년 3월 재경관리사)

> (1) 특수관계인 매출액 5,000,000원(시가 10,000,000원)
> (2) 특수관계인 이외의 매출액 50,000,000원(매출에누리 3,000,000원과 매출할인액 1,000,000원 차감 전 금액임)
> (3) 회사가 공급한 재화와 직접 관련되지 않은 국고보조금 10,000,000원
> (4) 거래처 파산으로 인한 대손금 10,000,000원

① 51,000,000원 ② 56,000,000원 ③ 60,000,000원 ④ 70,000,000원

해답

₩10,000,000 + (50,000,000−3,000,000−1,000,000) = ₩56,000,000

(1) 특수관계인에게 저가로 공급한 경우 시가를 과세표준으로 한다.
(2) 매출에누리와 매출할인액은 과세표준에 포함하지 아니한다.
(3) 공급과 직접 관련되지 않은 국고보조금은 과세표준에 포함하지 아니한다.
(4) 대손금은 과세표준에서 공제하지 아니한다.

정답 ②

21 다음의 자료를 보고 재화를 수입하는 경우, 부가가치세법상 세관장이 거래징수할 부가가치세는 얼마인지 계산하시오. (제70회 세무회계 2급)

> · 관세의 과세가격 : 20,000원 · 관세 : 2,000원
> · 개별소비세 : 2,000원 · 교육세 : 300원

해답

(₩20,000 + 2,000 + 2,000 + 300) × 10% = ₩2,430

정답 2,430원

22 다음은 2026년 8월 25일에 폐업한 갑법인의 동년 2기 과세기간에 대한 부가가치세 과세표준의 계산과 관련된 자료이다. 갑법인의 부가가치세 과세표준을 계산하면 얼마인가? 단, 갑법인은 주사업장총괄납부 및 사업자단위과세제도 적용을 받고 있지 않다.

> (1) 상품매출액 : ₩50,000,000
> (2) 매출에누리액 : ₩3,000,000
> (3) 직매장반출액의 시가 : ₩2,000,000 (취득가액 ₩1,500,000)
> (4) 하치장 반출액 : ₩1,000,000
> (5) 외상매출액의 지연 지급으로 인하여 받은 연체이자 : ₩500,000
> (6) 폐업시 잔존재화
> ① 상품의 취득가액 : ₩600,000(시가 ₩1,000,000)
> ② 2024년 6월 30일에 취득한 건물의 취득가액 : ₩30,000,000

① 72,000,000원　② 74,700,000원　③ 72,500,000원
④ 73,700,000원　⑤ 75,500,000원

해답

구 분	과세표준	
(1) 상품매출액		₩50,000,000
(2) 매출에누리		(3,000,000)
(3) 직매장반출액		1,500,000
(4) 폐업시 잔존재화(상품)		1,000,000
(5) 폐업시 잔존재화(건물)	₩30,000,000 × (1 − 5%×5) =	22,500,000
합 계		₩72,000,000

* 1 직매장반출액의 과세표준은 원칙적으로 해당 재화의 취득가액으로 한다.
* 2 판매목적 타사업장 반출을 제외한 나머지 간주공급의 경우에는 해당 재화의 시가를 과세표준으로 하는 것이 원칙이다. 다만, 감가상각자산은 시가 산정이 용이하지 않으므로 일정한 체감률을 적용하여 계산한 금액을 과세표준으로 본다.

정답 ①

23 부가가치세법상 간주공급의 과세표준 계산 시 감가상각자산에 적용하는 상각률이 다른 것은?

(제71회 세무회계 3급)

① 구축물　② 차량운반구　③ 비품　④ 기계장치

해답

구축물은 5%, 그 외는 25%의 체감률을 적용한다.

정답 ①

24 다음 자료는 K법인의 2026년 10월 15일 폐업 시 잔존재화이다. 이 자료를 통해 부가가치세법상 과세표준 금액을 계산하면 얼마인가? (제71회 세무회계 2급)

자산종류	취득일	취득원가	시가
제품	2025.01.29.	20,000,000원	30,000,000원
토지	2016.12.29.	500,000,000원	600,000,000원
건물	2025.07.29.	200,000,000원	50,000,000원

① 130,000,000원 ② 210,000,000원 ③ 220,000,000원 ④ 780,000,000원

해답

₩30,000,000(제품) + 200,000,000(건물) × (1− 5%×2) = ₩210,000,000

* 토지는 면세재화이므로 간주공급 규정을 적용하지 않는다.

정답 ②

25 다음 중 2026년 1기 예정신고시 부가가치세 과세표준금액이 다른 회사는(단, 보기 이외의 다른 거래는 없으며 세금계산서는 부가가치세법상 원칙적인 교부시기에 발급했다고 가정한다)? (2015년 재경관리사)

① ㈜서울
2026년 1월 15일에 제빵기계 1대를 2,000,000원에 외상판매 하였다.

② ㈜부산
2026년 2월 1일에 제빵기계 1대를 2,000,000원에 할부판매하고 대금은 당월부터 5개월에 거쳐 매월 400,000원씩 받기로 하였다.

③ ㈜대구
2026년 3월1일에 제빵기계 1대를 2,000,000원에 할부판매하고 대금은 당월부터 20개월에 거쳐 매월 100,000원씩 받기로 하였다.

④ ㈜광주
2026년 3월 7일에 매출부진으로 폐업하였다. 폐업시에 남아 있던 재고자산의 시가는 2,000,000원이었으며, 이는 4월 3일에 처분되었다.

해답

①은 외상판매, ②는 할부판매이므로 공급한 재화의 총가액인 2,000,000원이 과세표준이 되고, ④는 폐업시 남아있는 재고자산의 시가인 2,000,000원이 과세표준이 된다. 반면, ③은 장기할부판매에 해당하므로, 받기로 한 대가의 각 부분인 100,000원(3월분)이 과세표준이 된다.

정답 ③

26 제조업을 영위하는 일반과세자인 ㈜삼일의 다음 자료를 이용하여 2026년 제2기 예정신고기간(2026년 7월 1일 ~ 2026년 9월 30일)의 부가가치세 과세표준을 계산하면 얼마인가(단, 다음 자료의 금액에는 부가가치세가 포함되어 있지 않음)? (2023년 11월 재경관리사)

일 자	내 용
2026년 7월 10일	제품 A를 12,000,000원에 판매하고 그 대금은 2026년 7월 말일부터 매월 말일에 1,000,000원씩 12회로 나누어 받기로 하였다.
2026년 8월 9일	제품 B를 20,000,000원에 주문제작하여 판매하기로 계약을 맺었다. 계약상 그 대금은 ① 계약시 10% , ② 40% 완성시 40% ,③ 70% 완성시 30% , ④ 인도시 20% 를 받기로 하였다. 2026년 9월 30일 현재 거래처가 확인한 완성도는 40% 이다.
2026년 9월 20일	제품 C를 제작하여 10,000,000원에 판매하기로 하고 거래처와 계약을 맺었다. 계약상 대금은 계약시 2,000,000원을 받고 잔금 8,000,000원은 2026년 12월 31일에 제품 C를 인도하면서 받기로 하였다.

① 8,000,000원 ② 13,000,000원 ③ 17,000,000원 ④ 22,000,000원

해답

(1) (단기)할부판매 : ₩12,000,000

* 인도일의 다음날(2026.7.11.)부터 최종할부금 지급일(2027.6.30.)까지 기간이 1년 미만이므로 (단기)할부판매에 해당한다. 따라서 공급한 재화의 총금액을 과세표준으로 한다.

(2) 완성도기준지급조건부판매 : ₩20,000,000 × (10% + 40%) = ₩10,000,000

* 대가의 각 부분을 받기로 한 때가 공급시기이다.

(3) 요건을 충족하지 않는 중간지급조건부판매 : ₩0

* 해당 거래는 대가의 각 부분을 받기로 한 때를 공급시기로 보는 중간지급조건부판매 요건(3회 이상 대금 분할, 6개월 이상)을 충족하지 않으므로, 재화가 인도되는 때를 공급시기로 본다. 따라서 ₩10,000,000은 제2기 확정신고기간의 과세표준에 포함되는 것이며, 예정신고기간의 과세표준에 해당하는 금액은 없다.

(4) 과세표준 : (1) + (2) + (3) = ₩22,000,000

정답 ④

27 과세사업과 면세사업을 겸영하고 있는 ㈜삼일은 두 사업에서 공통으로 사용하고 있던 재화를 매각하였다. 다음 자료를 보고 ㈜삼일의 2026년 제2기 확정신고시 공통사용재화와 관련된 매출세액을 계산하면 얼마인가? (2024년 6월 재경관리사)

· 공통사용재화 취득일: 2026년 1월 2일
· 공통사용재화 공급일: 2026년 11월 25일
· 공통사용재화 공급가액: 30,000,000원(부가가치세 불포함)
· 과세사업과 면세사업의 공급가액

구분	2026년 1기	2026년 2기
과세	1억원	2억원
면세	3억원	3억원
계	4억원	5억원

① 750,000원 ② 900,000원 ③ 1,500,000원 ④ 3,000,000원

해답

₩30,000,000 × 10% × 1억/4억 = ₩750,000

* 공통사용재화를 공급하는 경우 공급가액에 직전 과세기간의 과세공급가액비율을 적용한 금액을 공급가액으로 한다.

정답 ①

28 부가가치세 과세사업자인 ㈜A가 2026.04.10에 토지와 건물을 ㈜B에게 288,000,000원(VAT별도)에 일괄양도한 경우에 부가가치세법상 건물의 공급가액은 얼마인가? (제70회 세무회계 2급 수정)

구 분	토 지	건 물	합계
장부가액	45,000,000원	50,000,000원	95,000,000원
감정평가액	140,000,000원	100,000,000원	240,000,000원
기준시가	95,000,000원	50,000,000원	145,000,000원

① 87,777,777원 ② 100,000,000원 ③ 120,000,000원 ④ 125,000,000원

해답

₩288,000,000 × 1억/(1.4억 + 1억) = ₩120,000,000

정답 ③

29 다음은 상가건물을 임대하는 ㈜삼일의 임대관련 자료이다. 2026년 제2기 확정신고기간(2026년 10월 1일 ~ 2026년 12월 31일)의 부가가치세 과세표준은 얼마인가? (2021년 9월 재경관리사)

> ㄱ. 임대기간: 2026년 1월 1일 ~ 2026년 12월 31일(단, 1년은 365일로 가정함)
> ㄴ. 월임대료: 2,000,000원(임대료는 매월 말에 지급받기로 함)
> ㄷ. 임대보증금: 1,000,000,000원
> ㄹ. 국세청장이 정하는 정기예금이자율: 3.65% 로 가정

① 6,000,000원 ② 9,200,000원 ③ 15,200,000원 ④ 42,500,000원

해답

(1) 월임대료 : ₩2,000,000 × 3개월 = ₩6,000,000
(2) 간주임대료 : ₩1,000,000,000 × 3.65% × 92일/365일 = ₩9,200,000
(3) 과세표준 : (1) + (2) = ₩15,200,000

정답 ③

제 7 장

거래징수와 세금계산서

제 7 장 거래징수와 세금계산서

7.1. 거래징수

'거래징수'란 사업자가 재화 또는 용역을 공급하는 경우 공급가액에 세율을 적용하여 계산한 부가가치세를 재화 또는 용역을 공급받는 자로부터 징수하는 것을 말한다(부가법 §31). 전단계세액공제법을 채택하고 있는 우리나라 부가가치세법은 각 거래단계마다 창출된 부가가치에 대한 세금을 다음 단계로 전가하는 구조로 되어 있는데, 이는 결국 최종소비자에게 그 세부담을 전가하기 위한 것이다. 따라서 재화 또는 용역을 공급하는 사업자는 공급받는 자로부터 부가가치세를 거래징수하고, 부가가치 창출을 위하여 재화 또는 용역을 매입한 이전 거래단계에서 거래징수 당한 부가가치세를 공제한 금액을 납부(환급)하도록 하고 있다.

7.2. 세금계산서

'세금계산서(Tax invoice)'란 사업자가 재화 또는 용역을 공급하는 때에 거래상대방인 공급받는 자로부터 부가가치세를 거래징수한 사실을 증명하는 법정영수증을 말한다.

이 외에도 세금계산서는 다음과 같은 부가적인 기능을 수행하고 있다.

① 사업자가 재화 또는 용역을 공급함에 있어 그 거래내용 및 거래사실을 증명하는 거래송장으로서의 기능을 수행한다.
② 외상거래에 있어 재화 또는 용역을 공급하고 그 대가에 대한 대금을 청구하는 대금청구서로의 기능을 수행하며, 현금거래인 경우는 대금영수증으로서의 기능을 한다.
③ 거래증빙자료로서 기장의 기초자료로서의 역할을 수행하며, 특히 간이과세자 중 직전 연도 공급대가 합계액이 4,800만원 미만인 자와 신규로 사업을 시작하는 간이과세자의 경우에는 발급받았거나 발급한 세금계산서 또는 영수증을 보관한 때에는 부가가치세법상 장부기록의무를 이행한 것으로 본다(부가령 §117 ③).
④ 재화 또는 용역을 공급하는 사업자는 세금계산서를 공급받는 자에게 발급하여야 하는데, 과세관청은 이를 근거로 하여 공급자와 공급받은 자의 거래내용을 상호검증 함으로써, 매출세액의 누락 여부 또는 매입세액공제의 적정성 여부 등을 확인한다. 따라서 세금계산서는 근거과세 및 공평과세를 확립하기 위한 기초적인 과세자료로서 중요한 역할을 한다.[44]

7.2.1 세금계산서의 종류

세금계산서는 원칙적으로 공급받는 자와 부가가치세액이 별도로 기재되어 있다. 하지만, 일정한 영세사업자는 이 둘이 별도로 구분하여 기재되지 않은 영수증을 발급할 수 있다. 영세율사업자도 세금계산서 발급의무가 있으나, 간이과세자 중 직전 연도 공급대가 합계액이 4,800만원 미만인 자와 신규로 사업을 시작하는 간이과세자는 세금계산서를 발급할 수 없으며 영수증을 발급한다.[45] 면세사업자는 영수증 혹은 계산서를 발급하지만, 여기에는 부가가치세가 포함되어 있지 않으므로 부가가치세법상의 세금계산서 등으로 보기는 어렵다. 또한 세관장은 수입되는 재화에 대하여 수입세금계산서를 발급하여야 한다.

‖ 표 7.1. ‖ 세금계산서의 종류

<table>
<tr><th colspan="2">구 분</th><th>세금계산서 종류</th></tr>
<tr><td rowspan="5">(1) 과세사업자</td><td>㉠ 법인사업자</td><td rowspan="2">전자세금계산서[주2)]</td></tr>
<tr><td>㉡ 전자세금계산서 의무발급 개인사업자[주1)]</td></tr>
<tr><td>㉢ 최종소비자 대상 업종</td><td rowspan="2">영수증[주3)]</td></tr>
<tr><td>㉣ 간이과세자 중 직전 연도 공급대가 합계액이 4,800만원 미만인 자와 신규로 사업을 시작하는 간이과세자</td></tr>
<tr><td>㉤ 기타</td><td>일반세금계산서
(종이세금계산서)[주4)]</td></tr>
<tr><td colspan="2">(2) 세관장</td><td>수입세금계산서</td></tr>
<tr><td colspan="2">(3) 매입자</td><td>매입자발행세금계산서[주5)]</td></tr>
</table>

주1) 여기에서 '전자세금계산서 의무발급 개인사업자'란 직전 연도의 사업장별 재화 및 용역의 공급가액(면세공급가액 포함)의 합계액이 8천만원 이상인 개인사업자를 말한다.

주2) 법인사업자와 전자세금계산서 의무발급 개인사업자는 전자세금계산서를 발급하고 그 발급명세를 국세청장에게 전송하여야 한다. 이를 위반하는 경우 가산세가 부과된다.

주3) 이러한 영수증에는 일반영수증뿐만 아니라 금전등록기계산서, 신용카드매출전표, 직불카드영수증, 선불카드 및 현금영수증도 포함된다.

주4) 전자세금계산서의 발급도 가능하다.

주5) 매입자발행세금계산서에 대하여는 '**8.3. 매입세액의 계산**'에서 살펴보도록 하겠다.

주6) 부가가치세 면세사업자는 부가가치세법상 세금계산서는 발급할 수 없으며 「법인세법」 및 「소득세법」에 따른 계산서 또는 영수증을 발급한다. 하지만 여기에는 부가가치세가 포함되거나 별도로 기재될 수 없으므로 세금계산서로 보기는 어렵다.

44) 세금계산서는 부가가치세뿐만 아니라, 소득세나 법인세의 과세자료로도 활용되고 있다.

45) 원래 간이과세자는 세금계산서 발급이 금지된 사업자였으나, 2020년 말 세법개정으로 간이과세 공급대가 기준금액이 기존 4,800만원에서 8,000만원으로 상향되면서, 신규사업자 및 직전연도 공급대가 합계액이 4,800만원에 미달하는 간이과세자를 제외하고 원칙적으로 간이과세자에게도 세금계산서 발급의무를 부과하게 되었다. 해당 개정규정은 2021년 7월 1일부터 시행한다(법률 제17653호, 2020. 12. 22. 부칙 §1).

7.2.2. 세금계산서의 발급 및 기재사항

(1) 세금계산서의 발급

사업자가 재화 또는 용역을 공급(부가가치세가 면제되는 재화 또는 용역의 공급은 제외한다)하는 경우에는 법정항목을 기재한 세금계산서를 그 공급을 받는 자에게 발급하여야 하는데(부가법 §32 ①), 이 경우 재화 또는 용역을 공급하는 사업자는 총 2매의 세금계산서를 작성하여 1매는 공급자가 보관하고(공급사보관용 세금계산서, 매출세금계산서), 1매는 거래상대방에게 발급(공급받는 자 보관용 세금계산서, 매입세금계산서)하여야 한다.

부가가치세 신고시에 공급자는 매출처별세금계산서합계표를 제출하고, 공급받는 자는 매입처별세금계산서합계표를 제출한다. 즉, 세금계산서 자체는 사업자가 보관하는 것이고 신고시에는 이들 정보를 요약한 합계표만 제출하는 것이다.

(2) 세금계산서의 기재사항

세금계산서의 기재사항은 필요적 기재사항과 임의적 기재사항으로 구분되는데, 이를 구체적으로 살펴보면 다음과 같다(부가법 §32 ①, 부가령 §67 ①).

구 분	기재사항
필요적 기재사항	① 공급하는 사업자의 등록번호와 성명 또는 명칭 ② 공급받는 자의 등록번호[주)] ③ 공급가액과 부가가치세액 ④ 작성연월일
임의적 기재사항	① 공급하는 자의 주소 ② 공급받는 자의 상호·성명·주소 ③ 공급하는 자와 공급받는 자의 업태와 종목 ④ 공급품목 ⑤ 단가와 수량 ⑥ 공급연월일 ⑦ 거래의 종류 ⑧ 사업자단위과세사업자의 경우 실제로 재화 또는 용역을 공급하거나 공급받는 종된 사업장의 소재지 및 상호

주) 다만, 공급받는 자가 사업자가 아니거나 등록한 사업자가 아닌 경우에는 공급받는 자가 등록번호에 준하여 부여받는 고유번호 또는 공급받는 자의 주민등록번호를 기재하여야 한다(부가법 §32 ① (2) 단서, 부가령 §67 ①).

필요적 기재사항은 세금계산서의 필수적 구성요소로서 그 전부 혹은 일부가 기재되지 않거나 사실과 다르게 기재된 경우에는 정당한 세금계산서로서의 효력이 인정되지 않는다. 따라서 이 경우 발급한 자에게는 세금계산서불성실가산세가 적용되며, 이를 발급받은 자는 매입세액을 공제받을 수 없다.

반면, 임의적 기재사항은 거래당사간의 거래내용 및 거래사실을 확인하기 위한 부수적인 정보에 불과하므로, 임의적 기재사항을 누락한다 하더라도 정당한 세금계산서의 효력이 인정되며, 세금계산서불성실가산세나 매입세액불공제 등의 불이익이 없다.

[별지 제14호 서식] (적 색)

세금계산서(공급자보관용)

책 번 호	권	호
일 련 번 호		-

공급자	등 록 번 호	- -			공급받는자	등 록 번 호		
	상호(법인명)		성 명 (대표자)			상호(법인명)		성 명 (대표자)	
	사업장 주소					사업장 주소		
	업 태		종 목			업 태		종 목	

작성				공급가액												세액										비 고
연	월	일	공란수	조	천	백	십	억	천	백	십	만	천	백	십	일	천	백	십	억	천	백	십	만	천	백	십	일	

월	일	품 목	규 격	수 량	단 가	공 급 가 액	세 액	비 고

합 계 금 액	현 금	수 표	어 음	외 상 미 수 금	이 금액을 영수/청구 함

주) 위 세금계산서는 공급자가 발급하는 '공급자보관용 세금계산서(매출세금계산서)'이며, 공급받는 자는 위와 동일한 양식에 제목만 '세금계산서(공급받는 자 보관용)'로 기재된 매입세금계산서를 발급받게 된다. 또한, 매출세금계산서의 색상이 적색으로 되어 있는 반면, 매입세금계산서는 적색이 아닌 청색으로 되어 있다.

(3) 전자세금계산서

1) 전자세금계산서의 발급

법인사업자와 직전 연도의 사업장별 재화 및 용역의 공급가액(면세공급가액을 포함)의 합계액이 8천만원 이상[46]인 개인사업자(이하 '전자세금계산서 의무발급 개인사업자'라 한다)는 전자적 방법으로 세금계산서(이하 '전자세금계산서'라 한다)를 발급하여야 한다(부가법 §32 ②, 부가령 §68 ①).[47] 이 경우 전자세금

46) 2021년 초 부가가치세법 시행령의 개정으로 2022년 7월 1일 이후 재화 또는 용역을 공급하는 분부터 공급가액 합계액이 '3억원 이상'에서 '2억원 이상'으로 개정되었고, 2022년 초 시행령이 다시 개정되어 2023년 7월 1일 이후 재화 또는 용역을 공급하는 분부터 공급가액 기준이 '2억원 이상'에서 '1억원 이상'으로 그 범위가 확대되었다. 한편, 2023년 초 개정된 시행령에서는 2024년 7월 1일 이후 재화 또는 용역을 공급하는 분부터 전자세금계산서 의무발급 대상 개인사업자 공급가액 기준을 '1억원 이상'에서 '8천만원 이상'으로 하여 그 범위를 더욱 확대하였다.

47) 법인사업자는 2011년 1월 1일부터, 전자세금계산서 의무발급 개인사업자는 2012년 1월 1일부터 전자세금계산서를 발급하고 있다.

계산서 의무발급 개인사업자에 최초로 해당하는 경우부터 계속하여 전자세금계산서 의무발급 개인사업자인 것으로 본다(부가령 §68 ① 후단).

한편, '전자적 방법'이란 다음 중 어느 하나에 해당하는 방법으로 세금계산서의 기재사항을 계산서 작성자의 신원 및 계산서의 변경여부 등을 확인할 수 있는 인증시스템을 거쳐 정보통신망으로 발급하는 것을 말한다(부가령 §68 ⑤).[48]

① 「조세특례제한법」에 따른 전사적(全社的) 기업자원 관리설비(ERP)를 이용하는 방법
② 재화 또는 용역을 실제 공급하는 사업자를 대신하여 전자세금계산서 발급업무를 대행하는 사업자(ASP)의 전자세금계산서 발급 시스템을 이용하는 방법
③ 국세청장이 구축한 전자세금계산서 발급 시스템(국세청 전자세금계산서 e세로)을 이용하는 방법
④ 전자세금계산서 발급이 가능한 현금영수증 발급장치 및 그 밖에 국세청장이 지정하는 전자세금계산서 발급 시스템을 이용하는 방법

주) 재화나 용역을 공급받는 자가 전자세금계산서를 발급받을 수신함을 가지고 있지 아니하거나 지정하지 아니한 경우 또는 위 '④'의 시스템 등 수신함이 적용될 수 없는 시스템을 사용하는 경우에는 위 '③'에 따른 전자세금계산서 발급 시스템을 수신함으로 지정한 것으로 본다(부가령 §68 ⑩). 한편 전자세금계산서가 재화나 용역을 공급받는 자가 지정하는 수신함에 입력되거나 위 '③'에 따른 전자세금계산서 발급 시스템에 입력된 때에 재화나 용역을 공급받는 자가 그 전자세금계산서를 수신한 것으로 본다(부가령 §68 ⑪).

여기에서 전자세금계산서 의무발급 개인사업자는 사업장별 재화 및 용역의 공급가액(면세공급가액 포함)의 합계액이 8천만원 이상인 해의 다음 해 제2기 과세기간부터 전자세금계산서를 발급하여야 한다. 다만, 사업장별 재화와 용역의 공급가액의 합계액이 「국세기본법」에 따른 수정신고 또는 부가가치세법에 따는 결정 및 경정(이하 '수정신고 등'이라 한다)으로 8천만원 이상이 된 경우에는 수정신고 등을 한 날이 속하는 과세기간의 다음 과세기간부터 전자세금계산서를 발급하여야 한다(부가령 §68 ②).

관할세무서장은 개인사업자가 전자세금계산서 의무발급 개인사업자에 해당하는 경우에는 전자세금계산서를 발급하여야 하는 의무가 발생하기 1개월 전까지 그 사실을 해당 개인사업자에게 통지하여야 하며, 전자세금계산서를 발급하여야 하는 의무가 발생하기 1개월 전까지 해당 개인사업자가 통지를 받지 못한 경우에는 통지서를 수령한 날이 속하는 달의 다음 다음달 1일부터 해당 개인사업자는 전자세금계산서를 발급하여야 한다(부가령 §68 ③, ④).

2) 발급명세의 전송

법인사업자와 전자세금계산서 의무발급 개인사업자가 전자세금계산서를 발급하였을 때에는 전자세금계산서 발급일의 다음 날까지 전자세금계산서 발급명세를 국세청장에게 전송하여야 한다(부가법 §32 ③, 부가령 §68 ⑥). 이 경우 법인사업자와 전자세금계산서 의무발급 개인사업자 외의 사업자도 전자세금계산서를 발급하고 전송할 수 있다(부가법 §32 ⑤, 부가령 §68 ⑨).

---

48) '①, ② 및 '④'에 따른 설비 또는 시스템을 구축·운영하려는 자는 미리 국세청장 또는 관할세무서장에게 등록하여야 한다(부가령 §68 ⑤).

3) 전자세금계산서 관련 세액공제 및 가산세 규정

① 전자세금계산서 발급·전송에 대한 세액공제 특례

직전 연도의 사업장별 재화 및 용역의 공급가액(부가가치세 면세공급가액을 포함한다)의 합계액이 3억원 미만인 개인사업자와 해당 연도에 신규로 사업을 시작한 개인사업자가 전자세금계산서를 2027년 12월 31일까지 발급(세금계산서 발급명세를 발급일의 다음 날까지 국세청장에게 전송한 경우로 한정한다)하는 경우에는 전자세금계산서 발급 건수 등을 고려하여 다음의 금액을 해당 과세기간의 부가가치세 납부세액에서 공제할 수 있다(부가법 §47 ①, 부가령 §89). 이에 따른 세액공제를 적용받으려는 개인사업자는 예정신고 및 확정신고를 할 때 전자세금계산서 발급세액공제신고서를 납세지 관할세무서장에게 제출하여야 한다(부가법 §47 ③).

전자세금계산서 발급·전송에 대한 세액공제
= Min[① 전자세금계산서 발급건수 × 200원, ② 연간 100만원(공제한도액)]

이 경우 공제받는 금액이 그 금액을 차감하기 전의 납부할 세액[납부세액에서 빼거나 더할 세액(가산세는 제외한다)을 빼거나 더하여 계산한 세액을 말하며, 그 계산한 세액이 '0'보다 작으면 '0'으로 본다]을 초과하면 그 초과하는 부분은 없는 것으로 본다. (부가법 §47 ②). 즉, 환급하지 않는다.

② 미발급, 미전송 등에 대한 세금계산서불성실가산세

사업자가 다음 중 어느 하나에 해당하는 경우에는 해당 가산세 금액을 납부세액에 더하거나 환급세액에서 뺀다(부가법 §60 ② (2), (3), (4)).

구 분	가산세
① 전자세금계산서 미발급[주1)]	공급가액 × 2%(1%)
② 발급명세 미전송[주2)]	공급가액 × 0.5%
③ 발급명세 지연전송[주3)]	공급가액 × 0.3%

주1) 일반적으로 '미발급'이란 세금계산서를 재화 또는 용역의 공급시기가 속하는 과세기간에 대한 확정신고기한까지 발급하지 아니한 경우를 말한다. 한편, 전자세금계산서를 발급하여야 할 의무가 있는 자가 전자세금계산서를 발급하지 아니하고 종이세금계산서를 발급한 경우, 종전에는 이를 미발급으로 보아 2%의 가산세를 적용하였으나, 전자세금계산서 발급의무자가 세금계산서 발급시기에 종이세금계산서를 발급하는 경우에는 1%의 가산세를 적용함으로써 사업자의 가산세 부담을 완화하였다.

주2) '미전송'이란 전자세금계산서 발급명세 전송기한이 경과한 후 재화 또는 용역의 공급시기가 속하는 과세기간에 대한 확정신고기한까지 국세청장에게 세금계산서 발급명세를 전송하지 아니한 경우를 말한다.

주3) '지연전송'이란 전자세금계산서 발급명세 전송기한이 경과한 후 재화 또는 용역의 공급시기가 속하는 과세기간에 대한 확정신고기한까지 국세청장에게 세금계산서 발급명세를 전송하는 경우를 말한다.

4) 세금계산서 보관의무 및 세금계산서합계표 제출의무 면제

전자세금계산서를 발급·전송한 사업자는 다음의 부가가치세법상 일부 의무가 면제된다.

① 매출·매입처별세금계산서합계표 제출의무 면제

사업자는 세금계산서 또는 수입세금계산서를 발급하였거나 발급받은 경우에는 매출처별세금계산서합계표와 매입처별세금계산서합계표를 해당 예정신고 또는 확정신고(예정고지에 의한 징수 규정이 적용되는 경우에는 해당 과세기간의 확정신고)와 함께 제출하여야 하는 것이나(부가법 §54 ①), 전자세금계산서를 발급하거나 발급받고 전자세금계산서 발급명세를 해당 재화 또는 용역의 공급시기가 속하는 과세기간(예정신고의 경우에는 예정신고기간) 마지막 날의 다음 날 11일까지 국세청장에게 전송한 경우에는 해당 예정신고 또는 확정신고(예정고지의 경우에는 해당 과세기간의 확정신고) 시 매출·매입처별 세금계산서합계표를 제출하지 아니할 수 있다(부가법 §54 ②).

② 세금계산서 보관의무 면제

사업자는 장부와 발급하거나 발급받은 세금계산서, 수입세금계산서 또는 영수증을 그 거래사실이 속하는 과세기간에 대한 확정 신고기한 후 5년간 보존하여야 한다. 다만, 전자세금계산서를 발급한 사업자가 국세청장에게 세금계산서 발급명세를 전송한 경우에는 그러하지 아니하다(부가법 §71 ③).

7.2.3. 세금계산서의 발급의무자

(1) 일반적인 경우

사업자가 재화 또는 용역을 공급(부가가치세가 면제되는 재화 또는 용역의 공급은 제외한다)하는 경우에는 세금계산서를 그 공급을 받은 자에게 발급하여야 한다(부가법 §32 ①). 한편 위탁판매 또는 대리인에 의한 판매 등 일정한 경우에는 해당 재화 또는 용역을 공급하는 자이거나 공급받는 자가 아닌 경우에도 세금계산서 또는 전자세금계산서를 발급하거나 발급받을 수 있다(부가법 §32 ⑥).

(2) 수입재화의 경우

세관장은 수입되는 재화에 대하여 부가가치세를 징수할 때(부가가치세의 납부가 유예되는 때를 포함한다)에는 부가가치세법상 세금계산서 발급에 관한 규정을 준용하여 수입세금계산서를 수입하는 자에게 발급하여야 한다(부가법 §35 ①, 부가령 §72 ①). 이 경우 부가가치세 납부가 유예되는 때에는 수입세금계산서에 부가가치세 납부유예 표시를 하여 발급한다(부가령 §72 ① 후단).

(3) 위탁판매 등의 경우

1) 위탁판매 등

위탁판매 또는 대리인에 의한 판매의 경우 수탁자 또는 대리인이 재화를 인도할 때에는 수탁자 또는 대리인이 위탁자 또는 본인의 명의로 세금계산서를 발급하며, 위탁자 또는 본인이 직접 재화를 인도하는 때에는 위탁자 또는 본인이 세금계산서를 발급할 수 있다. 이 경우에는 수탁자 또는 대리인의 등록번호를 덧붙여 적어야 한다(부가령 §69 ①).

2) 위탁매입 등

위탁매입 또는 대리인에 의한 매입의 경우에는 공급자가 위탁자 또는 본인을 공급받는 자로 하여 세금계산서를 발급한다. 이 경우에는 수탁자 또는 대리인의 등록번호를 덧붙여 적어야 한다(부가령 §69 ②).

한편, 위탁자 또는 본인을 알 수 없는 경우에는 위 '1), 2)'의 규정을 적용하지 아니한다(부가령 §69 ③). 이 경우에는 위탁자(본인)는 수탁자(대리인)에게, 수탁자(대리인)는 거래상대방에게 공급한 것으로 보아 세금계산서를 발급한다(부기통 32-69-5).

(4) 기타 발급특례규정

① 수용으로 인하여 재화가 공급되는 경우에는 전술한 '(3) 위탁판매 등의 경우'를 준용하여 해당 사업시행자가 세금계산서를 발급할 수 있다(부가령 §69 ④).

② 용역의 공급에 대한 주선·중개의 경우에는 전술한 '(3) 위탁매매 등의 경우'를 준용한다(부가령 §69 ⑤).

③ 「조달사업에 관한 법률」에 따라 물자가 공급되는 경우에는 공급자 또는 세관장이 해당 실수요자에게 직접 세금계산서를 발급하여야 한다. 다만, 물자를 조달할 때에 그 물자의 실수요자를 알 수 없는 경우에는 조달청장에게 세금계산서를 발급하고, 조달청장이 실제로 실수요자에게 그 물자를 인도할 때에는 그 실수요자에게 세금계산서를 발급할 수 있다(부가령 §69 ⑥).

④ 「한국가스공사법」에 따른 한국가스공사가 가스도입판매사업자를 위하여 천연가스(액화한 것을 포함한다)를 직접 수입하는 경우에는 세관장이 해당 가스도입판매사업자에게 직접 세금계산서를 발급할 수 있다(부가령 §69 ⑦).

⑤ 납세의무 있는 사업자가 「여신전문금융업법」에 따라 등록한 시설대여업자로부터 시설 등을 임차하고, 그 시설 등을 공급자 또는 세관장으로부터 직접 인도받는 경우에는 공급자 또는 세관장이 그 사업자에게 직접 세금계산서를 발급할 수 있다(부가령 §69 ⑧).

⑥ 조달청장이 발행한 창고증권의 양도로서 임치물의 반환이 수반되는 경우의 세금계산서발급에 관하여는 전술한 '③'의 단서 규정을 준용한다. 이 경우 '③'의 단서 중 '실수요자'는 '창고증권과의 교환으로 임치물을 반환받는 자'로 본다(부가령 §69 ⑨).

⑦ 「감정평가 및 감정평가사에 관한 법률」에 따른 감정평가법인등 또는 「신문 등의 진흥에 관한 법률」에 따른 신문 발행업자 및 「잡지 등 정기간행물의 진흥에 관한 법률」에 따른 정기간행물 발행업자 또는 「뉴스통신진흥에 관한 법률」에 따른 뉴스통신사업을 경영하는 법인이 법원의 의뢰를 받아 감정평가용역 또는 광고용역을 제공하는 경우로서 그 용역을 실제로 공급받는 자를 알 수 없을 때에는 감정평가법인등 또는 신문 발행업자 및 정기간행물 발행업자 또는 뉴스통신사업을 경영하는 법인은 법원에 세금계산서를 발급하고, 그 법원이 감정평가용역 또는 광고용역을 실제로 공급받는 자로부터 그 용역에 대한 대가를 징수할 때에는 법원이 그 자에게 세금계산서를 발급할 수 있다(부가령 §69 ⑩).

⑧ 「전기통신사업법」에 따른 전기통신사업자가 다른 전기통신사업자의 이용자에게 전기통신역무를 제공하고 그 대가의 징수를 다른 전기통신사업자에게 대행하게 하는 경우에는 해당 전기통신역무를 제공한 사업자가 다른 전기통신사업자에게 세금계산서를 발급하고, 다른 전기통신사업자가 이용자에게 세금계산서를 발급할 수 있다(부가령 §69 ⑪).

⑨ 「전기사업법」에 따른 발전사업자가 전력시장을 통하여 같은 법에 따른 전기판매사업자 또는 전기사용자에게 전력을 공급하고 그 대가를 같은 법에 따른 한국전력거래소를 통하여 받는 경우에는 그 발전사업자가 한국전력거래소에 세금계산서를 발급하고 한국전력거래소가 그 전기판매사업자 또는 전기사용자에게 세금계산서를 발급할 수 있다(부가령 §69 ⑫).

⑩ 「방송법 시행령」에 따른 위성이동멀티미디어방송사업자 및 일반위성방송사업자가 「전기통신사업법」에 따른 전기통신사업자의 이용자에게 각각 위성이동멀티미니어방송용역 또는 일반위성방송용역을 제공하고 그 대가의 징수를 전기통신사업자에게 대행하게 하는 경우에는 위성이동멀티미디어방송사업자 및 일반위성방송사업자는 전기통신사업자에게 세금계산서를 발급하고, 전기통신사업자가 이용자에게 세금계산서를 발급할 수 있다(부가령 §69 ⑬).

⑪ 「전기사업법」에 따른 전기사업자가 전력을 공급하는 경우로서 전력을 공급받는 명의자와 전력을 실제로 소비하는 자가 서로 다른 경우에 그 전기사업자가 전력을 공급받는 명의자를 공급받는 자로 하여 세금계산서를 발급하고 그 명의자는 발급받은 세금계산서에 적힌 공급가액의 범위에서 전력을 실제로 소비하는 자를 공급받는 자로 하여 세금계산서를 발급하였을 때(세금계산서의 발급이 면제되는 경우로서 일정한 경우[49]를 포함한다)에는 그 전기사업자가 전력을 실제로 소비하는 자를 공급받는 자로 하여 세금계산서를 발급한 것으로 본다.

⑫ 「전기사업법」에 따른 재생에너지전기공급사업자등 같은 법에 따른 발전사업자로부터 전력을 공급받아 전기사용자에게 전력을 공급하고 같은 법에 따른 전기판매사업자 또는 한국전력거래소에 전기 공급과 관련된 부대비용을 각각 지급하는 경우에는 전기판매사업자 또는 한국전력거래소가 재생에너지전기공급자등에게 각각의 부대비용에 대한 세금계산서를 발급하고 재생에너지공급사업자등은 그 부대비용과 관련하여 발급받은 세금계산서에 적힌 공급가액의 범위에서 발전사업자 또는 전기사용자에게 각각의 세금계산서를 발급할 수 있다(부가령 §69 ⑮).

⑬ 「분산에너지 활성화 특별법」에 따른 분산에너지사업자가 전기사용자에게 전력을 공급(같은 법에 따른 전기판매사업자로부터 전력을 공급받아 전기사용자에게 전력을 공급하는 경우를 포함한다)하고 같은 법에 따른 전기판매사업자 또는 「전기사업법」에 따른 한국전력거래소에 전기 공급과 관련된 재정경제부령으로 정하는 부대비용을 각각 지급하는 경우에는 전기판매사업자 또는 한국전력거래소가 분산에너지사업자에게 각각의 부대비용에 대한 세금계산서를 발급하고 분산에너지사업자는 그 부대비용과 관련하여 발급받은 세금계산서에 적힌 공급가액의 범위에서 전기판매사업자 또는 전기사용자에게 각각의 세금계산서를 발급할 수 있다(부가령 §69 ⑯).

⑭ 동업자가 조직한 조합 또는 이와 유사한 단체가 그 조합원이나 그 밖의 구성원을 위하여 재화 또는 용역을 공급하거나 공급받는 경우와 「국가를 당사자로 하는 계약에 관한 법률」에 따른 공동 도급계약에 의하여 용역을 공급하고 그 공동 수급체의 대표자가 그 대가를 지급받는 경우 및 「도시가스사업법」에 따른 도시가스사업자가 도시가스를 공급할 때 도시가스를 공급받는 명의자와 도시가스를 실제로 소비하는 자가 서로 다른 경우에 관하여는 위 '⑪'의 규정을 준용한다(부가령 §69 ⑰).

---

49) 전력이나 도시가스를 실제로 소비하는 자(사업자가 아닌 자로 한정한다)를 위하여 「전기사업법」에 따른 전기사업자 또는 「도시가스사업법」에 따른 도시가스사업자로부터 전력이나 도시가스를 공급받는 명의자(사업자)가 전력이나 도시가스를 공급하는 경우로서 세금계산서 발급이 면제되는 경우를 말한다(부가칙 §55).

⑮ 조달청 창고 및 런던금속거래소의 지정창고에 보관된 물품이 국내로 반입되는 경우에는 세관장이 수입세금계산서를 발급한다(부가령 §69 ⑱).

⑯ 국외사업자의 용역 등 공급에 관한 특례에 따라 용역 등을 공급하는 경우에는 세금계산서를 발급할 때 그 용역 등을 공급하는 국외사업자의 상호 및 주소를 덧붙여 적어야 한다(부가령 §69 ⑲).

⑰ 「온실가스 배출권의 할당 및 거래에 관한 법률」에 따라 배출권 거래계정을 등록한 자(이하 '할당대상 업체 등'이라 한다)가 같은 법에 따른 배출권 거래소가 개설한 배출권 거래시장을 통하여 다른 할당대상 업체 등에게 배출권(상쇄배출권을 포함한다)을 공급하고 그 대가를 배출권 거래소를 통하여 받는 경우에는 그 할당대상 업체 등이 배출권 거래소에 세금계산서를 발급하고 배출권 거래소가 공급받은 할당대상 업체 등에 세금계산서를 발급할 수 있다(부가령 §69 ⑳).

⑱ 합병에 따라 소멸하는 법인이 합병계약서에 기재된 합병을 할 날부터 합병등기일까지의 기간에 재화 또는 용역을 공급하거나 공급받는 경우 합병 이후 존속하는 법인 또는 합병으로 신설되는 법인이 세금계산서를 발급하거나 발급받을 수 있다(부가령 §69 ㉑).

⑲ 분할 또는 분할합병에 따라 소멸하는 법인이 해당 계약서에 기재된 분할 또는 분할합병을 할 날부터 분할등기일 또는 분할합병등기일까지의 기간에 재화 또는 용역을 공급하거나 공급받는 경우 다음 각 호의 어느 하나에 해당하는 법인으로서 해당 재화 또는 용역에 대한 권리와 의무를 승계한 법인이 세금계산서를 발급하거나 발급받을 수 있다(부가령 §69 ㉒).

㉠ 분할 또는 분할합병 이후 존속하는 법인

㉡ 분할 또는 분할합병으로 신설되는 법인

세부규정

• 전기사업자 등의 전자세금계산서 발급·전송특례

다음의 사업을 하는 사업자는 해당 사업과 관련하여 세금계산서의 기재사항과 그 밖에 필요하다고 인정되는 사항 및 관할세무서장에게 신고한 전자세금계산서임을 적은 계산서를 관할세무서장에게 신고한 후 발급할 수 있다. 이 경우 사업자는 전자세금계산서의 표준인증을 받고 공급일의 다음 달 11일까지 전자세금계산서 파일을 전산매체로 제출하여야 한다(부가법 §32 ④, 부가령 §68 ⑧).

① 「전기사업법」에 따른 전기사업자가 산업용 전력을 공급하는 경우

② 「전기통신사업법」에 따른 전기통신사업자가 사업자에게 기간통신역무를 제공하는 경우와 부가통신역무 중 월 단위 요금형 서비스를 제공하는 경우로서 기간통신역무와 공급시기가 동일하여 통합하여 비용을 청구하는 경우

③ 「도시가스사업법」에 따른 도시가스사업자가 산업용 도시가스를 공급하는 경우

④ 「집단에너지사업법」에 따라 집단에너지를 공급하는 사업자가 산업용 열 또는 산업용 전기를 공급하는 경우

⑤ 「방송법」에 따른 방송사업자가 사업자에게 방송용역을 제공하는 경우

⑥ 일반과세자가 농·어민에게 「조세특례제한법」에 따른 농·어업용 기자재를 공급하는 경우

⑦ 「인터넷 멀티미디어 방송사업법」에 따른 인터넷 멀티미디어 방송 제공사업자가 사업자에게 방송용역을 제공하는 경우

7.2.4. 세금계산서의 발급시기

(1) 원 칙

세금계산서는 사업자가 재화 또는 용역의 공급시기에 재화 또는 용역을 공급받는 자에게 발급하는 것을 원칙으로 한다(부가법 §34 ①).

(2) 공급시기 전 발급특례[50)]

1) 일반적인 경우

사업자가 재화 또는 용역의 공급시기가 되기 전에 세금계산서를 발급하고 그 세금계산서 발급일부터 7일 이내에 대가를 받으면 해당 세금계산서를 발급한 때를 재화 또는 용역의 공급시기로 본다(부가법 §17 ②).

다만, 위 규정에도 불구하고 다음 중 어느 하나에 해당하는 경우에는 재화 또는 용역을 공급하는 사업자가 그 재화 또는 용역의 공급시기가 되기 전에 세금계산서를 발급하고 그 세금계산서 발급일부터 7일이 지난 후 대가를 받더라도 해당 세금계산서를 발급한 때를 재화 또는 용역의 공급시기로 본다(부가법 §17 ③).

① 거래 당사자 간의 계약서·약정서 등에 대금 청구시기(세금계산서 발급일을 말함)와 지급시기를 따로 적고, 대금 청구시기와 지급시기 사이의 기간이 30일 이내인 경우
② 재화 또는 용역의 공급시기가 세금계산서 발급일이 속하는 과세기간 내(공급받는 자가 조기환급을 받은 경우에는 세금계산서 발급일부터 30일 이내)에 도래하는 경우

2) 대금을 수령하고 발급하는 경우

사업자가 재화 또는 용역의 공급시기가 되기 전에 재화 또는 용역에 대한 대가의 전부 또는 일부를 받고, 이와 동시에 그 받은 대가에 대하여 세금계산서 또는 영수증을 발급하면 그 세금계산서 등을 발급하는 때를 각각 그 재화 또는 용역의 공급시기로 본다(부가법 §17 ①).

다만, 사업자가 다음의 규정에 의한 공급시기가 되기 전에 세금계산서 또는 영수증을 발급하는 경우에는 그 발급한 때를 각각 그 재화 또는 용역의 공급시기로 보는데(부가법 §17 ④, 부가령 §30), 해당 규정의 취지에 대하여는 '**4.1.3. 공급시기의 의제**'에서 살펴보았다.

---

50) 선발급세금계산서(선세금계산서)의 발급특례를 말한다.

① 장기할부판매로 재화를 공급하거나 장기할부조건부로 용역을 공급하는 경우의 공급시기
② 전력이나 그 밖에 공급단위를 구획할 수 없는 재화를 계속적으로 공급하는 경우의 공급시기
③ 그 공급단위를 구획할 수 없는 용역을 계속적으로 공급하는 경우의 공급시기
③ 영세율이 적용되는 외국항행용역의 공급으로서 「상법」에 따라 발행된 선하증권에 따라 거래사실이 확인되는 경우의 공급시기(용역의 공급시기가 선하증권 발행일로부터 90일 이내인 경우로 한정한다)

(3) 공급시기 후 발급특례[51]

사업자가 재화 또는 용역의 공급시기 이후에 세금계산서를 발급하는 것은 원칙적으로 인정되지 아니한다. 다만, 사업자의 편의를 고려하여 다음 중 어느 하나에 해당하는 경우에는 재화 또는 용역의 공급일이 속하는 달의 다음달 10일(그 날이 공휴일 또는 토요일인 경우에는 바로 다음 영업일을 말한다)까지 세금계산서를 발급할 수 있다(부가법 §34 ③).

① 거래처별로 달의 1일부터 말일까지의 공급가액을 합하여 해당 달의 말일을 작성연월일로 하여 세금계산서를 발급하는 경우
② 거래처별로 달의 1일부터 말일까지의 기간 이내에서 사업자가 임의로 정한 기간의 공급가액을 합하여 그 기간의 종료일을 작성연월일로 하여 세금계산서를 발급하는 경우
③ 관계 증명서류 등에 따라 실제거래사실이 확인되는 경우로서 해당 거래일을 작성연월일로 하여 세금계산서를 발급하는 경우

주) 사업자가 월합계 세금계산서를 발급함에 있어 해당 월 중 반품이 있는 경우 해당 월의 총공급가액에서 반품가액을 차감하여 발급할 수 있으며, 동일한 거래처에 품목별 또는 담당자별로 구분하여 2매 이상의 월합계세금계산서를 발급할 수 있다(집행기준 34-0-1).

7.2.5. 수정세금계산서 등

세금계산서 또는 전자세금계산서의 기재사항을 착오로 잘못 적거나 세금계산서 또는 전자세금계산서를 발급한 후 그 기재사항에 관하여 일정한 사유가 발생하면 수정한 세금계산서(이하 '수정세금계산서'라 한다) 또는 수정한 전자세금계산서(이하 '수정전자세금계산서'라 한다)를 발급할 수 있다(부가법 §32 ⑦).

(1) 수정세금계산서 등 발급사유 및 발급절차

수정세금계산서 또는 수정전자세금계산서는 다음의 구분에 따른 사유 및 절차에 따라 발급할 수 있다(부가령 §70 ①).

---

51) 월합계세금계산서의 발급 특례를 말한다.

구 분	발급절차
① 처음 공급한 재화가 환입된 경우	재화가 환입된 날을 작성일로 적고 비고란에 처음 세금계산서 작성일을 덧붙여 적은 후 붉은색 글씨로 쓰거나 음(陰)의 표시를 하여 발급
② 계약의 해제로 재화 또는 용역이 공급되지 아니한 경우	계약이 해제된 때에 그 작성일은 계약해제일로 적고 비고란에 처음 세금계산서 작성일을 덧붙여 적은 후 붉은색 글씨로 쓰거나 음(陰)의 표시를 하여 발급
③ 계약의 해지 등에 따라 공급가액에 추가되거나 차감되는 금액이 발생한 경우	증감 사유가 발생한 날을 작성일로 적고 추가되는 금액은 검은색 글씨로 쓰고, 차감되는 금액은 붉은색 글씨로 쓰거나 음(陰)의 표시를 하여 발급
④ 재화 또는 용역을 공급한 후 공급시기가 속하는 과세기간 종료 후 25일[주1)] 이내에 내국신용장이 개설되었거나 구매확인서가 발급된 경우	내국신용장 등이 개설된 때에 그 작성일은 처음 세금계산서 작성일을 적고 비고란에 내국신용장 개설일 등을 덧붙여 적어 영세율 적용분은 검은색 글씨로 세금계산서를 작성하여 발급하고, 추가하여 처음에 발급한 세금계산서의 내용대로 세금계산서를 붉은색 글씨로 또는 음(陰)의 표시를 하여 작성하고 발급
⑤ 필요적 기재사항 등이 착오로 잘못 적힌 경우[주2)]	처음에 발급한 세금계산서의 내용대로 세금계산서를 붉은색 글씨로 쓰거나 음(陰)의 표시를 하여 발급하고, 수정하여 발급하는 세금계산서는 검은색 글씨로 작성하여 발급.
⑥ 필요적 기재사항 등이 착오 외의 사유로 잘못 적힌 경우[주2)]	재화나 용역의 공급일이 속하는 과세기간에 대한 확정신고기한 다음 날부터 1년 이내에 세금계산서를 작성하되, 처음에 발급한 세금계산서의 내용대로 세금계산서를 붉은색 글씨로 쓰거나 음(陰)의 표시를 하여 발급하고, 수정하여 발급하는 세금계산서는 검은색 글씨로 작성하여 발급
⑦ 착오로 전자세금계산서를 이중으로 발급한 경우	처음에 발급한 세금계산서의 내용대로 음(陰)의 표시를 하여 발급
⑧ 면세 등 발급대상이 아닌 거래 등에 대하여 발급한 경우	처음에 발급한 세금계산서의 내용대로 붉은색 글씨로 쓰거나 음(陰)의 표시를 하여 발급
⑨ 세율을 잘못 적용하여 발급한 경우[주2)]	처음에 발급한 세금계산서의 내용대로 세금계산서를 붉은색 글씨로 쓰거나 음(陰)의 표시를 하여 발급하고, 수정하여 발급하는 세금계산서는 검은색 글씨로 작성하여 발급

주1) 과세기간 종료 후 25일이 되는 날이 토요일 및 일요일, 공휴일 및 대체공휴일 또는 근로자의 날인 경우에는 바로 다음 영업일을 말한다.

주2) 단, 다음 중 어느 하나에 해당하는 경우로서 과세표준 또는 세액을 경정할 것을 미리 알고 있는 경우는 제외한다.

㉠ 세무조사의 통지를 받은 경우
㉡ 세무공무원이 과세자료의 수집 또는 민원 등을 처리하기 위하여 현지출장이나 확인업무에 착수한 경우
㉢ 세무서장으로부터 과세자료 해명안내 통지를 받은 경우
㉣ 그 밖에 '㉠'부터 '㉢'까지의 규정에 따른 사항과 유사한 경우

(2) 과세유형이 전환된 경우

1) 일반과세자에서 간이과세자로 과세유형이 전환된 경우

일반과세자에서 간이과세자로 과세유형이 전환된 후 과세유형전환 전에 공급한 재화 또는 용역에 대하여 위 '①~③'의 수정 발급사유가 발생한 경우에는 위 '①~③'에서 규정되어 있는 절차에도 불구하고 처음에 발급한 세금계산서 작성일을 수정세금계산서 또는 수정전자세금계산서의 작성일로 적고, 비고란에 사유발생일을 덧붙여 적은 후 추가되는 금액은 검은색 글씨로 쓰고 차감되는 금액은 붉은색 글씨로 쓰거나 음(陰)의 표시를 하여 수정세금계산서나 수정전자세금계산서를 발급할 수 있다(부가령 §70 ②).

2) 간이과세자에서 일반과세자에로 과세유형이 전환된 경우

간이과세자에서 일반과세자로 과세유형이 전환된 후 과세유형전환 전에 공급한 재화 또는 용역에 위 '①~③'의 수정 발급사유가 발생하여 수정세금계산서나 수정전자세금계산서를 발급하는 경우에는 위 '①~③'에서 규정되어 있는 절차에도 불구하고 처음에 발급한 세금계산서 작성일을 수정세금계산서 또는 수정전자세금계산서의 작성일로 적고, 비고란에 사유 발생일을 덧붙여 적은 후 추가되는 금액은 검은색 글씨로 쓰고 차감되는 금액은 붉은색 글씨로 쓰거나 음(陰)의 표시를 해야 한다(부가령 §70 ③).

(3) 수정수입세금계산서

세관장은 다음 중 어느 하나에 해당하는 경우에는 수입하는 자에게 수정한 수입세금계산서(이하 '수정수입세금계산서'라 한다)를 발급하여야 한다(부가법 §35 ②).

① 「관세법」에 따라 세관장이 과세표준 또는 세액을 결정 또는 경정하기 전에 수입하는 자가 수정신고 등을 하는 경우(아래 '③'에 따라 수정신고하는 경우는 제외한다)[주1)]

② 「관세법」에 따라 세관장이 과세표준 또는 세액을 결정 또는 경정하는 경우(수입하는 자가 해당 재화의 수입과 관련하여 다음 중 어느 하나에 해당하지 아니하는 경우로 한정한다)[주2), 주3)]

㉠ 「관세법」(미수범의 경우를 포함한다)을 위반하여 고발되거나 통고처분을 받은 경우

㉡ 「관세법」에 따른 부정한 행위 또는 「자유무역협정의 이행을 위한 관세법의 특례에 관한 법률」에 따른 부정한 행위로 관세의 과세표준 또는 세액을 과소신고한 경우

㉢ 수입자가 과세표준 또는 세액을 신고하면서 관세조사 등을 통하여 이미 통지받은 오류를 다음 신고 시에도 반복하는 등 중대한 잘못이 있는 경우[주4)]

③ 수입하는 자가 세관공무원의 관세조사 등 일정한 행위[주5)]가 발생하여 과세표준 또는 세액이 결정 또는 경정될 것을 미리 알고 그 결정·경정 전에 「관세법」에 따라 수정신고하는 경우(해당 재화의 수입과 관련하여 위 '②'의 '㉠~㉢' 중 어느 하나에 해당하지 아니하는 경우로 한정한다)[주2), 주3)]

주1) 세관장은 「관세법」에 따라 과세표준 또는 세액을 결정 또는 경정하기 전에 같은 법의 일정한 사유에 따라 부가가치세를 납부 받거나 징수 또는 환급하는 경우에는 수입자에게 수정한 수입세금계산서를 발급하여야 한다. 여기에서 '일정한 사유'란 「관세법」 제28조제2항 [잠정가격의 신고 등], 제38조의2제1항·제2항 [보정], 제38조의3제1항부터 제3항까지 [수정 및 경정], 제38조의4제1항 [수입물품의 과세가격 조정에 따른 경정], 제46조 [관세환급금의 환급], 제47조 [과다환급관세의 징수], 제106조 [계약 내용과 다른 물품 등에 대한 관세 환급], 제106조의2 [수입한 상태 그대로 수출되

는 자가사용물품 등에 대한 관세 환급] 및 제199조의2 [종합보세구역의 판매물품에 대한 관세 등의 환급계약 내용과 다른 물품 등에 대한 관세 환급]을 말한다(부가령 §72 ②).

주2) 세관장은 위 '②' 또는 '③'의 결정 · 경정 또는 수정신고에 따라 수정수입세금계산서를 발급한 후 수입하는 자가 위 '②'의 '㉠~㉢' 중 어느 하나에 해당하는 사실을 알게 된 경우에는 이미 발급한 수정수입세금계산서를 그 수정 전으로 되돌리는 내용의 수정수입세금계산서를 발급하여야 한다(부가법 §35 ③).

주3) 세관장은 '②'의 '㉠' 에 해당하여 위 '②' 또는 '③'에 따라 수정수입세금계산서를 발급하지 아니하였거나 '주2)'에 따라 수정수입세금계산서를 다시 발급한 이후에 수입하는 자가 무죄 취지의 불기소 처분이나 무죄 확정판결을 받은 경우에는 당초 세관장이 결정 또는 경정한 내용이나 수입하는 자가 수정신고한 내용으로 수정수입세금계산서를 발급하여야 한다(부가법 §35 ④).

주4) 여기에서 '중대한 잘못이 있는 경우'란 다음 중 어느 하나에 해당하는 경우를 말한다(부가령 §72 ④).

① 「관세법」 및 「자유무역협정의 이행을 위한 관세법의 특례에 관한 법률」에 따른 조사의 결과를 통지받았음에도 불구하고 이미 통지받은 오류를 다음 신고 시에도 반복하는 경우

② 「관세법」에 따라 과세가격결정자료등을 제출할 것을 요구하였으나 같은 법에서 정한 기한까지 제출하지 아니하거나 거짓자료를 제출한 경우

③ 세관장이 수입자에게 신고한 세액이 부족하다는 것을 안내하였으나 정당한 사유 없이 「관세법」에 따른 보정신청 또는 같은 법에 따른 수정신고를 하지 아니한 경우

④ 세관장에게 「관세법 시행령」에 따라 제출한 수입관련거래에 관한 사항을 적은 서류 및 과세자료의 내용이 객관적인 사실과 명백히 다른 경우 등 그 신고에 중대한 잘못이 있는 경우

주5) 여기에서 '일정한 행위'란 다음 중 어느 하나에 해당하는 행위를 말한다(부가령 §72 ③).

① 관세 조사 또는 관세 범칙사건에 대한 조사를 통지하는 행위

② 세관공무원이 과세자료의 수집 또는 민원 등을 처리하기 위하여 현지출장이나 확인업무에 착수하는 행위

③ 그 밖에 '①' 또는 '②'와 유사한 행위

세관장이 전술한 규정에 따라 수정수입세금계산서를 발급하는 경우에는 부가가치세를 납부 받거나 징수 또는 환급한 날을 작성일로 적고 비고란에 최초 수입세금계산서 발급일 등을 덧붙여 적은 후 추가되는 금액은 검은색 글씨로 쓰고, 차감되는 금액은 붉은색 글씨로 쓰거나 음(陰)의 표시를 하여 발급한다(부가령 §72 ⑤).

전술한 규정에도 불구하고, 수입하는 자는 세관장이 수정수입세금계산서를 발급하지 아니하는 경우 일정한 기간[52] 내에 세관장에게 수정수입세금계산서의 발급을 신청할 수 있다(부가법 §35 ⑤). 이 경우 수정수입세금계산서를 발급받으려는 자는 수정수입세금계산서 발급신청서를 해당 부가가치세를 징수한 세관장에게 제출하여야 한다(부가령 §72 ⑥). 이 경우 신청을 받은 세관장은 신청을 받은 날로부터 2개월 이내에 수정수입세금계산서를 발급하거나 발급할 이유가 없다는 뜻을 신청인에게 통지하여야 한다(부가령 §72 ⑦). 세관장이 이에 따라 수정한 수입세금계산서를 발급하는 경우에 그 작성일은 발급결정일로 적고 비고란에 최초 수입세금계산서 발급일 등을 덧붙여 적은 후 추가되는 금액은 검은색 글씨로 쓰고, 차감되는 금액은 붉은색 글씨로 쓰거나 음(陰)의 표시를 하여 발급한다(부가령 §72 ⑧).

---

52) 「국세기본법」 제26조의2제1항제3호 또는 제2항제1호에 따른 기간(국세 부과의 제척기간)을 말하는 것으로, 국세를 부과할 수 있는 날부터 5년 또는 이의신청, 심사청구, 심판청구, 「감사원법」에 따른 심사청구 또는 「행정소송법」에 따른 소송에 대한 결정이나 판결이 확정된 경우에는 결정 또는 판결이 확정된 날부터 1년의 기간을 말한다.

7.2.6. 세금계산서합계표의 제출

전술한 바와 같이, 세금계산서는 부가가치세를 거래징수한 사실을 증명하는 법정영수증 외에 거래송장, 대금청구서 및 과세자료로서의 역할 등 부가적인 기능도 수행한다. 세금계산서가 과세자료로서의 역할을 하기 위해서는 과세관청에 이러한 세금계산서의 정보가 제출되어야 하는데, 이 경우 세금계산서 자체를 과세관청에 제출하는 것이 아니라 재화 또는 용역을 공급한 자는 매출처별세금계산서합계표를 제출하고, 공급받은 자는 매입처별세금계산서합계표를 제출하여야 한다.

(1) 과세사업자의 제출의무

사업자는 세금계산서 또는 수입세금계산서를 발급하였거나 발급받은 경우에는 매출처별세금계산서합계표와 매입처별세금계산서합계표를 해당 예정신고 또는 확정신고와 함께 제출하여야 한다(부가법 §54 ①). 다만, 전자세금계산서를 발급하거나 발급받고 국세청장에게 전자세금계산서 발급명세를 해당 재화 또는 용역의 공급시기가 속하는 과세기간(예정신고의 경우에는 예정신고기간) 마지막 날의 다음 달 11일까지 전송한 경우에는 그러하지 아니하다(부가법 §54 ②).

이 경우 예정신고를 하는 사업자가 각 예정신고와 함께 매출·매입처별세금계산서합계표를 제출하지 못하는 경우에는 해당 예정신고기간이 속하는 과세기간에 확정신고와 함께 제출할 수 있다(지연제출, 부가법 §54 ③).[53)]

(2) 세관장의 제출의무

수입세금계산서를 발급한 세관장은 위의 규정을 준용하여 매출처별세금계산서합계표를 해당 세관 소재지를 관할하는 세무서장에게 제출하여야 한다(부가법 §54 ④).

(3) 국가 등 및 면세사업자의 제출의무

세금계산서를 발급받은 국가, 지방자치단체, 지방자치단체조합, 그 밖에 면세사업자 등은 부가가치세의 납세의무가 없는 경우에도 매입처별세금계산서합계표를 해당 과세기간이 끝난 후 25일 이내에 납세지 관할세무서장에게 제출하여야 한다(부가법 §54 ⑤). 여기에서 '면세사업자 등'이라 함은 다음에 규정된 자로 한다(부가령 §99).

① 부가가치세가 면제되는 사업자 중 소득세 또는 법인세의 납세의무가 있는 자(「조세특례제한법」에 의하여 소득세 또는 법인세가 면제되는 자를 포함한다)
② 「민법」의 규정에 의하여 설립된 법인
③ 특별법에 의하여 설립된 법인
④ 각급학교 기성회·후원회 또는 이와 유사한 단체
⑤ 「법인세법」에 따른 외국법인연락사무소

---

53) 사업자가 매출처별세금계산서합계표를 지연제출하는 경우에는 공급가액의 0.3%에 상당하는 가산세를 적용하며, 매출처별세금계산서합계표를 제출하지 아니하였거나 제출한 매출처별세금계산서합계표의 기재사항 중 거래처별 등록번호 또는 공급가액의 전부 또는 일부가 적혀있지 아니하거나 사실과 다르게 적혀 있는 경우에는 공급가액의 0.5%에 상당하는 가산세를 적용한다(부가법 §60 ⑥). 이에 대하여는 '**9.8. 가산세**'에서 구체적으로 살펴보도록 하겠다.

[별지 제38호 서식(1)]

매출처별 세금계산서합계표(갑)

년 제 기(월 일 ~ 월 일)

(앞쪽)

1. 제출자 인적사항

(1) 사업자등록번호	－ －	(2) 상호(법인명)	
(3) 성명(대표자)		(4) 사업장 소재지	
(5) 거래기간	년 월 일 ~ 년 월 일	(6) 작성일	년 월 일

2. 매출세금계산서 총합계

구 분		(7) 매출처수	(8) 매수	(9) 공급가액 조	십억	백만	천	일	(10)세 액 조	십억	백만	천	일
합 계													
과세기간 종료일 다음달 11일까지 전송된 전자 세금계산서 발급분	사업자등록번호 발급분												
	주민등록번호 발급분												
	소 계												
위 전자 세금계산서 외의 발급분	사업자등록번호 발급분												
	주민등록번호 발급분												
	소 계												

3. 과세기간 종료일 다음달 11일까지 전송된 전자세금계산서 외 발급분 매출처별 명세 (합계금액으로 적음)

(11) 번호	(12) 사업자 등록번호	(13) 상호 (법인명)	(14) 매수	(15) 공급가액 조	십억	백만	천	일	(16) 세액 조	십억	백만	천	일	비고
1														
2														
3														
4														
5														

[별지 제39호 서식(1)]

매입처별 세금계산서합계표(갑)

년 제 기(월 일 ~ 월 일)

(앞쪽)

1. 제출자 인적사항

(1) 사업자등록번호	– –	(2) 상호(법인명)	
(3) 성명(대표자)		(4) 사업장 소재지	
(5) 거래기간	년 월 일 ~ 년 월 일	(6) 작성일	년 월 일

2. 매입세금계산서 총합계

구 분		(7) 매입처수	(8) 매수	(9) 공급가액					(10)세 액				
				조	십억	백만	천	일	조	십억	백만	천	일
합 계													
과세기간 종료일 다음달 11일까지 전송된 전자세금계산서 발급받은 분	사업자등록번호 발급받은 분												
	주민등록번호 발급받은 분												
	소 계												
위 전자세금계산서 외의 발급받은 분	사업자등록번호 발급받은 분												
	주민등록번호 발급받은 분												
	소 계												

* 주민등록번호로 발급받은 세금계산서는 사업자등록 전 매입세액 공제를 받을 수 있는 세금계산서만 적습니다.

3. 과세기간 종료일 다음달 11일까지 전송된 전자세금계산서 외 발급받은 매입처별 명세 (합계금액으로 적음)

(11) 번호	(12) 사업자 등록번호	(13) 상호 (법인명)	(14) 매수	(15) 공급가액					(16) 세액					비고
				조	십억	백만	천	일	조	십억	백만	천	일	
1														
2														
3														
4														
5														

7.2.7. 세금계산서 발급의무의 면제

과세대상거래에 해당하는 재화 또는 용역의 공급에 대하여 부가가치세법상 납세의무자인 사업자는 원칙적으로 세금계산서를 발급하여야 한다. 하지만 세금계산서(전자세금계산서를 포함한다)를 발급하기 어렵거나 불필요한 경우로서 다음 중 어느 하나에 해당하는 재화 또는 용역을 공급하는 경우에는 세금계산서를 발급하지 아니할 수 있다(부가법 §33, 부가령 §71).

① 택시운송 사업자, 노점 또는 행상을 하는 사람, 그 밖에 일정한 사업자가 공급하는 재화 또는 용역[주1)]
② 소매업 또는 미용, 욕탕 및 유사서비스업을 경영하는 자가 공급하는 재화 또는 용역[주2)]
③ 간주공급 규정에 따른 재화[주3)]
④ 영세율 적용대상 중 다음의 재화 또는 용역
㉠ 수출하는 재화
* 단, 원료를 대가 없이 국외의 수탁가공사업자에게 반출하여 가공한 재화를 양도하는 경우에 그 원료의 반출, 내국신용장 또는 구매확인서에 의하여 공급하는 재화와 한국국제협력단, 한국국제보건의료재단 및 대한적십자사에 공급하는 재화는 제외한다.
㉡ 국외에서 공급하는 용역
* 공급받는 자가 국내에 사업장이 없는 비거주자 또는 외국법인인 경우로 한정한다.
㉢ 선박 또는 항공기의 외국항행 용역
* 공급받는 자가 국내에 사업장이 없는 비거주자 또는 외국법인인 경우와 항공기의 외국항행용역 및 「항공사업법」에 따른 상업서류송달용역으로 한정한다.
㉣ 국내에서 국내사업장이 없는 비거주자 또는 외국법인에게 공급되는 재화 또는 사업에 해당하는 용역
㉤ 비거주자 또는 외국법인의 국내사업장이 있는 경우에 국내에서 국외의 비거주자 또는 외국법인과 직접계약에 의하여 공급되는 재화 또는 용역
㉥ 외국을 항행하는 선박 및 항공기 또는 원양어선에 공급하는 재화 또는 용역
* 공급받는 자가 국내에 사업장이 없는 비거주자 또는 외국법인인 경우로 한정한다.
㉦ 우리나라에 상주(常住)하는 국제연합군 또는 미합중국군대에 공급하는 재화 또는 용역
㉧ 우리나라에 상주하는 외교공관, 영사기관(명예영사관원을 장으로 하는 영사기관은 제외한다), 국제연합과 이에 준하는 국제기구(우리나라가 당사국인 조약과 그 밖의 국내법령에 따라 특권과 면제를 부여받을 수 있는 경우만 해당한다) 등에 공급하는 재화 또는 용역
㉨ 「관광진흥법 시행령」에 따른 종합여행업자가 외국인관광객에게 공급하는 관광알선용역
⑤ 그 밖에 국내사업장이 없는 비거주자 또는 외국법인에게 공급하는 재화 또는 용역
* 다만, 그 비거주자 또는 외국법인이 해당 외국의 개인사업자 또는 법인사업자임을 증명하는 서류를 제시하고 세금계산서의 발급을 요구하는 경우 및 외국법인연락사무소에 재화 또는 용역을 공급하는 경우는 제외한다.
⑥ 부동산임대용역 중 전세금 또는 임대보증금에 대한 간주임대료
⑦ 「전자서명법」에 따른 전자서명인증사업자가 인증서를 발급하는 용역
* 다만, 공급받는 자가 사업자로서 세금계산서의 발급을 요구하는 경우는 제외한다.
⑧ 전자적 용역을 공급하는 국외사업자의 용역 공급과 사업자등록 등에 관한 특례에 따라 간편사업자등록을 한 사업자가 국내에 전자적 용역을 공급하는 사업
⑨ 세금계산서 발급이 금지되는 자에 해당하지 아니하는 사업자가 신용카드매출전표 등을 발급한 경우[주4)]

주1) 여기에서 '그 밖에 일정한 사업자'란 다음의 사업자를 말한다(부가칙 §52).
㉠ 무인자동판매기를 이용하여 재화나 용역을 공급하는 자
㉡ 전력이나 도시가스를 실제로 소비하는 자(사업자가 아닌 자로 한정한다)를 위하여 「전기사업법」에 따른 전기사업자 또는 「도시가스사업법」에 따른 도시가스사업자로부터 전력이나 도시가스를 공급받는 명의자
㉢ 도로 및 관련시설 운영용역을 공급하는 자(다만, 공급받는 자로부터 세금계산서 발급을 요구받은 경우는 제외한다)

주2) 다만, 소매업의 경우에는 공급받는 자가 세금계산서의 발급을 요구하지 아니하는 경우로 한정한다.

주3) 단, 사업장이 둘 이상인 사업자가 자기의 사업과 관련하여 생산 또는 취득한 재화를 판매할 목적으로 자기의 다른 사업장에 반출하는 경우는 제외한다. 즉, 판매목적 타사업장 반출의 경우는 세금계산서 발급대상 거래에 해당한다.

주4) 이 규정은 공급받는 자가 세금계산서와 신용카드매출전표 상 매입세액을 이중으로 공제받는 것을 방지하기 위한 것이다. 한편 여기에서 '세금계산서 발급이 금지되는 자'에 대하여는 '**7.3.1. 영수증 발급대상 사업자**'를 참고하기 바란다.

세부규정

• **세금계산서 분실 시 처리**(부기통 32-67-1)

① 공급자 보관용 세금계산서를 분실한 경우에는 장부 기록 및 제증명 자료에 의하여 공급자 보관용 세금계산서를 사본으로 작성하여 보관하여야 한다.
② 공급받는 자 보관용 세금계산서를 분실한 경우에는 공급자가 확인한 사본을 발급받아 보관하여야 한다.

• **내국신용장 등에 의한 재화공급 시의 세금계산서 발급**(부기통 32-67-2)

내국신용장 또는 구매확인서에 의하여 수출용 원자재 등을 공급하는 사업자는 공급받는 사업자가 재화를 인수하는 때에 해당 일자의 「외국환거래법」에 따른 기준환율 또는 재정환율에 의하여 계산한 금액을 공급가액으로 하여 세금계산서를 발급한다.

• **휴·폐업 시의 세금계산서 수수**(부기통 32-67-3)

사업자가 사업을 폐지할 때 재고재화로서 과세된 잔존하는 재화를 실지로 처분하는 때에는 세금계산서를 발급할 수 없으며, 일반영수증을 발급하여야 한다. 다만, 휴업하는 사업자의 경우에는 전력비 난방비 불용재산 처분 등 사업장 유지관리 등에 따른 세금계산서는 발급받거나 발급할 수 있다.

• **수출용 원자재 등 구매 시 세금계산서 발급**(부기통 32-67-4)

수출품생산업자로부터 원신용장을 양도받아 대행수출하는 수출업자가 수출품생산업자의 수출용 재화의 원자재 구입을 위하여 내국신용장을 개설하고 수출품생산업자가 원자재생산업자로부터 직접 원자재를 공급받는 경우에는 원자재생산업자는 수출품생산업자를 공급받는 자로 하여 세금계산서를 발급하여야 한다.

• **관세환급금에 대한 세금계산서 발급**(부기통 32-67-5)

① 사업자가 수입원재료를 사용하여 제조 또는 가공한 재화를 내국신용장에 의하여 수출업자에게 공급하고 수출업자로부터 해당 수입원재료에 대한 관세환급금을 받는 경우에 해당 관세환급금은 대가의 일부로서 영세율과세표준에 산입되므로 세금계산서를 발급하여야 한다.
② 내국신용장에 의한 재화의 공급 시 공급대가에 포함된 관세환급금상당액이 추후 수출업자가 세관장으로부터 환급받은 관세환급금과 서로 달라 그 차액을 정산하는 경우에는 해당 금액이 확정되는 때에 수정세금계산서를 발급한다.

• 수입세금계산서를 발급받을 사업장(부기통 35-72-1)

여러 개의 사업장이 있는 사업자가 재화를 수입하는 경우 수입신고필증상 적혀 있는 사업장과 해당 재화를 사용·소비할 사업장이 서로 다른 때에는 수입재화를 실지로 사용·소비할 사업장명의로 세금계산서를 발급받을 수 있다.

• 간주임대료에 대한 세금계산서 발급 면제(부기통 33-71-1)

부동산임대에 따른 간주임대료에 대한 부가가치세를 임대인·임차인 중 어느 편이 부담하는지에 관계없이 세금계산서를 발급하거나 발급받을 수 없다.

• 대행수출 시의 세금계산서 발급(부기통 33-71-2)

수출품생산업자가 수출업자와 수출대행계약을 체결하여 재화를 수출하는 때(수출대행계약과 함께 수출용 완제품 내국신용장을 개설 받은 경우를 포함한다)에는 세금계산서 발급이 면제된다. 다만, 수출업자는 수출대행용역의 대가에 대하여 세금계산서를 발급하여야 한다.

• 지입차량에 대한 세금계산서 발급(부기통 32-69-1)

지입회사가 지입차주의 위탁을 받아 지입차량을 매입하는 경우에 지입회사는 차량공급자로부터 자기의 명의로 세금계산서를 발급받고 자기의 명의로 지입차주에게 세금계산서를 발급하여야 한다.

• 보험사고 자동차 수리비의 세금계산서 발급(부기통 32-69-2)

보험사고자동차에 대한 수리용역을 제공하는 사업자는 해당 용역대가의 지급자 또는 해당 차량의 소유자 여부에 관계없이 실제 자기책임하에 자동차수리용역을 제공받는 자에게 세금계산서를 발급한다.

• 하치장에서 인도되는 재화의 세금계산서 발급(부기통 32-69-3)

사업자가 하치장으로 반출한 재화를 해당 하치장에서 거래상대자에게 인도하는 경우에 세금계산서는 그 재화를 하치장으로 반출한 사업장을 공급하는 자로 하여 발급하여야 한다.

• 사업장이 2 이상인 경우의 세금계산서 수수(부기통 32-69-4)

① 본점과 지점 등 2 이상의 사업장이 있는 법인사업자가 본점에서 계약을 체결하고 재화 또는 용역은 지점이 공급하는 경우 세금계산서는 재화나 용역을 실제 공급하는 사업장에서 발급한다.
② 본점과 지점 등 2 이상의 사업장이 있는 법인사업자가 계약·발주·대금지급 등의 거래는 해당 본점에서 이루어지고, 재화 또는 용역은 지점에서 공급받는 경우 세금계산서는 본점 또는 지점 어느 쪽에서도 발급받을 수 있다.
③ 제조장과 직매장 등 2 이상의 사업장을 가진 사업자가 제조장에서 생산한 재화를 직매장 등에서 전담하여 판매함에 있어, 수송 등의 편의를 위하여 제조장에서 거래처에 직접 재화를 인도하는 경우에는 공급자를 제조장으로 하는 세금계산서를 직접 거래처에 발급하는 것이나, 이미 제조장에서 직매장 등으로 세금계산서(총괄납부사업자의 경우에는 거래명세서)를 발급한 경우에는 직매장 등에서 거래처에 세금계산서를 발급하여야 한다.

• 위탁판매 등의 세금계산서 발급(부기통 32-69-5)

사업자가 위탁 또는 대리에 의하여 재화를 공급하는 경우에는 수탁자 또는 대리인이 위탁자 또는 본인의 명의로 세금계산서를 발급하여야 한다. 다만, 위탁자 또는 본인을 알 수 없는 경우에는 위탁자(본인)는 수탁자(대리인)에게, 수탁자(대리인)는 거래상대방에게 공급한 것으로 보아 세금계산서를 발급한다.

• **화물운송 주선의 경우 세금계산서 발급**(부기통 32-69-6)

운송주선용역을 공급하는 사업자가 불특정다수인의 화주와 운송위탁계약을 체결하여 화주로부터 화물운임 및 주선수수료를 받아 운수업자로 하여금 화물을 운송하게 하고 그 운임을 지불하는 경우 세금계산서의 발급은 다음 각 호와 같이 한다.

① 운송주선사업자는 운송주선용역을 공급받는 자(화주 또는 운송업자)에게 운송주선용역의 대가인 수수료에 대하여 세금계산서를 발급하고 화물운송계약이 확정될 때에 운송업자의 명의로 화주에게 화물운송용역에 대한 세금계산서를 발급한다. 이 경우 화물운송주선업자의 등록번호를 비고란에 덧붙여 적는다.

② 화물운송업자는 화물운송주선업자가 화물운송업자의 명의로 세금계산서를 발급하지 아니한 경우에만 화주에게 세금계산서를 발급한다.

• **전력을 공급받는 명의자의 세금계산서 발급**(부기통 32-69-7)

영 제69조제14항에 규정하는 전력을 공급받는 명의자의 범위에는 부가가치세법상 일반과세자가 아닌 자를 포함하며, 일반과세자가 아닌 자가 세금계산서를 발급할 때에는 간이과세자등록번호·면세사업자등록번호 또는 고유번호 등을 기재하여 일반과세자의 세금계산서발급요령에 따라 발급한다.

7.3. 영수증

'영수증'이란 세금계산서의 필요적 기재사항 중 공급받은 자와 부가가치세를 따로 기재하지 아니한 약식 세금계산서를 말한다.[54] 과세대상거래에 해당하는 재화 또는 용역의 공급에 대하여 부가가치세법상 납세의무자인 사업자는 원칙적으로 세금계산서를 발급하여야 한다. 하지만 주로 최종소비자를 대상으로 재화나 용역을 공급하는 사업자 등의 경우에는 부가가치세가 별도로 기재된 세금계산서의 발급에 갈음하여 영수증을 발급할 수 있도록 하고 있다.

이러한 영수증은 거래내용 및 거래사실을 증명하는 기능을 수행한다는 점에서 세금계산서와 유사한 기능을 하지만, 공급받은 자 입장에서 세금계산서를 수취한 경우와는 달리 매입세액의 공제는 허용되지 아니한다.

7.3.1. 영수증 발급대상 사업자

다음에 해당하는 사업자가 재화 또는 용역을 공급(부가가치세가 면제되는 재화 또는 용역의 공급은 제외한다)하는 경우에는 재화 또는 용역의 공급시기에 그 공급을 받은 자에게 세금계산서를 발급하는 대신 영수증을 발급하여야 한다(부가법 §36 ①).[55]

---

54) 영수증에는 '① 공급자의 등록번호·상호·성명(법인의 경우 대표자의 성명), ② 공급대가, ③ 작성 연월일, ④ 그 밖에 필요한 사항'을 적어야 한다. 이 경우 영수증의 서식과 그 밖에 필요한 사항은 국세청장이 정한다.

① 주로 사업자가 아닌 자에게 재화 또는 용역을 공급하는 일정한 사업자
② 간이과세자 중 다음 중 어느 하나에 해당하는 자
㉠ 직전 연도의 공급대가의 합계액(직전 과세기간에 신규로 사업을 시작한 개인사업자의 경우 12개월로 환산한 금액)이 4,800만원 미만인 자[주1)]
㉡ 신규로 사업을 시작하는 개인사업자로서 간이과세자로 하는 최초의 과세기간 중에 있는 자[주2)]

주1) 영수증 발급에 관한 규정이 적용되거나 적용되지 아니하게 되는 기간은 해의 1월 1일부터 12월 31일까지의 공급대가의 합계액(신규로 사업을 시작한 개인사업자의 경우 12개월로 환산한 금액)이 4,800만원에 미달하거나 그 이상이 되는 해의 다음 해의 7월 1일부터 그 다음 해의 6월 30일까지로 한다(부가법 §36의 2 ①). 한편, 이 규정에 따라 영수증 발급에 관한 규정이 적용되거나 적용되지 않게 되는 사업자의 관할세무서장은 해당 기간이 시작되기 20일 전까지 영수증 발급에 관한 규정이 적용되거나 적용되지 않게 되는 사실을 그 사업자에게 통지해야 하고, 사업자등록증을 정정하여 과세기간 개시 당일까지 발급해야 한다(부가령 §73의 2 ①). 단, 영수증 발급에 관한 규정이 적용되지 않게 되는 사업자의 관할세무서장이 간이과세자에 관한 규정이 적용되지 않게 되는 사실을 그 사업자에게 통지하고 사업자등록증을 정정하여 발급한 경우에는 이에 따른 통지·발급을 하지 않는다(부가령 §73의 2 ②).

주2) 영수증 발급에 관한 규정이 적용되는 기간은 사업개시일부터 사업을 시작한 해의 다음 해의 6월 30일까지로 한다(부가법 §36의 2 ②).

위 '①'에서 '주로 사업자가 아닌 자에게 재화 또는 용역을 공급하는 일정한 사업자'는 다음의 사업을 하는 사업자를 말한다(부가령 §73 ①).

① 소매업
② 음식점업(다과점업을 포함한다)
③ 숙박업
④ 미용, 욕탕 및 유사서비스업
⑤ 여객운송업
⑥ 입장권을 발행하여 경영하는 사업
⑦ 간이과세 배제대상이 되는 전문직 서비스업(변호사업, 심판변론인업, 변리사업, 법무사업, 공인회계사업, 세무사업, 경영지도사업, 기술지도사업, 감정평가사업, 손해사정인업, 통관업, 기술사업, 건축사업, 도선사업, 측량사업, 공인노무사업, 의사업, 한의사업, 약사업, 한약사업, 수의사업과 그 밖에 이와 유사한 사업서비스업) 및 행정사업
* 단, 부가가치세법상의 납세의무자인 사업자에게 공급하는 것을 제외한다.
⑧ 「우정사업 운영에 관한 특례법」에 따른 우정사업조직이 「우편법」에 따른 선택적 우편업무 중 소포우편물을 방문접수하여 배달하는 용역을 공급하는 사업
⑨ 「국민건강보험법」에 따라 요양급여의 대상에서 제외되는 쌍꺼풀수술 등의 진료용역을 공급하는 사업
⑩ 수의사가 제공하는 동물의 진료용역으로서 부가가치세가 면제되지 아니하는 사업
⑪ 무도학원 및 자동차운전학원업

---

55) 원래 간이과세자는 세금계산서 발급이 금지된 사업자였으나, 2020년 말 세법개정으로 간이과세 공급대가 기준금액이 기존 4,800만원에서 8,000만원으로 상향되면서, 신규사업자 및 직전연도 공급대가 합계액이 4,800만원에 미달하는 간이과세자를 제외하고 원칙적으로 간이과세자에게도 세금계산서 발급의무를 부과하게 되었다. 해당 개정규정은 2021년 7월 1일부터 시행한다(법률 제17653호, 2020. 12. 22. 부칙 §1).

⑫ 「전자서명법」에 따른 전자서명인증사업자가 인증서를 발급하는 사업
⑬ 전자적 용역을 공급하는 국외사업자의 용역 공급과 사업자등록 등에 관한 특례에 따라 간편사업자등록을 한 사업자가 국내에 전자적 용역을 공급하는 사업
⑭ 주로 사업자가 아닌 소비자에게 재화 또는 용역을 공급하는 사업으로서 일정한 것[주1), 주2)]

주1) 여기에서 '일정한 것'이란 다음의 사업을 말한다(부가칙 §53).
㉠ 도정업, 떡류 제조업 중 떡방앗간
㉡ 양복점업, 양장점업 및 양화점업
㉢ 주거용 건물공급업(주거용 건물을 자영건설하는 경우를 포함한다)
㉣ 운수업과 주차장운영업
㉤ 부동산중개업
㉥ 예술, 스포츠 및 여가 관련 서비스업, 수리 및 기타 개인서비스업
㉦ 가구내 고용활동
㉧ 도로 및 관련 시설운영업
㉨ 자동차 제조업 및 자동차 판매업
㉩ 주거용 건물 수리·보수 및 개량업
㉪ 그 밖에 위와 유사한 사업으로서 세금계산서를 발급할 수 없거나 발급하는 것이 현저히 곤란한 사업

주2) 자동차 제조업 및 자동차 판매업을 경영하는 사업자가 영수증을 발급하였으나, 공급을 받는 사업자가 해당 재화를 공급받은 날이 속하는 과세기간의 다음 달 10일까지 사업자등록증을 제시하고 세금계산서의 발급을 요구하는 경우에는 세금계산서를 발급해야 한다. 이 경우 처음에 발급한 영수증은 발급되지 않은 것으로 본다. 이에 따라 세금계산서를 발급하는 경우에는 비고란에 영수증 취소분이라고 표시하여 기재하여야 한다(부가령 §73 ⑤, §67 ③).

주3) 위에 따른 사업을 하는 자가 신용카드기 또는 직불카드기 등 기계적 장치(금전등록기는 제외한다)를 사용하여 영수증을 발급할 때에는 영수증에 공급가액과 세액을 별도로 구분하여 적어야 한다(부가령 §73 ⑧).

주4) 영수증은 다음 중 어느 하나에 해당하는 방법으로 발급할 수 있다(부가령 §73 ⑨).
㉠ 신용카드단말기 또는 현금영수증 발급장치 등을 통해 부가가치세법에 따른 신용카드매출전표 등을 출력하여 공급받는 자에게 발급하는 방법
㉡ 부가가치세법에 따른 영수증 기재사항이 적힌 결제내역(이하 '결제내역'이라 한다)을 「전자문서 및 전자거래 기본법」에 따른 전자문서의 형태로 공급받는 자에게 송신하는 방법(공급받는 자가 동의한 경우에 한정한다). 이 경우 전자적 방법으로 생성·저장된 결제내역을 「국세기본법」에 따른 정보통신망 등을 통하여 확인할 수 있는 경우에는 공급받는 자에게 송신한 것으로 본다.

위의 사업을 하는 사업자가 재화 또는 용역을 공급하는 경우로서 그 재화 또는 용역을 공급받는 사업자가 사업자등록증을 제시하고 세금계산서의 발급을 요구할 때에는 세금계산서를 발급해야 한다. 다만, 다음에 해당하는 경우에는 거래상대방이 세금계산서의 발급을 요구하더라도 세금계산서를 발급할 수 없다(세금계산서 발급이 금지되는 자, 부가령 §73 ③).

① 미용, 욕탕 및 유사서비스업
② 여객운송업(전세버스운송사업은 제외)
③ 입장권을 발행하여 경영하는 사업
④ 부가가치세가 면제되지 아니하는 쌍꺼풀수술 등의 진료용역을 공급하는 사업
⑤ 수의사가 제공하는 동물의 진료용역으로서 부가가치세가 면제되지 아니하는 사업
⑥ 무도학원 및 자동차운전학원업

한편, 세금계산서 발급이 금지되는 사업자의 경우에도 감가상각자산 또는 영수증 발급대상 역무 외의 역무를 공급하는 경우에는 공급받는 사업자가 사업자등록증을 제시하고 세금계산서의 발급을 요구하는 때에는 세금계산서를 발급해야 한다(부가령 §73 ④).

다만, 간이과세자인 사업자가 영수증 발급 적용기간에 재화 또는 용역을 공급한 경우에는 공급받는 자가 세금계산서 발급을 요구하는 경우에도 세금계산서 발급의무가 없다(부가령 §73 ⑩).

7.3.2. 영수증 발급특례 대상 사업자

다음의 사업자는 위 '영수증 발급대상 사업자'에는 해당하지는 않지만 영수증을 발급할 수 있다. 이 경우 해당 사업자가 영수증을 발급하지 아니하면 세금계산서를 발급하여야 한다(부가법 §36 ②, 부가령 §73 ②). 다만, 다음의 사업을 하는 사업자가 재화 또는 용역을 공급하는 경우로서 그 재화 또는 용역을 공급받는 사업자가 사업자등록증을 제시하고 세금계산서의 발급을 요구할 때에는 세금계산서를 발급하여야 한다(부가령 §73 ③).[56]

① 임시사업장을 개설한 사업자가 그 임시사업장에서 사업자가 아닌 소비자에게 재화 또는 용역을 공급하는 경우
② 「전기사업법」에 의한 전기사업자가 산업용이 아닌 전력을 공급하는 경우
③ 「전기통신사업법」에 의한 전기통신사업자가 전기통신역무를 제공하는 경우
* 단, 부가통신사업자가 통신판매업자에게 「전기통신사업법」에 따른 부가통신역무를 제공하는 경우를 제외한다.
④ 「도시가스사업법」에 의한 도시가스사업자가 산업용이 아닌 도시가스를 공급하는 경우
⑤ 「집단에너지사업법」에 따라 집단에너지를 공급하는 사업자가 산업용이 아닌 열 또는 산업용이 아닌 전기를 공급하는 경우
⑥ 「방송법」에 따른 방송사업자가 사업자가 아닌 자에게 방송용역을 제공하는 경우
⑦ 「인터넷 멀티미디어 방송사업법」에 따른 인터넷 멀티미디어 방송 제공사업자가 사업자가 아닌 자에게 방송용역을 제공하는 경우

주) 일반과세자로서 위에 따른 사업을 하는 자가 신용카드기 또는 직불카드기 등 기계적 장치(금전등록기는 제외한다)를 사용하여 영수증을 발급할 때에는 영수증에 공급가액과 세액을 별도로 구분하여 적어야 한다(부가령 §73 ⑧).

7.3.3. 영수증 발급의무의 면제

'**7.3.1. 영수증 발급대상 사업자**'가 '**7.2.7. 세금계산서 발급의무의 면제**'에 규정된 재화 또는 용역을 공급하는 경우에는 영수증을 발급하지 아니한다. 다만, 소매업 또는 미용, 욕탕 및 유사서비스업을 경영하는 자가 재화 또는 용역을 공급하는 경우에는 공급받는 자가 영수증 발급을 요구하지 아니하는 경우에 한정한다(부가령 §73 ⑥).

56) 다만, 간이과세자인 사업자가 영수증 발급 적용기간에 재화 또는 용역을 공급한 경우에는 공급받는 자가 세금계산서 발급을 요구하는 경우에도 세금계산서 발급의무가 없다(부가령 §73 ⑩).

표 7.2. 영수증 발급대상 사업자의 세금계산서 발급

영수증 발급대상 사업자	거래상대방이 세금계산서 발급을 요구하는 경우
(1) 영수증 발급 적용기간 중의 간이과세자	세금계산서 발급금지
(2) 다음의 사업을 하는 사업자	
① 미용, 욕탕 및 유사서비스업, ② 여객운송업(전세버스운송사업 제외) ③ 입장권을 발행하여 경영하는 사업 ④ 부가가치세가 면제되지 아니하는 쌍꺼풀수술 등의 진료용역을 공급하는 사업 ⑤ 수의사가 제공하는 동물의 진료용역으로서 부가가치세가 면제되지 아니하는 사업 ⑥ 무도학원 및 자동차운전학원업	세금계산서 발급금지 * 단, 감가상각자산 또는 영수증 발급대상 역무 외의 역무를 공급하는 경우는 발급하여야 함.
⑧ 위 '①~⑦'외의 영수증 발급대상 사업자 (소매업 등의 경우)	세금계산서를 발급하여야 함 * 단, 이미 신용카드매출전표 등을 발급한 경우에는 세금계산서를 발급할 수 없음.

세부규정

• **영수증에 갈음되는 계산서 등**(부기통 36-73-1)

공급자의 등록번호 상호(법인은 법인명) 또는 성명(법인은 대표자 성명) 공급대가 및 작성연월일이 적혀 있는 다음 각 호의 계산서 등은 영수증으로 본다.

① 여객운송사업자가 발급하는 승차권 승선권 항공권
② 공연장·유기장의 사업자가 발급하는 입장권·관람권. 다만, 개별소비세법이 적용되는 것은 그 법에서 정하는 바에 따른다.
③ 금전등록기계산서와 신용카드가맹사업자가 발급하는 계산서
④ 전기사업법에 따른 전기사업자가 발급하는 비산업용 전력사용료에 대한 영수증
⑤ 그 밖의 전 각 호에 유사한 계산서

• **수정영수증 발급**(부기통 36-73-2)

영수증을 발급한 후에 그 기재사항에 관하여 착오 또는 정정사유가 발생한 경우에는 부가가치세의 과세표준과 납부세액 또는 환급세액을 경정하여 통지하기 전까지 영수증을 회수하여 파기하고 다시 발급할 수 있다. 이 경우에 회수되지 아니하는 때에는 다시 발급할 수 없다.

연습문제

01 부가가치세법상 세금계산서의 필요적 기재사항이 아닌 것은? (세71회 세무회계 2급)

① 공급받는 자의 등록번호
② 작성 연월일
③ 단가와 수량
④ 공급가액과 부가가치세액

해답

단가와 수량은 세금계산서의 임의적 기재사항에 해당한다.

정답 ③

02 다음 중 부가가치세법상 세금계산서의 필요적 기재사항이 아닌 것은? (제117회 세무회계 3급)

① 작성연월일
② 공급가액
③ 부가가치세액
④ 공급받는 자의 성명

해답

공급받는 자의 성명은 임의적 기재사항에 해당한다.

정답 ④

03 다음은 부가가치세법상의 세금계산서제도에 관한 설명이다. 이 중 옳은 것은?

① 공급하는 자와 공급받는 자의 사업자등록번호와 공급가액 및 부가가치세액만 기록된 세금계산서도 세금계산서로서의 효력이 인정된다.
② 영수증은 공급받는 자와 부가가치세액을 따로 기재하지 않은 세금계산서를 의미하며, 영수증에는 공급가액만이 표시된다.
③ 면세사업자는 부가가치세의 납세의무가 없으나, 공급받는 자가 요구하는 경우에는 세금계산서를 교부해야 한다.
④ 세금계산서는 거래에 관한 청구서 또는 영수증의 역할을 하며, 공급받는 자가 매입세액을 공제받기 위한 필수적인 자료이다.
⑤ 수출하는 재화, 국외에서 제공하는 용역 등 모든 영세율 적용대상거래는 세금계산서의 교부의무가 면제된다.

해답

① 세금계산서의 필요적 기재사항은 공급하는 사업자의 등록번호와 성명 또는 명칭, 공급받는 자의 등록번호, 공급가액과 부가가치세액 및 작성 연월일이다. 이러한 필요적 기재사항은 세금계산서의 필수적 구성요소로서 그 전부 혹은 일부가 기재되지 않거나 사실과 다르게 기재된 경우에는 정당한 세금계산서로서의 효력이 인정되지 않는다.
② 영수증에는 부가가치세가 별도로 기재되지 아니한 공급대가가 표시된다.
③ 면세사업자는 세금계산서를 발행할 수 없다.
⑤ 내국신용장에 의한 공급 등 국내거래에 해당하는 경우에는 세금계산서를 발급하여야 한다.

정답 ④

04 다음 중 개인사업자의 부가가치세법상 전자세금계산서 의무발급대상자 기준금액으로 옳은 것은?

(제122회 전산세무 2급)

① 직전 과세기간의 사업장별 총수입금액이 1억원 이상
② 직전 과세기간의 사업장별 총수입금액이 8천만원 이상
③ 직전 과세기간의 사업장별 총수입금액이 5천만원 이상
④ 직전 과세기간의 사업장별 총수입금액이 4천8백만원 이상

해답

직전 연도의 사업장별 재화 및 용역의 공급가액(면세공급가액 포함)의 합계액이 8천만원 이상인 개인사업자는 전자세금계산서 의무발급대상자에 해당한다.

정답 ②

05 다음은 부가가치세법상 전자세금계산서에 대한 설명이다. 틀린 것은? (제71회 전산세무 2급)

① 전자세금계산서 발급의무자가 전자세금계산서를 지연전송한 경우 공급가액의 1% 가산세가 적용된다.
② 월합계로 발급하는 세금계산서는 재화 및 용역의 공급일이 속하는 달의 다음달 10일까지 세금계산서를 발급할 수 있다.
③ 전자세금계산서를 발급한 사업자가 국세청장에게 전자세금계산서 발급명세를 전송한 경우에는 세금계산서의 보존의무가 면제된다.
④ 직전연도의 사업장별 공급가액(면세공급가액 포함)의 합이 8천만원 이상인 개인사업자는 전자세금계산서를 발행하여야 한다.

해답

지연전송분에 대해서는 공급가액의 0.3% 가산세가 적용된다.

정답 ①

06 부가가치세법상 다음 (㉠)에 들어갈 숫자는 무엇인가 (제71회 세무회계 2급 수정)

부가가치세법상 법인사업자와 직전연도 사업장별 재화 및 용역의 공급가액(면세공급가액 포함)의 합계액이 (㉠)만원 이상인 개인사업자는 전자세금계산서를 발급해야한다.

해답

직전연도의 사업장별 공급가액(면세공급가액 포함)의 합이 8천만원 이상인 개인사업자는 전자세금계산서를 발행하여야 한다.

정답 8,000

07 다음 중 부가가치세법상 세금계산서에 대한 설명으로 옳지 않은 것은? (제116회 세무회계 3급)

① 법인사업자는 전자세금계산서 의무발급자에 해당한다.
② 간이과세사업자라도 요건을 충족한 경우 세금계산서를 발급할 수 있다.
③ 거래상대방의 사업자등록번호는 필요적 기재사항에 해당한다.
④ 전자세금계산서를 발급 후 발급명세를 전송한 경우라도 세금계산서는 5년간 보관해야 한다.

해답

전자세금계산서를 발급하고 발급명세를 전송한 경우에는 세금계산서 보관의무가 면제된다.

정답 ④

08 다음 중 부가가치세법상 세금계산서 수수에 대한 설명으로 옳지 않은 것은? (제120회 전산세무 2급)

① 세금계산서는 원칙적으로 재화 또는 용역의 공급시기에 발급하여야 한다.
② 재화를 단기할부판매로 공급하는 경우에는 대가의 각 부분을 받기로 한 때 각각 세금계산서를 발급해야 한다.
③ 사업자가 재화 또는 용역의 공급시기가 되기 전에 세금계산서를 발급하고 그 세금계산서 발급일로부터 7일 이내에 대가를 받으면 해당 세금계산서를 발급한 때를 공급시기로 본다.
④ 수탁자가 재화를 인도하는 경우에는 위탁자의 명의로 세금계산서를 발급하고 비고란에 수탁자의 사업자 등록번호를 부기한다.

해답

(단기)할부판매의 경우 인도하는 때 세금계산서를 발급한다.

정답 ②

09 다음 중 부가가치세법상 세금계산서 발급시기에 대한 설명으로 가장 틀린 것은? (제119회 전산세무 2급)

① 기한부 판매의 경우 기한이 지나 판매가 확정되는 때에 세금계산서를 발급하여야 한다.
② 재화의 공급시기 전에 대가의 일부를 받은 때에 그 대가의 전부에 대하여 세금계산서를 발급할 수 있다.
③ 재화의 이동이 필요하지 아니한 경우 재화가 이용가능하게 되는 때에 세금계산서를 발급하여야 한다.
④ 거래처별로 달의 1일부터 말일까지의 기간 내에서 사업자가 임의로 정한 기간의 공급가액을 합하여 그 기간의 종료일을 작성연월일로 하여 재화의 공급일이 속하는 달의 다음 달 10일까지 세금계산서를 발급할 수 있다.

해답

사업자가 재화의 공급시기가 되기 전에 재화에 대한 대가의 일부를 받은 경우 그 받은 대가에 대하여 세금계산서를 발급할 수 있다.

정답 ②

10 부가가치세법상 다음 ( )에 들어갈 숫자는 무엇인가? (제71회 세무회계 2급)

사업자가 재화 또는 용역의 공급시기가 도래하기 전에 세금계산서를 발급하고, 그 세금계산서 발급일부터 ( )일 이내에 대가를 지급받는 경우에는 정당한 세금계산서를 발급한 것으로 본다.

해답

공급시기가 도래하기 전에 세금계산서를 발급하고, 그 세금계산서 발급일부터 7일 이내에 대가를 지급받는 경우에는 정당한 세금계산서를 발급한 것으로 본다.

정답 7

11 부가가치세법상 세금계산서에 관한 설명 중 옳지 않은 것은? (제71회 전산세무 1급)

① 착오로 전자세금계산서를 이중으로 발급한 경우에는 당초 발급 세금계산서의 내용대로 음(陰)의 표시를 하여 발급한다.
② 직전연도 사업장별 재화 · 용역 공급가액(면세공급가액 포함)의 합계액이 8천만원 이상인 개인사업자는 전자세금계산서를 발급해야 한다.
③ 전자세금계산서를 발급한 경우에는 전자세금계산서 발급일의 다음 날까지 세금계산서 발급에 관한 명세를 국세청장에게 전송하여야 한다.
④ 위탁매입의 경우 공급자는 수탁자를 공급받는 자로 하여 세금계산서를 발급한다.

해답

위탁매입의 경우에는 공급자가 위탁자를 공급받는 자로 하여 세금계산서를 발급하며, 수탁자의 등록번호를 덧붙인다.

정답 ④

12 다음 중 부가가치세법상 세금계산서에 대한 설명으로 옳지 않은 것은? (제116회 세무회계 1급)

① 세관장은 수입되는 재화에 대하여 부가가치세를 징수할 때에는 수입된 재화에 대한 세금계산서를 법령으로 정하는 바에 따라 수입하는 자에게 발급하여야 한다.

② 세금계산서 또는 전자세금계산서의 기재사항을 착오로 잘못 적거나 세금계산서 또는 전자세금계산서를 발급한 후 그 기재사항에 관하여 대통령령으로 정하는 사유가 발생하면 그에 따라 수정한 세금계산서 또는 수정한 전자세금계산서를 발급할 수 있다.

③ 전자세금계산서 의무발급 개인사업자는 사업장별 재화 및 용역의 공급가액의 합계액이 8천만원 이상인 해의 다음 해 제1기 과세기간이 시작하는 날부터 전자세금계산서를 발급해야 한다.

④ 위탁판매 또는 대리인에 의한 판매의 경우 수탁자 또는 대리인이 재화를 인도할 때에는 수탁자 또는 대리인이 위탁자 또는 본인의 명의로 세금계산서를 발급하며, 위탁자 또는 본인이 직접 재화를 인도하는 때에는 위탁자 또는 본인이 수탁자 또는 대리인의 등록번호를 덧붙여 세금계산서를 발급할 수 있다.

해답

전자세금계산서 의무발급 개인사업자는 사업장별 재화 및 용역의 공급가액(면세공급가액 포함)의 합계액이 8천만원 이상인 해의 다음 해 제2기 과세기간부터 전자세금계산서를 발급하여야 한다.

정답 ③

13 다음 중 부가가치세법상 수정 세금계산서의 발급 절차에 대한 설명으로 옳지 않은 것은?

(제117회 세무회계 1급)

① 계약의 해제로 재화 또는 용역이 공급되지 않은 경우에는 계약이 해제된 때에 그 작성일은 계약해제일로 적고 비고란에 처음 세금계산서 작성일을 덧붙여 적은 후 음의 표시를 하여 발급한다.

② 처음 공급한 재화가 환입된 경우 재화가 환입된 날을 작성일로 적고 비고란에 처음 세금계산서 작성일을 덧붙여 적은 후 음의 표시를 하여 발급한다.

③ 공급가액이 착오로 잘못 적힌 경우(법령에 따라 과세표준 또는 세액을 경정할 것을 미리 알고 있는 경우는 제외) 처음에 발급한 세금계산서의 내용대로 음의 표시를 하여 발급하고, 수정하여 발급하는 세금계산서는 검은색 글씨로 작성하여 발급한다.

④ 계약의 해지 등에 따라 공급가액이 증감되는 경우 처음에 발급한 세금계산서 내용대로 음의 표시를 하여 발급하고, 수정하여 발급하는 세금계산서는 검은색 글씨로 작성하여 발급한다.

해답

계약의 해지 등에 따라 공급가액에 추가되거나 차감되는 금액이 발생한 경우 증감 사유가 발생한 날을 작성일로 적고 추가되는 금액은 검은색 글씨로 쓰고, 차감되는 금액은 붉은색 글씨로 쓰거나 음(陰)의 표시를 하여 수정세금계산서를 발급한다.

정답 ④

14 다음 중 부가가치세법상 수정세금계산서를 발급할 수 없는 경우에 해당하는 것은?

(제118회 세무회계 2급)

① 세율을 잘못 적용하여 세금계산서를 발급하였으나 세무조사의 통지를 받은 경우로서 세액을 경정할 것을 미리 알고 있는 경우

② 계약의 해제로 재화 또는 용역이 공급되지 아니한 경우

③ 면세 등 발급대상이 아닌 거래에 대하여 발급한 경우

④ 처음 공급한 재화가 환입된 경우

해답

필요적 기재사항 등이 잘못 적힌 경우 및 세율을 잘못 적용하여 발급한 경우, 세무조사의 통지를 받는 등 과세표준 또는 세액을 경정할 것을 미리 알고 있을 때에는 수정세금계산서를 발급할 수 없다.

정답 ①

15 다음 중 부가가치세법상 수정세금계산서 또는 수정전자세금계산서에 대한 설명으로 틀린 것은?

(제119회 전산세무 1급)

① 공급시기가 속하는 과세기간 종료 후 25일 이내에 내국신용장이 개설된 경우에는 수정세금계산서의 작성일을 처음 세금계산서 작성일로 적는다.

② 착오로 전자세금계산서를 이중으로 발급한 경우에는 처음에 발급한 세금계산서의 내용대로 음(陰)의 표시를 하여 발급한다.

③ 작성일자 오류 발급의 경우에는 수정세금계산서를 발급할 수 없다.

④ 계약이 해제된 경우 세금계산서의 당초 작성일자가 아닌 계약해제일로 작성하여 수정세금계산서를 발급한다.

해답

필요적 기재사항인 작성일자가 잘못 적힌 경우에는 수정세금계산서 발급이 가능하다.

정답 ③

16 아래의 세금계산서 발급 및 오류내용에 따른 수정세금계산서의 발급방법으로 옳은 것은?

(제121회 전산세무 2급)

세금계산서 발급내용				
작성연월일	품목	공급가액	세액	비고
2026. 05. 31.	제품판매	3,000,000원	90,000원	영수필

오류발견내용
2026년 7월 15일에 제품판매(공급가액 3,000,000원(부가세 별도)) 세금계산서의 세액이 공급가액의 10%가 아님을 발견했다.

①

작성일자		공급가액	세액		수정사유	비고		
2026.05.31.		-3,000,000	-90,000					
월	일	품목	규격	수량	단가	공급가액	세액	비고
5	31	제품판매				-3,000,000	-90,000	

작성일자		공급가액	세액		수정사유	비고		
2026.05.31.		3,000,000	300,000					
월	일	품목	규격	수량	단가	공급가액	세액	비고
5	31	제품판매				3,000,000	300,000	

②

작성일자		공급가액	세액		수정사유	비고		
2026.05.31.		0	210,000					
월	일	품목	규격	수량	단가	공급가액	세액	비고
5	31	제품판매				0	210,000	

③

작성일자		공급가액	세액		수정사유	비고		
2026.07.15.		-3,000,000	-90,000			당초 2026.05.31		
월	일	품목	규격	수량	단가	공급가액	세액	비고
7	15	제품판매				-3,000,000	-90,000	

작성일자		공급가액	세액		수정사유	비고		
2026.07.15.		3,000,000	300,000			당초 2026.05.31		
월	일	품목	규격	수량	단가	공급가액	세액	비고
7	15	제품판매				3,000,000	300,000	

④

작성일자		공급가액	세액		수정사유	비고		
2026.07.15.		0	210,000					
월	일	품목	규격	수량	단가	공급가액	세액	비고
7	15	제품판매				0	210,000	

해답

세율을 잘못 적용하여 발급한 경우 처음에 발급한 세금계산서의 내용대로 세금계산서를 붉은색 글씨로 쓰거나 음(陰)의 표시를 하여 발급하고, 수정하여 발급하는 세금계산서는 검은색 글씨로 작성하여 발급한다.

정답 ①

17 다음 중 부가가치세법상 수정세금계산서의 발급이 가능한 것을 모두 고른 것은? (제123회 전산세무 1급)

> 가. 처음 공급한 재화가 환입된 경우
> 나. 계약의 해제로 재화 또는 용역이 공급되지 아니한 경우
> 다. 계약의 해지 등에 따라 공급가액이 추가되거나 차감되는 금액이 발생한 경우
> 라. 일반과세자에서 간이과세자로 과세유형이 전환된 후, 과세유형 전환 전에 공급한 재화 또는 용역에 대해 위 사유(가, 나, 다)가 발생한 경우

① 가, 나　② 가, 다　③ 가, 나, 다　④ 가, 나, 다, 라

해답

문제에 언급된 사유 모두 수정세금계산서 발급이 가능한 사유에 해당한다.

정답 ④

18 다음 중 부가가치세법상 영수증 발급 대상 사업자로 가장 옳지 않은 것은? (제120회 세무회계 3급)

① 미용업
② 욕탕업
③ 입장권을 발행하여 경영하는 사업
④ 제조업

해답

주로 최종소비자를 대상으로 재화나 용역을 공급하는 사업자 등의 경우에는 세금계산서의 발급에 갈음하여 영수증을 발급할 수 있도록 하고 있는데, 제조업은 이에 해당하지 아니한다.

정답 ④

19 다음 중 부가가치세법상 세금계산서 발급의무가 면제되는 경우가 아닌 것은? (제70회 세무회계 3급)

① 면세사업자에게 공급하는 재화　② 과세사업용 재화를 면세사업에 전용한 경우
③ 미용업을 영위하는 자가 공급하는 용역　④ 택시운송 사업자가 제공하는 용역

해답

면세사업자에게 공급하는 경우에도 거래징수 및 세금계산서 발급 의무는 있다.

정답 ①

20 다음 중 부가가치세법상 세금계산서 발급의무가 면제되는 경우가 아닌 것은? (제70회 세무회계 2급)

① 재화를 직접 수출하는 경우
② 구매확인서에 의하여 수출업자에게 재화를 공급하는 경우
③ 항공기에 의하여 외국항행용역을 제공하는 경우
④ 국내주둔 미국군에 재화를 공급하는 경우

해답

구매확인서에 의하여 수출업자에게 재화를 공급하는 것은 영세율 적용대상이지만 국내거래에 해당하므로 세금계산서를 발급하여야 한다.

정답 ②

21 다음 중 부가가치세법상 세금계산서를 발급할 수 있는 경우로 옳은 것은? (제117회 세무회계 2급)

① 재화 또는 용역을 공급받은 자가 사업자가 아니거나 등록한 사업자가 아닌 경우
② 택시 운송사업자가 재화 또는 용역을 공급하는 경우
③ 미용업의 경우 공급받는 자가 세금계산서 발급을 요구하는 경우
④ 부동산임대용역 중 간주임대료에 대한 부가가치세를 임차인이 부담하는 경우

해답

공급받는 자가 사업자가 아니거나 등록한 사업자가 아닌 경우에는 공급받는 자가 등록번호에 준하여 부여받는 고유번호 또는 공급받는 자의 주민등록번호를 기재하여 세금계산서를 발급할 수 있다.

정답 ①

22 다음 중 부가가치세법상 세금계산서에 대한 설명으로 옳지 않은 것은? (제118회 세무회계 3급)

① 직전 사업연도의 공급대가가 4,800만원 미만인 간이과세자도 세금계산서 발급이 가능하다.
② 세금계산서는 원칙적으로 재화와 용역의 공급시기를 작성일자로 하여 발급하여야 한다.
③ 택시운송업은 세금계산서 발급의무가 면제된다.
④ 직전 연도 사업장별 공급가액 8천만원 이상인 개인사업자는 전자세금계산서를 발행하여야 한다.

해답

직전 사업연도의 공급대가가 4,800만원 미만인 간이과세자는 영수증을 발급한다.

정답 ①

23 다음 중 부가가치세법상 세금계산서 발급의무가 면제되는 사업자가 아닌 것은?

(제119회 세무회계 2급)

① 무인자동판매기를 이용하여 재화나 용역을 공급하는 자
② 여객운송업 중 전세버스운송사업
③ 택시운송 사업자
④ 노점 또는 행상을 하는 자

해답

여객운송업을 하는 사업자는 세금계산서 발급이 금지되는 자에 해당하나, 여객운송업 중 전세버스운송사업은 제외한다.

정답 ②

24 다음 중 부가가치세법상 세금계산서 발급 의무가 면제되지 않는 경우는? (제118회 전산세무 2급)

① 구매확인서에 의해 공급되는 재화
② 미용업자가 공급하는 재화 또는 용역
③ 택시운송사업자가 공급하는 재화 또는 용역
④ 부동산임대업자의 부동산임대용역 중 간주임대료

해답

내국신용장 또는 구매확인서에 의하여 재화를 공급하는 경우에는 세금계산서를 발급해야 한다.

정답 ①

25 부가가치세법상 다음 중 옳지 않은 것은? (제70회 세무회계 2급)

① 사업의 포괄적 양도는 재화의 공급이다.
② 일정조건하에서 면세는 포기할 수 있다.
③ 계산서는 면세 재화 및 용역과 관련된 자료이다.
④ 우리나라의 부가가치세는 전단계세액공제법을 채택하고 있다.

해답

사업의 포괄적 양도는 재화의 공급으로 보지 않는다.

정답 ①

26 다음 중 부가가치세법상 세금계산서 및 영수증에 관한 설명으로 옳지 않은 것은?

(2023년 5월 재경관리사)

① 소매업을 영위하는 일반과세자는 공급받는 자가 사업자등록증을 제시하고 세금계산서의 발급을 요구하더라도 세금계산서를 발급할 의무가 없다.
② 사업자가 공급시기가 되기 전에 재화 또는 용역에 대한 대가의 전부를 받고 세금계산서를 발급하는 경우에는 이를 적법한 세금계산서로 인정한다.
③ 위탁판매의 경우 수탁자가 재화를 인도하는 때에는 수탁자가 위탁자를 공급자로 하여 세금계산서를 발급한다.
④ 부동산임대용역 중 간주임대료가 적용되는 부분에 대해서는 세금계산서 발급의무가 면제된다.

해답

소매업을 영위하는 일반과세자는 공급받는 자가 사업자등록증을 제시하고 세금계산서의 발급을 요구하는 경우 세금계산서를 발급하여야 한다.

정답 ①

27 다음 중 부가가치세와 관련한 자문내용으로 가장 올바르지 않은 것은? (2016년 재경관리사)

① 〈자문 1〉
영수증 발급 적용기간에 재화 또는 용역을 공급하는 간이과세자의 경우에도 상대방이 발급을 요구할 경우 세금계산서를 발행해야 합니다.
② 〈자문 2〉
세금계산서 발급의무가 있는 사업자가 재화 또는 용역을 공급하고 거래시기에 세금계산서를 발급하지 않는 경우 그 재화 또는 용역을 공급받은 자는 관할 세무서장의 확인을 받아 매입자발행 세금계산서를 발행할 수 있습니다.
③ 〈자문 3〉
위탁판매의 경우 일반적으로 수탁자가 재화를 인도하는 때에 수탁자가 위탁자를 공급자로 하여 세금계산서를 발급해야 합니다.
④ 〈자문 4〉
부동산 임대용역 중 간주임대료가 적용되는 부분에 대해서는 세금계산서 교부의무가 면제됩니다.

해답

간이과세자인 사업자가 영수증 발급 적용기간에 재화 또는 용역을 공급한 경우에는 공급받는 자가 세금계산서 발급을 요구하더라도 세금계산서 발급의무가 없다.

정답 ①

제 8 장

납부세액

제 8 장

납부세액

전단계세액공제법을 채택하고 있는 우리나라 부가가치세법에서 사업자는 자기가 공급한 재화 또는 용역에 대해 거래상대방으로부터 거래징수한 매출세액에서 이전 거래단계에서 거래징수당한 부가가치세 매입세액을 공제하여 납부세액을 계산한다. 이 경우 매출세액이 매입세액보다 큰 경우는 납부세액이 되고, 매입세액이 매출세액을 초과하는 경우는 환급세액이 발생하게 된다.

부가가치세의 납부 또는 환급세액의 계산구조는 다음과 같다.

과세표준	———	재화 또는 용역의 공급가액
(×)		
세율	———	10%(영세율의 경우는 0%)
(=)		
매출세액	———	+ 예정신고누락분 매출세액 ± 대손세액 가감(공급한 자의 경우)
(-)		
매입세액	———	세금계산서수취분 매입세액 + 예정신고누락분 매입세액 + 매입자발행세금계산서 매입세액 + 그 밖의 공제매입세액 ① 신용카드매출전표 등 수령명세서 제출분 ② 의제매입세액 ③ 과세사업전환 매입세액 ④ 재고매입세액 ⑤ 변제대손세액(공급받은 자의 경우) - 공제받지 못할 매입세액 등 ① 공제받지 못할 매입세액 ② 공통매입세액 면세사업분 ③ 대손처분 받은 세액(공급받은 자의 경우)
(=)		

납부(환급)세액

(-)

경감·공제세액
- ① 신용카드매출전표 등의 발행세액공제
- ② 전자세금계산서 발급·전송에 대한 세액공제
- ③ 전자신고세액공제
- ④ 대리납부 세액공제
- ⑤ 현금영수증사업자 세액공제
- ⑥ 택시운송사업자 경감세액 등

(-)

예정고지세액
- 또는 예정신고미환급세액

(-)

기납부세액
- ① 사업양수자의 대리납부 기납부세액
- ② 매입자 납부특례 기납부세액
- ③ 신용카드업자의 대리납부 기납부세액

(+)

가산세
- ① 신고불성실가산세(영세율과세표준 신고불성실가산세 포함)
- ② 납부지연가산세
- ③ 원천징수납부 등 납부지연가산세(대리납부 납부지연가산세)
- ④ 사업자등록불성실가산세
- ⑤ 세금계산서불성실가산세
- ⑥ 세금계산서합계표 불성실가산세
- ⑦ 신용카드매출전표 등 수령명세서 제출불성실가산세
- ⑧ 현금매출명세서·부동산임대공급가액명세서 제출불성실가산세
- ⑨ 비사업자(전부자료상)에 대한 세금계산서가산세

(=)

차가감납부(환급)세액
- 차가감납부세액의 74.7%는 부가가치세(국세)
- 나머지 25.3%는 지방소비세(지방세)

[별지 제21호 서식]

일반과세자 부가가치세 [ ]예정 [ ]확정 [ ]기한후과세표준 [ ]영세율등조기환급 신고서

(제1장 앞쪽)

관리번호		처리기간	즉시
신고기간	년 제 기 (월 일 ~ 월 일)		

사업자	상 호 (법인명)		성 명 (대표자명)		사업자등록번호	- -
	생년월일	-	전화번호		사업장 / 주소지 / 휴대전화	
	사업장 주소				전자우편 주소	

❶ 신 고 내 용

구 분				금 액	세율	세 액
과세표준 및 매출세액	과세	세금계산서 발급분	(1)		10/100	
		매입자발행세금계산서	(2)		10/100	
		신용카드·현금영수증 발행분	(3)		10/100	
		기타(정규영수증 외 매출분)	(4)			
	영세율	세금계산서 발급분	(5)		0/100	
		기타	(6)		0/100	
	예정신고누락분		(7)			
	대손세액가감		(8)			
	합계		(9)		㉮	
매입세액	세금계산서 수취분	일반매입	(10)			
		수출기업 수입분 납부유예	(10-1)			
		고정자산매입	(11)			
	예정신고누락분		(12)			
	매입자발행세금계산서		(13)			
	그 밖의 공제매입세액		(14)			
	합계 (10)-(10-1)+(11)+(12)+(13)+(14)		(15)			
	공제받지 못할 매입세액		(16)			
	차감계 (15)-(16)		(17)		㉯	
납부(환급)세액 (매출세액㉮-매입세액㉯)					㉰	
경감·공제세액	그 밖의 경감·공제세액		(18)			
	신용카드매출전표 등 발행공제 등		(19)			
	합계		(20)		㉱	
예정신고미환급세액			(21)		㉲	
예정고지세액			(22)		㉳	
사업양수자의 대리납부 기납부세액			(23)		㉴	
매입자 납부특례 기납부세액			(24)		㉵	
신용카드업자의 대리납부 기납부세액			(25)		㉶	
가산세액계			(26)		㉷	
차감·가감하여 납부할 세액(환급받을 세액)(㉰-㉱-㉲-㉳-㉴-㉵-㉶+㉷)					(27)	
총괄납부사업자가 납부할 세액(환급받을 세액)						

❷ 국세환급금계좌신고	거래은행	은행 지점	계좌번호	
❸ 폐 업 신 고	폐업일		폐업사유	

❹ 과 세 표 준 명 세

업 태	종 목	업종 코드	금 액
(28)			
(29)			
(30)			
(31)수입금액제외			
(32)합 계			

「부가가치세법」 제48조·제49조 또는 제59조와 「국세기본법」 제45조의 3에 따라 위의 내용을 신고하며, 위 내용을 충분히 검토하였고 신고인이 알고 있는 사실 그대로를 정확하게 적었음을 확인합니다.

년 월 일

신고인: (서명 또는 인)

세무대리인은 조세전문자격자로서 위 신고서를 성실하고 공정하게 작성하였음을 확인합니다.

세무대리인: (서명 또는 인)

세무서장 귀하

첨부서류	뒤쪽 참조

세무대리인	성 명		사업자등록번호		전화번호	

(2장 앞쪽)

구분					금 액	세율	세 액
예정신고 누락분 명 세	(7)매출	과 세	세 금 계 산 서	(33)		10/100	
			기 타	(34)		10/100	
		영세율	세 금 계 산 서	(35)		0/100	
			기 타	(36)		0/100	
		합 계		(37)			
	(12)매입	세 금 계 산 서		(38)			
		그 밖의 공 제 매 입 세 액		(39)			
		합 계		(40)			

구분				금 액	세율	세 액
(14) 그 밖의 공제 매입세액 명세	신용카드매출전표등수령 명세서 제출분	일 반 매 입	(41)			
		고정자산매입	(42)			
	의제매입세액		(43)		뒤쪽참조	
	재 활 용 폐 자 원 등 매 입 세 액		(44)		뒤쪽참조	
	과세사업전환 매입세액		(45)			
	재 고 매 입 세 액		(46)			
	변 제 대 손 세 액		(47)			
	외국인 관광객에 대한 환급세액		(48)			
	합 계		(49)			

구분			금 액	세율	세 액
(16) 공제받지 못할 매입세액 명세	공제받지 못할 매입세액	(50)			
	공통매입세액 면세사업분	(51)			
	대 손 처 분 받 은 세 액	(52)			
	합 계	(53)			

구분			금 액	세율	세 액
(18) 그 밖의 경감·공제 세액 명세	전 자 신 고 세 액 공 제	(54)			
	전자세금계산서 발급세액 공제	(55)			
	택시 운송사업자 경감세액	(56)			
	대리납부 세액공제	(57)			
	현금영수증사업자세액공제	(58)			
	기 타	(59)			
	합 계	(60)			

구분				금 액	세 율	세 액
(25) 가산세 명세	사 업 자 미 등 록 등		(61)		1/100	
	세금계산서	지연발급 등	(62)		1/100	
		지연수취	(63)		5/1,000	
		미발급 등	(64)		뒤쪽참조	
	전자세금계산서 발급명세 전송	지연전송	(65)		3/1,000	
		미전송	(66)		5/1,000	
	세금계산서 합계표	제출 불성실	(67)		5/1,000	
		지연제출	(68)		3/1,000	
	신고불성실	무신고(일반)	(69)		뒤쪽참조	
		무신고(부당)	(70)		뒤쪽참조	
		과소·초과환급신고(일반)	(71)		뒤쪽참조	
		과소·초과환급신고(부당)	(72)		뒤쪽참조	
	납 부 지 연		(73)		뒤쪽참조	
	영세율 과세표준신고 불성실		(74)		5/1,000	
	현금매출명세서 불성실		(75)		1/100	
	부동산임대공급가액명세서 불성실		(76)		1/100	
	매입자납부특례	거래계좌 미사용	(77)		뒤쪽참조	
		거래계좌 지연입금	(78)		뒤쪽참조	
	합 계		(79)			

면세사업 수입금액	업 태		종 목	코 드 번 호	금 액
	(80)				
	(81)				
	(82)	수입금액 제외			
				(83)합 계	

계산서 발급 및 수취 명세		
	(84) 계산서발급금액	
	(85) 계산서수취금액	

8.1. 매출세액의 계산

부가가치세 매출세액은 재화 또는 용역의 공급가액(과세표준)에 10%(영세율사업자는 0%)의 세율을 적용하여 계산한 금액으로 한다(부가법 §37 ①). 원칙적으로 매출세액은 재화 또는 용역을 공급하는 자가 공급받는 자에게 세금계산서를 발급하면서 거래징수한 부가가치세액이 되나, 간주공급에 대하여는 실제로 거래징수가 없는 거래임에도 불구하고 매출세액이 발생하게 된다.

또한 사업자가 재화 또는 용역을 공급하고 그 대가로 받은 금액에 부가가치세가 포함되어 있는지가 분명하지 아니한 경우에는 그 대가로 받은 금액에 110분의 100을 곱한 금액을 공급가액으로 한다(부가법 §29 ⑦). 따라서 이 경우 매출세액은 거래금액 또는 영수할 금액의 110분의 10에 해당하는 금액이 되는 것이다.

부가가치세 확정신고를 하는 경우에는 예정신고시 이미 신고한 내용은 확정신고의 대상에서 제외하나, 예정신고 누락분은 확정신고의 대상이 되므로 매출세액에 가산하며(부가법 §49 ①), 재화 또는 용역의 공급에 대한 매출채권 등의 전부 또는 일부가 공급을 받은 자의 파산·강제집행 등의 사유로 대손 되어 회수할 수 없는 경우에는 대손세액을 그 대손이 확정된 날이 속하는 과세기간의 매출세액에서 빼는 것이며, 대손금액의 일부 또는 전부를 회수한 경우에는 회수한 대손금액에 관련된 대손세액을 회수한 날이 속하는 과세기간의 매출세액에 더한다(부가법 §45 ①).

8.2. 납부세액의 계산

납부세액은 전술한 매출세액(대손세액을 뺀 금액으로 한다)에서 매입세액, 그 밖에 부가가치세법 및 다른 법률에 따라 공제되는 매입세액을 뺀 금액으로 한다. 이 경우 매출세액을 초과하는 부분의 매입세액은 환급세액으로 한다(부가법 §37 ②).

납부세액을 기준으로 사업자가 최종 납부하거나 환급받을 세액은 다음 계산식에 따라 계산한다(부가법 §37 ③).

납부하거나 환급받을 세액 = A - B + C
- A : 납부세액 또는 환급세액
- B : 부가가치세법 및 다른 법률에서 정하는 공제세액
- C : 부가가치세법 및 「국세기본법」의 규정에 따른 가산세

8.3. 매입세액의 계산

8.3.1. 공제대상 매입세액

매출세액에서 공제하는 매입세액은 다음의 금액을 말한다(부가법 §38 ①).

① 사업자가 자기의 사업을 위하여 사용하였거나 사용할 목적으로 공급받은 재화 또는 용역에 대한 부가가치세액[주1)]
② 사업자가 자기의 사업을 위하여 사용하였거나 사용할 목적으로 수입하는 재화의 수입에 대한 부가가치세액

주1) 여기에는 사업양수자의 대리납부 규정에 따라 납부한 부가가치세액을 포함한다. 이에 대하여는 '**9.2. 대리납부제도**'에서 구체적으로 살펴보도록 하겠다.

주2) 위 '①'에 따른 매입세액은 재화 또는 용역을 공급받는 시기가 속하는 과세기간의 매출세액에서 공제하는 것이고, '②'에 따른 매입세액은 재화의 수입시기가 속하는 과세기간의 매출세액에서 공제한다(부가법 §38 ②, ③).

여기서 '사업'이란 부가가치세가 과세되는 과세사업만을 의미하는 것으로, 공급받은 재화·용역이 사업과 관련 없이 사용되는 경우 또는 면세사업 등과 관련하여 사용되는 경우에는 매입세액을 공제받을 수 없다. 또한 '사용하였거나 사용할'의 의미는 이미 과세사업을 위해 사용된 경우뿐만 아니라 향후 과세사업을 위하여 사용될 재화 또는 용역에 대해서도 구입 혹은 수입된 과세기간에 매입세액을 공제하겠다는 것이다.

만약 사업자가 당초에 과세사업에 사용할 것을 예정하고 매입세액을 공제받은 후, 이를 사후적으로 사업과 관련 없이 사용하거나 면세사업에 사용하는 경우에는 이미 공제받은 매입세액을 정산하는 제도가 있는데, 그 하나는 앞서 살펴본 '**3.5. 재화의 간주공급**' 규정이고 나머지 하나는 앞으로 살펴보게 될 '**8.3.4. 납부세액 또는 환급세액의 재계산**' 규정이다.

(1) 세금계산서수취분 매입세액

과세사업과 관련하여 재화나 용역을 공급받은 사업자는 공급자로부터 세금계산서를 수취하고 이를 바탕으로 매입처별세금계산서합계표를 작성하여 예정·확정신고시에 신고서와 함께 이 합계표를 제출하여야만 매입세액을 공제받을 수 있다.

(2) 예정신고누락분 매입세액

예정신고시 제출하여야 할 매입처별세금계산서합계표를 확정신고시 제출하는 경우, 해당 예정신고시 누락된 매입세액은 확정신고시 공제를 받을 수 있다. 이 경우 가산세는 적용되지 않는다. 이에 대하여는 '**표 9.8. 매입세액공제와 가산세 부과여부**'를 참고하기 바란다.

(3) 매입자발행세금계산서 매입세액

납세의무자로 등록한 사업자로서 세금계산서 발급의무가 있는 사업자가 재화 또는 용역을 공급하고 세금계산서 발급시기에 세금계산서를 발급하지 아니한 경우(사업자의 부도·폐업, 공급 계약의 해제·변경 또는 그 밖에 일정한 사유[57])가 발생한 경우로서 사업자가 수정세금계산서 또는 수정전자세금계산서를 발급하지 아니한 경우를 포함한다) 그 재화 또는 용역을 공급받은 자는 관할세무서장의 확인을 받아 세금계산서를 발급할 수 있는데, 이를 '매입자발행세금계산서'라 한다(부가법 §34의 2 ①, 부가령 §71의 2 ①).

이는 경제적으로 우월한 지위에 있는 재화 또는 용역의 공급자가 과세표준이 노출되는 것을 피하기 위해 세금계산서 발급을 거부하는 사례를 방지하고, 세금계산서를 발급받지 못한 소매업자 등이 과도한 세부담을 회피하기 위하여 허위세금계산서를 발급받는 것을 방지하기 위한 것이다.

매입자발행세금계산서의 발급절차는 다음과 같다(부가령 §71의 2 ② ~ ⑪).

발급절차	내 용
(1) 거래사실 확인신청	매입자발행세금계산서를 발행하려는 자(이하 '신청인'이라 한다)는 해당 재화 또는 용역의 공급시기가 속하는 과세기간의 종료일부터 1년 이내에 거래사실 확인신청서에 거래사실을 객관적으로 입증할 수 있는 서류를 첨부하여 신청인 관할세무서장에게 거래사실의 확인을 신청하여야 한다. *1 거래사실의 확인신청 대상이 되는 거래는 거래건당 공급대가가 5만원 이상인 경우로 한다. *2 신청을 받은 관할세무서장은 신청서에 공급자의 인적사항이 부정확하거나 신청서 기재방식에 흠이 있는 경우에는 신청일부터 7일 이내에 일정한 기간을 정하여 보정요구를 할 수 있다.
(2) 거래사실 확인거부	신청인이 정해진 기간 이내에 보정요구에 응하지 아니하거나 다음에 해당하는 경우에는 신청인의 관할세무서장은 거래사실의 확인을 거부하는 결정을 하여야 한다. ① 신청기간을 넘긴 것이 명백한 경우 ② 신청서의 내용으로 보아 거래당시 미등록사업자 및 휴·폐업자와 거래한 것이 명백한 경우
(3) 거래사실 확인절차	① 신청인 관할세무서장은 확인을 거부하는 결정을 하지 아니한 신청에 대하여는 거래사실 확인신청서가 제출된 날(보정을 요구한 때에는 보정이 된 날)부터 7일 이내에 신청서와 제출된 증빙서류를 공급자의 관할세무서장에게 송부하여야 한다. ② 신청서를 송부 받은 공급자 관할세무서장은 신청인의 신청내용, 제출된 증빙자료를 검토하여 거래사실여부를 확인하여야 한다. 이 경우 거래사실의 존재 및 그 내용에 대한 입증책임은 신청인에게 있다. ③ 공급자 관할세무서장은 신청일의 다음 달 말일까지 거래사실여부를 확인하여 다음의 구분에 따른 통지를 공급자와 신청인 관할세무서장에게 하여야 한다. 다만, 공급자의 부도, 일시 부재 등 재정경제부령이 정하는 불가피한 사유가 있는 경우[주)]에는 거래사실 확인기간을 20일 이내의 범위에서 연장할 수 있다.

57) 여기에서 '일정한 사유'란 다음의 경우를 말한다(부가령 §71의 2 ②).
① 소재불명 또는 연락두절 상태인 경우
② 휴업이나 그 밖의 부득이한 사유로 세금계산서를 발급받는 것이 곤란하다고 국세청장이 인정하는 경우

	㉠ 거래사실이 확인되는 경우: 공급자 및 공급받는 자의 사업자등록번호, 작성 연월일, 공급가액 및 부가가치세액 등을 포함한 거래사실 확인 통지 ㉡ 거래사실이 확인되지 아니하는 경우: 거래사실 확인불가 통지
(4) 거래사실 확인결과의 통지	신청인 관할세무서장은 공급자 관할세무서장으로부터 위의 통지를 받은 후 즉시 신청인에게 그 확인결과를 통지하여야 한다.
(5) 세금계산서 발급	신청인 관할세무서장으로부터 거래사실 확인 통지를 받은 신청인은 공급자 관할세무서장이 확인한 거래일자를 작성일자로 하여 매입자발행세금계산서를 발행하여 공급자에게 발급하여야 한다. 다만, 신청인 및 공급자가 관할세무서장으로부터 거래사실 확인통지를 받은 경우에는 매입자발행세금계산서를 발급한 것으로 본다.

주) '재정경제부령으로 정하는 불가피한 사유가 있는 경우'란 다음 중 어느 하나에 해당하는 경우를 말한다(부가칙 §52의 2 ②).
① 공급자의 부도, 질병, 장기출장 등으로 거래사실 확인이 곤란하여 공급자가 연기를 요청한 경우
② 세무공무원이 거래사실의 확인을 위하여 2회 이상 공급자를 방문하였으나 폐문·부재 등으로 인하여 공급자를 만나지 못한 경우

매입자발행세금계산서를 공급자에게 교부하였거나 교부한 것으로 보는 경우 신청인은 부가가치세 예정신고, 확정신고 또는 경정청구를 할 때 매입자발행세금계산서합계표를 제출한 경우에는 매입자발행세금계산서에 기재된 매입세액을 해당 재화 또는 용역의 공급시기에 해당하는 과세기간의 매출세액 또는 납부세액에서 매입세액으로 공제받을 수 있다(부가법 §34의 2 ②, 부가령 §71의 4 ⑫).

(4) 신용카드매출전표 등 수령명세서 제출분

'신용카드매출전표 등'이란 「여신전문금융업법」에 따른 신용카드매출전표, 직불카드영수증, 결제대행업체를 통한 신용카드매출전표, 선불카드영수증(실제 명의가 확인되는 것으로 한정한다) 및 「조세특례제한법」에 따른 현금영수증(부가통신사업자가 통신판매업자를 대신하여 발급하는 현금영수증을 포함한다)을 말한다(부가법 §46 ①).

이러한 신용카드매출전표 등은 부가가치세법상 영수증으로 보므로(부가법 §36 ⑤), 이를 발급받은 사업자는 원칙적으로 매입세액공제를 받을 수가 없다. 하지만 납세자의 납세편의 제고를 위하여 사업자가 일정한 사업자[58]로부터 재화 또는 용역을 공급받고 부가가치세액이 별도로 구분되는 신용카드매출전표 등을 발급받은 경우로서 다음의 요건을 모두 충족하는 경우 그 부가가치세액은 공제할 수 있는 매입세액으로 본다(부가법 §46 ③).

58) 여기에서 '일정한 사업자'라 함은 미용, 욕탕 및 유사서비스업 등 세금계산서 발급이 금지되는 자에 해당하지 않는 사업자로서 일정한 간이과세자(신규로 사업을 시작하는 자 및 직전 연도의 공급대가의 합계액이 4천800만원 미만인 자)에 해당하지 않는 사업자를 말한다(부가령 §88 ⑤). 즉, 일정한 간이과세자에 해당하지 않는 사업자라 하더라도 세금계산서 발급이 금지되는 사업을 경영하는 사업자로부터 신용카드매출전표 등을 발급받은 경우에는 매입세액을 공제받을 수 없는 것이다.

① 신용카드매출전표 등 수령명세서를 제출할 것
② 신용카드매출전표 등을 그 거래사실이 속하는 과세기간에 대한 확정신고기한 후 5년간 보관할 것
③ 간이과세자가 영수증을 발급하여야 하는 기간에 발급한 신용카드매출전표 등이 아닐 것

(5) 의제매입세액

원칙적으로 부가가치세법상 공제가능한 매입세액은 거래상대방으로부터 세금계산서를 발급받아 그에 대한 합계표를 제출하는 경우에 한한다. 따라서 부가가치세가 면제되는 농산물·축산물·수산물 또는 임산물(이하 '면세농산물 등'이라 한다)을 구입한 후 이를 원재료로 하여 과세대상 재화 또는 용역을 공급하는 경우라 하더라도 면세농산물 등의 매입에 대하여 매입세액을 공제받을 수는 없다. 하지만 예외적으로 세금계산서를 발급받지 않은 경우에도 면세농산물 등의 매입에 대하여 일정액을 매입세액으로 공제할 수 있는데, 이를 '의제매입세액공제'라 한다.

부가가치세법상 이러한 의제매입세액공제제도를 두고 있는 이유는 거래의 중간단계에 면세사업자가 있는 경우 발생하는 환수효과와 누적효과를 완화하기 위함인데, 환수효과와 누적효과에 대하여는 '**5.3. 환수효과와 누적효과**'에서 살펴보았다.

1) 적용대상 사업자

사업자가 부가가치세를 면제받아 공급받거나 수입한 면세농산물 등을 원재료로 하여 제조·가공한 재화 또는 창출한 용역의 공급에 대하여 과세되는 경우(면세를 포기하고 영세율을 적용받는 경우는 제외[59]한다)에는 면세농산물 등을 공급받거나 수입할 때 매입세액이 있는 것으로 보아 일정한 금액을 매입세액으로 공제할 수 있다(부가법 §42 ①). 따라서 과세대상 사업자라면 영위하는 업종에 불문하고 의제매입세액공제를 적용한다. 단, 간이과세자에 대해서는 의제매입세액공제를 적용하지 않는다.

2) 적용대상 면세농산물 등의 범위

의제매입세액공제 대상이 되는 면세농산물 등의 범위는 부가가치세를 면제받아 공급받은 농산물, 축산물, 수산물 또는 임산물[60]을 말한다(부가령 §84 ①).

---

59) 면세농산물 등을 그대로 또는 단순가공(원생산물의 본래의 성질이 변하지 아니하는 정도로 1차 가공)을 거쳐 수출하는 경우에는 본래 면세가 적용되는 것이나, 사업자는 면세포기신고를 통해 영세율을 적용받을 수 있다. 단, 이 경우 의제매입세액공제를 받지 못하는 다른 국내 공급사업자와의 형평성을 고려해 해당 면세농산물 등에 대해 의제매입세액공제를 적용하지는 않는다.

60) 여기에는 다음의 것을 포함한다(부가령 §84 ①).
① 가공되지 아니하거나 탈곡·정미·정맥·제분·정육·건조·냉동·염장·포장 기타 원생산물의 본래의 성질이 변하지 아니하는 정도의 1차 가공을 거친 미가공식료품
② 김치·두부 등 단순가공식료품
③ 원생산물의 본래의 성질이 변하지 아니하는 정도로 1차 가공을 하는 과정에서 필수적으로 발생하는 부산물
④ 미가공식료품을 단순히 혼합한 것
⑤ 쌀에 식품첨가물 등을 첨가 또는 코팅하거나 버섯균 등을 배양시킨 것
⑥ 소금

3) 의제매입세액공제 대상금액

매입세액으로서 공제할 수 있는 금액은 면세농산물 등의 가액에 다음의 구분에 따른 율을 곱한 금액으로 한다(부가법 §42 ①).

구분		공제율
(1) 음식점업	① 「개별소비세법」에 따른 과세유흥장소의 경영자	2/102
	② '①' 외의 음식점을 경영하는 사업자 중 개인사업자	8/108주)
	③ '①' 외의 음식점을 경영하는 사업자 중 '②' 외의 사업자	6/106
(2) 제조업	① 과자점업, 도정업, 제분업 및 떡류 제조업 중 떡 방앗간을 경영하는 개인사업자	6/106
	② '①' 외의 제조업을 경영하는 사업자 중 「조세특례제한법 시행령」에 따른 중소기업 및 개인사업자	4/104
	③ '①' 및 '②' 외의 사업자	2/102
(3) 위 '(1)' 및 '(2)' 외의 사업		2/102

주) 과세표준 2억원 이하인 경우에는 2026년 12월 31일까지 9/109를 적용한다.

한편 이 규정에 따라 매입세액으로서 공제할 수 있는 금액의 한도는 해당 과세기간에 해당 사업자가 면세농산물 등과 관련하여 공급한 과세표준(이하 '과세표준'이라 한다)에 30%(개인사업자에 대해서는 과세표준이 2억원 이하인 경우에는 50%, 과세표준이 2억원 초과인 경우에는 40%)을 곱하여 계산한 금액에 공제율을 곱한 금액을 매입세액으로서 공제할 수 있는 금액으로 한다. 다만, 2027년 12월 31일까지는 사업자별로 매입세액으로서 공제할 수 있는 금액의 한도를 다음의 구분에 따라 계산한 금액으로 한다(부가령 §84 ②).

구분		의제매입세액공제 한도
(1) 법인사업자		과세표준 × 50% × 공제율
(2) 음식점업을 경영하는 개인사업자주)	① 과세표준 1억원 이하	과세표준 × 75% × 공제율
	② 과세표준 1억원 초과 2억원 이하	과세표준 × 70% × 공제율
	③ 과세표준 2억원 초과	과세표준 × 60% × 공제율
(3) 음식점업 외의 사업을 경영하는 개인사업자	① 과세표준 2억원 이하	과세표준 × 65% × 공제율
	② 과세표준이 2억원 초과	과세표준 × 55% × 공제율

주) 각 구간의 과세표준 금액은 연간기준이 아니라, 과세기간(6개월) 기준이라는 점에 유의하여야 한다. 따라서 이를 연간기준으로 본다면, '①'은 과세표준 2억원 이하, '②'은 과세표준 2억원 초과 4억원 이하 및 '③'은 과세표준 4억원 초과인 경우가 된다. '(3)'의 경우도 마찬가지이다.

여기에서 의제매입세액의 공제대상이 되는 원재료의 매입가액은 운임 등의 부수비용을 제외한 매입원가로 한다(부기통 42-84-2). 수입되는 면세농산물 등에 대하여 의제매입세액을 계산할 때 그 수입가액은 관세의 과세가격으로 한다(부가칙 §56 ①).

한편, 전술한 규정에도 불구하고 다음의 요건을 모두 충족하는 사업자는 제2기 과세기간에 대한 납부세액을 확정신고할 때, 그 해의 1월 1일부터 12월 31일까지 공급받은 면세농산물 등의 가액에 공제율을 곱한 금액에서 제1기 과세기간에 매입세액으로 공제받은 금액을 차감한 금액을 매입세액으로 공제할 수 있다(부가령 §84 ③).[61)]

① 제1기 과세기간에 공급받은 면세농산물 등의 가액을 그 해의 1월 1일부터 12월 31일까지 공급받은 면세농산물 등의 가액으로 나누어 계산한 비율이 75% 이상이거나 25% 미만일 것
② 해당 과세기간이 속하는 해의 1월 1일부터 12월 31일까지 계속하여 제조업을 영위하였을 것

주) 이 경우 그 해의 1월 1일부터 12월 31일까지의 매입세액으로서 공제할 수 있는 금액의 한도는 해당 기간에 면세농산물 등과 관련하여 공급한 과세표준 합계액(이하 '과세표준 합계액'이라 한다)에 30%[개인사업자에 대해서는 과세표준 합계액이 4억원 이하인 경우에는 50%, 과세표준 합계액이 4억원 초과인 경우에는 40%(2027년 12월 31일까지는 과세표준 합계액이 4억원 이하인 경우에는 65%, 과세표준 합계액이 4억원 초과인 경우에는 55%), 2027년 12월 31일까지 법인사업자에 대해서는 50%]을 곱하여 계산한 금액에 공제율을 곱한 금액으로 한다(부가령 §84 ③ 후단).

4) 의제매입세액 공제시기

의제매입세액 공제시기는 일반 매입세액의 공제시기와 마찬가지로 사업자가 면세농산물 등을 구입하거나 수입한 날이 속하는 예정신고기간 또는 확정신고기간(과세기간 최종3개월)이다. 즉, 면세농산물 등을 구입하여 과세재화 등의 제조·가공에 실제로 사용한 것뿐만 아니라 과세재화 등의 제조가공에 사용될 예정인 경우에도 매입세액의 공제가 허용되는 것이다.

5) 증빙서류의 제출

의제매입세액을 공제받으려는 사업자는 의제매입세액공제신고서와 다음 중 어느 하나에 해당하는 서류를 관할세무서장에게 제출(국세정보통신망에 의한 제출을 포함한다)하여야 한다(부가령 §84 ⑤).

① 「소득세법」 또는 「법인세법」에 따른 매입처별계산서합계표
② 신용카드매출전표 등 수령명세서
③ 「소득세법」 또는 「법인세법」에 따른 매입자발행계산서합계표

다만, 제조업을 영위하는 사업자가 농어민[62)]으로부터 면세농산물 등을 직접 공급받는 경우에는 의제매입세액공제신고서만 제출한다(부가령 §84 ③ 단서).

---

61) 면세농산물 등에 대한 의제매입세액 공제는 과세기간 단위로 산정되는 것이 원칙이나, 매입이 하나의 과세기간에 집중적으로 이루어지는 경우 사업자 간 형평성에 문제가 발생할 수 있다. 따라서 의제매입세액 공제한도를 그 해의 1월 1일부터 12월 31일까지를 기준으로 산정할 수 있도록 함으로써 과세기간 별로 면세농산물 등의 매입가액 격차가 심한 제조업과 그 밖의 제조업과의 납세형평을 도모하였다.

62) 여기에서 '농·어민'이라 함은 국가데이터처장이 고시하는 한국표준산업분류상의 농업 중 작물재배업, 축산업, 작물재배 및 축산복합농업에 종사하거나 임업, 어업 및 소금채취업에 종사하는 개인을 말한다(부가령 §85 ④).

6) 의제매입세액의 추징

전술한 규정에 따라 의제매입세액공제를 적용받은 후 다음의 사유가 발생한 경우에는 그 공제한 금액을 납부세액에 가산하거나 환급세액에서 공제하여야 한다(부가령 §84 ②).

① 매입세액으로 공제한 면세농산물 등을 그대로 양도 또는 인도하는 경우
② 부가가치세가 면제되는 재화 또는 용역을 공급하는 사업, 그 밖의 목적에 사용하거나 소비하는 경우

본래 의제매입세액공제는 면세농산물 등을 원재료로 하여 제조·가공한 재화 또는 용역이 과세대상일 것이라는 전제하에 적용되는 것인데, 위의 경우는 이를 위배하는 사유들이므로 공제받았던 의제매입세액을 다시 추징하는 것이다.

표 8.1. 의제매입세액의 공제율

구 분		공제율
(1) 제조업 및 음식점업 외의 사업		2/102
(2) 제조업	① 중소기업 아닌 법인사업자	2/102
	② 중소기업 및 개인사업자	4/104
	③ 개인사업자 중 과자점업, 도정업, 제분업 및 떡방앗간	6/106
(3) 음식점업	① 과세유흥장소(개인·법인)	2/102
	② 과세유흥장소 아닌 법인사업자	6/106
	③ 과세유흥장소 아닌 개인사업자	8/108 (과세표준 2억원 이하인 경우에는 2026.12.31.까지 9/109로 상향)

주) 단, 다음 중 적은 금액에 위 공제율을 적용한다.
① 면세농산물 등의 가액
② 면세농산물 등과 관련하여 공급한 과세표준 × 한도율*
* 한도율 (단, 2027.12.31.까지 다음과 같이 공제한도 상향)

과세표준	개인사업자		법인사업자
	음식점업	기타	
1억원 이하	75%	65%	50%
1억원 초과 2억원 이하	70%		
2억원 초과	60%	55%	

7) 의제매입세액의 안분계산(겸영사업자의 경우)

① 실지귀속이 분명한 경우

과세사업과 면세사업을 겸영하는 사업자가 면세원재료를 매입한 경우에는 그 과세기간종료일까지 해당 원재료의 실지귀속에 따라 의제매입세액공제대상 원재료 여부를 판단한다(부기통 42-84-4). 즉, 과세사업에 사용되었거나 사용될 부분에 대하여만 의제매입세액공제를 적용하는 것이다.

② 실지귀속이 불분명한 경우

위와 달리 과세사업에 사용되었거나 사용될 부분의 구분이 불분명한 경우에는 공통매입세액의 안분계산 규정을 준용하여 다음과 같이 의제매입세액 대상금액을 안분계산한다(부가칙 §56 ④).

$$\text{의제매입세액} = \text{면세농산물 등의 가액} \times \text{공제율} \times \frac{\text{과세공급가액}}{\text{총공급가액}}$$

주) 여기에서 '공급가액'은 해당 과세기간의 공급가액을 말한다.

③ 차기이월원재료의 경우

차기이월원재료에 대하여는 그 용도가 불분명하므로 위 '②'와 같이 의제매입세액 대상금액을 안분계산한다(부기통 42-84-4).

예제 8-1 의제매입세액

다음 자료를 기초하여 생선통조림 제조업을 영위하고 있는 사업자 최어류씨가 2026년 제1기에 공제받을 의제매입세액을 계산하시오.

(1) 최어류씨는 2026년 4월 28일에 수산물 유통업자로부터 생선통조림 제조업에 사용할 생선 200kg을 ₩50,000,000에 구입하였다. 여기에는 운임 ₩500,000이 포함되어 있다.

(2) 해당 과세기간에 통조림 제조에 사용한 생선은 150kg이고, 나머지 50kg은 기말재고로 남아 있다.

(3) 해당 과세기간의 생선통조림 관련 공급가액은 ₩150,000,000이다.

해답

(1) 면제농산물 등의 가액 : Min[①, ②] = ₩49,500,000
① ₩50,000,000 − 500,000 = ₩49,500,000
② ₩150,000,000 × 65% = ₩97,500,000

(2) 의제매입세액 공제액 : ₩49,500,000 × $\frac{4}{104}$ = ₩1,903,846

예제 8-2 의제매입세액(집행기준 42-84-3 수정)

개인사업자인 갑은 정육점과 음식점을 겸영하고 있다. 2026년 제2기 과세기간 동안 축산물 2,000㎏를 24,400,000원(갑이 지급한 운임 400,000원 포함)을 구입한 경우 의제매입세액 공제액을 계산하시오. 단, 과세표준 한도 등은 고려하지 않는다.

(1) 축산물 사용내역축산물 사용내역 : 판매분 600kg, 음식조리분 1,000kg, 재고분 400kg (기초재고는 없음).

(2) 2026년 2기 과세기간 공급가액 명세(부가가치세 제외)는 다음과 같다.
① 축산물 공급가액 : 12,000,000원
② 음식용역 공급가액 : 40,000,000원

해답

(1) 의제매입세액 공제대상 원재료 가액 : ₩24,400,000 − 400,000 = ₩24,000,000

(2) 의제매입세액 공제액 계산

① 음식용역에 사용된 부분 : $₩24,000,000 \times \frac{1,000kg}{2,000kg} \times \frac{9}{109} = ₩990,825$

② 재고로 남은 부분 : $₩24,000,000 \times \frac{400kg}{2,000kg} \times \frac{9}{109} \times \frac{₩40,000,000}{₩52,000,000} = ₩304,869$

∴ 의제매입세액 공제액 : ₩1,295,694

* 음식점업을 경영하는 개인사업자로서 과세표준이 2억원 이하이므로, 2026년 12월 31일까지 9/109의 공제율을 적용한다.

세부규정

• **의제매입세액 공제대상이 되는 원재료**(부기통 42-84-1)

의제매입세액 공제대상이 되는 원재료란 다음에 게기하는 것을 말한다.
① 재화를 형성하는 원료와 재료
② 재화를 형성하지는 아니하나 해당 재화의 제조·가공에 직접적으로 사용되는 것으로서 화학반응을 하는 물품
③ 재화의 제조·가공과정에서 해당 물품이 직접적으로 사용되는 단용원자재
④ 용역을 창출하는 데 직접적으로 사용되는 원료와 재료

• **의제매입세액 공제 원재료의 가액**(부기통 42-84-2)

① 의제매입세액의 공제대상이 되는 원재료의 매입가액은 운임 등의 부수비용을 제외한 매입원가로 한다.
② 과세사업과 면세사업을 겸영하는 사업자가 제조·채취·채굴·재배·양식 그 밖의 이와 유사한 방법에 의하여 취득한 면세원재료가액은 「소득세법 시행령」 제89조 또는 「법인세법 시행령」 제72조 제2항에 따라 계산된 취득가액으로 한다.

• **의제매입세액 재계산**(부기통 42-84-3)

면세로 공급받은 농산물·축산물·수산물 또는 임산물을 구입시에 의제매입세액을 공제받은 후 해당 재화의 구성부분의 일부만을 과세재화의 제조·가공 또는 과세용역의 창출에 사용하고 나머지 부분은

그대로 양도 또는 인도하는 경우(소세지 제조업자가 생돈을 구입하여 돈육을 사용하고 부산물을 판매하는 경우 등)에는 영 제84조제2항에 따라 그 공제한 금액을 납부세액에 가산하거나 환급세액에서 공제하여야 한다. 이 경우 양도한 부분의 취득가액을 구분할 수 없거나 합리적인 구분 기준이 없는 때에는 양도한 부분의 양도가액을 기준으로 하여 계산할 수 있다.

• **겸업자의 의제매입세액 계산**(부기통 42-84-4)

① 과세사업과 면세사업을 겸업하는 사업자가 면세원재료를 매입한 경우에는 그 과세기간종료일까지 해당 원재료의 실지귀속에 따라 의제매입세액공제대상 원재료 여부를 구분하고 차기이월원재료에 대하여는 그 용도가 불분명하므로 영 제81조제1항을 준용한다.

② 영 제81조제1항을 준용할 때 적용하는 계산식은 해당 사업장에서 매입한 면세원재료로써 제조·가공한 과세재화 또는 창출한 과세용역과 면세재화 또는 면세용역과의 총공급가액에 대한 과세재화 또는 과세용역 공급가액이 차지하는 비율에 따라 의제매입세액공제대상 원재료를 구분한다.

③ 구분된 의제매입세액공제대상 원재료의 매입가액으로 의제매입세액을 계산공제 한다.

④ 의제매입세액이 공제된 원재료가 과세재화 또는 과세용역의 원재료로 사용되지 아니하고 면세재화 또는 면세용역의 원재료로 전용되는 경우 영 제84조제2항에 따라 전용한 날이 속하는 예정 또는 확정신고시 추가 납부한다.

• **의제매입세액 공제시기**(부기통 42-84-5)

사업자가 면세원재료인 농산물·축산물·수산물 또는 임산물을 직접 재배·사육 또는 양식을 하거나 타인이 재배·사육 또는 양식 중에 있는 농산물·축산물·수산물 또는 임산물을 구입한 때의 의제매입세액 공제시기는 해당 농산물·축산물·수산물 또는 임산물을 생산·채취 또는 벌목 등을 하여 과세재화의 제조·가공 또는 과세용역의 창출에 사용하거나 사용할 수 있는 때이다.

• **공제하지 아니한 의제매입세액의 구제방법**(부기통 42-84-6)

① 사업자가 예정신고시에 영 제84조 제3항에서 정한 서류를 제출하지 못하여 공제받지 못한 의제매입세액은 확정신고시에 제출하여 공제받을 수 있으며, 예정 또는 확정신고시에 공제받지 못한 의제매입세액은 해당 서류를 다음 각 호와 같이 제출하는 경우에는 의제매입세액을 공제받을 수 있다.

1. 「국세기본법 시행령」 제25조제1항에 따라 과세표준수정신고서와 함께 제출하는 경우
2. 「국세기본법 시행령」 제25조의3에 따라 경정청구서와 함께 제출하여 경정기관이 경정하는 경우
3. 「국세기본법 시행령」 제25조의4에 따른 기한 후 과세표준신고서와 함께 제출하여 관할세무서장이 결정하는 경우
4. 법 제57조의 경정에 있어서 발급받은 계산서 또는 시행규칙 제56조 제3항이 정하는 신용카드매출전표 등 수취명세서를 경정기관의 확인을 거쳐 정부에 제출하는 경우

② 사업자등록을 신청한 사업자가 사업자등록증 발급일까지의 거래에 대하여 해당 사업자 또는 대표자의 주민등록번호를 기재하여 발급받은 계산서도 의제매입세액을 공제할 수 있는 계산서로 본다.

③ 발급받은 계산서의 필요적 기재사항 중 일부가 착오로 기재되었으나 해당 계산서의 그 밖의 필요적 기재사항 또는 임의적 기재사항으로 보아 거래사실이 확인된 경우의 계산서는 의제매입세액을 공제할 수 있는 계산서로 본다.

④ 면세되는 농산물 등의 공급시기 이후에 발급받은 계산서로서 해당 공급시기가 속하는 부가가치세 과세기간 내 발급받은 계산서는 의제매입세액을 공제받을 수 있는 계산서로 본다.

세부규정

• **재활용폐자원 및 중고자동차에 대한 부가가치세 매입세액 공제 특례**(조특법 §108, 조특령 §110)

재활용폐자원 및 중고자동차를 수집하는 사업자가 부가가치세과세사업을 영위하지 아니하는 자(면세사업과 과세사업을 겸영하는 경우를 포함한다)와 영수증 발급에 관한 규정이 적용되는 기간에 재화 또는 용역을 공급하는 간이과세자로부터 재활용폐자원을 2028년 12월 31일까지, 중고자동차를 2028년 12월 31일까지 취득하여 제조 또는 가공하거나 이를 공급하는 경우에는 취득가액에 다음의 율을 곱한 금액을 매입세액으로 공제할 수 있다.

구 분	공제율
① 재활용폐자원주1)	3/103주2)
② 중고자동차주3)	10/110

주1) '재활용폐자원'이란 고철, 폐지, 폐유리, 폐합성수지, 폐합성고무, 폐금속캔, 폐건전지, 폐비철금속류, 폐타이어, 폐섬유, 폐유를 말한다(조특령 §110 ④ (1)).

주2) 다만, 2014년 1월 1일부터 2015년 12월 31일까지 취득하는 경우에는 105분의 5로 한다.

주3) 여기에서 '중고자동차'란 「자동차관리법」에 따른 자동차 중 중고자동차. 다만, 중고자동차를 수출하는 경우로서「자동차등록령」 제8조에 따른 자동차등록원부에 기재된 제작연월일부터 같은 영 제32조에 따른 수출이행여부신고서에 기재된 수출신고수리일까지의 기간이 1년 미만인 자동차는 제외한다.

여기에서 재활용폐자원 및 중고자동차의 경우 취득가액은 다음 금액을 한도로 한다.

① 재활용폐자원의 경우

$$\text{취득가액 한도} = \text{해당 과세기간에 공급한 재활용폐자원 관련 과세표준} \times 80\%^{주1)} - \text{세금계산서를 발급받고 매입한 재활용폐자원 매입가액}^{주2)}$$

주1) 2007년 12월 31일까지 취득한 재활용폐자원에 대해서는 100분의 90을 적용한다.

주2) 해당 사업자의 사업용 고정자산 매입가액은 제외한다.

② 중고자동차의 경우

$$\text{취득가액 한도} = \text{해당 과세기간에 공급한 중고자동차 관련 과세표준} - \text{세금계산서를 발급받고 매입한 중고자동차 매입가액}^{주1)}$$

주1) 해당 사업자의 사업용 고정자산 매입가액은 제외한다.

주2) 공제한도를 초과하여 공제받지 못한 부분에 상당하는 금액은 해당 과세기간의 다음 과세기간 개시일부터 1년 이내에 끝나는 각 과세기간에 이월하여 그 이월된 각 과세기간의 매출세액에서 공제한다. 한편, 각 과세기간의 매출세액에서 공제할 금액으로서 공제할 금액과 이월된 미공제 금액이 중복되는 경우에는 이월된 미공제 금액을 먼저 공제하고 그 이월된 미공제 금액이 중복되는 경우에는 먼저 발생한 것부터 차례대로 공제한다.

재활용폐자원 및 중고자동차를 수집하는 사업자가 재활용폐자원 및 중고자동차에 대한 부가가치세 매입세액 공제 특례를 적용받는 경우에는 부가가치세 확정신고를 할 때 위의 취득가액 한도에 공제율을 적용하여 계산한 매입세액을 매출세액에서 공제할 수 있다. 이 경우 예정신고 및 조기환급신고를 할 때 이미 재활용폐자원 및 중고자동차 매입세액 공제를 받은 경우에는 확정신고를 할 때 정산하여야 한다.

본래 재활용폐자원 및 중고자동차를 수집하여 판매하는 사업자는 세금계산서를 발급하지 않는 일반가계 등으로부터 재활용폐자원 및 중고자동차를 구입하므로 당초 부담한 매입세액은 없다. 하지만 폐자원수집에 대한 지원을 통한 환경보전 등의 취지로서 일정금액을 매입세액으로 공제할 수 있도록 하는 것이다.

(6) 과세사업전환 매입세액 공제 특례

부가가치세가 면제되는 재화 또는 용역을 공급하는 사업에 관련된 매입세액은 매출세액에 공제할 수 없다(부가법 §39 ① (7)). 그러나 당초 면세사업 관련 재화로서 매입세액공제를 받지 못하였으나 후에 이를 과세사업에 사용·소비하는 경우에는 공제받지 못했던 매입세액을 공제할 수 있는지 여부가 문제가 될 수 있다.

종전에는 이러한 경우 매입세액공제를 허용하지 않았는데, 이로 인해 사업자가 과세사업과 관련하여 생산·취득한 재화를 면세사업용으로 사용·소비하는 경우에는 이를 재화의 간주공급으로 규정하여 부가가치세를 과세하는 규정과의 형평성 문제가 제기되었다. 따라서 매입세액이 공제되지 아니한 면세사업 등을 위한 감가상각자산을 과세사업에 사용하거나 소비하는 경우 일정한 금액을 그 과세사업에 사용하거나 소비하는 날이 속하는 과세기간의 매입세액으로 공제할 수 있게 되었다(부가법 §43).

다만, 이 경우에도 매입세액이 공제되지 않은 감가상각자산에 한해 해당 규정을 적용하며, 예정신고시에는 매입세액을 공제하지 않고 확정신고시에만 공제가 가능하다. 이하 면세사업용 감가상각자산의 과세사업용 전환시 공제되는 매입세액의 구체적인 계산에 대해 살펴보겠다.

1) 감가상각자산을 과세사업에 전부 사용 · 소비하는 경우

사업자가 매입세액이 공제되지 아니한 감가상각자산을 과세사업에 사용하거나 소비하는 경우 공제되는 세액은 다음의 계산식에 따라 계산한 금액으로 한다(부가령 §85 ①).

$$\text{전부전용에 따른 과세사업전환 매입세액} = \text{취득당시 해당 재화의 면세사업등과 관련하여 공제되지 아니한 매입세액} \times (1 - \text{체감률} \times \text{경과된 과세기간 수})$$

주1) 여기에서 '체감률'은 건물·구축물의 경우에는 5%, 기타의 감가상각자산의 경우 25%를 적용한다.
주2) 여기에서 '경과된 과세기간의 수'에 관하여는 **'6.3. 재화의 간주공급에 대한 과세표준(감가상각자산의 경우)'**의 규정을 준용한다(부가령 §85 ① 단서, ⑥).

2) 감가상각자산을 과세사업에 일부 전용한 경우

① 일반적인 경우

사업자가 매입세액이 공제되지 아니한 감가상각자산을 과세사업과 면세사업 등에 공통으로 사용하거나 소비하는 경우에 공제하는 세액은 다음의 계산식에 따라 계산한 금액으로 하되, 그 과세사업에 의한 과세공급가액이 총공급가액 중 5% 미만일 때에는 공제세액은 없는 것으로 본다(부가령 §85 ②).

$$\text{일부전용에 따른 과세사업전환 매입세액} = \text{전부전용에 따른 과세사업전환 매입세액} \times \frac{\text{과세공급가액}^{주)}}{\text{총공급가액}}$$

주) 여기에서 '공급가액'은 과세사업에 사용·소비한 날이 속하는 과세기간의 공급가액을 말한다(부가령 §85 ②). 구체적으로 '과세공급가액'은 공급시기가 도래된 재화 또는 용역의 공급에 대한 부가가치세 과세표준(영세율 과세표준 포함)의 합계액을 말하는 것이며(집행기준 40-81-4), '총공급가액'은 면세사업 등을 위한 감가상각자산을 과세사업에 사용·소비한 날이 속하는 과세기간의 과세사업에 대한 공급가액과 면세사업 등에 대한 수입금액의 합계액으로 한다(부가칙 §57).

② 공급가액이 없는 경우

한편, 위의 규정을 적용할 때 해당 과세기간 중 과세사업과 면세사업 등의 공급가액이 없거나 그 어느 한 사업의 공급가액이 없는 경우에 그 과세기간에 대한 안분계산은 다음의 순서에 따른다(부가령 §85 ③).

① 총매입가액에 대한 과세사업에 관련된 매입가액의 비율
② 총예정공급가액에 대한 과세사업에 관련된 예정공급가액의 비율
③ 총예정사용면적에 대한 과세사업에 관련된 예정사용면적의 비율

주) 단, 취득시 면세사업 등과 관련하여 매입세액이 공제되지 아니한 건물에 대하여 과세사업과 면세사업 등에 제공할 예정면적을 구분할 수 있는 경우에는 위 '③'을 '①, ②'에 우선하여 적용한다.

3) 매입세액의 정산

위 '② 공급가액이 없는 경우'의 방법에 따라 안분계산한 매입세액을 공제한 경우에는 면세사업용 감가상각자산의 과세사업용 사용 또는 소비로 과세사업과 면세사업 등의 공급가액 또는 과세사업과 면세사업의 사용면적이 확정되는 과세기간에 대한 납부세액을 확정신고하는 때에 다음의 계산식에 따라 정산한다(부가령 §85 ④).

① 당초 매입가액 비율 또는 예정공급가액 비율에 따라 공제매입세액을 안분하여 계산한 경우

$$\text{가산되거나 공제되는 세액} = \text{전부전용에 따른 과세사업전환 매입세액} \times \frac{\text{과세공급가액}^{주)}}{\text{총공급가액}} - \text{이미 공제한 매입세액}$$

주) 여기에서 '공급가액'은 과세사업과 면세사업 등의 공급가액이 확정되는 과세기간의 공급가액을 말한다(부가령 §85 ④).

② 당초 예정사용면적 비율에 따라 공제매입세액을 안분하여 계산한 경우

$$\text{가산되거나 공제되는 세액} = \text{전부전용에 따른 과세사업전환 매입세액} \times \frac{\text{과세사용면적}^{주)}}{\text{총사용면적}} - \text{이미 공제한 매입세액}$$

주) 여기에서 '사용면적'은 과세사업과 면세사업 등의 사용면적이 확정되는 과세기간의 사용면적을 말한다.

4) 매입세액의 재계산

전술한 규정에 따라 매입세액이 공제된 후 총공급가액에 대한 면세공급가액의 비율 또는 총사용면적에 대한 면세사용면적의 비율과 해당 감가상각자산의 취득일이 속하는 과세기간(그 후의 과세기간에 재계산하였을 때에는 그 재계산한 기간)에 적용되었던 비율 간의 차이가 5% 이상인 경우에는 '**8.3.4. 납부세액 또는 환급세액의 재계산**' 규정을 준용하여 매입세액을 재계산한다(부가령 §85 ⑦).

5) 과세사업전환 감가상각자산신고서의 제출

사업자가 매입세액이 공제되지 아니한 감가상각자산을 과세사업에 사용하거나 소비할 때에는 그 과세사업에 사용하거나 소비하는 날이 속하는 과세기간에 대한 확정신고와 함께 과세사업전환 감가상각자산신고서를 작성하여 각 납세지관할세무서장에게 신고하여야 한다(부가령 §85 ⑤).

(7) 재고매입세액

간이과세자가 일반과세자로 변경되는 경우에는 그 변경되는 날 현재의 재고품 등에 대하여 일정한 금액을 매입세액으로 공제하는데, 이를 '재고매입세액의 공제'라 한다. 이는 간이과세자가 간이과세를 적용받던 당시에 공제받지 못하였던 매입세액의 일부를 일반과세자로 과세유형이 전환되는 경우 공제할 수 있도록 하기 위한 제도인데, 이에 대하여는 '**10.9.3. 재고매입세액의 공제**'에서 구체적으로 살펴보겠다.

(8) 변제대손세액

이에 대하여는 '**8.4. 대손세액**'에서 구체적으로 살펴보겠다.

8.3.2. 공제받지 못할 매입세액

다음의 매입세액은 매출세액에서 공제하지 아니한다(부가법 §17 ②).

(1) 매입처별세금계산서합계표 미제출·부실기재분 매입세액

매입처별세금계산서합계표를 제출하지 아니한 경우의 매입세액 또는 제출한 매입처별세금계산서합계표의 기재사항 중 거래처별 등록번호 또는 공급가액의 전부 또는 일부가 적히지 아니하였거나 사실과 다르게 적힌 경우 그 기재사항이 적히지 아니한 부분 또는 사실과 다르게 적힌 부분의 매입세액은 매출세액에서 공제하지 아니한다. 다만, 다음의 경우에는 매입세액의 공제가 허용된다(부가법 §39 ① (1), 부가령 §74).

매입세액 공제 가능한 경우	가산세 부과 여부
① 발급받은 세금계산서에 대한 매입처별세금계산서합계표 또는 신용카드매출전표 등 수령명세서(정보처리시스템으로 처리된 전산매체를 포함한다)를 「국세기본법」에 따라 과세표준수정신고서와 함께 제출하는 경우	가산세 부과하지 아니함
② 발급받은 세금계산서에 대한 매입처별세금계산서합계표 또는 신용카드매출전표 등 수령명세서를 「국세기본법」에 따라 경정청구서와 함께 제출하여 경정기관이 경정하는 경우	
③ 발급받은 세금계산서에 대한 매입처별세금계산서합계표 또는 신용카드매출전표 등 수령명세서를 「국세기본법」에 따른 기한후과세표준신고서와 함께 제출하여 관할세무서장이 결정하는 경우	
④ 발급받은 세금계산서에 대한 매입처별세금계산서합계표의 거래처별 등록번호 또는 공급가액이 착오로 사실과 다르게 적힌 경우로서 발급받은 세금계산서에 의하여 거래사실이 확인되는 경우	
⑤ 경정을 하는 경우 사업자가 발급받은 세금계산서 또는 발급받은 신용카드매출전표 등을 경정기관의 확인을 거쳐 해당 경정기관에 제출하는 경우	가산세 부과함

주) 착오 또는 자발적 정정의 성격이 있는 '①~④'와는 달리 '⑤'의 경우는 경정조사시 경정담당 공무원에게 제출하여 정당하게 발급받은 세금계산서로 조사·확인되는 경우에 해당하기 때문에 가산세가 부과되는 것이다.

(2) 세금계산서 미수취·부실기재분 매입세액

세금계산서 또는 수입세금계산서를 발급받지 아니한 경우 또는 발급받은 세금계산서 또는 수입세금계산서에 필요적 기재사항의 전부 또는 일부가 적히지 아니하였거나 사실과 다르게 적힌 경우의 매입세액(공급가액이 사실과 다르게 적힌 경우에는 실제 공급가액과 사실과 다르게 적힌 금액의 차액에 해당하는 세액)은 매출세액에서 공제하지 않는다. 다만, 다음의 경우에는 매입세액의 공제가 허용된다(부가법 §39 ① (2), 부가령 §75).

① 사업자등록을 신청한 사업자가 사업자등록증 발급일까지의 거래에 대하여 해당 사업자 또는 대표자의 주민등록번호를 적어 발급받은 경우

② 발급받은 세금계산서의 필요적 기재사항 중 일부가 착오로 사실과 다르게 적혔으나 그 세금계산서에 적힌 나머지 필요적 기재사항 또는 임의적 기재사항으로 보아 거래사실이 확인되는 경우

③ 재화 또는 용역의 공급시기 이후에 발급받은 세금계산서로서 해당 공급시기가 속하는 과세기간에 대한 확정신고기한까지 발급받은 경우

④ 전자세금계산서로서 국세청장에게 전송되지 아니하였으나 발급한 사실이 확인되는 경우

⑤ 전자세금계산서 외의 세금계산서로서 재화 또는 용역의 공급시기가 속하는 과세기간에 대한 확정신고기한까지 발급받았고, 그 거래사실도 확인되는 경우

⑥ 실제로 재화나 용역을 공급하거나 공급받은 사업장이 아닌 사업장을 적은 세금계산서를 발급받았더라도 그 사업장이 총괄하여 납부하거나 사업자단위과세사업자에 해당하는 사업장인 경우로서 그 재화나 용역을 실제로 공급한 사업자가 납세지 관할세무서장에게 해당 과세기간에 대한 납부세액을 신고·납부한 경우

⑦ 재화 또는 용역의 공급시기가 속하는 과세기간에 대한 확정신고기한이 지난 후 세금계산서를 발급받았더라도 그 세금계산서의 발급일이 확정신고기한 다음 날부터 1년 이내이고 다음 중 어느 하나에 해당하는 경우
㉠ 「국세기본법 시행령」에 따른 과세표준수정신고서와 경정청구서를 세금계산서와 함께 제출하는 경우
㉡ 해당 거래사실이 확인되어 납세지 관할세무서장, 납세지 관할지방국세청장 또는 국세청장(이하 '납세지 관할세무서장 등'이라 함)이 결정 또는 경정하는 경우

⑧ 재화 또는 용역의 공급시기 전에 세금계산서를 발급받았더라도 재화 또는 용역의 공급시기가 그 세금계산서의 발급일부터 6개월 이내에 도래하고 해당 거래사실이 확인되어 납세지 관할세무서장등이 결정 또는 경정하는 경우

⑨ 다음 중 어느 하나에 해당하는 경우로서 그 거래사실이 확인되고 거래 당사자가 납세지 관할세무서장에게 해당 납부세액을 신고하고 납부한 경우
㉠ 거래의 실질이 위탁매매 또는 대리인에 의한 매매에 해당함에도 불구하고 거래 당사자 간 계약에 따라 위탁매매 또는 대리인에 의한 매매가 아닌 거래로 하여 세금계산서를 발급받은 경우
㉡ 거래의 실질이 위탁매매 또는 대리인에 의한 매매에 해당하지 않음에도 불구하고 거래 당사자 간 계약에 따라 위탁매매 또는 대리인에 의한 매매로 하여 세금계산서를 발급받은 경우
㉢ 거래의 실질이 용역의 공급에 대한 주선·중개에 해당함에도 불구하고 거래 당사자 간 계약에 따라 용역의 공급에 대한 주선·중개가 아닌 거래로 하여 세금계산서를 발급받은 경우
㉣ 거래의 실질이 용역의 공급에 대한 주선·중개에 해당하지 않음에도 불구하고 거래 당사자 간 계약에 따라 용역의 공급에 대한 주선·중개로 하여 세금계산서를 발급받은 경우
㉤ 다른 사업자로부터 사업(용역을 공급하는 사업으로 한정한다. 이하 같다)을 위탁받아 수행하는 사업자가 위탁받은 사업의 수행에 필요한 비용을 사업을 위탁한 사업자로부터 지급받아 지출한 경우로서 해당 비용을 공급가액에 포함해야 함에도 불구하고 거래 당사자 간 계약에 따라 이를 공급가액에서 제외하여 세금계산서를 발급받은 경우
㉥ 다른 사업자로부터 사업을 위탁받아 수행하는 사업자가 위탁받은 사업의 수행에 필요한 비용을 사업을 위탁한 사업자로부터 지급받아 지출한 경우로서 해당 비용을 공급가액에서 제외해야 함에도 불구하고 거래 당사자 간 계약에 따라 이를 공급가액에 포함하여 세금계산서를 발급받은 경우
㉦ 매출에누리에 해당하는 금액을 공급가액에서 제외해야 함에도 불구하고 거래 당사자 간 계약에 따라 이를 공급가액에 포함하여 세금계산서를 발급받은 경우(공급하는 자가 해당 금액을 공급가액에서 제외하는 수정세금계산서를 발행하지 아니한 경우에 한한다)[주)]

⑩ 신탁재산 관련 부가가치세를 납부해야 하는 수탁자가 위탁자를 재화 또는 용역을 공급받는 자로 하여 발급된 세금계산서의 부가가치세액을 매출세액에서 공제받으려는 경우로서 그 거래사실이 확인되고 재화 또는 용역을 공급한 자가 납세지 관할세무서장에게 해당 납부세액을 신고하고 납부한 경우

⑪ 신탁재산 관련 부가가치세를 납부해야 하는 위탁자가 수탁자를 재화 또는 용역을 공급받는 자로 하여 발급된 세금계산서의 부가가치세액을 매출세액에서 공제받으려는 경우로서 그 거래사실이 확인되고 재화 또는 용역을 공급한 자가 납세지 관할세무서장에게 해당 납부세액을 신고하고 납부한 경우

주) 사업자간 거래에서 매출에누리와 판매장려금의 구분을 착오함에 따라 판매장려금으로 처리하여 발급한 세금계산서에 대해서도 매입세액공제를 허용하겠다는 취지이다.

위 '③' 및 '⑦~⑧'의 경우는 재화 또는 용역의 공급시기를 위배하여 세금계산서를 발급받는 경우[63]에 해당하지만 거래사실이 인정된다고 보아 납세편의상 매입세액의 공제는 허용되나,[64] 세금계산서불성실가산세는 적용된다. 한편, 해당 공급시기가 속하는 과세기간에 대한 확정신고기한 이후에 발급받는 경우('⑦'에도 해당되지 않는 경우)에는 매입세액의 공제가 허용되지 않으며, 매입세액 불공제라는 불이익을 당했으므로 가산세는 적용하지 않는다.

(3) 사업과 직접 관련이 없는 지출에 대한 매입세액

사업과 직접 관련이 없는 지출에 대한 매입세액은 매출세액에서 공제하지 아니한다. 여기에서 사업과 직접 관련이 없는 지출의 범위는 다음과 같다(부가법 §39 ① (4), 부가령 §77).

① 「소득세법」 및 「법인세법」의 규정에 따른 업무무관비용 : 사업자가 그 업무와 관련 없는 자산을 취득·관리함으로써 발생하는 취득비·유지비·수선비 또는 사업에 직접 사용하지 아니하고 타인(종업원 제외)이 주로 사용하는 토지·건물 등의 유지비·수선비·사용료, 그 업무와 관련 없는 자산을 취득하기 위하여 차입한 금액에 대한 지급이자 등

② 공동경비 중 일정한 기준을 초과하여 지출한 금액 : 법인이 해당 법인 외의 자와 동일한 조직 또는 사업 등을 공동으로 운영하거나 영위함에 따라 발생되거나 지출된 손비 중 법인세법에 따른 일정한 기준에 의한 분담금액을 초과하는 금액

표 8.2. 공급시기 이후에 발급받은 세금계산서의 매입세액공제 여부 및 가산세 부과 여부

재화 또는 용역의 공급시기 이후에 발급받은 세금계산서로서	매입세액공제 여부	가산세 부과 여부
① 매입세액공제가 가능한 지연수취 세금계산서 등에 해당하는 경우[주1)]	○	○
② 매입세액공제가 가능한 지연수취 세금계산서 등에 해당하지 않는 경우[주2)]	×	×

주1) 앞에서 살펴본 매입세액공제가 가능한 경우 중 '③' 및 '⑦~⑧'에 해당하는 경우를 말한다.

주2) 해당 공급시기가 속하는 과세기간에 대한 확정신고기한 이후에 발급받는 경우(앞에서 살펴본 '⑦'의 경우는 제외)를 말한다.

63) '③' 및 '⑦'의 경우는 공급시기 이후에, '⑧'의 경우는 공급시기 이전에 세금계산서를 발급받은 경우로서 공급시기를 위배하여 세금계산서를 발급받은 경우에 해당한다.

64) '③'의 경우 본래 매입세액공제가 가능한 세금계산서 수취기한은 '해당 공급시기가 속하는 과세기간까지'였으나, 2016년 2월 시행령 개정으로 '해당 공급시기가 속하는 과세기간에 대한 확정신고기한까지'로 연장되었다. 또한, '⑦~⑧'의 경우에도 본래 매입세액공제가 허용되지 않았으나, 2019년 2월 시행령 개정으로 매입세액공제 허용 범위가 확대됨으로써 매입세액공제가 가능하게 되었다.

(4) 영업용이 아닌 소형승용자동차의 구입과 임차 및 유지에 관한 매입세액

「개별소비세법」에 따른 자동차(운수업, 자동차판매업 등 일정한 업종에 직접 영업으로 사용되는 것은 제외)의 구입과 임차 및 유지에 관한 매입세액은 매출세액에서 공제하지 아니한다(부가법 §39 ① (5)).[65)]

1) 영업용의 범위

'영업용'이란 운수업, 자동차판매업, 자동차임대업, 운전학원업, 「경비업법」에 따른 기계경비업무를 하는 경비업(출동차량에 한정하여 적용) 및 이와 유사한 업종과 같이 자동차를 직접 영업에 사용하는 것을 말한다(부가령 §78). 따라서 시내출장용, 임원 출퇴근용 등 업무용으로 사용하는 소형승용자동차는 직접 영업에 사용하는 것이 아니므로 영업용이 아니다.

2) 소형승용자동차의 범위

'소형승용자동차'란 개별소비세 과세대상이 되는 자동차를 말하는데, 여기에는 「자동차관리법」에 따라 승용자동차로 구분되는 자동차(정원 8명 이하의 자동차로 한정하되, 배기량이 1,000cc 이하인 것으로서 길이가 3.6미터 이하이고 폭이 1.6미터 이하인 것은 제외)와 총배기량 125cc를 초과하는 2륜 자동차 및 캠핑용 자동차 등이 포함된다. 따라서 소형승용자동차가 아닌 9인승 이상의 승용자동차, 승합자동차 및 화물자동차와 관련된 매입세액은 공제된다.

3) 구입과 임차 및 유지에 관한 매입세액의 범위

'구입과 임차 및 유지에 관한 매입세액'이란 일반적으로 영업용이 아닌 소형승용자동차의 취득비, 수선비, 소모품비, 유류비 등의 차량의 운행과 관련하여 발생하는 비용 및 차량임차관련 비용에 대한 매입세액 등을 의미한다.

이러한 영업용이 아닌 소형승용자동차는 사업용으로 사용되기도 하지만, 임직원의 개인적 편의를 위해 사용되는 경우가 많으므로 이를 구분하기 어려운 점을 고려하여 관련매입세액을 전액 사업과 무관한 지출로 보아 불공제하는 것이다.

세부규정

- **소형승용자동차의 범위**(개소법 §1 ② (3), 개소령 별표 1)

① 「자동차관리법」에 따른 구분기준에 따라 승용자동차로 구분되는 자동차(정원 8명 이하의 자동차로 한정하되, 배기량이 1,000cc 이하의 것으로서 길이가 3.6미터 이하이고 폭이 1.6미터 이하인 것은 제외한다)

65) 재화의 간주공급에서 살펴보았던 영업용이 아닌 소형승용자동차에 대한 내용은 사업자가 자기의 사업과 관련하여 생산·취득한 재화를 영업용이 아닌 소형승용자동차와 그 유지를 위하여 사용·소비하는 경우에는 이를 공급으로 의제하겠다는 규정이었지만, 여기에서 살펴보는 내용은 영업용이 아닌 소형승용자동차의 구입과 임차 및 유지에 관련하여 발생한 매입세액을 공제하지 않겠다는 규정이다. 따라서 이 둘을 혼동하지 말아야 한다. 한편, 당초 영업용이 아닌 소형승용자동차의 구입 등과 관련하여 매입세액을 공제받지 아니한 경우에는 재화의 간주공급에도 해당되지 않는다.

② 「자동차관리법」에 따른 구분기준에 따라 이륜자동차로 구분되는 자동차(내연기관을 원동기로 하는 것은 그 총배기량이 125cc를 초과하는 것으로 한정하며, 내연기관 외의 것을 원동기로 하는 것은 그 정격출력이 1킬로와트를 초과하는 것으로 한정한다). 다만, 국방용 또는 경찰용으로서 해당 기관의 장이 증명하는 것은 제외한다.
③ 「자동차관리법」에 따른 구분기준에 따라 캠핑용자동차로 구분되는 자동차(캠핑용 트레일러를 포함한다)
④ 「환경친화적 자동차의 개발 및 보급촉진에 관한 법률」에 따른 전기자동차로서 「자동차관리법」에 따른 구분기준에 따라 승용자동차로 구분되는 자동차(정원 8명 이하의 자동차로 한정하되, 길이가 3.6미터 이하이고 폭이 1.6미터 이하인 것은 제외한다)

(5) 기업업무추진비 및 이와 유사한 비용의 지출에 관련된 매입세액

기업업무추진비 및 이와 유사한 비용의 지출에 관련된 매입세액은 매출세액에서 공제하지 아니한다(부가법 §39 ① (6)). 여기에서 '기업업무추진비'란 「소득세법」 및 「법인세법」에 따른 기업업무추진비 및 이와 유사한 비용의 지출을 말한다(부가령 §79).[66]

기업업무추진비의 경우도 영업용이 아닌 승용자동차와 마찬가지로 임직원의 개인적 용도로 사용되는 경우가 많기 때문에 이를 사업과 관련된 부분과 아닌 부분으로 구분하기 어려운 점을 고려하여 관련 매입세액을 전액 사업과 무관한 지출로 보아 불공제하는 것이다.

(6) 면세사업 등에 관련된 매입세액

면세사업 등에 관련된 매입세액(면세사업 등을 위한 투자에 관련된 매입세액을 포함한다)은 매출세액에서 공제하지 아니한다(부가법 §39 ① (7)). 면세사업 등을 영위하는 사업자에 대해서는 부가가치세를 과세하지 않기 때문에 그와 관련된 매입세액에 대해서도 공제가 허용되지 않는 것이다.

(7) 토지 관련 매입세액

토지 관련 매입세액은 매출세액에서 공제되지 않는데, 여기에서 '토지 관련 매입세액'이란 토지의 조성 등을 위한 자본적 지출에 관련된 매입세액으로서 다음 중 어느 하나에 해당하는 경우를 말한다(부가법 §39 ① (7), 부가령 §80).

① 토지의 취득 및 형질변경, 공장부지 및 택지의 조성 등에 관련된 매입세액
② 건축물이 있는 토지를 취득하여 그 건축물을 철거하고 토지만을 사용하는 경우에는 철거한 건축물의 취득 및 철거비용과 관련된 매입세액
③ 토지의 가치를 현실적으로 증가시켜 토지의 취득원가를 구성하는 비용에 관련된 매입세액

---

66) 「소득세법」 및 「법인세법」에 따른 '기업업무추진비'란 기업업무추진비, 교제비, 사례금 또는 그 밖에 어떠한 명목이든 상관없이 이와 유사한 성질의 비용으로서 사업자가 업무와 관련하여 지출한 금액을 말한다.

토지는 부가가치의 구성요소에 해당하므로 토지의 공급에 대해서는 면세대상으로 규정하고 있으며 이에 대응하여 토지 관련 매입세액도 불공제하는 것이다. 따라서 토지조성 등을 위한 자본적 지출에 관련된 매입세액은 당초 공제가 불가능한 매입세액이며, 해당 토지가 과세사업에 사용·소비되는 경우에도 이를 공제할 수 없다.

(8) 사업자등록을 하기 전의 매입세액

사업자등록을 신청하기 전의 매입세액은 매출세액에서 공제하지 아니한다(부가법 §39 (8)). 다만, 공급시기가 속하는 과세기간이 끝난 후 20일 이내에 등록을 신청한 경우 등록신청일부터 공급시기가 속하는 과세기간 기산일[67]까지 역산한 기간 내의 것은 제외한다(부가법 §39 (8) 단서).

본래 사업자등록을 하지 않은 사업자의 경우는 세금계산서의 필요적 기재사항에 해당하는 '공급받는 자의 등록번호'가 없기 때문에 적법한 세금계산서를 수취하여 매입세액을 공제받는 것은 불가능하다. 하지만 신규로 사업을 시작하는 사업자의 납세편의 제고를 위하여 공급시기가 속하는 과세기간이 끝난 후 20일 이내에 등록을 신청한 경우 등록신청일부터 공급시기가 속하는 과세기간 기산일까지 역산한 기간 이내의 매입세액의 공제를 허용하는 것이다. 이 경우 사업자는 사업자등록증 발급일까지의 거래에 대하여 해당 사업자 또는 대표자의 주민등록번호를 적어 세금계산서를 발급받아야 한다.

그림 8.1. 사업자등록 전 매입세액공제의 공제여부

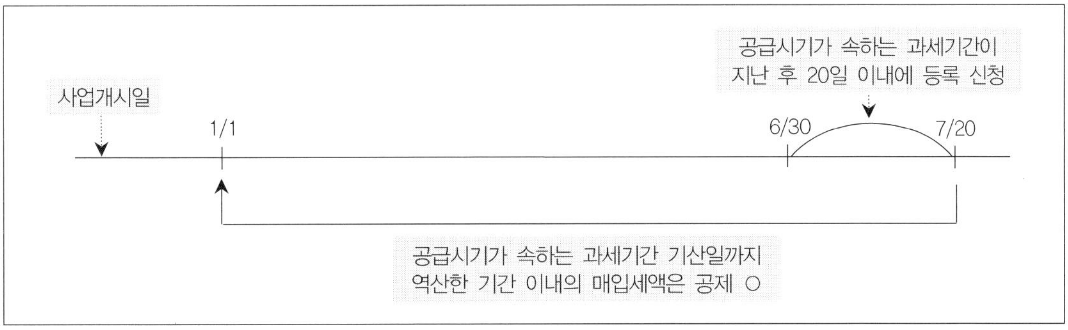

8.3.3. 공통매입세액 면세사업분 안분계산

과세사업과 면세사업 등을 겸영(兼營)하는 사업자의 경우 과세사업과 관련한 매입세액은 공제가 가능하지만 면세사업과 관련한 매입세액은 공제받을 수 없다. 만약, 겸영사업자가 과세사업과 면세사업에 관련된 매입세액의 실지귀속(實地歸屬)을 정확히 구분할 수 있다면 별다른 문제가 발생하지 않는다. 하지만 매입한 재화나 용역이 과세사업과 면세사업에 공통으로 사용·소비되어 그 실지귀속을 정확하게 파악하기 어려운 경우에는 그 매입세액을 과세사업과 면세사업분으로 배분하는 과정이 필요한데, 이를 '공통매입세액의 안분계산'이라고 한다.

67) 부가가치세법 제5조제1항에 따른 과세기간의 기산일(1월 1일 또는 7월 1일)을 말하는 것이다.

(1) 일반적인 안분계산방법

사업자가 과세사업과 면세사업 등을 겸영하는 경우에 과세사업과 면세사업 등에 관련된 매입세액의 계산은 실지귀속에 따라 하되,[68] 실지귀속을 구분할 수 없는 매입세액(이하 '공통매입세액'이라 한다)은 총공급가액에 대한 면세공급가액의 비율 등 일정한 기준(이하 '공통매입세액 안분기준'이라 한다)을 적용하여 안분(按分)하여 계산한다(부가법 §40). 실지귀속을 구분할 수 없는 매입세액이 있는 경우 면세사업 등에 관련된 매입세액은 다음 계산식에 따라 안분하여 계산한다(부가령 §81 ①).[69]

$$\text{면세사업 등에 관련된 매입세액} = \text{공통매입세액} \times \frac{\text{해당 과세기간의 면세공급가액}}{\text{해당 과세기간의 총공급가액}}$$

주1) 여기에서 '총공급가액'은 공통매입세액과 관련된 해당 과세기간의 과세사업에 대한 공급가액과 면세공급가액(면세사업 등에 대한 공급가액과 사업자가 해당 면세사업 등과 관련하여 받았으나 과세표준에 포함되지 않는 국고보조금과 공공보조금 및 이와 유사한 금액의 합계액을 말한다)의 합계액으로 한다(부가칙 §54 ②). 따라서 공통매입세액과 관련이 없는 고정자산의 매각에 따른 공급가액은 총 공급가액 및 면세공급가액에 포함되지 아니한다(서삼46015-11127, 2002.7.5.).

주2) 과세사업과 면세사업에 공통으로 사용되는 재화를 공급받은 과세기간 중에 그 재화를 공급하여 직전 과세기간의 공급가액(또는 사용면적)에 따라 과세표준을 안분계산한 경우 그 재화에 대한 매입세액의 안분계산은 직전 과세기간의 공급가액(또는 사용면적)을 기준으로 하여 계산한다(부가칙 §54 ②).

다만, 예정신고를 하는 때에는 예정신고기간에 있어서 총공급가액에 대한 면세공급가액(면세사업 등에 대한 공급가액과 사업자가 해당 면세사업 등과 관련하여 받았으나 과세표준에 포함되지 아니하는 국고보조금과 공공보조금 및 이와 유사한 금액의 합계액을 말한다. 이하 같다)의 비율에 따라 안분하여 계산하고, 확정신고를 할 때에 정산한다(부가령 §81 ① 단서).

위의 규정에도 불구하고 다음 중 어느 하나에 해당하는 경우에는 해당 재화 또는 용역의 매입세액은 공제되는 매입세액으로 한다(부가령 §81 ②).

① 해당 과세기간의 총공급가액 중 면세공급가액이 5% 미만인 경우의 공통매입세액
  * 다만, 공통매입세액이 5백만원 이상인 경우는 제외한다.

② 해당 과세기간중의 공통매입세액이 5만원 미만인 경우의 매입세액[주1)]

③ 해당 과세기간에 신규로 사업을 시작한 사업자가 해당 과세기간에 공급한 공통사용재화에 대한 매입세액[주2)]

주1) 공통사용재화를 공급하는 경우의 과세표준 안분계산이 배제되는 기준은 재화의 공급가액이 공급건별로 50만원 미만인 경우이다. 이에 반해 공통매입세액의 경우는 해당 과세기간 전체 합계금액을 기준으로 한다.

주2) 해당 과세기간에 신규로 사업을 시작한 사업자의 경우에도 안분계산에 필요한 해당 과세기간의 공급가액을 알 수 있으므로 공통매입세액을 안분하여 계산하는 것이 원칙이나, 신규사업자에 대하여 공통사용재화의 공급에 대한 과세표준의 안분계산을 생략하는 규정과 균형을 맞추기 위하여 공통매입세액의 경우에도 안분계산을 생략하는 것이다.

---

68) 사업자가 과세사업과 면세사업을 겸영하면서 발생된 매입세액이더라도 발생된 모든 매입세액이 안분계산대상이 되는 것이 아니라 그 발생 건별, 금액으로 세분하여 과세사업에 실지귀속되면 자기의 매출세액에서 전액 공제하고, 면세사업에 실지귀속되면 면세사업 관련 매입세액으로 전액 불공제한다(집행기준 40-81-2).

69) 단, 도축업을 영위하는 사업자는 공통매입세액을 과세사업과 면세사업에 관련된 도축 두수(頭數)에 따라 안분하여 계산한다(부가령 §81 ①, 부가칙 §54 ①).

예제 8-3 공통사용재화에 대한 과세표준과 매입세액공제액

겸영사업자인 (주)세무의 2026년 제1기 과세기간의 거래 및 과세기간별 공급가액에 대한 자료는 다음과 같다.

(1) (주)세무는 겸영사업에 공통사용 하던 기계장치를 ₩1,000,000에 매각하였다.

(2) (주)세무는 겸영사업에 공통으로 사용하기 위하여 기계장치를 ₩1,500,000(공급가액)에 매입하였다.

(3) 해당 과세기간과 직전 과세간의 공급가액은 다음과 같다.

과세기간	과세공급가액	면세공급가액	합 계
2025년 제2기 과세기간	53,000원	47,000원	100,000원
2026년 제1기 과세기간	48,000원	52,000원	100,000원

다음의 상황별로 부가가치세 과세표준 및 매입세액공제액을 구하시오.

〈상황 1〉 당기에 매각한 기계장치를 대체하기 위하여 당기에 새로운 기계장치를 매입한 경우

〈상황 2〉 당기에 매입한 기계장치가 사업에 적합하지 않아 이를 동일한 과세기간에 매각한 경우

해답

〈상황 1〉

(1) 과세표준 = ₩1,000,000 × 53% = ₩530,000

* 공통사용자산의 과세표준은 직전 과세기간의 공급가액의 비율로 안분한다.

(2) 공통매입세액 중 매입세액공제분 = ₩1,500,000 × 10% × 48% = ₩72,000

* 공통매입세액의 안분계산은 해당 과세기간의 공급가액의 비율로 안분한다.

〈상황 2〉

(1) 과세표준 = ₩1,000,000 × 53% = ₩530,000원

(2) 공통매입세액 중 매입세액공제분 = ₩1,500,000 × 10% × 53% = ₩79,500

* 공통사용재화를 공급받은 과세기간 중에 해당 재화를 공급하여 직전 과세기간의 공급가액 실적에 따라 과세표준을 안분계산하는 경우에는 그 재화에 대한 매입세액의 안분계산도 직전 과세기간의 공급가액 실적을 기준으로 하여 계산한다.

(2) 예외적인 안분계산방법

해당 과세기간 중 과세사업과 면세사업 등의 공급가액이 없거나 그 어느 한 사업의 공급가액이 없는 경우에 해당 과세기간에 대한 안분계산은 다음의 순서에 따른다(부가령 §81 ④).

① 총매입가액(공통매입가액은 제외한다)에 대한 면세사업 등에 관련된 매입가액의 비율
② 총예정공급가액에 대한 면세사업 등에 관련된 예정공급가액의 비율
③ 총예정사용면적에 대한 면세사업 등에 관련된 예정사용면적의 비율

주1) 다만, 건물 또는 구축물을 신축하거나 취득하여 과세사업과 면세사업 등에 제공할 예정면적을 구분할 수 있는 경우에는 위 '③'을 '①, ②'에 우선하여 적용한다.

주2) '예정'은 사업자가 각 과세기간의 공통매입세액을 안분계산함에 있어서 공통매입세액과 관련된 공급가액 또는 사용면적이 실제로 확정될 과세기간에 과세·면세사업으로부터 발생이 예상되거나 과세·면세사업으로 사용이 예상되는 것을 말하는 것이고, '예정공급가액'은 과세사업과 면세사업에 대한 예정공급가액이란 과거의 사업실적, 현황, 사업계획서 등에 따라 합리적으로 추정한 금액을 말하는 것이며, '총예정사용면적' 총예정사용면적이란 공통매입세액과 관련하여 과세사업과 면세사업에 사용예정인 총면적을 말하며, 면세예정사용면적은 그 중 면세사업에 사용예정인 면적을 말한다(집행기준 40-81-4).

토지를 제외한 건물 또는 구축물에 대하여 예정사용면적의 비율을 적용하여 공통매입세액 안분계산을 하였을 때에는 그 후 과세사업과 면세사업 등의 공급가액이 모두 있게 되어 공급가액비율에 따라 공통매입세액을 계산할 수 있는 경우에도 과세사업과 면세사업 등의 사용면적이 확정되기 전의 과세기간까지는 예정사용면적의 비율을 적용하고, 과세사업과 면세사업 등의 사용면적이 확정되는 과세기간에 실제사용면적비율에 따라 공통매입세액을 정산한다(부가령 §81 ⑤).

(3) 공통매입세액의 정산

사업자가 전술한 '(2) 예외적인 안분계산방법'에 의하여 매입세액을 안분계산한 경우에는 해당 재화의 취득으로 과세사업과 면세사업 등의 공급가액, 과세사업과 면세사업 등의 사용면적이 확정되는 과세기간에 대한 납부세액을 확정신고할 때에 다음의 계산식에 따라 정산한다(부가령 §82).

1) 당초 매입가액 또는 예정공급가액의 비율에 따라 안분하여 계산한 경우

$$\text{가산되거나 공제되는 세액} = \text{총공통매입세액} \times \left(1 - \frac{\text{면세공급가액}}{\text{총공급가액}}\right) - \text{이미 공제한 세액}$$

주) 여기에서 '공급가액'은 과세사업과 면세사업 등의 공급가액이 확정되는 과세기간의 공급가액을 말한다.

2) 당초 예정사용면적의 비율에 따라 안분하여 계산한 경우

$$\text{가산되거나 공제되는 세액} = \text{총공통매입세액} \times \left(1 - \frac{\text{면세사용면적}}{\text{총사용면적}}\right) - \text{이미 공제한 세액}$$

주) 여기에서 '사용면적'은 과세사업과 면세사업 등의 사용면적이 확정되는 과세기간의 사용면적을 말한다.

다만, 예정신고를 하는 때에는 예정신고기간에 있어서 총공급가액에 대한 면세공급가액의 비율 또는 총사용면적에 대한 면세 또는 비과세사용면적의 비율에 의하여 안분계산하고, 확정신고를 하는 때에 정산한다(부가령 §82 단서).

예제 8-4 공통매입세액 안분계산 및 정산 사례(집행기준 40-82-1)

개인사업자가 과세사업과 면세사업을 겸영하기 위하여 2024년 3월 1일부터 사업을 개시하였다. 각 과세기간 동안 발생된 공통매입세액 및 수입금액이 아래와 같은 경우 각 과세기간별 공통매입세액에 대한 안분계산 및 정산을 하시오.

(단위 : 천원)

구 분	공통매입세액	예정공급가액		실제공급가액	
		과세분	면세분	과세분	면세분
2024년 1기	8,000	120,000	40,000	0	0
2024년 2기	16,000	120,000	40,000	50,000	0
2025년 1기	10,000	150,000	50,000	0	40,000
2025년 2기	4,000	-	-	180,000	60,000
2026년 1기	2,000	-	-	120,000	80,000

해답

(단위 : 천원)

귀 속	안분계산 방법	계산 내역	공제가능 매입세액
2024년 1기	예정공급가액	₩8,000 × 120,000/160,000	₩6,000
2024년 2기	예정공급가액	₩16,000 × 120,000/160,000	₩12,000
2025년 1기	예정공급가액	₩10,000 × 150,000/200,000	₩7,500
2025년 2기	공통매입세액 정산	아래 정산 내역 참조	₩3,000
2026년 1기	당해공급가액	₩2,000 × 120,000/200,000	₩1,200

[정산 내역]

공통매입세액은 과세사업과 면세사업의 공급가액이 모두 발생한 2025년 2기에 정산함

(1) 공급가액이 확정되는 과세기간까지의 공통매입세액 합계액
₩8,000,000 + 16,000,000 + 10,000,000 + 4,000,000 = ₩38,000,000

(2) 2025년 2기 공급가액에 대한 과세·면세비율
₩180,000,000/(180,000,000+60,000,000) = 0.75(75%)

(3) 공급가액이 확정되는 과세기간 전까지 공제세액 합계액
₩6,000,000 + 12,000,000 + 7,500,000 = ₩25,500,000

(4) 당해 과세기간 공통매입세액 정산액
₩8,000,000 × 0.75 − 25,5000,000 = ₩3,000,000

예제 8-5 공통매입세액의 정산(1) : 예정신고분을 확정신고시 정산

과세사업과 면세사업을 겸영하는 (주)겸영운수과 관련한 자료는 다음과 같다.

(1) 우등고속버스 운송사업과 시내버스 운송사업을 겸영하고 있는 (주)겸영운수는 두 사업에 공통으로 사용할 수리설비를 2026년 3월 10일 ₩100,000,000(부가가치세 제외)에 취득하였다.

(2) (주)겸영운수의 해당 과세기간 공급가액은 다음과 같다.

과세기간	우등고속버스사업	시내버스사업	합 계
2026. 1.1.~3.31.	4억원	6억원	10억원
2026. 4.1.~6.30.	3억원	7억원	10억원

2026년 제1기 예정신고 및 확정신고에 불공제되는 매입세액은 얼마인가?

해답

(1) 2026년 제1기 예정신고시 불공제되는 매입세액

$$₩10,000,000 \times \frac{6억원}{10억원} = ₩6,000,000$$

(2) 2026년 제1기 확정신고시 불공제되는 매입세액

$$₩10,000,000 \times \frac{13억원}{20억원} - 6,000,000 = ₩500,000$$

예제 8-6 공통매입세액의 정산(2) : 예정공급가액비율로 안분계산 후 확정된 공급가액비율로 정산

과세사업과 면세사업을 겸영하는 (주)겸영과 관련한 자료는 다음과 같다.

(1) (주)겸영은 2025년 4월 10일 사업자등록을 하고 공장건물을 신축하기 위한 공사에 착수하였으며, 2026년 10월 10일에 공장을 완공하고 본격적으로 제품을 생산하기 시작하였다.

(2) 각 과세기간별 공통매입세액은 다음과 같다. 단, 다른 매입은 없는 것으로 가정한다.

2025년 제1기	2025년 제2기	2026년 제1기	합 계
20억원	10억원	20억원	50억원

(3) (주)겸영은 본격적으로 사업을 개시하기 전까지는 과세사업과 면세사업의 공급가액의 비율이 각각 60%, 40% 정도 될 것으로 예상하였으나, 2026년 제2기의 과세사업과 면세사업의 실제공급가액의 비율은 각각 80%, 20%였다.

2026년 제2기 정산되는 공통매입세액은 얼마인가?

해답

(1) 예정공급가액 비율에 의한 공통매입세액의 안분계산

	2025년 제1기	2025년 제2기	2026년 제1기	합 계
공 제 세 액 불 공 제 세 액	12억원 8억원	6억원 4억원	12억원 8억원	30억원 20억원
공통매입세액	20억원	10억원	20억원	50억원

2. 확정된 공급가액 비율에 의한 공통매입세액의 정산

2026년 제2기에 공제할 세액 = 50억원 × (1 − 20%) − 30억원 = 10억원

세부규정

• 면세포기한 사업자의 매입세액 공제(부기통 38-0-1)

수산업 등 면세사업을 영위하는 사업자가 법 제28조제1항에 따라 면세포기를 하는 경우에 면세포기한 사업에 대하여 해당 과세기간에 영세율이 적용되거나 부가가치세가 면제되는 재화·용역의 공급이 없는 때에도 그 과세기간의 면세포기사업과 관련된 매입세액은 법 제38조에 따라 공제한다. 다만, 면세포기한 사업에 대하여 해당 과세기간에 면세되는 재화의 공급만이 있는 경우에는 법 제39조제1항제7호에 따라 공제하지 아니한다.

• 사업상 피해재산의 복구와 관련된 매입세액 공제(부기통 38-0-2)

사업자가 자기사업과 관련하여 타인의 재산에 손해를 입혀 해당 피해재산의 복구에 관련된 매입세액은 법 제38조에 따라 매출세액에서 공제한다.

• 공급시기 후에 발급받은 세금계산서의 매입세액 불공제(부기통 39-75-1)

공급시기 후에 발급받은 세금계산서의 매입세액은 매출세액에서 공제 또는 환급하지 아니한다. 다만, 재화 또는 용역의 공급시기 후에 발급받은 세금계산서로서 해당 공급시기가 속하는 과세기간에 대한 확정신고기한까지 발급받은 경우에는 그러하지 아니한다.

• 사업의 양도 시까지 발급받지 못한 수입세금계산서 처리(부기통 38-0-3)

사업양도자가 수입재화에 대한 수입세금계산서를 사업양도 시까지 발급받지 못하고 사업양도 후 사업양수자가 사업양도자명의로 발급받은 경우에는 해당 수입세금계산서를 발급받은 과세기간에 매입세액으로 공제받을 수 있다.

• 사업자등록을 정정하지 아니한 경우 매입세액 공제(부기통 38-0-4)

사업자가 사업장 이전·상호변경 등 영 제14조제1항에 해당하는 사업자등록증 정정사유가 발생하였으나 이를 정정하지 아니하고 세금계산서를 발급받은 경우에 해당 세금계산서의 필요적 기재사항 또는 임의적 기재사항으로 보아 그 거래사실이 확인되는 때에는 그 세금계산서의 매입세액을 매출세액에서 공제하거나 환급할 수 있다.

• 공동시설에 관련된 매입세액 공제방법(부기통 38-0-5)

둘 이상의 사업자가 공동으로 사용할 사업부대설비공사를 그 중 한 사업자의 명의로 계약을 체결한 경우에 해당 설비건설용역을 제공하는 사업자는 각 사업자를 공급받는 자로 하여 세금계산서를 발급할 수 있으며, 그 용역을 공급받은 각 사업자는 자기가 부담한 매입세액을 공제받을 수 있다.

• 수입세금계산서에 의한 매입세액 공제(부기통 38-0-7)

사업자가 자기의 사업과 관련된 재화의 수입에 따른 수입세금계산서를 수입일이 속하는 과세기간 경과 후에 발급받은 때에는 수입세금계산서를 발급받은 날이 속하는 과세기간의 매출세액에서 공제받을 수 있다.

• 국가·공익단체 등에 무상으로 공급하는 재화의 매입세액 공제(부기통 38-0-6)

자기의 사업과 관련하여 생산하거나 취득한 재화를 국가·지방자치단체 등에 무상으로 공급하는 경우 해당 재화의 매입세액은 매출세액에서 공제하나, 자기의 사업과 관련 없이 취득한 재화를 국가·지방자치단체 등에 무상으로 공급하는 경우 해당 재화의 매입세액은 공제하지 아니한다.

• 여행업의 매입세액 공제 범위(부기통 39-0-1)

「관광진흥법」에 따른 여행업을 영위하는 사업자의 과세표준은 여행알선용역을 제공하고 받는 수수료이므로 해당 여행알선용역의 공급에 직접 관련되지 아니한 관광객의 운송·숙박·식사 등에 따른 매입세액은 매출세액에서 공제하지 아니한다.

• 월합계 매입세금계산서 중 사업자등록 전 매입세액의 공제(부기통 39-0-2)

사업자가 재화나 용역을 공급한 자로부터 등록 전 매입분이 포함된 월합계에 의한 세금계산서를 발급받은 때에는 해당 월합계매입세금계산서에 포함된 등록 전 매입세액은 공제하지 아니한다. 다만, 공급시기가 속하는 과세기간이 끝난 후 20일 이내에 등록을 신청한 경우 등록신청일부터 공급시기가 속하는 과세기간 기산일까지 역산한 기간 내의 것은 그러하지 아니하다.

8.3.4. 납부세액 또는 환급세액의 재계산

특정 과세기간에 공통매입세액을 안분계산하여 매입세액을 공제받은 후, 그 이후의 과세기간에 면세비율이 증가 또는 감소하게 된다면 당초 안분계산에 의한 매입세액공제액이 과대 또는 과소해지게 된다. 이와 같이 안분계산한 과세기간 이후의 과세기간에 면세비율 증감으로 인하여 당초 매입세액의 공제가 과대 또는 과소하게 되는 경우 그 과대·과소공제된 매입세액을 납부세액에 가산 또는 공제하거나 환급세액에 가산 또는 공제하는데, 이를 '납부세액 또는 환급세액의 재계산'이라고 한다.

(1) 재계산 요건

납부세액 또는 환급세액의 재계산은 당초 매입세액공제, 공통매입세액 안분계산, 공통매입세액 안분계산의 정산 및 과세사업전환 매입세액 공제 특례의 규정에 따라 매입세액을 공제받는 경우로서 다음의 경우에 한하여 적용한다(부가령 §83 ①).

① 과세사업과 면세사업에 공통으로 사용되는 감가상각자산인 경우[주)]
② 총공급가액에 대한 면세공급가액의 비율 또는 총사용면적에 대한 면세사용면적의 비율과 해당 감가상각자산의 취득일이 속하는 과세기간(그 후의 과세기간에 재계산하였을 때에는 그 재계산한 기간)에 적용하였던 비율간의 차이가 5%이상인 경우

주) 일반적으로 감가상각자산의 경우에는 취득한 해당 과세기간뿐만 아니라 이후의 과세기간에도 계속 사용되는 특성을 가짐으로 인해 재계산대상이 되는 것이다.

(2) 재계산 방법

납부세액 또는 환급세액의 재계산에 따라 납부세액에 가산 또는 공제하거나 환급세액에 가산 또는 공제하는 세액은 다음의 계산식에 따라 계산한 금액으로 한다(부가령 §83 ②).

1) 건물 또는 구축물의 경우

$$\frac{\text{가산되거나}}{\text{공제되는세액}} = \frac{\text{해당 재화의}}{\text{매입세액}} \times (1 - 5\% \times \text{경과된 과세기간 수}) \times \frac{\text{증가되거나 감소된}}{\text{면세비율}}$$

주1) 여기에서 '증가 또는 감소된 면세비율'을 적용함에 있어서 해당 취득일이 속하는 과세기간의 총공급가액에 대한 면세공급가액의 비율로 안분계산한 경우에는 증가되거나 감소된 면세공급가액의 비율에 따라 재계산하고, 해당 취득일이 속하는 과세기간의 총사용면적에 대한 면세사용면적의 비율로 안분계산한 경우에는 증가되거나 감소된 면세사용면적의 비율에 따라 재계산한다(부가령 §83 ③).

주2) 여기에서 '총공급가액'은 해당 재화와 관련된 과세기간의 과세사업에 대한 공급가액과 면세사업 등에 대한 수입금액의 합계액으로 하고, '면세공급가액'은 해당 재화와 관련된 과세기간의 면세사업 등에 대한 수입금액으로 하며, '총사용면적'은 해당 재화와 관련된 과세기간의 과세사업에 사용되는 면적과 면세사업 등에 사용되는 면적을 합한 면적으로 하고, '면세사용면적'은 해당 재화와 관련된 과세기간의 면세사업 등에 사용되는 면적으로 한다(부가칙 §55 ①, ②).

2) 그 밖의 감가상각자산의 경우

$$\frac{\text{가산되거나}}{\text{공제되는 세액}} = \frac{\text{해당 재화의}}{\text{매입세액}} \times (1 - 25\% \times \text{경과된 과세기간 수}) \times \frac{\text{증가되거나 감소된}}{\text{면세비율}}$$

위 '1)', '2)' 경우 경과된 과세기간의 수에 관하여는 **'6.3. 재화의 간주공급에 대한 과세표준(감가상각자산의 경우)'**의 규정을 준용한다(부가령 §83 ② 후단).

(3) 재계산의 시기

위의 규정에 따라 납부세액 또는 환급세액을 재계산한 사업자는 해당 과세기간의 확정신고와 함께 관할 세무서장에게 이를 신고·납부하여야 한다(부가법 §41). 즉, 예정신고시에는 재계산을 하지 않는다는 점에 유의하여야 한다.

(4) 재계산의 배제

1) 간주공급에 해당하는 경우

과세사업에 제공한 감가상각자산이 간주공급에 해당되어 과세가 된 경우에는 재계산 규정을 적용하지 아니한다(부가령 §83 ④). 간주공급 자체가 이미 공제받은 매입세액을 정산하는 제도이기 때문에 또다시 재계산 규정을 적용하지 않는 것이다.

2) 공통사용재화의 공급에 해당하는 경우

과세사업과 면세사업에 공통으로 사용된 감가상각자산을 공급하는 경우에 해당 재화를 공급하는 날이 속하는 과세기간에는 납부세액 또는 환급세액의 재계산을 하지 아니한다(부가칙 §55 ③). 공통으로 사용해오던 감가상각자산을 공급하는 경우에는 직전 과세기간의 공급가액비율로 과세표준이 안분계산되어 부가가치세가 과세되고, 해당 자산과 관련된 매입세액도 직전 과세기간을 기준으로 보면 당시의 공급가액비율로 안분계산되어 공제가 된 상태이다. 따라서 이미 그 감가상각자산에 대한 매입세액은 직전 과세기간까지를 기준으로 적절히 재계산이 되었다고 볼 수 있기 때문에 더 이상 재계산 규정을 적용하지 않는 것이다.

예제 8-7 공통매입세액의 정산(3) : 납부세액 또는 환급세액의 재계산

(주)세무는 2025년 3월 22일에 과세사업과 면세사업에 공통으로 사용할 기계장치를 100,000,000 (부가가치세 제외)에 매입하였다. 2026년 제1기 과세기간까지의 납부세액 또는 환급세액 재계산 금액을 구하시오.

과세기간	과세공급가액	면세공급가액	합 계
2025년 제1기 과세기간	400,000,000원	600,000,000원	1,000,000,000원
2025년 제2기 과세기간	360,000,000원	640,000,000원	1,000,000,000원
2026년 제1기 과세기간	300,000,000원	700,000,000원	1,000,000,000원

해답

1. 2025년 제1기 과세기간

   공통매입세액 중 불공제액 = ₩1억 × 10% × 60% = ₩6,000,000

2. 2025년 제2기 과세기간

   납부 또는 환급세액 재계산액 = ₩0

   * 2025년 제1기 과세기간의 면세비율이 60%였고, 2025년 제2기 과세기간의 면세비율은 64%이므로 면세비율의 증감이 5% 미만이다. 따라서 재계산하지 않는다.

3. 2026년 제1기 과세기간

   납부 또는 환급세액 재계산액 = ₩1억 × 10% × (1 − 25% × 2) × (70% − 60%) = ₩500,000(추가납부)

   * 2025년 제1기 과세기간의 면세비율이 60%였고, 2026년 제1기 과세기간의 면세비율은 70%이므로 면세비율의 증감이 5% 이상이다. 따라서 재계산하여야 한다.

표 8.3. 겸영사업자의 안분계산

(1) 겸영사업자의 과세사업용 재화의 면세사업 전용(면세전용시 간주공급의 과세표준)

과거 부당하게 공제받은 매입세액을 다시 계산하여 부가가치세를 납부하게 된다.

취득가액 × (1 − 체감률 × 경과된 과세기간 수) × 당기 면세공급비율[주)]

주) 면세비율이 5% 미만인 경우(중요성 기준)에는 모두 과세사업에 사용된 것으로 보아(즉, 면세 전용된 부분이 없는 것으로 보아) 과세표준은 '0'이 된다.

(2) 겸영사업자의 면세사업용 재화의 과세사업 사용(과세전용시 매입세액공제액)

과거 공제받지 못한 면세관련 재화 매입세액을 공제한다.

취득시 불공제매입세액 × (1 − 체감률 × 경과된 과세기간의 수) × 당기 과세공급비율[주)]

주) 과세비율이 5% 미만인 경우(중요성 기준)에는 모두 면세사업에 사용된 것으로 보아(즉, 과세전용된 부분이 없는 것으로 보다) 공제되는 매입세액은 '0'이 된다.

(3) 겸영사업자의 공통사용 재화의 공급(공통사용재화 공급시 과세표준)

해당 재화의 공급가액 × **직전** 과세기간의 (과세공급가액/총공급가액)[주)]

주) 공통으로 사용하던 재화를 공급할 때의 과세표준 계산시에는 공급 당시 해당 과세기간의 과세비율을 알 수 없기 때문에 직전 과세기간을 기준으로 하는 것이다. 한편 해당 면세비율이 5% 미만인 경우 등(중요성 기준)에는 모두 과세사업에 사용되었던 것으로 보아 공급가액 전부(100%)를 과세표준으로 한다.

※ (1)과 (2)는 과세·면세 사용하고 있던 재화를 면세·과세 사업용으로 전환하여 사용하는 경우인 반면, (3)은 (1), (2)와 달리 공통으로 사용하던 재화를 공급하는 경우이다.

(4) 공통매입세액의 안분계산(면세사업관련 매입세액 - 불공제분)

<실지귀속을 구분할 수 없는 경우>

공통매입세액 × 해당 과세기간[주1)]의 (면세공급가액/총공급가액)[주2)]

주1) 당기에 매입하여 당기에 공급하는 경우 직전 과세기간의 비율을 적용한다.

주2) 면세비율이 5% 미만인 경우 등(중요성 기준)에는 모두 과세사업에 사용된 것으로 보아 매입세액은 모두(100%) 공제된다.

(5) 납부(환급)세액 재계산

공통사용 감가상각자산에 대하여 면세비율의 증감에 따라 과거 매입세액불공제를 재계산한다.

해당 재화의 매입세액 × (1 − 체감률 × 경과된 과세기간 수) × 증감된 면세비율[주)]

주) 증감된 면세비율이 5% 미만인 경우(중요성 기준)에는 재계산하지 않는다.

세부규정

• **본점에서 공제받은 공통매입세액 정산사업장**(부기통 40-82-1)

부동산임대업과 금융보험업을 겸영하는 법인사업자가 부동산임대업과 금융보험업에 사용할 지점건물을 신축함에 있어 영 제81조 및 제82조에 규정하는 매입세액의 안분계산 및 공통매입세액의 정산은 본점과 지점 중 세금계산서를 발급받은 어느 쪽에서도 가능하다.

8.4. 대손세액

부가가치세가 과세되는 재화 또는 용역을 공급하는 경우 공급한 자는 매출세액을 납부세액에 가산하여 신고·납부하고, 공급받은 자는 매입세액을 매출세액에서 공제(납부세액 감소)를 받게 된다. 그러나 공급받은 자가 파산·강제집행·부도 등의 사유로 외상매출금 등을 변제할 수 없게 되어 공급한 자가 이를 대손처리하는 경우 공급받은 자는 이미 해당 재화 또는 용역과 관련한 매입세액을 공제받은 반면, 공급한 자는 거래상대방으로부터 거래징수하지도 않은 부가가치세를 신고·납부하여야 하는 불합리한 결과가 발생할 수 있다. 이에 부가가치세법에는 대손이 발생한 경우 공급한 자의 경우에는 대손세액 상당액을 매출세액에서 공제하도록 하고, 공급받은 자의 경우는 대손세액 상당액을 매입세액에서 차감하도록 하고 있다.

8.4.1. 공급한 자의 경우

(1) 대손세액공제 요건

사업자가 부가가치세가 과세되는 재화 또는 용역을 공급하고 외상매출금이나 그 밖의 매출채권(부가가치세를 포함한 것을 말한다)의 전부 또는 일부가 공급을 받는 자의 파산·강제집행 등 「소득세법」 및 「법인세법」에 따라 대손금(貸損金)으로 인정되는 경우와 「채무자 회생 및 파산에 관한 법률」에 따른 법원의 회생계획인가 결정에 따라 채무를 출자전환하는 경우[70]의 사유로 대손 되어 회수할 수 없는 경우에는 대손세액을 그 대손이 확정된 날이 속하는 과세기간의 매출세액에서 뺄 수 있다(부가법 §45 ①, 부가령 §87 ①).

(2) 대손세액의 계산

재화 또는 용역을 공급한 사업자는 다음의 계산식에 따라 계산한 금액을 그 대손이 확정된 날이 속하는 과세기간의 매출세액에서 뺄 수 있다(부가법 §45 ①).

70) 이 경우 대손되어 회수할 수 없는 금액은 출자전환하는 시점의 출자전환된 매출채권 장부가액과 출자전환으로 취득한 주식 또는 출자지분의 시가와의 차액으로 한다(부가령 §87 ① (2) 단서).

$$대손세액 = 대손금액(부가가치세\ 포함) \times \frac{10}{110}$$

(3) 대손세액공제 시기

대손세액공제의 범위는 사업자가 부가가치세가 과세되는 재화 또는 용역을 공급한 후 그 공급일부터 10년이 지난 날이 속하는 과세기간에 대한 확정신고기한까지 대손이 확정되는 대손세액(결정 또는 경정으로 증가된 과세표준에 대하여 부가가치세액을 납부한 경우 해당 대손세액 포함)으로 한다(부가령 §87 ②).

(4) 대손세액공제 통지

공급자가 대손세액을 매출세액에서 차감한 경우 공급자의 관할세무서장은 대손세액 공제사실을 공급받는 자의 관할세무서장에게 통지하여야 한다(부가령 §87 ③).

(5) 대손세액공제 신청

대손세액공제를 받으려는 사업자는 확정신고시 부가가치세확정신고서에 대손세액공제신고서와 대손사실을 증명하는 서류를 첨부하여 관할세무서장에게 제출(국세정보통신망에 의한 제출을 포함한다)하여야 한다(부가법 §45 ②, 부가령 §87 ④). 따라서 예정신고기간에는 대손세액공제를 적용받을 수 없다.

(6) 대손금의 회수

대손세액공제를 적용받은 사업자가 대손금액의 전부 또는 일부를 회수한 경우에는 회수한 대손금액에 관련된 대손세액을 회수한 날이 속하는 과세기간의 매출세액에 더한다(부가법 §45 ① 단서).

8.4.2. 공급받은 자의 경우

(1) 대손의 확정

재화 또는 용역을 공급받은 사업자가 대손세액에 해당하는 금액의 전부 또는 일부를 매입세액으로 공제받은 경우로서 그 사업자가 폐업하기 전에 재화 또는 용역을 공급하는 자가 대손세액공제를 받은 경우에는 그 재화 또는 용역을 공급받은 사업자는 관련 대손세액에 해당하는 금액을 대손이 확정된 날이 속하는 과세기간에 자신의 매입세액에서 뺀다. 다만, 그 공급을 받은 사업자가 대손세액에 해당하는 금액을 빼지 아니한 경우에는 그 사업자의 관할세무서장이 빼야 할 매입세액을 결정 또는 경정(更正)하여야 한다(부가법 §45 ③, 부가령 §87 ③).[71]

---

71) 다만, 이 경우 신고불성실가산세(무신고가산세, 과소신고·초과환급신고가산세)와 납부지연가산세는 적용하지 아니한다(국기법 §47의 2 ④, §47의 3 ④ (2), §47의 4 ③).

(2) 대손금의 변제

매입세액에서 대손세액에 해당하는 금액을 뺀(관할세무서장이 결정 또는 경정한 경우를 포함한다) 해당 사업자가 대손금액의 전부 또는 일부를 변제한 경우에는 변제한 대손금액에 관련된 대손세액에 해당하는 금액을 변제한 날이 속하는 과세기간의 매입세액에 더한다(부가법 §45 ④). 이 경우 대손세액을 매입세액에 더하려는 사업자는 확정신고시 부가가치세확정신고서에 대손세액변제신고서와 변제사실을 증명하는 서류를 첨부하여 관할세무서장에게 제출(국세정보통신망에 의한 제출을 포함한다)하여야 한다(부가령 §87 ④).

표 8.4. 대손세액의 처리

구 분	공급하는 자	공급받는 자
(1) 재화·용역의 공급	매출세액	매입세액
(2) 대손의 확정	매출세액에서 차감	매입세액에서 차감
(3) 대손금의 회수·변제	매출세액에 가산	매입세액에 가산

세부규정

• **대손세액 공제대상 매출채권의 범위 등**(부기통 45-87-1)

법 제45조에 따라 대손세액공제의 대상이 되는 외상매출금 그 밖의 매출채권은 부가가치세가 과세되는 재화 또는 용역에 대한 것으로서 각 과세기간의 과세표준에 반영되어 있는 것을 말한다.

• **사업양도자 매출채권에 대한 대손세액 공제**(부기통 45-87-2)

개인사업자가 자기의 과세사업을 법인으로 전환하기 위해 법인을 설립하고 개인사업에 관한 모든 권리와 의무를 해당 신설법인에 포괄적으로 양도함에 있어서 사업양도 전에 발생한 매출채권에 대한 상법상의 소멸시효가 법인전환 후 완성됨으로 인해 해당 매출채권(부가가치세 포함)의 전부 또는 일부가 대손 되어 회수할 수 없는 경우에는 그 대손이 확정된 날이 속하는 과세기간의 매출세액에서 대손세액을 뺄 수 있다.

• **근저당채권최고액을 초과하는 부도수표·어음의 범위**(부기통 45-87-3)

영 제87조제1항에 따라 「소득세법 시행령」 제55조제2항 및 「법인세법 시행령」 제19조의2제1항에서 정한 부도수표·어음에 대한 대손세액공제 적용시 채무자의 재산에 근저당이 설정되어 있는 경우 설정된 채권최고금액을 초과하는 부도수표·어음금액에 대하여는 대손세액공제가 가능하다.

세부규정

• 「소득세법」 및 「법인세법」에 따라 대손금으로 인정되는 사유

'파산·강제집행 등 「소득세법」 및 「법인세법」에 따라 대손금(貸損金)으로 인정되는 사유'란 「소득세법 시행령」 제55조 제2항 및 「법인세법 시행령」 제19조의 2 제1항의 규정에 따라 대손금으로 인정되는 다음의 사유를 말한다.

① 「상법」에 따른 소멸시효가 완성된 외상매출금 및 미수금

② 「어음법」 및 「수표법」 에 따른 소멸시효가 완성된 어음 및 수표

③ 「민법」에 따른 소멸시효가 완성된 대여금 및 선급금

④ 「채무자 회생 및 파산에 관한 법률」에 따른 회생계획인가의 결정 또는 법원의 면책결정에 따라 회수불능으로 확정된 채권

⑤ 「민사집행법」에 따라 채무자의 재산에 대한 경매가 취소된 압류채권

⑥ 채무자의 파산, 강제집행, 형의 집행, 사업의 폐지, 사망, 실종 또는 행방불명으로 회수할 수 없는 채권

⑦ 부도발생일부터 6개월 이상 지난 수표 또는 어음상의 채권 및 외상매출금(중소기업의 외상매출금으로서 부도발생일 이전의 것에 한정한다). 다만, 해당 법인이 채무자의 재산에 대하여 저당권을 설정하고 있는 경우는 제외한다.

* 여기에서 '부도발생일'은 소지하고 있는 부도수표나 부도어음의 지급기일(지급기일 전에 해당 수표나 어음을 제시하여 금융회사 등으로부터 부도확인을 받은 경우에는 그 부도확인일을 말한다)로 한다.

⑧ 중소기업의 외상매출금 및 미수금(이하 '외상매출금 등'이라 한다)으로서 회수기일이 2년 이상 지난 외상매출금 등. 다만, 특수관계인과의 거래로 인하여 발생한 외상매출금 등은 제외한다.

⑨ 재판상 화해 등 확정판결과 같은 효력을 가지는 것으로서 재정경제부령으로 정하는 것에 따라 회수불능으로 확정된 채권

⑩ 회수기일이 6개월 이상 지난 채권 중 채권가액이 30만원 이하(채무자별 채권가액의 합계액을 기준으로 한다)인 채권 등

8.5. 경감 · 공제세액

8.5.1. 부가가치세법상 세액공제(신용카드매출전표 등 발행세액공제)

(1) 적용대상 사업자

다음에 해당하는 사업자가 부가가치세가 과세되는 재화 또는 용역을 공급하고 부가가치세법상 세금계산서의 발급시기에 신용카드매출전표 등 및 일정한 전자적 결제수단에 의하여 대금을 결제 받는 경우에는 일정한 금액을 납부세액에서 공제한다(부가법 §46 ① (1), 부가령 §88 ①~③).

① 주로 사업자가 아닌 자에게 재화 또는 용역을 공급하는 사업으로서 영수증 발급대상 사업을 하는 사업자(법인사업자와 직전 연도의 재화 또는 용역의 공급가액의 합계액이 10억원을 초과하는 개인사업자는 제외한다)
② 간이과세자 중 직전 연도의 공급대가의 합계액이 4천800만원 미만인 자와 신규로 사업을 시작하는 간이과세자

(2) 세액공제 대상 신용카드매출전표 등 및 전자적 결제수단

이러한 세액공제를 적용받기 위해서는 「여신전문금융업법」에 따른 신용카드매출전표, 직불카드영수증, 결제대행업체를 통한 신용카드매출전표, 선불카드영수증(실제명의가 확인되는 것으로 한정한다)[72] 및 「조세특례제한법」에 따른 현금영수증[73]과 같은 거래증빙서류 및 전자화폐 등 일정한 전자적 결제 수단에 의하여 대금을 결제 받는 경우[74]에 해당하여야 한다(부가법 §46 ① (2), 부가령 §88 ①, ④).

(3) 공제금액

세액공제의 대상이 되는 금액은 다음의 금액으로 한다(부가법 §46 ① (3)).

---

72) 이들과 동일한 기능을 수행하는 「전자금융거래법」에 따른 직불전자지급수단 영수증, 선불전자지급수단 영수증(실제 명의가 확인되는 것으로 한정한다) 및 전자지급결제대행에 관한 업무를 하는 금융회사 또는 전자금융업자를 통한 신용카드매출전표를 포함한다.

73) 부가통신사업자가 통신판매업자를 대신하여 발급하는 현금영수증을 포함한다.

74) 여기에서 '일정한 전자적 결제수단에 의하여 대금을 결제 받는 경우'란 다음 중 어느 하나에 해당하는 것을 말한다(부가령 §88 ①).

① 다음의 요건을 모두 갖춘 전자적 결제 수단으로 대금을 결제받는 경우
㉠ 카드 또는 컴퓨터 등 전자적인 매체에 화폐가치를 저장했다가 재화 또는 용역을 구매할 때 지급하는 결제 수단(이하 '전자화폐'라 한다)일 것
㉡ 전자화폐를 발행하는 사업자가 결제 명세를 가맹 사업자별로 구분하여 관리하는 결제 수단일 것
② 통신판매업자가 판매를 대행 또는 중개하는 부가통신사업자를 통해 재화 또는 용역을 공급하고 부가통신사업자로부터 전자적으로 대금을 결제받는 경우(부가통신사업자가 제출하는 월별 거래 명세를 통해 그 결제 내역이 확인되는 경우만 해당한다)

신용카드매출전표 등 발행세액공제 = MIN[①, ②]
① 발급금액·결제금액 × 1.3%[주1)]
② 한도 : 연간 1,000만원[주2)]

주1) 원래 공제율은 1%이나 2026년 12월 31일까지는 1.3%로 한다.
주2) 원래 연간 500만원이 한도이나, 2026년 12월 31일까지 한시적으로 연간 1천만원으로 상향 조정되었다.

이 경우 공제받는 금액이 그 금액을 차감하기 전의 납부할 세액[납부세액에서 빼거나 더할 세액(가산세는 제외한다)을 빼거나 더하여 계산한 세액을 말하며, 그 계산한 세액이 '0'보다 작으면 '0'으로 본다]을 초과하면 그 초과하는 부분은 없는 것으로 본다(부가법 §46 ②). 즉, 환급하지 않는다.

한편 신용카드매출전표 등을 발급받은 사업자는 신용카드매출전표 등이 부가가치세법상 영수증임에도 불구하고 일정한 요건에 해당하는 경우 매입세액공제를 받을 수 있는데, 이에 대하여는 **'8.3.1. 공제대상 매입세액'**에서 살펴보았다.

8.5.2. 「조세특례제한법」상 경감 · 세액공제

(1) 전자신고에 대한 세액공제

1) 납세자의 경우

납세자가 직접 전자신고의 방법으로 부가가치세 확정신고를 하는 경우에는 해당 납부세액에서 1만원을 공제하거나 환급세액에 가산한다(조특법 §104의 8 ②, 조특령 §104의 5 ③, ④).

다만, 매출가액과 매입가액이 없는 일반과세자에 대해서는 당해 세액공제를 적용하지 아니하며, 간이과세자에 대해서는 공제세액이 납부세액에 매입세금계산서 등 수취세액공제 및 재고매입세액공제의 금액을 가감(加減)한 후의 금액을 초과할 때에는 그 초과하는 금액은 없는 것으로 본다(조특법 §104의 8 ②, 조특령 §104의 5 ③, ④).

2) 세무대리인의 경우

세무사(세무법인과 회계법인을 포함한다)가 납세자를 대리하여 전자신고의 방법으로 직전 과세기간 동안 부가가치세를 신고한 경우에는 당해 세무사의 부가가치세 납부세액에서 다음의 금액을 공제한다(조특법 §104의 8 ③).

전자신고에 대한 세액공제 = Min[①, ②]
① 신고건수 × 1만원
② 연간공제한도액[주)] : 300만원(세무법인과 회계법인은 750만원)

주) '연간공제한도액'은 해당 세무사가 소득세 또는 법인세의 납부세액에서 공제받을 금액 및 부가가치세에서 공제받을 금액을 합한 금액을 말한다.

(2) 현금영수증사업자에 대한 세액공제

'현금영수증'이란 현금영수증가맹점이 재화 또는 용역을 공급하고 그 대금을 현금으로 받는 경우 해당 재화 또는 용역을 공급받는 자에게 현금영수증 발급장치에 의해 발급하는 것으로서 거래일시·금액 등 결제내용이 기재된 영수증을 말한다(조특법 §126의 3 ④). 이러한 현금영수증제도는 자영업자와 소비자 간의 현금거래분에 대한 효율적인 소득파악 수단이 되는데, 이를 통하여 자영업자의 과세표준을 양성화하고 동시에 자영업자와 근로소득자와의 형평성 제고를 통한 공평과세의 실현을 위하여 도입된 제도이다.

현금영수증사업자[75)]는 신용카드단말기 등에 현금영수증발급장치를 설치한 사업자(이하 '현금영수증가맹점'이라 한다)의 현금영수증 결제 건수(2028년 12월 31일까지 결제하는 분에 한정한다)에 따라 현금영수증 결제건수 당 12원을 기준으로 30%에 해당하는 금액을 가감한 범위에서 원가변동요인 등을 감안하여 국세청장이 정한 금액을 해당 과세기간의 부가가치세 납부세액에서 공제받거나 환급세액에 가산하여 받을 수 있다(조특법 §126의 3 ①, 조특령 §121의 3 ⑧).

(3) 일반택시 운송사업자의 부가가치세 납부세액 경감

일반택시 운송사업자에 대해서는 부가가치세 납부세액의 99%를 2026년 12월 31일 이전에 끝나는 과세기간분까지 경감한다(조특법 §106의 7 ①).

1) 경감된 납부세액 90%

일반택시 운송사업자는 이에 따른 경감세액 중 부가가치세 납부세액의 90%에 해당하는 금액을 국토교통부장관이 정하는 바에 따라 경감된 부가가치세의 확정신고납부기한 종료일부터 1개월 이내에 일반택시 운수종사자에게 현금으로 지급하여야 한다. 이 경우 일반택시 운송사업자는 지급하는 현금이 부가가치세 경감세액임을 일반택시 운수종사자에게 알려야 한다(조특법 §106의 7 ②).

---

75) '현금영수증사업자'란 현금영수증 결제를 승인하고 전송할 수 있는 시스템을 갖춘 사업자로서 국세청장으로부터 현금영수증사업의 승인을 받은 사업자를 말한다(조특법 §126의 3 ①). 즉, 현금영수증사업자는 현금영수증가맹점을 의미하는 것이 아니라 현금영수증발급장치를 현금영수증가맹점에 설치하여 주는 사업자를 말하는 것이다. 한편, 현금영수증가맹점이 5천원 미만의 현금영수증을 발급하는 경우 발급건수에 20원을 곱한 금액을 소득세산출세액에서 공제받을 수 있다(조특법 §126의 3 ②, 조특령 §121의 3 ⑩).

2) 경감된 납부세액 5%

일반택시 운송사업자는 택시 감차 보상의 재원으로 사용하기 위하여 경감세액 중 부가가치세 납부세액의 5%에 해당하는 금액을 국토교통부장관이 정하는 바에 따라 지급기간 이내에 국토교통부장관이 지정하는 기관(택시 감차보상재원 관리기관)에 지급하여야 한다(조특법 §106의 7 ③).

3) 경감된 납부세액 4%

일반택시 운송사업자는 택시운수종사자 복지기금의 재원 마련을 위하여 경감세액 중 부가가치세 납부세액의 4%에 해당하는 금액을 국토교통부장관이 정하는 바에 따라 지급기간 이내에 국토교통부장관으로부터 설립 허가를 받은 재단법인 일반택시 운수종사자 복지재단에 지급하여야 한다(조특법 §106의 7 ④).

8.6. 예정고지세액 및 예정신고미환급세액

8.6.1. 예정고지세액

일반적으로 개인사업자 및 영세 법인사업자는 예정신고의무가 없으며, 대신 관할세무서장이 개인사업자 등에 대하여 각 예정신고기간마다 직전 과세기간에 대한 납부세액에 50%를 곱한 금액을 결정(예정고지)하여 예정신고기한까지 징수한다. 이 경우 예정고지세액을 납부한 개인사업자 등은 해당 금액을 확정신고시 납부세액에서 공제한다(부가법 §49 ②). 예정고지에 대하여는 '**9.1.1. 예정신고와 납부**'에서 살펴보기로 한다.

8.6.2. 예정신고미환급세액

일반적으로 환급은 확정신고기한 경과 후 30일 내에 이루어진다. 즉, 예정신고시에는 환급세액을 환급하지 않고 이를 확정신고시에 환급하는 것이다. 따라서 예정신고시 미환급세액은 확정신고시 납부세액에서 공제한다. 단, 조기환급의 경우는 예정신고기간에 대하여도 환급이 가능한데, 이에 대하여는 '**9.7.2. 조기환급**'에서 살펴보기로 한다.

8.7. 기납부세액

8.7.1. 사업양수자의 대리납부 기납부세액

본래 사업을 포괄적으로 양도하는 경우에는 이를 재화의 공급으로 보지 아니하는 것을 원칙으로 하는 것이나, 대리납부규정에 따라 그 사업을 양수받는 자가 대가를 지급하는 때에 그 대가를 받은 자로부터 부가가치세를 징수하여 납부한 경우는 사업의 포괄양도 규정을 적용하지 아니한다(사업양수자의 대리납부, 부가법 §10 ⑧ (2) 단서). 즉, 양수자가 양도자로부터 부가가치세를 징수하여 이를 대리납부를 하는 경우에는 예외적으로 사업의 포괄양도를 재화의 공급으로 보아 세금계산서를 교부하여야 하는 것이며, 양도자는 양수자가 대리납부한 세액을 기납부세액으로 하여 납부세액에서 공제하는 것이다. 사업양수자의 대리납부에 대하여는 '**9.2. 대리납부제도**'에서 구체적으로 살펴보도록 하겠다.

8.7.2. 매입자 납부특례 기납부세액

'부가가치세 매입자 납부특례 제도'는 금·구리·철 스크랩 사업자가 해당 스크랩 등[76]을 공급하는 경우, 공급받는 자가 대금을 공급자에게 직접 지급하지 않고 지정 금융회사의 공급자 전용계좌에 입금하면, 스크랩 등의 가액은 공급자에게 지급되고 부가가치세는 지정 금융회사에서 따로 관리하여 국고에 납입하는 제도를 말한다. 단, 개인 등 사업자가 아닌 자와의 스크랩 등 거래에 대해서는 부가가치세 매입자 납부 특례가 적용되지 않는다(조특법 §106의 4, §106의 9).

본래 현행 부가가치세 제도 하에서는 공급자가 공급받는 자로부터 부가가치세를 거래징수하여 이를 신고하고 납부하여야 하는 것이 원칙이나, 종전 스크랩 등 거래 시장에서는 무자료 거래 및 허위 세금계산서 수수 등의 관행뿐만 아니라 공급자가 거래징수한 부가가치세를 납부하지 않고 폐업하는 등 부가가치세 탈루 사례가 빈번히 발생하는 문제점이 있었다. 따라서 해당 시장 거래의 투명화·정상화를 통한 해당 산업의 발전을 지원하고 공급자가 거래징수한 부가가치세를 납부하지 않는 것을 방지하기 위하여 해당 특례가 도입되었다.

스크랩 등을 공급한 사업자는 공급받는 자가 납부한 세액을 매입자 납부특례 기납부세액으로 공제받게 되며, 매입자는 이를 매입세액으로 공제받을 수 있다. 한편, 스크랩 등을 거래하는 사업자는 지정 금융회사

---

76) 부가가치세 매입자 납부특례가 적용되는 품목은 다음과 같다(조특법 §106의 4 ①, §106의 9 ①).
① 금괴(덩어리)·골드바 등 원재료 상태로서 순도가 1천분의 995 이상인 금(금지금)
② 소비자가 구입한 사실이 있는 반지 등 제품 상태인 것으로서 순도가 1천분의 585 이상인 금
③ 금 함유량이 10만분의 1 이상인 웨이스트와 스크랩
④ 「관세법」에 따라 재정경제부장관이 고시한 「관세·통계통합품목분류표」 중 비철금속류의 웨이스트 및 스크랩과 잉곳(ingot) 또는 이와 유사한 재용해(再溶解)비철금속류의 웨이스트와 스크랩으로부터 제조된 괴상의 주조물
⑤ 「관세법」에 따라 재정경제부장관이 고시한 「관세·통계통합품목분류표」 중 철의 웨이스트와 스크랩, 철강의 재용해용 스크랩 잉곳 또는 그 밖에 이와 유사한 것으로서 대통령령으로 정하는 물품

의 전용계좌를 이용하여 대금을 결제하여야 하는데, 만약 전용계좌를 이용하지 않은 경우에는 거래 쌍방에게 스크랩 등 제품가액의 10%를 가산세로 부과하고 매입자는 매입세액을 공제받을 수 없게 된다(조특법 §106의 4 ⑦, §106의 9 ⑥).

8.7.3. 신용카드업자의 대리납부 기납부세액

전술하였다시피, 현행 우리나라 부가가치세 제도는 원칙적으로 공급자가 공급받는 자로부터 부가가치세를 거래징수하여 이를 신고하고 납부하여야 하는 것이 원칙이나, 일부 세금 탈루 등의 문제가 빈번히 발생하는 업종의 거래에 대해 전술한 매입자 납부특례제도를 도입하여 운영 중이다. 하지만 매입자 납부특례제도는 사업자 간의 거래(business-to-business, B2B)에 한하여 적용되므로, 만약 사업자와 소비자 간의 거래(business-to-consumer, B2C)에서 부정이 발생하는 경우에는 이를 방지할 수 없다는 점에서 한계가 있었다. 이에 2017년 말 세법 개정에서 부가가치세 탈루가 우려되는 소비자 대상 업종에 대해서도 이를 방지하기 위하여 유사한 형태의 제도가 도입되었는데, 이 제도가 '신용카드업자의 부가가치세 대리납부제도'이다.[77)]

「여신전문금융업법」에 따른 신용카드업자로서 부가가치세 대리납부를 안정적으로 운영할 수 있다고 인정되어 국세청장이 지정한 자(이하 '신용카드업자'라 한다)는 부가가치세 체납률 등을 고려하여 정한 유흥주점업 등 특례사업자[78)]가 부가가치세가 과세되는 재화 또는 용역을 공급(「여신전문금융업법」에 따른 신용카드·직불카드 또는 선불카드를 사용한 거래로 한정한다)하고 그 신용카드업자로부터 공급대가를 받는 경우에는 해당 공급대가를 특례사업자에게 지급하는 때에 공급대가의 110분의 4에 해당하는 금액을 부가가치세로 징수하여 매 분기가 끝나는 날의 다음 달 25일까지 대리납부신고서와 함께 신용카드업자의 관할 세무서장에게 납부하여야 한다(조특법 §106의 10 ①, 조특령 §106의 14 ①). 즉, 이 경우 신용카드업자가 대리납부의무자가 되는 것이다.

위의 규정에 따라 신용카드업자가 납부한 부가가치세액은 특례사업자가 부가가치세 예정신고 및 확정신고를 하는 경우 이를 기납부한 세액으로 보아 공제를 받게 된다(조특법 §106의 10 ②). 한편, 특례사업자는 신용카드업자가 납부한 부가가치세액에서 금융기관의 이자율 등을 고려하여 정하는 이자율(1%)을 곱한 금액을 부가가치세 신고시 납부세액에서 공제할 수 있다(세액공제, 조특법 §106의 10 ④, 조특령 §106의 14 ④).[79)]

---

77) 해당 개정규정은 2019년 1월 1일부터 시행한다.

78) 여기에서 '특례사업자'란 부가가치세가 과세되는 재화와 용역을 공급하는 사업자로서 다음의 업종을 영위하는 사업자를 말한다. 다만, 간이과세자는 제외한다(조특령 §106의 14 ②).
① 일반유흥 주점업(「식품위생법 시행령」에 따른 단란주점영업을 포함한다)
② 무도유흥 주점업

79) 이 경우 해당 공제금액을 차감한 후 납부할 세액[부가가치세법에 따른 납부세액에서 부가가치세법 등에 따라 빼거나 더할 세액(가산세는 제외)을 빼거나 더하여 계산한 세액을 말한다]이 음수인 경우에는 영으로 본다(조특법 §106의 10 ④ 후단).

8.8. 가산세

가산세는 '**9.8. 가산세**'에서 살펴보기로 한다.

표 8.5. 신용카드매출전표, 현금영수증 및 금전등록기 비교

구 분[주1)]	신용카드매출전표	현금영수증	금전등록기
① 영수증 여부	○	○	○
② 매입세액공제 여부[주2)]	○	○	×
③ 기장인정 여부[주3)]	×	×	○
④ 현금수입기준 과세 여부[주3)]	×	×	○
⑤ 발행세액공제[주3)]	○	○	×
⑥ 행정지도[주4)]	○	○	×
⑦ 설치사업자에 대한 세액공제[주5)]	×	○	×

주1) 이들은 모두 부가가치세법상 영수증으로 보지만, 신용카드매출전표 및 현금영수증은 일정한 경우 매입세액공제가 가능하다.

주2) 매입세액이 공제되는 경우는 공급받는 자에 대한 혜택이 된다.

주3) 이는 공급자(신용카드 등 가맹점 및 금전등록기 설치사업자)에 대한 혜택으로 볼 수 있다.

주4) 국세청장은 주로 사업자가 아닌 소비자에게 재화 또는 용역을 공급하는 사업자로서 납세관리에 필요하다고 인정되는 경우에는 신용카드가맹점 가입 대상자 또는 현금영수증가맹점 가입 대상자로 지정하여 신용카드가맹점 또는 현금영수증가맹점으로 가입하도록 지도할 수 있는데(부가법 §46), 이는 신용카드 등 가맹점에 대한 규제로 볼 수 있다.

주5) 현금영수증가맹점이 아닌 현금영수증발급장치를 설치한 사업자에 대한 혜택이다.

세부규정

- **금전등록기**(부가법 §36 ④)

① 설치대상 사업자

영수증을 발급하는 사업자는 금전등록기를 설치하여 영수증을 대신하여 공급대가를 적은 계산서를 발급할 수 있다.

② 금전등록기 설치에 따른 혜택

사업자가 금전등록기계산서를 발급하고 해당 감사(監査)테이프를 보관한 경우에는 영수증을 발급하고 부가가치세법에 따른 장부의 작성을 이행한 것으로 보며(영수증 교부 및 기장 인정), 현금수입을 기준으로 부가가치세를 부과할 수 있다(현금주의 적용).

연습문제

01 다음 중 부가가치세법상 매입세액에 관한 설명으로 가장 올바르지 않은 것은? (2016년 재경관리사)

① 면세사업과 관련된 매입세액은 매출세액에서 공제되지 않는다.
② 기업업무추진비 및 이와 유사한 비용의 지출에 관련된 매입세액은 매출세액에서 공제되지 않는다.
③ 해당 재화를 사용하는 시점에서 매입세액을 공제받는 것이며 단순히 매입한 시점이 속하는 예정신고기간 또는 확정신고기간에 매입세액을 공제받을 수 있는 것이 아니다.
④ 사업자가 일반과세자로부터 재화 또는 용역을 공급받고 부가가치세액이 별도로 구분 가능한 신용카드매출전표 등을 교부 받은 경우 신용카드매출전표 등 수취명세서를 제출하고, 신용카드매출전표 등을 보관하면 부가가치세액을 매입세액으로 공제받을 수 있다.

해답

매입세액은 해당 재화를 사용 · 소비하는 날이 아닌 매입한 날이 속하는 과세기간에 공제를 받을 수 있다.

정답 ③

02 다음 중 부가가치세법상 매입자발행세금계산서의 발행에 대한 설명으로 가장 옳지 않은 것은? (제121회 전산세무 1급)

① 세금계산서 발급의무사업자의 소재불명 및 연락두절도 발행사유에 해당한다.
② 매입자발행세금계산서를 발행하려는 자는 해당 재화의 공급시기가 속하는 과세기간의 개시일부터 1년 이내에 입증서류를 첨부하여 신청인의 관할세무서장에게 거래사실확인을 신청하여야 한다.
③ 거래사실확인통지를 받은 신청인은 공급자 관할세무서장이 확인한 거래일자를 작성일자로 하여 매입자세금계산서를 발행하여 공급자에게 발급해야 한다.
④ 공급자에게 발급한 경우 신청인은 경정청구 시 매입자발행세금계산서합계표를 제출한 경우 해당 매입세액을 재화의 공급시기에 해당하는 과세기간에 공제 가능하다.

해답

매입자발행세금계산서를 발행하려는 자는 해당 재화 또는 용역의 공급시기가 속하는 과세기간의 종료일부터 1년 이내에 관할세무서장에게 거래사실의 확인을 신청하여야 한다.

정답 ②

03 다음 중 부가가치세법상 매입세액공제를 받을 수 있는 증빙으로 옳지 않은 것은?

(제119회 세무회계 3급)

① 세금계산서
② 현금영수증
③ 사업용 신용카드매출전표
④ 계약서

해답

계약서는 매입세액을 공제받을 수 있는 증빙으로 볼 수 없다.

정답 ④

04 다음 중 부가가치세법상 의제매입세액에 대한 설명으로 바르지 않은 것은? (제71회 세무회계 2급)

① 음식점업을 영위하는 개인 일반과세사업자의 경우 공제율은 8/108이다(과세표준이 2억원을 초과한다고 가정).
② 제조업을 영위하는 사업자가 매입한 면세농산물 등을 직접 공급하는 경우에도 의제 매입세액공제를 받을 수 있다.
③ 외국으로부터 수입한 농산물도 의제매입세액공제 대상이다.
④ 사업자가 면세농산물 등을 원재료로 하여 제조 · 가공한 재화 등이 과세되는 경우에 적용한다.

해답

사업자가 면세농산물 등을 원재료로 하여 제조 · 가공한 재화 또는 창출한 용역의 공급에 대하여 부가가치세가 과세되어야 한다. 즉, 직접 공급이 아닌 제조 가공되어야 한다.

정답 ②

05 다음 중 부가가치세법상 의제매입세액공제 관련 설명이 옳지 않은 것은? (제70회 세무회계 3급)

① 재화 또는 용역의 공급이 과세되는 경우이어야 한다.
② 증명하는 서류를 제출한 경우에만 적용한다.
③ 면세로 구입한 농 · 축 · 수 · 임산물이어야 한다.
④ 음식점을 경영하는 사업자 중 개인사업자 공제율은 3/103이다.

해답

음식점을 경영하는 개인사업자의 공제율은 8/108(과세표준 2억원 이하인 경우 9/109)이다.

정답 ④

06 다음 중 부가가치세법상 의제매입세액공제에 대한 설명으로 옳지 않은 것은?

(제70회 세무회계 2급)

① 제조업을 영위하는 사업자가 농 · 어민으로부터 면세농산물 등을 직접 공급받는 경우에는 의제매입세액 공제신고서만을 제출한다.
② 과세사업자가 매입한 면세농산물 등을 원재료로 하여 제조 · 가공한 재화 또는 창출한 용역의 공급에 대하여 과세되는 경우 의제매입세액공제를 적용하며 이 경우 면세포기에 의한 영세율사업자도 의제매입세액공제가 가능하다.
③ 면세농산물 등의 범위는 면세대상인 미가공식료품 및 비식용 농 · 축 · 수 · 임산물을 말한다.
④ 제조업을 영위하는 중소기업인 법인의 경우 의제매입세액은 면세농산물가액의 4/104이다.

해답

면세를 포기한 영세율사업자는 의제매입세액공제를 적용하지 않는다.

정답 ②

07 다음 중 부가가치세법상 다음 업종에 따른 의제매입세액공제율이 옳지 않은 것은?

(제117회 세무회계 2급)

① 개별소비세법에 따른 과세유흥장소를 경영하는 개인사업자 : 2/102
② 음식점업을 경영하는 법인사업자 : 6/106
③ 과자점업을 경영하는 개인사업자 : 6/106
④ 제조업을 경영하는 중소기업인 법인사업자 : 6/106

해답

제조업을 경영하는 중소기업인 법인사업자의 의제매입세액공제율은 4/104이다.

정답 ④

08 다음 중 부가가치세법상 의제매입세액공제에 대한 설명으로 옳지 않은 것은? (제120회 세무회계 2급)

① 과세표준 2억원 이하인 일반 음식점을 경영하는 개인사업자의 공제율은 109분의 9로 한다.
② 의제매입세액공제는 연간 5백만원을 세액공제 한도로 한다.
③ 제조업을 경영하는 사업자가 농어민으로부터 면세농산물 등을 직접 공급받는 경우에는 의제매입세액 공제신고서만 제출한다.
④ 법인사업자도 적용받을 수 있다.

해답

의제매입세액으로서 공제할 수 있는 금액의 한도는 해당 과세기간에 해당 사업자가 면세농산물 등과 관련하여 공급한 과세표준에 일정 비율을 적용한 금액으로 한다.

정답 ②

09 다음 중 부가가치세법상 의제매입세액 공제에 대한 설명으로 옳지 않은 것은? (제117회 세무회계 3급)

① 의제매입세액공제를 받을 수 있는 사업자는 면세사업자이다.
② 의제매입세액공제시기는 면세 농·축·수·임산물의 사용시기가 아닌 구입시점이다.
③ 음식점업을 영위하는 과세표준 2억원 초과인 개인 일반과세사업자의 의제매입세액공제율은 8/108이다.
④ 의제매입세액공제를 받기 위해서는 면세 농·축·수·임산물 매입을 증명하는 서류를 제출하여야 한다.

해답

의제매입세액공제는 면세농산물 등을 원재료로 하여 제조·가공한 재화 등이 과세되는 경우에 적용하는 것이므로 과세사업자에 대해 적용한다.

정답 ①

10 다음 중 의제매입세액공제에 대한 설명으로 옳지 않은 것은? (제118회 전산세무 1급)

① 의제매입세액공제는 예정신고기간에도 적용된다.
② 음식점업(과세유흥장소 외)을 영위하는 법인사업자의 공제율은 8/108이다.
③ 음식점업(과세유흥장소 외)을 영위하는 개인사업자 중 과세표준 2억원 이하인 자의 공제율은 9/109이다.
④ 수입한 면세농산물은 의제매입세액공제 대상이다.

해답

음식점업을 경영하는 법인사업자의 의제매입세액공제율은 6/106이다.

정답 ②

11 다음 중 부가가치세법상 법인 사업자가 의제매입세액공제를 적용받을 수 있는 업종으로 가장 옳은 것은? (제123회 전산세무 2급)

① 음식점업　　② 자동차매매업
③ 부동산임대업　　④ 소매업

해답

의제매입세액공제의 경우 업종 제한없이 적용될 수 있으나, 의제매입세액공제는 면세농산물 등을 원재료로 하여 제조·가공한 재화 등이 과세되는 경우에 적용하는 것이므로, 문제의 보기 중 음식점업이 의제매입세액공제를 적용받을 수 있는 업종으로 가장 적절하다고 볼 수 있다. 한편, 법인사업자도 의제매입세액공제를 적용받을 수 있다.

정답 ①

12 다음 중 부가가치세법상 의제매입세액공제를 적용받을 수 있는 사업자는? (제118회 전산세무 2급)

① 빵을 판매하는 간이과세자
② 한정식집을 운영하는 법인사업자
③ 수산물을 판매하는 면세사업자
④ 소매업을 운영하는 일반과세자

해답

① 간이과세자는 의제매입세액공제를 적용받을 수 없다.
③ 면세사업자는 의제매입세액공제를 적용받을 수 없다.
④ 별다른 언급이 없는 한, 소매업의 경우 제조·가공 등 행위가 없으므로 의제매입세액공제를 적용받을 수 없다.

정답 ②

13 다음 중 부가가치세법상 의제매입세액에 대한 설명으로 가장 옳지 않은 것은? (제121회 전산세무 1급)

① 사업자가 부가가치세를 면제받아 공급받거나 수입한 농산물 등을 원재료로 하여 제조·가공한 재화 또는 창출한 용역의 공급에 대하여 부가가치세가 과세되는 경우에는 농산물 등의 가액에 법에서 정한 일정율을 곱하여 계산한 금액을 매입세액으로 공제할 수 있다.
② 의제매입세액을 적용받으려는 사업자는 원칙적으로 농산물 등을 면세로 공급받은 사실을 증명하는 서류를 납세지 관할세무서장에게 제출하여야 한다.
③ 의제매입세액공제는 확정신고시에만 가능하고 예정신고시에는 신청할 수 없다.
④ 의제매입세액을 공제받은 농산물 등을 그대로 양도 또는 인도하는 경우에는 그 공제 받았던 금액을 납부세액에 가산하거나 환급세액에서 공제하여야 한다.

해답

의제매입세액 공제시기는 일반 매입세액의 공제시기와 마찬가지로 사업자가 면세농산물 등을 구입하거나 수입한 날이 속하는 예정신고기간 또는 확정신고기간이다.

정답 ③

14 다음 자료를 이용하여 음식점업을 영위하고 있는 일반과세자인 김삼일씨의 제2기 예정신고기간의 매입세액공제액을 계산하면 얼마인가(음식점업(과세유흥장소 아님)의 의제매입세액공제율은 108분의 8이며, 공제한도를 초과하지 않는다고 가정한다)? (2024년 7월 재경관리사)

ㄱ. 세금계산서 수령 매입액(부가가치세 제외금액) : 50,000,000원
ㄴ. 세금계산서 수령분 중 기업업무추진비 관련 매입액(부가가치세 제외금액) : 5,000,000원
ㄷ. 면세로 구입한 농산물(계산서 수령) : 27,000,000원
ㄹ. 영수증 수령 비품매입액(부가가치세 포함) : 4,400,000원

① 6,500,000원 ② 6,900,000원 ③ 7,000,000원 ④ 7,400,000원

해답

₩45,000,000(세금계산서 수취분 중 기업업무추진비 관련 매입액 제외) × 10% + 27,000,000(면세농산물) × 8/108 = ₩6,500,000

* 기업업무추진비 관련 매입세액 및 영수증 수취분 매입세액은 공제 대상이 아니다.

정답 ①

15 다음 중 부가가치세법상 매입세액으로 공제 가능한 것은? (제70회 세무회계 2급)

① 토지조성 관련 매입세액
② 비영업용 차량으로 구입한 승용차(1600cc)에 대한 매입세액
③ 업무와 관련하여 취득한 대형트럭에 관한 매입세액
④ 직전 연도 공급대가 합계액이 4,800만원에 미달하는 간이과세자로부터 사무용품을 구입하고 신용카드매출전표를 수취한 경우

해답

업무와 관련하여 취득한 대형트럭은 매입세액공제 가능하다.

정답 ③

16 다음 중 부가가치세 매입세액 불공제 대상이 아닌 것은? (제71회 전산세무 1급 수정)

① 거래처 명절 선물을 구입한 비용의 매입세액
② 2026년 6월 30일에 공급받은 재화에 대해 2026년 8월 1일을 작성일자로 하여 세금계산서를 받은 경우의 매입세액. 단, 수정신고 · 경정청구 및 납세지 관할세무서장의 결정 · 경정은 없었다.
③ 개별소비세가 과세되지 않는 업무용 승용차를 구입하는 경우
④ 사업주가 사업과 직접 관련이 없는 가사용 물품을 구입하는 경우 매입세액

해답

개별소비세가 과세되지 않는 업무용 승용차는 매입세액 공제 대상이다.

정답 ③

17 부가가치세법상 다음 ( )안에 들어갈 숫자를 쓰시오. (제70회 세무회계 2급)

> 사업자 등록을 신청하기 전의 매입세액은 매출세액에서 공제하지 않는다. 다만, 공급시기가 속하는 과세기간이 끝난 후 (   )일 이내에 등록을 신청한 경우 등록신청일로부터 공급시기가 속하는 과세기간 기산일까지 역산한 기간 이내의 매입세액은 매출세액에서 공제한다.

해답

원칙적으로 사업자등록을 신청하기 전의 매입세액은 매출세액에서 공제하지 아니하는 것이나, 공급시기가 속하는 과세기간이 끝난 후 20일 이내에 등록을 신청한 경우 등록신청일부터 공급시기가 속하는 과세기간 기산일까지 역산한 기간 내의 매입세액은 매출세액에서 공제한다.

정답 20

18 다음 중 부가가치세법 상 매입세액공제에 관한 설명으로 가장 올바르지 않은 것은?

(2017년 재경관리사)

① 사업자가 일반과세자로부터 재화를 공급받고 세금계산서 대신 부가가치세액이 별도로 구분 가능한 신용카드매출전표 등을 발급받은 경우 신용카드매출전표 등 수령명세서를 제출하고 해당 전표를 보관하면 매입세액 공제를 받을 수 있다.
② 재화를 공급받은 자가 발행한 매입자발행세금계산서는 원칙적으로 공제 받을 수 있는 세금계산서에 해당되지 않는다.
③ 사업자등록전의 매입세액은 원칙적으로 공제되지 않는다.
④ 의제매입세액은 해당 면세 농산물 등의 사용시점이 아닌 구입시점에 공제된다.

해답

매입자발행세금계산서는 매입세액 공제를 받을 수 있는 세금계산서에 해당한다.

정답 ②

19 다음은 부가가치세 과세사업을 영위하는 ㈜삼일의 2026년 제1기 예정신고기간의 매입내역이다. 2026년 제1기 예정신고시 공제받을 수 있는 매입세액은 얼마인가(단, 별도의 언급이 없는 항목은 정당하게 세금계산서를 수령하였다고 가정한다)? (2024년 6월 재경관리사)

매입내역	매입세액
ㄱ. 기계장치구입	10,000,000원
ㄴ. 업무무관자산구입	7,000,000원
ㄷ. 원재료구입	6,000,000원
ㄹ. 부재료구입(세금계산서의 필요적 기재사항의 일부 누락되었고, 그 세금계산서에 적힌 나머지 필요적 기재사항 또는 임의적 기재사항으로 보아 거래사실을 확인할 수 없음)	9,000,000원
ㅁ. 기업업무추진비	4,000,000원

① 16,000,000원　② 20,000,000원　③ 24,000,000원　④ 33,000,000원

해답

₩10,000,000(기계장치 구입) + 6,000,000(원재료 구입) = ₩16,000,000

* 업무무관자산, 세금계산서 부실기재분 부재료 구입 및 기업업무추진비 관련 매입세액은 공제 대상이 아니다.

정답 ①

20 다음 중 부가가치세법상 매입세액공제가 가능한 것은? (제117회 세무회계 2급)

① 사업과 직접 관련 없는 지출에 대한 매입세액

② 3만원 이하의 기업업무추진비를 지출하고 세금계산서를 수취한 경우

③ 운전학원업을 경영하는 사업자가 해당 업종에 직접 영업으로 사용하기 위하여 소형승용차(2,000cc)를 구입하고 세금계산서를 수취한 경우

④ 토지의 조성 등을 위한 자본적 지출에 관련된 매입세액

해답

운수업, 자동차판매업, 자동차임대업, 운전학원업 등과 같이 자동차를 직접 영업에 사용하는 경우에는 구입 및 유지 등 관련 매입세액은 공제가 가능하다.

정답 ③

21 다음 중 부가가치세법상 매입세액 불공제 항목이 아닌 것은? (제116회 세무회계 3급)

① 사업과 무관한 지출 관련 매입세액
② 재화의 수입 관련 매입세액
③ 기업업무추진비 관련 매입세액
④ 면세사업 및 토지 관련 매입세액

해답

재화의 수입 관련 매입세액은 공제가능한 매입세액에 해당한다.

정답 ②

22 다음 중 부가가치세법상 공제하지 아니하는 매입세액에 대한 설명으로 옳지 않은 것은? (제119회 세무회계 2급)

① 작성연월일이 기재되지 않은 세금계산서도 그 매입세액은 공제가 가능하다.
② 사업자의 업무무관자산 취득과 관련된 매입세액은 공제가 불가능하다.
③ 기업업무추진비와 관련된 매입세액은 공제가 불가능하다.
④ 국세청장에게 전송되지 않은 전자세금계산서도 그 발급사실이 확인되는 경우 공제는 가능하다.

해답

작성연월일은 세금계산서의 필요적 기재사항으로 부실기재된 경우 매입세액 공제가 불가능하다.

정답 ①

23 다음 자료에 따라 부가가치세법상 공제되는 매입세액을 계산하면 얼마인가? 단, 아래의 금액은 부가 가치세액을 포함하지 않은 공급가액이다. (제117회 세무회계 3급)

- 원재료 구입 : 3,100,000원
- 업무와 관련 없는 자산 구입 : 1,500,000원
- 거래처 체육대회 증정용 물품 구입 : 700,000원
- 상품 홍보 광고비 지급 : 1,300,000원

① 310,000원　② 380,000원　③ 440,000원　④ 510,000원

해답

₩3,100,000(원재료 구입) × 10% + 1,300,000(광고비 지급) × 10% = ₩440,000

* 업무와 관련없는 자산 및 기업업무추진비 관련 매입세액은 공제 대상이 아니다.

정답 ③

24 다음 중 부가가치세법상 공제받을 수 있는 매입세액을 계산하면 얼마인가? 단, 제조업을 영위하고 있으며 세금계산서는 적법하게 수취하였다. (제120회 세무회계 3급)

> · 직원 복리후생 관련 상품의 매입세액 : 2,000,000원
> · 거래처 선물 관련 매입세액 : 2,000,000원
> · 승용자동차(1,500cc, 4인용)에 사용한 유류 관련 매입세액 : 3,000,000원

① 2,000,000원 ② 4,000,000원 ③ 5,000,000원 ④ 7,000,000원

해답

직원 복리후생 관련 상품의 매입세액 ₩2,000,0000만 공제대상이다.

* 기업업무추진비 및 비영업용 소형승용자동차 관련 매입세액은 공제 대상이 아니다.

정답 ①

25 ㈜용산은 의료제조업을 영위하는 중소기업이며 일반과세자이다. 다음 자료는 2026년 제1기 예정신고기간(2026년 1월 1일 ~ 2026년 3월 31일)에 공급받은 재화 및 용역의 거래내역이다. ㈜용산의 2026년 제1기 예정신고기간의 매입세액공제액으로 옳은 것은(단, 제시된 금액은 부가가치세가 포함되어 있지 않다)? (2024년 1월 재경관리사)

> · 국내거래처로부터 원단을 구입하고 공급가액 50,000,000원의 세금계산서를 수취하였다.
> · 업무무관자산의 도색비를 지출하면서 공급가액 2,000,000원의 세금계산서를 수취하였다.
> · 공급가액 5,000,000원(세금계산서 수취)에 구입한 재화를 거래처에 접대 목적으로 무상 증정 하였다.
> · 생산직 직원들의 회식비로 공급가액 4,000,000원을 지출하고 세금계산서를 수취하였다.

① 5,400,000원 ② 5,800,000원 ③ 6,000,000원 ④ 6,800,000원

해답

₩50,000,000(원단 구입) × 10% + 4,000,000(직원 회식) × 10% = ₩5,400,000

* 업무무관자산 및 기업업무추진비 관련 매입세액은 공제 대상이 아니다.

정답 ①

26 일반과세자인 ㈜용산의 2024년 제1기 예정신고기간의 매입거래이다. ㈜용산의 2024년 제1기 예정신고기간의 매입세액공제액으로 옳은 것은? (2024년 3월 재경관리사)

> (1) 법인으로부터 원재료를 9,000,000원(부가가치세 900,000원 별도)에 구입하고 공급시기에 세금계서를 수취하였다
> (2) 비영업용소형승용차(개별소비세 과세대상임)의 수선비를 지급하고 공급가액 2,000,000원(부가가치세 200,000원 별도)의 세금계산서를 수령하였다.
> (3) 영업부 직원 회식비로 1,320,000원(부가가치세 120,000원 포함)을 지급하고 일반과세자로부터 공급대가 1,320,000원의 신용카드매출전표(부가가치세가 별도로 구분됨)를 수령하였다.
> (4) 광고선전비에 대하여 공급가액 4,000,000원(부가가치세 400,000원 별도)의 세금계산서를 수령하였다.

① 900,000원 ② 1,100,000원 ③ 1,420,000원 ④ 1,620,000원

해답

₩900,000(원재료 구입) + 120,000(직원 회식비) + 400,000(광고선전비) = ₩1,420,000

* 비영업용소형승용자동차 관련 매입세액은 공제 대상이 아니다.

정답 ③

27 다음 자료는 제조업을 영위하는 일반과세자인 ㈜삼일이 2026년 제2기 확정신고기간(2026년 10월 1일 ~ 2026년 12월 31일) 중에 공급받은 재화의 거래내역이다. ㈜삼일의 2026년 제2기 확정신고시 부가가치세 매출세액에서 공제하는 매입세액을 계산하면 얼마인가? (2023년 11월 재경관리사)

> (1) 국내거래처로부터 2026년 10월 1일에 원자재를 구입하였으나 그에 대한 세금계산서(공급가액 50,000,000원, 부가가치세 5,000,000원)는 2026년 11월 10일에 발급받았다.
> (2) 명절선물을 구입하여 거래처에 접대목적으로 증정하였다. 기념품 구입시 세금계산서(공급가액 4,000,000원, 부가가치세 400,000원)를 발급받4았다.
> (3) 직원들의 작업화를 구입하고 세금계산서(공급가액 6,000,000원, 부가가치세 600,000원)를 발급받았다.
> (4) 직원 40명에게 증정할 명절선물(1인당 100,000원)을 구입하고 세금계산서(공급가액 4,000,000원, 부가가치세 400,000원)를 발급받았다.

① 1,000,000원 ② 1,900,000원 ③ 6,000,000원 ④ 6,400,000원

해답

₩5,000,000(원재료 구입) + 600,000(작업화 구입) + 400,000(직원 명절선물) = ₩6,000,000
* 거래처에 접대목적으로 구입한 명절선물은 기업업무추진비 관련 매입세액에 해당하므로 공제 대상이 아니다.

정답 ③

28 다음 중 과세사업을 영위하는 ㈜삼일의 부가가치세 신고시 매입세액공제가 가능한 항목으로 옳은 것은(단, 적격증빙은 적정하게 수령했다고 가정한다)? (2023년 6월 재경관리사)

① 사업과 무관한 별장건물의 구입
② 토지정지비용
③ 개별소비세 과세대상 자동차의 구입
④ 원재료의 구입

해답

① 사업과 직접 관련없는 지출, ② 토지 관련 지출, ③ 개별소비세 과세대상 자동차의 구입과 관련한 매입세액은 매출세액에서 공제되지 않는다.

정답 ④

29 다음은 자동차를 제조하여 판매하는 ㈜삼일의 2026년 4월 1일부터 2026년 6월 30일까지의 거래내역이다. 2026년 제1기 확정신고와 관련한 설명으로 가장 올바르지 않은 것은? (2017년 재경관리사)

<매출내역> 면세사업자에게 판매한 금액 : 30,000,000원(부가가치세 별도) 과세사업자에게 판매한 금액 : 20,000,000원(부가가치세 별도) <매입내역> 원재료 매입금액(세금계산서 수령) : 33,000,000원(부가가치세 포함)

① 과세사업자에게 판매한 20,000,000원은 과세표준에 포함해야 한다.
② 면세사업자에게 판매한 30,000,000원은 과세표준에 포함하지 않는다.
③ 원재료 매입시 부담한 부가가치세 3,000,000원은 매입세액으로 공제한다.
④ 2026년 제1기 예정신고시 누락한 매출금액을 확정신고시 과세표준에 포함해 신고할 수 있다.

해답

공급한 삼일은 면세사업자가 아니므로, 삼일이 면세사업자에게 판매한 30,000,000원은 과세표준에 포함되어야 한다.

정답 ②

30 부가가치세법상 공제되는 매입세액이 아닌 것은? (제71회 세무회계 2급 수정)

① 사업 관련 원재료 구입시 대표자의 신용카드로 매입한 매입세액
② 공급시기 이후에 발급 하는 세금계산서로서 해당 공급시기가 속하는 과세기간에 대한 확정신고기한 내에 발급 받은 경우 당해 매입세액
③ 사업상 부담하는 종업원식대 관련 매입세액
④ 당해 과세기간 중 면세공급가액 비율이 10%이하인 경우 과세와 면세에 공통으로 사용하는 자산의 공통매입세액 전액(공통매입세액 100만원 가정)

해답

면세비율이 5% 미만인 경우 전액 매입세액공제가 가능하다.

정답 ④

31 다음 중 부가가치세법상 공통매입세액 안분계산의 배제사유에 해당하지 않는 것은?
(제120회 전산세무 1급)

① 해당 과세기간 중의 공통매입세액이 5만원 미만인 경우
② 해당 과세기간의 공통매입세액이 300만원이면서 면세공급가액 비율이 4%인 경우
③ 해당 과세기간에 신규로 사업을 시작한 사업자가 해당 과세기간에 공급한 공통사용재화인 경우
④ 해당 과세기간의 공통매입세액이 1,000만원이면서 면세공급가액 비율이 4% 미만인 경우

해답

면세비율이 5% 미만이라 하더라도 공통매입세액이 500만원 이상인 경우에는 안분계산을 배제하지 않는다.

정답 ④

32 택시사업과 시내버스사업을 운영하는 ㈜삼일은 두 사업에 공통으로 사용할 목적으로 기계장비를 2026년 1월 15일에 30,000,000원(부가가치세 제외)에 매입하였다. ㈜삼일의 공급가액의 내역이 다음과 같을 때 2026년 제1기 확정신고에 있어서 이 기계장비의 매입세액 중 불공제되는 금액은?
(2024년 5월 재경관리사)

구분	2026년 1월 1일 ~ 3월 31일	2026년 4월 1일 ~ 6월 30일	합계
택시사업	3억	2억	5억
시내버스사업	7억	8억	15억
합계	10억	10억	20억

① 100,000원　② 125,000원　③ 150,000원　④ 200,000원

해답

(1) 예정신고시 불공제액 : ₩3,000,000(공통매입세액) × 7억/10억 = ₩2,100,000

(2) 확정신고시 불공제액 : ₩3,000,000 × 15억/20억 - 2,100,000 = ₩150,000

정답 ③

33 다음 중 부가가치세법상 대손세액공제의 사유에 해당하지 않는 것은? (제71회 세무회계 2급)

① 수표 또는 어음의 부도발생일로부터 6개월 미만인 경우
② 해당 채권의 상법상 소멸시효 완성
③ 채무자 회생 및 파산에 관한 법률에 의한 회사회생계획인가의 결정으로 회수불능한 경우
④ 회수기일이 6개월 이상 지난 채권 중 30만원(채무자별 채권가액을 합한 금액을 기준)이하의 채권으로서 회수비용이 해당 채권가액을 초과하여 회수의 실익이 없다고 인정되는 경우

해답

수표 또는 어음의 경우 부도발생일로부터 6개월 이상 경과하여야 법정대손사유에 해당한다.

정답 ①

34 부가가치세법상 대손세액의 공제대상 사유로 볼 수 없는 것은? (제70회 세무회계 3급)

① 파산 ② 실종 ③ 사망 ④ 경영악화

해답

경영악화는 법정대손사유에 해당하지 않는다.

정답 ④

35 부가가치세법상 일반과세자가 2026년 제2기 대손이 확정된 경우 부가가치세 확정신고시 과세표준과 납부세액에 미치는 영향으로 옳은 것은? 단, 대손과 관련된 모든 요건은 충족되었다고 가정한다. (제118회 세무회계 2급)

① 과세표준에는 영향이 없지만 납부세액은 감소한다.
② 과세표준과 납부세액을 모두 감소시킨다.
③ 과세표준과 납부세액을 모두 증가시킨다.
④ 과세표준을 감소시키지만 납부세액에는 영향이 없다.

해답

대손금은 과세표준에서 공제하지 아니하므로 대손금이 과세표준에 미치는 영향은 없다. 하지만 관련 대손세액을 매출세액에서 차감하므로 납부세액을 감소시키게 된다.

정답 ①

36 다음 중 부가가치세법상 대손세액공제에 대한 설명으로 옳은 것은? (제116회 세무회계 2급)

① 대손세액은 대손금액의 100분의 10으로 한다.
② 사업자가 대손되어 회수할 수 없는 금액의 전부 또는 일부를 회수한 경우에는 회수한 대손금액에 관련된 대손세액을 회수한 날이 속하는 과세기간의 매입세액에 더한다.
③ 대손세액공제는 대손이 확정된 과세기간의 예정신고 또는 확정신고 시 적용한다.
④ 대손세액공제의 범위는 사업자가 부가가치세가 과세되는 재화 또는 용역을 공급한 후 그 공급일부터 10년이 지난 날이 속하는 과세기간에 대한 확정신고기한까지로 한다.

해답

① 대손세액은 대손금액의 110분의 10으로 한다.
② 대손세액의 전부 또는 일부를 회수한 경우에는 대손세액을 회수한 날이 속하는 과세기간의 매출세액에 더한다.
③ 예정신고시에는 대손세액공제를 적용하지 않는다.

정답 ④

37 다음 과세사업자인 A와 B의 거래내용에 관한 설명 중 가장 옳은 것은? (2015년 재경관리사)

(1) A는 2026년 3월 1일 부가가치세 과세재화를 B에게 공급한 후 공급대가로 110,000,000원(부가가치세포함)의 어음을 수령하였다. 하지만 2026년 9월 1일 B의 부도로 인해 매출채권을 회수하지 못하였다. A는 이와 관련하여 B에게 근저당권을 설정해 놓은 것은 없다. (2) 대손세액공제는 공제 가능한 가장 빠른 시기에 적법하게 신청한 것으로 가정한다.

① A는 2027년 제1기 부가가치세 확정신고시 10,000,000원의 대손세액공제를 받을 수 있다.
② A는 2026년 제2기 확정신고시 110,000,000원을 공급가액에서 차감하여 매출세액을 신고해야 한다.
③ A는 2026년 제2기 부가가치세 예정신고시 10,000,000원의 대손세액공제를 받을 수 있다.
④ A는 2026년 제1기 예정신고시 110,000,000원을 공급가액으로 신고해야 한다.

해답

어음의 경우 부도발생일로부터 6개월이 이상 지난 과세기간에 대한 확정신고시 대손세액공제를 받을 수 있다.

정답 ①

38 다음 중 부가가치세법상 신용카드매출전표등 발행세액공제대상 결제수단이 아닌 것은?

(제116회 세무회계 3급)

① 직불카드영수증
② 현금영수증
③ 선불카드영수증(실제 명의가 확인되는 것으로 한정함)
④ 간이영수증

해답

간이영수증은 신용카드매출전표등에 해당하지 않는다.

정답 ④

39 다음 중 부가가치세법상 신용카드 등의 사용에 따른 세액공제에 대한 설명으로 옳지 않은 것은?

(제119회 세무회계 3급)

① 법인은 신용카드 등 사용에 따른 세액공제를 적용받을 수 없다.
② 신용카드 발급 금액 또는 결제금액은 공급가액과 부가가치세를 합한 금액이다.
③ 공제금액은 발급 금액의 2%로 하되, 연간 2천만원을 한도로 공제 받을 수 있다.
④ 공제받지 못한 신용카드 등의 사용에 따른 세액공제는 이월되지 않는다.

해답

공제금액은 발급 금액의 1.3%로 하되, 연간 1천만원을 한도로 공제 받을 수 있다.

정답 ③

40 다음은 ㈜삼일의 제2기 부가가치세 확정신고를 위한 자료이다. (ㄱ)에 들어갈 금액으로 가장 옳은 것은? (2021년 1월 재경관리사)

> ㄱ. 국내판매분
> - 세금계산서 발행 매출액 30,000,000원(부가가치세 제외)
> - 신용카드매출전표 발행분 22,000,000원(부가가치세 포함)
>
> ㄴ. 내국신용장에 의한 수출 10,000,000원
>
> ㄷ. 직수출분 12,000,000원

< 신고내용 >

구분			금액	세율	세액
과세표준 및 매출세액	과세	세금계산서 발급분		10/100	
		매입자발행세금계산서		10/100	
		신용카드·현금영수증발행분		10/100	
		기타(정규영수증 외 수취분)		10/100	
	영세율	세금계산서 발급분	(ㄱ)	0/100	
		기 타		0/100	

① 0원 ② 10,000,000원 ③ 12,000,000원 ④ 22,000,000원

해답

내국신용장에 의한 공급의 경우 영세율이 적용되며, 세금계산서 발급대상거래에 해당한다.

구분			금액	세율	세액
과세표준 및 매출세액	과세	세금계산서 발급분	30,000,000	10/100	3,000,000
		매입자발행세금계산서		10/100	
		신용카드 · 현금영수증발행분	20,000,000	10/100	2,000,000
		기타(정규영수증 외 수취분)		10/100	
	영세율	세금계산서 발급분	10,000,000	0/100	–
		기 타	12,000,000	0/100	–

정답 ②

제 9 장

부가가치세의 납세절차

제 9 장

부가가치세의 납세절차

9.1. 부가가치세의 신고와 납부

부가가치세법에서는 과세기간을 6개월로 규정하고 있으며, 과세기간의 종료시점에 확정신고 및 납부를 하도록 하고 있으나, 과세수입의 평준화 및 과도한 납세부담 회피를 위하여 예정신고라는 제도를 두어 1년에 4회에 걸쳐 신고 및 납부를 하도록 하고 있다.

9.1.1. 예정신고와 납부

(1) 일반적인 경우

사업자는 예정신고기간이 끝난 후 25일 이내에 각 예정신고기간에 대한 과세표준과 납부세액 또는 환급세액을 납세지 관할세무서장에게 신고·납부하여야 한다.[80] 다만, 신규로 사업을 시작하거나 시작하려는 자에 대한 최초의 예정신고기간은 사업개시일(사업개시일 이전에 사업자등록은 신청한 경우에는 그 신청일을 말한다)부터 그 날이 속하는 예정신고기간의 종료일까지로 한다(부가법 §48 ①, ②). 이 경우 조기환급신고를 할 때 이미 신고한 내용은 예정신고대상에서 제외한다(부가령 §90 ② 단서).

‖ 표 9.1. ‖ 예정신고기간 및 예정신고납부기한

구 분	예정신고기간	신고납부기한
제1기	1월 1일 ~ 3월 31일	4월 25일
제2기	7월 1일 ~ 9월 30일	10월 25일

부가가치세의 예정신고와 납부를 할 때에는 가산세에 관한 규정은 적용하지 않고[81], 신용카드매출전표 등 발행세액공제 및 전자세금계산서 발급·전송에 대한 세액공제를 포함한다(부가령 §64 ①).

80) 사업자는 예정신고를 할 때 그 예정신고기간의 납부세액(해당 예정신고기간에 대하여 수시부과한 세액은 공제한다)을 부가가치세 예정신고서와 함께 각 납세지 관할세무서장(주사업장총괄납부의 경우에는 주된 사업장의 관할세무서장을 말한다)에게 납부하거나 「국세징수법」에 따른 납부서를 작성하여 한국은행(그 대리점을 포함한다) 또는 체신관서(이하 '한국은행 등'이라 한다)에 납부하여야 한다(부가법 §48 ②).

81) 대손세액공제도 확정신고시에만 적용한다.

(2) 개인사업자 및 영세 법인사업자에 대한 예정신고 특례[82)]

1) 예정고지에 의한 징수(예정신고의무의 면제)

납세지 관할세무서장은 개인사업자와 직전 과세기간 공급가액의 합계액이 1억5천만원 미만인 법인사업자에 대하여는 각 예정신고기간마다 직전(直前) 과세기간에 대한 납부세액[83)]의 50%(1천원 미만의 단수가 있을 때에는 그 단수금액은 버린다)로 결정하여 해당 예정신고기간이 끝난 후 25일까지 징수한다. 다만, 다음 중 어느 하나에 해당하는 경우에는 징수하지 아니한다(부가법 §48 ③).

① 징수하여야 할 금액이 50만원 미만인 경우
② 간이과세자에서 해당 과세기간 개시일 현재 일반과세자로 변경된 경우
③ 일정한 사유[주)]로 관할세무서장이 징수하여야 할 금액을 사업자가 납부할 수 없다고 인정되는 경우

주) 여기에서 '일정한 사유'란 다음 중 어느 하나에 해당하는 사유를 말한다(부가법 §48 ③, 국징법 §13 ①).
① 납세자가 재난 또는 도난으로 재산에 심한 손실을 입은 경우
② 납세자가 경영하는 사업에 현저한 손실이 발생하거나 부도 또는 도산의 우려가 있는 경우
③ 납세자 또는 그 동거가족이 질병이나 중상해로 6개월 이상의 치료가 필요한 경우 또는 사망하여 상중인 경우
④ 그 밖에 납세자가 국세를 납부기한 등까지 납부하기 어렵다고 인정되는 경우로서 대통령령으로 정하는 경우

관할세무서장은 예정고지세액에 대하여 다음의 기간 내에 납부고지서를 발부하여야 한다(부가령 §90 ⑤).

구 분	예정신고기간 납부고지서 발부기간	납부기한
제1기 예정신고기간분	4월 1일부터 4월 10일까지	4월 25일
제2기 예정신고기간분	10월 1일부터 10월 10일까지	10월 25일

2) 선택적으로 예정신고를 할 수 있는 사업자

다음 중 어느 하나에 해당하는 사업자는 예정신고를 하고 예정신고기간의 납부세액(해당 예정신고기간에 대하여 수시부과한 세액은 공제한다)을 납부할 수 있다. 이 경우 관할세무서장의 예정고지기간 분에 대한 부가가치세액의 결정은 없었던 것으로 본다(부가법 §48 ④, 부가령 §90 ⑥).

---

82) 예정신고 특례는 개인사업자에게 한해 적용되던 규정이었으나, 2019년 말 세법개정에서 영세 법인사업자에 대한 신고부담을 완화하기 위하여 예정고지 대상에 직전 과세기간 공급가액의 합계액이 1억5천만원 미만인 법인사업자를 추가하였다. 해당 개정규정은 2021년 1월 1일 이후 결정하는 분부터 적용한다(법률 제16845호, 2019.12.31. 부칙 §5).

83) 여기에서 '직전 과세기간에 대한 납부세액'은 부가가치세법의 규정에 따른 신용카드매출전표 등 발행세액공제, 전자세금계산서 발급·전송에 대한 세액공제 또는 「조세특례제한법」상 전자신고에 대한 세액공제 규정(납세자에 대한 세액공제분) 및 일반택시운송사업자 경감세액 규정에 따라 납부세액에서 공제하거나 경감한 세액 및 수시부과한 세액이 있는 경우에는 그 세액을 뺀 금액으로 하고, 결정 또는 경정과 「국세기본법」에 따른 수정신고 및 경정청구에 따른 결정이 있는 경우에는 그 내용이 반영된 금액으로 한다(부가법 §48 ③).

① 휴업 또는 사업부진 등으로 인하여 각 예정신고기간의 공급가액 또는 납부세액이 직전 과세기간의 공급가액 또는 납부세액의 3분의 1에 미달하는 자
② 각 예정신고기간분에 대하여 조기환급을 받으려는 자

표 9.2. 개인 및 영세 법인사업자에 대한 예정신고 특례

구 분	대 상
(1) 원칙(예정고지에 의한 징수)	직전 과세기간에 대한 납부세액의 50%를 곱한 금액을 결정하여 해당 예정신고기한까지 징수[주)]
(2) 선택적으로 예정신고가 가능한 사업자	① 휴업 또는 사업부진 등으로 인하여 각 예정신고기간의 공급가액(또는 납부세액)이 직전 과세기간의 공급가액(또는 납부세액)의 1/3에 미달하는 자 ② 각 예정신고기간분에 대하여 조기환급을 받고자 하는 자

주) 다만, 징수하여야 할 금액이 50만원 미만이거나 간이과세자에서 해당 과세기간 개시일 현재 일반과세자로 변경된 경우에는 이를 징수하지 아니한다.

(3) 제출서류

부가가치세 예정신고를 하는 경우에는 부가가치세예정신고서와 함께 매출·매입세금계산서합계표, 영세율 첨부서류 및 기타 재정경제부령이 정하는 첨부서류를 각 사업장관할세무서장에게 제출(국세정보통신망에 의한 제출을 포함한다)하여야 한다(부가법 §54 ①, 부가령 §90 ②, ③). 단, 예정신고를 하는 사업자가 각 예정신고와 함께 매출·매입처별세금계산서합계표를 제출하지 못하는 경우에는 해당 예정신고기간이 속하는 과세기간에 확정신고와 함께 제출할 수 있다(부가법 §54 ③).

부가가치세의 예정신고를 할 때에는 부가가치세예정신고서[84]를 각 납세지 관할세무서장에게 제출(국세정보통신망에 의한 제출을 포함한다)하여야 한다. 다만, 조기환급신고를 할 때 이미 신고한 내용은 예정신고 대상에서 제외한다(부가령 §90 ②).

부가가치세예정신고서를 제출할 때에는 재정경제부령으로 정하는 다음 표의 구분에 따른 서류를 함께 제출하여야 한다(부가령 §90 ③).

84) 여기에는 사업자의 인적사항, 납부세액 및 그 계산근거, 공제세액 및 그 계산근거, 매출·매입처별세금계산서합계표 제출내용 및 그 밖의 참고사항을 기재해야 한다.

구 분	제출서류
① 공제받지 못할 매입세액이 있는 경우	공제받지 못할 매입세액명세서
② 신용카드매출전표 등을 발행한 사업자	신용카드매출전표 등 발행금액집계표
③ 전자적 결제수단에 의하여 매출하여 공제받는 경우	전자화폐결제명세서
④ 신용카드매출전표 등을 수취하여 매입세액을 공제받는 경우	신용카드매출전표 등 수령명세서
⑤ 부동산임대업자의 경우	부동산임대공급가액명세서와 임대차계약서 사본(사업장을 임대한 후 임대차계약을 갱신한 경우에만 해당한다)
⑥ 사업서비스업 등 일정한 사업의 경우	현금매출명세서
⑦ 건물·기계장치 등을 취득하는 경우	건물등감가상각자산취득명세서
⑧ 사업자단위과세사업자인 경우	사업자단위과세의 사업장별 부가가치세과세표준 및 납부세액(환급세액)신고명세서
⑨ 영세율을 적용하여 재화 또는 용역을 공급한 경우	영세율 매출명세서

9.1.2. 확정신고와 납부

(1) 과세기간 및 신고기한

사업자는 각 과세기간에 대한 과세표준과 납부세액 또는 환급세액을 그 과세기간이 끝난 후 25일(폐업하는 경우 폐업일이 속한 달의 다음 달 25일) 이내에 납세지 관할세무서장에게 신고·납부하여야 한다. 다만, 예정신고를 한 사업자 또는 조기에 환급을 받기 위하여 신고한 사업자는 이미 신고한 과세표준과 납부한 납부세액 또는 환급받은 환급세액은 신고하지 아니한다(부가법 §49 ①).[85)]

사업자는 확정신고를 할 때 다음의 금액을 확정신고 시의 납부세액에서 빼고 부가가치세 확정신고서와 함께 각 납세지 관할세무서장(주사업장총괄납부의 경우에는 주된 사업장 소재지의 관할세무서장을 말한다)에게 납부하거나 「국세징수법」에 따른 납부서를 작성하여 한국은행 등에 납부하여야 한다(부가법 §49 ②).

① 조기환급을 받을 환급세액 중 환급되지 아니한 세액
② 예정고지에 따라 징수되는 금액
③ 수시부과한 세액

85) 예정신고를 하는 사업자의 경우 예정신고시 이미 신고한 내용은 확정신고대상에서 제외하므로 확정신고대상은 원칙적으로 과세기간 최종 3개월분이 되는 것이다. 다만, 예정신고 누락분이 있는 경우에는 해당 누락분은 확정신고의 대상이 된다.

표 9.3. 과세기간 및 확정신고납부기한

구 분	과세기간	신고납부기한
제1기	1월 1일 ~ 6월 30일	7월 25일
제2기	7월 1일 ~ 12월 31일	1월 25일

(2) 제출서류

부가가치세 확정신고를 하는 경우에는 부가가치세확정신고서와 함께 매출·매입세금계산서합계표, 영세율 첨부서류 및 기타 재정경제부령이 정하는 첨부서류를 각 납세지 관할세무서장에게 제출(국세정보통신망에 의한 제출을 포함한다)하여야 한다(부가법 §54 ①, 부가령 §91 ②, ③).

부가가치세의 확정신고를 할 때에는 다음의 사항을 적은 부가가치세확정신고서를 각 납세지 관할세무서장에게 제출(국세정보통신망에 의한 제출을 포함한다)하여야 한다(부가령 §91 ①).

① 사업자의 인적사항
② 납부세액 및 그 계산근거
③ 가산세액·공제세액 및 그 계산근거
④ 매출·매입처별세금계산서합계표 제출내용
⑤ 그 밖의 참고사항

부가가치세확정신고서를 제출할 때에는 재정경제부령으로 정하는 다음 표의 구분에 따른 서류를 함께 제출하여야 한다(부가령 §91 ③).

구 분	제출서류
① 사업을 양도하는 경우	사업양도신고서
② 공제받지 못할 매입세액이 있는 경우	공제받지 못할 매입세액명세서
③ 신용카드매출전표 등을 발행한 사업자	신용카드매출전표 등 발행금액집계표
④ 전자적 결제수단에 의하여 매출하여 공제받는 경우	전자화폐결제명세서
⑤ 신용카드매출전표 등을 수취하여 매입세액을 공제받는 경우	신용카드매출전표 등 수령명세서
⑥ 부동산임대업자의 경우	부동산임대공급가액명세서와 임대차계약서 사본(사업장을 임대한 후 임대차계약을 갱신한 경우에만 해당한다)
⑦ 부동산관리업을 영위하는 사업자의 경우. 다만, 주거용 건물관리는 제외한다.	건물관리명세서

⑧ 음식·숙박업자 및 기타 서비스업자의 경우	사업장현황명세서
⑨ 사업서비스업 등 일정한 사업의 경우	현금매출명세서
⑩ 건물·기계장치 등을 취득하는 경우	건물등감가상각자산취득명세서
⑪ 사업자단위과세사업자인 경우	사업자단위과세의 사업장별 부가가치세과세표준 및 납부세액(환급세액)신고명세서
⑫ 영세율을 적용하여 재화 또는 용역을 공급한 경우	영세율 매출명세서

세부규정

• **비거주자 또는 외국법인의 부가가치세 신고**(부가령 §64 ⑧)

비거주자 또는 외국법인의 대리인은 해당 비거주자 또는 외국법인을 대리하여 예정신고 및 납부, 확정신고 및 납부, 매출·매입처별세금계산서합계표의 제출을 하여야 한다.

• **합병으로 인한 소멸법인의 부가가치세 확정신고**(부기통 49-91-1)

법인의 합병으로 인한 소멸법인의 최종과세기간분에 대한 확정신고는 합병 후 존속하는 법인 또는 합병으로 인하여 설립된 법인이 소멸법인을 해당 과세기간의 납세의무자로 하여 소멸법인의 사업장 관할세무서장에게 신고하여야 한다.

• **사업양도 시의 부가가치세 확정신고**(부기통 49-91-2)

사업을 양도하고 폐업한 사업자는 폐업일이 속하는 과세기간의 개시일로부터 폐업일까지의 과세기간분에 대한 확정신고를 하여야 한다.

• **주사업장총괄납부사업자의 신고 관할세무서**(부기통 48-90-1)

주사업장총괄납부사업자가 예정 또는 확정신고를 함에 있어 주사업장 관할세무서장에게 종된 사업장분을 합산신고하고 종된 사업장 관할세무서장에게는 신고하지 아니한 경우에 종된 사업장분은 무신고가 된다. 다만, 각 사업장별로 작성한 신고서를 관할세무서장 외의 세무서장에게 제출한 경우에는 무신고로 보지 아니한다.

• **일부 사업장 폐지시 예정신고 방법**(집행기준 48-90-4)

2 이상의 사업장이 있는 사업자가 그 중 한 사업장을 폐지하고 해당 사업장의 재고재화를 다른 사업장으로 이동시키는 경우의 예정 및 확정신고는 기존사업장의 거래분과 폐지한 사업장의 거래분을 합하여 신고일 현재 기존사업장의 관할세무서장에게 하여야 한다.

• **관할을 위반하여 제출한 신고서의 효력**(집행기준 48-91-2)

2 이상의 사업장을 가진 사업자가 확정신고를 함에 있어 부가가치세신고서는 각 사업장별로 작성하였으나 사업장 관할세무서장 이외의 세무서장에게 신고서를 제출한 경우 무신고로 보지 아니한다.

• 본점 및 지점의 변경에 따른 신고 방법(집행기준 48-91-3)

본점과 지점 등 서로 다른 2개의 사업장을 두고 사업을 영위하던 법인사업자가 본점을 지점으로, 지점을 본점으로 변경하고 사업자등록정정신고를 한 경우 변경 전 본점의 거래분(본점에서 공급하거나 공급받은 재화 또는 용역)은 변경 후의 본점거래분에 포함하여 본점 관할세무서장에게 신고하여야 하고, 변경 전 지점의 거래분은 변경 후의 지점거래분에 포함하여 지점 관할세무서장에게 신고하여야 한다.

9.1.3. 재화의 수입에 대한 신고 · 납부

(1) 일반적인 경우

재화를 수입하는 자가 재화의 수입에 대하여 「관세법」에 따라 관세를 세관장에게 신고하고 납부하는 경우에는 재화의 수입에 대한 부가가치세를 함께 신고하고 납부하여야 한다(부가법 §50).

(2) 재화의 수입에 대한 부가가치세 납부의 유예

위 일반적인 경우에 불구하고, 수출 중소기업의 자금 부담 완화를 위하여 일정 요건을 갖춘 중소·중견사업자에 대해서는 재화를 수입할 때 세관장에게 납부하던 부가가치세의 납부를 유예하고, 이후 세무서장에게 납부세액 등을 신고할 때 납부가 유예된 부가가치세를 납부할 수 있도록 하였다.

1) 적용 요건

세관장은 매출액에서 수출액이 차지하는 비율 등 다음의 요건을 모두 충족하는 중소·중견사업자(이하 '중소·중견사업자'라 한다)가 물품을 제조·가공하기 위한 원재료 등 과세사업에 사용하기 위한 재화(단, 매출세액에서 공제되지 아니하는 매입세액과 관련된 재화는 제외)의 수입에 대하여 부가가치세의 납부유예를 미리 신청하는 경우에는 해당 재화를 수입할 때 부가가치세의 납부를 유예[86]할 수 있다(부가법 §50의 2 ①, 부가령 §91의 2 ①, ②).

① 직전 사업연도에 「조세특례제한법 시행령」에 따른 중소기업 또는 중견기업에 해당하는 법인(제조업을 주된 사업으로 경영하는 기업에 한정한다)일 것

② 직전 사업연도에 영세율을 적용받은 재화의 공급가액의 합계액(이하 '수출액'이라 한다)이 다음에 해당할 것

㉠ 직전 사업연도에 중소기업인 경우 : 직전 사업연도에 공급한 재화 또는 용역의 공급가액의 합계액에서 수출액이 차지하는 비율이 30% 이상이거나 수출액이 50억원 이상일 것

㉡ 직전 사업연도에 중견기업인 경우 : 직전 사업연도에 공급한 재화 또는 용역의 공급가액의 합계액에서 수출액이 차지하는 비율이 30% 이상일 것

---

86) 재화의 수입에 대한 부가가치세 납부유예는 「관세법」에 따른 납세신고를 할 때 납부하여야 하는 부가가치세에 한정하여 적용한다(부가령 §91의 2 ⑥). 한편, 납부가 유예된 후 세액을 정정하기 위한 수정신고 등에 관하여는 「관세법」에서 정하는 바에 따른다(부가령 §91의 2 ⑬).

③ 확인 요청일 현재 다음의 요건에 모두 해당할 것
  ㉠ 최근 3년간 계속하여 사업을 경영하였을 것
  ㉡ 최근 2년간 국세(관세를 포함한다. 이하 같다)를 체납(납부고지서에 따른 납부기한의 다음 날부터 15일 이내에 체납된 국세를 모두 납부한 경우는 제외한다)한 사실이 없을 것
  ㉢ 최근 2년간 「조세범처벌법」 또는 「관세법」 위반으로 처벌받은 사실이 없을 것
  ㉣ 최근 2년간 납부유예가 취소된 사실이 없을 것

2) 적용 요건 확인 신청

중소·중견사업자는 다음의 신고기한의 만료일 중 늦은 날부터 3개월 이내에 관할세무서장에게 적용 요건의 충족 여부의 확인을 요청할 수 있다(부가령 §91의 2 ③).

① 직전 사업연도에 대한 법인세 과세표준 신고기한
② 직전 사업연도에 대한 부가가치세 확정신고기한

관할세무서장은 중소·중견사업자가 적용 요건의 확인을 요청한 경우에는 해당 중소·중견사업자가 납부유예 적용 요건에 해당하는지 여부를 확인한 후 요청일부터 1개월 이내에 부가가치세 납부유예 요건 확인서를 해당 중소·중견사업자에게 발급하여야 한다(부가령 §91의 2 ④, 부가칙 §62 ⑮).

3) 납부유예 적용 신청

부가가치세의 납부를 유예 받으려는 중소·중견사업자는 발급받은 확인서를 첨부하여 부가가치세 납부유예 적용 신청서를 관할세관장에게 제출하여야 한다(부가령 §91의 2 ⑤, 부가칙 §62 ⑯). 이 경우 신청을 받은 관할세관장은 신청일부터 1개월 이내에 납부유예의 승인 여부를 결정하여 해당 중소·중견사업자에게 통지하여야 하며, 납부유예를 승인하는 경우 그 유예기간은 1년으로 한다(부가령 §91의 2 ⑥, ⑦).

4) 납부유예 세액의 정산

납부를 유예 받은 중소·중견사업자는 납세지 관할세무서장에게 부가가치세 예정신고, 확정신고 또는 조기환급신고를 할 때 해당 재화에 대하여 재화의 수입에 대한 부가가치세로서 매출세액에서 공제하는 매입세액과 납부가 유예된 세액을 정산하여 납부하여야 한다.[87] 이 경우 납세지 관할세무서장에게 납부한 세액은 세관장에게 납부한 것으로 본다(부가법 §50의 2 ②, 부가령 §91의 2 ⑨).

5) 납부유예의 취소

세관장은 부가가치세의 납부가 유예된 중소·중견사업자가 납부유예를 승인 받은 후 국세를 체납하는

87) 납부 유예된 세액은 부가가치세신고서상 '수출기업 수입분 납부유예'라는 항목으로 매입세액에서 차감되는 방식으로 정산한다.

등 다음의 사유에 해당하게 된 경우에는 그 납부의 유예를 취소할 수 있다. 이 경우 세관장은 해당 중소·중견사업자에게 그 취소 사실을 통지하여야 한다(부가법 §50의 2 ③, 부가령 §91의 2 ⑩).

① 해당 중소·중견사업자가 국세를 체납한 경우
② 해당 중소·중견사업자가 「조세범처벌법」 또는 「관세법」 위반으로 국세청장·지방국세청장·세무서장 또는 관세청장·세관장으로부터 고발된 경우
③ 납부유예 적용 요건을 충족하지 아니한 중소·중견사업자에게 납부유예를 승인한 사실을 관할 세관장이 알게 된 경우

국세청장, 지방국세청장, 세무서장은 해당 중소·중견사업자가 위 납부유예 취소 사유 중 어느 하나에 해당하는 사실을 알게 되었을 때에는 지체 없이 그 사실을 관세청장에게 통보하여야 한다(부가령 §91의 2 ⑪). 한편, 납부유예 취소는 중소·중견사업자가 부가가치세 납부를 유예 받고 수입한 재화에 대해서는 영향을 미치지 아니한다(부가령 §91의 2 ⑫).

9.2. 대리납부제도

'**제3장 과세거래**'에서 살펴보았듯이 재화의 수입은 부가가치세법상 과세거래에 해당하기 때문에 이 경우에는 세관장이 부가가치세를 징수하여야 한다. 하지만, 재화의 수입과 달리 용역 등의 수입은 세관을 거치는 통관절차를 거치지 않기 때문에 그 과세대상 실체를 파악하기가 곤란하다는 점 등의 이유로 인해 부가가치세법상 과세거래에서 제외하고 있다.

그러나 이 경우 동일한 종류의 용역 등을 제공하는 국내사업자와의 과세형평에 문제가 제기될 수 있다. 즉, 용역 등의 수입에 대해 부가가치세를 과세하지 않는 경우 동일한 용역 등을 제공하는 국내사업자는 상대적으로 불리한 입장에 놓이게 되는 것이다. 이 뿐 아니라 용역 등의 수입에 대해 과세하지 않게 되면 소비지국과세원칙에도 부합되지 않는 결과를 가져오게 된다. 따라서 부가가치세법에서는 일정한 경우 용역 등을 공급 받는 자가 비거주자 등을 대신하여 부가가치세를 징수하여 납부하도록 하고 있는데, 이를 '대리납부제도'라고 한다.

9.2.1. 대리납부 대상 용역 등

다음 중 어느 하나에 해당하는 자(이하 '국외사업자'라 한다)로부터 국내에서 용역 또는 권리(이하 '용역 등'이라 한다)를 공급(국내에 반입하는 것으로서 관세와 함께 부가가치세를 신고·납부하여야 하는 재화의 수입에 해당하지 아니하는 경우를 포함한다)받는 자(공급받은 그 용역 등을 과세사업에 제공하는 경우는 제외하되, 매입세액이 공제되지 아니하는 용역 등을 공급받는 경우는 포함한다)는 그 대가를 지급하는 때에 그 대가를 받은 자로부터 부가가치세를 징수하여야 한다(부가법 §52 ①).

① 「소득세법」 또는 「법인세법」에 따른 국내사업장이 없는 비거주자 또는 외국법인
② 국내사업장이 있는 비거주자 또는 외국법인[주)]

주) 비거주자 또는 외국법인의 국내사업장과 관련 없이 용역 등을 공급하는 경우로서 해당 용역 등의 공급이 국내사업장과 실질적으로 관련되지 아니하거나 그 국내사업장에 귀속되지 아니하는 경우에 한한다(부가법 §52 ① (2), 부가령 §95 ④).

따라서 국외사업자로부터 특허권 등과 같은 권리를 공급받는 경우는 대리납부의 대상이 되는 것이나, 관세와 함께 부가가치세를 신고·납부하여야 하는 권리를 수입하는 경우는 재화의 수입에 해당하므로 대리납부 대상에 해당하지 않는 것이다.

▮그림 9.1.▮ 대리납부제도

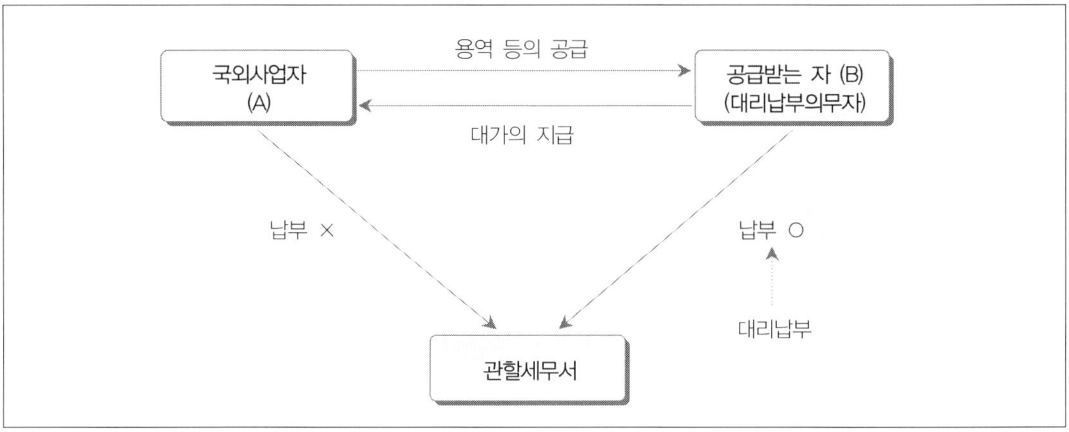

주) 공급받는 자(B)가 대가를 지급하는 때에 해당 용역 등의 공급자(A)를 대신하여 부가가치세를 징수하여 관할세무서에 납부할 의무가 있다. 따라서 공급자(A)는 부가가치세법상 납세의무자가 아니다. 이 경우 공급받는 자(B)가 공급받은 용역 등을 과세사업에 제공하는 경우는 대리납부의무가 면제된다.

9.2.2. 대리납부의무자

국외사업자로부터 용역 등을 공급받는 자는 그 대가를 지급하는 때에 그 대가를 받은 자로부터 부가가치세를 징수하여야 한다(부가법 §52 ①).

단, 이 경우 용역 등을 공급받은 사업자가 공급받은 해당 용역 등을 과세사업에 제공하는 경우에는 대리납부의무를 면제하되, 과세사업자라 하더라도 매입세액이 공제되지 아니하는 용역 등을 공급받는 경우에는 대리납부의무를 부담한다. 왜냐하면 공급받은 용역 등을 과세사업에 사용하는 경우 징수한 부가가치세를 대리납부한 사업자가 동일한 과세기간에 매입세액공제를 받게 되므로 과세의 실익이 없기 때문이다. 따라서 면세사업자나 사업자가 아닌 자가 대리납부 대상 용역 등을 제공받거나, 과세사업자가 해당 용역 등에 대하여 매입세액을 공제받지 못하는 경우에만 대리납부의무를 지는 것이다. 이처럼 사업자가 아닌 자에게도 대리납부의무를 부담하게 하는 것은 소비지국과세원칙의 구현을 위해서이다.

9.2.3. 대리납부 대상 용역 등의 공급가액

(1) 일반적인 경우

대리납부 대상이 되는 용역 등의 공급가액(과세표준)은 부가가치세법상 용역의 공급가액에 관한 일반원칙에 따른다. 일반적으로 공급가액은 부가가치세를 제외한 금액이지만, 구체적으로 용역 등의 공급가액에 부가가치세 포함되었는지의 여부는 다음에 따른다(부기통 52-95-3).

① 거래당사자간에 부가가치세액의 징수 및 부담에 대하여 별도의 계약이 있는 경우에는 해당 계약에 따른다.
② 부가가치세액의 징수 및 부담에 대하여 별도의 계약이 없이 용역 등 대가의 전액을 지급하는 때에는 해당 용역 등 대가에 부가가치세가 제외되어 있는 것으로 하여 계산한다.
③ 부가가치세액의 징수 및 부담에 대하여 별도의 계약이 없이 용역 등 대가에서 부가가치세액을 공제하여 지급하는 때에는 해당 용역 등 대가에 부가가치세가 포함되어 있는 것으로 하여 계산한다.

(2) 겸영사업자의 경우

비거주자 또는 외국법인으로부터 공급받은 용역 등이 과세사업과 면세사업 등에 공통으로 사용되어 그 실지귀속을 구분할 수 없는 경우 그 면세사업 등에 사용된 용역 등의 과세표준은 다음 계산식에 따라 계산한 금액으로 한다(부가령 §95 ②).

$$\text{과세표준} = \text{해당 용역 등의 총공급가액} \times \frac{\text{대가의 지급일이 속하는 과세기간의 면세공급가액}}{\text{대가의 지급일이 속하는 과세기간의 총공급가액}}$$

주) 다만, 과세기간 중 과세사업과 면세사업 등의 공급가액이 없거나 그 어느 한 사업에 공급가액이 없으면 그 과세기간에 대한 안분계산은 공통매입세액의 안분계산(공급가액이 없는 예외적인 경우)과 그 정산규정을 준용한다(부가령 §95 ② 단서).

(3) 외화의 환산

대가를 외화로 지급하는 경우에는 다음의 구분에 따른 금액을 그 대가로 한다(부가령 §95 ③).

구 분	대 가
① 원화로 외화를 매입하여 지급하는 경우	지급일 현재의 대고객외국환매도율에 따라 계산한 금액
② 보유중인 외화로 지급하는 경우	지급일 현재의 「외국환거래법」에 따른 기준환율 또는 재정환율에 의하여 계산한 금액

9.2.4. 대리납부절차

위의 규정에 따라 징수한 부가가치세는 부가가치세대리납부신고서[88]와 함께 부가가치세를 징수한 사업장 또는 주소지 관할세무서장에게 납부하거나 「국세징수법」에 따른 납부서를 작성하여 한국은행(그 대리점을 포함한다) 또는 체신관서에 납부하여야 한다(부가령 §95 ①). 이 경우 부가가치세를 징수한 자는 예정신고·납부 및 확정신고·납부의 규정을 준용하여 부가가치세를 납부하여야 한다(부가법 §85 ②).

9.2.5. 대리납부불성실가산세

대리납부의무를 지는 자가 징수하여야 할 세액을 납부기한까지 납부하지 아니하거나 과소납부한 경우에는 다음의 금액을 가산세로 한다(국기법 §47의 5 ①).

대리납부불성실가산세 = Min[①, ②]

① 미납부세액·과소납부분 세액 × 3% + 미납부세액·과소납부분 세액 × 일수[주)] × $\frac{22}{100,000}$

② 미납부세액·과소납부분 세액 × 10%

주) 일수는 납부기한의 다음 날부터 자진납부일 또는 납세고지일까지의 기간으로 한다.

세부규정

- **대리납부 대상**(부기통 52-95-1)

법 제52조제1항에서 규정하는 비거주자 또는 외국법인의 재화·시설물 또는 권리를 우리나라에서 사용하고 그 대가를 지급하는 자(공급받은 그 용역을 과세사업에 제공하는 경우는 제외하되, 법 제39조에 따라 매입세액이 공제되지 아니하는 용역을 공급받는 경우는 포함한다)는 대리납부를 하여야 하나, 법 제26조에 따라 부가가치세가 면제되는 용역은 대리납부의 대상이 되지 아니한다. 이 경우 재화·시설물 또는 권리란 부동산, 부동산상의 권리, 광업권, 조광권, 채석권, 선박, 항공기, 자동차, 건설기계, 기계, 설비, 장치, 운반구, 공구, 학술 또는 예술상의 저작물(영화필름을 포함)의 저작권, 특허권, 상표권, 의장, 모형, 도면, 비밀의 공식 또는 공정, 라디오·텔레비전·방송용 필름 및 테이프, 산업상·상업상 또는 과학상의 지식·경험 또는 숙련에 관한 정보, 우리나라 법에 따른 면허·허가 또는 이와 유사한 처분에 의하여 설정된 권리 그 밖의 이와 유사한 재화 시설물 또는 권리를 말한다.

- **선박·항공기 등의 이용대가에 대한 대리납부**(부기통 52-95-2)

법 제52조제1항에서 규정하는 비거주자 또는 외국법인이 우리나라에서 공급하는 외국항행용역(선원부용선계약에 따른 외국항행용역을 포함한다)은 대리납부대상이 되지 아니하나, 선박 및 항공기를 나용선(기)계약에 따라 사용하고 용선(기)료를 지급하는 때에는 대리납부를 하여야 한다.

88) 여기에는 '용역 등 공급자의 상호·주소·성명, 대리납부하는 사업자의 인적사항, 공급가액 및 부가가치세액 및 그 밖의 참고사항'을 기재한다.

• 비거주자의 국내체재 경비의 대리납부 대상(부기통 52-95-4)

국내에 사업장이 없는 외국법인과 기술도입계약을 체결하여 동 법인소속의 기술자로부터 계약에 정하는 기술용역을 공급받고 기술자의 체재경비를 지급하는 경우에 해당 체재경비가 용역의 대가에 포함되는 때에는 그 대가를 지급하는 때에 부가가치세를 징수하여 대리납부하여야 한다.

9.2.6. 사업양수자의 대리납부

재화의 공급으로 보지 아니하는 사업의 양도(이에 해당하는지 여부가 분명하지 아니한 경우를 포함)에 따라 그 사업을 양수받는 자는 그 대가를 지급하는 때에 대가를 받은 자로부터 부가가치세를 징수하여 부가가치세대리납부신고서(사업양수자용)[89]와 함께 그 대가를 지급하는 날이 속하는 달의 다음달 25일까지 사업장 관할세무서장에게 납부하거나 「국세징수법」에 따른 납부서를 작성하여 한국은행 또는 체신관서에 납부할 수 있다(부가법 §52 ④, 부가령 §95 ⑤).

한편 대리납부규정에 따라 그 사업을 양수받는 자가 대가를 받은 자로부터 부가가치세를 징수하여 납부한 경우는 사업의 포괄양도 규정을 적용하지 아니한다(부가법 §10 ⑧ (2) 단서). 즉, 본래 재화의 공급에 해당하지 않는 사업양도에 해당한다 하더라도 사업양수자가 부가가치세를 대리납부를 하는 경우에는 이를 재화의 공급으로 보겠다는 것이다. 이 경우 사업양도자는 사업양수자에게 세금계산서를 발급하여야 하며, 사업양수자는 자기의 사업을 위하여 사용하였거나 사용할 목적으로 부담한 매입세액인 경우 자기의 매출세액에서 공제받을 수 있다(집행기준 10-23-3).

본래 사업을 포괄적으로 양도하는 것은 재화의 공급으로 보지 아니하는 것이나, 사업을 포괄양도하면서 양도자가 부가가치세를 거래징수하여 이를 신고·납부하는 경우에는 양수자가 해당 세액을 매입세액으로 공제받을 수 있었다. 하지만 양도자가 부가가치세를 거래징수한 후 이를 신고·납부하지 않는 경우 양수자는 공제받은 매입세액을 다시 징수당하는 문제점이 있었는데, 이를 방지하기 위하여 사업을 포괄적으로 양수하는 자가 양도한 자로부터 부가가치세를 징수하여 납부한 경우에는 해당 거래를 매입세액공제가 가능한 재화의 공급으로 보도록 함으로써 양수자의 납세편의를 제고하게 되었다.

---

89) 여기에는 사업양수자의 인적사항, 사업의 양수에 따른 대가를 받은 자의 인적사항, 사업의 양수에 따른 대가의 가액과 부가가치세액 및 그 밖의 참고 사항을 기재한다.

9.3. 국외사업자의 용역 등 공급에 관한 특례

9.3.1. 규정의 취지

국외사업자가 사업자등록의 대상으로서 다음 중 어느 하나에 해당하는 자(이하 위탁매매인 등'이라 한다)를 통하여 국내에서 용역 등을 공급하는 경우에는 해당 위탁매매인등이 해당 용역 등을 공급한 것으로 본다(부가법 §53 ①).

① 위탁매매인
② 준위탁매매인
③ 대리인
④ 중개인(구매자로부터 거래대금을 수취하여 판매자에게 지급하는 경우에 한정한다)

위탁매매 또는 대리인에 의한 매매를 할 때에는 위탁자 또는 본인이 직접 재화를 공급하거나 공급받은 것으로 본다(부가법 §6 ⑤). 이 규정은 본래 재화에 대하여 적용하는 것이나, 대법원 판례에 의하여 용역의 공급에 대하여도 해당 규정이 유추 적용된다.[90] 따라서 위탁자인 국외사업자가 국내의 위탁매매인 또는 대리인을 통하여 용역 등[91]을 국내에 공급하는 경우 이는 본래 국외사업자의 공급에 해당하는 것으로 용역 등을 공급받는 자가 대리납부의무를 부담하여야 하는 것이나, 용역 등을 공급받는 자가 비사업자에 해당하는 경우에는 대리납부의무의 성실한 이행을 기대하기 어렵다고 보아야 할 것이다. 그리하여 국외사업자가 위탁매매인 등을 통하여 용역 등을 국내에 공급하는 경우 해당 거래에 대한 신고·납부가 원활해지도록 하기 위하여 이를 위탁매매인 등이 해당 용역 등을 공급한 것으로 보도록 특례를 두고 있는 것이다. 따라서 국외사업자가 위탁매매인 등에 의하여 용역 등을 공급하는 경우 위탁매매인 등이 공급받는 자로부터 부가가치세를 거래징수하고 이를 납부할 의무를 지게 된다.[92]

9.3.2. 권리에 대한 특례

국외사업자로부터 권리를 공급받는 경우에는 부가가치세법상 재화의 공급장소의 규정에도 불구하고 공급받는 자의 사업장 또는 주소지를 해당 권리가 공급되는 장소로 본다(부가법 §53 ②).

---

90) 위탁매매인 또는 대리인을 통하여 재화를 공급하거나 공급받는 경우에 위탁자 또는 본인을 알 수 없는 때를 제외하고는 위탁자 또는 본인이 직접 재화를 공급하거나 공급받는 것으로 본다고 규정한 부가가치세법 제6조 제5항은 그 취지에 비추어 볼 때 준위탁매매인에 의한 용역 공급의 경우에도 유추 적용된다(대법원 2006. 9. 22. 선고 2004두12117 판결).

91) 이 특례에서 말하는 '용역 등'은 대리납부의 대상이 되는 용역 및 권리의 범위와 동일하다.

92) 국외사업자의 용역 등 공급에 관한 특례에 따라 용역 등을 공급하는 경우에는 세금계산서 발급시 해당 용역 등을 공급하는 국외사업자의 상호 및 주소를 덧붙여 적어야 한다(부가령 §69 ⑰).

9.4. 전자적 용역을 공급하는 국외사업자의 용역 공급과 사업자등록 등에 관한 특례

종전 부가가치세법에 따르면, 국내소비자가 해외 오픈마켓을 통하여 전자적 용역(앱, 음악·영화파일 등)을 구매하는 경우 국내 개발자의 전자적 용역은 부가가치세가 과세[93]되고 있었으나 해외 개발자의 전자적 용역은 과세되지 않음으로 인하여, 국내개발자와 해외개발자 간 과세형평에 문제가 있었다. 따라서 이러한 사업자 간 과세형평 제고 및 과세기반 확대차원에서 국내소비자가 해외 오픈마켓을 통하여 구매하는 전자적 용역에 대하여도 부가가치세를 과세하도록 하였다.

9.4.1. 전자적 용역의 범위

전자적 용역을 공급하는 국외사업자에 대하여는 사업자등록 및 납부 등에 관한 특례가 적용되는데, 여기에서 '전자적 용역'이란 국외사업자가 정보통신망(「정보통신망 이용촉진 및 정보보호 등에 관한 법률」에 따른 정보통신망을 말한다. 이하 같다)을 통하여 이동통신단말장치 또는 컴퓨터 등으로 공급하는 용역으로서 다음 중 어느 하나에 해당하는 용역을 말한다(부가법 §53의 2 ①).

① 이동통신단말장치 또는 컴퓨터 등에 저장되어 구동되거나, 저장되지 아니하고 실시간으로 사용할 수 있는 것으로서 다음 중 어느 하나에 해당하는 것을 말한다.
   ㉠ 게임·음성·동영상 파일, 전자 문서 또는 소프트웨어와 같은 저작물 등으로서 광(光) 또는 전자적 방식으로 처리하여 부호·문자·음성·음향 및 영상 등의 형태로 제작 또는 가공된 것
   ㉡ '㉠'에 따른 전자적 용역을 개선시키는 것
② 광고를 게재하는 용역
③ 「클라우드컴퓨팅 발전 및 이용자 보호에 관한 법률」에 따른 클라우드컴퓨팅서비스
④ 재화 또는 용역을 중개하는 용역으로서 다음 중 어느 하나에 해당하는 용역[주1)]
   ㉠ 국내에서 물품 또는 장소 등을 대여하거나 사용·소비할 수 있도록 중개하는 것
   ㉡ 국내에서 재화 또는 용역을 공급하거나 공급받을 수 있도록 중개하는 것
⑤ 그 밖에 위 '①'부터 '④'까지와 유사한 용역으로서 대통령령으로 정하는 용역[주2)]

주1) 다만, 재화 또는 용역의 공급에 대한 대가에 중개 용역의 대가가 포함되어 부가가치세법에 따른 납세의무자가 부가가치세를 신고하고 납부하는 경우는 제외한다.
주2) 현재 대통령령으로 정한 것은 없다.

---

93) 국내 사업자가 개발한 스마트폰용 응용프로그램(애플리케이션)을 인터넷상의 오픈마켓에 등재하고 오픈마켓 운영자의 중개 하에 국내외 소비자가 이를 유상으로 다운로드받아 사용하는 경우, 동 거래는 용역의 공급으로서 과세대상이고, 국외 소비자가 다운로드받는 분은 국외에서 제공하는 용역으로서 영세율이 적용된다(부가, 재정경제부 부가가치세제과-388, 2011.06.10).

9.4.2. 간편사업자등록

(1) 국외사업자가 국내에 공급하는 경우

국외사업자가 정보통신망을 통하여 이동통신단말장치 또는 컴퓨터 등으로 공급하는 용역으로서 전자적 용역을 국내에 제공하는 경우[사업자등록을 한 자(이하 '등록사업자'라 한다)의 과세사업 또는 면세사업에 대하여 용역을 공급하는 경우는 제외한다]에는 사업의 개시일부터 20일 이내에 간편한 방법으로[94] 사업자등록(이하 '간편사업자등록'이라 한다)을 하여야 한다(부가법 §53의 2 ①, 부가령 §96의 2 ①).

(2) 국외사업자가 제3자를 통하여 국내에 공급하는 경우

국외사업자가 다음 중 어느 하나에 해당하는 제3자(국외사업자에 해당하는 비거주자 또는 외국법인을 포함한다)를 통하여 국내에 전자적 용역을 공급하는 경우(등록사업자의 과세사업 또는 면세사업에 대하여 용역을 공급하는 경우나 국외사업자의 용역 등 공급 특례가 적용되는 경우는 제외한다)에는 그 제3자가 해당 전자적 용역을 공급한 것으로 보며, 그 제3자는 사업의 개시일부터 20일 이내에 간편사업자등록을 하여야 한다(부가법 §53의 2 ②).

① 정보통신망 등을 이용하여 전자적 용역의 거래가 가능하도록 오픈마켓이나 그와 유사한 것을 운영하고 관련 서비스를 제공하는 자
② 전자적 용역의 거래에서 중개에 관한 행위 등을 하는 자로서 구매자로부터 거래대금을 수취하여 판매자에게 지급하는 자
③ 그 밖에 '①' 및 '②'와 유사하게 전자적 용역의 거래에 관여하는 자로서 일정한 자

(3) 간편사업자등록의 말소

국세청장은 간편사업자등록을 한 자(이하 '간편사업자등록자'라 한다)가 국내에서 폐업한 경우(사실상 폐업한 경우로서 일정한 경우[95]를 포함한다) 간편사업자등록을 말소할 수 있다(부가법 §53의 2 ⑨).

---

94) 이 규정에 따라 간편사업자등록을 하려는 사업자는 국세정보통신망에 접속하여 다음의 사항을 입력하는 방식으로 국세청장에게 간편사업자등록을 하여야 한다(부가령 §96의 2 ③). 한편, 국세청장은 이에 따른 간편사업자등록을 한 자에 대하여 간편사업자등록번호를 부여하고, 사업자(납세관리인이 있는 경우 납세관리인을 포함한다)에게 통지(정보통신망을 이용한 통지를 포함한다)하여야 한다(부가령 §96의 2 ④).
① 사업자 및 대표자의 이름과 전화번호, 우편주소, 이메일 주소 및 웹사이트 주소 등의 연락처. 이 경우 법인인 사업자가 법인 이름과 다른 이름으로 거래하는 경우 거래이름을 포함한다.
② 등록국가·주소 및 등록번호 등 용역을 제공하는 사업장이 소재하는 국외 사업자 등록 관련 정보
③ 제공하는 전자적 용역의 종류, 국내에 전자적 용역을 공급하는 사업개시일 및 그 밖에 간편사업자등록을 위하여 필요한 사항으로서 다음의 것
㉠ 납세관리인이 있는 경우 납세관리인의 성명, 주민등록번호 또는 사업자등록번호, 주소 또는 거소 및 전화번호
㉡ 부가가치세 환급금을 지급받기 위하여 금융회사 또는 체신관서에 계좌를 개설한 경우 그 계좌번호

95) 여기에서 '일정한 경우'란 다음의 각 경우를 말한다(부가령 §96의 2 ⑩).

9.4.3. 간편사업자등록자의 신고 및 납부

간편사업자등록자는 대리납부 규정에도 불구하고 부가가치세법에 따른 예정신고·납부 및 확정신고·납부를 하여야 한다(부가법 §53의 2 ④).[96] 한편, 간편사업자등록을 한 자는 해당 전자적 용역의 공급과 관련하여 부가가치세법 제38조[공제하는 매입세액] 및 부가가치세법 제39조[공제하지 아니하는 매입세액]에 따라 공제되는 매입세액 외에는 매출세액 또는 납부세액에서 공제하지 아니한다(부가법 §53의 2 ⑤).

9.4.4. 간편사업자등록자의 거래명세 보관 및 제출의무

간편사업자등록자는 전자적 용역의 공급에 대한 거래명세(등록사업자의 과세사업 또는 면세사업에 대하여 용역을 공급하는 경우의 거래명세를 포함한다)를 그 거래사실이 속하는 과세기간에 대한 확정신고 기한이 지난 후 5년간 보관하여야 한다(부가법 §53의 2 ⑥).[97]

한편, 국세청장은 부가가치세 신고의 적정성을 확인하기 위하여 간편사업자등록을 한 자에게 전자적 용역 거래명세서(이하 '전자적 용역 거래명세서'라 한다)를 제출할 것을 요구할 수 있으며, 간편사업자등록자는 해당 따른 요구를 받은 날부터 60일 이내에 전자적 용역 거래명세서를 국세청장에게 제출하여야 한다(부가법 §53의 2 ⑦, ⑧).

---

① 간편사업자등록자가 부도발생, 고액체납 등으로 도산하여 소재 불명인 경우
② 간편사업자등록자가 사업의 영위에 필요한 인허가 등이 취소되는 등의 사유로 대한민국 또는 등록국가에서 사업을 수행할 수 없는 경우
③ 간편사업자등록자가 전자적 용역을 공급하기 위한 인터넷 홈페이지[이동통신단말장치에서 사용되는 애플리케이션(Application), 그 밖에 이와 비슷한 응용프로그램을 통하여 가상의 공간에 개설한 장소를 포함한다]를 폐쇄한 경우
④ 간편사업자등록자가 정당한 사유 없이 계속하여 둘 이상의 과세기간에 걸쳐 부가가치세를 신고하지 않은 경우
⑤ 그 밖에 '①'부터 '④'까지의 경우와 유사한 경우로서 국세청장이 간편사업자등록자가 사실상 폐업상태에 있다고 인정하는 경우

96) 이 규정에 따라 부가가치세를 신고하려는 사업자는 국세정보통신망에 접속하여 다음의 사항을 입력하는 방식으로 부가가치세 예정신고 및 확정신고를 하여야 한다(부가령 §96의 2 ⑤). 한편, 이에 따른 납부는 국세청장이 정하는 바에 따라 외국환은행의 계좌에 납입하는 방식으로 한다(부가령 §96의 2 ⑥).
① 사업자이름 및 간편사업자등록번호
② 신고기간 동안 국내에 공급한 전자적 용역의 총 공급가액, 공제받을 매입세액 및 납부할 세액
③ 그 밖에 필요한 사항으로서 재정경제부령으로 정하는 것

97) 전자적 용역의 공급에 대한 거래명세에는 다음의 각 사항이 포함되어야 하며, 간편사업자등록자는 해당 거래명세를 정보처리장치 등의 전자적 형태로 보관할 수 있다(부가령 §96의 2 ⑧, ⑨).
① 공급한 전자적 용역의 종류
② 공급가액과 부가가치세액
③ 전자적 용역의 공급시기
④ 공급받는 자의 등록번호(사업자인 경우로 한정한다) 및 성명·상호
⑤ 그 밖에 재정경제부령으로 정하는 사항

9.4.5. 간편사업자등록자의 세금계산서등 발급의무 면제

간편사업자등록을 한 사업자가 국내에 공급하는 전자적 용역에 대하여는 세금계산서 및 영수증 발급의무를 면제한다(부가령 §71 ① (8), §73 ⑥).

9.4.6. 전자적 용역의 공급시기

국내로 공급되는 전자적 용역의 공급시기는 다음의 시기 중 빠른 때로 한다(부가법 §53의 2 ⑥, 부가령 §96의 2 ⑪).

① 구매자가 공급하는 자로부터 전자적 용역을 제공받은 때
② 구매자가 전자적 용역을 구매하기 위하여 대금의 결제를 완료한 때

9.4.7. 간편사업자등록을 한 사업자의 납세지

간편사업자등록을 한 사업자의 납세지는 사업자의 신고·납부의 효율과 편의를 고려하여 국세청장이 지정한다(부가법 §53의 2 ⑥, 부가령 §96의 2 ⑫).

9.4.8. 외화의 환산

간편사업자등록자가 국내에 공급한 전자적 용역의 대가를 외국통화나 그 밖의 외국환으로 받은 경우에는 과세기간 종료일(예정신고 및 납부에 대해서는 예정신고기간 종료일을 말한다)의 기준환율을 적용하여 환가한 금액을 과세표준으로 할 수 있다. 이 경우 국세청장은 정보통신망을 이용하여 통지하거나 국세정보통신망에 고시하는 방법 등으로 사업자(납세관리인이 있는 경우 납세관리인을 포함한다)에게 기준환율을 알려야 한다(부가령 §96의 2 ⑦).

9.5. 결정 및 경정

부가가치세는 신고납세제도를 채택하고 있는 세목이다. '신고납세제도'란 납세의무자의 신고에 의하여 과세표준과 세액을 확정하는 제도를 말하는데, 신고납세제도에 있어서 과세표준과 세액의 1차적인 확정권은 납세의무자에게 있다. 하지만 납세의무자가 과세표준과 세액을 신고하지 않거나 신고내용이 사실과 다른 경우에는 2차적(보충적) 지위에 있는 과세관청이 세액을 확정(결정 또는 경정결정)할 수 있다.

여기에서 '결정'이란 납세의무자가 부가가치세 확정신고를 하지 아니한 경우에 과세관청이 과세표준과 납부세액 또는 환급세액을 조사에 의하여 구체적으로 확정하는 행위로서 최초로 납세의무를 확정하는 처

분을 말한다. '경정결정(혹은 경정)'이란 납세의무자가 부가가치세를 확정신고하였으나 확정신고한 내용에 오류 또는 탈루가 있는 경우에 과세관청이 이를 적법하고 진실 되게 바로잡는 행위로서 이미 확정된 납세의무의 내용을 변경하는 처분을 말한다.

9.5.1. 결정 및 경정사유

납세지 관할세무서장, 납세지 관할지방국세청장 또는 국세청장(이하 '납세지 관할세무서장 등'이라 한다)은 사업자가 다음 중 어느 하나에 해당하는 경우에만 해당 예정신고기간 및 과세기간에 대한 부가가치세의 과세표준과 납부세액 또는 환급세액을 조사하여 결정 또는 경정한다(부가법 §57 ①, 부가령 §103 ①).

① 예정신고 또는 확정신고를 하지 아니한 경우
② 예정신고 또는 확정신고를 한 내용에 오류가 있거나 내용이 누락된 경우
③ 확정신고를 할 때 매출처별세금계산서합계표 또는 매입처별세금계산서합계표를 제출하지 아니하거나 제출한 매출처별세금계산서합계표 또는 매입처별세금계산서합계표에 기재사항의 전부 또는 일부가 적혀 있지 아니하거나 사실과 다르게 적혀 있는 경우
④ 그 밖에 다음의 사유로 부가가치세를 포탈(逋脫)할 우려가 있는 경우
㉠ 사업장의 이동이 빈번한 경우
㉡ 사업장의 이동이 빈번하다고 인정되는 지역에 사업장이 있는 경우
㉢ 휴업 또는 폐업상태에 있을 경우
㉣ 신용카드가맹점 또는 현금영수증가맹점 가입대상자로 지정받은 사업자가 정당한 사유 없이 신용카드가맹점 또는 현금영수증가맹점으로 가입하지 아니한 경우로서 사업규모나 영업상황으로 보아 신고내용이 불성실하다고 판단되는 경우
㉤ 영세율등조기환급신고의 내용에 오류가 있거나 내용이 누락된 경우

주) 한편, 영수증 발급대상에 해당하는 사업 중 국세청장이 정하는 업종을 경영하는 사업자로서 같은 장소에서 계속하여 5년 이상 사업을 경영한 자에 대하여는 객관적인 증명자료로 보아 과소하게 신고한 것이 분명한 경우에만 경정할 수 있다(경정의 제한, 부가령 §103 ②).

9.5.2. 결정 및 경정기관

부가가치세의 과세표준과 납부세액 또는 환급세액의 결정·경정은 각 납세지 관할세무서장이 한다. 다만, 국세청장이 특히 중요하다고 인정하는 경우에는 납세지 관할지방국세청장 또는 국세청장이 결정하거나 경정할 수 있다(부가령 §102 ①).

주사업장총괄납부를 하는 경우 각 납세지 관할세무서장, 납세지 관할지방국세청장 또는 국세청장이 과세표준과 납부세액 또는 환급세액을 결정하거나 경정하였을 때에는 지체 없이 납세지 관할세무서장 또는 총괄납부를 하는 주된 사업장의 관할세무서장에게 통지하여야 한다(부가령 §102 ②).

9.5.3. 결정 및 경정의 방법

(1) 실지조사(원칙)

납세지 관할세무서장 등은 각 예정신고기간 및 과세기간에 대한 과세표준과 납부세액 또는 환급세액을 조사하여 결정 또는 경정하는 경우에는 세금계산서, 수입세금계산서, 장부 또는 그 밖의 증명자료를 근거로 하여야 한다(부가법 §57 ②).

(2) 추계결정 · 경정(예외)

다음 중 어느 하나에 해당하는 경우에는 추계(推計)할 수 있다(부가법 §57 ② 단서).

① 과세표준을 계산할 때 필요한 세금계산서, 수입세금계산서, 장부 또는 그 밖의 증명자료가 없거나 그 중요한 부분이 갖추어지지 아니한 경우
② 세금계산서, 수입세금계산서, 장부 또는 그 밖의 증명자료의 내용이 시설규모, 종업원 수와 원자재·상품·제품 또는 각종 요금의 시가에 비추어 거짓임이 명백한 경우
③ 세금계산서, 수입세금계산서, 장부 또는 그 밖의 증명자료의 내용이 원자재 사용량, 동력(動力) 사용량이나 그 밖의 조업 상황에 비추어 거짓임이 명백한 경우

이 경우 추계는 다음의 방법에 따른다(부가령 §104 ①).

① 장부의 기록이 정당하다고 인정되고 신고가 성실하여 경정을 받지 아니한 같은 업종과 같은 현황의 다른 사업자와 권형에 따라 계산하는 방법
② 국세청장이 업종별로 투입원재료에 대하여 조사한 생산수율이 있을 때에는 생산수율을 적용하여 계산한 생산량에 그 과세기간 중에 공급한 수량의 시가를 적용하여 계산하는 방법
③ 국세청장이 사업의 종류·지역 등을 고려하여 사업과 관련된 종업원, 객실, 사업장, 차량, 수도, 전기 등 인적·물적 시설의 수량 또는 가액과 매출액의 관계를 정한 영업효율이 있을 때에는 영업효율을 적용하여 계산하는 방법
④ 국세청장이 사업의 종류별·지역별로 정한 다음 중 어느 하나에 해당하는 기준에 따라 계산하는 방법
  ㉠ 생산에 투입되는 원재료, 부재료 중에서 일부 또는 전체의 수량과 생산량의 관계를 정한 원단위 투입량
  ㉡ 인건비, 임차료, 재료비, 수도광열비, 그 밖의 영업비용 중에서 일부 또는 전체의 비용과 매출액의 관계를 정한 비용관계비율
  ㉢ 일정기간 동안의 평균재고금액과 매출액 또는 매출원가의 관계를 정한 상품회전율
  ㉣ 일정기간 동안의 매출액과 매출총이익의 비율을 정한 매매총이익률
  ㉤ 일정기간 동안의 매출액과 부가가치액의 비율을 정한 부가가치율
⑤ 추계결정·경정대상사업자에 대하여 위 '②~④'의 비율을 계산할 수 있는 경우에는 그 비율을 적용하여 계산하는 방법
⑥ 주로 최종소비자를 대상으로 거래하는 음식 및 숙박업과 서비스업에 대하여는 국세청장이 정하는 입회조사기준에 따라 계산하는 방법

표 9.4. 추계의 방법

추계방법	비 고
① 동업자권형	동일업황의 다른 동업자와의 권형에 의하여 계산하는 방법
② 업종별 생산수율 적용	국세청장이 업종별로 투입원재료에 대하여 조사한 생산수율
③ 업종별 영업효율을 적용	사업과 관련된 인적·물적시설의 수량 또는 가액과 매출액의 관계를 정한 영업효율
④ 국세청장이 사업의 종류별·지역별로 정한 비율	원단위 투입량·비용관계 비율·상품회전율·매출총이익률·부가가치율
⑤ 사업자 고유비율	추계결정·경정대상사업자에 대하여 위 '②~④'의 비율을 산정할 수 있는 경우
⑥ 입회조사기준	주로 최종소비자를 대상으로 거래하는 음식 및 숙박업과 서비스업에 대하여 적용

9.5.4. 결정 및 경정시 매입세액공제

(1) 실지조사의 경우

경정을 하는 경우 사업자가 발급받은 세금계산서 또는 발급받은 신용카드매출전표 등을 경정기관의 확인을 거쳐 해당 경정기관에 제출하는 경우에는 매입세액공제를 받을 수 있다(부가령 §74 (5)). 다만, 이 경우 공급받은 사업자는 매입세액을 공제받는 대신 가산세는 부담해야 한다.

(2) 추계결정·경정의 경우

추계에 의하여 납부세액을 계산할 때 공제하는 매입세액은 발급받은 세금계산서를 관할세무서장에게 제출하고 그 기재내용이 분명한 부분으로 한정한다. 다만, 재해 또는 그 밖의 불가항력으로 인하여 발급받은 세금계산서가 소멸되어 세금계산서를 제출하지 못하게 되었을 때에는 해당 사업자에게 공급한 거래상대방이 제출한 세금계산서에 의하여 확인되는 것을 납부세액에서 공제하는 매입세액으로 한다(부가령 §104 ②).

9.5.5. 재경정

납세지 관할세무서장 등은 결정 또는 경정한 과세표준과 납부세액 또는 환급세액에 오류가 있거나 누락된 내용이 발견되면 즉시 다시 경정한다(부가법 §57 ③).

9.5.6. 수시부과의 결정

(1) 부과사유

납세지 관할세무서장 등은 사업자가 과세기간 중에 다음 중 어느 하나에 해당하는 경우에는 수시로 그 사업자에 대한 부가가치세를 부과(이하 '수시부과'라 한다)할 수 있다(부가법 §57의 2 ①).

① 세금계산서 가공발급 등[주1)]에 해당하는 경우
② 그 밖에 일정한 사유[주2)]로 부가가치세를 포탈할 우려가 있는 경우

주1) 고율의 세금계산서 관련 가산세가 적용되는 세금계산서 가공발급·수취, 위장발급·수취 및 과다기재 발급·수취에 해당하는 경우를 말한다. 이에 대해서는 **'9.8. 가산세'**에서 구체적으로 살펴보도록 하겠다.

주2) 부가가치세를 포탈할 우려가 있는 일정한 사유는 다음 중 어느 하나에 해당하는 경우를 말한다(부가령 §103 ①).

① 사업장의 이동이 빈번한 경우
② 사업장의 이동이 빈번하다고 인정되는 지역에 사업장이 있을 경우
③ 휴업 또는 폐업 상태에 있을 경우
④ 신용카드가맹점 또는 현금영수증가맹점 가입 대상자로 지정받은 사업자가 정당한 사유 없이 신용카드가맹점 또는 현금영수증가맹점으로 가입하지 아니한 경우로서 사업 규모나 영업 상황으로 보아 신고 내용이 불성실하다고 판단되는 경우
⑤ 조기환급 신고의 내용에 오류가 있거나 내용이 누락된 경우

(2) 부과기간

수시부과의 결정은 해당 과세기간의 개시일부터 각 사유가 발생한 날까지를 수시부과기간으로 하여 적용한다. 이 경우 각 사유가 확정신고기한 이전에 발생한 경우로서 사업자가 직전 과세기간에 대하여 확정신고를 하지 아니한 경우에는 직전 과세기간을 수시부과기간에 포함한다(부가법 §57의 2 ②).

세부규정

• **명의 위장사업자와 거래한 선의의 사업자에 대한 경정**(부기통 57-103-1)

사업자가 거래상대방의 사업자등록증을 확인하고 거래에 따른 세금계산서를 발급하거나 발급받은 경우, 거래상대방이 관계기관의 조사로 인하여 명의위장사업자로 판정되었다 하더라도 해당 사업자를 선의의 거래당사자로 볼 수 있는 때에는 경정 또는 「조세범처벌법」에 따른 처벌 등 불이익한 처분을 받지 아니한다.

9.6. 징 수

납세지 관할세무서장은 사업자가 다음 중 어느 하나에 해당하는 경우에는 다음의 구분에 따른 세액을 「국세징수법」에 따라 징수한다(부가법 §58 ①).

구분	징수할 세액
① 예정신고 또는 확정신고를 할 때에 신고한 납부세액을 납부하지 아니하거나 납부하여야 할 세액보다 적게 납부한 경우	그 미납부세액
② 결정 또는 경정을 한 경우	추가로 납부하여야 할 세액
③ 수시부과한 경우	수시부과한 세액

한편, 재화의 수입에 대한 부가가치세는 세관장이 「관세법」에 따라 징수하며(부가법 §58 ②), 세관장이 부가가치세를 징수하는 때(납부 받거나 환급할 때를 포함한다)에는 「관세법」의 규정에 따른다(부가령 §105). 또한, 신탁재산 관련 수탁자가 납부하여야 하는 부가가치세가 체납된 경우에는 「국세징수법」 규정에도 불구하고 해당 신탁재산에 대해서만 강제징수를 할 수 있다(부가법 §58의 2).

9.7. 환 급

'환급'이라 함은 일반적으로 납세의무자가 국세 및 강제징수비로서 납부한 금액이 납부하여야 할 금액을 초과하는 때 그 초과하는 금액을 돌려주는 것을 말한다.

전단계세액공제법을 채택하고 있는 부가가치세법상 납부세액은 과세기간 단위로 매출세액에서 매입세액을 차감하여 계산한다. 이 경우 매입세액이 매출세액을 초과하게 되면 부(負)의 납부세액이 발생하게 되는데, 이를 환급세액이라고 한다. 이 경우 납세지 관할세무서장은 각 과세기간별로 그 과세기간에 대한 환급세액을 사업자에게 환급하여야 한다. 부가가치세법상 환급은 일반환급과 조기환급으로 구분되는데, 이하 이에 대하여 구체적으로 살펴보겠다.

9.7.1. 일반환급

납세지 관할세무서장은 각 과세기간별로 그 과세기간에 대한 환급세액을 확정신고한 사업자에게 그 확정신고기한이 지난 후 30일 이내에 환급하여야 한다(부가법 §24 ①). 따라서 환급은 확정신고시에만 가능한 것인데, 예정신고는 예납적 성격의 신고이므로 하나의 과세기간에 대한 환급세액이 결정되지 않았기 때문이다.

이 경우 환급하여야 할 세액은 예정신고·확정신고 또는 조기환급신고에 따라 제출한 신고서 및 이에 첨부된 증명서류와 매입처별 세금계산서합계표, 신용카드매출전표 등 수령명세서에 의하여 확인되는 금액으로 한정한다(부가령 §106 ①).

9.7.2. 조기환급

부가가치세법상 환급세액이 발생한 경우 각 과세기간별로 환급하는 것이 원칙이나, 영세율 적용대상인 사업자와 사업설비를 취득한 사업자 및 재무구조개선계획을 이행 중인 사업자에 대하여는 신속히 환급세액을 환급함으로써 일반적인 환급기간을 적용할 경우 발생할 수 있는 사업자의 자금 부담을 덜어주는 동시에 수출과 설비투자를 지원하고 재무구조개선을 지원하고 있는데, 이를 '조기환급'이라 한다.

(1) 조기환급 대상

일반환급의 규정에도 불구하고 납세지 관할세무서장은 다음 중 어느 하나에 해당하여 환급을 신고한 사업자에게 환급세액을 조기에 환급할 수 있다(부가법 §59 ①).

① 사업자가 영세율을 적용받는 경우
② 사업자가 사업설비를 신설·취득·확장 또는 증축하는 경우[주1)]
③ 사업자가 재무구조개선계획을 이행 중인 경우[주2)]

주1) 여기에서 '사업설비'란 「소득세법」 및 「법인세법」에 따른 건물·기계장치 등의 감가상각자산을 말한다(부가령 §107 ②).
주2) 여기에서 '재무구조개선계획을 이행 중인 경우'란 조기환급기간, 예정신고기간 또는 과세기간의 종료일 현재 「조세특례제한법 시행령」에 따른 재무구조개선계획승인권자가 승인한 계획을 이행 중인 경우를 말한다(부가령 §107 ⑦).

(2) 예정신고기간 또는 과세기간의 환급세액에 대한 조기환급

조기환급을 받으려는 사업자가 예정신고서 또는 확정신고서를 제출한 경우에는 조기환급을 신고한 것으로 본다. 다만, 사업설비를 신설·취득·확장 또는 증축하는 경우에는 건물등감가상각자산취득명세서[98)]를, 재무구조개선계획을 이행 중인 경우에는 재무구조개선계획서를 각각 그 신고서에 첨부하여야 한다(부가령 §107 ③).

이 경우 신고를 받은 관할세무서장은 각 과세기간별로 그 과세기간의 환급세액을 확정신고한 사업자에게 확정신고기한이 지난 후 15일 내에 환급하여야 하거나, 각 예정신고기간별로 그 예정신고기한이 지난 후 15일 이내에 예정신고한 사업자에게 환급하여야 한다(부가법 §59 ①, 부가령 §107 ①).

(3) 조기환급기간의 환급세액에 대한 조기환급

예정신고기간 중 또는 과세기간 최종 3개월 중 매월 또는 매2월을 '조기환급기간'이라고 한다(부가령 §107 ④).

---

98) 여기에는 '사업 설비의 종류, 용도, 설비예정일자 및 설비일자, 공급받은 재화 또는 용역과 그 매입세액 및 그 밖의 참고 사항'을 기재하여야 한다.

‖ 표 9.5. ‖ 조기환급기간

구 분	조기환급기간
예정신고기간 또는 과세기간 최종 3개월 중 매월	1월, 2월, 4월, 5월, 7월, 8월, 10월, 11월
예정신고기간 또는 과세기간 최종 3개월 중 매2월	1월~2월, 4월~5월, 7월~8월, 10월~11월

주) 따라서 3월, 6월, 9월 및 12월은 조기환급기간이 될 수 없다.

조기환급의 규정이 적용되는 사업자가 이러한 조기환급기간이 끝난 날부터 25일 이내(이하 '조기환급신고기한'이라 한다)에 조기환급기간에 대한 과세표준과 환급세액을 관할세무서장에게 신고하는 경우에는 조기환급기간에 대한 환급세액을 각 조기환급기간별로 해당 조기환급신고기한이 지난 후 15일 이내에 사업자에게 환급하여야 한다(부가령 §107 ④).

조기환급신고를 할 때에는 영세율등조기환급신고서[99]에 해당 과세표준에 대한 영세율 첨부서류와 매출·매입처별세금계산서합계표를 첨부하여 제출하여야 한다. 다만, 사업설비를 신설·취득·확장 또는 증축하는 경우 또는 재무구조개선계획을 이행 중인 경우에는 건물등감가상각자산취득명세서 또는 재무구조개선계획서를 그 신고서에 첨부하여야 한다(부가령 §73 ⑤).

조기환급신고와 함께 매출·매입처별세금계산서합계표를 제출한 경우에는 예정신고 또는 확정신고와 함께 이를 제출한 것으로 본다(부가령 §107 ⑥).

‖ 그림 9.2. ‖ 조기환급기간 및 절차

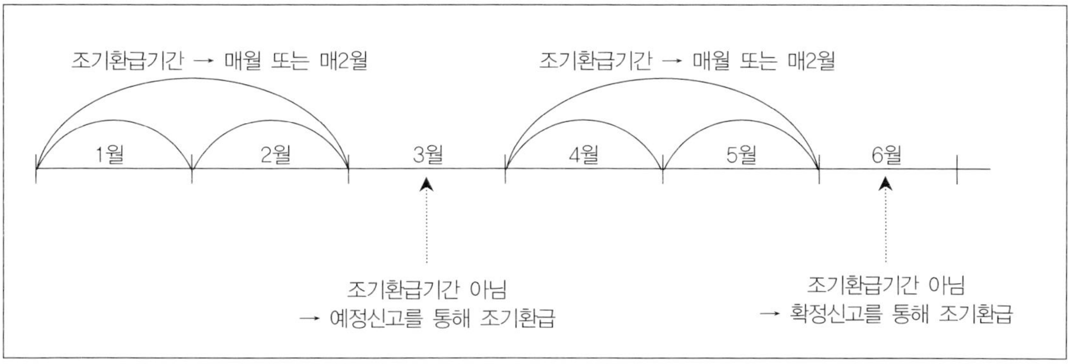

주) ① 사업자는 과세표준과 환급세액을 조기환급기간이 끝난 날부터 25일 내에 신고하고,
② 관할세무서장은 각 환급기간별로 조기환급신고기한이 지난 후 15일 이내에 사업자에게 환급하여야 한다.

99) 여기에는 '사업자의 인적사항, 과세표준과 환급세액 및 그 계산근거, 매출·매입처별 세금계산서합계표의 제출 내용 및 그 밖의 참고 사항'을 적어야 한다.

9.7.3. 결정 또는 경정에 의한 환급

지금까지 살펴본 환급규정은 사업자가 신고를 통해 환급세액이 발생한 경우의 신고절차이다. 한편, 관할 세무서장은 결정·경정에 의하여 추가로 환급세액이 발생하는 경우에는 지체 없이 사업자에게 환급하여야 한다(부가령 §106 ②).

세부규정

• **신고기간별 영세율적용 시의 조기환급**(부기통 59-107-1)

영세율 적용에 따른 조기환급을 받을 수 있는 사업자는 해당 영세율 등 조기환급신고기간·예정신고기간 또는 과세기간 중에 각 신고기간 단위별로 영세율의 적용대상이 되는 과세표준이 있는 경우에 한한다.

• **조기환급신고 시의 환급세액계산**(부기통 59-107-2)

조기환급세액은 영의 세율이 적용되는 공급분에 관련된 매입세액, 시설투자에 관련된 매입세액 또는 국내공급분에 대한 매입세액을 구분하지 아니하고 사업장별로 해당 매출세액에서 매입세액을 공제하여 계산한다.

• **사업장이 2 이상인 경우 조기환급신고**(부기통 59-107-3)

사업자가 어느 한 사업장에서 조기환급사유가 발생하는 경우 해당 사업장의 거래분만을 조기환급신고할 수 있다. 다만, 법 제51조에 따른 주사업장 총괄 납부 사업자의 경우에는 그러하지 아니하다.

• **리스시설에 대한 조기환급**(부기통 59-107-4)

납세의무 있는 사업자가 사업설비를 신설·취득·확장 등의 목적으로 해당 시설 등을 여신전문금융업법에 따라 등록한 시설대여업자로부터 임차하고 공급자 또는 세관장으로부터 세금계산서를 발급받은 경우에는 조기환급을 받을 수 있다. 이 경우 사업설비란 「소득세법」 및 「법인세법」에 규정하는 감가상각자산을 말한다.

9.8. 가산세

'가산세(加算稅)'란 세법에서 규정하는 의무의 성실한 이행을 확보하기 위하여 세법에 따라 산출한 세액에 가산하여 징수하는 금액으로 행정벌의 일종이다(국기법 §2 (4)).

정부는 세법에서 규정한 의무를 위반한 자에게 「국세기본법」 또는 세법에서 정하는 바에 따라 가산세를 부과할 수 있다(국기법 §47 ①). 가산세는 해당 의무가 규정된 세법의 해당 국세의 세목(稅目)으로 한다(국기법 §47 ②). 가산세는 납부할 세액에 가산하거나 환급받을 세액에서 공제한다(국기법 §47 ③).

9.8.1. 국세기본법상의 가산세

현행 세법에서는 일반적인 가산세의 경우 각 세법에 그 규정을 두고 있으나, 모든 세목에 공통적으로 적용될 수 있는 다음의 가산세는 개별세법에서 규정하지 아니하고 국세기본법에 통일적으로 규정하고 있다(국기법 §47의 2∼§47의 5).

<table>
<tr><th colspan="2">구 분</th><th colspan="2">가산세액</th></tr>
<tr><td rowspan="4">(1) 신고불성실가산세</td><td rowspan="2">① 무신고가산세[주1)]</td><td>부정무신고[주3)]</td><td>납부세액 × 40%(60%)[주4)]</td></tr>
<tr><td>일반무신고</td><td>납부세액 × 20%</td></tr>
<tr><td rowspan="2">② 과소신고·초과환급 신고가산세[주2)]</td><td>부정과소신고·초과환급신고[주3)]</td><td>납부세액 × 40%(60%)[주4)]</td></tr>
<tr><td>일반과소신고·초과환급신고</td><td>납부세액 × 10%</td></tr>
<tr><td colspan="2">(2) 납부지연가산세
(① + ②)</td><td colspan="2">① 미납·과소납부세액 및 초과환급세액의 경우
미납·과소납부세액 및 초과환급세액 × 일수 × $\frac{22}{100,000}$ (0.022%)[주5)]
② 국세를 납부고지서에 따른 납부기한까지 완납하지 아니한 경우
납부고지서상 납부기한까지 미납·과소납부세액 × 3%</td></tr>
<tr><td colspan="2">(3) 대리납부 납부지연가산세[주6)]</td><td colspan="2">미납·과소납부분 세액 × 3% ~ 10%(체납분 50%)</td></tr>
</table>

주1) 부가가치세법에 따른 사업자가 예정신고 또는 확정신고를 하지 아니한 경우로서 영세율과세표준이 있는 경우에는 영세율과세표준의 0.5%에 상당하는 금액을 합한 금액을 가산세로 한다.

주2) 부가가치세법에 따른 사업자가 예정신고 또는 확정신고를 한 경우로서 영세율과세표준을 과소신고(신고하지 아니한 경우를 포함)한 경우에는 영세율과세표준의 0.5%에 상당하는 금액을 합한 금액을 가산세로 한다.

주3) 위 '(1)'의 경우 부정행위로 신고의무를 위반한 경우에는 가산세를 보다 무겁게 부과하는데, 여기에서 '부정행위'란 다음 중 어느 하나에 해당하는 행위로서 조세의 부과와 징수를 불가능하게 하거나 현저히 곤란하게 하는 적극적 행위를 말한다(국기법 §26의 2 ①, 국기령 §12의 2 ①, 조처법 §3 ⑥).

① 이중장부의 작성 등 장부의 거짓 기장
② 거짓 증빙 또는 거짓 문서의 작성 및 수취
③ 장부와 기록의 파기
④ 재산의 은닉, 소득·수익·행위·거래의 조작 또는 은폐
⑤ 고의적으로 장부를 작성하지 아니하거나 비치하지 아니하는 행위 또는 (세금)계산서 또는 (세금)계산서합계표의 조작
⑥ 전사적 기업자원관리설비(ERP)의 조작 또는 전자세금계산서의 조작
⑦ 그 밖에 위계(僞計)에 의한 행위 또는 부정한 행위

주4) 국제거래에서 발생한 부정행위로 인한 무신고·과소신고의 경우에는 60%에 상당하는 금액을 가산세로 한다.

주5) 한편, 체납 이후의 납부지연가산세 산출단위는 일단위가 아닌 월단위(월 0.67%)로 변경된다.

주6) 「국세기본법」상 해당 가산세의 명칭은 '원천징수납부 등 납부지연가산세'이나, 부가가치세법상으로 이는 대리납부의무 불이행에 대하여 부과되는 것이므로 '대리납부 납부지연가산세'로 표현하였다.

주7) 공급받은 사업자가 대손세액에 해당하는 금액의 전부 또는 일부를 매입세액으로 공제받은 경우로서 그 사업자가 폐업하기 전에 공급하는 자가 대손세액공제를 받은 경우에는 공급받은 사업자는 관련 대손세액에 해당하는 금액을 대손이 확정된 날이 속하는 과세기간에 자신의 매입세액에서 빼야 하는 것이나, 그 공급을 받은 사업자가 대손세액에 해당하는 금액을 빼지 아니하여 그 사업자의 관할세무서장이 빼야 할 매입세액을 결정 또는 경정하는 경우(부가법 §45 ③ 단서)에는 위 '(1)~(2)'의 가산세 적용을 배제한다.

주8) 부가가치세법에 따른 사업자가 아닌 자가 환급세액을 신고한 경우 및 부가가치세액을 환급받은 경우에도 이 규정을 적용한다(국기법 §47의 3 ③, §47의 4 ②).

이러한 「국세기본법」상의 가산세 규정에 대해 보다 구체적으로 살펴보면 다음과 같다.

(1) 무신고가산세

납세의무자(부가가치세법상 전자적 용역을 공급하는 자가 부가가치세를 납부하여야 하는 경우와 간이과세자로서 해당 과세기간에 대한 공급대가가 4천8백만원 미만으로 납부의무가 면제된 자는 제외한다)가 법정신고기한까지 세법에 따른 예정신고 또는 확정신고를 하지 아니한 경우에는 다음의 금액을 납부할 세액에 가산하거나 환급받을 세액에서 공제한다(국기법 §47의 2 ①, ②).

구 분	가산세액
① 부정행위로 인한 무신고	납부세액 × 40% + 영세율과세표준 × 0.5%
② 일반무신고	(납부세액 − 기납부세액[주)]) × 20% + 영세율과세표준 × 0.5%

주) 여기에서 '기납부세액'이란 수시부과세액 등 해당 국세를 납부할 때 공제하여 납부하는 세액을 말한다(국기법 §47의 2 ⑤).

(2) 과소신고·초과환급신고가산세

납세의무자(부가가치세법상 전자적 용역을 공급하는 자가 부가가치세를 납부하여야 하는 경우와 간이과세자로서 해당 과세기간에 대한 공급대가가 4천8백만원 미만으로 납부의무가 면제된 자는 제외한다)가 법정신고기한까지 예정신고 또는 확정신고를 한 경우로서 납부세액을 신고하여야 할 금액보다 적게 신고(이하 '과소신고'라 한다)하거나 환급세액을 신고하여야 할 금액보다 많이 신고(이하 '초과신고'라 한다)한 경우에는 다음의 금액을 납부할 세액에 가산하거나 환급받을 세액에서 공제한다(국기법 §47의 3 ①, ②).

구 분	가산세액
① 부정행위로 인한 과소신고	(부정과소신고납부세액 + 부정초과신고환급세액) × 40% + 과소신고분영세율과세표준(무신고 포함)[주2)] × 0.5%
② 일반과소신고[주1)]	(과소신고분납부세액 − 부정과소신고납부세액) × 10% + (초과신고분환급세액 − 부정초과신고환급세액) × 10% + 과소신고분영세율과세표준(무신고 포함)[주2)] × 0.5%

주1) 과소신고분납부세액에서 부정과소신고납부세액을 뺀 금액과 초과신고분환급세액에서 부정초과신고환급세액을 뺀 금액을 합한 금액을 '일반과소신고납부세액 등'이라 하며, 기납부세액이 있는 경우에는 일반과소신고납부세액 등에서 기납부세액을 뺀다.

주2) 부가가치세법에 따라 제출한 수출실적명세서, 내국신용장·구매확인서 전자발급명세서와 영세율첨부서류제출명세서의 기재사항이 착오로 기재되었으나 관련 증명자료 등에 의하여 그 사실이 확인되는 경우에는 과소신고분영세율과세표준(무신고 포함) 가산세를 적용하지 아니한다(국기령 §27의 2 ②).

(3) 납부지연가산세

납세의무자가 세법에 따른 납부기한(이하 '법정납부기한'이라 한다)까지 부가가치세의 납부(예정신고납부를 포함한다)를 하지 아니하거나 납부하여야 할 세액보다 적게 납부(이하 '과소납부'라 한다)하거나 환급받아야 할 세액보다 많이 환급(이하 '초과환급'이라 한다)받은 경우에는 다음의 금액을 납부할 세액에 가산하거나 환급받을 세액에서 공제한다(국기법 §47의 4 ①).[100)]

납부지연가산세 = ① + ②

① 과소납부 및 초과환급의 경우 : $\frac{\text{미납세액·과소납부분세액}^{주1)}}{\text{및 초과환급받은 세액}}$ × 일수[주2] × 0.022%[주3]

② 납부고지서에 따른 납부기한까지 완납하지 아니한 경우 : 미납세액·과소납부분세액 × 3%

주1) 세법에 따라 가산하여 납부하여야 할 이자상당가산액이 있는 경우에는 그 금액을 더한다.

주2) 일수는 다음의 기간으로 한다.

① 미납·과소납부(초과환급)의 경우 : 법정납부기한(환급받은 날)의 다음날부터 납부고지일(납부고지일 전에 납부한 경우에는 그 납부일)의 전날까지의 기간

② 지정납부기한까지 납부하지 아니한 세액, 과소납부분 세액 및 초과환급받은 세액의 경우 : 지정납부기한의 다음날부터 납부일의 전날까지 경과한 개월 수 × 0.67%

주3) 금융회사 등이 연체대출금에 대하여 적용하는 이자율 등을 고려하여 정하는 이자율이다.

단, 납부지연가산세를 적용할 때 납부고지서에 따른 납부기한의 다음 날부터 납부일까지의 기간이 5년을 초과하는 경우에는 그 기간은 5년으로 하며, 체납된 국세의 납부고지서별·세목별 세액이 150만원 미만인 경우에는 납부지연가산세 중 '①'을 적용하지 아니한다(국기법 §47의 4 ⑧).[101]

한편, 다음 중 어느 하나에 해당하는 경우에는 납부지연가산세 중 '①'의 가산세(법정납부기한의 다음 날부터 납세고지일까지의 기간에 한정한다)를 적용하지 아니한다(국기법 §47의 4 ③, ④).

① 부가가치세법에 따른 사업자가 납부기한까지 어느 사업장에 대한 부가가치세를 다른 사업장에 대한 부가가치세에 더하여 신고납부한 경우

② 부가가치세법에 따라 전자적 용역을 공급하는 자가 부가가치세를 납부하여야 하는 경우

③ 대리납부의무자에게 대리납부불성실가산세가 적용되는 경우

(4) 대리납부 납부지연가산세

대리납부의무를 지는 자가 징수하여야 할 세액을 납부기한까지 납부하지 아니하거나 과소납부한 경우에는 다음의 금액을 가산세로 한다(국기법 §47의 5 ①).

대리납부 납부지연가산세 = Min[①, ②][주1]

① 미납·과소납부분 세액 × 3%(㉠) + 미납부세액·과소납부분 세액 × 일수[주2] × 0.022%(㉡)

② 미납·과소납부분 세액 × 10%(50%)[주3]

100) 이 경우 부가가치세의 과세기간을 잘못 적용하여 신고납부한 경우에는 실제 신고납부한 날에 실제 신고납부한 금액의 범위에서 당초 신고납부 하였어야 할 과세기간에 대한 부가가치세를 자진납부한 것으로 본다. 다만, 해당 부가가치세의 신고가 부정행위로 인한 무신고 또는 과소신고에 해당하는 경우에는 그러하지 아니하다(국기법 §47의 4 ⑥).

101) 2020년부터 「국세징수법」에 따른 가산금과 국세기본법에 따른 납부불성실가산세를 '납부지연가산세'로 통합함에 따라 가산금(체납된 국세의 3%) 제도는 폐지되었지만, 종전 중가산금(월 0.75%) 적용기간인 5년과 소액 체납세액(당시 기준으로 100만원 미만의 고지세액)에 대한 중가산금 적용배제 규정은 그대로 적용됨을 의미한다.

주1) 체납된 국세의 납부고지서별·세목별 세액이 150만원 미만인 경우에는 위 '①'의 'Ⓒ'에 해당하는 가산세는 적용하지 아니한다.

주2) 일수는 법정납부기한의 다음 날부터 납부일까지의 기간(납부고지일부터 납부고지서에 따른 납부기한까지의 기간은 제외한다)으로 한다.

주3) 법정납부기한의 다음 날부터 납부고지일까지의 기간에 해당하는 금액(납부고지분)은 10%에 상당하는 금액을 한도로 하는 것이나, 이후 체납분에 대해서는 세액의 50%에 상당하는 금액을 한도로 한다.

주4) 대리납부에 대하여는 '**9.2. 대리납부제도**'에서 살펴보았다.

(5) 가산세의 감면102)

1) 과소신고 · 초과환급신고가산세의 경우

법정신고기한이 지난 후 수정신고한 경우에는 다음의 구분에 따라 가산세를 감면한다(국기법 §48 ② (1)).

구 분	감면율
① 법정신고기한이 지난 후 1개월 이내에 수정신고한 경우	90%
② 법정신고기한이 지난 후 1개월 초과 3개월 이내에 수정신고한 경우	75%
③ 법정신고기한이 지난 후 3개월 초과 6개월 이내에 수정신고한 경우	50%
④ 법정신고기한이 지난 후 6개월 초과 1년 이내에 수정신고한 경우	30%
⑤ 법정신고기한이 지난 후 1년 초과 1년 6개월 이내에 수정신고한 경우	20%
⑥ 법정신고기한이 지난 후 1년 6개월 초과 2년 이내에 수정신고한 경우	10%

주1) 단, 과세표준과 세액을 경정할 것을 미리 알고 과세표준수정신고서를 제출한 경우는 제외한다. 여기에서 '경정할 것을 미리 알고 제출한 경우'란 해당 국세에 관하여 세무공무원이 조사에 착수한 것을 알고 과세표준수정신고서 또는 기한후과세표준신고서를 제출한 경우 또는 해당 국세에 관하여 관할세무서장으로부터 과세자료 해명 통지를 받고 과세표준수정신고서를 제출한 경우를 말한다(국기법 §48 ② (1), 국기령 §29).

주2) 위의 규정에도 불구하고 세법에 따른 예정신고기한 및 중간신고기한까지 예정신고 및 중간신고를 하였으나 과소신고하거나 초과신고한 경우로서 확정신고기한까지 과세표준을 수정하여 신고한 경우(해당 기간에 부과되는 과소신고·초과환급신고가산세만 해당하며, 과세표준과 세액을 경정할 것을 미리 알고 과세표준신고를 하는 경우는 제외)에는 해당 가산세액의 50%에 상당하는 금액을 감면한다(국기법 §48 ② (3)).

2) 무신고가산세의 경우

법정신고기한이 지난 후 기한후신고를 한 경우에는 다음의 구분에 따라 가산세를 감면한다(국기법 §48 ② (2)).

구 분	감면율
① 법정신고기한이 지난 후 1개월 이내에 기한후신고를 한 경우	50%
② 법정신고기한이 지난 후 1개월 초과 3개월 이내에 기한후신고를 한 경우	30%
③ 법정신고기한이 지난 후 3개월 초과 6개월 이내에 기한후신고를 한 경우	20%

102) 여기에 기술된 사유 이외에 가산세 부과의 원인이 되는 사유가 천재지변 등으로 인한 기한연장 사유에 해당하는 경우, 납세자가 의무를 이행하지 아니한 데에 정당한 사유가 있는 경우 및 이와 유사한 경우(세법해석에 관한 질의·회신 등에 따라 신고·납부하였으나 이후 다른 과세처분을 하는 경우 등)로서 일정한 경우에는 해당 가산세를 부과하지 아니한다(국기법 §48 ①, 국기령 §28 ①).

주1) 단, 과세표준과 세액을 결정할 것을 미리 알고 기한후과세표준신고서를 제출한 경우는 제외한다(국기법 §48 ② (2)).

주2) 위의 규정에도 불구하고 세법에 따른 예정신고기한 및 중간신고기한까지 예정신고 및 중간신고를 하지 아니하였으나 확정신고기한까지 과세표준신고를 한 경우(해당 기간에 부과되는 무신고가산세만 해당하며, 과세표준과 세액을 경정할 것을 미리 알고 과세표준신고를 하는 경우는 제외)에는 해당 가산세액의 50%에 상당하는 금액을 감면한다(국기법 §48 ② (3)).

3) 기타의 경우

다음 중 어느 하나에 해당하는 경우에는 다음의 구분에 따라 가산세를 감면한다(국기법 §48 ② (3)).

구 분	감면율
① 과세전적부심사 결정·통지기간에 그 결과를 통지하지 아니한 경우[주1)]	50%
② 세법에 따른 제출, 신고, 가입, 등록, 개설의 기한이 지난 후 1개월 이내에 해당 세법에 따른 제출 등의 의무를 이행하는 경우[주2)]	50%

주1) 결정·통지가 지연됨으로써 해당 기간에 부과되는 납부지연가산세만 해당한다.

주2) 제출 등의 의무위반에 대하여 세법에 따라 부과되는 가산세만 해당한다.

4) 가산세 감면신청

가산세 감면 등을 받으려는 자는 가산세감면등신청서를 관할세무서장(세관장 또는 지방자치단체의 장을 포함한다)에게 제출하여야 하며(국기법 §48 ③, 국기령 §28 ①), 관할세무서장은 신청서를 제출받은 경우에는 그 승인여부를 통지하여야 한다(국기령 §28 ③).

예제 9-1 영세율과세표준신고불성실가산세 계산 사례(집행기준 60-0-2 수정)

의류를 제조하여 수출 및 국내에 판매하는 개인사업자 갑의 2026년 제1기 과세표준이 아래와 같을 때 각 사례별로 가산세를 계산하시오.

기간	과세표준			과세표준(국내판매분)
	① 직수출	② 내국신용장	③ 수출재화임가공	
2026. 4. 1. ~ 2026. 6. 30.	3억원	2억원	1억원	4억원

〈사례 1〉 2026년 제1기 확정신고시 위 ①, ②, ③의 영세율과세표준을 신고누락하여 2026.8.25.까지 수정신고하는 경우(세금계산서합계표는 제출한 것으로 가정한다)

〈사례 2〉 2026년 제1기 확정신고시 위 ①, ②, ③의 영세율과세표준을 신고누락하여 2027.1.26. 이후 2027.7.25.까지 수정신고하는 경우(세금계산서합계표는 제출한 것으로 가정한다)

〈사례 3〉 2026년 제1기 확정신고시 영세율과세표준은 정상적으로 신고하였으나, 경리담당자의 착오로 수출실적명세서 및 수출재화임가공에 따른 계약서를 제출하지 않은 사실이 확인되어 2027.1.25.까지 수정신고하면서 첨부서류를 제출하는 경우(다른 영세율 첨부서류는 정상 제출)

〈사례 4〉 경리담당자의 착오로 부가가치세신고서상에 ①의 직수출금액을 5억원으로 기재하여 신고한 경우

〈사례 5〉 ①의 직수출 과세표준을 신고누락하여 2028.7.26. 이후 수정신고하는 경우

해답

〈사례 1〉 법정신고기한 경과 후 1개월 이내 수정신고하는 경우 가산세 90%를 감면한다.
₩600,000,000 × 0.5% × (1−90%) = ₩300,000

〈사례 2〉 법정신고기한 경과 후 6개월 초과 1년 이내 수정신고하는 경우 가산세 30%를 감면한다.
₩600,000,000 × 0.5% × (1−30%) = ₩2,100,000

〈사례 3〉 영세율 첨부서류를 제출하지 아니한 경우 영세율과세표준신고불성실가산세가 적용되며, 수정신고시 가산세 감면규정이 적용된다. 단, 첨부서류 없이 신고한 경우에도 해당 거래가 영세율 적용대상임이 확인되는 때에는 영세율을 적용한다.
(₩300,000,000 + 100,000,000) × 0.5% × (1−50%) = ₩1,000,000

〈사례 4〉 영세율과세표준을 과다기재하여 신고한 경우 영세율과세표준신고불성실가산세를 적용하지 아니한다.

〈사례 5〉 법정신고기한으로부터 2년이 경과되어 수정신고하는 경우 가산세 감면규정이 적용되지 아니한다.
₩300,000,000 × 0.5% = ₩1,500,000

9.8.2. 부가가치세법상의 가산세

(1) 사업자등록불성실가산세[103)]

1) 미등록가산세

사업자가 사업개시일부터 20일 이내에 사업자등록을 신청하지 아니한 경우 또는 국외사업자(간편사업자)가 사업개시일부터 20일 이내에 간편사업자등록을 하지 아니한 경우에는 다음의 금액을 납부세액에 더하거나 환급세액에서 뺀다(부가법 §60 ① (1)).

미등록가산세 = 공급가액 × 1%

주) 여기에서 '공급가액'은 사업개시일부터 등록을 신청한 날의 직전일까지의 공급가액의 합계액을 말하며, 간편사업자등록의 경우에는 사업개시일부터 등록한 날의 직전일까지의 공급가액 합계액을 말한다.

2) 타인명의등록가산세

사업자 또는 국외사업자가 타인[104)]의 명의로 사업자등록을 하거나 그 타인 명의의 사업자등록을 이용하여 사업을 하는 것으로 확인되는 경우 다음의 금액을 납부세액에 더하거나 환급세액에서 뺀다(부가법 §60 ① (2)).

타인명의등록가산세 = 공급가액 × 2%

주) 여기에서 '공급가액'은 사업개시일부터 실제 사업을 하는 것으로 확인되는 날의 직전일까지의 공급가액을 말한다.

---

103) 간이과세자의 경우는 1%(2%) 대신 0.5%(1%)의 율을 적용한다. 이에 대하여는 **'10.4.7. 가산세'**에서 살펴보도록 하겠다.
104) 여기에서 '타인'이란 자기의 계산과 책임으로 사업을 경영하지 아니하는 자를 말한다. 다만, 사업자의 배우자 및 「상속세 및 증여세법」에 따른 상속으로 인하여 피상속인이 경영하던 사업이 승계되는 경우 그 피상속인(상속개시일부터 상속세 과세표준 신고기한까지의 기간 동안 상속인이 피상속인 명의의 사업자등록을 활용하여 사업을 하는 경우로 한정한다) 해당하는 자는 제외한다(부가령 §108 ①).

예제 9-2 미등록가산세 계산 사례(집행기준 60-0-2)

사업자 갑은 2026년 2월 4일 도매업을 개시하였다. 부가가치세 과세표준이 아래와 같을 때 각 사례별 미등록가산세를 계산하시오.

기간	과세표준	매입금액
2026. 2. 4. ~ 2026. 3. 31.	₩100,000,000	-
2026. 4. 1. ~ 2026. 6. 30.	₩400,000,000	₩1,000,000,000

〈사례 1〉 2026년 2월 24일 이전 사업자등록을 신청한 경우

〈사례 2〉 2026년 4월 1일 사업자등록을 신청한 경우

〈사례 3〉 2026년 7월 1일 사업자등록을 신청한 경우

해답

〈사례 1〉 가산세 없음

〈사례 2〉 사업개시일부터 등록을 신청한 날의 직전일까지의 공급가액에 1%를 곱한다.
₩100,000,000 × 1% = ₩1,000,000

〈사례 3〉 사업개시일부터 등록을 신청한 날의 직전일까지의 공급가액에 1%를 곱한다.
₩500,000,000 × 1% = ₩5,000,000

예제 9-3 타인명의등록가산세 계산 사례(집행기준 60-0-2)

사업자 갑은 2025.1.1. 도매업을 개시하면서 사업자등록을 을로 하여 아래와 같이 부가가치세 신고·납부의무를 이행하여 오다가 2026.7.1. 관할세무서장의 세무조사시 실사업자가 갑으로 확인되어 부가가치세를 경정하였다. 이 경우 타인명의등록가산세를 계산하시오.

과세기간	과세표준	매입금액
2025년 제1기	₩100,000,000	₩40,000,000
2025년 제2기	₩200,000,000	₩100,000,000
2026년 제1기	₩400,000,000	₩200,000,000

해답

타인명의등록한 사업개시일부터 실제 사업을 하는 것으로 확인되는 날의 직전일까지의 공급가액에 가산세율을 적용한다.
∴ ₩2,000,000 + 4,000,000 + 8,000,000 = ₩14,000,000

과세기간	계산산식	가산세
2025년 제1기	₩100,000,000 × 2%	₩2,000,000
2025년 제2기	₩200,000,000 × 2%	₩4,000,000
2026년 제1기	₩400,000,000 × 2%	₩8,000,000

(2) 매출세금계산서 관련 가산세 : 공급한 사업자에게 적용되는 가산세

1) 세금계산서불성실가산세

세금계산서와 관련한 가산세는 원칙적으로 재화 또는 용역을 공급한 사업자에게 적용되는 것인데, 재화 또는 용역을 공급한 사업자가 다음 중 어느 하나에 해당하는 경우에는 해당 가산세를 납부세액에 더하거나 환급세액에서 뺀다(부가법 §60 ②, ③ (1), (3)).

<table>
<tr><th>구 분</th><th>사 유</th><th>가산세</th></tr>
<tr><td>① 가공발급</td><td>재화 또는 용역을 공급하지 아니하고 세금계산서 등[주1)]을 발급한 경우</td><td>공급가액[주2)] × 4%</td></tr>
<tr><td rowspan="3">② 미발급[주3)]</td><td>재화 또는 용역의 공급시기가 속하는 과세기간에 대한 확정신고 기한까지 세금계산서를 발급하지 아니한 경우</td><td>공급가액 × 2%</td></tr>
<tr><td>전자세금계산서를 발급하여야 할 의무가 있는 자가 전자세금계산서를 발급하지 아니하고 세금계산서의 발급시기에 전자세금계산서 외의 세금계산서를 발급한 경우</td><td rowspan="2">공급가액 × 1%</td></tr>
<tr><td>둘 이상의 사업장을 가진 사업자가 재화 또는 용역을 공급한 사업장 명의로 세금계산서를 발급하지 아니하고 세금계산서의 발급시기에 자신의 다른 사업장 명의로 세금계산서를 발급한 경우</td></tr>
<tr><td>③ 위장발급</td><td>재화 또는 용역을 공급하고 실제로 재화 또는 용역을 공급하는 자가 아닌 자의 명의로 세금계산서 등[주1)]을 발급한 경우</td><td rowspan="2">공급가액[주4)] × 2%</td></tr>
<tr><td>④ 과다기재</td><td>재화 또는 용역을 공급하고 세금계산서 등[주1)]의 공급가액을 과다하게 기재한 경우</td></tr>
<tr><td>⑤ 지연발급</td><td>세금계산서 발급시기가 지난 후 재화 또는 용역의 공급시기가 속하는 과세기간에 대한 확정신고 기한까지 발급하는 경우</td><td rowspan="2">공급가액 × 1%</td></tr>
<tr><td>⑥ 부실기재(불명)</td><td>세금계산서의 필요적 기재사항의 전부 또는 일부가 착오 또는 과실로 적혀 있지 아니하거나 사실과 다른 경우[주5)]</td></tr>
<tr><td>⑦ 전자세금계산서 발급명세 미전송</td><td>전자세금계산서를 발급명세 전송기한이 지난 후 재화 또는 용역의 공급시기가 속하는 과세기간에 대한 확정신고기한까지 국세청장에게 전자세금계산서 발급명세를 전송하지 아니한 경우[주6)]</td><td>공급가액 × 0.5%</td></tr>
<tr><td>⑧ 전자세금계산서 발급명세 지연전송</td><td>전자세금계산서 발급명세 전송기한이 지난 후 재화 또는 용역의 공급시기가 속하는 과세기간에 대한 확정신고기한까지 국세청장에게 전자세금계산서 발급명세를 전송하는 경우[주6)]</td><td>공급가액 × 0.3%</td></tr>
</table>

주1) 세금계산서 또는 매입세액공제가 가능한 신용카드매출전표 등을 말한다.

주2) 그 세금계산서 등에 적힌 공급가액을 말한다.

주3) 본래 '미발급'이란 세금계산서를 해당 공급시기가 속하는 과세기간 내에 발급하지 아니한 경우를 의미하였다. 하지만 2016년 2월 시행령 개정으로 공급받는 자의 경우 매입세액공제가 가능한 세금계산서 수취기한이 '해당 공급시기가 속하는 과세기간에 대한 확정신고기한까지'로 연장됨에 따라, 공급자의 경우에도 미발급으로 보는 기한을 연장하여 '해당 공급시기가 속하는 과세개간에 대한 확정신고기한까지'로 하였다. 해당 개정규정은 2017년 1월 1일 이후 재화나 용역을 공급하는 분부터 적용한다(법률 제14387호, 2016.12.20 부칙 §2).

주4) '④'의 경우에는 실제보다 과다하게 기재된 부분에 대한 공급가액을 말한다.

주5) 다만, 발급한 세금계산서의 필요적 기재사항 중 일부가 착오나 과실로 사실과 다르게 적혔으나 해당 세금계산서에 적힌 나머지 필요적 기재사항 또는 임의적 기재사항으로 보아 거래사실이 확인되는 경우에는 사실과 다른 세금계산서로 보지 아니한다(부가령 §108 ③).

주6) 여기에 대한 구체적인 규정은 **'7.2.2. 세금계산서의 발급 및 기재사항'** 부분을 참고하기 바란다.

2) 매출처별세금계산서합계표 불성실가산세

사업자가 다음 중 어느 하나에 해당하는 경우에는 해당 가산세를 납부세액에 더하거나 환급세액에서 뺀다(부가법 §60 ⑥).

구 분	사 유	가산세
① 미제출	예정신고 또는 확정신고시에 매출처별세금계산서합계표를 제출하지 않은 경우[주1)]	공급가액 × 0.5%
② 부실기재(불명)	제출한 매출처별세금계산서합계표의 기재사항 중 거래처별 등록번호 또는 공급가액의 전부 또는 일부가 적혀 있지 아니하거나 사실과 다르게 적혀 있는 경우[주2), 주3)]	
③ 지연제출	예정신고를 할 때 제출하지 못하여 해당 예정신고기간이 속하는 과세기간에 확정신고를 할 때 매출처별세금계산서합계표를 제출하는 경우[주4)]	공급가액 × 0.3%

주1) 제출기한이 지난 후 1개월 이내에 제출하는 경우에는 해당 가산세액의 50%에 상당하는 금액을 감면한다(국기법 §48 ② (3)).

주2) 매출처별세금계산서합계표의 기재사항이 적혀 있지 아니하거나 사실과 다르게 적혀 있는 부분의 공급가액에 0.5%를 곱한다.

주3) 다만, 매출처별세금계산서합계표의 기재사항이 착오로 적힌 경우로서 사업자가 발급한 세금계산서에 따라 거래사실이 확인되는 부분의 공급가액에 대하여는 부실기재분으로 보지 않는다(부가법 §60 ⑥ 단서).

주4) 단, '② 부실기재(불명)'에 해당하지 않는 경우에 한한다.

(3) 매입세금계산서 관련 가산세 : 공급받은 사업자에 적용되는 가산세

1) 세금계산서불성실가산세

공급받은 사업자의 경우 세금계산서불성실 매입분에 대하여는 매입세액이 불공제되는 큰 불이익을 당하기 때문에 원칙적으로는 세금계산서와 관련한 가산세를 적용하지 아니한다. 하지만 재화 또는 용역을 공급받은 사업자가 다음 중 어느 하나에 해당하는 경우에는 해당 가산세를 납부세액에 더하거나 환급세액에서 뺀다(부가법 §60 ③ (2), (4), ⑦ (1), 부가령 §108 ⑤).

구 분	사 유	가산세
① 가공수취	재화 또는 용역을 공급받지 아니하고 세금계산서 등[주1)]을 발급받은 경우[주2)]	공급가액주[3)] × 4%
② 위장수취	재화 또는 용역을 공급받고 실제로 재화 또는 용역을 공급하는 자 아닌 자의 명의로 세금계산서 등[주1)]을 발급받은 경우[주2)]	공급가액주[4)] × 2%
③ 과다기재	재화 또는 용역을 공급받고 공급가액이 과다하게 기재된 세금계산서 등[주1)]을 발급받은 경우[주2)]	
④ 지연수취 등	재화 또는 용역의 공급시기 이후에 발급받은 세금계산서로서 그 공급시기가 속하는 과세기간에 대한 확정신고기한까지 발급받아 매입세액공제를 받은 경우 등[주5)]	공급가액 × 0.5%

주1) 세금계산서 또는 매입세액공제가 가능한 신용카드매출전표 등을 말한다.

주2) 위 '①~③'의 경우는 매입세액을 공제받을 수 없을 뿐만 아니라 가산세도 부과된다.

주3) 그 세금계산서 등에 적힌 공급가액을 말한다.

주4) '③'의 경우에는 실제보다 과다하게 기재된 부분에 대한 공급가액을 말한다.

주5) 이 외에도 공급시기 이후 세금계산서를 발급받았으나, 실제 공급시기가 속하는 과세기간에 대한 확정신고기한이 지난 후 1년 이내에 세금계산서를 발급받은 것으로서 수정신고 및 경정청구를 한 경우 등과 공급시기 이전 세금계산서를 발급받았으나 실제 공급시기가 세금계산서의 발급일부터 6개월 이내에 도래하고 결정 또는 경정하는 경우 등도 0.5%의 가산세가 적용된다. 이에 대해서는 **'8.3.2. 공제받지 못할 매입세액'**에서 살펴보았다.

2) 매입처별세금계산서합계표 불성실가산세

사업자가 다음 중 어느 하나에 해당하는 경우에는 해당 가산세를 납부세액에 더하거나 환급세액에서 뺀다(부가법 §60 ⑦, 부가령 §70의 3 ⑥).

구 분	사 유	가산세
① 미제출	매입처별세금계산서합계표를 제출하지 아니한 경우[주1)]	공급가액[주3)] × 0.5%
② 부실기재(불명)	제출한 매입처별세금계산서합계표의 기재사항 중 거래처별등록번호 또는 공급가액의 전부 또는 일부가 적혀 있지 아니하거나 사실과 다르게 적혀 있는 경우[주1), 주2)]	
③ 과다기재	제출한 매입처별세금계산서합계표의 기재사항 중 공급가액을 사실과 다르게 과다하게 적어 신고한 경우	

주1) 사업자가 예정신고 또는 확정신고를 할 때 매입처별세금계산서합계표를 제출하여 매입세액을 공제받지 아니하고, 경정을 하는 경우 사업자가 발급받은 세금계산서를 경정기관의 확인을 거쳐 해당 경정기관에 제출함으로써 매입세액을 공제받는 경우를 말한다(부가법 §60 ⑦ (2), 부가령 §108 ⑥). 이에 대한 구체적인 내용은 **'8.3.2. 공제받지 못할 매입세액'**부분을 참고하기 바란다.

주2) 다만, 매입처별세금계산서합계표의 기재사항이 착오로 적힌 경우로서 사업자가 수령한 세금계산서 또는 수입세금계산서에 따라 거래사실이 확인되는 부분의 공급가액은 부실기재분으로 보지 않는다(부가법 §60 ⑦ 단서).

주3) '③'의 경우에는 사실과 다르게 과다하게 적어 신고한 공급가액을 말한다.

예제 9-4 세금계산서발급불성실가산세 계산 사례(집행기준 60-0-2 수정)

2026년 10월 도매업을 운영하는 사업자 갑에 대한 관할세무서장의 세무조사 시 2026년 제1기 과세기간 중에 수수한 세금계산서 중 아래와 같은 사실이 적출되었다. 각 경우별로 가산세를 계산하시오.

〈경우 1〉 공급받는 자의 필요적 기재사항이 누락되어 거래사실이 확인되지 않는 세금계산서 2매, 공급가액 5억원 적출

〈경우 2〉 공급받는 자의 사업자등록번호가 기재누락 되었으나, 나머지 기재사항(대표자, 사업장, 업태, 종목 등)으로 거래사실이 확인되는 세금계산서 1매, 공급가액 1억원 적출

〈경우 3〉 2026년 제1기 확정신고시 공제받지 못한 매입세금계산서 2매, 공급가액 1천5백만원이 확인되어 경정 시 매입세액을 공제하였다.

해답

〈경우 1〉 세금계산서 부실기재에 따른 가산세 적용
₩500,000,000 × 1% = ₩5,000,000

〈경우 2〉 세금계산서의 그 밖의 기재사항으로 보아 거래사실이 확인되는 경우 부실기재 가산세 적용대상이 아니다.

〈경우 3〉 경정기관의 확인을 거쳐 매입세금계산서를 제출하고 공제받는 경우에 해당한다.
₩15,000,000 × 0.5% = ₩75,000

(4) 신용카드매출전표 등 수령명세서 불성실가산세

사업자가 다음 중 어느 하나에 해당하는 경우에는 각 구분에 따른 금액을 납부세액에 더하거나 환급세액에서 뺀다(부가법 §60 ⑤, 부가령 §108 ④).

구 분	사 유	가산세
① 미제출	신용카드매출전표 등 수령명세서를 제출하지 아니한 경우[주1)]	공급가액[주2)] × 0.5%
② 과다기재	매입세액을 공제받기 위하여 제출한 신용카드매출전표 등 수령명세서에 공급가액을 과다하게 적은 경우	

주1) 매입세액공제가 가능한 신용카드매출전표 등을 발급받아 예정신고 또는 확정신고를 할 때에 제출하여 매입세액을 공제받지 아니하고, 경정을 하는 경우 사업자가 발급받은 신용카드매출전표 등을 경정기관의 확인을 거쳐 해당 경정기관에 제출함으로써 매입세액을 공제받는 경우를 말한다.

주2) '③'의 경우에는 실제보다 과다하게 적은 공급가액(착오로 기재된 경우로서 신용카드매출전표등에 따라 거래사실이 확인되는 부분의 공급가액은 제외한다)을 말한다.

(5) 현금매출명세서 및 부동산임대공급가액명세서 제출불성실가산세

사업자가 현금매출명세서 또는 부동산임대공급가액명세서를 제출하지 아니하거나 제출한 수입금액(현금매출명세서의 경우에는 현금매출을 말한다)이 사실과 다르게 적혀 있는 경우에는 다음의 금액을 납부세액에 더하거나 환급세액에서 뺀다(부가법 §60 ⑧).

현금매출명세서·부동산임대공급가액명세서 제출불성실가산세 = 수입금액 × 1%

주1) 위 산식에서 '수입금액'은 다음으로 하여 가산세액을 계산한다.
① 현금매출명세서 등을 제출하지 아니한 경우 : 제출하지 아니한 부분의 수입금액
② 사실과 다른 현금매출명세서 등을 제출한 경우 : 제출한 수입금액과 실제 수입금액과의 차액

주2) 제출기한이 지난 후 1개월 이내에 제출하는 경우에는 해당 가산세액의 50%에 상당하는 금액을 감면한다(국기법 §48 ② (3)).

세부규정

- **현금매출명세서 등의 제출**(부가법 §55, 부가령 §100)

(1) 다음의 사업 중 해당 업종의 특성 및 세원관리(稅源管理)를 고려하여 일정한 사업[주)]을 하는 사업자는 예정신고 또는 확정신고를 할 때 현금매출명세서를 함께 제출하여야 한다.

① 부동산업
② 전문서비스업, 과학서비스업 및 기술서비스업
③ 보건업
④ 미디어콘텐츠창작업
⑤ 그 밖의 개인서비스업

주) 여기에서 '일정한 사업'이란 예식장업, 부동산중개업, 보건업(병원과 의원으로 한정한다), 미디어콘텐츠창작업과 간이과세의 적용이 배제되는 전문직 서비스업을 말한다.

(2) 부동산임대업자는 부동산임대공급가액명세서를 예정신고 또는 확정신고를 할 때 함께 제출하여야 한다.

(6) 비사업자(전부자료상)에 대한 세금계산서가산세

사업자가 아닌 자가 재화 또는 용역을 공급하지 아니하고 세금계산서를 발급하거나 재화 또는 용역을 공급받지 아니하고 세금계산서를 발급 받으면 사업자로 보고 그 세금계산서에 적힌 공급가액에 3%를 곱한 금액을 그 세금계산서를 발급하거나 발급받은 자에게 납세지 관할세무서장이 가산세로 징수한다. 이 경우 납부세액은 '0'으로 본다(부가법 §60 ④).

비사업자에 대한 세금계산서가산세 = 세금계산서에 적힌 공급가액 × 4%

종전 부가가치세법상 세금계산서 관련 가산세는 부가가치세법상 사업자가 재화 또는 용역의 거래 없이 세금계산서를 수수하는 경우에 부과되었다. 따라서 부가가치세법상 사업자가 아닌 100% 자료상(전부자료상)의 경우에는 가산세를 부과할 수 없어 부분자료상과 과세형평에 문제가 있었다. 이러한 불공평 해소와 자료상 행위의 방지를 위하여 부가가치세법상 사업자가 아닌 전부자료상에 대하여도 사업자로 간주하여 세금계산서 관련 가산세를 부과하게 되었다.

(7) 가산세 중복적용 배제

1) 가산세 규정 중복시 우선 적용 가산세

가산세 규정이 중복되는 경우에는 다음과 같이 중복적용이 배제된다(부가법 §60 ②, ⑨).

우선 적용 가산세	중복적용이 배제되는 가산세
① 사업자등록불성실가산세(1%, 2%)	㉠ 세금계산서불성실가산세(미발급분 제외) ㉡ 전자세금계산서 발급명세 전송불성실가산세(0.5%, 0.3%) ㉢ 매출처별세금계산서합계표 불성실가산세(0.5%, 0.3%) ㉣ 신용카드매출전표 등 수령명세서 불성실가산세(0.5%)
② 세금계산서불성실가산세(미발급분 제외), 전자세금계산서 발급명세 전송불성실 가산세(0.5%, 0.3%)	매출처별세금계산서합계표 불성실가산세(0.5%, 0.3%)
③ 세금계산서불성실가산세 중 미발급(2%, 1%), 가공발급·수취(3%), 위장발급·수취(2%) 또는 과다기재 발급·수취(2%)	㉠ 사업자등록불성실가산세(1%) ㉡ 매출처별세금계산서합계표 불성실가산세(0.5%, 0.3%) ㉢ 세금계산서 지연수취분(0.5%) ㉣ 매입처별세금계산서합계표 불성실가산세(0.5%)
④ 세금계산서불성실가산세 중 지연발급분(1%) 또는 미발급	㉠ 세금계산서불성실가산세 중 부실기재분(1%) ㉡ 전자세금계산서 발급명세 전송불성실가산세(0.5%, 0.3%)
⑤ 세금계산서불성실가산세 중 부실기재분(1%)	전자세금계산서 발급명세 전송불성실(0.5%, 0.3%)
⑥ 세금계산서불성실가산세 중 위장발급(2%), 과다기재 발급(2%)	세금계산서불성실가산세 중 미발급(2%)

2) 현금영수증 미발급 가산세가 적용되는 경우

「법인세법」 또는 「소득세법」의 현금영수증 미발급 가산세(20%, 10%)를 적용받는 부분은 세금계산서 미발급 가산세(2%, 1%) 및 매출처별세금계산서합계표 불성실가산세(0.5%)를 적용하지 아니한다.

3) 예정신고분 가산세와 확정신고분 가산세가 중복되는 경우

신고불성실가산세(무신고가산세, 과소신고·초과환급신고가산세) 및 납부지연가산세를 적용할 때 예정신고납부와 관련하여 가산세가 부과되는 부분에 대해서는 확정신고납부와 관련한 가산세를 부과하지 아니한다(국기법 §47의 2 ⑤, §47의 3 ⑥, §47의 4 ⑤)

세부규정

• **타인명의 등록사업자에 대한 부가가치세법 적용**(부기통 60-108-1)

사업자가 영 제108조제1항에서 정하는 타인의 명의로 사업자등록을 하고 부가가치세를 신고·납부하여 관할세무서장 등이 경정하는 경우 그 타인명의로 발급받은 세금계산서의 매입세액은 「국세기본법」 제14조에 따라 해당 사업자의 매출세액에서 공제하며, 이 경우 법 제60조제1항제2호에 따른 가산세는 적용한다.

• **수정세금계산서에 대한 미발급 가산세**(부기통 60-108-2)

사업자가 세금계산서를 발급한 후 당초의 공급가액에 더하거나 빼는 금액이 발생한 경우 수정세금계산서를 발급하지 아니하거나 발급한 분에 대한 매출처별세금계산서합계표를 제출하지 아니한 때에는 법 제60조제2항 및 제6항에 따른 가산세를 적용한다.

• **법정신고 기한 후 제출한 매출처별세금계산서 합계표에 대한 가산세**(부기통 60-108-3)

사업자가 매출처별세금계산서합계표를 법 제54조에 따라 제출하지 아니하고 「국세기본법」 제45조부터 제45조의3까지의 규정에 따른 수정신고·경정 등의 청구·기한 후 신고 기한 내에 제출한 경우에는 매출처별세금계산서합계표 미제출가산세를 적용한다.

• **위수탁판매의 경우 가산세**(부기통 60-108-4)

수탁자 또는 대리인이 위탁자 또는 본인을 대리하여 세금계산서를 발급하는 경우 법 제22조 제2항부터 제4항까지의 규정에 따른 가산세는 위탁자 또는 본인에게 적용한다.

• **영세율이 적용되는 거래에 대하여 일반세금계산서를 발급한 경우 가산세 적용**(부기통 60-108-5)

사업자가 구매확인서를 발급받았음에도 (영세율)수정세금계산서를 발급하지 아니한 경우로서 당초 발급한 세금계산서(10%)에 따라 신고·납부를 이행한 경우에는 해당 거래에 대하여 법 제60조제2항 및 제6항의 가산세를 적용하지 아니한다.

• **본점과 지점을 달리하여 발급한 세금계산서 등에 대한 가산세 적용**(부기통 60-108-6)

① 본점과 지점을 소유한 법인이 지점의 건물을 양도하고 본점을 공급자로 하는 세금계산서를 발급한 이후 공급시기가 속한 과세기간에 대한 확정신고기한 까지 지점을 공급자로 하는 세금계산서를 재발급한 경우 지점에서 발급한 세금계산서에 대하여 법 제60조제2항제1호의 가산세를 적용하지 아니한다.
② 사업자가 공급받는 자를 잘못 기재하여 세금계산서를 발급한 후 영 제70조제1항제6호에 따라 그 공급시기가 속하는 과세기간에 대한 확정신고기한까지 수정세금계산서를 발급한 경우 법 제60조제2항제1호 및 제7항제1호에 따른 가산세를 적용하지 아니한다.

• **총괄납부사업자에 대한 가산세 적용**(집행기준 60-0-8)

① 총괄납부사업자의 종사업장이 재화를 공급하고 주사업장 명의로 세금계산서를 발급한 경우에는 세금계산서미발급가산세를 적용한다.
② 총괄납부사업자가 종사업장의 매출 및 매입을 주사업장에 신고·납부한 경우 무신고가산세 또는 과소신고가산세를 적용한다.

③ 총괄납부사업자가 지점 매입분을 본점 매입분으로 또는 본점 매출분을 지점 매출분으로 잘못 신고한 것이 확인되어 경정하는 경우 과소신고에 따른 가산세를 적용하나, 납부·환급불성실가산세를 적용하지 아니한다.
④ 총괄납부 시 납부불성실가산세는 총괄납부세액을 기준으로 계산한다.
⑤ 총괄납부신청을 하지 아니한 사업자가 부가가치세 납부기한까지 어느 사업장에 대한 부가가치세를 다른 사업장에 대한 부가가치세에 더하여 신고·납부한 경우에는 납부불성실·환급불성실 가산세를 적용하지 아니한다.

(8) 가산세 한도

다음 중 어느 하나에 해당하는 가산세에 대해서는 그 의무위반의 종류별로 각각 5천만원(중소기업이 아닌 기업은 1억원)을 한도로 한다. 다만, 해당 의무를 고의적으로 위반한 경우에는 그러하지 아니하다(국기법 §49 ①).

① 사업자등록불성실가산세
② 세금계산서불성실가산세[주1)]
③ 매출처별세금계산서합계표 불성실가산세
④ 매입처별세금계산서합계표 불성실가산세
⑤ 현금매출명세서 및 부동산임대공급가액 명세서 제출불성실가산세

주1) 단, 미발급, 가공·위장발급(수취), 과다기재 및 비사업자 발급(수취)분의 경우는 제외한다.
주2) 위 가산세 한도의 적용기간은 과세기간 단위로 한다(국기령 §29의 2 ②).

9.9. 지방소비세 도입에 따른 부가가치세의 세액 등에 관한 특례

지방자치단체의 세수확대와 지역경제 활성화 및 지방재정 확충을 위하여 지방세인 지방소비세가 도입됨에 따라 국세인 부가가치세의 일부를 지방세로 전환하였다.

따라서 전술한 납부세액 등의 계산규정에도 불구하고 납부세액에서 부가가치세법 및 다른 법률에서 규정하고 있는 부가가치세의 감면세액 및 공제세액을 빼고 가산세를 더한 세액에 74.7%를 곱한 세액을 부가가치세로, 25.3%를 곱한 세액을 지방소비세로 한다(부가법 §72 ①).[105)]

부가가치세 = (납부세액 − 공제·감면세액 + 가산세) × 74.7%

105) '2단계 재정분권 추진방안'에 따라 지방재정 확충을 위해 지방소비세율을 연차적으로 인상하는 것으로 2021년 말 세법을 개정하였다.

부가가치세와 「지방세법」에 따른 지방소비세를 신고·납부·경정 및 환급할 경우에는 부가가치세와 지방소비세를 합한 금액을 신고·납부·경정 및 환급한다(부가법 §72 ②).

9.10. 납세관리인

'납세관리인'이란 납세자가 통상적으로 사업장에 머무르지 않거나 장기간 국외에 체류하는 경우 그 납세에 관한 사항을 처리하기 위하여 선임한 자를 말하는 것으로, 개인사업자가 다음 중 어느 하나에 해당하는 경우에는 부가가치세에 관한 신고·납부·환급, 그 밖에 필요한 사항을 처리하는 납세관리인을 정하여야 한다(부가법 §73 ①).

① 사업자가 사업장에 통상적으로 머무르지 아니하는 경우
② 사업자가 6개월 이상 국외에 체류하려는 경우

한편, 사업자는 위의 경우 외에도 부가가치세에 관한 신고·납부·환급, 그 밖에 필요한 사항을 처리하게 하기 위하여 일정한 자[106]를 납세관리인으로 정할 수 있다(부가법 §73 ②).

전술한 규정에 따라 납세관리인을 선정하거나 변경한 사업자(다단계판매업자를 포함한다)는 일정한 기재사항[107]을 적은 납세관리인 선정(변경)신고서를 지체 없이 관할세무서장에게 제출하여야 한다. 납세관리인의 주소나 거소가 변경되었을 때에도 또한 같다(부가법 §73 ③, 부가령 §118 ②).

9.11. 질문 · 조사 및 명령사항

부가가치세에 관한 사무에 종사하는 공무원은 부가가치세에 관한 업무를 위하여 필요하면 납세의무자, 납세의무자와 거래를 하는 자, 납세의무자가 가입한 동업조합 또는 이에 준하는 단체에 부가가치세와 관계되는 사항을 질문하거나 그 장부·서류나 그 밖의 물건을 조사할 수 있다(부가법 §74 ①). 또한,

---

106) 여기에서 '일정한 자'란 다음 중 어느 하나에 해당하는 자를 말한다(부가령 §118 ①).
① 「세무사법」에 따라 등록한 자
② 다단계판매업자(해당 다단계판매업자에게 등록을 한 다단계판매원 중 간이과세자 납부의무 면제 기준에 해당하지 아니하는 다단계판매원 및 상시 주재하여 거래의 전부 또는 일부를 행하는 별도의 장소가 있는 다단계판매원 외의 다단계판매원이 다단계판매업자를 납세관리인으로 선정하는 경우로 한정한다)
③ 「자본시장과 금융투자업에 관한 법률」에 따른 신탁업자(같은 법에 따른 신탁업 중 부동산에 관한 신탁업으로 한정한다)

107) 여기에서 '일정한 기재사항'이란 사업자의 인적사항, 납세관리인의 주소, 성명 및 주민등록번호 및 그 밖의 참고 사항을 말한다.

납세지 관할세무서장은 부가가치세의 납세보전 또는 조사를 위하여 납세의무자에게 장부·서류(사업장 소재지에서의 실질적 사업운영 현황을 입증하는 증빙자료로서 일정한 자료[108]를 포함한다) 또는 그 밖의 물건을 제출하게 하거나 그 밖에 필요한 사항[109]을 명할 수 있다(부가법 §74 ②). 이 경우 부가가치세에 관한 사무에 종사하는 공무원은 직무상 필요한 범위 외에 다른 목적 등을 위하여 그 권한을 남용해서는 아니 된다(부가법 §74 ④).

한편, 부가가치세에 관한 사무에 종사하는 공무원이 질문 또는 조사를 할 때에는 그 권한을 표시하는 조사원증을 지니고 이를 관계인에게 보여주어야 한다(부가법 §74 ③).

9.12. 자료제출

다음 중 어느 하나에 해당하는 자는 재화 또는 용역의 공급(국외사업자가 공급하는 경우는 제외)과 관련하여 국내에서 판매 또는 결제를 대행하거나 중개하는 경우에는 월별 거래 명세를 매 분기 말일의 다음 달 15일까지 국세청장, 납세지 관할 지방국세청장 또는 납세지 관할세무서장에게 전자적 방법으로 제출하여야 한다(부가법 §75, 부가령 §121).

① 「전기통신사업법」에 따른 부가통신사업자로서 「전자상거래 등에서의 소비자보호에 관한 법률」에 따른 통신판매업자의 판매를 대행 또는 중개하는 자
② 「여신전문금융업법」에 따른 결제대행업체
③ 「전자금융거래법」에 따른 전자금융업자
④ 「외국환거래법」에 따른 전문외국환업무취급업자
⑤ 그 밖에 '①'부터 '④'까지의 사업자와 유사한 사업을 수행하는 자로서 일정한 자[주)]
⑥ '①'부터 '⑤'까지의 사업자와 유사한 사업을 수행하는 비거주자 또는 외국법인

주) 여기에서 '일정한 자'란 다음 중 어느 하나에 해당하는 자를 말한다(부가령 §121 ②).
① 「정보통신망 이용촉진 및 정보보호 등에 관한 법률」의 게시판을 운영하여 재화 또는 용역의 공급을 중개하는 자로서 국세청장이 고시하는 자
② 「전기통신사업법」에 따른 앱 마켓사업자

---

108) 여기에서 '일정한 자료'란 다음 중 어느 하나에 해당하는 자료를 말한다(부가령 §119 ②).
① 임대차계약서 또는 전대차계약서 사본
② 전기요금, 수도요금, 가스요금 또는 통신요금 납부내역
③ 근로계약서 사본
④ 사무실 도면 또는 내·외부 사진
⑤ 생활물류서비스사업 이용내역
⑥ 그 밖에 '①'부터 '⑤'까지의 자료와 유사한 자료

109) 국세청장, 관할지방국세청장 또는 관할세무서장은 납세의무자에게 세금계산서의 발급, 금전등록기의 설치·사용, 신용카드 조회기의 설치·사용, 현금영수증 발급장치의 설치·사용, 표찰(標札)의 게시(揭示), 업종별 표시 및 그 밖에 납세보전을 위한 단속에 필요한 사항을 명할 수 있다(부가령 §119).

국세청장, 납세지 관할 지방국세청장 또는 납세지 관할 세무서장은 전술한 규정에 따라 관련 명세를 제출하여야 하는 자가 관련 명세를 제출하지 아니하거나 사실과 다르게 제출한 경우 그 시정에 필요한 사항을 명할 수 있다(부가법 §75 ②).

9.13. 과태료

납세지 관할세무서장은 전술한 규정에 따른 납세보전 또는 조사를 위한 명령을 위반한 자에게는 2천만원 이하의 과태료를 부과한다(부가법 §76 ①).

과태료의 부과기준은 다음과 같다(부가법 §76 ②, 부가령 §122, 부가령 [별표]).

9.13.1. 일반기준

관할세무서장은 다음의 어느 하나에 해당하는 경우 '**9.13.2. 개별기준**'에 따른 과태료 금액의 2분의 1 범위에서 그 금액을 줄여 부과할 수 있다. 다만, 과태료를 체납하고 있는 위반행위자의 경우에는 그렇지 않다.

① 위반행위가 사소한 부주의나 오류로 인한 것으로 인정되는 경우
② 위반행위자가 법 위반상태를 시정하거나 해소하기 위해 노력한 사실이 인정되는 경우
③ 그 밖에 위반행위의 정도·동기·결과 등을 고려하여 과태료 금액을 줄일 필요가 있다고 인정되는 경우

한편, 관할세무서장은 다음의 어느 하나에 해당하는 경우 '**9.13.2. 개별기준**'에 따른 과태료 금액의 2분의 1 범위에서 그 금액을 늘려 부과할 수 있다. 다만, 늘리는 경우에도 과태료 금액의 상한(2천만원)을 넘을 수 없다.

① 위반행위가 고의나 중대한 과실에 따른 것으로 인정되는 경우
② 그 밖에 위반행위의 정도·동기·결과 등을 고려하여 과태료 금액을 늘릴 필요가 있다고 인정되는 경우

9.13.2. 개별기준

위반행위	수입금액	과태료금액
전술한 **'9.11. 질문·조사 및 명령사항'**의 납세보전 또는 조사를 위한 명령을 위반한 경우 및 **'9.12. 자료제출'**에 따른 시정 명령을 위반한 자	1,000억원 초과	2,000만원
	500억원 초과 1,000억원 이하	1,500만원
	100억원 초과 500억원 이하	1,000만원
	100억원 이하	500만원

주1) 위 표에서 '수입금액'이란 위반행위를 한 날이 속한 연도의 직전 연도 연간 부가가치세 과세표준(면세사업 수입금액을 포함한다)을 말한다.

주2) 수입금액은 신고금액을 기준으로 하되, 결정·경정된 금액이 있는 경우 결정·경정된 금액을 기준으로 한다.

주3) 위반행위를 한 날이 속한 연도의 직전 연도 중에 사업을 시작한 경우에는 해당 연도의 수입금액을 연간 금액으로 환산한 금액을 수입금액으로 한다.

주4) 수입금액이 확인되지 않는 경우에는 연간 수입금액이 100억원 이하인 것으로 본다.

전술한 개별기준에도 불구하고, 다음의 각 위반행위에 대해서는 다음의 규정에 따른 부과기준을 적용한다.

위반행위	과태료 금액		
	1차 위반	2차 위반	3차 이상 위반
(1) 신용카드 거래승인 대행사업자 또는 신용카드 조회기 판매사업자가 신용카드 거래승인 또는 신용카드 조회기의 설치 등에 관한 명령을 위반한 경우	100만원	200만원	500만원
(2) 전자세금계산서 발급 시스템을 구축·운영하는 사업자가 전자세금계산서 발급 방법 등 전자세금계산서 발급 시스템의 구축·운영에 관한 명령을 위반한 경우	100만원	200만원	500만원
(3) 봉사료를 공급가액에서 제외하려는 사업자가 봉사료 지급대장 작성에 관한 명령을 위반하여 이를 작성하지 않거나 거짓으로 작성한 경우[주1)]	미작성·거짓작성 금액의 8%에 해당하는 금액	미작성·거짓작성 금액의 16%에 해당하는 금액	미작성·거짓작성 금액의 24%에 해당하는 금액

주1) 2,000만원을 한도로 한다.

주2) 위반행위의 횟수에 따른 과태료의 가중된 부과기준은 최근 3년간 같은 위반행위로 과태료 부과처분을 받은 경우에 적용한다. 이 경우 기간의 계산은 위반행위에 대하여 과태료 부과처분을 받은 날과 그 처분 후에 다시 같은 위반행위를 하여 적발한 날을 기준으로 한다.

주3) 가중된 부과처분을 하는 경우 가중처분의 적용 차수는 그 위반행위 전 부과처분 차수('주2)'에 따른 기간에 과태료 부과처분이 둘 이상 있었던 경우에는 높은 차수를 말한다)의 다음 차수로 한다.

표 9.6. 부가가치세법상의 가산세 요약

구 분			가산세액
사업자등록 불성실가산세	미등록		공급가액 × 1%
	타인명의등록		공급가액 × 2%
세금계산서 불성실가산세	매출 세금계산서	가공발급	공급가액 × 4%
		미발급	공급가액 × 2% * 전자세금계산서 대신 종이세금계산서를 발급한 경우 및 복수사업장을 보유한 사업자가 다른 사업장 명의로 세금계산서를 발급한 경우에는 미발급이라도 1%
		위장발급	
		과다기재	
		지연발급 및 부실기재	지연발급 및 부실기재분 × 1%
		전자세금계산서 발급명세 전송불성실	㉠ 지연전송 : 공급가액 × 0.3% ㉡ 미 전 송 : 공급가액 × 0.5%
	매입 세금계산서	가공수취	공급가액 × 3%
		위장수취	공급가액 × 2%
		과다기재	
		지연수취 등	공급가액 × 0.5%
매출처별세금계산서 합계표 불성실가산세	미제출		공급가액 × 0.5%
	부실기재		
	지연제출		공급가액 × 0.3%
매입처별세금계산서 합계표 불성실가산세	미제출		공급가액 × 0.5%
	부실기재		
	과다기재		
신용카드매출전표 등 수령명세서 제출불성실가산세			공급가액 × 0.5%
현금매출명세서 및 부동산임대공급가액명세서 제출불성실가산세			미제출수입금액 등 × 1%
비사업자(전부자료상)에 대한 가산세			세금계산서에 적힌 공급가액 × 4%

표 9.7. 세금계산서합계표 지연제출시 가산세 부과 및 매입세액공제 여부

구 분	가산세	매입세액공제
매출처별세금계산서합계표	매출처별세금계산서합계표 지연제출가산세(0.3%) 부과	해당사항 없음
매입처별세금계산서합계표	없음	예정신고기간분의 매입세액을 확정신고시에 공제받아야 함

표 9.8. 매입세액공제와 가산세 부과여부

구 분	매입세액공제	가산세
① 예정신고기한까지 적용받아야 할 매입세액공제를 확정신고시 매입세액공제 받은 경우	○	×
② 수정신고·경정청구·기한후신고시 매입처별세금계산서합계표를 제출하는 경우	○	×
③ 경정시 경정기관의 확인을 거쳐 매입처별세금계산서합계표를 제출하는 경우	○	○
④ 재화 또는 용역의 공급시기 이후에 세금계산서를 발급받았는데 해당 공급시기가 속하는 과세기간에 대한 확정신고기한까지 발급받은 경우(지연수취)	○	○
⑤ 세금계산서 가공·위장수취·과다기재분	×	○

연습문제

01 부가가치세의 신고와 납부에 관한 사항 중 틀린 것은?

① 사업자는 예정신고 및 조기환급신고시에 이미 신고한 내용을 제외하고 과세표준과 납부세액을 확정신고하여야 한다.
② 신규로 사업을 시작하거나 시작하려는 자에 대한 최초의 예정신고기간은 사업개시일 또는 사업개시일 전에 등록을 신청한 경우에는 그 신청한 날부터 그 날이 속하는 예정신고기간의 종료일까지로 한다.
③ 사업자는 각 과세기간에 대한 과세표준과 납부세액 또는 환급세액을 그 과세기간이 끝난 후 25일(폐업하는 경우에는 폐업일이 속한 달의 다음 달 25일) 이내에 사업장 관할세무서장에게 신고하여야 한다.
④ 총괄납부사업자는 주사업장 관할세무서장에게 종된 사업장분을 합산하여 신고·납부하여야 한다.
⑤ 사업장 관할세무서장은 예정신고기간마다 일반과세자인 개인사업자의 직전 과세기간에 대한 납부세액의 2분의 1에 상당하는 금액을 결정·고지함을 원칙으로 한다.

해답

주사업장총괄납부는 납부의 총괄이며, 신고 및 세금계산서 교부는 각 사업장별로 하여야 한다.

정답 ④

02 부가가치세의 신고 및 예정고지와 관련된 내용 중 옳지 않은 것은? (제70회 전산세무 1급)

① 폐업하는 경우 폐업일로부터 25일내 신고하여야 한다.
② 사업부진으로 인해 예정신고기간의 공급가액이 직전과세기간의 공급가액의 1/3에 미달하는 개인사업자는 예정신고 할 수 있다.
③ 영세율을 적용받는 경우에는 매월 또는 매2월별로 조기환급기간이 끝난 날부터 25일내 신고할 수 있다.
④ 직전 과세기간 부가가치세 100만원을 납부한 간이과세자가 해당 과세기간 개시일 현재 일반과세자로 변경된 경우 예정고지하지 않는다.

해답

폐업하는 경우에는 폐업일이 속하는 달의 다음달 25일내 신고하여야 한다.

정답 ①

03 다음은 계속사업자인 ㈜국민의 과세매출에 대한 공급가액 자료이다. 부가가치세 예정고지 대상기간으로 옳은 것은? (제120회 전산세무 2급)

2025년				2026년				2027년	
1월~3월	4월~6월	7월~9월	10월~12월	1월~3월	4월~6월	7월~9월	10월~12월	1월~3월	4월~6월
1억원	8천만원	1억원	2억원	7천만원	6천만원	1억원	6천만원	8천만원	1억원

① 2025년 제2기 예정
② 2026년 제1기 예정
③ 2026년 제2기 예정
④ 2027년 제1기 예정

해답

직전 과세기간 공급가액의 합계액이 1억5천만원 미만인 법인사업자에 대해 예정고지에 징수를 한다. 2026년 제1기 과세기간의 공급가액이 1억 5천만원에 미달하므로, 다음 과세기간인 2026년 제2기 예정신고기간에 직전과세기간 납부세액의 50%로 결정하여 예정고지를 하면 된다.

정답 ③

04 다음 중 부가가치세법상 신고와 납부에 대한 설명으로 옳지 않은 것은? (제117회 세무회계 3급)

① 부가가치세 납부세액이 1천만원을 초과하는 금액에 대해서는 분납신청을 할 수 있다.
② 사업자가 사업설비를 신설 · 취득 · 확장 또는 증축하는 경우 조기환급신청을 할 수 있다.
③ 주사업장 총괄납부사업자는 주된 사업장에서 총괄하여 납부할 수 있다.
④ 개인사업자는 예정고지가 원칙이나 직전 과세기간의 공급가액 또는 납부세액의 3분의 1에 미달하는 경우 예정신고를 할 수 있다.

해답

소득세 및 법인세와는 달리, 부가가치세의 경우 분납에 대한 규정이 없다.

정답 ①

05 다음 중 부가가치세법상 예정고지 · 부과 제외사유로 옳지 않은 것은? (제119회 세무회계 3급)

① 개인사업자로서 징수하여야 할 예정고지금액이 50만원 미만인 경우
② 간이과세자에서 해당 과세기간 개시일 현재 일반과세자로 변경된 경우
③ 재난 등으로 인한 납부기한 연장사유로 사업자가 납부할 수 없다고 인정되는 경우
④ 휴업 또는 사업부진으로 사업실적이 악화된 경우(예정신고 하지 않음)

해답

휴업 또는 사업부진으로 사업실적이 악화된 경우, 예정신고를 하고 예정신고기간의 납부세액을 납부하면 부가가치세액의 결정고지는 없었던 것으로 본다.

정답 ④

06 다음 중 부가가치세법상 신고와 납부에 대한 설명으로 옳지 않은 것은? (제120회 세무회계 2급)

① 예정고지세액이 50만원 미만인 경우 이를 징수하지 아니한다.

② 사업자가 사망한 경우 상속개시일이 속하는 달의 말일부터 6개월이 되는 날까지 확정신고를 하여야 한다.

③ 사업장이 둘 이상인 사업자가 주사업장 총괄 납부를 신청한 경우에는 납부할 세액을 주된 사업장에서 총괄하여 납부할 수 있다.

④ 사업부진으로 인하여 각 예정신고기간의 공급가액 또는 납부세액이 직전 과세기간의 공급가액 또는 납부세액의 3분의 1에 미달하는 개인사업자는 예정신고를 할 수 있다.

해답

사업자가 사망하여 폐업하는 경우에는 폐업일 속한 달의 다음 달 25일까지 확정신고를 하는 것이며, 상속인이 사업을 승계한 경우에는 일반적인 절차에 따라 부가가치세 확정신고를 하면 되는 것이다.

정답 ②

07 다음 중 부가가치세법상 신고 · 납부에 대한 설명으로 틀린 것은? (제119회 전산세무 1급)

① 면세사업용 재화의 과세전환 매입세액공제는 예정신고시 적용할 수 있다.

② 부가가치세 예정신고 · 납부 시 대손세액공제는 적용하지 않는다.

③ 예정고지로 징수하여야 할 금액이 50만원 미만인 경우에는 예정고지세액을 징수하지 않는다.

④ 개인사업자가 일정한 요건을 충족하여 예정신고를 하는 경우에는 예정고지세액의 결정은 없었던 것으로 본다.

해답

과세사업전환 매입세액 공제는 감가상각자산에 한해 해당 규정을 적용하며, 예정신고시에는 매입세액을 공제하지 않고 확정신고시에만 공제가 가능하다.

정답 ①

08 개인인 일반과세자가 사업을 영위하다가 2026년 4월 20일에 폐업한 경우 부가가치세 확정신고 납부기한으로 옳은 것은? (제70회 세무회계 3급)

① 2026년 4월 25일
② 2026년 5월 25일
③ 2026년 7월 25일
④ 2027년 1월 25일

해답

폐업하는 경우에는 폐업일이 속한 달의 다음달 25일 이내에 확정신고 납부하여야 한다.

정답 ②

09 2026년 2기 부가가치세 확정신고시 매입세액이 매출세액을 초과하여 환급이 발생하게 된 경우 부가가치세법상 환급기한은 언제인가?(단, 일반과세자의 일반환급이며 확정신고기한이 평일이라고 가정한다) (제71회 세무회계 3급)

① 2027년 2월 20일 이내
② 2027년 2월 24일 이내
③ 2027년 2월 15일 이내
④ 2027년 2월 14일 이내

해답

일반환급인 경우, 확정신고기한이 지난 후 30일 이내에 환급하여야 한다.

정답 ②

10 다음 중 부가가치세법상 부가가치세의 환급에 대한 설명이 잘못된 것은? (제71회 세무회계 2급)

① 어느 한 사업장에서 조기환급사유가 발생하는 경우에는 해당 사업장의 거래분만을 조기환급신고할 수 있다. 다만, 총괄납부를 하는 경우에는 예외로 한다.
② 영세율을 적용받는 경우 조기환급을 신청할 수 있다.
③ 일반환급의 경우 확정신고기한 경과 후 30일 이내에 환급한다.
④ 사업용 자산을 신설 · 취득 · 확장 또는 증축하는 경우에는 감가상각자산이 아니라 하더라도 조기환급을 받을 수 있다.

해답

사업설비를 신설, 취득, 확장 또는 증축하는 경우에는 조기환급을 받을 수 있는데, 여기서 '사업설비'란 건축물 등 감가상각자산을 말한다.

정답 ④

11 다음 중 부가가치세법상 환급과 관련한 설명 중 틀린 것은? (제71회 전산세무 2급)

① 예정신고기한에 대한 조기환급세액은 예정신고일로부터 15일 내에 환급한다.
② 조기환급은 수출 등 영세율사업자와 설비투자를 한 사업자가 부담한 부가가치세를 일찍 환급하여 자금 부담을 덜어주고 이를 통해 수출과 투자를 촉진하는데 그 목적이 있다.
③ 조기환급기간은 예정신고기간 중 또는 과세기간 최종 3개월 중 매월 또는 매2월의 기간을 말한다.
④ 일반환급은 환급세액을 확정신고한 사업자에게 확정신고기한이 지난 후 30일 이내에 환급하는 것을 말한다.

해답

예정신고기한에 대한 조기환급세액은 예정신고기한이 지난 후 15일 내에 환급한다.

정답 ①

12 부가가치세법상 조기환급대상이 아닌 것은? (제70회 세무회계 3급)

① 재화의 매입이 과다한 경우
② 영세율을 적용 받는 경우
③ 사업설비를 신설하는 경우
④ 사업설비를 증축하는 경우

해답

재고매입은 일반환급 대상이다.

정답 ①

13 다음 중 부가가치세법상 환급에 대한 설명으로 가장 옳지 않은 것은? (제120회 세무회계 1급)

① 예정신고를 한 사업자는 확정신고 및 납부 시 예정신고한 과세표준과 납부한 납부세액 또는 환급받은 환급세액은 제외하여 신고하여야 한다.
② 조기환급을 받고자 하는 영세율 적용 대상 사업자가 부가가치세 예정신고 또는 확정신고와 함께 법령에 정한 서류를 제출한 경우에는 조기환급에 관하여 신고한 것으로 본다.
③ 사업장 관할세무서장은 각 과세기간별로 그 과세기간에 대한 환급세액을 확정신고한 사업자에게 그 확정신고일로부터 1개월 이내에 환급하여야 한다.
④ 사업장 관할세무서장은 사업자가 사업설비를 신설한 경우에 발생하는 환급세액을 신고하는 경우 확정신고기한이 지난 후 15일 이내, 예정신고기한이 지난 후 15일 이내 또는 영세율 등 조기환급신고기한이 지난 후 15일 이내에 사업자에게 환급하여야 한다.

해답

사업장 관할세무서장은 각 과세기간별로 그 과세기간에 대한 환급세액을 확정신고한 사업자에게 그 확정신고일로부터 30일 이내에 환급하여야 한다.

정답 ③

14 다음 중 부가가치세법상 환급에 대한 설명으로 옳지 않은 것은? (제118회 세무회계 2급)

① 사업자가 재무구조개선계획을 이행 중인 경우 조기환급을 신청할 수 있다.
② 사업자는 조기환급기간이 끝난 날부터 25일 이내에 조기환급기간에 대한 과세표준과 환급세액을 관할 세무서장에게 신고하여야 한다.
③ 조기환급은 예정신고 또는 확정신고기한이 지난 후 15일 이내에 환급하여야 한다.
④ 일반환급은 예정신고 또는 확정신고기한이 지난 후 30일 이내에 환급하여야 한다.

해답

일반환급은 확정신고시에만 가능하다.

정답 ④

15 다음 중 부가가치세법상 조기환급 사유로 가장 옳지 않은 것은? (제116회 세무회계 3급)

① 영세율을 적용받는 경우
② 사업 설비를 신설 · 취득 · 확장 또는 증축하는 경우
③ 사업의 업종을 추가하는 경우
④ 재무구조개선계획을 이행 중인 경우

해답

업종 추가는 조기환금에 사유에 해당하지 아니한다.

정답 ③

16 다음 중 부가가치세의 신고 및 납부, 환급에 관한 설명으로 가장 올바르지 않은 것은? (2017년 재경관리사)

① 사업자는 각 예정신고기간 또는 과세기간이 끝난 후 25일 이내에 사업장 관할 세무서장에게 과세표준을 신고하고 세액을 자진납부 하여야 한다.
② 일반환급세액은 각 예정 및 확정신고기한 경과 후 30일 이내에 환급한다.
③ 매월 또는 매 2월마다 조기환급 받고자 하는 자는 조기환급기간 경과 후 25일 이내에 조기환급 신고서를 제출하여야 한다.
④ 당해 과세기간 중 대손이 발생하였거나 대손금이 회수되었을 경우 확정신고시에 대손세액을 가감한다.

해답

일반환급은 확정신고시에만 가능하다.

정답 ②

17 다음 중 부가가치세에 대해 가장 올바르지 않은 주장을 하는 사람은 누구인가? (2016년 재경관리사)

① 김민정: 사업설비를 취득하는 경우 부가가치세 조기환급신청이 가능합니다.
② 강영희: 세금계산서의 필요적 기재사항의 전부 또는 일부가 기재되지 아니하거나 사실과 다를 경우 적법한 세금계산서로 보지 않으며, 가산세 등의 불이익이 있습니다.
③ 정수정: 부가가치세는 납세의무자와 담세자가 동일하므로 직접세에 해당합니다.
④ 문철수: 사업자란 사업목적이 영리이든 비영리이든 관계없이 사업상 독립적으로 재화 또는 용역을 공급하는 자를 말합니다.

해답

부가가치세는 납세의무자와 담세자가 일치하지 않은 간접세에 해당한다.

정답 ③

18 부가가치세법상 일반과세자가 법정기한까지 사업자 등록을 신청하지 아니한 경우 적용되는 미등록 가산세율은? (제71회 세무회계 3급)

① 1% ② 2% ③ 3% ④ 4%

해답

미등록가산세는 미등록기간(사업개시일부터 사업자등록 신청 직전일까지)의 공급가액에 1%를 가산세로 부과한다.

정답 ①

19 부가가치세법상 일반과세자인 김삼일씨는 2026년 8월 20일에 사업을 개시하였으나 2026년 11월 1일에 사업자등록을 신청하였다. 2026년의 공급가액이 다음과 같을 때 2026년 제2기 확정신고시 김삼일씨가 납부하여야 할 미등록가산세는 얼마인가? (2024년 9월 재경관리사)

기간	공급가액
8월 20일 ~ 8월 31일 :	5,000,000원
9월 1일 ~ 9월 30일 :	8,000,000원
10월 1일 ~ 10월 31일 :	10,000,000원
11월 1일 ~ 11월 30일 :	20,000,000원
12월 1일 ~ 12월 31일 :	30,000,000원

① 50,000원 ② 130,000원 ③ 180,000원 ④ 230,000원

해답

(₩5,000,000 + 8,000,000 + 10,000,000) × 1% = ₩230,000

* 사업개시일부터 등록신청일의 직전일까지 공급가액 합계액에 대해 1%를 적용한다.

정답 ④

20 다음 중 부가가치세법상 가산세에 대한 설명으로 틀린 것은? (제72회 전산세무 1급)

① 사업자미등록가산세 : 미등록기간 공급가액의 1%
② 매출처별세금계산서합계표 미제출가산세 : 미제출 공급가액의 1%
③ 재화를 공급하지 아니하고 발급한 세금계산서 가산세 : 공급가액의 3%
④ 부동산임대공급가액명세서 미제출가산세 : 수입금액의 1%

해답

매출처별세금계산서합계표 미제출가산세는 0.5%(지연제출가산세 0.3%)가 적용된다.

정답 ②

21 다음 중 부가가치세법상 가산세 계산에 대한 설명으로 옳지 않은 것은? (제118회 세무회계 1급)

① 세금계산서의 발급시기가 지난 후 해당 재화 또는 용역의 공급시기가 속하는 과세기간에 대한 확정신고 기한까지 세금계산서를 발급하지 아니한 경우 그 공급가액의 2%
② 둘 이상의 사업장을 가진 사업자가 재화 또는 용역을 공급한 사업장 명의로 세금계산서를 발급하지 아니하고 자신의 다른 사업장 명의로 세금계산서를 발급한 경우 그 공급가액의 2%
③ 재화 또는 용역을 공급받지 아니하고 세금계산서 등을 발급받은 경우 그 세금계산서 등에 적힌 공급가액의 4%
④ 재화 또는 용역을 공급받고 실제로 재화 또는 용역을 공급하는 자가 아닌 자의 명의로 세금계산서 등을 발급받은 경우 그 공급가액의 2%

해답

둘 이상의 사업장을 가진 사업자가 재화 또는 용역을 공급한 사업장 명의로 세금계산서를 발급하지 아니하고 세금계산서의 발급시기에 자신의 다른 사업장 명의로 세금계산서를 발급한 경우는 미발급에 해당하나 가산세는 1%로 경감된다.

정답 ②

22 다음 중 부가가치세법상 일반과세사업자에게 적용되는 공급가액에 대한 가산세율로 옳지 않은 것은?

(제119회 세무회계 3급)

① 세금계산서 필요적 기재사항 부실기재 : 1%
② 전자세금계산서 발급의무자가 전자세금계산서 외의 세금계산서를 발급한 경우 : 1%
③ 매출처별세금계산서합계표 지연제출 : 0.3%
④ 재화 · 용역을 공급하지 않고 세금계산서를 발급 : 1%

해답

재화 · 용역을 공급하지 않고 세금계산서를 발급(가공발급)하는 경우 가산세는 공급가액의 4%로 한다.

정답 ④

23 다음 중 부가가치세법상 세금계산서 관련 가산세율로 옳지 않은 것은? (제120회 세무회계 2급)

① 지연발급에 대한 가산세 : 공급가액의 1%
② 가공발급에 대한 가산세 : 공급가액의 4%
③ 매출처별 세금계산서 합계표 불성실 가산세(미제출) : 미제출분 공급가액의 0.5%
④ 세금계산서 지연수취 가산세 : 지연수취 공급가액의 1%

해답

세금계산서를 지연수취한 경우 가산세는 지연수취 공급가액의 0.5%로 한다.

정답 ④

24 다음 중 부가가치세법상 가산세에 관한 설명으로 가장 올바르지 않은 것은? (2024년 7월 재경관리사)

① 세금계산서불성실가산세(미발급은 제외)와 매출처별세금계산서합계표 불성실가산세에 동시에 해당하는 경우 두가지 모두 적용한다.
② 신규로 사업을 개시한 사업자가 기한 내에 사업자등록을 신청하지 아니한 경우 사업개시일부터 등록신청일의 직전일까지의 공급가액에 대하여 1%를 미등록가산세로 납부하여야 한다.
③ 예정신고시 제출하지 않은 매출처별세금계산서합계표를 확정신고시에 지연제출한 경우에 가산세를 납부하여야 한다.
④ 세금계산서의 필요적 기재사항의 전부 또는 일부가 적혀있지 아니한 경우 가산세가 부과된다.

해답

세금계산서불성실가산세와 매출처별세금계산서합계표 불성실가산세 규정이 중복되는 경우 중복적용을 배제하고 세금계산서불성실가산세를 우선 적용한다.

정답 ①

25 다음 중 부가가치세에 대한 가산세가 부과되는 경우로 가장 올바르지 않은 것은?

(2021년 5월 재경관리사)

① 예정신고시 매입처별세금계산서 합계표를 제출하지 않고 확정신고시 제출한 경우
② 가공세금계산서를 발행한 경우
③ 재화를 공급받고 타인 명의로 세금계산서를 발급받은 경우
④ 사업자등록을 하지 않은 경우

해답

매출처별세금계산서합계표 지연제출과 달리, 매입처별세금계산서합계표 지연제출의 경우에는 가산세를 적용하지 않는다.

정답 ①

26 다음 중 부가가치세법상 가산세가 부과되는 경우로 옳지 않은 것은? (2024년 6월 재경관리사)

① 사업자등록을 하지 않은 경우
② 재화를 공급받고 타인 명의로 세금계산서를 발급받은 경우
③ 예정신고시 매입처별 세금계산서 합계표를 제출하지 않고 확정신고시 제출한 경우
④ 세금계산서의 발급시기가 지난 후 해당 재화 또는 용역의 공급시기가 속하는 과세기간에 대한 확정신고 기한까지 세금계산서를 발급하는 경우

해답

매입처별 세금계산서 합계표를 지연제출한 경우 가산세를 적용하지 아니한다.

정답 ③

27 다음 중 부가가치세법상 가산세에 관한 설명으로 옳지 않은 것은? (2023년 9월 재경관리사)

① 예정신고와 납부에 있어서는 해당 예정신고기간에 대한 과세표준과 납부세액으로 하되 가산세는 제외한다.
② 매출처별세금계산서합계표를 제출하지 않은 경우에는 가산세가 부과되나 매입처별세금계산서합계표를 제출하지 않은 경우에는 가산세가 부과되지 않는다.
③ 전자세금계산서 발급의무자가 발급기간 내에 종이세금계산서를 발급하면 가산세가 부과되지 않는다.
④ 사업개시일부터 20일 이내에 사업자등록을 신청하지 아니한 경우에는 미등록가산세가 부과된다.

해답

전자세금계산서 발급의무자가 발급기간 내에 종이세금계산서를 발급하면 1%의 가산세를 부과한다.

정답 ③

28 다음 중 부가가치세법상 가산세에 관한 설명으로 옳지 않은 것은? (2023년 6월 재경관리사)

① 매출처별세금계산서합계표를 확정신고시 제출하지 않은 경우와 예정신고분을 확정신고시에 지연 제출한 경우에 적용되는 가산세율은 다르다.

② 신규로 사업을 개시한 사업자가 기한 내에 사업자등록을 신청하지 않은 경우 미등록에 대한 가산세를 적용한다.

③ 과소신고·초과환급신고가산세와 납부지연가산세가 동시에 적용되는 경우 과소신고·초과환급신고가산세만을 적용한다.

④ 미등록가산세가 적용되는 경우 세금계산서 불성실가산세 또는 매출처별세금계산서합계표 제출불성실가산세는 배제된다.

해답

과소신고 · 초과환급신고가산세와 납부지연가산세는 중복적용이 배제되는 가산세에 해당하지 않는다.

정답 ③

29 다음은 제조업을 영위하는 ㈜삼일의 제1기 부가가치세 확정신고(2026년 4월 1일~2026년 6월 30일)와 관련된 자료이다. 확정신고시 ㈜삼일의 차가감납부세액은 얼마인가(아래의 금액은 부가가치세가 제외된 금액임)? (2015년 재경관리사 수정)

ㄱ. 확정신고기간 중 ㈜삼일의 제품 공급가액 50,000,000원
(세금계산서를 발행하지 않은 공급가액은 2,500,000원이 포함되어 있다)

ㄴ. 확정신고기간 중 ㈜삼일의 매입액 40,000,000원
(매입세액 불공제대상인 매입액은 5,000,000원이다)

ㄷ. 세금계산서 관련 가산세는 미발급 금액의 2%를 적용한다.
(그 외 가산세는 없다고 가정한다)

① 1,550,000원 ② 1,600,000원 ③ 1,650,000원 ④ 1,700,000원

해답

(1) 납부세액 : ① − ② = ₩1,500,000
① 매출세액 : ₩50,000,000 × 10% = ₩5,000,000
② 매입세액 : ₩35,000,000(불공제분 제외) × 10% = ₩3,500,000

(2) 세금계산서 미발급 가산세 : ₩2,500,000 × 2% = ₩50,000

(3) 차가감납부세액 : (1) + (2) = ₩1,550,000

정답 ①

30 다음 사례에서 공급받는 자의 매입세액공제 여부 및 공급받는 자와 공급자에게 각각 적용될 세금계산서 관련 가산세율로 적절한 것은? (제122회 전산세무 1급)

> ㈜부천은 부동산임대업을 영위하며 임차인에게 전자세금계산서 외의 세금계산서를 발급했다(이외의 모든 의무는 정상 이행함).

	공급받는 자	공급하는 자
①	매입세액공제 불가, 가산세 없음	가산세 2%
②	매입세액공제 불가, 가산세 1%	가산세 1%
③	매입세액공제 가능, 가산세 1%	가산세 2%
④	매입세액공제 가능, 가산세 없음	가산세 1%

해답

전자세금계산서 발급의무자가 전자세금계산서 외의 세금계산서를 발급한 경우 미발급에 해당하나 가산세는 1%로 경감된다. 한편, 공급받는 자는 매입세액공제도 가능하고 가산세도 적용되지 않는다.

정답 ④

제 10 장

간이과세

제 10 장 간이과세

우리나라의 부가가치세법은 매출세액에서 매입세액(불공제 매입세액 제외)을 차감하여 납부세액을 계산하는 전단계세액공제법을 채택하고 있다. 이러한 전단계세액공제법을 유지해 나가는 핵심은 적법한 세금계산서의 수수에 있다. 즉 공급하는 자는 공급시에 매출세금계산서를 발급하여야 하고, 공급받는 자는 매입시에 매입세금계산서를 수취하여야 하며, 공급받는 자는 원칙적으로 세금계산서를 수취한 경우에만 매입세액을 공제할 수 있도록 하고 있다. 하지만, 이러한 협력의무를 일반과세자에 비하여 영세한 규모로 사업을 영위해 나가고 있는 사업자에게까지 기대하기가 어렵고, 이러한 영세사업자의 납세편의 제고를 위하여 부가가치세법상 협력의무를 경감시켜주고 있는데 이를 '간이과세제도'라고 한다.

10.1. 간이과세의 특징

일반과세자와 비교하여 간이과세자는 다음과 같은 특징을 가진다.[110)]

구 분	내 용
(1) 매입세액 불공제	간이과세자는 매입세액을 공제받을 수 없다. 따라서 영세율 적용대상사업자의 경우도 매입세액을 환급받을 수 없다.
(2) 의제매입세액공제 적용 배제	간이과세자에 대해서는 중복공제 등의 문제로 의제매입세액공제가 적용되지 않는다.
(3) 과세기간과 예정부과기간	간이과세자의 경우 일반과세자와는 달리 1월 1일부터 12월 31일까지를 과세기간으로 하며, 1월 1일부터 6월 30일까지를 예정부과기간으로 한다.
(4) 재고매입세액 및 재고납부세액	일반과세자에서 간이과세자로 유형변경시 재고납부세액을 납부하여야 하고, 간이과세자에서 일반과세자로 유형변경시 재고매입세액을 공제받을 수 있다.

110) 원래 간이과세자는 세금계산서를 발급할 수 없고 대신 영수증을 발급하여야 하는 사업자였으나, 2020년 말 세법개정으로 간이과세 공급대가 기준금액이 기존 4,800만원에서 8,000만원으로 상향되면서, 간이과세자 중 직전 연도 공급대가 합계액이 4,800만원에 미달하는 자와 신규로 사업을 시작하는 간이과세자를 제외하고 원칙적으로 간이과세자에게도 세금계산서 발급의무를 부과하게 되었다. 또한, 일반과세자가 간이과세자로 전환되는 경우 납부세액 계산시 부가가치율에 면세농산물 등의 매입액이 반영되어 있어 간이과세자에 대한 의제매입세액공제는 중복공제에 해당하게 되고, 기존 간이과세자(공급대가 4,800만원 미달)의 경우에는 납부의무가 면제되므로 의제매입세액공제가 불필요하게 되어 간이과세자에 대한 의제매입세액공제는 적용이 배제되는 것으로 개정되었다. 해당 개정규정은 2021년 7월 1일부터 시행한다(법률 제17653호, 2020. 12. 22. 부칙 §1).

(5) 납부세액 계산의 간소화	간이과세자는 전단계세액공제법을 적용하지 않는다. 대신 과세표준에 업종별 부가가치율을 적용하는 보다 간편한 과세방식을 적용한다.
(6) 간이과세의 포기	중간거래단계에서 간이과세를 적용하는 경우 발생하는 누적효과를 제거하기 위하여 간이과세자는 간이과세를 포기하고 일반과세를 적용받을 수 있다.

표 10.1. 일반과세자와 간이과세자의 납부세액 계산구조

일반과세자	간이과세자
매출세액 – 매입세액(불공제 매입세액 제외)	공급대가 × 업종별부가가치율 × 세율(10%)

주) 일반과세자의 매출세액은 '공급가액(부가가치세 제외)'에 10%의 세율을 적용하는 반면, 간이과세자의 경우는 '공급대가(부가가치세 포함)'에 업종별부가가치율과 세율을 적용한다.

10.2. 간이과세자의 범위

10.2.1. 간이과세 대상자

간이과세자는 직전 연도의 공급대가(부가가치세가 포함된 대가를 말한다)가 1억 400만원[111]에 미달하는 개인사업자로 한다(부가법 §25 ①)[112]. 따라서 법인은 간이과세자가 될 수 없다.

부가가치세법에서는 일반과세자에 비해 부담을 덜어주는 간이과세제도에 대해 적용대상자를 엄격하게 규정하고 있다. 간이과세는 소규모 영세사업자를 위한 제도이므로 우선 법인사업자에 대해서는 간이과세제도가 원천적으로 배제되며 개인사업자도 매출액 등이 일정규모에 미달하는 영세한 개인사업자에 대해서 적용되도록 규정하고 있다.

한편, 공급대가는 직전 해의 1월 1일부터 12월 31일까지의 재화 또는 용역의 공급을 기준으로 계산하되, 이를 계산함에 있어서 직전 해의 1월 1일부터 12월 31일까지 기간 중 휴업하거나 신규로 사업을 시작한 사업자나 사업을 양수한 사업자인 경우에는 휴업기간, 사업 개시 전의 기간이나 사업 양수 전의 기간을 제외한 나머지 기간에 대한 재화 또는 용역의 공급대가의 합계액을 12개월로 환산한 금액을 기준으로 하며, 휴업한 개인사업자인 경우로서 직전 해의 1월 1일부터 12월 31일까지 기간 중 공급대가가 없는 경우에는 신규로 사업을 시작한 것으로 본다. 이 경우 1개월 미만의 끝수가 있으면 1개월로 한다(부가령 §109 ③).

111) 간이과세가 적용되는 기준금액은 직전 연도의 공급대가의 합계액이 8천만원부터 8천만원의 130퍼센트에 해당하는 금액까지의 범위에서 대통령령으로 정하는 금액으로 하는데, 현재 대통령령이 정하는 기준금액은 1억 400만원이다.

112) 부가가치세법은 '제1장 총칙, 제2장 과세거래, 제3장 영세율과 면세, 제4장 과세표준과 세액의 계산, 제5장 신고와 납부 등, 제6장 결정·경정·징수와 환급, 제7장 간이과세 및 제8장 보칙'으로 구성되어 있는데, 간이과세자는 부가가치세법에서 달리 정하고 있는 경우를 제외하고는 제4장부터 제6장까지의 규정에도 불구하고 제7장의 규정을 적용받는다.

10.2.2. 간이과세 적용배제 사업자

다음 중 어느 하나에 해당하는 사업을 영위하는 사업자의 경우에는 직전 연도의 공급대가가 기준금액에 미달하는 경우에도 간이과세 규정을 적용받을 수 없다(부가법 §61 ① 단서, 부가령 §109 ②).[113)]

① 간이과세가 적용되지 아니하는 다른 사업장(기준사업장)을 보유하고 있는 사업자[주1)]
② 광업
③ 제조업[주2)]
④ 도매업[주3)] 및 상품중개업
⑤ 부동산매매업
⑥ 「개별소비세법」에 따른 개별소비세 과세대상에 해당하는 과세유흥장소를 경영하는 사업으로서 재정경제부령으로 정하는 것[주4)]
⑦ 부동산임대업으로서 재정경제부령으로 정하는 것[주5)]
⑧ 전문직 서비스업[주6)]
⑨ 사업장의 소재지역, 사업의 종류, 규모 등을 감안하여 국세청장이 정하는 기준에 해당하는 것
⑩ 「소득세법」에 따른 간편장부대상자에 해당하지 아니하는 개인사업자가 경영하는 사업(전전년도 기준 복식부기의무자)[주7)]
⑪ 일반과세자로부터 포괄적으로 양수한 사업[주8)]
⑫ 전기·가스·증기 및 수도 사업
⑬ 건설업. 다만, 주로 최종소비자에게 직접 재화 또는 용역을 공급하는 사업으로서 일정한 사업[주9)]은 제외한다.
⑭ 전문·과학·기술서비스업, 사업시설 관리·사업지원 및 임대 서비스업. 다만, 주로 최종소비자에게 직접 용역을 공급하는 사업으로서 일정한 사업[주10)]은 제외한다.
⑮ 부동산임대업 또는 「개별소비세법」에 따른 과세유흥장소를 경영하는 사업자로서 해당 업종의 직전 연도의 공급대가의 합계액이 4천800만원 이상인 사업자
⑯ 둘 이상의 사업장이 있는 사업자로서 그 둘 이상의 사업장의 직전 연도의 공급대가의 합계액이 기준금액 이상인 사업자. 다만, 부동산임대업 또는 과세유흥장소에 해당하는 사업장을 둘 이상 경영하고 있는 사업자의 경우 그 둘 이상의 사업장의 직전 연도의 공급대가(하나의 사업장에서 둘 이상의 사업을 겸영하는 사업자의 경우 부동산임대업 또는 과세유흥장소의 공급대가만을 말한다)의 합계액이 4천800만원 이상인 사업자로 한다.

주1) 단, 간이과세가 적용되는 개인택시운송업, 용달 및 개별 화물자동차운송업, 그 밖의 도로화물운송업, 이용업, 미용업 및 그 밖에 이와 유사한 일정한 사업에 대해서는 다른 사업장 보유 여부에 상관없이 간이과세를 적용할 수 있다(조특법 §106 ⑤).

주2) 다만, 주로 최종소비자에게 직접 재화를 공급하는 사업으로서 '㉠ 과자점업 ㉡ 도정업과 제분업 및 떡류 제조업 중 떡방앗간 ㉢ 양복점업 ㉣ 양장점업 ㉤ 양화점업 ㉥ 그 밖에 자기가 공급하는 재화의 50% 이상을 최종소비자에게 공급하는 사업으로서 국세청장이 정하는 것'은 간이과세를 적용받을 수 있다(부가칙§71 ①).

---

113) 간이과세 적용이 배제되는 취지는 다음과 같다.
① 사업규모로 보아 일반과세자로서의 협력의무를 부과하여도 무방한 경우 (위 '①, ⑩, ⑯'의 경우)
② 거래의 초기단계에 해당하여 이 단계에 간이과세를 적용할 경우 발생하게 될 누적효과를 제거하기 위한 경우('②~④, ⑫~⑭'의 경우)
③ 정책적으로 간이과세를 배제하는 경우('⑤~⑨, ⑮, ⑯'의 경우)
④ 사업의 포괄승계를 원활하게 하기 위한 경우('⑪'의 경우)

주3) 소매업을 겸영하는 경우를 포함하되, 재생용재료수집 및 판매업은 제외한다.

주4) 특별시, 광역시, 특별자치시, 「제주특별자치도 설치 및 국제자유도시 조성을 위한 특별법」에 따라 설치된 행정시(이하 '행정시'라 한다) 및 시지역(광역시, 특별자치시, 행정시 및 도농복합형태의 시지역의 읍·면지역은 제외한다)과 국세청장이 업황·사업규모 등을 고려하여 간이과세적용대상에서 제외하는 것이 필요하다고 인정하여 고시하는 지역에서 과세유흥장소를 경영하는 사업으로 한다(부가칙 §71 ②).

주5) 특별시, 광역시, 특별자치시, 행정시 및 시 지역에 소재하는 부동산임대사업장을 영위하는 사업으로서 국세청장이 정하는 규모 이상의 사업을 말한다(부가칙 §71 ③).

주6) 변호사업, 심판변론인업, 변리사업, 법무사업, 공인회계사업, 세무사업, 경영지도사업, 기술지도사업, 감정평가사업, 손해사정인업, 통관업, 기술사업, 건축사업, 도선사업, 측량사업, 공인노무사업, 의사업, 한의사업, 약사업, 한약사업, 수의사업과 그 밖에 이와 유사한 사업서비스업을 말한다.

주7) 여기에서 '간편장부대상자'는 ① 해당 과세기간 또는 직전 과세기간에 신규로 사업을 개시한 사업자 ② 전전 과세기간의 수입금액의 합계액이 수입금액기준에 미달하는 사업자로 하며, 결정·경정 또는 수정신고로 인하여 수입금액의 합계액이 증가함으로써 전전년도 기준 복식부기의무자에 해당하게 되는 경우에는 그 결정·경정 또는 수정신고한 날이 속하는 과세기간까지는 전전년도 기준 복식부기의무자로 보지 아니한다. 이 경우 수입금액에는 결정 또는 경정으로 증가된 수입금액을 포함하되, 과세유형 전환일 현재 폐업한 사업장의 수입금액은 제외한다.

주8) 다만, 위 '②~⑩' 및 '⑫~⑭'에 해당하지 아니하는 경우로서 사업을 양수한 이후 공급대가의 합계액이 기준금액에 미달하는 경우는 제외한다.

주9) 도배, 실내 장식 및 내장 목공사업, 배관 및 냉·난방 공사업 및 최종소비자에 대한 매출비중, 거래유형 등을 고려하여 국세청장이 정하는 사업을 말한다.

주10) 개인 및 가정용품 임대업, 인물사진 및 행사용 영상 촬영업, 복사업 및 최종소비자에 대한 매출비중, 거래유형 등을 고려하여 국세청장이 정하는 사업을 말한다.

세부규정

• **일부 사업을 폐지하는 경우의 간이과세적용**(부기통 61-109-1)

동일한 사업장에서 2 이상의 사업을 겸영하는 사업자가 그 중 일부사업을 폐지하는 경우의 간이과세 적용은 직전 연도의 공급대가에 폐지한 사업(광업·제조업 및 도매업 등을 포함한다)의 공급대가를 포함하여 계산한다.

세부규정

• **장부의 비치·기록**(소법 §160, 소령 §208)

(1) 사업자의 기장의무

원칙적으로 사업자는 소득금액을 계산할 수 있도록 증명서류 등을 갖춰 놓고 그 사업에 관한 모든 거래 사실이 객관적으로 파악될 수 있도록 복식부기에 따라 장부에 기록·관리하여야 한다. 다만, 업종별 일정 규모 미만의 사업자는 간편장부를 갖춰 놓고 그 사업에 관한 거래 사실을 성실히 기재한 경우에는 장부를 비치·기록한 것으로 본다(소법 §160 ①, ②).

주) 여기에서 '간편장부'란 다음의 사항을 기재할 수 있는 장부로서 국세청장이 정하는 것을 말한다(소령 §208 ⑨).

① 매출액 등 수입에 관한 사항

② 경비지출에 관한 사항

③ 고정자산의 증감에 관한 사항
④ 기타 참고사항

(2) 간편장부대상자의 범위
'간편장부대상자'란 다음 중 어느 하나에 해당하는 사업자를 말한다(소령 §208 ⑤).
① 해당 과세기간에 신규로 사업을 개시한 사업자
② 직전 과세기간의 수입금액(결정 또는 경정으로 증가된 수입금액을 포함한다)의 합계액이 다음의 금액에 미달하는 사업자

구분	직전과세기간주1) 수입금액
㉠ 농업·임업 및 어업, 광업, 도매 및 소매업(상품중개업 제외), 부동산매매업, 그 밖에 '㉡~㉢'에 해당되지 아니하는 사업	3억원
㉡ 제조업, 숙박 및 음식점업, 전기·가스·증기 및 공기조절 공급업, 수도·하수·폐기물처리·원료재생업, 건설업(비주거용 건물 건설업은 제외하고, 주거용 건물 개발 및 공급업을 포함한다), 운수업 및 창고업, 정보통신업, 금융 및 보험업, 상품중개업	1억5천만원
㉢ 부부동산임대업, 부동산업(부동산매매업 제외), 전문·과학 및 기술서비스업, 사업시설관리·사업지원 및 임대서비스업, 교육서비스업, 보건업 및 사회복지서비스업, 예술·스포츠 및 여가 관련 서비스업, 협회 및 단체, 수리 및 기타 개인서비스업, 가구내 고용활동	7천500만원

주1) 소득세의 과세기간은 원칙적으로 1월 1일부터 12월 31일까지 1년으로 한다.
주2) 다만, 다음에 해당하는 사업자는 간편장부대상자에서 제외한다(소령 208 ⑤ 단서).
① 「의료법」에 따른 의료업, 「수의사법」에 따른 수의업 및 「약사법」에 따라 약국을 개설하여 약사(藥事)에 관한 업(業)을 행하는 사업자
② 간이과세 적용이 배제되는 전문직 서비스업을 영위하는 사업자

10.2.3. 신규사업자의 간이과세 적용

신규로 사업을 시작하는 개인사업자는 사업을 시작한 날이 속하는 연도의 공급대가의 합계액이 기준금액에 미달될 것으로 예상되면 사업자등록을 신청할 때 사업자등록신청서와 함께 간이과세적용신고서[114]를 납세지 관할세무서장에게 제출(국세정보통신망에 의한 제출을 포함한다)하여야 한다. 다만, 사업자등록신청서에 연간공급대가예상액과 그 밖의 참고사항을 적어 제출한 경우에는 간이과세적용신고서를 제출한 것으로 본다(부가법 §61 ③, 부가령 §109 ④).

따라서 간이과세적용신고를 한 개인사업자는 최초의 과세기간에는 간이과세자로 한다. 다만, 간이과세 적용배제 사업자의 경우에는 그러하지 아니하다(부가법 §61 ④). 이 경우 간이과세적용신고를 하지 않은 사업자는 최초의 과세기간에는 일반과세를 적용받게 된다.

114) 여기에는 사업자의 인적사항, 사업시설착수 연월일 또는 사업개시 연월일, 연간공급대가 예상액 및 그 밖의 참고사항을 기재한다.

10.2.4. 미등록사업자의 간이과세 적용

사업자등록을 하지 아니한 개인사업자로서 사업을 시작한 날이 속하는 연도의 공급대가의 합계액이 기준금액에 미달하면 최초의 과세기간에는 간이과세자로 한다. 다만, 간이과세 적용배제 사업자의 경우에는 그러하지 아니하다(부가법 §61 ⑤).

10.3. 과세유형의 변경

10.3.1. 일반적인 경우

간이과세자에 관한 규정이 적용되거나 적용되지 아니하게 되는 기간은 해의 1월 1일부터 12월 31일까지의 공급대가의 합계액이 기준금액에 미달하거나 그 이상이 되는 해의 다음 해의 7월 1일부터 그 다음 해의 6월 30일까지로 한다(부가법 §62 ①).

그림 10.1. 과세유형의 변경 : 일반적인 경우

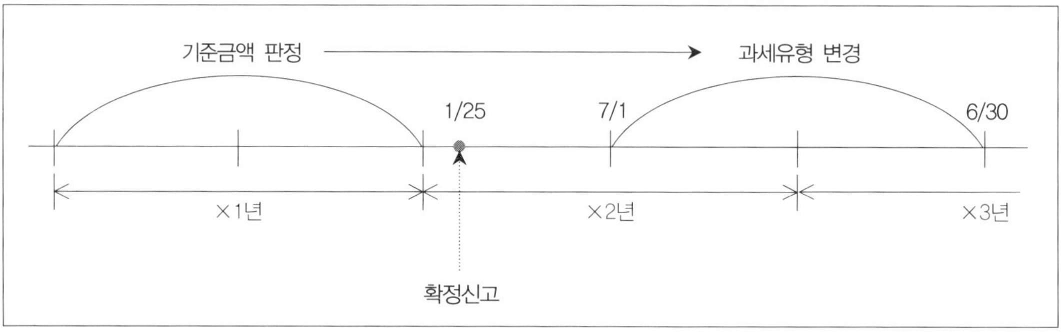

주) ×1년의 기준금액은 ×2년 1월 25일 신고 후 확정되므로 ×2년 7월 1일부터 ×3년 6월 30일까지 유형변경이 적용된다.

10.3.2. 신규사업자의 경우

신규로 사업을 개시한 사업자의 경우 간이과세자에 관한 규정이 적용되거나 적용되지 아니하게 되는 기간은 최초로 사업을 개시한 해의 다음 해의 7월 1일부터 그 다음 해의 6월 30일까지로 한다(부가법 §62 ②).

그림 10.2. 과세유형의 변경 : 신규사업자의 경우

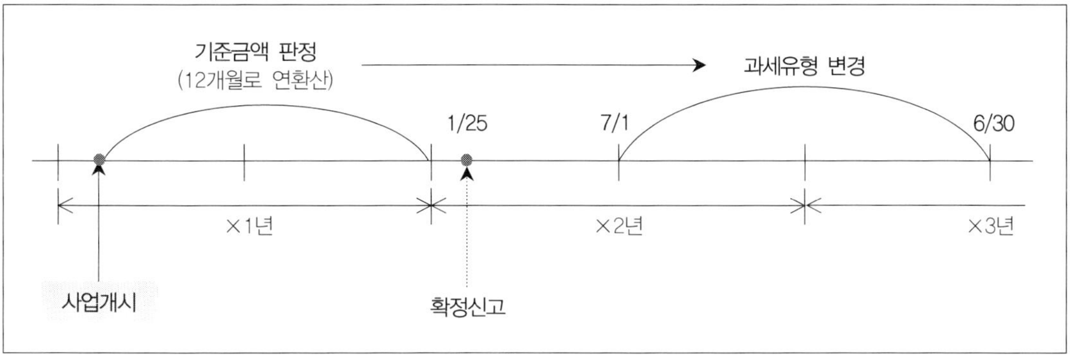

10.3.3. 결정 또는 경정한 경우

결정 또는 경정한 공급대가의 합계액이 기준금액 이상인 개인사업자는 그 결정 또는 경정한 날이 속하는 과세기간까지 간이과세자로 본다(부가법 §61 ⑥).

그림 10.3. 과세유형의 변경 : 결정 또는 경정한 경우

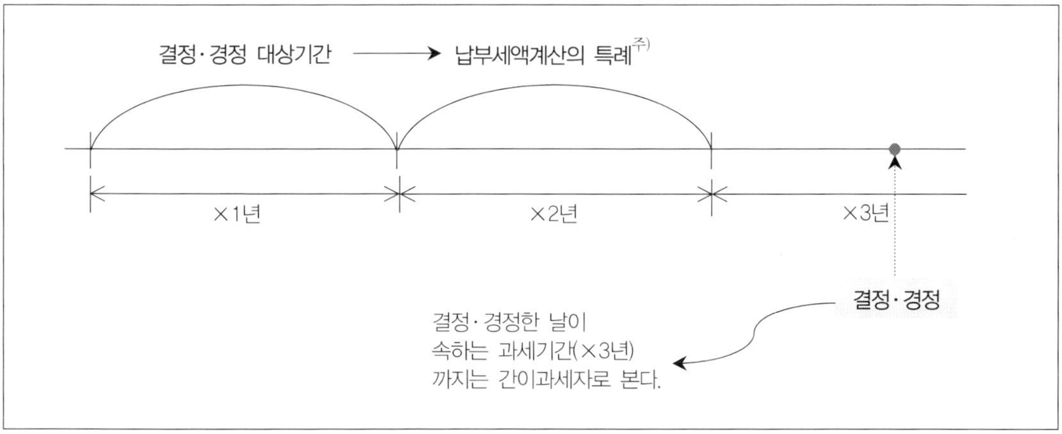

주) 결정·경정 대상기간의 공급대가가 기준금액 이상인 경우 그 결정 또는 경정대상이 된 과세기간의 다음 과세기간의 납부세액은 일반과세자의 규정을 적용하여 계산한 금액으로 하는데, 이에 대하여는 '**10.4.6. 결정 또는 경정으로 인한 납부세액계산의 특례**'에서 구체적으로 살펴보도록 하겠다.

10.3.4. 간이과세 적용배제 사업을 겸영하게 되는 경우

간이과세자가 간이과세 적용배제 사업을 신규로 겸영하는 경우에는 해당 사업의 개시일이 속하는 과세기간의 다음 과세기간부터 간이과세자에 관한 규정을 적용하지 아니한다(부가령 §110 ④). 한편 이에 따라 일반과세자로 전환된 사업자로서 해당 연도 공급대가의 합계액이 기준금액 미만인 사업자가 간이과세 적

용배제 사업을 폐지하는 경우에는 해당 사업의 폐지일이 속하는 연도의 다음 연도 7월 1일부터 간이과세자에 관한 규정을 적용한다(부가령 §110 ⑤).

10.3.5. 기준사업장을 보유하고 있는 경우

간이과세가 적용되지 아니하는 다른 사업장(이하 '기준사업장'이라 한다)을 보유하고 있는 경우에는 간이과세 적용이 배제된다. 그러나 기준사업장의 1월 1일부터 12월 31일까지의 공급대가의 합계액이 기준금액에 미달하는 경우에는 기준사업장과 기준사업장에 의하여 일반과세로 전환된 사업장 모두에 대하여 다음 해의 7월 1일부터 그 다음 해의 6월 30일까지 간이과세에 관한 규정을 적용한다(부가령 §110 ⑤).

다만, 기준사업장에 의하여 간이과세에서 일반과세로 전환된 사업장의 1월 1일부터 12월 31일까지의 공급대가의 합계액이 기준금액 이상이거나 간이과세 적용배제 사업에 해당하는 경우에는 그러하지 아니하다(부가령 §110 ⑤ 단서).

10.3.6. 간이과세를 포기하는 경우

간이과세자가 간이과세의 포기신고를 하는 경우에는 일반과세자에 관한 규정을 적용받으려는 달이 속하는 과세기간의 다음 과세기간부터 해당 사업장 외의 사업장에 간이과세자에 관한 규정을 적용하지 아니한다(부가령 §110 ⑥).

10.3.7. 일반과세 적용사업장을 개설하는 경우

간이과세자가 일반과세자에 관한 규정을 적용받는 사업장을 신규로 개설하는 경우에는 해당 사업개시일이 속하는 과세기간의 다음 과세기간부터 간이과세자에 관한 규정을 적용하지 아니한다(부가령 §110 ⑦).

10.3.8. 기준사업장을 폐업하는 경우

기준사업장이 폐업되는 경우에는 기준사업장에 의하여 일반과세로 전환된 사업장에 대하여 기준사업장의 폐업일이 속하는 연도의 다음 연도부터 간이과세자에 관한 규정을 적용한다. 다만, 기준사업장에 의하여 일반과세로 전환된 사업장의 1월 1일부터 12월 31일까지의 공급대가의 합계액이 기준금액 이상이거나 간이과세 적용배제 사업에 해당하는 경우에는 그러하지 아니하다(부가령 §110 ⑧).

10.3.9. 과세유형의 변경통지

과세유형이 변경되는 경우 해당 사업자의 관할세무서장은 간이과세자에 관한 규정이 적용되거나 적용되지 아니하게 되는 과세기간 개시 20일 전까지 그 사실을 통지하여야 하며, 사업자등록증을 정정하여 과세기간 개시 당일까지 발급하여야 한다(부가령 §110 ①).

한편, 일반과세에서 간이과세로 과세유형이 변경되는 사업자에게는 이러한 변경통지에 관계없이 간이과세자에 관한 규정을 적용한다. 다만, 부동산임대업을 경영하는 사업자의 경우에는 변경통지를 받은 날이 속하는 과세기간까지는 일반과세자에 관한 규정을 적용한다(부가령 §110 ②).

그러나 간이과세에서 일반과세로 과세유형이 변경되는 사업자에 대해서는 통지를 받은 날이 속하는 과세기간까지는 간이과세자에 관한 규정을 적용한다(부가령 §110 ③).

10.4. 과세표준과 세액

	공급대가[주)]	부가가치세 포함
(×)	업종별 부가가치율	5%~50%
(×)	세　율	10%
	납부세액	
(+)	재고납부세액	일반과세자가 간이과세자로 과세유형이 전환된 경우 발생
(−)	세액공제	매입세금계산서 등 수취세액공제, 신용카드매출전표 등 발행세액공제, 전자신고세액공제
(+)	가 산 세	
	차가감납부세액	74.7%는 부가가치세, 25.3%는 지방소비세

주) 해당 과세기간(예정부과기간의 과세표준과 납부세액을 신고하는 경우에는 예정부과기간)의 공급대가를 말한다.

10.4.1. 과세표준

일반과세자의 경우 과세표준은 공급가액(부가가치세 제외)으로 하는 반면, 간이과세자의 과세표준은 해당 과세기간(예정부과기간의 과세표준과 납부세액을 신고하고 납부하는 경우에는 예정부과기간을 말한다)의 공급대가(부가가치세 포함)의 합계액으로 한다(부가법 §63 ①). 간이과세자에 대한 과세표준의 계산에 관하여는 일반과세자의 과세표준 계산규정을 준용하는데, 이 경우 '공급가액'은 '공급대가'로 본다(부가령 §111 ①).

한편, 간이과세자의 납부세액은 다음의 계산식에 따라 계산한 금액으로 한다. 이 경우 둘 이상의 업종을 겸영하는 간이과세자의 경우에는 각각의 업종별로 계산한 금액의 합계액을 납부세액으로 한다(부가법 §63 ②).

납부세액 = 과세표준 × 직전 3년간 신고된 업종별 평균 부가가치율 등을 고려하여 5%에서 50%의 범위에서 정하는 해당 업종의 부가가치율 × 10%

10.4.2. 업종별 부가가치율

(1) 일반적인 경우

공급대가에 적용되는 업종별 부가가치율은 직전 3년간 신고된 업종별 평균 부가가치율 등을 고려하여 5%에서 50%의 범위에서 대통령령으로 정하는 해당 업종의 부가가치율을 말하는데(부가법 63 ②), 여기에서 '대통령령으로 정하는 해당 업종의 부가가치율'이란 다음의 구분에 따른 부가가치율을 말한다(부가령 §111 ②).

해당 업종	부가가치율
① 소매업, 재생용 재료수집 및 판매업, 음식점업	15%
② 제조업, 농업·임업 및 어업, 소화물 전문 운송업	20%
③ 숙박업	25%
④ 건설업, 운수 및 창고업(소화물 전문 운송업은 제외), 정보통신업	30%
⑤ 금융 및 보험 관련 서비스업, 전문·과학 및 기술서비스업(인물사진 및 행사용 영상 촬영업은 제외), 사업시설관리·사업지원 및 임대서비스업, 부동산 관련 서비스업, 부동산임대업	40%
⑥ 그 밖의 서비스업	30%

(2) 둘 이상의 업종에 사용하던 공통사용재화를 공급하는 경우

간이과세자가 둘 이상의 업종에 공통으로 사용하던 재화를 공급하여 업종별 실지귀속을 구분할 수 없는 경우에 적용할 부가가치율은 다음의 계산식에 따라 계산한 율의 합계로 한다(부가령 §111 ⑤).

$$\text{해당 재화와 관련된 각 업종별 부가가치율} \times \frac{\text{해당 재화의 공급일이 속하는 과세기간의 해당 재화와 관련된 각 업종의 공급대가}}{\text{해당 재화의 공급일이 속하는 과세기간의 해당 재화와 관련된 각 업종의 총공급대가}}$$

주) 이 경우 휴업 등으로 인하여 해당 과세기간의 공급대가가 없을 때에는 그 재화를 공급한 날에 가장 가까운 과세기간의 공급대가에 따라 계산한다.

10.4.3. 재고납부세액

일반과세자가 간이과세자로 과세유형이 전환된 경우에는 재고납부세액이 발생하게 되는데, 이에 대하여는 '**10.9. 재고매입세액 및 재고납부세액**'에서 구체적으로 살펴보도록 하겠다.

10.4.4. 부가가치세법상 세액공제

간이과세자의 경우 부가가치세법상 매입세금계산서 등 수취세액공제, 신용카드매출전표 등 발행세액공제 및 전자세금계산서 발급·전송에 대한 세액공제가 적용되는데, 이들 세액공제에 따른 금액의 합계액이 각 과세기간의 납부세액을 초과하는 경우에는 그 초과하는 부분은 없는 것으로 본다(부가법 §63 ⑤).[115]

(1) 매입세금계산서 등 수취세액공제

1) 일반적인 경우

간이과세자가 다른 사업자로부터 세금계산서 등을 발급받아 매입처별세금계산서합계표 또는 신용카드매출전표 등 수령명세서를 납세지 관할세무서장에게 제출하는 경우에는 다음에 따라 계산한 금액을 과세기간에 대한 납부세액에서 공제한다. 다만, 매입세액불공제 대상에 해당되어 공제되지 아니하는 매입세액은 그러하지 아니하다(부가법 §63 ③ (1)).[116]

매입세금계산서 등 수취세액공제 = 세금계산서 등을 발급받은 재화와 용역의 공급대가[주)] × 0.5%

주) 매입세액불공제 대상에 해당되어 공제되지 아니하는 매입세액은 제외한다.

2) 과세사업과 면세사업을 겸영하는 경우

간이과세자가 과세사업과 면세사업 등을 겸영하는 경우에는 과세사업과 면세사업의 실지귀속에 의하되, 과세사업과 면세사업의 실지귀속을 구분할 수 없는 분에 대하여는 다음 산식에 의하여 계산한다(부가법 §63 ③ (3), 부가령 §111 ⑦).

$$\text{매입세금계산서 등 수취세액공제} = \text{해당 과세기간에 세금계산서 등을 발급받은 재화와 용역의 공급대가 합계액} \times \frac{\text{해당 과세기간의 과세공급대가}}{\text{해당 과세기간의 총공급대가}} \times 0.5\%$$

115) 즉, 그 초과 부분에 대하여 환급을 허용하지 않고 있다.

116) 원래 매입세금계산서 등에 적힌 매입세액에 업종별 부가가치율을 적용한 금액에 대해 세액공제를 적용하였으나, 2020년 말 세법개정에서, 간이과세자 납부세액 계산시 부가가치율에 매입액이 반영되어 있어 매입에 대한 세액공제가 불필요하고, 기존 간이과세자(공급대가 4,800만원 미달)의 경우에는 납부의무가 면제되므로 세액공제가 불필요하여 세액공제 방식 합리화 차원에서 세금계산서 등을 발급받는 공급대가에 0.5%를 적용한 금액에 대해 세액공제를 하는 것으로 개정되었다. 해당 개정규정은 2021년 7월 1일부터 시행한다(법률 제17653호, 2020. 12. 22. 부칙 §1).

(2) 신용카드매출전표 등 발행세액공제

1) 적용대상 사업자

영수증 발급대상 간이과세자(신규사업자와 직전 연도의 공급대가의 합계액이 4천800만원 미만인 자)가 부가가치세가 과세되는 재화 또는 용역을 공급하고 부가가치세법상 세금계산서의 발급시기에 신용카드매출전표 등 및 일정한 전자적 결제수단에 의하여 대금을 결제 받는 경우에는 일정한 금액을 납부세액에서 공제한다(부가법 §46 ① (1), 부가령 §88 ①~③).

2) 세액공제 대상 신용카드매출전표 등 및 전자적 결제수단

이러한 세액공제를 적용받기 위해서는 「여신전문금융업법」에 따른 신용카드매출전표, 직불카드영수증, 결제대행업체를 통한 신용카드매출전표, 선불카드영수증(실제명의가 확인되는 것으로 한정한다)[117] 및 「조세특례제한법」에 따른 현금영수증[118]과 같은 거래증빙서류 및 전자화폐 등 일정한 전자적 결제 수단에 의하여 대금을 결제 받는 경우[119]에 해당하여야 한다(부가법 §46 ① (2), 부가령 §88 ①, ④).

3) 공제금액

세액공제의 대상이 되는 금액은 다음의 금액으로 한다(부가법 §46 ① (3)).[120]

신용카드매출전표 등 발행세액공제 = MIN[①, ②]
① 발급금액·결제금액 × 1.3%[주1)]
② 한도 : 연간 1,000만원[주2)]

주1) 원래 공제율은 1%이나 2026년 12월 31일까지는 1.3%로 한다.
주2) 원래 연간 500만원이 한도이나, 2026년 12월 31일까지 한시적으로 연간 1천만원으로 상향 조정되었다.

---

117) 이들과 동일한 기능을 수행하는 「전자금융거래법」에 따른 직불전자지급수단 영수증, 선불전자지급수단 영수증(실제 명의가 확인되는 것으로 한정한다) 및 전자지급결제대행에 관한 업무를 하는 금융회사 또는 전자금융업자를 통한 신용카드매출전표를 포함한다.

118) 부가통신사업자가 통신판매업자를 대신하여 발급하는 현금영수증을 포함한다.

119) 여기에서 '일정한 전자적 결제수단에 의하여 대금을 결제받는 경우'란 다음 중 어느 하나에 해당하는 것을 말한다(부가령 §88 ①).
① 다음의 요건을 모두 갖춘 전자적 결제 수단으로 대금을 결제받는 경우
㉠ 카드 또는 컴퓨터 등 전자적인 매체에 화폐가치를 저장했다가 재화 또는 용역을 구매할 때 지급하는 결제 수단(이하 '전자화폐'라 한다)일 것
㉡ 전자화폐를 발행하는 사업자가 결제 명세를 가맹 사업자별로 구분하여 관리하는 결제 수단일 것
② 통신판매업자가 판매를 대행 또는 중개하는 부가통신사업자를 통해 재화 또는 용역을 공급하고 부가통신사업자로부터 전자적으로 대금을 결제받는 경우(부가통신사업자가 제출하는 월별 거래 명세를 통해 그 결제 내역이 확인되는 경우만 해당한다)

120) 원래 음식점·숙박업을 하는 간이과세자의 경우에는 두 배(2.6%)의 높은 공제율을 적용하였으나, 과세형평 제고 차원에서 2020년 말 세법개정을 통해 공제율을 단일화하였다. 해당 규정은 2021년 7월 1일 이후 재화 또는 용역을 공급하는 분부터 적용한다(법률 제17653호, 2020. 12. 22. 부칙 §1).

이 경우 공제받는 금액이 그 금액을 차감하기 전의 납부할 세액[납부세액에서 빼거나 더할 세액(가산세는 제외한다)을 빼거나 더하여 계산한 세액을 말하며, 그 계산한 세액이 '0'보다 작으면 '0'으로 본다]을 초과하면 그 초과하는 부분은 없는 것으로 본다(부가법 §46 ②). 즉, 환급하지 않는다.

(3) 전자세금계산서 발급·전송에 대한 세액공제 특례

간이과세자(영수증 발급대상에 해당하는 간이과세자는 제외한다)가 전자세금계산서를 2027년 12월 31일까지 발급(전자세금계산서 발급명세를 발급일의 다음 날까지 국세청장에게 전송한 경우로 한정한다)하고 전자세금계산서 발급세액공제신고서를 납세지 관할세무서장에게 제출한 경우에는 전자세금계산서 발급 건수 등을 고려하여 다음의 금액을 해당 과세기간의 부가가치세 납부세액에서 공제할 수 있다(부가법 §63 ④).

전자세금계산서 발급·전송에 대한 세액공제
= Min[① 전자세금계산서 발급건수 × 200원, ② 연간 100만원(공제한도액)]

10.4.5.「조세특례제한법」상 세액공제 : 전자신고세액공제

납세자가 직접 전자신고의 방법으로 부가가치세 신고를 하는 경우에는 해당 납부세액에서 1만원을 공제하거나 환급세액에 가산한다. 다만, 간이과세자에 대해서는 공제세액이 납부세액에 매입세금계산서 등 수취세액공제 및 재고납부세액납부의 금액을 가감(加減)한 후의 금액을 초과할 때에는 그 초과하는 금액은 없는 것으로 본다(조특법 §104의 8 ②).

10.4.6. 결정 또는 경정으로 인한 납부세액계산의 특례

결정 또는 경정한 공급대가의 합계액이 기준금액 이상인 개인사업자는 그 결정 또는 경정한 날이 속하는 과세기간까지 간이과세자로 보는데(부가법 §61 ⑥), 이 경우 결정 또는 경정하거나「국세기본법」에 따라 수정신고한 간이과세자의 해당 연도의 공급대가의 합계액이 기준금액 이상인 경우 결정·경정 과세기간의 다음 과세기간의 납부세액은 일반과세자의 규정을 적용하여 계산한 금액으로 한다(부가법 §63 ⑥, 부가령 §111 ⑧). 이 경우 공급가액은 공급대가에 110분의 100을 곱한 금액으로 하고, 매입세액을 계산할 때에는 세금계산서 등을 받은 부분에 대하여 매입세금계산서 등 수취세액공제를 받은 세액은 매입세액으로 공제하지 아니한다(부가법 §63 ⑥ 후단).

$$\text{납부세액} = \left(\text{공급대가} \times \frac{100}{110}\right) \times 10\% - (\text{매입세액} - \text{매입세금계산서 등 수취세액공제})$$

다만, 결정·경정 과세기간이 신규로 사업을 개시한 자의 최초 과세기간인 경우에는 해당 과세기간의 다음 과세기간을 말한다(부가령 §111 ⑧ 단서).

10.4.7. 가산세

간이과세자에게도 원칙적으로 세금계산서 발급 의무가 있으므로, 간이과세자에 대해서도 일반과세자와 유사하게 사업자등록불성실가산세는 물론, 세금계산서 등 관련 가산세도 적용된다.

(1) 사업자등록불성실가산세 및 매출세금계산서 관련 가산세

간이과세자에 대한 가산세 부과에 관하여는 일반과세자의 사업자등록불성실가산세 및 세금계산서 등 발급 관련 가산세를 준용한다(부가법 §68의 2 ①).[121)]

(2) 매출처별세금계산서합계표 관련 가산세

간이과세자가 다음 중 어느 하나에 해당하는 경우 다음의 구분에 따른 금액을 납부세액에 더하거나 환급세액에서 뺀다. 다만, 제출한 매출처별 세금계산서합계표의 기재사항이 착오로 적힌 경우로서 사업자가 발급한 세금계산서에 따라 거래사실이 확인되는 부분의 공급가액에 대해서는 그러하지 아니하다(부가법 §68의 2 ③).

구 분	사 유	가산세
① 미제출	매출처별 세금계산서합계표를 제출하지 아니한 경우	공급가액 × 0.5%
② 부실기재(불명)	제출한 매출처별 세금계산서합계표의 기재사항 중 거래처별 등록번호 또는 공급가액의 전부 또는 일부가 적혀 있지 아니하거나 사실과 다르게 적혀 있는 경우	
③ 지연제출	예정부과기간에 대한 신고를 할 때 제출하지 못하여 해당 예정부과기간이 속하는 과세기간에 확정신고를 할 때 매출처별 세금계산서합계표를 제출하는 경우[주)]	공급가액 × 0.3%

주) 단, 위 '② 부실기재(불명)'에 해당하지 않는 경우에 한한다.

(3) 매입세금계산서 및 매입처별세금계산서합계표 관련 가산세

간이과세자가 다음 중 어느 하나에 해당하는 경우 다음의 구분에 따른 금액을 납부세액에 더하거나 환급세액에서 뺀다(부가법 §68의 2 ②).

구 분	사 유	가산세
① 세금계산서 미수취	세금계산서를 발급하여야 하는 사업자로부터 재화 또는 용역을 공급받고 세금계산서를 발급받지 아니한 경우(영수증을 발급하여야 하는 기간에 세금계산서를 발급받지 아니한 경우는 제외한다)	공급대가 × 0.5%
② 매입처별세금계산서합계표 미제출	세금계산서 등을 발급받고 매입세금계산서 등 수취세액공제를 적용받지 아니한 경우로서 해당 결정 또는 경정 기관의 확인을 거쳐 납부세액을 계산할 때 매입세액으로 공제받는 경우[주)]	공급가액 × 0.5%

121) 사업자등록불성실가산세를 준용하는 경우 '공급가액'은 '공급대가'로 하고, '1%(2%)'는 '0.5%(1%)'로 본다. 또한, 가산세 중복적용 배제의 규정도 일반과세자의 경우와 대부분 유사하므로, 여기에서는 생략하도록 하겠다.

주) '**10.4.6. 결정 또는 경정으로 인한 납부세액계산의 특례**'가 적용되어 매입세액공제를 받는 경우를 말한다.

표 10.2. 일반과세자와 간이과세자의 가산세 비교

구 분	일반과세자	간이과세자
① 사업자등록불성실가산세	공급가액 × 1% (2%)	공급대가 × 0.5%(1%)
② 세금계산서 불성실가산세 세금계산서합계표 불성실가산세	있음	있음[주1)]
③ 신고불성실가산세 납부지연가산세	있음	있음[주2)]

주1) 세금계산서 발급 관련, 매출처별세금계산서합계표 관련, 세금계산서 미수취 및 경정시 매입세액을 공제받는 경우 등에 대해 가산세가 부과된다.

주2) 이 경우 가산세의 계산은 일반과세자와 동일하다.

10.5. 신고와 납부

10.5.1. 예정부과와 납부

(1) 예정고지에 의한 징수

사업장 관할세무서장은 간이과세자에 대하여 직전 과세기간에 대한 납부세액[122]의 50%[123](1천원 미만의 단수가 있을 때에는 그 단수금액은 버린다)를 1월 1일부터 6월 30일(이하 '예정부과기간'이라 한다)까지의 납부세액으로 결정하여 예정부과기간이 끝난 후 25일 이내(이하 '예정부과기한'이라 한다)까지 징수한다(부가법 §66 ①).

이 경우 관할세무서장은 예정부과기간의 부가가치세액에 대하여 7월 1일부터 7월 10일까지 납부고지서를 발부하여야 한다(부가령 §114 ①). 다만, 징수하여야 할 금액이 50만원 미만이거나, 간이과세자가 일반과세자로 변경되어 과세기간이 그 변경 이전 1월 1일부터 6월 30일까지에 해당하는 간이과세자의 경우에는 이를 징수하지 아니한다(부가법 §66 ①).[124]

---

122) 여기에서 '직전 과세기간에 대한 납부세액'은 신용카드매출전표 등 발행세액공제, 매입세금계산서 등 수취세액공제, 전자세금계산서 발급·전송에 대한 세액공제 또는 「조세특례제한법」상 전자신고에 대한 세액공제(납세자에 대한 세액공제분) 규정에 따라 납부세액에서 공제하거나 경감한 세액이 있는 경우에는 그 세액을 뺀 금액으로 하고, 결정 또는 경정과 「국세기본법」에 따른 수정신고 및 경정청구에 따른 결정이 있는 경우에는 그 내용이 반영된 금액으로 한다(부가법 §26의 4 ①).

123) 일반과세자가 간이과세자로 변경되어 직전 과세기간이 그 변경 이후 7월 1일부터 12월 31일까지에 해당하는 경우에는 직전 과세기간에 대한 납부세액 전액을 말한다.

124) 납세자가 재난 또는 도난으로 재산에 심한 손실을 입은 경우 등의 사유로 관할세무서장이 징수하여야 할 금액을 간이과세자가 납부할 수 없다고 인정되는 경우에도 이를 징수하지 아니한다. 이는 일반과세자의 경우와 동일하다.

(2) 선택적으로 예정부과기간의 과세표준과 세액을 신고할 수 있는 경우

위 '(1)'의 규정에도 불구하고 휴업 또는 사업부진 등으로 인하여 예정부과기간의 공급대가 합계액 또는 납부세액이 직전 과세기간의 공급대가 합계액 또는 납부세액의 3분의 1에 미달하는 간이과세자는 예정부과기간의 과세표준과 납부세액을 예정부과기한까지 사업장 관할세무서장에게 신고할 수 있다(부가법 §66 ②, 부가령 §114 ②). 이와 같이 간이과세자가 예정부과기간의 과세표준과 세액을 신고한 경우에는 위 '(1)'의 규정에 따른 결정은 없었던 것으로 본다(부가법 §66 ④).

(3) 예정부과기간에 대한 과세표준과 세액의 신고의무가 있는 경우

위 '(1)'의 규정에도 불구하고 예정부과기간에 세금계산서를 발급한 간이과세자는 예정부과기간의 과세표준과 납부세액을 예정부과기한까지 사업장 관할세무서장에게 신고하여야 한다(부가법 §66 ③).

위 '(2)'와 '(3)'에 따라 예정부과기간에 대한 신고를 하는 간이과세자는 예정부과기간에 대한 납부세액에 가산세를 더하고 다음의 세액을 차감한 금액을 간이과세자부가가치세신고서와 함께 사업장 관할세무서장에게 납부하거나 「국세징수법」에 따른 납부서를 작성하여 한국은행 또는 체신관서에 납부하여야 한다(부가법 §66 ⑤, 부가령 §114 ④).

① 신용카드매출전표 등 발행세액공제
② 매입세금계산서 등 수취세액공제
③ 전자세금계산서 발급·전송에 대한 세액공제
④ 수시부과한 세액

10.5.2. 확정신고와 납부

간이과세자는 과세기간의 과세표준과 납부세액을 그 과세기간이 끝난 후 25일(폐업하는 경우에는 폐업일이 속한 달의 다음 달 25일) 이내에 납세지 관할세무서장에게 확정신고를 하고 납부하여야 한다(부가법 §67 ①). 이 경우 예정부과기간에 대한 고지납부세액 및 신고납부세액이 있는 경우에는 이를 공제하고 납부한다(부가법 §67 ②).

과세기간에 대한 확정신고를 하는 간이과세자는 해당 과세기간의 납부세액에서 가산세를 더하고 다음의 세액을 차감한 금액을 간이과세자부가가치세신고서와 함께 납세지 관할세무서장에게 납부하거나 「국세징수법」에 따른 납부서에 의하여 한국은행 또는 체신관서에 납부하여야 한다(부가령 §114 ④).

① 신용카드매출전표 등 발행세액공제
② 매입세금계산서 등 수취세액공제
③ 전자세금계산서 발급·전송에 대한 세액공제
④ 수시부과한 세액

10.5.3. 매출 · 매입처별세금계산서합계표의 제출

예정부과기간 및 과세기간에 대한 신고를 하는 간이과세자는 매출·매입처별세금계산서합계표를 해당 신고를 할 때 함께 제출하여야 한다(부가법 §66 ⑥, §67 ③). 다만, 매출·매입처별세금계산서합계표를 예정부과기간에 대한 신고를 할 때 제출하지 못하는 경우에는 확정신고를 할 때 이를 제출할 수 있다(부가법 §66 ⑥ 단서).

이 경우 간이과세자가 제출하는 매입처별세금계산서합계표의 기재사항 중 거래처별등록번호, 공급가액의 전부 또는 일부가 적히지 않았거나 사실과 다르게 적힌 경우에는 매입세금계산서 등 수취세액공제를 적용하지 않는다(부가령 §114 ⑤).

10.6. 결정 · 경정과 징수

간이과세자에 대한 과세표준과 납부세액의 결정 또는 경정 및 부가가치세의 징수에 관하여는 일반과세자의 규정을 준용한다(부가법 §68 ①, §68 ④).

10.7. 납부의무의 면제

간이과세자의 해당 과세기간에 대한 공급대가의 합계액이 4천800만원 미만이면 납부세액을 납부할 의무를 면제한다. 다만, 납부세액에 더하여야 할 재고납부세액은 그러하지 아니하다(부가법 §69 ①).

납부의무의 면제 규정을 적용할 때 다음의 경우에는 공급대가의 합계액을 12개월로 환산한 금액을 기준으로 한다. 이 경우 1개월 미만의 끝수가 있으면 1개월로 한다(부가법 §69 ③).

구 분	매입세금계산서 등 세액공제
① 해당 과세기간에 신규로 사업을 시작한 간이과세자	그 사업개시일부터 그 과세기간 종료일까지의 공급대가의 합계액
② 휴업자·폐업자 및 과세기간 중 과세유형을 전환한 간이과세자	그 과세기간 개시일부터 휴업일·폐업일 및 과세유형 전환일까지의 공급대가의 합계액
③ 특례 과세기간의 적용을 받는 간이과세자[주)]	해당 과세기간의 공급대가의 합계액

주) 과세유형이 변경되어 7월 1일부터 12월 31일까지 또는 1월 1일부터 6월 30일까지의 과세기간을 적용받는 간이과세자를 말한다.

이와 같이 납부할 의무를 면제하는 경우에는 전술한 가산세 규정은 적용하지 아니한다. 다만, 기한 내에 사업자등록을 신청하지 아니한 경우에는 다음과 같이 미등록가산세는 적용한다(부가법 §69 ②).

미등록가산세 = MAX[공급대가 × 0.5%, 5만원]

주) 다만, 고정사업장이 없는 경우에는 위의 가산세를 적용하지 아니한다. '고정사업장이 없는 경우'란 고정된 물적 시설을 갖추지 않고 공부(公簿)에 등록된 사업장 소재지가 없는 경우를 말한다(부가법 §69 ②, 부가령 §115).

한편, 납부의무가 면제되는 사업자가 자진 납부한 사실이 확인되면 납세지 관할세무서장은 납부한 금액을 환급하여야 한다(부가법 §69 ④).

예제 10-1 간이과세자 차가감납부세액 계산

다음의 각 상황별로 2026년도 과세기간에 대한 신고시 간이과세자의 차가감납부세액(지방소비세 차감전)을 구하시오.

〈상황 1〉
제조업을 영위하고 있는 간이과세자 갑의 공급대가는 ₩65,000,000이고, 해당 과세기간에 세금계산서를 발급받은 공급대가는 ₩40,000,000이다.

〈상황 2〉
건설업을 영위하고 있는 간이과세자 을의 공급대가는 ₩65,000,000이고, 해당 과세기간에 세금계산서를 발급받은 공급대가는 ₩40,000,000이다.

〈상황 3〉
음식점업을 영위하고 있는 간이과세자 병의 공급대가는 ₩42,000,000이고, 해당 과세기간에 세금계산서를 발급받은 공급대가는 ₩40,000,000이다.

해답

〈상황 1〉
차가감납부세액 = ₩65,000,000 × 20% × 10% − 40,000,000 × 0.5% = ₩1,100,000
* 제조업의 부가가치율은 20%이다.

〈상황 2〉
차가감납부세액 = ₩65,000,000 × 30% × 10% − 40,000,000 × 0.5% = ₩1,750,000
* 건설업의 부가가치율은 30%이다.

〈상황 3〉
차가감납부세액 = ₩0
* 해당 과세기간의 공급대가가 4,800만원 미만이므로 납부의무가 면제된다.

10.8. 간이과세의 포기

간이과세는 영세사업자의 부가가치세법상 협력의무를 경감시켜 줌으로써 이들의 납세편의를 제고하기 위하여 마련된 제도이지만, 간이과세자 입장에서는 이러한 간이과세의 적용이 오히려 일반과세를 적용받는 것보다 불리한 경우가 발생할 수 있다. 이를 구체적으로 살펴보면 다음과 같다.

우선 간이과세자는 본인이 거래징수 당했던 부가가치세를 공제받을 수 없다. 따라서 영세율을 적용받는 사업을 영위하더라도 매입세액을 환급받을 수 없게 된다. 이 경우 간이과세자는 영세율을 적용받는 일반사업자에 비해 자금 압박 등의 불리한 상황을 맞을 수 있다.

그리고 직전 연도 공급대가 합계액이 4,800만원에 미달하거나 신규로 사업을 시작하는 간이과세자는 세금계산서를 발급할 수 없기 때문에 간이과세자와 거래하는 상대방 또한 매입세액을 공제받지 못하게 된다. 이로 인해 거래상대방은 간이과세자와의 거래를 기피하게 되는 경우도 발생할 수 있다.

결국 간이과세자는 본인이 거래징수 당했던 매입세액을 공제받을 수 없는 것은 물론 일정한 간이과세자와 거래를 한 상대방의 경우에도 매입세액공제를 받을 수 없기 때문에 다른 사업자와의 경쟁에서 불리해질 수도 있게 된다. 또한 중간거래단계에서 간이과세를 적용받는 사업자가 있는 경우 누적효과도 발생하게 된다. 따라서 부가가치세법에서는 간이과세자가 간이과세를 포기하고 일반과세를 적용받는 선택을 할 수 있도록 하고 있는데, 이를 '간이과세의 포기'라고 한다.

10.8.1. 간이과세 포기의 절차

간이과세자 또는 간이과세자에 관한 규정을 적용받게 되는 일반과세자[125]가 간이과세자에 관한 규정의 적용을 포기하고 일반과세자에 관한 규정을 적용받으려는 경우에는 일반과세자의 규정을 적용받을 수 있다. 이 경우 적용받으려는 달의 전달 마지막 날까지 간이과세포기신고서[126]를 납세지 관할세무서장에게 제출(국세정보통신망에 의한 제출을 포함한다)하여야 한다(부가법 §70 ①, 부가령 §116 ①).

또한 신규로 사업을 시작하는 개인사업자가 사업자등록을 신청할 때 간이과세자에 관한 규정의 적용을 포기하고 일반과세자에 관한 규정을 적용받으려고 납세지 관할세무서장에게 간이과세포기신고서를 제출한 경우에는 일반과세자에 관한 규정을 적용받을 수 있다(부가법 §70 ②, 부가령 §116 ①).

---

125) 과세유형의 변경 규정에 따라 일반과세자에서 간이과세자로 과세유형이 변경될 예정인 사업자를 말한다.
126) 여기에는 사업자의 인적사항, 간이과세를 포기하려는 과세기간 및 그 밖의 참고 사항을 기재한다.

10.8.2. 간이과세 재적용의 제한

간이과세 포기신고를 한 개인사업자는 다음의 구분에 따른 날부터 3년이 되는 날이 속하는 과세기간까지는 간이과세자에 관한 규정을 적용받지 못한다(부가법 §70 ③).

구 분	간이과세 재적용 제한의 기산일
① 일반적인 경우	일반과세자에 관한 규정을 적용받으려는 달의 1일
② 신규사업자의 경우	사업개시일이 속하는 달의 1일

간이과세 포기신고를 한 사업자가 위의 기간이 지난 후 다시 간이과세를 적용받으려면 그 적용받으려는 과세기간개시 10일 전까지 간이과세적용신고서를 관할세무서장에게 제출하여야 한다. 이 경우 그 적용을 받을 수 있는 자는 해당 과세기간 직전 해의 1월 1일부터 12월 31일까지의 재화 또는 용역의 공급대가의 합계액이 기준금액에 미달하는 개인사업자로 한정한다(부가령 §116 ②).

전술한 규정에도 불구하고 간이과세 포기를 신고한 개인사업자 중 직전 연도의 공급대가의 합계액이 4천8백만원 이상 기준금액 미만인 일정한 개인사업자[127]는 3년이 되는 날이 속하는 과세기간 이전이라도 간이과세자에 관한 규정을 적용받을 수 있다(부가법 §70 ④, 부가령 §116 ③, 포기신고의 철회).[128] 이에 따라 간이과세자에 관한 규정을 적용받으려는 개인사업자는 적용받으려는 과세기간 개시 10일 전까지 납세지 관할세무서장에게 신고하여야 한다(부가법 §70 ⑤).

10.8.3. 간이과세를 포기한 경우 과세기간

간이과세자가 간이과세자에 관한 규정의 적용을 포기함으로써 일반과세자로 되는 경우 다음의 기간을 각각 하나의 과세기간으로 한다. 이 경우 '①'의 기간은 간이과세자의 과세기간으로, '②'의 기간은 일반과세자의 과세기간으로 한다(부가법 §5 ⑤).

① 간이과세의 적용 포기의 신고일이 속하는 과세기간의 개시일부터 그 신고일이 속하는 달의 마지막 날까지의 기간

② 간이과세의 적용 포기의 신고일이 속하는 달의 다음 달 1일부터 그 날이 속하는 과세기간의 종료일까지의 기간

127) 해당 규정에 따라 간이과세자에 관한 규정을 다시 적용받을 수 있는 자는 간이과세 재적용 신고를 한 날이 속하는 연도의 직전 연도 공급대가의 합계액이 4천8백만원 이상 기준금액 미만인 개인사업자로서 간이과세자에 관한 규정의 적용을 포기할 당시 영수증을 발급하여야 하는 간이과세자에 해당하였던 자로 한다(부가령 §116 ③).

128) 이전에는 간이과세자 포기신고 철회에 대한 근거 규정이 없었으나, 2023년 말 세법개정으로 3년 이내라도 포기신고의 철회가 가능하도록 근거를 마련하였다(간이과세 포기신고 제도 합리화). 해당 개정 규정은 2024년 7월 1일 이후 간이과세자에 관한 규정을 다시 적용받기 위하여 신고하는 경우부터 적용한다(법률 제19931호, 2023. 12. 31. 부칙 §1, 3).

▌그림 10.4.▌ 간이과세 포기시 과세기간

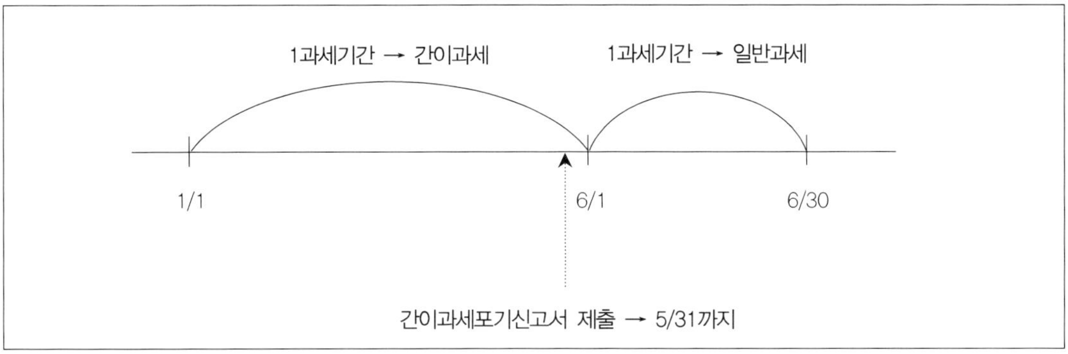

주) 간이과세자가 일반과세자에 관한 규정을 적용받으려는 경우에는 그 적용을 받으려는 달의 전달 마지막 날까지 간이과세포기신고서를 제출하여야 한다.

10.9. 재고매입세액 및 재고납부세액

10.9.1. 재고매입세액 및 재고납부세액의 의의

간이과세자에서 일반과세자로, 혹은 일반과세자에서 간이과세자로 과세유형이 변경되는 경우에는 이 둘의 매입세액 공제방식의 차이로 인하여 재고품 등에 대한 재고매입세액의 공제 및 재고납부세액의 납부 문제가 발생할 수 있다. 이하 이에 대하여 구체적으로 살펴보겠다.

(1) 일반과세자에서 간이과세자로 과세유형이 변경되는 경우 : 재고납부세액의 납부

간이과세를 포기하여 일반과세를 적용받던 일반과세자가 간이과세 재적용을 하거나 공급대가가 기준금액에 미달하게 되면 간이과세자로 과세유형이 변경되는데, 이 경우 재고납부세액의 납부 문제가 발생하게 된다. 간이과세자는 매입액(공급대가)에 0.5%를 적용한 금액만을 공제받는 반면, 일반과세자는 본인이 매입했던 재고품 등에 대하여 매입세액 전액을 공제를 받는다. 따라서 일반과세자가 간이과세자로 유형이 변경되는 경우에는 전액 공제받았던 매입세액의 일부를 추가로 납부하여야 하는데, 이를 '재고납부세액의 납부'라고 한다.

(2) 간이과세자에서 일반과세자로 과세유형이 변경되는 경우 : 재고매입세액의 공제

간이과세자가 간이과세를 포기하거나 공급대가가 기준금액을 초과하게 되면 일반과세자로 과세유형이 변경되는데, 이 경우 재고매입세액의 공제 문제가 발생하게 된다. 일반과세자는 본인이 매입했던 재고품 등에 대하여 매입세액 전액을 공제받는 반면, 간이과세자는 매입액(공급대가)에 0.5%를 적용한 금액만을 공제받는다. 따라서 간이과세를 더 이상 적용하지 않고 일반과세자로 유형이 변경되는 경우에는 매입세액을 추가로 공제받게 되는데 이를 '재고매입세액의 공제'라고 한다.

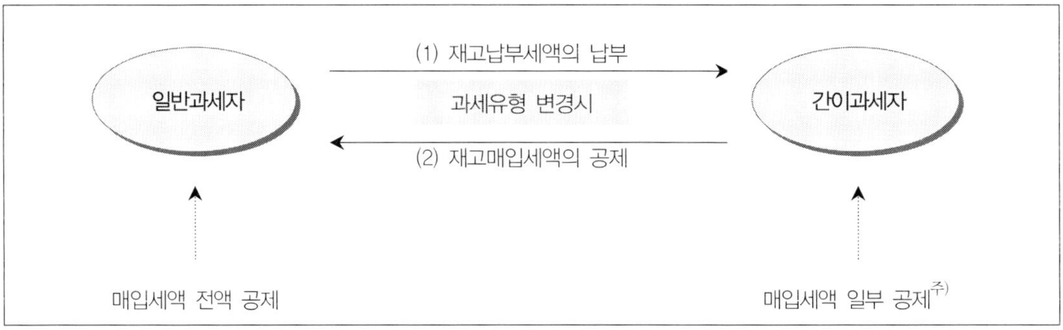

주) 여기에서 '매입세액을 일부 공제'한다는 것은 전단계세액공제법을 적용하여 매입세액을 매출세액에서 공제한다는 의미는 아니며, 세금계산서 등을 발급받은 매입액(공급대가)에 0.5%를 적용한 금액만큼을 매입세금계산서 등 수취세액공제로 납부세액에서 공제한다는 의미이다.

10.9.2. 적용대상자산

과세유형이 변경되는 경우에는 그 변경되는 날 현재 있는 재고품, 건설 중인 자산 및 감가상각자산(이하 '재고품 등'이라 한다)에 대하여 그 변경되는 날의 직전 과세기간에 대한 신고와 함께 각 납세지 관할세무서장에게 신고(국세정보통신망에 의한 신고를 포함한다)하여야 한다(부가령 §86 ①, 부가령 §112 ①). 여기에서 '변경되는 날'이란 변경된 과세유형을 적용받는 과세기간의 개시일을 말한다. 재고품 등의 구체적인 범위는 다음과 같다.

구 분	적용대산자산주1), 주2)
① 재고품	상품, 제품(반제품 및 재공품을 포함한다), 재료(부재료를 포함한다)
② 건설중인 자산	건설 중인 자산
③ 감가상각자산	㉠ 건물 또는 구축물 : 취득, 건설 또는 신축 후 10년 이내의 것 ㉡ 그 밖의 감가상각자산 : 취득 또는 제작 후 2년 이내의 것

주1) 매입세액을 공제받은 자산 또는 매입세액 공제대상인 자산만이 적용대산자산에 해당한다.

주2) 여기에는 포괄적 사업양도에 의하여 사업양수자가 양수한 자산으로서 사업양도자가 매입세액을 공제받은 재화를 포함한다.

10.9.3. 재고매입세액의 공제

(1) 재고매입세액의 계산

간이과세자가 일반과세자로 변경되면 그 변경 당시의 재고품 등에 대하여 다음의 방법에 따라 계산한 금액을 매입세액으로 공제할 수 있다(부가법 §44, 부가령 §86 ③).

구 분	재고매입세액
① 재고품	재고금액 × $\frac{10}{110}$ × (1 – 0.5% × $\frac{110}{10}$)
② 건설 중인 자산	해당 건설 중인 자산과 관련된 공제 대상매입세액 × (1 – 0.5% × $\frac{110}{10}$)
③ 감가상각자산	㉠ 다른 사람으로부터 매입한 자산 취득가액 × (1 – 체감률 × 경과된 과세기간의 수) × $\frac{10}{110}$ × (1 – 0.5% × $\frac{110}{10}$) ㉡ 사업자가 직접 제작, 건설 또는 신축한 자산 해당 자산의 건설 또는 신축과 관련된 공제대상매입세액 × (1 – 체감률 × 경과된 과세기간의 수) × (1 – 0.5% × $\frac{110}{10}$)

주1) 재고품 등의 금액은 장부 또는 세금계산서에 의하여 확인되는 해당 재고품 등의 취득가액(부가가치세를 포함한다)으로 한다(부가령 §86 ②). 간이과세자의 경우 취득가액에 부가가치세가 포함되어 있으므로, 여기에 110분의 10을 적용하여야 매입세액이 산출된다.

주2) 체감률은 건물 또는 구축물의 경우는 10%, 그 밖의 감가상각자산은 50%를 적용한다.

주3) 경과된 과세기간의 수에 관하여는 '**6.3. 재화의 간주공급에 대한 과세표준(감가상각자산의 경우)**'의 규정을 준용한다(부가령 §86 ③ 후단).

(2) 적용대상자산의 신고 및 승인

간이과세자가 일반과세자로 변경되는 경우에는 그 변경되는 날 현재에 있는 재고품 등에 대하여 일반과세전환시의 재고품 등 신고서를 작성하여 그 변경되는 날의 직전 과세기간에 대한 신고와 함께 각 납세지 관할세무서장에게 신고(국세정보통신망에 의한 신고를 포함한다)하여야 한다(부가령 §86 ①).

이 경우 신고를 받은 관할세무서장은 재고매입세액으로서 공제할 수 있는 재고금액을 조사하여 승인하고 직전 과세기간에 대한 신고기한이 지난 후 1개월 이내에 해당 사업자에게 공제될 재고매입세액을 통지하여야 한다. 이 경우 그 기한 내에 통지하지 아니하면 해당 사업자가 신고한 재고금액을 승인한 것으로 본다(부가령 §86 ⑥). 한편 승인하거나 승인한 것으로 보는 재고매입세액의 내용에 오류가 있거나 내용이 누락된 경우에는 재고매입세액을 조사하여 경정한다(부가령 §86 ⑧).

(3) 재고매입세액의 공제방법

재고매입세액은 그 승인을 받은 날이 속하는 예정신고기간 또는 과세기간의 매출세액에서 공제한다(부가령 §86 ⑦). 이 경우 재고매입세액이 납부할 세액을 초과하는 경우에는 환급도 가능하다.

(4) 재고매입세액공제의 배제

일반과세자가 간이과세자로 변경된 후에 다시 일반과세자로 변경되는 경우에는 간이과세자로 변경된 때에 재고납부세액을 납부하지 않은 재고품 등에 대해서는 재고매입세액의 공제를 적용하지 않는다(부가령

§86 ⑤). 즉, 일반과세자가 간이과세자로 과세유형이 변경되는 경우에는 재고납부세액으로 과거에 공제받았던 매입세액의 일부를 납부하여야 하는데, 이를 납부하지 않은 상태에서 다시 간이과세에서 일반과세로 과세유형이 변경되는 경우는 매입세액공제의 적용을 배제하는 것이다.

10.9.4. 재고납부세액의 납부

(1) 재고납부세액의 계산

일반과세자가 간이과세자로 변경되면 변경 당시의 재고품 등에 대하여 다음의 방법에 따라 계산한 금액을 납부세액에 더하여 납부하여야 한다(부가법 §64, 부가령 §112 ③).

구 분	재고납부세액
① 재고품	재고금액 × $\frac{10}{100}$ × $(1 - 0.5\% \times \frac{110}{10})$
② 건설 중인 자산	해당 건설 중인 자산과 관련하여 공제받은 매입세액 × $(1 - 0.5\% \times \frac{110}{10})$
③ 감가상각자산	㉠ 다른 사람으로부터 매입한 자산 취득가액 × (1 − 체감률 × $\frac{\text{경과된}}{\text{과세기간의 수}}$) × $\frac{10}{100}$ × $(1 - 0.5\% \times \frac{110}{10})$ ㉡ 사업자가 직접 제작, 건설 또는 신축한 자산 해당 자산의 건설 또는 신축과 관련하여 공제받은 매입세액 × (1 − 체감률 × $\frac{\text{경과된}}{\text{과세기간의 수}}$) × $(1 - 0.5\% \times \frac{110}{10})$

주1) 재고품 등의 금액은 장부 또는 세금계산서에 의하여 확인되는 해당 재고품 등의 취득가액으로 한다. 다만, 장부 또는 세금계산서가 없거나 장부에 기록이 누락된 경우 해당 재고품 등의 경우의 가액은 시가에 따른다(부가령 §112 ②). 일반과세자의 경우 취득가액에 부가가치세가 제외되어 있으므로, 여기에 100분의 10을 적용하여야 매입세액이 산출된다. 한편 위 '③'의 '㉡'을 적용할 때 자산의 건설 또는 신축과 관련하여 공제받은 매입세액이 확인되지 않는 경우에는 시가의 10%에 상당하는 세액을 공제받은 매입세액으로 한다.

주2) 체감률은 건물 또는 구축물의 경우는 5%, 그 밖의 감가상각자산은 25%를 적용한다.

주3) 경과된 과세기간 수에 관하여는 '**6.3 재화의 간주공급에 대한 과세표준(감가상각자산의 경우)**'의 규정을 준용한다(부가령 §112 ③ 후단).

(2) 적용대상자산의 신고 및 승인

일반과세자가 간이과세자로 변경되는 경우 간이과세자로 변경된 자는 그 변경되는 날 현재 있는 재고품 등을 그 변경되는 날의 직전 과세기간에 대한 확정신고와 함께 간이과세전환시의 재고품 등 신고서를 작성하여 각 납세지 관할세무서장에게 신고(국세정보통신망에 의한 신고를 포함한다)하여야 한다(부가령 §112 ①).

이 경우 신고를 받은 관할세무서장은 재고금액을 조사·승인하고 간이과세자로 변경된 날부터 90일 이내에 해당 사업자에게 재고납부세액을 통지하여야 한다. 이 경우 그 기한 이내에 통지하지 아니할 때에는 해당 사업자가 신고한 재고금액을 승인한 것으로 본다(부가령 §112 ⑤).

(3) 재고납부세액의 납부방법

재고납부세액은 간이과세자로 변경된 날이 속하는 과세기간에 대한 확정신고를 할 때 납부할 세액에 더하여 납부한다(부가령 §112 ⑦). 이 경우 간이과세자의 해당 과세기간에 대한 공급대가가 4천800만원 미만에 해당하여 납부의무가 면제되는 경우에도 재고납부세액은 납부하여야 한다(부가법 §69 ①).

(4) 재고납부세액의 결정·통지

해당 사업자가 재고품 등을 신고하지 아니하거나 과소하게 신고한 경우에는 관할세무서장이 재고금액을 조사하여 해당 재고납부세액을 결정하고 통지하여야 한다(부가령 §112 ⑥).[129)]

예제 10-2 재고매입세액의 계산

제조업을 영위하고 있는 간이과세자인 김간이씨는 2026년 1월 1일부로 일반과세자로 과세유형이 변경되었다. 변경일 현재 보유 중인 재고품 및 감가상각자산이 다음과 같은 경우 재고매입세액은 얼마인가?

구 분	취득일자	취득가액 (부가가치세 포함)	세금계산서에 의해 공제받은 매입세액
건물	2025. 1. 2.	₩2,200,000	
건설 중인 자산	건설 중	–	₩200,000
상품	2025.12. 1.	₩1,100,000	

해답

① 건물의 재고납부세액 = ₩2,200,000 × $\frac{10}{110}$ × (1 − 10% × 1) × (1 − 0.5% × $\frac{110}{10}$) = ₩170,100

② 건설 중인 자산의 재고납부세액 = ₩200,000 × (1 − 0.5% × $\frac{110}{10}$) = ₩189,000

③ 상품의 재고납부세액 = ₩1,100,000 × $\frac{10}{110}$ × (1 − 0.5% × $\frac{110}{10}$) = ₩94,500

129) 이에 반하여 재고매입세액 공제의 경우에는 사업자가 재고품 등을 신고하지 아니하거나 과소하게 신고하였다 하더라도 별도의 결정 및 통지에 관한 규정이 없다.

예제 10-3 재고납부세액의 계산

제조업을 영위하고 있는 일반과세자인 김간이씨는 2026년 1월 1일부로 간이과세자로 과세유형이 변경되었다. 변경일 현재 보유 중인 재고품 및 감가상각자산이 다음과 같은 경우 재고납부세액은 얼마인가?

구 분	취득일자	취득가액 (부가가치세 제외)	세금계산서에 의해 공제받은 매입세액
건 물	2025. 1. 2.	₩2,000,000	
건설 중인 자산	건설 중	–	₩200,000
상 품	2025.12. 1.	₩1,000,000	

해답

① 건물의 재고납부세액 = ₩2,000,000 × 10%× (1 - 5% × 2) × × (1 - 0.5% × $\frac{110}{10}$) = ₩170,100

② 건설 중인 자산의 재고납부세액 = ₩200,000 × (1 − 0.5% × $\frac{110}{10}$) = ₩189,000

③ 상품의 재고납부세액 = ₩1,000,000 × 10% × (1 − 0.5% × $\frac{110}{10}$) = ₩94,500

표 10.3. 일반과세자와 간이과세자의 비교

구 분	일반과세자	간이과세자
① 적용대상	간이과세자가 아닌 모든 사업자 (공급대가 기준 없음)	직전 연도의 공급대가가 기준금액 미만인 개인사업자(법인 ×)
② 적용배제사업자	규정 없음	기준사업장을 보유하고 있거나 광업· 제조업·도매업·부동산매매업 등 일정한 사업을 영위하는 사업자의 경우 간이과세적용 배제
③ 거래증빙	세금계산서 또는 영수증	세금계산서 또는 영수증
④ 영세율	적용 가능	적용 가능 단, 매입세액공제 불가
⑤ 면세	적용 가능	적용 가능

⑥ 신고절차	법인 : 예정신고, 확정신고 개인 : 예정고지, 확정신고 (단, 개인의 경우 선택적으로 예정신고를 할 수 있는 경우가 있음)	예정부과기간에 대하여는 예정고지에 의한 징수가 원칙 (단, 예정부과기간에 대해 신고를 해야 하거나, 선택적으로 신고를 할 수 있는 경우가 있음)
⑦ 과세표준	공급가액(부가가치세 제외)	공급대가(부가가치세 포함)
⑧ 납부세액	매출세액 − 매입세액	공급대가 × 부가가치율 × 10%
⑨ 매입세액공제	납부세액 계산시 매출세액에서 공제대상매입세액을 전액 공제 (환급도 가능)	매입세액은 공제하지 않으나 공급대가에 0.5%를 곱한 금액을 납부세액에서 세액공제
⑩ 의제매입세액공제	업종제한 없음	없음[주1)]
⑪ 신용카드매출전표 등 발행세액공제[주1)]	1.3%	1.3%
⑫ 전자신고세액공제	납부세액에서 공제하거나 환급세액에 가산	환급 ×
⑬ 가산세	세금계산서 관련 가산세 있음 사업자등록불성실가산세 있음 (공급가액 × 1%(2%))	세금계산서 관련 가산세 있음 사업자등록불성실가산세 있음 (공급대가 × 0.5%(1%))
⑭ 대손세액가감	있음	없음
⑮ 기장의무	기장의무 있음	간이과세자 중 신규사업자와 직전연도 공급대가 합계액이 4,800만원 미만인 사업자의 경우 발급받았거나 발급한 세금계산서 또는 영수증을 보관한 경우에는 기장의무를 이행한 것으로 봄
⑯ 납부의무 면제	없음	해당 과세기간의 공급대가가 4,800만원 미만인 경우 납부의무 면제. 단, 재고납부세액은 납부해야 함
⑰ 재고매입세액·재고납부세액	간이과세자로 유형변경시 재고납부세액의 납부 있음	일반과세자로 유형변경시 재고매입세액의 공제 있음

주1) 원래 음식점업 및 제조업을 영위하는 간이과세자에 대해서도 의제매입세액공제가 적용되었으나, 2020년 말 세법개정을 통해 간이과세자에 대한 의제매입세액공제는 적용이 배제되었다.

주2) 원래 공제율은 1%이나 2026년 12월 31일까지는 1.3%로 한다.

세부규정

• **장부의 작성·보관**(부가법 §71, 부가령 §117)

① 사업자는 자기의 납부세액 또는 환급세액과 관계되는 모든 거래 사실을 대통령령으로 정하는 바에 따라 장부에 기록하고 사업장에 갖추어 두어야 한다.

② 사업자가 부가가치세가 과세되는 재화 또는 용역의 공급과 함께 부가가치세가 면제되는 재화 또는 용역을 공급하거나 의제매입세액공제를 적용받는 경우에는 과세되는 공급과 면세되는 공급 및 면세농산물 등을 공급받은 사실을 각각 구분하여 장부에 기록하여야 한다.

③ 사업자는 위 '①, ②'의 규정에 따라 기록한 장부와 발급하거나 발급받은 세금계산서, 수입세금계산서 또는 영수증을 그 거래사실이 속하는 과세기간에 대한 확정신고기한 후 5년간 보존하여야 한다. 다만, 전자세금계산서를 발급한 사업자가 국세청장에게 세금계산서 발급명세를 전송한 경우에는 그러하지 아니하다.

④ 위 '①, ②'의 규정에 의하여 장부에 기록하여야 할 거래사실은 다음의 것으로 한다.

㉠ 공급한 자와 공급받은 자
㉡ 공급한 품목과 공급받은 품목
㉢ 공급가액과 공급받은 가액
㉣ 매출세액과 매입세액
㉤ 공급한 시기와 공급받은 시기
㉥ 그 밖의 참고 사항

⑤ 간이과세자 중 신규사업자와 직전연도 공급대가 합계액이 4,800만원 미만인 사업자는 공급가액과 부가가치세액을 합계한 공급대가를 장부에 기록할 수 있다.

⑥ 간이과세자 중 신규사업자와 직전연도 공급대가 합계액이 4,800만원 미만인 사업자가 발급받았거나 발급한 세금계산서 또는 영수증을 보관하였을 때에는 부가가치세법에 따른 장부기록의무를 이행한 것으로 본다.

⑦ 사업자가 「법인세법」 및 「소득세법」의 규정에 의하여 장부기록의무를 이행한 경우에는 부가가치세법에 따른 장부기록의무를 이행한 것으로 본다.

⑧ 사업자는 장부, 세금계산서 또는 영수증을 정보처리장치·전산테이프 또는 디스켓 등의 전자적 형태로 보존할 수 있다.

⑨ 수의사가 제공하는 용역으로서 면세대상으로 열거된 진료용역 중 어느 하나에 해당하는 용역을 공급하는 사업자는 동물 진료용역 매출대장을 작성하여 사업장에 갖추어 두어야 한다. 이 경우 매출대장을 정보처리장치, 전산테이프 또는 디스켓 등의 전자적 형태로 작성할 수 있다.

* 단, 사업자가 「수의사법」에 따른 진료부에 면세사유, 공급가액 등 동물 진료용역 매출대장의 기재사항을 모두 적는 경우에는 그 진료부로 매출대장을 대신할 수 있다.

연습문제

01 다음의 빈칸에 들어갈 금액을 옳게 나열한 것은? (제122회 전산세무 2급)

> 부가가치세법상 직전 연도의 공급대가의 합계액이 (㉠)에 미달하는 개인사업자는 간이과세를 적용받을 수 있다. 다만, 부동산임대업의 사업자는 직전 연도의 공급대가의 합계액이 (㉡) 이상인 경우는 간이과세자를 적용받을 수 없다.

	㉠	㉡
①	104,000,000원	48,000,000원
②	104,000,000원	36,000,000원
③	80,000,000원	48,000,000원
④	80,000,000원	36,000,000원

해답

부가가치세법상 직전 연도의 공급대가의 합계액이 1억 4백만원에 미달하는 개인사업자는 간이과세를 적용받을 수 있다. 다만, 부동산임대업의 사업자는 직전 연도의 공급대가의 합계액이 4천 8백만원 이상인 경우는 간이과세자를 적용받을 수 없다.

정답 ①

02 다음 중 부가가치세법상 간이과세자에 관한 설명으로 가장 올바르지 않은 것은? (2017년 재경관리사)

① 간이과세자는 개인사업자를 대상으로 하므로 법인사업자는 간이과세를 적용받지 못한다.
② 간이과세자는 간이과세를 포기함으로써 일반과세자가 될 수 있다.
③ 간이과세자의 납부세액은 공급대가에 업종별 부가가치율을 곱한 것에 10%의 세율을 적용해서 계산한다.
④ 간이과세자는 부가가치세법상 사업자가 아니다.

해답

간이과세자도 부가가치세법상의 사업자에 해당한다.

정답 ④

03 다음은 현행 부가가치세법상 간이과세에 대한 설명이다. 틀린 것은?

① 간이과세자에 대하여는 그 공급대가를 과세표준으로 한다.
② 일반과세자가 간이과세자로 변경되는 경우에는 당해 변경 당시의 재고품 및 감가상각자산에 대하여 재고납부세액을 계산하여 납부세액에 가산하여 납부하여야 한다.
③ 간이과세자가 세금계산서를 교부받아 관할세무서장에게 제출한 때에는 해당 과세기간에 세금계산서 등을 발급받은 재화와 용역의 공급대가의 일정비율에 상당하는 금액을 납부할 세액에서 공제받을 수 있다.
④ 간이과세자에 대한 부가가치납부세액은 당해 과세기간의 공급대가에 부가가치율을 곱한 금액의 100분의 10으로 한다.
⑤ 간이과세자가 영세율 적용대상사업자인 경우에는 매입세액을 환급받을 수 있다.

해답

간이과세자는 본인이 거래징수 당했던 부가가치세를 공제받을 수 없다. 따라서 영세율을 적용받는 사업을 영위하더라도 매입세액을 환급받을 수 없게 된다.

정답 ⑤

04 다음 중 부가가치세법상 간이과세에 대한 설명으로 옳지 않은 것은? (제118회 세무회계 2급)

① 법인은 간이과세자가 될 수 없다.
② 간이과세는 포기할 수 있다.
③ 간이과세자는 의제매입세액공제를 받을 수 없다.
④ 부동산매매업도 간이과세자를 적용받을 수 있다.

해답

부동산매매업은 간이과세가 배제되는 사업에 해당한다.

정답 ④

05 다음 중 부가가치세법상 간이과세를 무조건 적용 받을 수 없는 업종은? (제118회 세무회계 3급)

① 변호사업 ② 음식점업 ③ 소매업 ④ 미용업

해답

변호사업은 간이과세 적용이 배제되는 전문직 서비스업에 해당한다.

정답 ①

06 다음 중 부가가치세법상 간이과세자에 관한 규정을 적용받을 수 있는 사업자는? 단, 다른 소득은 없는 것으로 본다. (제116회 세무회계 2급)

① 사업양수도에 따라 일반과세자로부터 양수한 도매업
② 당기 신규로 개업한 세무사
③ 일반과세 규정을 적용받는 골프용품 매장을 운영하는 사업자가 사업확장을 위하여 당기에 신규로 사업을 개시한 두 번째 골프용품 매장
④ 직전연도 공급대가 합계액이 3,000만원인 떡방앗간(최종소비자에게 공급)

해답

떡방앗간은 간이과세 적용이 배제되는 업종이 아니므로, 직전연도 공급대가 합계액이 1억 400만원에 미달하는 경우 간이과세 적용이 가능하다.

정답 ④

07 다음 중 부가가치세법상 간이과세자에 대한 내용으로 틀린 것은? (제70회 세무회계 2급)

① 간이과세자는 영세율을 적용 받을 수 없다.
② 간이과세자의 경우 연간 공급대가가 1억 400만원 미만인 경우이다.
③ 간이과세자는 일반과세자와 부가가치세 계산 구조가 다르다.
④ 간이과세자의 경우 대손세액 공제에 관한 규정이 없다.

해답

영세율의 경우 일반과세자와 간이과세자를 구분하지 않고 적용된다.

정답 ①

08 다음 중 부가가치세법상 간이과세를 적용 받을 수 있는 사업자는? 단, 보기 외의 다른 소득은 없다. (제70회 전산세무 2급)

① 당기에 사업을 개시한 패션 악세사리(재생용 아님) 도매 사업자 김정수씨
② 직전년도의 임대료 합계액이 4,000만원인 부동산 임대사업자 장경미씨
③ 직전년도의 공급대가가 1억 1,000만원에 해당하는 의류 매장을 운영하는 박민철씨가 사업확장을 위하여 당기에 신규로 사업을 개시한 두 번째 의류 매장
④ 직전년도의 공급가액이 1억원(부가가치세 1,000만원 별도)인 한식당을 운영하는 이영희씨

해답

부동산임대업을 경영하는 개인사업자로서 직전 연도의 공급대가(부가가치세를 포함한 가액)가 4,800만원에 미달하는 경우에는 간이과세 적용대상자가 된다.

정답 ②

09 부가가치세법상 일반적으로 간이과세가 적용되지 않는 업종은? (제71회 세무회계 3급)

① 소매업 ② 음식점 ③ 부동산중개업 ④ 경영지도사

해답

경영지도사는 간이과세배제 업종이다.

정답 ④

10 다음 중 부가가치세법상 간이과세자에 대한 설명으로 옳지 않은 것은? (제117회 세무회계 1급)

① 간이과세자란 직전 연도의 공급대가의 합계액이 1억 400만원 미만인 개인사업자를 말한다.
② 간이과세자의 1년간 공급대가가 4,800만원 미만인 경우 납부의무를 면제한다. 다만 재고납부세액의 납부의무는 면제하지 않는다.
③ 음식점업, 제조업을 영위하는 간이과세자는 의제매입세액공제를 받을 수 있다.
④ 간이과세자는 대손세액공제를 받을 수 없다.

해답

간이과세자에 대해서는 의제매입세액공제 적용이 배제된다.

정답 ③

11 다음 중 부가가치세법상 간이과세자에 대한 설명으로 가장 옳지 않은 것은? (제116회 세무회계 3급)

① 간이과세는 포기가 가능하다.
② 일반과세자가 신규사업장을 추가하는 경우 그 신규사업장에 대하여 간이과세를 적용받을 수 없다.
③ 연간 공급대가가 4,800만원 미만이면 부가가치세 납부의무가 면제된다.
④ 음식점을 영위하는 간이과세자는 의제매입세액공제를 적용받을 수 있다.

해답

간이과세자에 대해서는 의제매입세액공제 적용이 배제된다.

정답 ④

12 다음 중 부가가치세법상 간이과세자에 대한 설명으로 옳지 않은 것은? (제117회 세무회계 3급)

① 간이과세자는 개인사업자와 법인사업자에게 공통으로 적용된다.
② 간이과세자는 의제매입세액공제가 적용되지 않는다.
③ 간이과세자의 범위는 직전연도 공급대가 1억 400만원 미만이다.
④ 간이과세자의 과세기간은 1월 1일부터 12월 31일까지이다.

해답

법인사업자에 대해서는 간이과세 적용이 배제된다.

정답 ①

13 다음 중 간이과세자에 대한 설명으로 옳지 않은 것은? (제118회 전산세무 1급)

① 직전 연도의 공급대가의 합계액이 1억 4백만원에 미달하는 개인사업자는 간이과세자에 해당 될 수 있다.
② 직전 과세기간에 신규로 사업을 시작한 개인사업자의 경우 그 사업개시일부터 과세기간 종료일까지의 공급대가를 합한 금액을 12개월로 환산한 금액 기준으로 간이과세자를 판단한다.
③ 간이과세자의 해당 과세기간에 대한 공급대가의 합계액이 8,000만원 미만이면 납부의무를 면제한다.
④ 일반과세자가 간이과세자로 변경되면 매입세액공제 받은 재고품 등에 대하여 계산한 금액을 납부세액에 더하여야 한다.

해답

간이과세자의 1년간 공급대가가 4,800만원 미만인 경우 납부의무를 면제한다.

정답 ③

14 다음 중 부가가치세법상 간이과세자에 대한 설명으로 옳은 것은? (제119회 전산세무 2급)

① 법인도 신규 법인에 한해서는 간이과세자가 가능하다.
② 간이과세자도 의제매입세액 공제를 받을 수 있다.
③ 간이과세자는 해당 과세기간에 대한 공급대가가 4,800만원 미만인 경우 납부 의무가 면제된다.
④ 간이과세자의 경우 납부세액은 공급가액에 업종별 부가가치율을 곱한 후 다시 10퍼센트를 곱하여 계산한다.

해답

① 법인에 대해서는 간이과세 적용이 배제된다.
② 간이과세자에 대해서는 의제매입세액공제 적용이 배제된다.
④ 간이과세자의 경우 납부세액은 공급가액이 아닌 공급대가를 기준으로 계산한다.

정답 ③

15 간이과세자의 2026년 과세기간 동안의 공급대가가 22,000,000원이고 다른 매입은 없다. 부가가치율이 30%인 경우 납부하여야 할 부가가치세액은? (제71회 세무회계 3급)

① 0원 ② 220,000원 ③ 660,000원 ④ 2,200,000원

해답

과세기간의 공급대가가 4,800만원 미만인 경우 납부의무가 면제된다.

정답 ①

16 다음 중 부가가치세법상 일반과세자와 간이과세자에 관한 설명으로 가장 올바르지 않은 것은? (2016년 재경관리사)

① 간이과세자의 납부세액은 공급대가에 업종별 부가가치율을 곱한 것에 10%의 세율을 적용해서 계산한다.
② 간이과세는 개인사업자를 대상으로 하므로 법인사업자는 간이과세를 적용받지 못한다.
③ 간이과세자는 확정신고를 할 필요가 없고 세무서에서 고지한 세액을 납부하는 것으로 모든 납세의무가 종결된다.
④ 간이과세자는 간이과세를 포기함으로써 일반과세자가 될 수 있다.

해답

간이과세자도 확정신고의무가 있다.

정답 ③

17 다음 중 부가가치세법상 간이과세자에 대한 설명으로 가장 올바르지 않은 것은? (2021년 9월 재경관리사)

① 간이과세자는 간이과세를 포기하고 일반과세자가 될 수 있다.
② 간이과세자는 예외사항에 해당하더라도 세금계산서를 발급할 수 없다.
③ 간이과세자는 대손세액공제를 적용하지 않는다.
④ 간이과세자는 해당 과세기간에 대한 공급대가의 합계액이 4,800만원 미만이면 납부의무(재고납부세액 제외)를 면제한다.

해답

간이과세자도 세금계산서 발급의무가 있다. 다만 예외적으로 영수증 발급대상기간에 해당하는 경우에는 세금계산서 발급의무가 면제된다.

정답 ②

18 다음 중 간이과세제도에 관한 설명으로 옳은 것은? (2023년 5월 재경관리사)

① 간이과세제도를 채택하고 있는 이유는 영세사업자의 경우 납세편의와 세부담경감을 위하여 매출액에 일정률을 적용하여 간단하게 과세하기 위함이다.
② 간이과세자는 세금계산서 발급이 불가능하다.
③ 간이과세자란 업종에 관계없이 직전 연도의 공급대가(부가가치세를 포함한 가액)의 합계액이 기준금액에 미달하는 개인사업자를 말한다.
④ 간이과세자는 간이과세를 포기하여 일반과세자가 될 수 없다.

해답

② 간이과세자도 원칙적으로 세금계산서 발급의무가 있다.
③ 제조업, 도매업 및 부동산매매업 등 간이과세 적용이 배제되는 업종이 있다.
④ 간이과세자는 간이과세를 포기하여 일반과세자가 될 수 있다.

정답 ①

19 다음은 2024년 1월에 간이과세자로 카페를 개업한 최민준씨의 연도별 공급대가이다. 일반과세자로 변경되는 시점으로 옳은 것은? (제118회 전산세무 2급)

· 2024년 : 70,000,000원	· 2025년 : 90,000,000원
· 2026년 : 120,000,000원	

① 2026년 1월 1일 ② 2026년 7월 1일
③ 2027년 1월 1일 ④ 2027년 7월 1일

해답

간이과세자에 관한 규정이 적용되거나 적용되지 아니하게 되는 기간은 해의 1월 1일부터 12월 31일까지의 공급대가의 합계액이 기준금액에 미달하거나 그 이상이 되는 해의 다음 해의 7월 1일부터 그 다음 해의 6월 30일까지로 한다. 따라서 기준금액 이상이 되는 2026년의 다음 해인 2027년 7월 1일부터 과세유형이 일반과세자로 변경된다.

정답 ④

20 거주자 B는 2026년 7월 1일 간이과세자에서 일반과세자로 전환되었다. 2026년 제2기 과세기간의 재고매입세액으로 옳은 것은? 단, 세법상 적법한 절차와 신고가 이루어졌다. (제116회 세무회계 1급)

(1) 2026년 7월 1일 현재 보유자산 현황

내역	취득일	취득가액(공급대가)	시가
상품	2026.06.30.	1,100,000원	2,200,000원
기계장치	2026.01.01.	확인 안 됨	55,000,000원
비품	2025.09.01.	22,000,000원	11,000,000원
건물	2023.05.31.	110,000,000원	88,000,000원

(2) 업종별 부가가치율 : 20%

① 5,670,000원 ② 5,764,500원 ③ 5,859,000원 ④ 8,127,500원

해답

① 상품 : ₩1,100,000 × 10/110 × × (1 - 0.5% × 110/10) = ₩94,500
② 기계장치 : 장부 또는 세금계산서에 의하여 취득가액이 확인되지 않는 경우 재고매입세액 공제를 적용하지 않는다.
③ 비품 : ₩22,000,000 × 10/110 × (1 - 50% × 2) × (1 - 0.5% × 110/10) = ₩0
④ 건물 : ₩110,000,000 × 10/110 × (1 - 10% × 4) × (1 - 0.5% × 110/10) = ₩5,670,000

∴ 재고매입세액 = ① + ④ = ₩5,764,500

정답 ②

21 다음 중 부가가치세법상 일반과세자와 간이과세자를 비교한 내용으로 옳지 않은 것은? (2024년 12월 재경관리사)

		일반과세자	간이과세자
①	포기제도	포기제도 없음	간이과세자를 포기하고 일반과세자가 될 수 있음
②	의제매입세액공제	적용	없음
③	대손세액공제	규정있음	규정없음
④	세금계산서 발급	세금계산서 발급 원칙	세금계산서 발급 불가

해답

간이과세자의 경우에도 원칙적으로 세금계산서 발급의무가 있다.

정답 ④

부록

주요서식 작성방법 및 사례

부록

주요서식 작성방법 및 사례

1. 수출실적명세서

(1) 수출실적명세서 작성방법

[별지 제40호서식(1)]

수출실적명세서(갑)

년 제 기 (월 일 ~ 월 일)

제출자 인적사항	① 사업자등록번호	② 상호(법인명)
	③ 성명(대표자)	④ 사업장 소재지
	⑤ 업태	⑥ 종목

⑦ 거래기간 년 월 일 ~ 월 일	⑧ 작성일자

구분	건수	외화금액	원화금액	비고
⑨ 합계				
⑩ 수출재화(=⑫합계)				
⑪ 기타 영세율적용				

⑫ 일련번호	⑬ 수출신고번호	⑭ 선(기)적일자	⑮ 통화코드	⑯ 환율	금액	
					⑰ 외화	⑱ 원화
합계						

작성방법

이 명세서는 외국으로 재화를 직접 반출(수출)하여 영세율을 적용받는 사업자가 작성하며 아래의 작성요령에 따라 한글, 아라비아숫자, 영문자로 정확하고 선명하게 적어야 합니다.

①~⑥: 제출자(수출자)의 사업자등록증에 적힌 사업자등록번호·상호(법인명)·성명(대표자)·사업장 소재지·업태·종목을 적습니다.

⑦: 신고대상기간을 적습니다(예시 : 2026년 1월 1일~3월 31일).

⑧: 수출실적명세서 작성일자를 적습니다.

⑨: 부가가치세 영세율이 적용되는 재화 또는 용역의 공급으로 세금계산서 발급대상이 아닌 영세율 적용분에 대한 총건수, 외화금액 합계, 원화금액 합계[부가가치세 신고서 2쪽 영세율 기타분(④항) 과세표준]를 적습니다.

⑩: 관세청에 수출신고 후 외국으로 직접 반출(수출)하는 재화의 총건수, 외화금액 합계, 원화금액 합계를 적으며, ⑫란의 1번부터 마지막 번호까지를 모두 합계한 건수, 외화금액, 원화금액과 일치하여야 합니다.

⑪: 관세청에 수출신고 후 외국으로 직접 반출(수출)하는 재화 이외의 영세율적용분(국외제공용역 등)으로 세금계산서를 발급하지 아니하는 분의 총건수, 외화금액 합계, 원화금액 합계를 적습니다(※ 영세율 첨부서류는 별도제출).

⑫: 수출 건별로 1번부터 부여하여 마지막 번호까지 순서대로 적습니다.

⑬: 수출신고서의 (7)번 신고번호를 적습니다.

⑭: 수출재화(물품)을 실질적으로 선(기)적한 일자를 적습니다.

⑮: 수출대금을 결제받기로 한 외국통화의 코드를 영문자 3자로 적습니다(수출신고서 (34)번 항목의 중간에 표시되며, 미국달러로 결제 받는 경우 USD라 적습니다).

⑯: 수출재화의 선(기)적 일자에 해당하는 외국환거래법에 의한 기준환율 또는 재정환율을 적습니다.

⑰: 수출물품의 인도조건에 따라 지급받기로 한 전체 수출금액으로 수출신고서의 (33)번 항목의 금액이며 소수점 미만 2자리까지 적습니다.

⑱: ⑰란의 금액을 ⑯란의 환율로 곱한 환산금액 또는 선(기)적일 전에 수출대금(수출선수금, 사전송금방식수출 등)을 원화로 환가한 경우에는 그 금액을 원단위 미만은 절사하고 적습니다.

※ 「수출실적명세서(갑)」서식을 초과하는 수출실적분에 대해서는 「수출실적명세서(을)」[별지 제40호서식(2)]에 작성합니다.

(2) 수출실적명세서 작성사례

[수출실적명세서 작성사례 1 (제69회 전산세무 1급 수정)]

회사는 런던컴퍼니에 제품을 다음과 같이 직수출하였다. 다음의 2026년 1기 확정(4.1~6.30) 부가가치세 신고자료를 이용하여 수출실적명세서를 작성하시오.

신고번호	수출신고일	선적일자	결제일	통화	기준환율(원/$)			외화금액
					선적일자	수출신고일	결제일	
019-20-32-3233992-8	5.3	5.9	5.21	USD	1,050	1,030	1,110	$50,000

수출실적명세서 작성사례

구분	건수	외화금액	원화금액	비고
⑨ 합계	**1**	**50,000**	**52,500,000**	
⑩ 수출재화(=⑫합계)	**1**	**50,000**	**52,500,000**	
⑪ 기타 영세율적용				

⑫ 일련번호	⑬ 수출신고번호	⑭ 선(기)적일자	⑮ 통화코드	⑯ 환율	금액	
					⑰ 외화	⑱ 원화
합계					**50,000**	**52,500,000**
1	**019-20-32-3233992-8**	**2026.5.9**	**USD**	**1,050**	**50,000**	**52,500,000**

* 환율은 공급시기인 선적일의 기준환율을 적용한다.

[수출실적명세서 작성사례 2 (제67회 전산세무 1급 수정)]

다음 자료를 보고 2026년 2기 예정신고기간의 수출실적명세서를 작성하시오.

거래처	수출신고번호	선적일	환가일	통화	수출액	기준환율	
						선적일	환가일
히로상사	016-10-09-0115714-2	2026. 8. 20.	2026. 8. 15.	USD	$200,000	₩950/$	₩900/$
LA상사	010-15-15-0466141-3	2026. 8. 22.	2026. 8. 25.	USD	$100,000	₩1,050/$	₩1,060/$
킹덤상사	010-15-15-0613515-0	2026. 9. 17.	-	USD	$200,000	₩1,100/$	-

수출실적명세서 작성사례

구분	건수	외화금액	원화금액	비고
⑨ 합계	**3**	**500,000**	**505,000,000**	
⑩ 수출재화(=⑫합계)	**3**	**500,000**	**505,000,000**	
⑪ 기타 영세율적용				

⑫ 일련번호	⑬ 수출신고번호	⑭ 선(기)적일자	⑮ 통화코드	⑯ 환율	금액	
					⑰ 외화	⑱ 원화
합계					**500,000**	**505,000,000**
1	**016-10-09-0115714-2**	**2026. 8. 20.**	**USD**	**900**	**200,000**	**180,000,000**
2	**010-15-15-0466141-3**	**2026. 8. 22.**	**USD**	**1,050**	**100,000**	**105,000,000**
3	**010-15-15-0613515-0**	**2026. 9. 17.**	**USD**	**1,100**	**200,000**	**220,000,000**

* 공급시기(선적일)의 기준환율에 따라 계산한 금액을 과세표준으로 하는 것이 원칙이나, 공급시기가 되기 전에 원화로 환가한 경우에는 그 환가한 금액을 과세표준으로 한다.

2. 내국신용장 · 구매확인서 전자발급명세서

(1) 내국신용장 · 구매확인서 전자발급명세서 작성방법

[별지 제41호서식(1)]

내국신용장·구매확인서 전자발급명세서(갑)

년 제 기 (월 일 ~ 월 일)

1. 제출자 인적사항

① 상호(법인명)	② 사업자등록번호
③ 성명(대표자)	④ 사업장 소재지
⑤ 업태	⑥ 종목
⑦ 거래기간 년 월 일 ~ 월 일	⑧ 작성일

2. 내국신용장·구매확인서에 의한 공급실적 합계

구분	건 수	금액(원)	비고
⑨ 합 계(=⑩+⑪)			
⑩ 내 국 신 용 장			
⑪ 구 매 확 인 서			

3. 내국신용장·구매확인서에 의한 공급실적 명세서

⑫ 번호	⑬ 구분	⑭ 서류번호	⑮ 발급일	⑯ 공급받는 자의 사업자등록번호	⑰ 금액(원)	⑱ 비고

작성방법

이 명세서는 전자무역문서(「전자무역 촉진에 관한 법률」 제12조에 따른 전자무역기반시설을 이용한 전자문서를 말함)로 발급된 내국신용장·구매확인서에 의해 공급하는 재화 또는 수출재화임가공용역에 대하여 영세율을 적용받는 사업자가 작성하며, 해당 서류는 전자무역문서로 대체되고 그 사본은 제출하지 않습니다.

①~⑥: 제출자(공급자)의 사업자등록증에 적힌 내용을 적습니다.

⑦, ⑧: 제출대상기간과 이 명세서의 작성일을 적습니다.

⑨~⑪: ⑨~⑪ 아래 ⑫~⑱에 작성된 내국신용장과 구매확인서 제출대상기간의 건수 및 금액의 합계를 적습니다.

⑫~⑱: 내국신용장과 구매확인서를 구분하여 서류번호, 발급일을 작성하며, 공급받는 자(내국신용장 개설업체, 구매확인서 신청업체)의 사업자등록번호 및 신고대상기간의 발급 또는 개설 금액을 각각 적습니다.

※ 「내국신용장·구매확인서 전자발급명세서(갑)」서식을 초과하는 공급실적분에 대해서는 「내국신용장·구매확인서 전자발급명세서(을)」[별지 제41호서식(2)]에 이어서 작성합니다.

(2) 내국신용장 · 구매확인서 전자발급명세서 작성사례

[내국신용장·구매확인서 전자발급명세서 작성사례 (제72회 전산세무 1급 수정)]

다음 자료를 바탕으로 2026년 1기 확정신고기간(4. 1~6. 30) 부가가치세 신고시 내국신용장, 구매확인서전자발급명세서를 작성하시오.

(1) 2026년 4월 8일 : ㈜용선무역(209-05-33613)에 제품 24,000,000원(부가가치세 별도)를 매출하고 구매확인서(발급일: 2026.4.20., 서류번호: 1111111)를 발급받아 제품공급일을 작성일자로 하여 2026.4.30.에 영세율전자세금계산서를 작성하여 전송하였다.

(2) 2026년 5월 3일 : ㈜강무통상(109-07-89510)으로부터 발급받은 내국신용장(발급일: 2026.5.1., 서류번호: 2222222)에 의하여 제품 8,000,000원(부가가치세 별도)를 매출하고 제품공급일을 작성일자로 하여 2026.5.10.에 영세율전자세금계산서를 작성하여 전송하였다.

내국신용장·구매확인서 전자발급명세서 작성사례

2. 내국신용장·구매확인서에 의한 공급실적 합계

구분	건 수	금액(원)	비고
⑨ 합 계(=⑩+⑪)	**2**	**32,000,000**	
⑩ 내 국 신 용 장	**1**	**8,000,000**	
⑪ 구 매 확 인 서	**1**	**24,000,000**	

3. 내국신용장·구매확인서에 의한 공급실적 명세서

⑫ 번호	⑬ 구분	⑭ 서류번호	⑮ 발급일	⑯ 공급받는 자의 사업자등록번호	⑰ 금액(원)	⑱ 비고
1	**구매확인서**	**1111111**	**2026.4.20.**	**209-05-33613**	**24,000,000**	
2	**내국신용장**	**2222222**	**2026.5.1.**	**109-07-89510**	**8,000,000**	

3. 부동산임대공급가액명세서

(1) 부동산임대공급가액명세서 작성방법

[별지 제25호서식]

부동산임대공급가액명세서

년 제 기(월 일~ 월 일)

(앞쪽)

① 부동산 소재지	② 상호(소유자 성명)
③ 사업자등록번호	④ 사업자 단위 과세자의 종된 사업장 일련번호

수입금액 내용 (기간 월 ~ 월) (단위: 원)

임대사항			⑧ 임대 면적 (㎡)	임차인 인적사항 및 임대차 계약내용							임대수입금액 (과세표준)		
⑤ 동	⑥ 층	⑦ 호		⑨ 상호 (성명)	⑩ 사업자등록번호 (주민등록번호)	⑪ 입주일	⑫ 갱신일	⑬ 퇴거일	⑭ 보증금	⑮ 월임대료	⑯ 합계	⑰ 보증금 이자(계)	⑱ 월임대료(계)
합 계													

작성방법

이 명세서는 아래 작성방법에 따라 한글과 아라비아 숫자 및 영문자로 적어야 합니다.

①~③: 임대건물의 소재지, 임대인의 상호 또는 성명, 사업자등록번호를 적습니다.

④: 국세청장이 부여하는 사업자 단위 사업자의 종된 사업장 일련번호를 적습니다.

⑤~⑦: 계약건별 각 임차인이 사용하는 동, 층, 호를 적습니다. 그리고 동일 건물 내 여러 층(호)을 하나의 보증금과 월세로 일괄 계약하는 경우에는 모든 층(호)을 아래 예시를 참고하여 작성하며, 지하층의 경우에는 "B"로 구분 표시합니다.

※ 작성예시1): (층) 지하1층을 임대하는 경우 ☞ B1
작성예시2): (층) 지상1층, 지상2층, 지상3층을 임대하는 경우 ☞ 1-3
작성예시3): (호) 201호, 202호, 203호, 205호를 임대하는 경우 ☞ 201-203,205

⑧: 계약건별 각 임차인이 사용하는 면적(공용면적 포함)을 적습니다. 그리고 동일 건물 내 여러 층(호)을 하나의 보증금과 월세로 일괄 계약하는 경우에는 모든 층(호)의 면적을 합산하여 적습니다.

⑨~⑩: 임차인의 상호(또는 성명)와 사업자등록번호(또는 주민등록번호)를 적습니다.

⑪~⑬: 입주일·퇴거일은 해당 과세기간 중에 임차인이 변경된 경우에만 적으며, 갱신일은 계약기간의 연장, 보증금·월세의 변동이 있는 경우에 적습니다.

⑭~⑮: 임대차계약서상의 임대보증금·전세금 및 월세를 적습니다.

⑯: 보증금 이자(⑰)와 월 임대료(⑱)를 합한 금액을 적습니다.

⑰: 보증금 이자(계) = 해당 과세기간의 임대보증금 또는 전세금 × 정기예금 이자율 × 해당 과세기간의 일수 ÷ 365(윤년에는 366)

※ 부동산을 임차하여 다시 임대하는 경우에는 위 계산식에서"해당 과세기간의 임대보증금 또는 전세금"을 "해당 과세기간의 임대보증금 또는 전세금 - 임차 시 지불한 임차보증금 또는 전세금"으로 하여 위 계산식을 적용합니다.

※ 정기예금 이자율은 「부가가치세법 시행규칙」 제47조에 따른 이자율을 적용합니다.

⑱: 월 임대료(계) = 해당 과세기간의 개월 수 × 월 임대료

(2) 부동산임대공급가액명세서 작성사례

[부동산임대공급가액명세서 작성사례 (제72회 전산세무 2급 수정)]

다음 자료는 2026년 1기 확정 부가가치세 신고기간(4월~6월)의 부동산 임대내역이다. 부동산임대공급가액명세서를 작성하고, 이를 부가가치세신고서에 반영하시오(세금계산서는 적법하게 발급하였음).

※ 계약갱신일은 2026년 5월 1일이며, 적용이자율은 3.65%, 1년은 365일로 가정한다.

거래처	층/호수	면적	용도	임대기간	보증금	월세	관리비
신미상사 102-81-95063	1층 101호	87㎡	사무실	2024.5.1.~2026.4.30.	10,000,000원	1,500,000원	200,000원
				2026.5.1.~2028.4.30.	20,000,000원	1,800,000원	200,000원

부동산임대공급가액명세서 작성사례

수입금액 내용 (기간 4월 ~ 6월) (단위: 원)

임대사항			⑧ 임대면적(㎡)	임차인 인적사항 및 임대차 계약내용							임대수입금액 (과세표준)		
⑤ 동	⑥ 층	⑦ 호		⑨ 상호(성명)	⑩ 사업자등록번호(주민등록번호)	⑪ 입주일	⑫ 갱신일	⑬ 퇴거일	⑭ 보증금	⑮ 월임대료	⑯ 합계	⑰ 보증금이자(계)	⑱ 월임대료(계)
합 계									**30,000,000**	**3,700,000**	**5,852,000**	**152,000**	**5,700,000**
1동	**1층**	**101호**	**87㎡**	**신미상사**	**102-81-95063**	**2024.5.1.**		**2026.4.30.**	**10,000,000**	**1,700,000**	**1,730,000**	**30,000**	**1,700,000**
1동	**1층**	**101호**	**87㎡**	**신미상사**	**102-81-95063**	**2026.5.1.**	**2026.5.1.**	**2028.4.30.**	**20,000,000**	**2,000,000**	**4,122,000**	**122,000**	**4,000,000**

* 부동산을 관리해 주는 대가로 받는 관리비는 임대료에 포함하여 과세하는 것을 원칙으로 한다. 단, 임차인이 부담하여야 할 보험료·수도료 및 공공요금 등을 별도로 구분 징수하여 납입을 대행하는 경우 해당 금액은 부동산임대관리에 따른 대가에 포함하지 아니한다.

부가가치세신고서 작성사례

구분				금액	세율	세액
과세표준 및 매출세액	과세	세금계산서 발급분	(1)	**5,700,000**	10/100	**570,000**
		매입자발행세금계산서	(2)		10/100	
		신용카드·현금영수증 발행분	(3)		10/100	
		기타(정규영수증 외 매출분)	(4)	**152,000**		**15,200**
	영세율	세금계산서 발급분	(5)		0/100	
		기타	(6)		0/100	

* 간주임대료의 경우 세금계산서 발급대상이 아니다.

4. 의제매입세액공제신고서

(1) 의제매입세액공제신고서 작성방법

[별지 제15호서식]

의제매입세액 공제신고서

1. 신고인 인적사항

① 상호(법인명)	② 사업자등록번호
③ 업태	④ 종목

2. 면세농산물 등 매입가액 합계

구 분		⑤ 매입처 수	⑥ 건 수	⑦ 매입가액	⑧ 공제율	⑨ 의제매입세액
⑩ 합 계						
사업자로부터의 매 입 분	⑪ 계 산 서					
	⑫ 신용카드 등					
⑬ 농어민 등으로부터의 매입분						

3. 면세농산물 등 의제매입세액 관련 신고내용

가. 과세기간 과세표준 및 공제 가능한 금액 등

과세표준			대상액 한도계산		⑲ 당기 매입액	⑳ 공제대상금액 (=⑱과 ⑲의 금액 중 적은 금액)
⑭ 합계	⑮ 예정분	⑯ 확정분	⑰ 한도율	⑱ 한도액		

나. 과세기간 공제할 세액

공제대상세액		이미 공제받은 세액			㉖ 공제(납부)할 세액 (=㉒-㉓)
㉑ 공제율	㉒ 공제대상세액	㉓ 합계	㉔ 예정 신고분	㉕ 월별 조기분	

4. 매입시기 집중 제조업 면세농산물 등 의제매입세액 관련 신고내용

가. 해당 해의 1월 1일부터 12월 31일까지 과세표준 및 제2기 과세기간 공제 가능한 금액 등

과세표준			대상액 한도계산		해당 해의 1월 1일부터 12월 31일까지 매입액			㉟ 공제대상금액 (=㉛과 ㉜의 금액 중 적은 금액)
㉗ 합계	㉘ 제1기	㉙ 제2기	㉚ 한도율	㉛ 한도액	㉜ 합계	㉝ 제1기	㉞ 제2기	

나. 제2기 과세기간 공제할 세액

공제대상세액		이미 공제받은 세액					㊸ 공제(납부)할 세액(=㊲-㊳)
㊱ 공제율	㊲ 공제대상세액	㊳ 총 합계	㊴ 제1기	제2기			
				㊵ 합계	㊶ 예정 신고분	㊷ 월별 조기분	

5. 농어민 등으로부터의 매입분에 대한 명세(합계금액으로 작성함)

일련 번호	㊹ 면세농산물 등을 공급한 농어민 등		㊺ 건수	㊻ 품 명	㊼ 수 량	㊽ 매입가액
	성명	주민등록번호				
합계						
1						
2						
3						

작성방법

이 신고서는 아래의 작성방법에 따라 한글과 아라비아 숫자로 정확하게 적어야 하며, 금액은 원단위까지 표시하여야 합니다.

2. 면세농산물 등 매입가액 합계란	(⑤ ~ ⑬)

⑧: 공제율은 「부가가치세법」 제42조제1항에 따른 공제율을 적습니다.

3. 면세농산물 등 의제매입세액 관련 신고내용란	(⑭ ~ ㉖)

⑭: 과세기간별 면세농산물 등과 관련하여 공급한 과세표준 합계액을 적습니다.

⑮: 월별 조기환급 신고분을 포함하여 적습니다.

⑰: 법인사업자의 경우 100분의 30, 개인사업자의 경우 과세표준(⑭ 합계)이 2억원 이하인 경우 100분의 50, 2억원 초과인 경우 100분의 40을 적습니다. 다만, 법인사업자의 경우 2025년 12월 31일까지는 100분의 50, 음식점업을 경영하는 개인사업자의 경우 2025년 12월 31일까지는 과세표준이 1억원 이하인 경우에는 100분의 75, 과세표준이 1억원 초과 2억원 이하인 경우에는 100분의 70, 과세표준이 2억원 초과인 경우에는 100분의 60를 적고, 음식점업 외의 사업을 경영하는 개인사업자는 2025년 12월 31일까지는 과세표준이 2억원 이하인 경우 100분의 65, 과세표준이 2억원 초과인 경우에는 100분의 55를 적습니다.

⑱: 과세표준(⑭ 합계)에 한도율(⑰)을 곱하여 계산한 금액을 적습니다.

⑲: 매입가액(⑦)의 합계액(⑩)을 적습니다. 예정 신고 및 월별 조기환급 신고를 하였을 때 면세농산물 등 매입가액을 포함하여 적습니다.

⑳: 한도액(⑱)과 당기 매입액 합계(⑲)의 금액 중 적은 금액을 적습니다.

㉒: 공제대상금액(⑳)에 공제율(㉑)을 곱하여 계산한 금액을 적습니다.

㉓: 예정신고 및 월별 조기환급 신고를 하였을 때 공제받은 세액의 합계액을 적습니다.

㉖: 예정신고 및 영세율 등 조기환급 신고를 하였을 때 이미 매입세액 공제를 받은 금액을 확정신고를 할 때 정산한 결과 추가로 납부할 세액이 발생하는 경우에는 해당 세액을 일반과세자 부가가치세 신고서(「부가가치세법 시행규칙」 별지 제21호서식) 제2장 앞쪽 (42)번 의제매입세액란에 음수(-)로 적습니다.

4. 매입시기 집중 제조업 면세농산물 등 의제매입세액 관련 신고내용란	(㉗ ~ ㊸)

※ 이 난은 「부가가치세법 시행령」제84조제3항에 따라 의제매입세액을 공제받으려는 사업자가 제2기 과세기간에 대한 부가가치세 과세표준 확정신고를 할 때만 적습니다. 이 경우 3번란은 별도로 적지 않습니다.

㉗: 해당 해의 1월 1일부터 12월 31일까지 과세기간별 면세농산물 등과 관련하여 공급한 과세표준 합계액을 적습니다.

㉘, ㉙ 예정 신고분 및 월별 조기환급 신고분을 포함하여 적습니다.

㉚: 법인사업자의 경우 100분의 30(2025년 12월 31일까지는 100분의 50), 개인사업자의 경우 해당 해의 1월 1일부터 12월 31일까지 과세표준 합계액이 4억원 이하인 경우에는 100분의 50, 과세표준 합계액이 4억원 초과인 경우에는 100분의 40(2025년 12월 31일까지는 과세표준 합계액이 4억원 이하인 경우에는 100분의 65, 과세표준 합계액이 4억원 초과인 경우에는 100분의 55)을 적습니다.

㉛: 과세표준 합계(㉗ 합계)에 한도율(㉚)을 곱하여 계산한 금액을 적습니다.

㉜: 제1기 과세기간의 매입가액(㉝)과 제2기 과세기간의 매입가액(㉞)의 합계액을 적습니다.

㉟: 한도액(㉛)과 해당 해의 1월 1일부터 12월 31일까지 매입액 합계(㉜)의 금액 중 적은 금액을 적습니다.

㊲: 공제대상금액(㉟)에 공제율(㊱)을 곱하여 계산한 금액을 적습니다.

㊳: 제1기 과세기간에 공제받은 세액(㊴)과 제2기 예정신고 및 월별 조기환급 신고를 하였을 때 공제받은 세액(㊵)의 합계액을 적습니다.

㊸ : 예정신고 및 영세율 등 조기환급 신고를 하였을 때 이미 매입세액 공제를 받은 금액을 확정신고를 할 때 정산한 결과 추가로 납부할 세액이 발생하는 경우에는 해당 세액을 일반과세자 부가가치세 신고서(「부가가치세법 시행규칙」 별지 제21호서식) 제2장 앞쪽 (42)번 의제매입세액란에 음수(-)로 적습니다.

5. 농어민 등으로부터의 매입분에 대한 명세란 (㊹ ~ ㊽)

제조업자는 농어민으로부터 직접 공급받은 면세농산물 등의 가액을 ⑬란, ㊹란부터 ㊽란까지 적습니다.

(2) 의제매입세액공제신고서 작성사례

[의제매입세액공제신고서 작성사례 1 (제68회 전산세무 1급 수정)]

다음은 면세 원재료 매입에 대한 자료이다. 당사가 중소제조업을 영위하는 법인이고, 모든 면세 원재료가 과세제품 생산에 사용되는 경우 2026년 1기 확정(4.1~6.30) 부가가치세 신고시 의제매입세액공제신고서를 작성하시오.

공급자	사업자번호(또는 주민번호)	매입일자	품명	수량(kg)	매입가격(원)	증빙
권길수(농민)	350323-1036911	2026.4.7	농산물	10	3,200,000	현금
㈜싱싱유통	123-81-77081	2026.5.3	수산물	30	14,700,000	계산서
마린상회	206-91-81652	2026.6.8	농산물	20	310,000	간이영수증

※ 1기 과세기간의 의제매입과 관련된 제품매출은 180,000,000원이고 모두 4월 이후 발생분이며, 1기 예정 부가가치세 신고시 의제매입세액 공제액은 없는 것으로 가정한다.

의제매입세액공제신고서 작성사례

2. 면세농산물 등 매입가액 합계

구분		⑤ 매입처 수	⑥ 건 수	⑦ 매입가액	⑧ 공제율	⑨ 의제매입세액
⑩ 합계		2	2	17,900,000	4/104	688,461
사업자로부터의 매 입 분	⑪ 계 산 서	1	1	14,700,000	4/104	565,384
	⑫ 신용카드 등					
⑬ 농어민 등으로부터의 매입분		1	1	3,200,000	4/104	123,076

3. 면세농산물 등 의제매입세액 관련 신고내용

가. 과세기간 과세표준 및 공제 가능한 금액 등

과세표준			대상액 한도계산		⑲ 당기 매입액	⑳ 공제대상금액 (=⑱과 ⑲의 금액 중 적은 금액)
⑭ 합계	⑮ 예정분	⑯ 확정분	⑰ 한도율	⑱ 한도액		
180,000,000		180,000,000	50/100	90,000,000	17,900,000	17,900,000

나. 과세기간 공제할 세액

공제대상세액		이미 공제받은 세액			㉖ 공제(납부)할 세액 (=㉒-㉓)
㉑ 공제율	㉒ 공제대상세액	㉓ 합계	㉔ 예정 신고분	㉕ 월별 조기분	
4/104	688,461				688,461

5. 농어민 등으로부터의 매입분에 대한 명세(합계금액으로 작성함)

일련번호	㊹ 면세농산물 등을 공급한 농어민 등		㊺ 건수	㊻ 품 명	㊼ 수 량	㊽ 매입가액
	성명	주민등록번호				
합계			1			3,200,000
1	권길수	350323-1036911	1	농산물	10KG	3,200,000
2						
3						

* 마린상회는 사업자이므로 간이영수증 매입분은 공제대상이 아니다.

[의제매입세액공제신고서 작성사례 2 (2016.8. 특별회 전산세무 1급 수정)]

다음은 과세제품 생산에 사용되는 면세원재료의 매입자료이다. 2026년 2기 확정 신고기간의 부가가치세 신고시 의제매입세액공제신고서를 작성하시오.

일 자	매입처	품 명	공급가액	비 고
10월 14일	㈜창신건업	수산물(10KG)	24,000,000원	전자계산서 수령(외상매입)
12월 7일	전대명	수산물(2KG)	800,000원	농어민으로부터 직접구입(현금지급)

※ 2기 과세기간 의제매입과 관련된 제품매출은 43,400,000원이고 모두 10월 이후 매출분이다. 당사는 중소제조업을 영위하는 법인에 해당하고 2기 예정분 의제매입세액공제액은 없다고 가정한다.

의제매입세액공제신고서 작성사례

2. 면세농산물 등 매입가액 합계

구 분		⑤ 매입처 수	⑥ 건 수	⑦ 매입가액	⑧ 공제율	⑨ 의제매입세액
⑩ 합 계		2	2	24,800,000	4/104	953,845
사업자로부터의 매 입 분	⑪ 계 산 서	1	1	24,000,000	4/104	923,076
	⑫ 신용카드 등					
⑬ 농어민 등으로부터의 매입분		1	1	800,000	4/104	30,769

3. 면세농산물 등 의제매입세액 관련 신고내용

가. 과세기간 과세표준 및 공제 가능한 금액 등

과세표준			대상액 한도계산		⑲ 당기 매입액	⑳ 공제대상금액 (=⑱과 ⑲의 금액 중 적은 금액)
⑭ 합계	⑮ 예정분	⑯ 확정분	⑰ 한도율	⑱ 한도액		
43,400,000		43,400,000	50/100	21,700,000	24,800,000	21,700,000

나. 과세기간 공제할 세액

공제대상세액		이미 공제받은 세액			㉖ 공제(납부)할 세액 (=㉒-㉓)
㉑ 공제율	㉒ 공제대상세액	㉓ 합계	㉔ 예정 신고분	㉕ 월별 조기분	
4/104	834,615				834,615

5. 농어민 등으로부터의 매입분에 대한 명세(합계금액으로 작성함)

일련번호	㊹ 면세농산물 등을 공급한 농어민 등		㊺ 건수	㊻ 품 명	㊼ 수 량	㊽ 매입가액
	성명	주민등록번호				
합계			1			800,000
1	전대명	******-*******	1	수산물	2KG	800,000
2						
3						

5. 재활용폐자원 및 중고자동차 매입세액공제신고서

(1) 재활용폐자원 및 중고자동차 매입세액공제신고서 작성방법

[별지 제69호서식(1)]

재활용폐자원 및 중고자동차 매입세액 공제신고서(갑)

(년 기)

1. 신고자 인적사항

① 성 명(법 인 명)	② 사업자등록번호
③ 업 태	④ 종 목

2. 재활용폐자원 등 매입 합계

구분	매입처수	건수	취득금액	매입세액 공제액
⑤ 합계				
⑥영수증 수취분				
⑦계산서 수취분				

3. 재활용폐자원 매입세액공제 관련 신고내용

가. 과세기간 과세표준 및 공제가능한 금액 등

매출액			대상액 한도계산		당기 매입액			⑯ 공제가능한 금액 (=⑫-⑭)
⑧ 합계	⑨ 예정분	⑩ 확정분	⑪ 한도율	⑫ 한도액	⑬ 합계	⑭ 세금 계산서	⑮ 영수증 등	

나. 과세기간 공제할 세액

⑰ 공제대상금액 (=⑮과 ⑯의 금액 중 적은 금액)	공제대상세액		이미 공제받은 세액			㉓ 공제 (납부)할 세액 (=⑲-⑳)
	⑱ 공제율	⑲ 공제대상 세액	⑳ 합계	㉑ 예정 신고분	㉒ 월별 조기분	

4. 영수증 수취분에 대한 매입처 명세(합계금액으로 기재, 단 중고자동차는 거래건별로 기재)

일련번호	㉔ 공급자		㉕ 건수	㉖ 품명	㉗ 수량	㉘ 차량번호	㉙ 차대번호	㉚ 취득금액
	성명 또는 상호(기관명)	주민등록번호 또는 사업자등록번호						
합계								
1								
2								
3								
4								
5								

작성방법

이 신고서는 아래의 작성방법에 따라 한글과 아라비아 숫자로 정확하게 적어야 하며, 금액은 원단위까지 표시하여야 합니다.

2. 재활용폐자원 등 매입가액 합계란 (⑤ ~ ⑦)

⑤: ⑥ 영수증 수취분과 ⑦ 계산서 수취분의 매입처 수, 건수, 취득금액, 매입세액 공제액의 합계를 적습니다.

⑥: 부가가치세 일반과세자가 아닌 사업자 및 개인 등으로부터 재활용폐자원 및 중고자동차를 매입하고 영수증을 수취한 매입처 수, 건수, 취득금액, 매입세액 공제액의 합계를 적으며, "4. 영수증 수취분에 대한 매입처 명세"란의 합계와 일치해야 합니다.

⑦: 부가가치세 면세사업자 등으로부터 재활용폐자원 및 중고자동차를 매입하고 계산서를 수취한 매입처 수, 건수, 취득금액, 매입세액 공제액의 합계를 적으며, 별도로 매입처별계산서합계표를 작성·제출해야 합니다.

※ 매입세액 공제액 산정 시 공제율
- 「자동차관리법」에 따른 자동차 중 중고자동차: 110분의 10
  * 제작연월일부터 수출신고수리일까지의 기간이 1년 미만인 중고자동차를 수출하는 경우는 공제대상에서 제외
- 중고자동차를 제외한 재활용폐자원: 103분의 3
  (2014년 1월 1일부터 2015년 12월 31일까지 취득분은 105분의 5)

3. 재활용폐자원 등 매입세액공제 관련 신고내용란 (⑧ ~ ㉓)

※ 이 란은 중고자동차의 경우에는 작성하지 아니하며, 부가가치세 과세표준 확정신고를 할 때만 적습니다.

⑧: 과세기간별 재활용폐자원 매출금액 합계액을 적습니다.

⑨: 월별 조기환급 신고분을 포함하여 적습니다.

⑪: 100분의 80(2008년 이전 취득분은 100분의 90)을 적습니다.

⑫: 매출액합계(⑧)에 한도율(⑪)을 곱하여 계산한 금액을 적습니다.

⑭: 세금계산서 수취분 재활용폐자원 공급가액 합계액을 적습니다.

⑮: ⑥ 영수증 수취분 취득금액과 ⑦ 계산서 수취분 취득금액의 합계액과 일치합니다.

⑯: 한도액(⑫)에서 세금계산서분(⑭)을 뺀 금액을 적으며, 음수인 경우에는 "0"으로 적습니다.

⑲: 공제대상금액(⑰)에 공제율(⑱)을 곱하여 계산한 금액을 적습니다.

⑳: 예정신고 및 월별 조기환급 신고 시 공제받은 세액의 합계액을 적습니다.

㉓: 예정신고 및 영세율 등 조기환급 신고 시 이미 매입세액 공제를 받은 금액을 확정신고 시 정산한 결과 추가로 납부할 세액이 발생하는 경우에는 해당 세액을 일반과세자 부가가치세 신고서(「부가가치세법 시행규칙」 별지 제21호서식) 2장 앞쪽 (42)번 재활용폐자원 등 매입세액란에 음수(△)로 적습니다.

4. 영수증 수취분에 대한 매입처 명세란 (㉔ ~ ㉚)

부가가치세 일반과세자가 아닌 사업자 및 단체와 개인 등이 재활용폐자원 등을 판매하고 발행한 영수증 상에 적힌 내용을 거래처별로 합하여 적습니다.

㉘, ㉙: 중고자동차 매입 시에만 적습니다.

※ 공급자가 5곳을 초과하는 경우(중고자동차의 경우 거래건수가 5건을 초과하는 경우)에는 별지 제69호서식(2)에 이어서 작성합니다.

(2) 재활용폐자원 및 중고자동차 매입세액공제신고서 작성사례

[재활용폐자원세액공제신고서 작성사례 (제71회 전산세무 2급)]

당사는 재활용폐자원을 수집하는 사업자이다. 다음 자료에 의하여 2026년 2기 확정신고기간의 재활용폐자원세액공제 신고서를 작성하시오.

공급자	사업자번호	거래일자	품명	수량(KG)	취득금액	증빙	건수
왕고물상	101-02-21108	2026. 10. 6.	고철	200	4,650,000원	영수증	1

- 왕고물상은 간이과세사업자이다(영수증 수취).
- 매입매출전표입력은 생략하며, 예정신고기간 중의 재활용폐자원 신고내역은 없다.
- 2기 과세기간 중 재활용관련 매출액과 세금계산서 매입액은 다음과 같다.

구분	매출액	매입공급가액(세금계산서)
예정분	58,000,000원	43,000,000원
확정분	63,000,000원	52,000,000원

재활용폐자원세액공제신고서 작성사례

2. 재활용폐자원 등 매입 합계

구분	매입처수	건수	취득금액	매입세액 공제액
⑤ 합계	**1**	**1**	**4,650,000**	**135,436**
⑥영수증 수취분	**1**	**1**	**4,650,000**	**135,436**
⑦계산서 수취분				

3. 재활용폐자원 매입세액공제 관련 신고내용

가. 과세기간 과세표준 및 공제가능한 금액 등

매출액			대상액 한도계산		당기 매입액			⑯ 공제가능한 금액 (=⑫-⑭)
⑧ 합계	⑨ 예정분	⑩ 확정분	⑪ 한도율	⑫ 한도액	⑬ 합계	⑭ 세금 계산서	⑮ 영수증 등	
121,000,000	**58,000,000**	**63,000,000**	**80%**	**96,800,000**	**99,650,000**	**95,000,000**	**4,650,000**	**1,800,000**

나. 과세기간 공제할 세액

⑰ 공제대상금액 (=⑮과 ⑯의 금액 중 적은 금액)	공제대상세액		이미 공제받은 세액			㉓ 공제(납부)할 세액 (=⑲-⑳)
	⑱ 공제율	⑲ 공제대상 세액	⑳ 합계	㉑ 예정 신고분	㉒ 월별 조기분	
1,800,000	**3/103**	**52,427**				**52,427**

4. 영수증 수취분에 대한 매입처 명세(합계금액으로 기재, 단 중고자동차는 거래건별로 기재)

일련 번호	㉔ 공급자		㉕ 건수	㉖ 품명	㉗ 수량	㉘ 차량번호	㉙ 차대번호	㉚ 취득금액
	성명 또는 상호(기관명)	주민등록번호 또는 사업자등록번호						
합계								
1	**왕고물상**	**101-02-21108**	**1**	**고철**	**200**			**4,650,000**
2								

6. 공제받지 못할 매입세액명세서

(1) 공제받지 못할 매입세액명세서 작성방법

[별지 제22호서식]

공제받지 못할 매입세액 명세서

년 제 기 (월 일 ~ 월 일)

1. 제출자 인적사항

상호(법인명)	성명(대표자)	사업자등록번호

2. 공제받지 못할 매입세액 명세

매입세액 불공제 사유	세금계산서			비고
	매수	공급가액	매입세액	
① 필요적 기재사항 누락 등				
② 사업과 직접 관련 없는 지출				
③ 비영업용 소형승용자동차 구입·유지 및 임차				
④ 기업업무추진비 및 이와 유사한 비용 관련				
⑤ 면세사업 등 관련				
⑥ 토지의 자본적 지출 관련				
⑦ 사업자등록 전 매입세액				
⑧ 금·구리 스크랩 거래계좌 미사용 관련 매입세액				
⑨ 합계				

3. 공통매입세액 안분 계산 명세

일련번호	과세·면세사업 등 공통매입		⑫ 총공급가액 등	⑬ 면세공급가액 등	⑭ 불공제 매입세액 [⑪×(⑬÷⑫)]
	⑩ 공급가액	⑪ 세액			
1					
2					
3					
합계					

4. 공통매입세액의 정산 명세

일련번호	⑮ 총공통매입세액	⑯ 면세사업 등 확정비율	⑰ 불공제매입세액 총액(⑮×⑯)	⑱ 기불공제 매입세액	⑲ 가산 또는 공제되는 매입세액(⑰-⑱)
1					
2					
합계					

5. 납부세액 또는 환급세액 재계산 명세

일련번호	⑳ 해당 재화의 매입세액	㉑ 경감률[1-(5/100 또는 25/100 × 경과된 과세기간의 수)]	㉒ 증가 또는 감소된 면세공급가액(사용 면적) 비율	㉓ 가산 또는 공제되는 매입세액(⑳×㉑×㉒)
1				
2				
합계				

작성방법

1. 공제받지 못할 매입세액 명세(①~⑨)

가. 매입세액 불공제 사유(①~⑦)란은 재화 또는 용역을 공급받고 받은 세금계산서 중 「부가가치세법」 제39조제1항 각 호에 따라 공제되지 않은 매입세액을 각 사유별로 구분하여 매수·공급가액 및 세액을 각각 적습니다.

나. ⑧란은 「조세특례제한법」 제106조의4제6항 및 제106조의9제5항에 따라 공제되지 않는 매입세액의 매수·공급가액 및 세액을 각각 적습니다.

다. ⑨ 합계란은 ①란~⑧란의 합계로서 일반과세자 부가가치세 신고서(별지 제21호서식) 제2장 앞쪽 (16)공제받지 못할 매입세액 명세란의 (48)공제받지 못할 매입세액의 금액 및 세액과 일치해야 합니다.

2. 공통매입세액 안분 계산 명세(⑩~⑭)

가. ⑩·⑪ 과세·면세사업 등 공통매입란은 공통매입세액을 종류별로 구분하여 공급가액 및 세액의 합계액을 각각 적습니다.

나. ⑫ 총공급가액 등란은 ⑪ 세액란의 공통매입세액과 관련된 총공급가액·총매입가액·총예정공급가액 또는 총예정사용면적을 적습니다.(「부가가치세법 시행령」 제81조제1항·제4항)

다. ⑬ 면세공급가액 등란은 ⑪ 세액란의 공통매입세액과 관련된 면세사업 등의 공급가액·매입가액·예정공급가액 또는 예정사용면적을 적습니다.(「부가가치세법 시행령」 제81조제1항·제4항)

라. ⑭ 불공제 매입세액란은 ⑪ 세액란의 공통매입세액에 ⑬ 면세공급가액 등을 ⑫ 총공급가액 등으로 나눈 금액을 곱하여 계산합니다.

3. 공통매입세액의 정산 명세(⑮~⑲) : 「부가가치세법 시행령」 제81조제4항에 따라 공통매입세액을 안분 계산한 경우에 적습니다.

가. ⑮ 총공통매입세액란은 「부가가치세법 시행령」 제81조제4항에 따른 예정공급가액의 비율 등에 따라 안분 계산한 공통매입세액의 합계액을 적습니다.

나. ⑯ 면세사업 등 확정비율란은 과세·면세사업 등의 공급가액 또는 사용면적이 확정되는 과세기간의 공급가액 및 사용면적 비율을 적습니다.

다. ⑰ 불공제매입세액 총액란은 ⑮ 총공통매입세액에 ⑯ 면세사업 등 확정비율을 곱하여 계산합니다.

라. ⑱ 기불공제매입세액란은 「부가가치세법 시행령」 제81조제4항에 따른 예정공급가액의 비율 등에 따라 안분 계산하여 면세사업 등 관련 매입세액으로 불공제한 매입세액의 합계액을 적습니다.

마. ⑲ 가산 또는 공제되는 매입세액란은 ⑰ 불공제 매입세액 총액에서 ⑱ 기불공제매입세액을 차감하여 적으며, 차감한 금액이 0 미만인 경우에는 음수(-)로 적습니다.

4. 납부세액 또는 환급세액 재계산 명세(⑳~㉓) : 「부가가치세법」 제41조 및 같은 법 시행령 제83조·제85조에 따라 감가상각자산에 대한 공통매입세액을 안분 계산한 후 면세사업 등의 공급가액 비율이 증감되어 재계산하는 경우에 적습니다.

가. ⑳ 해당 재화의 매입세액란은 감가상각자산 매입세액의 합계액을 적습니다.

나. ㉑ 경감률란은 건물 또는 구축물은 100분의 5(2001. 12. 31. 이전 취득분은 100분의 10을 적용합니다)를 적용하고, 그 밖의 감가상각자산은 100분의 25를 적용합니다.

다. ㉒ 증가 또는 감소된 면세 공급가액(사용면적) 비율란은 해당 과세기간의 면세비율에서 해당 감가상각자산의 취득일이 속하는 과세기간(그 후의 과세기간에 재계산하였을 때에는 그 재계산한 과세기간을 말합니다)의 면세비율을 차감하여 적습니다.

라. ㉓ 가산 또는 공제되는 매입세액란은 ⑳ 해당 재화의 매입세액에 ㉑ 경감률 및 ㉒ 증가 또는 감소된 면세 공급가액(사용면적) 비율을 곱하여 계산한 금액을 적습니다.

(2) 공제 받지 못할 매입세액명세서 작성사례

[공제 받지 못할 매입세액명세서 작성사례 (2016.8. 특별회 전산세무 2급)]

다음은 2026년 2기 확정 부가가치세신고기간(2026.10.1.~2026.12.31.)에 대한 매입세금계산서 관련 자료이다. 동 자료만을 사용하여 공제 받지 못할 매입세액명세서에 반영하시오.

작성일자	매수	내역	공급가액(원)	VAT(원)	특이사항
2026.10.2	1	2,000cc 업무용승용차 구입	21,000,000	2,100,000	
2026.10.4	1	건물철거비용	18,000,000	1,800,000	주차장으로 사용하기 위해 구입한 토지 위에 있던 노후된 건축물을 취득 즉시 철거한 비용이다.
2026.10.29	1	영업부서 사무용 책상 구입	480,000	48,000	전자세금계산서를 발급받은 날은 2026.11.15.이다.
2026.11.5	1	(주)미래에게서 구입한 제품	8,200,000	820,000	전자세금계산서가 아닌 종이세금계산서를 2026.12.5. 교부받았다.
2026.11.8	1	거래처에 선물하기 위해 구입한 복합기	410,000	41,000	
2026.11.29	1	(주)하머니상회에서 구입한 제품	7,500,000	750,000	전자세금계산서를 발급받은 날은 2026.12.12.이다.

공제 받지 못할 매입세액명세서 작성사례

2. 공제받지 못할 매입세액명세

매입세액 불공제 사유	세금계산서			비고
	매수	공급가액	매입세액	
① 필요적 기재사항 누락 등				
② 사업과 직접 관련 없는 지출				
③ 비영업용 소형승용자동차 구입·유지 및 임차	**1**	**21,000,000**	**2,100,000**	
④ 기업업무추진비 및 이와 유사한 비용 관련	**1**	**410,000**	**41,000**	
⑤ 면세사업 등 관련				
⑥ 토지의 자본적 지출 관련	**1**	**18,000,000**	**1,800,000**	
⑦ 사업자등록 전 매입세액				
⑧ 금·구리 스크랩 거래계좌 미사용 관련 매입세액				
⑨ 합계	**3**	**39,410,000**	**3,941,000**	

*1 공급시기가 속하는 과세기간에 대한 확정신고기한 이내에 세금계산서를 수취하였으므로 매입세액공제를 받을 수 있다.

*2 법인이 종이세금계산서를 발급하였더라도 공급시기가 속하는 과세기간에 대한 확정신고기한 이내에 세금계산서를 수취하였으므로 매입자는 매입세액공제를 받을 수 있다.

7. 신용카드매출전표 등 수령명세서

(1) 신용카드매출전표 등 수령명세서 작성방법

[별지 제16호서식(1)]

신용카드매출전표 등 수령명세서(갑)

년 제 기 (월 일 ~ 월 일)

1. 제출자 인적사항

① 상호(법인명)	② 사업자등록번호
③ 성명(대표자)	

2. 신용카드 등 매입명세 합계

구 분	거래건수	공급가액	세 액
④ 합 계			
⑤ 현금영수증			
⑥ 화물운전자복지카드			
⑦ 사업용 신용카드			
⑧ 그 밖의 신용카드 등			

3. 그 밖의 신용·직불카드, 기명식선불카드, 직불전자지급수단 및 기명식선불전자지급수단 매출전표 수령금액 합계

일련번호	⑨ 카드회원번호	⑩ 공급자(가맹점) 사업자등록번호	⑪ 그 밖의 신용카드 등 거래명세 합계		
			거래건수	공급가액	세액
1					
2					
3					
4					
5					
6					
7					
8					
9					
10					
11					
12					
13					
14					
15					

작성방법

이 명세서는 아래의 작성방법에 따라 한글과 아라비아 숫자로 정확하게 적어야 하며, 거래금액은 원 단위까지 표시하여야 합니다.

1. 제출자 인적사항란

① ~ ③: 제출자(세액공제 신청자)의 사업자등록증에 적은 상호(법인명)·사업자등록번호·성명(대표자)을 적습니다.

2. 신용카드 등 매입명세 합계란

※ 사업과 직접 관련 없는 거래는 제외합니다(「부가가치세법」 제39조 참조)

④: 현금영수증, 화물운전자복지카드, 사업용 신용카드, 그 밖의 신용카드 등에 의한 거래건수·공급가액·세액을 합계하여 적습니다.

⑤: 「조세특례제한법」에 따라 수취한 현금영수증의 거래건수·공급가액·세액을 합계하여 적습니다.

⑥: 화물운전자가 발급받은 화물운전자복지카드 사용금액을 합계하여 적습니다.

⑦: 사업자가 등록한 사업용 신용카드 사용금액을 합계하여 적습니다.

⑧: 신용·직불카드, 기명식선불카드, 직불전자지급수단, 기명식선불전자지급수단 매출전표 수령금액 합계란에 작성된 거래건수·공급가액·세액을 합계하여 적습니다.

3. 그 밖의 신용·직불카드, 기명식선불카드, 직불전자지급수단 및 기명식선불전자지급수단 매출전표수령금액 합계란

※ 세금계산서를 발급받은 거래, 사업과 관련 없는 거래는 제외합니다(「부가가치세법」 제39조 참조).

재화나 용역을 공급받고 발급받은 신용카드(화물운전자복지카드를 제외합니다) 매출전표를 카드번호별, 가맹점 사업자등록번호별로 합계금액을 적습니다.

⑨: 재화나 용역을 공급받으면서 결제한 신용·직불카드 등의 카드회원번호, 직불전자지급수단·기명식선불전자지급수단에 부여된 회원번호를 적습니다.

⑩: 신용카드매출전표 등에 적은 가맹점 사업자등록번호를 적습니다.

⑪: 신용카드매출전표 등에 적은 거래건수·공급가액·세액의 합계를 각각 적습니다.

【작 성 예 시】

2. 신용카드 등 매입명세 합계

구 분	거래건수	공급가액	세 액
④ 합 계	34	2,727,000	272,700
⑤ 현 금 영 수 증	2	450,000	45,000
⑥ 화물운전자복지카드	10	1,340,000	134,000
⑦ 사업용 신용카드	10	100,000	10,000
⑧ 그 밖의 신용카드	12	837,000	83,700

3. 그 밖의 신용·직불카드 및 기명식선불카드 매출전표 수령금액 합계

일련번호	⑨ 카드회원번호	⑩ 공급자(가맹점) 사업자등록번호	⑪ 그 밖의 신용카드 등 거래명세 합계		
			거래건수	공급가액	세액
1	1258-8547-8965-6745	102-02-34567	5	250,000	25,000
2	7858-8547-8965-3257	102-02-34567	7	587,000	58,700

(2) 신용카드매출전표 등 수령명세서 작성사례

[신용카드매출전표 등 수령명세서 작성사례 (제70회 전산세무 2급)]

아래의 자료를 바탕으로 2026년 1기 부가가치세 확정신고기간(4.1~6.30)의 신용카드매출전표 등 수령명세서(갑)를 작성하시오. 카드는 삼성(법인, 사업용)카드 1234-4567-7890-0123을 사용하였고, 거래처는 모두 일반과세자이다. ※ 매입세액공제 가능한 거래만 반영한다.

일자	내 역	공급가액(원)	VAT(원)	상 호	사업자등록번호	증 빙
4/1	본사 회의시 커피	40,000	4,000	할리스커피	104-04-11258	신용카드
4/4	신입사원 명함제작	20,000	2,000	청솔인쇄	114-82-01319	현금영수증
5/10	거래처 직원과의 식사비	250,000	25,000	땅끝식당	303-07-81798	신용카드
5/14	사무실 프린터 토너 교체	75,000	7,500	컴박사(주)	303-83-00014	현금영수증
6/19	거래처 방문 택시비	13,000	1,300	서울교통	303-81-35784	신용카드

신용카드매출전표 등 수령명세서 작성사례

2. 신용카드 등 매입명세 합계			
구 분	거래건수	공급가액	세 액
④ 합 계	**3**	**135,000**	**13,500**
⑤ 현금영수증	**2**	**95,000**	**9,500**
⑥ 화물운전자복지카드			
⑦ 사업용 신용카드	**1**	**40,000**	**4,000**
⑧ 그 밖의 신용카드			

* 세금계산서의 경우와는 달리 신용카드 등의 경우에는 매입세액 공제가 가능한 세액만 기재한다.

8. 건물 등 감가상각자산 취득명세서

(1) 건물 등 감가상각자산취득명세서 작성방법

[별지 제27호서식]

건물 등 감가상각자산 취득명세서

년 제 기 (월 일 ~ 월 일)

1. 제출자 인적사항

① 성명(법인명)	② 사업자등록번호
③ 업태	④ 종목

2. 감가상각자산 취득명세 합계

감가상각자산 종류	건수	공급가액	세액	비고
⑤ 합계				
⑥ 건물·구축물				
⑦ 기계장치				
⑧ 차량운반구				
⑨ 그 밖의 감가상각자산				

작성방법

①~④: 제출자의 성명 또는 법인명과 사업자등록번호, 업태, 종목을 적습니다.

⑤: 신고대상기간 중 취득한 건물·구축물·기계장비·차량운반구 등 감가상각자산의 건수·공급가액·세액을 합하여 적으며, 공급가액 및 세액 합계액은 부가가치세 신고서 "(11)번+(40)번 고정자산"란의 금액 및 세액과 일치하여야 합니다.

⑥: 신고대상기간 중 건물·구축물을 취득하고 발급받은 신용카드매출전표 등 수취분이나 세금계산서상의 건수·공급가액·세액을 더하여 적습니다.

⑦: 신고대상기간 중 기계 및 장비를 취득하고 발급받은 신용카드매출전표 등 수취분이나 세금계산서의 건수·공급가액·세액을 더하여 적습니다.

⑧: 신고대상기간 중 차량운반구를 취득하고 발급받은 신용카드매출전표 등 수취분이나 세금계산서의 건수·공급가액·세액을 더하여 적습니다.

⑨: 신고대상기간 중 건물·구축물·기계 및 장비·차량운반구를 제외한 그 밖의 감가상각자산을 취득하고 발급받은 신용카드매출전표 등 수취분이나 세금계산서의 건수·공급가액·세액을 더하여 적습니다.

(2) 건물 등 감가상각자산취득명세서 작성사례

[건물 등 감가상각자산취득명세서 작성사례 (제70회 전산세무 1급 수정)]

다음은 10월부터 12월까지 신용카드매출전표를 발급받은 내용이다. 신용카드매출전표 등 수령명세서(갑) 및 건물 등 감가상각자산취득명세서를 작성하고 제2기 확정 부가가치세신고서에 그 내용을 반영하시오. ※ 아래의 거래는 모두 세금계산서 미발급거래이며, 건영상사를 제외하고 모두 일반과세자이다.

사용한 신용카드내역	거래처명 (등록번호)	거래 일자	발행금액 (VAT 포함)	거래 내용
삼성카드 (법인카드, 사업용카드) 4321-8765-1601-1234	성한카센타 (138-08-42674)	10.20	440,000원	업무용경차(1,000cc) 수리비용
	듬박이 (135-05-92228)	11.14	550,000원	직원 회식대(복리후생비)
	건영상사 (805-08-15689)	12.19	660,000원	업무용계산기 구입
신한카드 (종업원 윤혜지 명의 일반카드) 1234-5678-9010-4407	천지고속버스 (608-08-16506)	10.25	165,000원	직원의 출장교통비
	컴퓨터사랑 (222-23-33658)	11.30	1,100,000원	노트북 구입 (자산처리 한다)

신용카드매출전표 등 수령명세서 작성사례

2. 신용카드 등 매입명세 합계

구 분	거래건수	공급가액	세 액
④ 합 계	**3**	**1,900,000**	**190,000**
⑤ 현금영수증			
⑥ 화물운전자복지카드			
⑦ 사업용 신용카드	**2**	**900,000**	**90,000**
⑧ 그 밖의 신용카드	**1**	**1,000,000**	**100,000**

3. 그 밖의 신용·직불카드 및 기명식선불카드 매출전표 수령금액 합계

일련 번호	⑨ 카드회원번호	⑩ 공급자(가맹점) 사업자등록번호	⑪ 그 밖의 신용카드 등 거래명세 합계 거래건수	공급가액	세액
1	**1234-5678-9010-4407**	**222-23-33658**	**1**	**1,000,000**	**100,000**
2					

건물 등 감가상각자산취득명세서 작성사례

2. 감가상각자산 취득명세 합계				
감가상각자산 종류	건수	공급가액	세액	비고
⑤ 합계	**1**	**1,000,000**	**100,000**	
⑥ 건물·구축물				
⑦ 기계장치				
⑧ 차량운반구				
⑨ 그 밖의 감가상각자산	**1**	**1,000,000**	**100,000**	

9. 신용카드매출전표 등 발행집계표

(1) 신용카드매출전표 등 발행집계표 작성방법

[별지 제23호서식]

신용카드매출전표 등 발행금액 집계표

년 제 기 (월 일 ~ 월 일)

1. 제출자 인적사항

① 상호(법인명)	② 성명(대표자)
③ 사업장 소재지	④ 사업자등록번호

2. 신용카드매출전표 등 발행금액 현황

구분	⑤ 합계	⑥ 신용·직불·기명식 선불카드	⑦ 현금영수증	⑧ 직불·기명식 선불전자지급수단
합계				
과세 매출분				
면세 매출분				
봉사료				

3. 신용카드매출전표 등 발행금액(⑤ 합계) 중 세금계산서(계산서) 발급명세

⑨ 세금계산서 발급금액		⑩ 계산서 발급금액	

작성방법

1. 신용카드매출전표 등 발행금액 현황(⑤~⑧): 부가가치세 과세 매출분, 면세 매출분 및 봉사료로 각각 구분하여 기입하고, 과세 매출분란은 공급대가(부가가치세를 포함합니다)를 기입합니다.
2. 신용카드매출전표 등 발행금액(⑤ 합계) 중 세금계산서(계산서) 발급명세(⑨·⑩): ⑧ 세금계산서란은 ⑤ 합계란의 과세 매출분 합계금액 중 세금계산서를 발급한 금액을 기입하고, ⑩ 계산서 발급금액란은 ⑤ 합계란의 면세 매출분 합계금액 중 계산서를 발급한 금액을 각각 기입합니다.

(2) 신용카드매출전표 등 발행집계표 작성사례

[신용카드매출전표 등 발행집계표 작성사례 (제67회 전산세무 1급 수정)]

다음 자료에 대하여 제2기 부가가치세 예정신고(2026.07.01～2026.09.30)와 함께 제출할 신용카드매출전표 등 발행집계표를 작성하시오.

1. 신용카드 및 현금영수증 매출내역(모두 제품매출로서 거래처는 (주)용인상사이며 하나카드로 결제 하였다)

거래일	신용카드거래		거래일	현금영수증거래	
	건수	공급대가		건수	공급대가
9/8	1	8,500,000원	9/10	1	3,500,000원
9/20	1	6,435,000원			

2. 신용카드거래분 중 9월 20일 거래는 거래처 (주)용인상사(사업자등록번호 : 135-85-42657)가 세금계산서를 요구하여 세법에 따라 전자세금계산서 발행한 것을 다음날 하나카드로 대금을 결제한 것이다. 현금영수증 거래는 현금으로 수령하였다.
3. 회사는 세금계산서 발급의무면제대상이 아니며, 구분 표시된 봉사료 및 면세대상 거래는 없다.

신용카드매출전표 등 발행집계표 작성사례

2. 신용카드매출전표 등 발행금액 현황

구분	⑤ 합계	⑥ 신용·직불·기명식 선불카드	⑦ 현금영수증	⑧ 직불·기명식 선불전자지급수단
합계	**18,435,000**	**14,935,000**	**3,500,000**	
과세 매출분	**18,435,000**	**14,935,000**	**3,500,000**	
면세 매출분				
봉사료				

3. 신용카드매출전표 등 발행금액(⑤ 합계) 중 세금계산서(계산서) 발급명세

⑨ 세금계산서 발급금액	**6,435,000**	⑩ 계산서 발급금액	

10. 대손세액공제신고서

(1) 대손세액공제신고서 작성방법

별지 제19호서식(1)]

대손세액 공제(변제)신고서(갑)

1. 신고인 인적사항

① 상호(법인명)	② 사업자등록번호
③ 성명	④ 사업장 소재지

2. 대손세액 계산신고 내용

⑤대손확정 연월일	⑥ 대손 금액	⑦ 공제율 (10/110)	⑧ 대손 세액	공급받는 자			⑫ 대손 사유
				⑨ 상호	⑩ 성명	⑪ 사업자등록번호	

3. 변제세액 계산신고 내용

⑬ 변제 연월일	⑭ 변제 금액	⑮ 공제율 (10/110)	⑯ 변제 세액	공급자			⑳ 변제 사유
				⑰ 상호	⑱ 성명	⑪ 사업자등록번호	

작성방법

⑤ - ⑫: 「부가가치세법」 제45조제1항에 따라 대손세액을 공제받으려는 경우에 작성합니다.

⑬ - ⑳: 「부가가치세법」 제45조제4항에 따라 대손세액을 매입세액에 가산하려는 경우에 작성합니다.

※ 대손(변제)세액 계산신고 내용이 많은 경우에는 별지 제19호서식(2) 또는 별지 제19호서식(3)에 이어서 작성합니다.

(2) 대손세액공제신고서 작성사례

[대손세액공제신고서 작성사례 (제68회 전산세무 1급)]

다음 자료를 보고 2026년 2기 확정신고시 대손세액공제신고서를 작성하시오.

1. 대손 발생

상호(사업자등록번호)	매출채권	공급일	대손확정일
삼려식품(134-85-42222)	외상매출금 7,700,000원	2026.1.15	2026.10.9. (채무자의 사망 및 무재산 확인)
사철푸드(129-81-22380)	받을어음 3,300,000원	2023.11.10	2026.11.10. (소멸시효 완성)
(주)오구오(128-35-32379)	외상매출금 22,000,000원	2016.2.18	2026.10.15. (부도발생일 2026.4.14.)
미츠키(213-02-44059)	외상매출금 11,000,000원	2021.11.11	2026.11.10. (부도발생일 2026.5.9.)

2. 대손채권 회수

상호(사업자등록번호)	대손회수액	대손회수일	비 고
(주)이우식품(104-81-37225)	5,500,000원	2026.10.19	대손 처리되었던 채권 일부회수

대손세액공제신고서 작성사례

2. 대손세액 계산신고 내용

⑤ 대손확정 연월일	⑥ 대손금액	⑦ 공제율 (10/110)	⑧ 대손세액	공급받는 자			⑫ 대손 사유
				⑨ 상호	⑩ 성명	⑪ 사업자등록번호	
2026.10.9	7,700,000	10/110	700,000	삼려식품		134-85-42222	사망, 실종
2026.11.10	3,300,000	10/110	300,000	사철푸드		129-81-22380	소멸시효완성
2026.11.10	11,000,000	10/110	1,000,000	미츠키		213-02-44059	부도(6개월경과)
2026.10.19	-5,500,000	10/110	-500,000	(주)이우식품		104-81-37225	대손채권일부회수

* ㈜오구오의 대손확정일은 2026.10.15이나 이는 재화의 공급일(2016.2.18.)로부터 10년이 경과된 날이 속하는 과세기간에 대한 확정신고기한(2026.7.25)을 초과하여 대손확정 되었으므로 대손세액공제를 적용받을 수 없다.

11. 세금계산서 및 수정세금계산서

(1) 세금계산서 작성사례

[세금계산서 작성사례 (제69회 전산세무2급 수정)]

2026년 1월 26일 ㈜대흥이 세현상사에게 과세재화를 70,000,000원(VAT 제외)에 외상으로 공급하고, 이 중에서 30,000,000원은 어음을 수취하였다. (전자)세금계산서를 작성하시오.

(차)	받을 어음	30,000,000	(대)	제품매출	70,000,000
	외상매출금	47,000,000		부가세예수금	7,000,000

세금계산서 작성사례

전자세금계산서							
				승인번호	20260126-41000000-00002111		
				관리번호			
공급자	등록번호	107-85-51700	종사업장번호	공급받는자	등록번호	123-06-09096	종사업장번호	
	상호(법인명)	(주)대흥	성명(대표자) 안현석		상호(법인명)	세현상사	성명(대표자) 조세현
	사업장주소	서울시 강남구 삼성동 251-3			사업장주소	서울시 금천구 가산동	
	업태	제조, 도소매, 무역	종목 전자제품		업태	도 · 소매	종목 전자제품

작성 년	월	일	공급가액 천	백	십	억	천	백	십	만	천	백	십	일	세액 십	억	천	백	십	만	천	백	십	일	수정사유
2026	1	26					7	0	0	0	0	0	0	0				7	0	0	0	0	0	0	
비고																									

월	일	품목	규격	수량	단가	공급가액	세액	비고
1	26	전자제품		1,000	70,000	70,000,000	7,000,000	

합계금액	현금	수표	어음	외상미수금	이 금액을 영수/청구 함
77,000,000			30,000,000	47,000,000	이 금액을 청구 함

(2) 수정세금계산서 작성사례

[수정세금계산서 작성사례 (제69회 전산세무2급 수정)]

2026년 2월 6일 세현상사에 1월 26일에 외상 판매하였던 제품 중 10개(1개당 공급가액 70,000원, 부가가치세 7,000원)가 불량품으로 판명되어 반품됨에 따라 반품 전자세금계산서를 발급하였다. 대금은 외상매출금과 상계처리하기로 하였다.

(차)	외상매출금	−770,000	(대)	제품매출	−700,000
				부가세예수금	−70,000

수정세금계산서 작성사례

전자수정세금계산서	승인번호	20260206-41000000-00002112
	관리번호	

공급자	등록번호	107-85-51700	종사업장 번호		공급받는자	등록번호	123-06-09096	종사업장 번호	
	상호(법인명)	(주)대흥	성명(대표자)	안현석		상호(법인명)	세현상사	성명(대표자)	조세현
	사업장 주소	서울시 강남구 삼성동 251-3				사업장 주소	서울시 금천구 가산동		
	업태	제조, 도소매, 무역	종목	전자제품		업태	도 · 소매	종목	전자제품

작성			공급가액												세액										수정사유
년	월	일	천	백	십	억	천	백	십	만	천	백	십	일	십	억	천	백	십	만	천	백	십	일	환입
2026	2	6						−	7	0	0	0	0	0					−	7	0	0	0	0	

비고	당초 세금계산서 작성일자 2026.1.26.

월	일	품목	규격	수량	단가	공급가액	세액	비고
2	6	전자제품		−10	70,000	−700,000	−7,000	

합계금액	현금	수표	어음	외상미수금	이 금액을 영수/**청구** 함
−770,000				−770,000	

* 작성연월일은 물품이 반품된 날로 하고, 비고란에 당초 작성일자 등을 기재한다.

12. 매출(매입)처별 세금계산서합계표

(1) 매출(매입)처별 세금계산서합계표 작성방법

[별지 제38호 서식(1)]

매출처별 세금계산서합계표(갑)

년 제 기(월 일 ~ 월 일)

(앞쪽)

1. 제출자 인적사항

(1) 사업자등록번호	－ －	(2) 상호(법인명)	
(3) 성명(대표자)		(4) 사업장 소재지	
(5) 거래기간	년 월 일 ~ 년 월 일	(6) 작성일	년 월 일

2. 매출세금계산서 총합계

구 분		(7) 매출처수	(8) 매수	(9) 공급가액					(10)세 액				
				조	십억	백만	천	일	조	십억	백만	천	일
합 계													
과세기간 종료일 다음달 11일까지 전송된 전자 세금계산서 발급분	사업자등록 번호 발급분												
	주민등록번호 발급분												
	소 계												
위 전자 세금계산서 외의 발급분	사업자등록 번호 발급분												
	주민등록번호 발급분												
	소 계												

3. 과세기간 종료일 다음달 11일까지 전송된 전자세금계산서 외 발급분 매출처별 명세 (합계금액으로 적음)

(11) 번호	(12) 사업자 등록번호	(13) 상호 (법인명)	(14) 매수	(15) 공급가액					(16) 세액					비고
				조	십억	백만	천	일	조	십억	백만	천	일	
1														
2														
3														
4														
5														

작성방법
이 합계표는 아래의 작성방법에 따라 한글과 아라비아숫자로 정확하고 선명하게 적어야 하며, 공급가액과 세액은 원 단위까지 표시하여야 합니다. ①~④: 제출자의 사업자등록증에 적힌 사업자등록번호(또는 고유번호), 상호(법인명), 성명(대표자), 사업장 소재지를 적습니다. ⑤: 신고대상기간을 적습니다(예시: 2026년 1월 1일 ~ 2026년 6월 30일). ⑥: 이 합계표를 작성하여 제출하는 연월일을 적습니다. ⑦~⑩: 합계란에는 과세기간 종료일 다음 달 11일까지 전송된 전자세금계산서 발급분 소계와 위 전자세금계산서 외의 발급분 소계의 단순합계를 적습니다. 과세기간 종료일 다음 달 11일까지 전송된 전자세금계산서 발급분: 전자적으로 발급하고, 과세기간(예정신고대상자의 경우 예정신고기간) 종료일 다음 달 11일(토요일, 공휴일인 경우에는 그 다음 날)까지 국세청에 전송된 매출세금계산서에 대한 매출처 수, 총매수, 총공급가액 및 총세액을 적습니다. 위 전자세금계산서 외의 발급분: 종이로 발급한 세금계산서, 전자적으로 발급하였으나 그 개별명세를 과세기간(예정신고대상자의 경우 예정신고기간) 종료일 다음 달 11일(토요일, 공휴일인 경우에는 그 다음 날)까지 국세청에 전송하지 않은 전자세금계산서 또는 매입자발행세금계산서제도에 따라 매입자가 발급한 매입자발행세금계산서에 대한 매출처 수, 총매수, 총공급가액 및 총세액을 적습니다. ⑪: 과세기간 종료일 다음 달 11일까지 전송된 전자세금계산서 외 발급분 매출처별 명세에는 위 전자세금계산서 외의 발급분에 대한 각각의 매출처별로 1번부터 순위를 부여하여 마지막까지 순서대로 적습니다[매출처별 세금계산서합계표(갑)서식을 초과하는 매출처별 거래분에 대해서는 매출처별 세금계산서합계표(을)서식에 연속하여 적습니다]. ※ 사업자등록번호로 발급한 분만 해당하며 주민등록번호로 발급한 분에 대해서는 적지 않습니다. ⑫·⑬: 위 전자세금계산서 외의 발급분 세금계산서의 거래처(공급받는 자) 사업자등록번호와 상호(법인명)를 적습니다. ⑭~⑯: 위 전자세금계산서 외의 발급분 세금계산서를 거래처(공급받는 자)별로 더한 세금계산서 매수, 공급가액, 세액을 적습니다. 수정세금계산서의 경우에도 매수와 금액을 더하여 적습니다(예정신고 누락분을 확정신고시 제출하는 경우에는 거래처에 합하여 적되, 부가가치세 신고서에는 구분하여 적습니다). ⑰: 사업자가 적지 않습니다(권번호-페이지번호). ※ 3. 과세기간 종료일 다음 날 11일까지 전송된 전자세금계산서 외 발급분 매출처가 6개를 초과하는 경우 「매출처별 세금계산서합계표(을)」[별지 제38호서식(2)]에 이어서 작성합니다.

[별지 제39호 서식(1)]

매입처별 세금계산서합계표(갑)

년 제 기(월 일 ~ 월 일)

(앞쪽)

1. 제출자 인적사항

(1) 사업자등록번호	- -	(2) 상호(법인명)	
(3) 성명(대표자)		(4) 사업장 소재지	
(5) 거래기간	년 월 일 ~ 년 월 일	(6) 작성일	년 월 일

2. 매입세금계산서 총합계

구 분		(7) 매입처수	(8) 매수	(9) 공급가액					(10)세 액				
				조	십억	백만	천	일	조	십억	백만	천	일
합 계													
과세기간 종료일 다음달 11일까지 전송된 전자 세금계산서 발급받은 분	사업자등록번호 발급받은 분												
	주민등록번호 발급받은 분												
	소 계												
위 전자 세금계산서 외의 발급받은 분	사업자등록번호 발급받은 분												
	주민등록번호 발급받은 분												
	소 계												

* 주민등록번호로 발급받은 세금계산서는 사업자등록 전 매입세액 공제를 받을 수 있는 세금계산서만 적습니다.

3. 과세기간 종료일 다음달 11일까지 전송된 전자세금계산서 외 발급받은 매입처별 명세 (합계금액으로 적음)

(11) 번호	(12) 사업자 등록번호	(13) 상호 (법인명)	(14) 매수	(15) 공급가액					(16) 세액					비고
				조	십억	백만	천	일	조	십억	백만	천	일	
1														
2														
3														
4														
5														

작성방법

이 합계표는 아래의 작성방법에 따라 한글과 아라비아숫자로 정확하고 선명하게 적어야 하며, 공급가액과 세액은 원 단위까지 표시하여야 합니다.

①~④: 제출자의 사업자등록증에 적힌 사업자등록번호(또는 고유번호), 상호(법인명), 성명(대표자), 사업장 소재지를 적습니다.

⑤: 신고대상기간을 적습니다(예시: 2026년 1월 1일 ~ 2026년 6월 30일).

⑥: 이 합계표를 작성하여 제출하는 연월일을 적습니다.

⑦~⑩: 합계란에는 과세기간 종료일 다음 달 11일까지 전송된 전자세금계산서 발급받은 분 소계와 위 전자세금계산서 외의 발급받은 분 소계의 단순합계를 적습니다.

과세기간 종료일 다음 달 11일까지 전송된 전자세금계산서 발급받은 분에는 전자세금계산서로 발급받고, 과세기간(예정신고대상자의 경우 예정신고기간) 종료일 다음 달 11일(토요일, 공휴일인 경우 그 다음 날)까지 국세청에 전송된 매입세금계산서에 대한 매입처 수, 총매수, 총공급가액 및 총세액을 적습니다.

위 전자세금계산서 외의 발급받은 분에는 종이세금계산서, 전자세금계산서로 발급받았으나 그 개별명세가 과세기간(예정신고대상자의 경우 예정신고기간) 종료일 다음 달 11일(토요일, 공휴일인 경우 그 다음 날)까지 국세청에 전송되지 않은 전자세금계산서에 대한 매입처 수, 총매수, 총공급가액 및 총세액을 적습니다.

⑪: 과세기간 종료일 다음 달 11일까지 전송된 전자세금계산서 외 발급받은 매입처별 명세는 위 전자세금계산서 외의 발급받은 분에 대한 각각의 매입처별로 1번부터 부여하여 마지막까지 순서대로 적고 [매입처별 세금계산서합계표(갑)서식을 초과하는 매입처별 거래분에 대해서는 매입처별 세금계산서합계표(을)서식에 이어서 적습니다], 주민등록번호로 발급받은 세금계산서는 사업자등록 전 매입세액 공제를 받을 수 있는 세금계산서만 적으며, 매입자가 세무서장에게 요청하여 발급하는 매입자발행세금계산서는 별도의 「매입자발행세금계산서 합계표」에 적고, 전자세금계산서 외의 발급받은 분에는 포함하지 않습니다.

⑫·⑬: 위 전자세금계산서 외의 발급받은 분 세금계산서의 거래처(공급자) 사업자등록번호와 상호(법인명)를 적습니다.

⑭~⑯: 위 전자세금계산서 외의 발급받은 분 세금계산서를 거래처(공급자)별로 합하여 세금계산서 매수, 공급가액, 세액을 적습니다. 수정세금계산서의 경우에도 매수와 금액을 더하여 적습니다(예정신고 누락분을 확정신고시 제출하는 경우 거래처에 더하여 적습니다).

⑰: 사업자가 적지 않습니다(권번호-페이지번호).

※ 3. 과세기간 종료일 다음 날 11일까지 전송된 전자세금계산서 외 발급받은 매입처가 6개를 초과하는 경우 「매입처별 세금계산서합계표(을)」[별지 제39호서식(2)]에 이어서 작성합니다.

(2) 매출(매입)처별 세금계산서합계표 작성사례

매출처별세금계산서합계표 작성사례 (자료출처 : 국세청)

[별지 제38호 서식(1)]

매출처별 세금계산서합계표(갑)

년 제 기(월 일 ~ 월 일)

(앞쪽)

1. 제출자 인적사항

(1) 사업자등록번호	− −	(2) 상호(법인명)	
(3) 성명(대표자)		(4) 사업장 소재지	
(5) 거래기간	년 월 일 ~ 년 월 일	(6) 작성일	년 월 일

2. 매출세금계산서 총합계

구 분		(7) 매출처수	(8) 매수	(9) 공급가액 조	십억	백만	천	일	(10)세 액 조	십억	백만	천	일
합 계		15	32		1	638	904	566			163	890	456
과세기간 종료일 다음달 11일까지 전송된 전자 세금계산서 발급분	사업자등록 번호 발급분	3	8			725	251	480			72	525	148
	주민등록번호 발급분												
	소 계	3	8			725	251	480			72	525	148
위 전자 세금계산서 외의 발급분	사업자등록 번호 발급분	2	9			908	653	086			90	865	308
	주민등록번호 발급분	10	15			5	000	000				500	000
	소 계	12	24			913	653	086			91	365	308

3. 과세기간 종료일 다음달 11일까지 전송된 전자세금계산서 외 발급분 매출처별 명세 (합계금액으로 적음)

(11) 번호	(12) 사업자 등록번호	(13) 상호 (법인명)	(14) 매수	(15) 공급가액 조	십억	백만	천	일	(16) 세액 조	십억	백만	천	일	비고
1	102-02-34567	수송상사	6			876	543	210			87	654	321	
2	101-81-12345	㈜물류	3			32	109	876			3	210	987	
3														
4														
5														

* 위 '3.'에는 사업자등록번호로 발급한 분만 기재하며, 주민등록번호로 발급한 분에 대해서는 기재하지 않는다.

매입처별세금계산서합계표 작성사례 (자료출처 : 국세청)

[별지 제39호 서식(1)]

매입처별 세금계산서합계표(갑)

년 제 기(월 일 ~ 월 일)

(앞쪽)

1. 제출자 인적사항

(1) 사업자등록번호	− −	(2) 상호(법인명)	
(3) 성명(대표자)		(4) 사업장 소재지	
(5) 거래기간	년 월 일 ~ 년 월 일	(6) 작성일	년 월 일

2. 매입세금계산서 총합계

구 분		(7) 매입처수	(8) 매수	(9) 공급가액 조	십억	백만	천	일	(10)세 액 조	십억	백만	천	일
합 계		5	17		1	633	904	566			163	30	456
과세기간 종료일 다음달 11일까지 전송된 전자 세금계산서 발급받은 분	사업자등록번호 발급받은 분	3	8			725	251	480			72	525	148
	주민등록번호 발급받은 분												
	소 계	3	8			725	251	480			72	525	148
위 전자 세금계산서 외의 발급받은 분	사업자등록번호 발급받은 분	2	9			908	653	086			90	865	308
	주민등록번호 발급받은 분												
	소 계	2	9			908	653	086			90	865	308

* 주민등록번호로 발급받은 세금계산서는 사업자등록 전 매입세액 공제를 받을 수 있는 세금계산서만 적습니다.

3. 과세기간 종료일 다음달 11일까지 전송된 전자세금계산서 외 발급받은 매입처별 명세 (합계금액으로 적음)

(11) 번호	(12) 사업자 등록번호	(13) 상호 (법인명)	(14) 매수	(15) 공급가액 조	십억	백만	천	일	(16) 세액 조	십억	백만	천	일	비고
1	102-02-34567	수송상사	6			876	543	210			87	654	321	
2	101-81-12345	㈜물류	3			32	109	876			3	210	987	
3														
4														
5														

13. 일반과세자 부가가치세신고서

(1) 일반과세자 부가가치세신고서 작성방법

[별지 제21호 서식]

일반과세자 부가가치세 [ ]예정 [ ]확정 [ ]기한후과세표준 [ ]영세율등조기환급 신고서

(제1장 앞쪽)

관리번호					처리기간	즉시
신고기간	년 제 기 (월 일 ~ 월 일)					
사업자	상 호 (법인명)		성 명 (대표자명)		사업자등록번호	- -
	생년월일	-		전화번호	사업장 / 주소지 / 휴대전화	
	사업장 주소				전자우편 주소	

❶ 신 고 내 용

구 분				금 액	세율	세 액
과세표준 및 매출세액	과세	세 금 계 산 서 발 급 분	(1)		10/100	
		매 입 자 발 행 세 금 계 산 서	(2)		10/100	
		신용카드·현금영수증 발행분	(3)		10/100	
		기타(정규영수증 외 매출분)	(4)			
	영세율	세 금 계 산 서 발 급 분	(5)		0/100	
		기 타	(6)		0/100	
	예 정 신 고 누 락 분		(7)			
	대 손 세 액 가 감		(8)			
	합 계		(9)		㉮	
매입세액	세금계산서 수 취 분	일 반 매 입	(10)			
		수출기업 수입분 납부유예	(10-1)			
		고 정 자 산 매 입	(11)			
	예 정 신 고 누 락 분		(12)			
	매 입 자 발 행 세 금 계 산 서		(13)			
	그 밖의 공 제 매 입 세 액		(14)			
	합 계 (10)-(10-1)+(11)+(12)+(13)+(14)		(15)			
	공 제 받 지 못 할 매 입 세 액		(16)			
	차 감 계 (15)−(16)		(17)		㉯	
납부(환급)세액 (매출세액㉮−매입세액㉯)					㉰	
경감·공제세액	그 밖 의 경 감 · 공 제 세 액		(18)			
	신용카드매출전표 등 발행공제 등		(19)			
	합 계		(20)		㉱	
예 정 신 고 미 환 급 세 액			(21)		㉲	
예 정 고 지 세 액			(22)		㉳	
사업양수자의 대리납부 기납부세액			(23)		㉴	
매 입 자 납 부 특 례 기 납 부 세 액			(24)		㉵	
신용카드업자의 대리납부 기납부세액			(25)		㉶	
가 산 세 액 계			(26)		㉷	
차감·가감하여 납부할 세액(환급받을 세액)(㉰-㉱-㉲-㉳-㉴-㉵-㉶+㉷)					(27)	
총괄납부사업자가 납부할 세액(환급받을 세액)						

❷ 국세환급금계좌신고	거래은행	은행 지점	계좌번호	
❸ 폐 업 신 고	폐업일		폐업사유	

❹ 과 세 표 준 명 세

업 태	종 목	업종 코드	금 액
(28)			
(29)			
(30)			
(31)수입금액제외			
(32)합 계			

「부가가치세법」 제48조·제49조 또는 제59조와 「국세기본법」 제45조의 3에 따라 위의 내용을 신고하며, 위 내용을 충분히 검토하였고 신고인이 알고 있는 사실 그대로를 정확하게 적었음을 확인합니다.

년 월 일

신고인: (서명 또는 인)

세무대리인은 조세전문자격자로서 위 신고서를 성실하고 공정하게 작성하였음을 확인합니다.

세무대리인: (서명 또는 인)

세무서장 귀하

첨부서류	뒤쪽 참조

세무대리인	성 명		사업자등록번호		전화번호	

(2장 앞쪽)

구분				번호	금 액	세율	세 액
예정신고 누락분 명세	(7)매출	과 세	세 금 계 산 서	(33)		10/100	
			기 타	(34)		10/100	
		영세율	세 금 계 산 서	(35)		0/100	
			기 타	(36)		0/100	
		합 계		(37)			
	(12)매입	세 금 계 산 서		(38)			
		그 밖의 공 제 매 입 세 액		(39)			
		합 계		(40)			

구 분			번호	금 액	세율	세 액
(14) 그 밖의 공제 매입세액 명세	신용카드매출전표 등 수령명세서 제출분	일 반 매 입	(41)			
		고정자산매입	(42)			
	의제매입세액		(43)		뒤쪽참조	
	재 활 용 폐 자 원 등 매 입 세 액		(44)		뒤쪽참조	
	과세사업전환 매입세액		(45)			
	재 고 매 입 세 액		(46)			
	변 제 대 손 세 액		(47)			
	외국인 관광객에 대한 환급세액		(48)			
	합 계		(49)			

구 분		번호	금 액	세율	세 액
(16) 공제받지 못할 매입세액 명세	공제받지 못할 매입세액	(50)			
	공통매입세액 면세사업분	(51)			
	대 손 처 분 받 은 세 액	(52)			
	합 계	(53)			

구 분		번호	금 액	세율	세 액
(18) 그 밖의 경감·공제 세액 명세	전 자 신 고 세 액 공 제	(54)			
	전자세금계산서 발급세액 공제	(55)			
	택시 운송사업자 경감세액	(56)			
	대리납부 세액공제	(57)			
	현금영수증사업자세액공제	(58)			
	기 타	(59)			
	합 계	(60)			

구 분			번호	금 액	세 율	세 액
(25) 가산세 명세	사 업 자 미 등 록 등		(61)		1/100	
	세금계산서	지연발급 등	(62)		1/100	
		지연수취	(63)		5/1,000	
		미발급 등	(64)		뒤쪽참조	
	전자세금계산서 발급명세 전송	지연전송	(65)		3/1,000	
		미전송	(66)		5/1,000	
	세금계산서 합계표	제출 불성실	(67)		5/1,000	
		지연제출	(68)		3/1,000	
	신고불성실	무신고(일반)	(69)		뒤쪽참조	
		무신고(부당)	(70)		뒤쪽참조	
		과소·초과환급신고(일반)	(71)		뒤쪽참조	
		과소·초과환급신고(부당)	(72)		뒤쪽참조	
	납 부 지 연		(73)		뒤쪽참조	
	영세율 과세표준신고 불성실		(74)		5/1,000	
	현금매출명세서 불성실		(75)		1/100	
	부동산임대공급가액명세서 불성실		(76)		1/100	
	매입자납부특례	거래계좌 미사용	(77)		뒤쪽참조	
		거래계좌 지연입금	(78)		뒤쪽참조	
	합 계		(79)			

	업 태	종 목	코 드 번 호	금 액
면세사업 수입금액	(80)			
	(81)			
	(82) 수입금액 제외			
			(83)합 계	

계산서 발급 및 수취 명세	(84) 계산서발급금액	
	(85) 계산서수취금액	

작성방법

※ 이 신고서는 한글과 아라비아 숫자로 적고, 금액은 원 단위까지 표시합니다.

표시란은 사업자가 적지 않습니다.

❶ 신고내용란

(1)~(4): 해당 신고대상기간에 부가가치세가 과세되는 사업실적 중 세금계산서 발급분은 (1)란에, 매입자로부터 받은 매입자발행 세금계산서의 금액과 세액은 (2)란에, 신용카드매출전표 등 발행분과 전자화폐수취분은 (3)란에, 세금계산서 발급의무가 없는 부분 등 그 밖의 매출은 (4)란에 적습니다(금액에 세율을 곱하여 세액란에 적습니다).

(5)·(6): 해당 신고대상기간에 영세율이 적용되는 사업실적 중 세금계산서 발급분은 (5)란에, 세금계산서 발급의무가 없는 부분은 (6)란에 적습니다.

(7): 예정신고를 할 때 누락된 금액을 확정신고할 때 신고하는 경우에 적으며, 제2장 앞쪽 (37)합계란의 금액과 세액을 적습니다.

(8): 부가가치세가 과세되는 재화 또는 용역의 공급에 대한 외상매출금 등이 대손되어 대손세액을 공제받는 사업자가 적으며, 대손세액을 공제받는 경우에는 대손세액을 차감표시(△)하여 적고, 대손금액의 전부 또는 일부를 회수하여 회수금액에 관련된 대손세액을 납부하는 경우에는 해당 납부 세액을 적습니다.

(10)·(10-1)·(11): 발급받은 세금계산서상의 공급가액 및 세액을 고정자산 매입분(11)과 그 외의 매입분(10)으로 구분 집계하여 각각의 난에 적고, 「부가가치세법 시행령」 제91조의2제8항에 따라 재화의 수입에 대한 부가가치세 납부유예를 승인받아 납부유예된 세액을 (10-1)란에 적습니다.

(12): 예정신고를 하였을 때 누락된 금액을 확정신고하는 경우에 적으며, 제2장 앞쪽 (40)합계란의 금액과 세액을 적습니다.

(13): 매입자가 관할 세무서장으로부터 거래사실확인 통지를 받고 발행한 매입자발행 세금계산서의 금액과 세액을 적습니다.

(14): 발급받은 신용카드매출전표 등의 매입세액, 면세농산물 등 의제매입세액, 2019 광주 세계수영선수권대회 관련 사업자에 대한 의제매입세액, 재활용폐자원 등에 대한 매입세액, 재고매입세액, 변제대손세액 또는 외국인 관광객에 대한 환급세액이 있는 사업자가 적으며, 제2장 앞쪽 (49)합계란의 금액과 세액을 적습니다.

(16): 발급받은 세금계산서의 매입세액 중 공제받지 못할 매입세액, 과세사업과 면세사업 등에 공통으로 사용된 공통매입세액 중 면세사업 등과 관련된 매입세액 또는 대손처분 받은 세액이 있는 사업자가 적으며, 제2장 앞쪽 (53)합계란의 금액 및 세액을 적습니다.

(18): 택시운송사업자 경감세액 등[제2장 앞쪽 (60)합계란의 금액]을 적습니다.

(19): 개인사업자(직전 연도의 과세공급가액이 10억원을 초과하는 사업자는 제외)로서 소매업자, 음식점업자, 숙박업자 등 「부가가치세법 시행령」 제73조제1항 및 제2항에 따른 사업자가 신용카드 및 전자화폐에 의한 매출이 있는 경우에 적으며, 금액란에는 신용카드매출전표 발행금액 등과 전자화폐 수취금액을, 세액란에는 그 금액의 13/1,000에 해당하는 금액(연간 500만원, 2026년까지는 연간 1,000만원을 한도로 합니다)을 적습니다.

(21): 예정신고를 할 때 일반환급세액이 있는 것으로 신고한 경우 그 환급세액을 적습니다.

(22): 해당 과세기간 중에 예정고지된 세액이 있는 경우 그 예정고지세액을 적습니다.

(23): 「부가가치세법 시행령」 제95조제5항에 따라 사업양수자가 국고에 납입한 부가가치세액을 적습니다.

(24): 「조세특례제한법 시행령」 제106조의9제5항 및 제106조의13제4항에 따른 부가가치세 관리기관이 국고에 직접 입금한 부가가치세액을 적습니다.

(25): 「조세특례제한법 시행령」 제106조의9제5항 및 제106조의13제4항에 따른 부가가치세 관리기관이 국고에 직접 입금한 부가가치세액을 적습니다.

(26): 신고한 내용에 가산세가 적용되는 경우가 있는 사업자만 적으며, 제2장 앞쪽 (79)합계란의 세액을 적습니다.

❷ 국세환급금계좌신고란

(27)란에 "환급받을 세액"이 발생한 사업자가 적으며, 2천만원 이상인 경우에는 별도로 "계좌개설신고서"를 제출해야 합니다.

❸ 폐업신고란

사업을 폐업하고 확정신고하는 사업자만 적습니다.

❹ 과세표준 명세란

(28)~(32): 과세표준 합계액(9)을 업태, 종목, 생산요소별로 적되, 생산요소는 임의적 기재사항으로 2015. 1. 1. 이후 신고분부터 적습니다. (31)수입금액제외란은 고정자산매각(소득세법상 복식부기의무자의 토지와 건물을 제외한 자동차, 기계장치 등 사업용고정자산의 매각금액은 (28)~(30) 해당란에 기재), 직매장공급 등 소득세수입금액에서 제외되는 금액을 적고, (32)란의 합계액이 (9)란의 금액과 일치해야 합니다.

(7), (12) 예정신고 누락분 명세란

(33)~(36), (38)·(39): 제1장 앞쪽 (7)란, (12)란의 예정신고 누락분을 합계하여 적은 경우 그 예정신고 누락분의 명세를 적습니다. 다만, 매입자발행 세금계산서는 세금계산서란에 포함하여 적습니다.

(14) 그 밖의 공제매입세액 명세란

(41)·(42): 사업과 관련한 재화나 용역을 공급받고 발급받은 신용카드매출전표 등을 신용카드매출전표 등 수령명세서에 작성하여 제출함으로써 매입세액을 공제하는 경우에 일반매입과 고정자산매입을 구분하여 적습니다.

(43): 면세농산물 등을 원재료로 제조·창출한 재화 또는 용역이 과세되어 의제매입세액을 공제받는 사업자가 적고, 금액란에는 의제매입세액 공제신고서의 면세농산물 등의 매입가액을, 세액란에는 의제매입세액 공제신고서의 공제할 세액을 적습니다.

(44): 재활용폐자원 등에 대한 매입세액을 공제받는 사업자가 적고, 금액란에는 재활용폐자원 등의 취득가액을, 세액란에는 「조세특례제한법 시행규칙」 별지 제69호서식(1) 재활용폐자원 및 중고자동차 매입세액 공제신고서(갑)의 공제할 세액을 적습니다.

(45): 면세사업 등에 사용하는 감가상각자산을 과세사업에 사용하거나 소비하는 경우 취득 시 공제하지 않은 매입세액을 공제받는 경우에 적습니다.

(46): 간이과세자에서 일반과세자로 변경된 사업자가 그 변경되는 날 현재의 재고품 등에 대하여 매입세액을 공제받는 경우에 적습니다.

(47): 공급받은 재화나 용역에 대한 외상매입금, 그 밖에 매입채무가 대손확정되어 매입세액을 불공제받은 후 대손금액의 전부 또는 일부를 변제한 경우 변제한 대손금액에 관련된 대손세액을 적습니다.

(48): 「조세특례제한법 시행령」 제109조의3제8항에 따른 특례적용의료기관 사업자가 공제받을 부가가치세액을 적습니다.

(16) 공제받지 못할 매입세액 명세란

(50): 발급받은 세금계산서 중 매입세액을 공제받지 못할 세금계산서의 공급가액, 세액의 합계액을 적습니다.

(51): 부가가치세 과세사업과 면세사업 등에 공통으로 사용하는 공통매입세액 중 면세사업 등 해당 분으로 안분계산한 공급가액과 세액을 적습니다.

(52): 부가가치세가 과세되는 재화 또는 용역을 공급받고 매입세액을 공제받은 외상매입금 그 밖에 매입채무가 폐업 전에 대손이 확정되어 거래상대방이 대손세액을 공제받은 경우 관련 대손처분을 받은 세액을 적습니다.

(18) 그 밖의 경감·공제세액 명세란

(54): 「조세특례제한법」 제104조의8제2항에 따른 전자신고 세액공제 금액(10,000원)을 확정신고할 때 적습니다.

(55): 전자세금계산서를 발급하고 발급명세를 국세청에 전송한 경우 공제세액(발급건당 200원씩 연간 100만원 한도)을 적습니다.

(56): 일반택시운송사업자만 적고, 제1장 앞쪽 ㉰란에 적은 납부세액의 95/100에 해당하는 금액을 적습니다.
(57): 「조세특례제한법」 제106조의10제4항에 따른 부가가치세 대리납부세액 공제금액을 적습니다.
(58): 「조세특례제한법」 제126조의3에 따른 현금영수증사업자에 대한 부가가치세 공제액을 적습니다.

(25) 가산세 명세란

(61): 사업자등록을 하지 않거나 타인의 명의로 등록한 경우 또는 타인 명의의 사업자등록을 이용한 경우 그 공급가액과 세액을 적습니다.
(62): 세금계산서 발급시기를 경과하여 발급하거나 세금계산서의 필요적 기재사항의 전부 또는 일부가 착오 또는 과실로 적혀 있지 않거나 사실과 다른 경우 그 공급가액과 세액을 적습니다.
(63): 재화 또는 용역의 공급시기 이후에 발급받은 세금계산서로서 해당 공급시기가 속하는 과세기간의 확정 신고기한까지 발급받아 매입세액공제를 받은 경우 그 공급가액과 세액을 적습니다.
(64): 세금계산서를 발급하지 않거나 재화 또는 용역의 공급 없이 세금계산서 등을 발급 및 수취하거나 실제로 재화 또는 용역을 공급하는 자 및 공급받는 자가 아닌 자의 명의로 세금계산서 등을 발급 및 수취하거나 재화 또는 용역의 공급가액을 과다하게 기재하여 세금계산서 등을 발급 및 수취한 경우 그 공급가액과 세액을 적습니다.
- 세금계산서를 발급하지 않은 경우 : 공급가액의 2%,
- 재화 또는 용역의 공급 없이 세금계산서 등을 발급 및 수취한 경우 : 세금계산서 등에 적힌 금액의 3%,
- 실제로 재화 또는 용역을 공급하는 자 및 공급받는 자가 아닌 자의 명의로 세금계산서 등을 발급 및 수취하거나 재화 또는 용역의 공급가액을 과다하게 기재하여 세금계산서 등을 발급 및 수취한 경우 : 공급가액의 2%

(65): 전자세금계산서 발급 의무 사업자가 전자세금계산서 발급일의 다음 날이 경과한 후 재화 또는 용역의 공급시기가 속하는 과세기간에 대한 확정신고기한까지 세금계산서 발급명세를 전송한 경우 그 공급가액과 세액을 적습니다.
(66): 전자세금계산서 발급 의무 사업자가 전자세금계산서 발급일의 다음 날이 경과한 후 재화 또는 용역의 공급시기가 속하는 과세기간에 대한 확정신고기한까지 세금계산서 발급명세를 전송하지 않은 경우 그 공급가액과 세액을 적습니다.
(67): 「부가가치세법」 제60조제6항 및 제7항에 해당하는 경우(매출·매입처별 세금계산서합계표를 미제출·부실기재 등) 그 공급가액과 세액을 적습니다. 다만, 「부가가치세법」 제60조제6항제3호에 해당하는 경우는 (68)번에 적습니다.
(68): 매출처별 세금계산서합계표를 각 예정신고와 함께 제출하지 않고 해당 예정신고기간이 속하는 과세기간의 확정신고와 함께 제출하는 경우 그 공급가액과 세액을 적습니다.
(69)·(70): 「국세기본법」 제47조의2에 따라 법정신고기한까지 신고하지 않은 납부세액과 그 가산세액을 적습니다.
- 부정행위에 따른 부당 무신고가산세: 납부세액의 40%,
- 그 외 일반 무신고가산세: 납부세액의 20%

※ 법정신고기한이 지난 후 일정 기간 이내에 기한 후 신고·납부한 경우 가산세액 감면

(71)·(72): 「국세기본법」 제47조의3에 따라 과소신고한 납부세액 또는 초과신고한 환급세액과 그 가산세액을 적습니다.
- 부정행위에 따른 부당 과소·초과환급신고 가산세: 납부세액의 40%,
- 그 외 일반 과소·초과환급신고 가산세 납부세액의 10%

※ 법정신고기한이 지난 후 일정 기간 이내에 수정신고한 경우 가산세액 감면

(73): 「국세기본법」 제47조의4에 따라 납부하지 않거나 미달하게 납부한 세액 및 환급신고해야 할 환급세액을 초과한 환급세액과 그 가산세액을 적으며, 가산세율은 $\frac{22 \times (\text{경과일수})}{100,000}$ 입니다.

※ 경과일수는 당초 납부기한의 다음 날부터 납부일까지 또는 환급받은 날의 다음 날부터 납부일까지의 기간의 일수를 말합니다.

(74): 영세율이 적용되는 과세표준을 신고하지 않거나 미달하게 신고한 경우 그 공급가액과 세액을 적습니다.

(75): 현금매출명세서를 제출해야 할 사업자가 그 명세서를 제출하지 않거나 사실과 다르게 적은 경우 그 공급가액과 세액을 적습니다.
(76): 부동산임대공급가액명세서를 제출해야 할 사업자가 그 명세서를 제출하지 않거나 사실과 다르게 적은 경우 그 공급가액과 세액을 적습니다.
(77): 「조세특례제한법」 제106조의4제7항 및 제106조의9제6항에 따라 금지금 및 구리 스크랩 등 거래계좌를 사용하지 않고 결제 받은 경우 그 가산세액을 적으며, 가산세율은 제품가액의 100분의 10에 해당하는 금액입니다.
(78): 「조세특례제한법」 제106조의4제8항 및 제106조의9제7항에 따라 거래시기에 부가가치세액을 거래계좌에 입금하지 않은 경우 공급일(공급일이 세금계산서 발급일보다 빠른 경우 세금계산서 발급일)의 다음 날부터 부가가치세 입금일까지 기간에 대한 가산세액을 적으며, 가산세액은 지연입금액$\times \frac{22 \times (\text{경과일수})}{100,000}$입니다.

면세사업 수입금액란, 계산서 발급 및 수취 명세란

(80)·(81): 부가가치세가 면제되는 사업의 수입금액을 업태, 종목별로 구분하여 적습니다.
(82): 수입금액 제외란은 고정자산 매각 등 종합소득세 수입금액에서 제외되는 금액(소득세법상 복식부기의무자의 토지와 건물을 제외한 자동차, 기계장치 등 사업용 고정자산의 매각금액은 (79)~(80) 해당란에 기재)을 적습니다.
(83): 수입금액 합계액을 적습니다.
(84): 부가가치세가 과세되지 않은 재화 또는 용역을 공급하고 발급한 계산서의 합계액을 적습니다.
(85): 거래상대방으로부터 발급받은 계산서의 합계액을 적습니다.

(2) 일반과세자 부가가치세신고서 작성사례

[일반과세자 부가가치세신고서 작성사례 1 (제72회 전산세무 2급)]

다음 자료를 토대로 ㈜세무의 2026년 2기 확정(10월 1일 ~ 12월 31일) 부가가치세신고서를 작성하시오(세부담 최소화 가정). 부가가치세신고서 이외의 과세표준명세 등 기타 부속서류의 작성과 전자신고세액공제는 생략한다. 단 제시된 자료 이외의 거래는 없다.

구분	거래내용	공급가액	부가가치세
매출자료	세금계산서 발급 과세 매출액	350,000,000원	35,000,000원
	신용카드 과세 매출액	20,000,000원	2,000,000원
	간주공급에 해당하는 사업상 증여 금액[주1)]	3,000,000원	300,000원
	수출신고필증 및 선하증권상에서 확인된 수출액[주2)]	28,000,000원	0원
매입자료	990cc 경차 구입액[주3)]	30,000,000원	3,000,000원
	접대목적으로 구입한 물품 세금계산서 매입액	5,000,000원	500,000원
	원재료를 구입하고 세금계산서 매입액	225,000,000원	22,500,000원
	영수증을 수취한 복리후생비 결제액	5,000,000원	500,000원

주1) 시가는 3,000,000원이며, 원가는 2,000,000원이다.
주2) 28,000,000원은 원화환산액이며, 영세율세금계산서는 발급한 바 없다.
주3) 영업용으로 사용할 목적이며, 세금계산서를 수취하였다.

일반과세자 부가가치세신고서 작성사례

구분				금액	세율	세액
과세표준 및 매출세액	과세	세금계산서 발급분	(1)	350,000,000	10/100	35,000,000
		매입자발행세금계산서	(2)		10/100	
		신용카드·현금영수증 발행분	(3)	20,000,000	10/100	2,000,000
		기타(정규영수증 외 매출분)	(4)	3,000,000		300,000
	영세율	세금계산서 발급분	(5)		0/100	
		기타	(6)	28,000,000	0/100	
	예정신고누락분		(7)			
	대손세액가감		(8)			
	합계		(9)	401,000,000	㉮	37,300,000
매입세액	세금계산서 수취분	일반매입	(10)	230,000,000		23,000,000
		수출기업 수입분 납부유예	(10-1)			
		고정자산 매입	(11)	30,000,000		3,000,000
	예정신고누락분		(12)			
	매입자발행세금계산서		(13)			
	그 밖의 공제매입세액		(14)			
	합계 (10)-(10-1)+(11)+(12)+(13)+(14)		(15)	260,000,000		26,000,000
	공제받지 못할 매입세액		(16)	5,000,000		500,000
	차감계 (15)−(16)		(17)	255,000,000	㉯	25,500,000
납부(환급)세액 (매출세액㉮−매입세액㉯)					㉰	11,800,000
경감·공제세액	그 밖의 경감·공제세액		(18)			
	신용카드매출전표 등 발행공제 등		(19)			
	합계		(20)		㉱	
예정신고 미환급 세액			(21)		㉲	
예정고지세액			(22)		㉳	
사업양수자의 대리납부 기납부세액			(23)		㉴	
매입자 납부특례 기납부세액			(24)		㉵	
신용카드업자의 대리납부 기납부세액			(25)		㉶	
가산세액계			(26)		㉷	
차감·가감하여 납부할 세액(환급받을 세액)(㉰−㉱−㉲−㉳−㉴−㉵−㉶+㉷)					(27)	11,800,000

구분			금액	세율	세액
(16) 공제받지 못할 매입세액 명세	공제받지 못할 매입세액	(50)	5,000,000		500,000
	공통매입세액 면세사업분	(51)			
	대손처분받은세액	(52)			
	합계	(53)	5,000,000		500,000

14. 가산세 및 과세표준명세서

[가산세 및 과세표준명세서 작성사례 (제72회 전산세무 1급 수정)]

다음은 복식부기의무자가 아닌 개인사업자 영민상사의 2026년 제2기 부가가치세 예정신고시 누락된 자료이다. 이를 반영하여 제2기 확정신고기간의 부가가치세신고서 및 과세표준명세를 작성하시오. 제2기 확정신고기간의 부가가치세신고납부는 다음년도 1월 25일에 이루어진다.

· 당사의 제품 3,000,000원(시가 3,500,000원)을 거래처인 태성산업에 접대목적으로 무상제공하였다.
· 원재료 매입세금계산서 1건(공급가액 3,500,000원, 세액 350,000원)
· 사용하던 기계장치의 매출 전자세금계산서 1건(공급가액 5,000,000원, 부가가치세 500,000원)을 지연발급(공급일이 속하는 달의 다음 달 27일)하였다.
· 위 이외 다른 기타 수입금액제외는 없다고 가정한다.
· 업태 및 종목, 업종코드는 다음과 같다고 가정하며, 가산세는 일반과소신고가산세를 적용하고 미납일수는 92일로 가정한다.

업태	종목	업종코드	과세표준
도매업	가전제품	513221	100,000,000
제조업	기록매체복제업	223001	50,000,000

일반과세자 부가가치세신고서(예정신고누락분명세) 작성사례

<table>
<tr><td rowspan="10">예정신고
누 락 분
명 세</td><td rowspan="7">(7) 매출</td><td colspan="3">구 분</td><td>금 액</td><td>세율</td><td>세 액</td></tr>
<tr><td rowspan="2">과 세</td><td>세 금 계 산 서</td><td>(33)</td><td>**5,000,000**</td><td>10/100</td><td>**500,000**</td></tr>
<tr><td>기 타</td><td>(34)</td><td>**3,500,000**</td><td>10/100</td><td>**350,000**</td></tr>
<tr><td rowspan="2">영세율</td><td>세 금 계 산 서</td><td>(35)</td><td></td><td>0/100</td><td></td></tr>
<tr><td>기 타</td><td>(36)</td><td></td><td>0/100</td><td></td></tr>
<tr><td colspan="2">합 계</td><td>(37)</td><td>**8,500,000**</td><td></td><td>**850,000**</td></tr>
<tr style="display:none"></tr>
<tr><td rowspan="3">(12) 매입</td><td colspan="2">세 금 계 산 서</td><td>(38)</td><td>**3,500,000**</td><td></td><td>**350,000**</td></tr>
<tr><td colspan="2">그 밖의 공 제 매 입 세 액</td><td>(39)</td><td></td><td></td><td></td></tr>
<tr><td colspan="2">합 계</td><td>(40)</td><td>**3,500,000**</td><td></td><td>**350,000**</td></tr>
</table>

일반과세자 부가가치세신고서(가산세명세) 작성사례

	구 분			금 액	세 율	세 액
(24) 가산세 명세	사 업 자 미 등 록 등		(61)		1/100	
	세금계산서	지연발급 등	(62)	**5,000,000**	1/100	**50,000**
		지연수취	(63)		5/1,000	
		미발급 등	(64)		뒤쪽참조	
	전자세금계산서 발급명세 전송	지연전송	(65)		3/1,000	
		미전송	(66)		5/1,000	
	세금계산서 합계표	제출 불성실	(67)		5/1,000	
		지연제출	(68)		3/1,000	
	신고불성실	무신고(일반)	(69)		뒤쪽참조	
		무신고(부당)	(70)		뒤쪽참조	
		과소·초과환급신고(일반)	(71)	**500,000**	뒤쪽참조	**12,500**
		과소·초과환급신고(부당)	(72)		뒤쪽참조	
	납 부 지 연		(73)	**500,000**	뒤쪽참조	**10,120**
	영세율 과세표준신고 불성실		(74)		5/1,000	
	현금매출명세서 불성실		(75)		1/100	
	부동산임대공급가액명세서 불성실		(76)		1/100	
	매입자납부특례	거래계좌 미사용	(77)		뒤쪽참조	
		거래계좌 지연입금	(78)		뒤쪽참조	
	합 계		(79)			**72,620**

[가산세 계산]

- 전자세금계산서 지연발급가산세 : 5,000,000원 × 1% = 50,000원
- 신고불성실가산세 : (500,000원 + 350,000원 − 350,000원) × 10% × (1 − 75%) = 12,500원
- 납부지연가산세 : 500,000원 × 22/100,000 × 92일 = 10,120원
- 가산세합계 : 72,620원

일반과세자 부가가치세신고서(과세표준명세) 작성사례

❹ 과 세 표 준 명 세			
업 태	종 목	업종 코드	금 액
(28) 도매 및 소매업	**가전제품**	**513221**	**100,000,000**
(29) 제조업	**기록매체복제업**	**223001**	**50,000,000**
(30)			
(31) 수입금액제외		**513221**	**8,500,000**
(32) 합 계			**158,500,000**

* (31) 수입금액제외란은 고정자산매각, 직매장공급 등 소득세수입금액에서 제외되는 금액을 적는다.

15. 간이과세자 부가가치세신고서

(1) 간이과세자 부가가치세신고서 작성방법

[별지 제44호서식]

간이과세자 부가가치세 [ ]예정신고서 [ ]신고서 [ ]기한후과세표준신고서

(앞쪽)

신고기간 년 (월 일 ~ 월 일)

사업자						
	상 호		성명(대표자명)		사업자등록번호	- -
	생년월일		전화번호	사업장	주소지	휴대전화
	사업장 소재지			전자우편주소		

❶ 신고내용

구 분				금 액	부가가치율	세율	세 액
과세표준 및 매출세액	과세분	소매업, 재생용 재료수집 및 판매업, 음식점업	(1)		15/100	10/100	
		제조업, 농업·임업 및 어업, 소화물 전문 운송업	(2)		20/100	10/100	
		숙박업	(3)		25/100	10/100	
		건설업, 운수 및 창고업, 정보통신업, 그 밖의 서비스업	(4)		30/100	10/100	
		금융 및 보험 관련 서비스업 등	(5)		40/100		
	영세율 적용분	세금계산서 발급분	(7)			0/100	
		기 타	(8)				
	재 고 납 부 세 액		(9)				
	합 계		(10)			㉮	
공제세액	매입세금계산서 등 수취세액공제		(11)			뒤쪽 참조	
	매입자발행 세금계산서 세액공제		(12)				
	전 자 신 고 세 액 공 제		(13)				
	신용카드매출전표 등 발행세액공제		(14)				
	합 계		(15)			㉯	
매입자 납부특례 기납부세액			(16)			㉰	
예 정 고 지 (신 고) 세 액			(17)			㉱	
가산세액	사업자 미등록 등		(18)			5/1,000	
	세 금 계 산 서	지연발급 등	(19)			1/100	
		미발급 등	(20)			뒤쪽참조	
		미수취	(21)			5/1,000	
	세금계산서 합계표	제출 불성실	(22)			5/1,000	
		지연제출	(23)			3/1,000	
	신고불성실	무신고(일반)	(24)			뒤쪽참조	
		무신고(부당)	(25)			뒤쪽참조	
		과소신고(일반)	(26)			뒤쪽참조	
		과소신고(부당)	(27)			뒤쪽참조	
	납 부 지 연 가산세		(28)			뒤쪽참조	
	결정·경정기관 확인 매입세액 공제 가산세		(29)			5/1,000	
	영세율 과세표준 신고 불성실 가산세		(30)			5/1,000	
	매입자 납부특례	거래계좌 미사용	(31)			뒤쪽참조	
		거래계좌 지연입금	(32)			뒤쪽참조	
	합 계		(33)			㉲	
차감 납부할 세액(환급받을 세액) (㉮－㉯-㉰-㉱+㉲)						(34)	

❷ 과세표준 명세

	업 태	종 목	업종코드						금 액
(35)									
(36)									
(37)	기타(수입금액 제외분)								
(38)	합 계								

❸ 면세수입금액

	업 태	종 목	업종코드						금 액
(39)									
(40)									
(41)	수입금액 제외분								
(42)	합 계								

❹ 국세환급금계좌신고	거래은행	은행 지점	계좌번호	

❺ 폐 업 신 고	폐업연월일	. .	폐업사유	

작성방법

※ 이 신고서는 한글과 아라비아 숫자로 적고, 금액은 원 단위까지 표시합니다.

▒ 표시란은 사업자가 적지 않습니다.

❶ 신고내용란

(1)~(5): 영위하는 업종에 "○"를 표시하고, 해당 업종의 금액란에는 신고대상기간 동안의 매출액(과세분으로 공급한 재화 또는 용역 공급대가)을, 세액란에는 (금액×해당 업종의 부가가치율×10/100)에 따라 계산된 세액을 적습니다.

* 매출액은 현금매출액, 외상매출액, 신용카드 및 현금영수증 매출액의 합계액을 적습니다.

(7): 해당 신고대상기간에 영세율이 적용되는 사업실적 중 세금계산서 발급분은 (7)란에, 세금계산서 발급의무가 없는 부분은 (8)란에 적습니다.

(9): 일반과세자에서 간이과세자로 변경된 사업자가 변경된 날 현재의 재고품 및 감가상각자산에 대한 재고납부세액을 납부하는 경우에 적습니다.

(11): 해당 과세기간에 세금계산서 또는 신용카드매출전표 등을 발급받은 재화와 용역의 공급대가에 0.5퍼센트를 곱한 금액을 적습니다.

(12): 매입자가 관할 세무서장으로부터 거래사실확인 통지를 받고 발행한 매입자발행 세금계산서의 금액과 세액을 적습니다.

(13): 「조세특례제한법」 제104조의8제2항에 따른 전자신고 세액공제 금액(10,000원)을 적되, 공제세액이 (10)란의 세액에서 (11)란과 (12)란의 세액을 뺀 후의 세액을 초과할 때에는 그 초과하는 세액은 공제되지 않습니다.

(14): 신용카드 등이나 전자화폐에 의한 매출액이 있는 사업자가 적으며, 금액란에는 신용카드 등 및 전자화폐에 의한 매출액을, 세액란에는 (신용카드 등이나 전자화폐 매출액×13/1,000)에 따라 계산한 금액(연간 500만원 한도로 하되 2026년까지 1,000만원을 한도로 기재)을 적습니다.

(15): 세액의 합계액은 (10)란을 한도로 하여 공제합니다.

(16): 「조세특례제한법 시행령」 제106조의9제5항 및 제106조의13제4항에 따른 부가가치세 관리기관이 국고에 직접 입금한 부가가치세액을 세액란에 적습니다.

(17): 해당 과세기간 중에 예정고지(신고)된 세액이 있는 경우 그 예정고지(신고)세액을 적습니다.

(18) ~ (33): 아래의 각 가산세 부과 사유를 참고해서 해당란에 적습니다.

가산세 부과 사유	가산세 적용대상 금액	가산세율
(18): 사업자등록을 하지 않은 경우 사업자등록을 타인 명의로 한 경우 또는 타인 명의의 사업자등록을 이용한 경우	미등록 신고기간 동안의 공급대가(매출액) 공급대가(매출액)	5/1,000* 10/1,000
(19): 세금계산서 발급시기를 경과하여 발급하거나 세금계산서의 필요적 기재사항의 전부 또는 일부가 착오 또는 과실로 적혀 있지 않거나 사실과 다른 경우	공급가액	1/100

(20): 세금계산서를 발급하지 않은 경우 재화 또는 용역의 공급 없이 세금계산서등을 발급한 경우 실제로 재화 또는 용역을 공급하는 자가 아닌 자의 명의로 세금계산서 등을 발급하거나 재화 또는 용역의 공급가액을 과다하게 기재하여 세금계산서 등을 발급한 경우	공급가액 세금계산서등에 적힌 금액 공급가액	2/100 3/100 2/100
(21): 세금계산서를 발급하여야 하는 사업자로부터 재화 또는 용역을 공급받고 세금계산서를 발급받지 아니한 경우	공급대가	5/1,000
(22): 매출처별 세금계산서합계표를 제출하지 아니한 경우 거래처별 등록번호 또는 공급가액의 전부 또는 일부가 적혀 있지 않거나 사실과 다르게 적혀 있는 경우	세출하지 아니한 부분에 대한 공급가액 기재사항이 적혀 있지 않거나 사실과 다르게 적혀 있는 부분에 대한 공급가액	5/1,000
(23): 매출처별 세금계산서합계표를 법 제66조6항 단서에 따라 신고를 할 때 제출하지 못하여 해당 예정부과기간이 속하는 과세기간에 확정신고를 할 때 제출하는 경우	공급가액	3/1,000
(24)·(25): 법정기한까지 신고하지 않은 경우	무신고 납부세액	20/100(부당 40/100)
(26)·(27): 법정기한까지 과소신고한 경우	과소신고 납부세액	10/100(부당 40/100)
(28): 법정기한까지 납부세액을 납부하지 않은(과소납부한) 경우	미납부(과소납부)한 납부세액	지연납부일수 1일당 25/100,000
(29): 결정·경정기관의 확인을 거쳐 매입세액 공제받는 경우	공급가액	5/1,000
(30): 영세율 적용분을 신고하지 않은(과소신고한) 경우	무신고(과소신고)한 공급대가(매출액)	5/1,000
(31): 「조세특례제한법」 제106조의4제7항 및 제106조의9제6항에 따라 금거래계좌, 스크랩등거래계좌를 사용하지 않고 결제받은 경우	제품가액	10/100
(32): 「조세특례제한법」 제106조의4제8항 및 제106조의9제7항에 따라 입금기한 내에 금거래계좌, 스크랩등거래계좌에 입금하지 않은 경우	지연 입금한 부가가치세액	지연입금일수 1일당 25/100,000

* 납부의무면제자의 경우 5/1,000와 5만원 중 큰 금액

❷ 과세표준 명세란

(35)·(36): 의 과세표준 합계액을 업종별로 구분하여 적습니다.

(37): 부가가치세는 과세되나 소득세 과세 시 수입금액에서 제외되는 금액(고정자산매각, 직매장공급 등)을 적습니다.

❸ 면세수입금액란

(39)·(40): 부가가치세가 면세되는 매출액이 있는 경우 업종별로 구분하여 적습니다.

(40): 면세수입금액 중 종합소득세 과세 시 수입금액에서 제외되는 금액(고정자산매각 등)을 적습니다.

❹ 국세환급금계좌신고란

국세환급금을 송금 받으려는 거래은행과 계좌번호를 적습니다.

❹ 폐업신고란

폐업을 하고 확정신고하는 사업자만 적습니다.

(2) 간이과세자 부가가치세신고서 작성사례

[간이과세자 부가가치세신고서 작성사례]

> 다음은 소매업을 영위하는 간이과세자의 2026년 과세기간(2026년 1월 1일~12월 31일) 부가가치세 신고를 위한 자료이다. 간이과세자 부가가치세신고서를 작성하시오. 단, 세금계산서 등의 증빙은 적법하게 수령하였다.
>
> (1) 공급대가 : 60,000,000원(신용카드매출전표 발행분 10,000,000원 포함)
> (2) 매입처별계산서합계표에 의해 확인되는 면세농산물의 매입가액 : 3,244,500원
> (3) 세금계산서 등을 발급받은 재화와 용역의 공급대가 : 20,000,000원
>   * 매입처별세금계산서합계표를 제출하였으며, 불공제되는 매입세액은 아니다.
> (4) 전자신고세액공제액은 10,000원이다.

간이과세자 부가가치세신고서 작성사례

[별지 제44호서식]

❶ 신고내용

구 분				금 액	부가가치율	세율	세 액
과세표준 및 매출세액	과세분	소매업, 재생용 재료수집 및 판매업, 음식점업	(1)	60,000,000	15/100	10/100	900,000
		제조업, 농업·임업 및 어업, 소화물 전문 운송업	(2)		20/100	10/100	
		숙박업	(3)		25/100	10/100	
		건설업, 운수 및 창고업, 정보통신업, 그 밖의 서비스업	(4)		30/100	10/100	
		금융 및 보험 관련 서비스업 등	(5)		40/100		
	영세율 적용분	세금계산서 발급분	(7)			0/100	
		기 타	(8)				
	재 고 납 부 세 액		(9)				
	합 계		(10)			㉮	900,000
공제세액	매입세금계산서 등 수취세액공제		(11)	20,000,000		뒤쪽 참조	100,000
	매입자발행 세금계산서 세액공제		(12)				
	전 자 신 고 세 액 공 제		(13)				10,000
	신용카드매출전표 등 발행세액공제		(14)	10,000,000			130,000
	합 계		(15)			㉯	240,000
매입자 납부특례 기납부세액			(16)			㉰	
예 정 고 지 (신 고) 세 액			(17)			㉱	
차감 납부할 세액(환급받을 세액) (㉮－㉯-㉰-㉱+㉲)						(34	660,000

❷ 과세표준 명세

	업 태	종 목	업 종 코 드	금 액
(35)	**소매**	***		**60,000,000**
(36)				
(37)	기타(수입금액 제외분)			
(38)	합 계			

* 간이과세자의 경우 의제매입세액공제를 적용받을 수 없다.

■ **박석진**

▣ **약력**

세무사
미국공인회계사(New Hampshire)
연세대학교 영어영문학과(문학사)
연세대학교 대학원 경영학과(경영학 석사, 회계학전공)
동국대학교 대학원 경영학과(경영학 박사, 세무회계전공)
세무법인진명(전)
이촌회계법인(전)
국세심사위원(전)
공기업·준정부기관 경영관리 계량평가 평가위원(전)
한국세무학회 부학회장(현)
한국회계정책학회 부회장(현)
한국회계학회 상임이사(현)
한국회계정보학회 상임이사(현)
인덕대학교 세무회계학과 교수(현)

▣ **저서**

내국소비세법(도서출판원)
객관식 내국소비세법(도서출판원)
부가가치세법(도서출판원)
조세법개론(도서출판원)
세무회계엔딩(한성문화)
세무회계연습 I, II(도서출판탐진)
객관식세법(도서출판탐진)
입법취지로 배우는 세무입문(나눔에이엔티)
분개법원리로 배우는 법인세(나눔에이엔티)
IFRS 회계원리(신영사)
LIBBY의 회계원리(경문사)

2026 부가가치세법 이론과 적용사례 (제10판)

제 1 판 1쇄 발행 • 2017년 8월 31일
제 2 판 1쇄 발행 • 2018년 2월 27일
제 3 판 1쇄 발행 • 2019년 3월 04일
제 4 판 1쇄 발행 • 2020년 2월 28일
제 5 판 1쇄 발행 • 2021년 3월 02일
제 6 판 1쇄 발행 • 2022년 3월 02일
제 7 판 1쇄 발행 • 2023년 2월 27일
제 8 판 1쇄 발행 • 2024년 2월 21일
제 9 판 1쇄 발행 • 2025년 2월 24일
제10판 1쇄 발행 • 2026년 2월 25일

저 자 • 박 석 진
발 행 인 • 정 성 열
발 행 처 • 도서출판 ONE
주 소 • 서울특별시 영등포구 선유로3길 10
등 록 • 제313-2003-427호
전 화 • 02-323-8536
팩 스 • 02-323-8531

저자와의
협의하에
인지생략

ISBN 978-89-6481-501-4

정가 26,000원

- http://one-book.co.kr